AS RESERVAS
À CONVENÇÃO EUROPEIA
DOS DIREITOS DO HOMEM

MARIA JOSÉ MORAIS PIRES

AS RESERVAS À CONVENÇÃO EUROPEIA DOS DIREITOS DO HOMEM

LIVRARIA ALMEDINA
COIMBRA – 1997

TÍTULO:	AS RESERVAS À CONVENÇÃO EUROPEIA DOS DIREITOS DO HOMEM
AUTOR:	MARIA JOSÉ MORAIS PIRES
EDITOR:	LIVRARIA ALMEDINA – COIMBRA
DISTRIBUIDORES:	LIVRARIA ALMEDINA ARCO DE ALMEDINA, 15 TELEF. (039) 4191902 FAX (039) 4191901 3000 COIMBRA – PORTUGAL LIVRARIA ALMEDINA – PORTO R. DE CEUTA, 79 TELEF. (02) 319783 4050 PORTO – PORTUGAL EDIÇÕES GLOBO, LDA. R. S. FILIPE NERY, 37-A (AO RATO) TELEF. (01) 3857619 1250 LISBOA – PORTUGAL
EXECUÇÃO GRÁFICA:	G.C. – GRÁFICA DE COIMBRA, LDA.
TIRAGEM:	1 100 EX.
DEPÓSITO LEGAL:	105172/96

A minha Mãe

NOTA PRÉVIA

O estudo que agora se publica foi apresentado como dissertação final de mestrado em Direito Internacional Público, na Faculdade de Direito de Lisboa, em Março de 1995. A prova pública de discussão decorreu em Outubro do mesmo ano, perante um júri constituído pelo Senhor Professor Jorge Miranda (Presidente e arguente) e pelos Senhores Professores Fausto de Quadros (orientador), Manuel Afonso Vaz (arguente), Silva Cunha e Duarte Nogueira.

As críticas e sugestões então apresentadas foram em parte acrescentadas à versão inicial, para além da actualização decorrente da ratificação da Convenção Europeia dos Direitos do Homem por mais alguns Estados europeus, bem como a inclusão de jurisprudência entretanto publicada.

Não posso deixar aqui de agradecer, em particular ao Senhor Professor Jorge Miranda e ao Senhor Professor Fausto de Quadros, o estímulo e disponibilidade que muito me encorajaram e cujos conselhos e apoio me permitiram levar a cabo a elaboração deste trabalho.

Igualmente quero aqui demonstrar a minha gratidão ao Professor Jean-François Flauss, da Faculdade de Direito de Estrasburgo, que muito contribuiu para aprofundar os meus conhecimentos sobre a Convenção e a respectiva jurisprudência e cujas avisadas opiniões muito me ajudaram. Gostaria também de expressar uma palavra de agradecimento ao Professor Jochen Frowein e ao Dr. Joachim Schwietzke do Max-Plank-Institut für ausländisches öffentliches Recht und Völkerrecht, de Heidelberga.

É ainda devida, na minha qualidade de funcionária do quadro diplomático do Ministério dos Negócios Estrangeiros, uma palavra de profundo reconhecimento ao Dr. José Manuel Durão Barroso, ao tempo Ministro dos Negócios Estrangeiros, que autorizou a minha equiparação a bolseira para elaborar a parte final da dissertação, e ao Dr. José Leite Martins, Director do Departamento dos Assuntos Jurídicos do MNE, que apreciou favoravelmente o meu pedido. Ao Embaixador Gonçalo Santa Clara Gomes quero também aqui agradecer a forma como sempre aceitou as minhas actividades académicas durante o tempo em que prestei serviço na Missão de Portugal junto do Conselho da Europa.

ÍNDICE

Introdução 5

PARTE I

A teoria geral da reserva e as suas implicações no Direito Internacional dos Direitos do Homem

CAPÍTULO I – Teoria geral da reserva 23

1. A reserva em Direito Internacional Público 25
   1.1. conceito de reserva 31
   1.2. Fundamentos das reservas 36
   1.3. Figuras afins das reservas 37

2. Evolução histórica 42
   2.1. A prática da Sociedade das Nações 47
   2.2. O sistema pan-americano 52
   2.3. O Parecer do Tribunal Internacional de Justiça sobre as *Reservas à Convenção do Genocídio* e suas consequências 54
   2.4. As reservas na Convenção de Viena sobre o Direito dos Tratados.... 61

3. A interpretação dos tratados e a sua aplicação à teoria geral das reservas 75
4. A natureza jurídica das reservas 79

CAPÍTULO II – As reservas nas convenções de Direito Internacional dos Direitos do Homem 83

1. O Direito Internacional dos Direitos do Homem 85
2. A admissibilidade das reservas nas convenções de Direito Internacional dos Direitos do Homem 90
3. As cláusulas de reservas e a natureza dos tratados 95
   3.1. As cláusulas de reservas nas convenções universais 98
   3.2. As cláusulas de reservas nas convenções regionais 101

4. Breve conclusão 104

PARTE II

As reservas à Convenção Europeia dos Direitos do Homem e seus Protocolos Adicionais

CAPÍTULO I – Princípios gerais 111

1. As cláusulas limitativas 114
2. A cláusula derrogatória do artigo 15.° 116
3. A cláusula de reservas do artigo 64.° da Convenção 121
    3.1. Regras gerais 125
    3.2. Especificidades 128
        3.2.1. A proibição de reservas de carácter geral 130
        3.2.2. O "resumo da lei em causa" 132
    3.3. Consentimento ou aceitação 134
    3.4. Objecções 136
    3.5. As declarações interpretativas 139
    3.6. As reservas retiradas 141

4. A cláusula de reservas do artigo 64.° e o regime da Convenção de Viena 144
5. A "cláusula colonial" e o artigo 63.° da Convenção Europeia dos Direitos do Homem. 148
6. As reservas às cláusulas facultativas 152
7. A apreciação da validade das reservas na Convenção 158
8. Efeitos das reservas não conformes à Convenção 161

CAPÍTULO II – Análise das reservas 169

1. As reservas formuladas pelos Estados partes 173
    1.1. O momento da ratificação e a formulação das reservas 177
    1.2. Natureza e origem da formulação das reservas 182
    1.3. As normas da Convenção e dos Protocolos Adicionais objecto de reservas e de declarações 191
        1.3.1. O direito à vida (art. 2.°) 192
        1.3.2. A proibição do trabalho forçado (art. 4.°) 196
        1.3.3. O direito à vida privada (art. 8.°) e o princípio da igualdade entre os cônjuges (art. 5.° – Protocolo n.° 7) 199
        1.3.4. O direito à liberdade de pensamento e religião (art. 9) 203
        1.3.5. O direito à instrução e ao respeito das convicções religiosas (art. 2.° do Protocolo Adicional). 205
        1.3.6. O direito à liberdade de expressão (art. 10.°). 216
        1.3.7. O direito à liberdade de associação (art. 11.°). 222
        1.3.8. O direito de propriedade (art. 1.° do Protocolo Adicional) .. 228
        1.3.9. O direito à liberdade de circulação (arts. 3.° e 4 do Protocolo n.° 4) 244
        1.3.10. O direito à liberdade e as garantias processuais (art. 5.°) ... 247

Índice

1.3.11. O direito a um processo equitativo (art. 6.°)...................... 265
1.3.12. A irretroactividade da lei penal (art. 7.°)...................... 291
1.3.13. O direito às garantias do processo penal (arts. 1.° a 4.° do Protocolo n.° 7)... 300
1.3.14. A cláusula derrogatória (art. 15.°)...................... 305
1.3.15. A cláusula colonial (art. 63.°)...................... 310

2. As "reservas" formuladas às cláusulas facultativas...................... 314
   2.1. As reservas aos artigos 25.° e 46.° da Convenção...................... 315
      2.1.1. As reservas *ratione temporis*...................... 318
      2.1.2. O caso turco...................... 321

PARTE III

Apreciação geral da jurisprudência sobre reservas

1. Aplicação das reservas pelos órgãos de controlo da Convenção Europeia dos Direitos do Homem...................... 335
   i) – A Comissão Europeia dos Direitos do Homem...................... 338
   ii) – O Tribunal Europeu dos Direitos do Homem...................... 342

2. A aplicação da Convenção Europeia dos Direitos do Homem por alguns tribunais nacionais e o problema das reservas...................... 349
3. O Tribunal de Justiça das Comunidades Europeias e os Direitos do Homem. 364

Conclusões – A Convenção Europeia dos Direitos do Homem como base do património jurídico europeu...................... 367

Bibliografia...................... 375

Jurisprudência...................... 397

Anexo I – Texto das reservas e declarações

Anexo II – Estado das assinaturas e ratificações da Convenção e seus Protocolos.

ABREVIATURAS UTILIZADAS

A.F.D.I. – *Annuaire Français de Droit International*
A.I.J.C. – *Annuaire International de Justice Constitutionelle*
A.J. – *American Journal*
A.J.D.A. – Actualité Juridique – Droit Administratif
A.J.I.L – *American Journal of International Law*
BGBl – *Bundesgezesetzblatt*
BMJ – *Boletim do Ministério da Justiça*
BMJ-DDC – *Boletim do Ministério da Justiça – Documentação e Direito Comparado*
B.Y.I.L. – *British Yearbook of International Law*
CDI – Comissão de Direito Internacional
C.E.D.H. – Convenção Europeia dos Direitos do Homem
D&R – *Décisions et Rapports de la Comission Européenne des Droits de l'Homme*
D.R. – *Diário da República*
ed. – edição
EuGRZ – *Europäische Grundrecht Zeitschrift*
G.Y.I.L. – *German Yearbook of International Law*
Harvard H.R.J. – *Harvard Human Rights Journal*
Harvard I.L.J. – *Harvard International Law Journal*
H.L.R. – *Harvard Law Review*
H.R.L.J. – *Human Rights Law Journal*
I.C.L.Q. – *International and Comparative Law Quarterly*
ÖJZ – *Österreich Jahrbuch Zeitung*
ONU – Organização das Nações Unidas
R.BelgeD.I. – *Revue Belge de Droit International*
R.C.A.D.I. – *Recueil des Cours de l'Académie du Droit International*
R.D.H. – *Revue des Droits de l'Homme*
R.D.I. – *Rivista di Diritto Internazionale*
R.D.I.D.C. – *Revue de Droit International et de Droit Comparé*
R.D.P.Sc.Pol. – *Revue du Droit Publique et de la Science Politique*
R.Esp.D.I. – *Revista Española de Derecho Internacional*
R.F.D.C. – *Revue Française de Droit Constitutionnel*
R.G.D.I.P. – *Revue Générale de Droit International Public*
R.I.C.R. – *Revue International de la Croix-Rouge*
R.I.D.U. – *Rivista Internazionale dei Diritti dell'Uomo*
R.T.D.E. – *Revue Trimestrielle de Droit Européen*
R.U.D.H. – *Revue Universelle des Droits de l'Homme*
SdN – Sociedade das Nações
T.E.D.H. – Tribunal Europeu dos Direitos do Homem

TIJ – Tribunal Internacional de Justiça
TPJI – Tribunal Permanente de Justiça Internacional
Virginia J.I.L. – Virginia Journal of International Law
ZaöRV – Zeitschrift für ausländisches öffentliches Recht und Völkrrecht

Introdução

A protecção dos direitos do homem constitui hoje uma das formas de legitimação do poder, que consagra a dignidade humana como valor fundamental. A par do princípio democrático, revela-se uma referência obrigatória nos discursos políticos da actualidade. A aplicação da simples regra da maioria, própria dos regimes democráticos, não se mostra suficiente para a efectivação dos direitos do homem, nem tão-pouco a "catalogação" constitucional hoje existente na maioria dos Estados se revela eficaz para a sua completa concretização. Disso são reflexo as decisões das instâncias constitucionais dos Estados democráticos, que não hesitam em declarar inconstitucional a legislação ordinária, produzida pelos parlamentos por violação de normas constitucionais sobre direitos fundamentais.

A adopção de textos constitucionais que incluem uma pluralidade de direitos e liberdades fundamentais não se revelou suficiente para que os indivíduos pudessem exercer livremente os seus direitos ou estivessem efectivamente protegidos contra o arbítrio do poder do Estado. Na realidade, a maioria dos Estados, europeus e não europeus, possui nas suas constituições um catálogo de direitos mais vasto do que o dos textos internacionais. No entanto, nem sempre a ordem jurídica interna inclui as garantias necessárias para proteger os indivíduos do arbítrio ou de práticas ilegais. Por outro lado, a evolução do mundo moderno, com a consequente intromissão do Estado na vida dos cidadãos, impõe, cada vez, mais um mecanismo de garantia eficaz e seguro, livre de pressões políticas e mediáticas. Assim, os instrumentos jurídicos internacionais de protecção dos direitos do homem permitem que órgãos internacionais controlem, em última instância, a forma como os Estados respeitam os direitos neles consagrados.

Porém, o conceito clássico de soberania, na linha de Jean Bodin, pressupõe a não aceitação de qualquer autoridade externa e a superioridade do poder político sobre todos os indivíduos ou organizações que vivem ou existem no território da *República* [1]. Tal noção, que constituiu,

---

[1] Bodin, Jean – *Les six livres de la République,* 2.ª reimpressão – ed. Paris, 1583, Darmestádio, 1977, pág. 258 e segts.

durante séculos, o fundamento do poder do Estado, era a base das relações internacionais e reflectia-se, em particular, no incipiente direito internacional. A autoridade do Estado baseava-se numa soberania indivisível e absoluta que não conhecia outro poder político superior. Neste sentido, menos de um século depois da publicação da obra de Jean Bodin, os Tratados de Vestefália põem fim à supremacia política do Papa e esboçam um sistema de Estados soberanos e iguais[2].

Um outro princípio subjacente às relações entre os Estados, e que veio a ser posto em causa com a "internacionalização" jurídica dos direitos do homem, foi o princípio da reciprocidade. Característica essencial do direito internacional clássico, a regra da reciprocidade repercutia-se em especial nos tratados bilaterais, de modo algo semelhante aos contratos de direito privado. Transposta para o direito internacional, tal regra da reciprocidade, adoptada como princípio geral[3], afectava necessariamente não só o entendimento político das relações internacionais como também excluía o carácter objectivo das obrigações dos Estados ou qualquer autoridade de "terceiros" (árbitros ou juízes internacionais) para dirimir eventuais conflitos. A natureza sinalagmática e subjectiva das obrigações internacionais veio a ser justamente posta em causa com o reconhecimento do carácter objectivo dos direitos do homem, impondo estes aos Estados obrigações, em relação aos indivíduos, decorrentes da dignidade humana e não resultantes de um acordo entre Estados.

Com efeito, para o juspositivismo, os Estados soberanos eram os únicos sujeitos de direito internacional, do qual estavam excluídos os indivíduos. No entanto, já Grotius sustentava que o "Direito das Gentes" regulava não só as relações entre os Estados como também as relações entre os Estados e os indivíduos. A contribuição do jusnaturalismo de Puffendorf e de Hobbes para a filosofia dos direitos do homem revelou-se de importância fundamental na imposição da sua concepção filosófica e dos seus valores.

Por outro lado, os sacrossantos princípios da competência nacional exclusiva no domínio da protecção dos indivíduos, bem como o princípio da não ingerência nos assuntos internos inerentes ao direito

---

[2] Miranda, J. – *Manual de Direito Constitucional*, tomo I, Coimbra, 1990, pág. 67.

[3] Majoros, F. – "Le régime de réciprocité de la Convention de Vienne et les réserves dans les Conventions de la Haye", in *Journal du Droit International*, n.º 1, Jan., Fev., Mar., 1974, pág. 83 e segts.

Introdução 17

internacional clássico, foram durante décadas um obstáculo à protecção internacional dos direitos do homem.

Estes factores, acrescidos das correntes juspositivistas, que excluem o indivíduo do direito internacional, opõem-se de algum modo à "internacionalização" dos direitos do homem, embora as Declarações de Direitos, primeira expressão jurídico-política dos direitos do homem, já existissem desde o século XVIII. A universalidade de tais direitos e a sua consagração em textos jurídicos, que pretendem vincular todos os Estados da comunidade internacional, constitui uma inovação, ou uma "invenção" na expressão de Bobbio[4], que levanta questões de fundo difíceis de ultrapassar.

A ideia da obrigação imposta ao Estado de respeitar os direitos elementares da pessoa humana remonta à filosofia grega, cujos princípios de justiça e de liberdade como fundamento da democracia foram desenvolvidos por Aristóteles[5], embora num sentido diferente do actual. O Cristianismo, por seu turno, atribui, sem condições, dignidade à pessoa humana, criada à imagem e semelhança de Deus. Na Epístola aos Gálatas, S. Paulo afirma: "Não há judeu, nem grego, não há escravo nem homem livre, não há homem nem mulher: todos vós sois um só em Cristo"[6]. Ao contrário do pensamento grego que distinguia claramente os gregos e os bárbaros, os cidadãos e os não cidadãos, na doutrina cristã "todos são filhos do mesmo Deus". A ideia do universalismo viria a ser reforçada pela defesa dos direitos dos Índios desenvolvida pelo dominicano Las Casas e ainda pela submissão universal ao direito natural, ou seja, à Igreja e aos seus valores, na linha dos jusnaturalistas Vitoria e Suarez[7].

Com efeito, no plano político-filosófico os direitos atribuídos ao indivíduo tinham já a pretensão da universalidade, pelo que, tal como afirma Virally, a principal inovação nesta matéria, feita após a Segunda Guerra Mundial e em parte como sua consequência, será a sistematização e a "catalogação" de um conjunto de direitos a respeitar, bem como o lugar que lhe é atribuído no ordenamento jurídico internacional[8].

---

[4] Bobbio, N. – "I diritti dell'uomo oggi" in *I diritti dell'uomo,* anno II, n.º 2, Maio-Agosto, 1991, pág. 7.

[5] Ténékides, G. – "La Cité d'Athènes et les droits de l'homme", in *Mélanges Wiarda,* Colónia, 1988, pág. 605 e segts.

[6] Epístola aos Gálatas, III, 17.

[7] Haarscher, G. – *Philosophie des Droits de l'Homme,* 3.ª ed., Bruxelas, 1991, pág. 77 e segts.

[8] Virally, M. – "Panorama du Droit International Contemporain", in *R.C.A.D.I.,* Tomo 125, 1983, pág. 125 e segts.

Assim, a protecção jurídico-internacional dos direitos do homem constitui a grande originalidade do direito internacional da segunda metade do século XX, pois assiste-se mesmo à alteração da sua natureza[9]. O aparecimento do indivíduo como sujeito de direito internacional, bem como a questão da fronteira entre o direito interno e o direito internacional, atingem o cerne do dogma da soberania do Estado e das relações de subordinação existentes entre o Estado e os seus súbditos, que constituíam a base do direito internacional clássico.

As preocupações da comunidade internacional na protecção jurídica dos direitos do homem concretizam-se, no final do século passado, nas convenções de direito humanitário dos conflitos armados, e, após a Primeira Guerra Mundial, no chamado "direito das minorias". Cabe notar que em ambos os casos a elaboração de normas de protecção de certas categorias de indivíduos se fazia por razões políticas e para salvaguardar a paz, e não propriamente para proteger seres humanos das arbitrariedades do poder.

A Segunda Guerra Mundial e as graves violações dos direitos do homem que a precederam e acompanharam, foram o "choque decisivo" para a consagração da protecção dos direitos do homem no direito positivo, primeiro na própria Carta das Nações Unidas e na Declaração Universal dos Direitos do Homem, e, mais tarde, em instrumentos juridicamente vinculativos que exigem a ratificação e o consequente cumprimento pelos Estados partes. No entanto, a paz e a democracia são os pressupostos de uma efectiva protecção dos direitos do homem, tanto na comunidade internacional como em cada Estado individualmente considerado. Aliás, os ideais da paz perpétua não podem ser prosseguidos sem uma progressiva "democratização" do sistema internacional[10], de modo a permitir um eficaz e credível sistema de fiscalização.

Paralelamente, e talvez pela dificuldade em "universalizar" tais princípios e normas, desenvolveram-se a nível regional movimentos para elaborar textos jurídicos que vinculassem certos Estados, unidos pela sua condição geográfica de proximidade e pela similitude de concepções jurídico-filosóficas. Este esforço de codificação surgiu assim no âmbito das organizações internacionais regionais que elaboraram instrumentos jurídicos mais ou menos vinculativos, os quais não só consagravam um conjunto de direitos como também criaram – e isso constituiu a sua principal originalidade – um mecanismo de controlo ao

---

[9] Virally, *op. cit.*, pág. 123 e segts.
[10] Bobbio, *op. cit.*, pág. 7 e segts.

Introdução 19

qual podiam aceder os Estados e os indivíduos vítimas de violações desses direitos. É certo que nem sempre a sua aplicação se revelou visivelmente eficaz, mas significou, sem dúvida, um enorme progresso na moderna Ciência do Direito.

No continente europeu, os horrores vividos durante a Segunda Guerra Mundial propiciaram, de certo modo, a criação de mecanismos de defesa contra as arbitrariedades do poder político. A Convenção Europeia dos Direitos do Homem representa, nesse contexto, um compromisso entre os princípios jurídicos continentais e os anglo-saxónicos que não apresenta incompatibilidades de fundo com qualquer deles, embora os seus órgãos de aplicação nacionais ou europeus sejam obrigados a um certo esforço de adaptação. Dado que a Convenção atinge, em parte, poderes de soberania dos Estados partes, foi necessário prever mecanismos de "modulação das obrigações dos Estados"[11], dos quais se salienta a possibilidade de formular reservas para tornar possível uma larga participação dos membros do Conselho da Europa.

A questão das reservas constitui, certamente, um dos mais controversos problemas do direito internacional deste século. Qualificado por Lauterpacht de "baffling"[12], o problema das reservas, associado aos mecanismos internacionais de direitos do homem, revela-se de uma grande complexidade. Os conceitos do direito privado, designadamente do direito romano, que durante muitos séculos regeram as relações entre os Estados, foram ultrapassados progressivamente. O direito dos tratados, que se assemelhava ao direito dos contratos, exigia naturalmente o consentimento de todas as partes para a celebração e alteração de tratados ou acordos concluídos entre Estados. Porém, a evolução das relações internacionais veio trazer ao direito internacional elementos novos, tais como a criação de organizações internacionais universais e regionais, que desenvolveram as relações multilaterais e, consequentemente, a elaboração de tratados. No domínio dos direitos do homem tal prática institucionalizou-se e revelou um relativo sucesso, para o qual contribuíram os órgãos criados pelas próprias convenções. A sua interpretação e apreciação alteraram profundamente a problemática das reservas, pois a possibilidade do respectivo controlo deixou de ser exclusivamente da competência dos Estados e passou a poder ser conhecida por órgãos jurisdicionais ou parajurisdicionais.

---

[11] Sudre, F. – *La Convention européenne des Droits de l'homme*, Paris, 1990, pág. 20 e segts.

[12] Lauterpacht, H. – *Report of the Law of Treaties,* CDI, 1953, pág. 4 e segts.

São estes novos dados do problema da protecção internacional dos direitos do homem que nos propomos abordar, pois a problemática das reservas conheceu recentemente novos desenvolvimentos que não foram ainda estudados na doutrina portuguesa. A especificidade das normas de direito internacional dos direitos do homem impõe, em nossa opinião, um regime próprio de admissibilidade de reservas que deveria conduzir mesmo à sua futura proibição.

No caso da Convenção Europeia dos Direitos do Homem as reservas são apenas admissíveis nos casos de contradição com normas de direito interno, o que constitui, para a época da sua elaboração, um progresso considerável. Assim, os Estados não podem negar-se a cumprir as obrigações decorrentes da Convenção por razões de natureza política, nem tão-pouco por invocação do princípio da reciprocidade. Acresce que o Estado português, ao formular um elevado número de reservas à Convenção Europeia dos Direitos do Homem, suscitou, na doutrina estrangeira, algumas observações e comentários que convém analisar à luz de um catálogo constitucional dos mais completos da Europa, mas cuja efectiva protecção suscita inúmeras reflexões da doutrina e da jurisprudência.

Importa ainda referir que o nosso estudo se insere no âmbito da disciplina do direito internacional dos direitos do homem e não aborda a questão no âmbito do direito constitucional comparado, embora lhe faça necessariamente algumas referências.

PARTE I

A teoria geral da reserva
e as suas implicações
no Direito Internacional dos Direitos do Homem

CAPÍTULO I – **Teoria geral da reserva**

1. A reserva em Direito Internacional Público

    1.1. conceito de reserva
    1.2. Fundamentos das reservas
    1.3. Figuras afins das reservas

2. Evolução histórica

    2.1. A prática da Sociedade das Nações
    2.2. O sistema pan-americano
    2.3. O Parecer do Tribunal Internacional de Justiça sobre as *Reservas à Convenção do Genocídio* e suas consequências
    2.4. As reservas na Convenção de Viena sobre o Direito dos Tratados

3. A interpretação dos tratados e a sua aplicação à teoria geral das reservas
4. A natureza jurídica das reservas

CAPÍTULO I – Teoria geral da reserva

1. A RESERVA EM DIREITO INTERNACIONAL PÚBLICO

A faculdade atribuída aos Estados de formular reservas aos tratados insere-se na problemática mais vasta do que, na terminologia anglo-saxónica, se designa por *"treaty-making power"*, poder que, durante séculos era atribuído exclusivamente ao órgão executivo. Assim, o *jus tractum* é um atributo da soberania, embora, ao criar obrigações para os Estados, os tratados constituam, em parte, uma fonte de limitação das suas competências[13]. Como afirmava o Tribunal Permanente de Justiça Internacional, "a conclusão de um tratado não constitui um abandono de soberania (...)", pois "a faculdade de contrair obrigações internacionais é precisamente um atributo da soberania do Estado"[14].

Pela própria natureza das coisas, o titular do poder executivo não participava directamente na elaboração dos textos, pelo que a conclusão dos tratados se processava em várias fases de forma a que o monarca pudesse verificar o cumprimento das instruções. Na época da monarquia absoluta a negociação era exercida pelos plenipotenciários, em nome do monarca, e obedecia a estritas instruções expressas em cartas de plenos poderes, a que se seguia a assinatura. A ratificação ou aprovação pelo rei, sem intervenção de qualquer outro órgão do Estado, servia para fiscalizar o conteúdo do tratado e exprimia a vinculação definitiva do soberano[15]. Estas fases eram assim diferidas no tempo e perduraram até aos nossos dias com algumas modificações tendentes a simplificar o processo.

O despontar do Estado Liberal e a atribuição do poder legislativo a uma assembleia representativa dos cidadãos veio alterar alguns aspectos desta prática. Nos Estados de regimes representativos os

---

[13] Quoc Dinh/Dailler, P./Pellet, A. – *Droit International Public*, 4.ª ed., Paris, 1992, pág. 117.

[14] TPJI, Acórdão *Wimbledon,* de 17 de Agosto de 1923, *Recueil*, Série A, n.º 1, pág. 25.

[15] Quoc Dinh, *op. cit.,* pág. 128 e segts.

parlamentos passaram a intervir no processo de conclusão dos tratados, que deixou assim de ser prerrogativa exclusiva do monarca.

A regra *pacta sunt servanda* impõe aos Estados partes, num instrumento jurídico internacional, a obrigatoriedade das suas normas, mas o próprio direito internacional exige que cada Estado exprima através de um acto individual, a sua aceitação das disposições de um tratado. O direito internacional inclui ele próprio algumas exigências processuais na conclusão dos tratados, mas é sobretudo o direito constitucional de cada Estado que indica os órgãos competentes para vincular internacionalmente o Estado[16].

Ora, a evolução das relações internacionais ultrapassou as simples relações bilaterais entre Estados e desenvolveu as chamadas conferências internacionais que vieram, mais tarde, a dar origem a organizações internacionais universais e regionais institucionalizadas, em cujo âmbito se passam a elaborar os chamados tratados multilaterais. Os mecanismos de adopção das normas dos tratados multilaterais impõem normalmente a regra da maioria, que permite concluir uma negociação sem que um Estado ou grupo de Estados possa bloquear o processo. Esta técnica, que torna possível a aprovação de um texto cujas disposições são aceitáveis pela maioria dos Estados participantes na negociação, implica uma de duas soluções[17]: ou apenas subscrevem o tratado os Estados que aceitaram a totalidade das suas normas, o que reduz obviamente o número de participantes, ou permite-se que todos os Estados possam ser partes mas apondo reservas às disposições que não aceitam.

O regime das reservas resulta do equilíbrio entre estas duas alternativas contraditórias e implica uma escolha de natureza política que, nas últimas décadas, evoluiu no sentido de se aceitar que os Estados que formulam reservas possam tornar-se partes nos tratados em prejuízo da sua integridade.

Com efeito, o problema das reservas levanta, desde logo, a questão de princípio da intangibilidade das disposições do tratado. Ao exprimir o seu consentimento de se vincular a um tratado, acrescido de reservas, o Estado altera os termos das normas convencionais. Na pureza dos princípios, e pressupondo que a elaboração de cada disposição requer a unanimidade ou, pelo menos, o consenso dos negociadores, qualquer tipo de alteração necessitaria do consentimento de todos

---

[16] Gonçalves Pereira/Fausto de Quadros – *Manual de Direito Internacional Público,* Coimbra, 1993, pág. 186.

[17] Combacau, J. – *Le droit des traités,* Paris, 1991, pág. 53 e segts.

os Estados partes. A alteração da natureza dos tratados multilaterais, bem como o alargamento das matérias objecto de acordos multilaterais, motivaram, de certa forma, a mudança de critérios na aceitação das reservas. Assim, até ao século XIX, os tratados, mesmo multilaterais, tinham essencialmente carácter contratual, mas, no final do século e sobretudo após a Segunda Guerra Mundial, a maioria dos tratados multilaterais passou a ter natureza legislativa ou normativa, pelo que também o modo de formulação e aceitação das reservas sofreu algumas modificações.

Não podemos deixar de mencionar, como passo histórico fundamental para o entendimento das reservas no direito internacional público, o Parecer do Tribunal Internacional de Justiça relativo às *Reservas à Convenção para a Prevenção e Repressão do Genocídio*[18], ao qual dedicaremos especial atenção na parte histórica deste trabalho.

Merecem ainda destaque os factores decorrentes da própria evolução da comunidade internacional. Assim, o aumento do número de Estados membros alterou substancialmente as relações entre as partes num tratado. Por outro lado, a existência de organizações internacionais veio trazer uma certa estabilidade e disciplina aos processos de assinatura e ratificação dos instrumentos jurídicos. A opção entre a integridade dos tratados e a participação alargada dos Estados fundamentou também as alterações ao direito dos tratados, designadamente na parte relativa às reservas. No mesmo sentido, a jurisprudência do Tribunal Internacional de Justiça e o movimento de codificação do direito internacional levado a cabo pela Comissão do Direito Internacional da Organização das Nações Unidas contribuíram, de modo decisivo, para a criação de normas jurídicas positivas sobre a matéria.

Assim, a generalização e o aumento dos tratados multilaterais tornaram corrente a formulação de reservas, provenientes tanto dos Governos como dos Parlamentos. O Senado norte-americano distinguiu-se particularmente nesta matéria, pois a sua Comissão dos Negócios Estrangeiros elaborou por vezes reservas tão numerosas que esvaziam o conteúdo dos tratados tornando difícil, se não impossível, a sua ratificação. Por outro lado, os tratados negociados por um reduzido número de países, aos quais aderem posteriormente outros Estados, que não participaram na sua elaboração, conduzem tendencialmente a um maior número de reservas.

---

[18] Parecer Consultivo de 28 de Maio de 1951, in *Cour Interrnational de Justice, Recueil*, 1951, pág. 4 e segts.

No entanto, não é apenas através das reservas que os Estados tentam limitar as obrigações decorrentes dos tratados. Logo durante a elaboração do próprio texto os representantes dos Estados podem procurar de algum modo restringir os efeitos de algumas das disposições convencionais. Assim, as definições utilizadas nos tratados, o âmbito da sua aplicação e as próprias excepções neles previstas revelam-se igualmente cláusulas restritivas em relação às obrigações convencionais e ao seu efeito obrigatório. As chamadas cláusulas *rebus sic standibus* que se incluem, por vezes, no articulado dos tratados ou se admitem como regra de direito internacional são um dos exemplos clássicos dessas derrogações expressamente autorizadas.

É no momento da manifestação de vontade de vinculação aos tratados multilaterais que surge o problema das reservas. Elas resultam, sobretudo nos casos de participação alargada dos Estados, da impossibilidade de se chegar a um acordo de compromisso durante as negociações. Mas as reservas podem também ter por fundamento a verificação *a posteriori* da incompatibilidade das disposições do tratado com a legislação interna, que o legislador não pode, ou não quer, modificar. Outras vezes as reservas são formuladas por razões mais políticas que jurídicas para tornar aceitável o tratado perante a opinião pública interna, ou mesmo por mudança da maioria parlamentar que ratifica o tratado, a qual poderá ser de tendência política oposta ao governo que negociou previamente o tratado. Nestes casos as reservas permitem aos Estados tornar-se parte, em lugar de rejeitarem a totalidade do tratado. Na fase de execução de um tratado, e inspirado na teoria geral dos contratos, um outro modo de escapar ao efeito obrigatório dos tratados consiste na chamada *exceptio non adimpleti contratus,* que permite invocar o incumprimento ou a violação do tratado, por parte de outro Estado, para justificar o não cumprimento das suas normas[19].

Cabe notar que, sob o ângulo do direito internacional, o princípio da superioridade dos tratados em relação à lei interna vem sendo reconhecido desde o TPJI até ao texto da própria Convenção de Viena sobre o Direito dos Tratados, pelo que as eventuais contradições deveriam, à primeira vista, fazer prevalecer as normas de direito internacional sem que fosse necessário formular reservas. Ora, para impedir

---

[19] Virally, M. – "Des moyens utilisés dans la pratique pour limiter l'effet obligatoire des traités", in *Les clauses échappatoires en matière d'instruments internationaux relatifs aux droits de l'homme* – 4.º Colóquio do Departamento de Direitos do Homem da Universidade de Lovaina, 1982, pág. 21.

Teoria geral da reserva

justamente esse primado e limitar as obrigações dele decorrentes os Estados utilizam o mecanismo das reservas, o qual evita as contradições na ordem jurídica e a necessidade de afastar a lei interna contrária ao direito internacional, o que, como é sabido, não se verifica nos Estados de tradição dualista.

Analisámos genericamente as reservas no direito internacional como uma característica específica dos tratados multilaterais. No entanto, uma observação preliminar se impõe a propósito dos tratados bilaterais, sobre os quais não se coloca habitualmente a questão das reservas, embora alguns casos raros sejam referidos pelos autores que estudaram a questão, designadamente nos Estados Unidos cujo Senado impôs várias vezes ao Executivo a formulação de reservas coincidentes com os limites da autorização parlamentar[20]. O Professor argentino Podesta Costa, que estudou as reservas no início dos anos 30, afirma que se formulam reservas nos tratados bilaterais, mas acrescenta que elas não têm nenhum interesse jurídico se a parte contrária assina sem fazer observações[21]. A doutrina refere habitualmente esta questão no sentido de a afastar do estudo das reservas, embora na prática a questão tenha surgido no passado em casos isolados. A título de exemplo indica-se o chamado *"Jay Treaty"* celebrado entre os Estados Unidos da América e a Inglaterra, em 1795, ao qual os Estados Unidos formularam uma reserva[22]. Assim, se um Estado formulasse uma reserva a um tratado bilateral tal facto equivaleria a uma nova proposta que implicaria a reabertura das negociações entre os dois Estados. Parece-nos, na linha de Guggenheim, que as reservas neste tipo de tratados implicam a invalidade total, e não apenas unilateral, da norma objecto de reserva[23]. Caso os Estados chegassem a acordo o tratado seria revisto, mas no caso contrário não haveria tratado[24].

É certo que a elaboração dos tratados multilaterais se inspirou durante décadas, na doutrina civilista dos contratos, para a qual eles instituem um "feixe de obrigações" às quais os Estados só se poderiam

---

[20] Combacau, J./Sur, S. – *Droit international public*, Paris, 1993, pág. 134.

[21] Podesta Costa, Luís – "Les réserves dans les traités internationaux", in *Revue de Droit International*, 1938, pág. 10 e segts.

[22] Horn, F. – *Reservations and Interpretative Declarations to Multilateral Treaties,* Amsterdão, 1988, pág. 7.

[23] Guggenheim, Paul – *Traité de Droit Intrenational Public,* Tomo I, Genebra, 1953, pág. 78.

[24] Nisot, J. – "Les réserves aux traités et la Convention de Vienne du 23 mai 1969", in *R.G.D.I.P.,* n.° 77, 1973, pág. 201.

vincular se subscrevessem a totalidade das obrigações. Com a formulação de reservas estabelecem-se várias categorias de relações jurídicas e cria-se uma pluralidade de regimes jurídicos produzindo efeitos simultaneamente[25].

Finalmente não podemos deixar de referir, muito sinteticamente, a questão das reservas no direito comunitário, o qual, apesar da sua especificidade, foi criado por tratados clássicos de direito internacional[26]. A sua opção pelo afastamento genérico das reservas não é original, pois já existia nas convenções da Organização Internacional do Trabalho que eram consideradas incompatíveis com a finalidade da Organização. Porém, os Tratados que instituíram as Comunidades Europeias incluíram no seu articulado as chamadas cláusulas de salvaguarda, que constituem, no fundo, uma evolução das reservas tradicionais[27], justificadas pelo próprio "estádio superior" do direito comunitário em relação ao direito internacional público[28]. Embora este tipo de cláusulas já existisse no âmbito de instrumentos jurídicos internacionais de cooperação económica, o direito comunitário utilizou-as nos seus tratados instituitivos, de que o artigo 226.º do Tratado de Roma é exemplo, pois estabelece uma cláusula de salvaguarda geral destinada a enfrentar dificuldades graves susceptíveis de persistir durante um determinado período de tempo. Este tipo de disposições visa assegurar as condições propícias ao funcionamento do tratado, de forma a tornar flexível a sua aplicação[29].

Por outro lado, os tratados poderão incluir "declarações" cuja função é "adaptar" algumas normas dos tratados às situações específicas dos Estados, cujo conteúdo está por vezes bem próximo das reservas pelo que a distinção nem sempre é fácil[30].

No Tratado sobre a União Europeia incluíram-se em anexo, logo no momento da assinatura, a 7 de Fevereiro de 1992, várias declarações de tipo interpretativo e protocolos de tipo limitativo. Uma dessas

---

[25] Draghici, M./Draghici, G. – "Réserves aux traités internationaux", in *Analele Universitii Bucaresti*, n.º 32, 1983, pág. 30.

[26] Quadros, Fausto de – *Direito das Comunidades Europeias e Direito Internacional Público*, Lisboa, 1984, pág. 24 e segts.

[27] Gori, P. – *Les clauses de sauvegarde des Traités C.E.C.A. et C.E.E.*, Luxemburgo, 1965, pág. 30 e segts.

[28] Quadros, *op. cit.*, pág. 181 e segts.

[29] Manin, A. – "Les clauses de sauvegarde", in *R.T.D.E.*, 6, 1970, n.º 1, pág. 3 e segts.

[30] Gonçalves Pereira/Fausto de Quadros, *op. cit.*, pág. 236 e segts.

declarações inclui uma cláusula de exclusão, ou de não participação (*"opting out"*), do Reino Unido na política prevista na Carta Social de 1989 (14.° Protocolo). Mais tarde a Dinamarca anunciou que a sua ratificação incluiria declarações no sentido de excluir a sua participação no sistema monetário europeu e na política de defesa. Estas "reservas"[31] foram "aceites" numa Decisão dos Chefes de Estado e de Governo reunidos no Conselho Europeu de Edimburgo. A natureza jurídica destas declarações poderia ser objecto de um longo estudo, pois se as declarações formalizadas no momento da assinatura foram objecto de consenso e não levantam grandes dificuldades, já as declarações dinamarquesas, com vista à ratificação, podem ser qualificadas materialmente de reservas, o que, aliás, já aconteceu[32]. Não cabe no âmbito deste trabalho o aprofundamento da questão, embora não deixemos de reconhecer o seu interesse para os especialistas.

1.1. O conceito de reserva

Apesar das reservas existirem desde o século XIX, a sua análise jurídica foi durante muitos anos pouco estudada em profundidade. A própria Sociedade das Nações, não obstante ter elaborado o primeiro documento relativo à sua formulação, não analisou detalhadamente o problema. O primeiro estudo doutrinal sobre as reservas aos tratados foi elaborado por David Hunter Miller, conselheiro jurídico da delegação dos Estados Unidos nas conferências de paz de Paris[33], após a Primeira Guerra Mundial, que dariam origem ao Tratado de Versalhes, ao qual justamente o Senado viria a negar a ratificação no termo de um longo debate e de inúmeras propostas de reservas.

Importa desde já delimitar o termo "reservas" neste trabalho, o qual exclui as reservas às resoluções das organizações internacionais, que exprimem apenas a posição formal de um Estado em relação ao respectivo texto, de forma a que o silêncio não possa vir a ser interpretado como aquiescência[34]. Por outro lado afasta-se também do

---

[31] Termo usado por Nguyen Van Tuong – "Les réserves apportées au Traité sur l'Union européenne signé à Maastricht le 7 février 1992", in *Recueil Dalloz*, 10 de Fevereiro de 1994, pág. 51 e segts.

[32] Idem, pág. 52.

[33] Miller, David Hunter – *Reservations to Multilateral Treaties,* Washington, 1919.

[34] Flauss, J.F. – "Les réserves aux résolutions des Nations Unies", in *R.G.D.I.P.*, 1981, pág. 6 e segts.

nosso estudo a expressão "adere sob reserva de ratificação", que utiliza o termo impropriamente, pois exprime não uma manifestação de vontade, mas apenas uma intenção de aderir, sem efeitos jurídicos próprios [35].

Não iremos aqui analisar as inúmeras definições relativas ao conceito de reserva propostas pela doutrina, pois a dimensão do trabalho e sobretudo o seu objecto não permitem uma análise exaustiva. No entanto algumas dessas definições merecem a nossa atenção, não só pela importância dos seus autores como também pela influência que tiveram na evolução do direito internacional.

Assim, Anzilotti entendia que as reservas serviam para indicar a declaração de vontade pela qual um Estado, que aceita um tratado no seu conjunto, exclui do seu consentimento determinadas disposições, às quais não estará vinculado [36]. Segundo o mesmo autor italiano, as reservas são consideradas *"dichiarazioni accessorie"* e definidas como declarações de vontade pelas quais o Estado, embora aceitando o tratado no seu conjunto, exclui a aceitação de certas disposições às quais não estará vinculado [37]. Como é sabido, Anzilotti não considerava o direito internacional hierarquicamente superior ao direito interno, pelo que as reservas evitariam o problema da responsabilidade internacional de um Estado por incumprimento de uma norma de um tratado devido à contradição com o direito interno. Esta definição apenas refere a exclusão da aceitação, mas, como vimos atrás, as reservas também podem limitar e, até mesmo, modificar os efeitos das disposições convencionais.

Podemos, por outro lado, destacar, na doutrina francesa, a definição de Rousseau [38], segundo a qual "a reserva é uma declaração feita por um Estado, no momento da assinatura ou da ratificação de um tratado, da adesão ou da aceitação de uma disposição ligada a um tratado anterior, pela qual um Estado enuncia a sua vontade: 1.º, de excluir para si próprio algumas disposições desse texto; 2.º, de não aceitar certas obrigações que dele resultam; 3.º, de precisar o sentido que pretende atribuir ou a todas as disposições do texto ou a parte delas". Acrescenta este eminente internacionalista que se trata de uma

---

[35] Azevedo Soares, A. – *Lições de Direito Internacional Público*, 4.ª ed., Coimbra, 1988, pág. 164.

[36] Citado *in* Horn, *op. cit.*, pág. 34.

[37] Anzilotti, D. – *Corso di Diritto Internazionale*, vol. 1, 4.ª ed., Pádua, 1964, pág. 334.

[38] Rousseau, Charles – *Droit International Public*, I tomo, Paris, 1970, pág. 119 (a tradução é nossa).

Teoria geral da reserva 33

"limitação unilateral" por parte de um Estado, pelo que exclui o carácter condicional que alguma doutrina atribui às reservas.

Na doutrina anglo-saxónica merece destaque a definição enunciada em 1935 pelo *Harvard Draft on the Law of Treaties*[39], na qual se presume que as reservas constituem uma clara condição para a participação de um Estado num tratado, ou seja, que não são apenas uma declaração unilateral mas uma verdadeira condição. Este entendimento é, aliás, partilhado pelo suíço Kappeler[40], que acrescenta que cada reserva cria mesmo um regime especial para cada Estado parte. Julgamos, porém, que esta posição suscita desde logo objecções de princípio, pois, tal como afirma Horn, nenhum sistema de normas, como seja um tratado, coexiste com um ou vários sistemas divergentes.

Actualmente a generalidade dos manuais de língua inglesa adopta, sem hesitações, a definição da Convenção de Viena[41].

Na doutrina portuguesa anterior à Convenção de Viena são raras as referências às reservas. No entanto as *Lições* do Prof. Afonso Queiró[42], incluem a reserva na categoria dos actos unilaterais no âmbito das fontes de direito. Sublinha ainda o mesmo autor a cisão de um tratado objecto de reservas entre a vinculação dos Estados que não formularam reservas e a dos Estados que as formularam[43].

Recentemente, o *Manual,* dos Professores Gonçalves Pereira e Fausto Quadros, define a reserva como a *"declaração feita por um Estado no momento da sua vinculação a uma convenção, da sua vontade de se eximir de certas obrigações dela resultantes ou de definir o entendimento que dá a certas, ou a todas, dessas obrigações".* Acrescenta que as reservas são um *"elemento de particularismo da situação do Estado perante a convenção"*[44]. Como é visível os autores não lhe atribuem carácter condicional nem integram as reservas no próprio tratado.

Verifica-se que, após a conclusão da Convenção de Viena sobre Direito dos Tratados, em 1969, a qual inclui, como veremos em

---

[39] Citado *in* Horn, *op. cit.* pág. 35.

[40] Kappeler, D. – *Les réserves dans les traités internationaux*, Basileia, 1958, pág. 16.

[41] Brownlie, I. – *Principles of Public International Law*, 4.ª ed., 1992, pág. 608 e segts.; e Oppenheim – *International Law*, 9.ª ed., Bath, 1992, pág. 1241 e segts.

[42] Queiró, Afonso – *Lições de Direito Internacional Público*, polic., Coimbra, 1960, pág. 164.

[43] Idem, pág. 86 e segts.

[44] Gonçalves Pereira/Fausto de Quadros, *op. cit.,* pág. 231 e segts.

seguida, uma definição de reserva, a doutrina passou fundamentalmente a comentar o seu conteúdo, pelo que as definições se tornam mais raras. O próprio Tribunal Europeu dos Direitos do Homem a utiliza, embora não a mencione expressamente[45]. Assim, sem prejuízo da análise posterior do regime das reservas na Convenção de Viena, cabe neste momento analisar a definição proposta no seu artigo 2.º, n.º 1, alínea *d*), segundo o qual "a expressão 'reserva' designa uma declaração unilateral, qualquer que seja o seu conteúdo ou a sua designação, feita por um Estado quando assina, ratifica, aceita ou aprova um tratado ou a ele adere, pela qual visa excluir ou modificar o efeito jurídico de certas disposições do tratado na sua aplicação a este Estado"[46].

Apesar das críticas, esta definição reuniu um largo consenso entre os internacionalistas que a adoptaram nos seus estudos[47]. Tornou mais uniforme a utilização do termo "reserva" e constitui, pela própria natureza da Convenção, um ponto de partida para o seu estudo e mesmo para o "legislador" internacional. De qualquer modo não estão excluídas outras definições, pois o corpo do n.º 1 do artigo 2.º refere expressamente que ela vigora "para os fins da presente Convenção". A Convenção optou pela atribuição às reservas de carácter jurídico declarativo, pois inclui-as nas declarações unilaterais das quais se distinguem por excluir ou modificar efeitos de uma disposição na sua aplicação ao Estado que as formula. No entanto, apesar do seu carácter unilateral, a produção de efeitos não decorre directamente da apresentação de reservas por um Estado, pois elas apenas exprimem a vinculação aos efeitos de uma norma de um tratado, independentemente dos outros Estados partes[48]. Por outro lado, tal opção revela que as reservas não fazem parte integrante do tratado e, ainda, que estão excluídas as declarações unilaterais feitas por ocasião da conclusão dos tratados, nas quais os Estados exprimem posições políticas de fundo sobre o tratado[49].

---

[45] Edwards Jr, Richard W. – "Reservations to Treaties", *in Michigan Journal of International Law*, 10, 1989, n.º 2, pág. 369 e segts.

[46] Citamos a tradução proposta *in* Gonçalves Pereira – *Curso de Direito Internacional Público*, 2.ª ed., Lisboa, 1972, que será adoptada na versão portuguesa no processo de ratificação em curso, conforme autorização do autor.

[47] Na doutrina portuguesa, *vide* Miranda, Jorge – *Direito Internacional Público – I, Faculdade de Direito de Lisboa*, 1991, polic. pág. 130; e ainda Azevedo Soares, *op. cit.* pág. 164 e segts.

[48] Horn, *op.cit.*, pág. 44 e segts.

[49] Tomuschat, C. – "Admissibility and Legal Effects of Reservations to Multilateral Treaties", in *ZaöRV*, n.º 27, 1967, n.º 3, pág. 465 e segts.

A expressão *"qualquer que seja o seu conteúdo ou a sua designação"* faz prevalecer o critério material sobre o formal, na apreciação das reservas, ou seja, o que importa é a intenção[50] do seu autor de excluir ou modificar os efeitos das normas dos tratados, questão cujo significado abordaremos a propósito das declarações interpretativas.

Os momentos dessa formulação descritos na definição não cobrem todas as hipóteses possíveis, pois alguns tratados permitem reservas em qualquer momento, antes ou depois da ratificação, o que atribui, naturalmente, alguma incerteza às partes[51]. A escolha da formulação de reservas no momento da assinatura ou da ratificação é essencialmente uma questão de direito interno, pelo que não a iremos aqui desenvolver. Apenas referiremos que as reservas podem ser apresentadas no momento da assinatura, devendo ficar registadas na acta ou protocolo de assinatura, ou no momento da ratificação ou, mais precisamente, do depósito do instrumento de ratificação do qual é lavrada uma acta onde constam as reservas apresentadas, que serão posteriormente comunicadas aos outros Estados partes. O mesmo regime das reservas formuladas no momento da ratificação deve ser aplicado às reservas apresentadas aquando da "adesão", pois não existem distinções entre os dois momentos em matéria de reservas[52].

Com efeito, o último momento de formular reservas é justamente o da ratificação, na qual o Estado formaliza o seu consentimento expresso de se tornar parte num tratado. A este propósito merece aqui referência, pela importância que tem para este trabalho, o entendimento do Tribunal Interamericano dos Direitos do Homem, no seu Parecer consultivo em 1983[53], que interpretou o artigo 2.º, n.º 1 *d*), conjugado com o artigo 19.º da Convenção de Viena, no sentido de rejeitar, após a ratificação, a interpretação alargada de uma reserva. O Tribunal vai mesmo ao ponto de afirmar que a imposição feita, pela Guatemala, de uma determinada interpretação de uma reserva, após a ratificação, poderia levar a concluir que o Estado é o único árbitro da extensão das obrigações internacionais decorrentes das reservas, circunstância que o Tribunal claramente rejeita.

---

[50] Ruda, "Efectos juridicos de las reservas a los tratados multilaterales" in *Anuario Juridico Interamericano,* 1982, Int/L, I, pág. 7.

[51] Convenção de Varsóvia sobre o Transporte Aéreo (artigo 26.º).

[52] Bishop, Jr, William W. – "Reservations to Treaties" in *R.C.A.D.I.,* 1961, II, pág. 252 e segts.

[53] Parecer consultivo *Restrições à Pena de Morte,* OC-3/83 de 8 de Setembro de 1983, in *Annual Report of the Interamerican Court of Human Rights,* 1984, pág. 12 e segts.

No entanto, o carácter condicional das reservas ganhou ultimamente alguma relevância, pois foi o critério utilizado para considerar certas declarações interpretativas como reservas, cuja formulação é condição *sine qua non* para o Estado se tornar parte no tratado[54]. Ora esta questão não foi praticamente debatida durante a elaboração da Convenção de Viena, cujos trabalhos estavam polarizados pelo problema do regime de admissibilidade das reservas[55]. Mas o problema surge sempre que se põe em causa a validade das reservas, ou, melhor, na questão de saber até que ponto se pode fazer "tábua rasa" do seu conteúdo, ou considerar o seu conteúdo, uma vez aceite, mesmo tacitamente, como uma cláusula do próprio tratado.

1.2. **Fundamentos das reservas**

À luz de uma doutrina positivista voluntarista podemos tentar explicar o fundamento das reservas sob uma perspectiva de uma declaração de vontade, ou, melhor, de uma divergência entre declarações de vontade. Assim, a aceitação de um tratado no momento da conclusão das negociações e a formulação de uma reserva podem revelar--se, *a priori*, declarações de vontade contraditórias. No entanto trata-se de um problema de direito interno, geralmente de natureza orgânica, que não compete tradicionalmente ao direito internacional. A competência para emitir declarações de vontade em nome de um Estado presume-se e, como refere Anzilotti[56], não é necessária a prova desta competência nem cabe aos outros Estados averiguá-la. Porém, o mesmo autor italiano sublinha, aliás de acordo com a sua lógica dualista, que o direito internacional não pode aceitar a "vontade declarada" de um Estado se ela não estiver de acordo com a Constituição, fazendo mesmo intervir o princípio da responsabilidade em caso de conflito.

Seguindo esta lógica, podemos considerar que as reservas resultam muitas vezes de diferenças de entendimento das ordens jurídicas

---

[54] Decisão arbitral de 30 de Junho de 1977, *Delimitação da Plataforma Continental, França c/Reino Unido*, publicada in *Recueil des Sentences Arbitrales*, vol. XVIII (1977), pág. 3 e segts.

[55] Imbert, P.H. – "La question des réserves dans la Décision Arbitrale du 30 juin 1977 "relativa" À la délimitation du Plateau Continental entre la République Française et le Royaume-Uni de Grande Bretagne et d'Irlande du Nord", in *A.F.D.I.*, 1978, pág. 58.

[56] Anzilotti, D – "Volontà e Responsabilità nella stipulazione dei trattati internazionali", in *R.D.I.*, Anno V, fasc. 1-2, 1910, pág. 39.

entre os negociadores dos tratados e os órgãos internos, tanto parlamentares, como executivos. O desconhecimento ou a interpretação errónea das normas internas levam os negociadores a aceitar disposições internacionais cuja constitucionalidade ou legalidade pode ser discutível e, como tal, dar origem à formulação de reservas para preservar a harmonia na ordem jurídica interna, caso o legislador não pretenda alterar as normas internas.

Autores há que contestam a própria possibilidade de formular reservas ou, melhor, que lhe atribuem carácter acidental ou excepcional, não devendo tornar-se uma prática habitual na conclusão dos tratados[57]. Em todo o caso as reservas serão sempre um elemento de particularismo que estabelece um regime convencional em benefício de um Estado, que deixará assim de ser idêntico para todas as partes[58].

O papel tradicional e exclusivo do poder executivo, em matéria de vinculação dos Estados aos textos de direito internacional, está hoje algo posto em causa pelos órgãos legislativos que pretendem a atribuição de, pelo menos, um *"droit de regard"* sobre os tratados. Em outros casos é a própria Constituição que confere poderes específicos na matéria. Parece claro que a faculdade de formular reservas tem algum carácter político[59], mas as ordens jurídicas internas têm regimes muito variados nesta matéria que vão desde o simples dever de informação do Parlamento, por parte do Governo, como no caso italiano, até à própria competência parlamentar para formular reservas, como é o caso do Senado norte-americano. Porém, na generalidade dos Estados europeus, a formulação das reservas é proposta pelos órgãos técnicos da Administração Pública e apresentada pelo Governo durante o processo de aprovação.

1.3. Figuras afins das reservas

No âmbito das cláusulas limitativas das obrigações decorrentes das normas dos tratados podemos considerar que, para além das modalidades unilaterais consubstanciadas nas reservas e nas declarações interpretativas, as próprias disposições dos tratados podem ainda ser

---

[57] Podesta Costa, *op. cit.,* pág. 10.

[58] Bastid, S. – *Les traités dans la vie internationale*, Paris, 1985, pág 71.

[59] Monaco, R. – "Le riserve agli accordi internazionali a la competenza parlamentare", in *R.D.I.,* 1954, pág. 81.

afastadas por outras normas referidas no seu próprio articulado, sem que, no entanto isso possa constituir uma verdadeira reserva, mas sim uma cláusula consensual do próprio tratado. Tal aconteceu no Tratado de Versalhes, cujo artigo 287.º exclui a sua própria aplicação a alguns Estados, entre os quais Portugal e França. Tal como afirma Lord McNair, este método é a melhor forma de fazer o que numa fase posterior teria de ser feito através de uma reserva[60].

Um outro tipo de cláusulas que se poderão considerar afins das reservas são as chamadas cláusulas de salvaguarda, que, incluídas no próprio tratado, permitem suspender temporária ou definitivamente algumas das suas obrigações ou, por vezes, instituir um regime alternativo à regra geral do instrumento. É um processo utilizado no direito comunitário e no direito internacional económico para tornar mais flexíveis os regimes instituídos nos tratados.

As reservas devem, portanto, distinguir-se das cláusulas inseridas num tratado para limitar a aplicação de certas disposições a um Estado determinado e que constituem verdadeiras disposições convencionais que integram o tratado[61]. As limitações convencionais resultam do consenso entre os negociadores e podem dividir-se entre normais e excepcionais, incluindo-se nestas últimas tanto as cláusulas derrogatórias como as cláusulas de salvaguarda[62]. A distinção entre ambas não é sempre muito clara, embora se possa atribuir às primeiras um carácter excepcional e às segundas um carácter "especial" que, pelo facto de "abrirem falhas" no sistema, devem ter âmbito restrito. As diferenças entre as reservas e as cláusulas de salvaguarda revelam-se significativas. Para além das óbvias distinções entre o carácter unilateral das primeiras e a natureza consensual e temporária das segundas, as diferenças de fundo respeitam ao tipo de limitações que ambas podem fazer. Enquanto a reserva não pode, ou pelo menos não deve, em princípio, incidir sobre normas que afectem o "objecto e o fim do tratado", as cláusulas de salvaguarda podem justamente visar disposições essenciais do seu texto pois têm a função de remediar situações excepcionais e transitórias. Por outro lado, em termos formais, segundo a maioria da doutrina, as reservas não fazem parte dos tratados, enquanto que as cláusulas de salvaguarda estão incluídas no seu articulado ou em anexos[63].

---

[60] McNair – *The Law of Treaties*, Oxford, 1962, pág. 161.
[61] Oppenheim, *op. cit.*, pág. 1241 (nota 9).
[62] Gori, *op. cit.*, pág. 27 e segts.
[63] Gori, *op.cit.*, pág. 38 e segts.

Vimos acima o caso do Tratado de Maastricht, cujas declarações anexas encerram disposições limitativas da aplicação das suas disposições ou então foram objecto de uma Decisão do Conselho Europeu, as quais foram igualmente objecto de consenso entre os Estados partes.

A forma de afastar unilateralmente a vinculação das normas de um tratado não se reduz à formulação de reservas. Assim, a designação de "declaração interpretativa" foi muitas vezes utilizada pelos Estados para tentar afastar a disciplina das reservas. A fronteira entre as duas figuras é por vezes difícil de traçar, pois tanto as reservas em sentido material podem ser apelidadas pelos Estados de "declarações interpretativas" como também as declarações interpretativas podem ser apelidadas de reservas.

A doutrina e a jurisprudência têm debatido a questão largamente, dado que a prática dos Estados é muito variável e nem sempre obedece a critérios jurídicos. Na opinião de Rousseau [64], uma declaração interpretativa constitui tecnicamente uma reserva na hipótese em que ela não tenha por objecto restringir o âmbito das obrigações assumidas pelo Estado em causa. Alguns autores afirmam mesmo que as declarações interpretativas são um tipo de reservas pelas quais os Estados fixam a interpretação de uma ou mais disposições de um tratado [65], não lhe atribuindo autonomia conceptual.

Mas a opinião mais citada relativamente a esta questão é a do Professor canadiano McRae, cuja distinção entre declarações interpretativas simples e declarações interpretativas qualificadas foi adoptada pela generalidade dos autores e serve mesmo de referência à jurisprudência. No primeiro caso destinam-se a indicar a interpretação de uma ou várias disposições do tratado, e no segundo o Estado condiciona a sua ratificação ou adesão à aquiescência de uma determinada interpretação do tratado ou de parte dele [66].

Como vimos aquando da análise do artigo 2.º, n.º 1 d), da Convenção de Viena, o afastamento do critério formal da denominação das reservas e a consagração segundo alguns autores de um critério finalístico [67], torna mais difícil a distinção entre reservas e declarações interpretativas. Assim, ao incluir na definição de reserva a expressão *"qualquer que seja o seu conteúdo ou a sua designação"* a Convenção impõe que a

---

[64] Rousseau, *op. cit.*, pág. 119-120.

[65] Kappeler, *op. cit.*, pág. 13.

[66] McRae, D.M. – "The Legal Effect of Interpretative Declarations", in *B.Y.I.L.*, 1978, pág. 160 e segts.

[67] Tomuschat, *op. cit.*, pág. 465.

distinção entre as duas figuras não decorra da sua qualificação pelos Estados, mas sim da intenção do Estado no caso concreto[68], ou do fim prosseguido[69].

As consequências da distinção entre reservas e declarações interpretativas revelam-se importantes, pois o regime das objecções não se poderá aplicar às declarações interpretativas, na opinião de Bowett[70]. Segundo o mesmo autor, o único efeito de uma objecção será um conflito sobre a interpretação de uma disposição do tratado, a menos que este preveja um mecanismo de resolução de conflitos. Neste caso caberá ao tribunal apreciar a natureza da declaração, ou seja, determinar se se trata de uma reserva ou de uma declaração interpretativa, bem como concluir sobre os respectivos efeitos. Este tipo de questões não deve ser deixado ao critério das partes, antes ao juízo de uma entidade jurisdicional imparcial.

A hipótese das declarações interpretativas incluírem verdadeiras reservas é decerto a mais corrente, dado que deste modo os Estados "escapam" ao regime das reservas e aos seus efeitos jurídicos.

Algo de diferente se verificou no caso da Decisão Arbitral respeitante à Delimitação da Plataforma Continental, relativamente à reserva francesa ao artigo 6.º da Convenção de Genebra sobre a Plataforma Continental de 29 de Abril de 1958. Esta reserva foi alvo de uma objecção por parte do Reino Unido, sete meses após a ratificação francesa feita em 1965[71], ou seja antes da adopção da Convenção de Viena sobre o Direito dos Tratados. Dado que o regime desta última não era aplicável, a França entendia que a Convenção de Genebra não estaria em vigor entre os dois Estados por força da objecção britânica. O Tribunal não aceitou tal posição, nem tão pouco a do Reino Unido que argumentava perante o Tribunal que a declaração francesa não era uma verdadeira reserva mas sim uma "pura" declaração interpretativa. Segundo o governo britânico, a França quereria apenas exprimir preventivamente a sua concepção sobre as "circunstâncias especiais" do artigo 6.º da Convenção[72], relativa ao

---

[68] Ruda, *op. cit.*, pág. 106.

[69] Bowett, D.W. – "Reservations to Non-Restricted Multilateral Treaties", in *B.Y.I.L.*, Vol. 48 (1976-1977), pág. 69 e segts.

[70] Bowett, *op. cit.*, pág. 70.

[71] Zoller, E. – "L'Affaire de la Délimitation du Plateau Continental entre la République Française et le Royaume-Uni de Grande Bretagne et d'Irlande du Nord (Décision du 30 juin 1977)", in *A.F.D.I.*, 1977, pág. 365 e segts.

[72] Kühner, Rolf – "Vorbehalte und auslegende Erklärungen zur Europäischen Menschenrechtskonvention", in *ZaöRV*, Bd 42, Heft 1, 1982, pág. 64.

princípio da equidistância. O Tribunal Arbitral considerou que a reserva francesa era uma verdadeira reserva e ultrapassava o âmbito de uma simples declaração interpretativa, pois continha uma condição de exclusão da aplicação de parte do artigo 6.° que modificava os seus efeitos legais e era aplicável apenas na estrita medida que a reserva previa, tal como prevê o n.° 3 do artigo 21.° da Convenção de Viena.

Desta interpretação conclui Elizabeth Zoller que a distinção entre uma reserva e uma declaração interpretativa tende a fazer-se com base nos efeitos produzidos, e a aplicação ou não aplicação das respectivas disposições do Tratado depende da intenção do Estado que faz a objecção[73].

Em suma, parece-nos de subscrever a opinião de McRae segundo a qual o Estado que apenas visa evitar uma interpretação incorrecta de uma disposição convencional faz uma declaração interpretativa simples. Se o Estado impõe como condição a aceitação de determinada interpretação das disposições do tratado estamos perante uma declaração interpretativa qualificada, que deve ser equiparada a uma reserva. Naturalmente que os outros Estados partes poderão fazer objecções, as quais servirão para diminuir os seus efeitos[74]. Assim, o carácter condicional das declarações interpretativas é considerado por boa parte da doutrina como um critério decisivo para as equiparar às reservas.

No âmbito das figuras afins das reservas merecem ainda referência as chamadas "cláusulas coloniais", que visam afastar a aplicação dos instrumentos jurídicos internacionais dos territórios sob domínio colonial ou que se possam equiparar. Apresentam também carácter unilateral e constituem igualmente uma limitação à aplicação das disposições convencionais. No entanto, numa versão mais moderna a que se pode chamar "reserva geográfica", o mesmo tipo de cláusula permite alargar a aplicação dos tratados a territórios em que os Estados partes asseguram as relações internacionais. A sua actualidade já será menor, mas a questão da aplicação territorial dos tratados levanta ainda alguma controvérsia, designadamente na Convenção Europeia dos Direitos do Homem que analisaremos no local próprio.

Os tratados elaborados no âmbito da OIT, que proíbem as reservas, permitem as "cláusulas coloniais" de modo a alargar a possibilidade de acesso às convenções laborais internacionais. O caso da Convenção do Ópio, de 1912, na qual o governo britânico declarou que a

---

[73] Zoller, *op. cit.,* pág. 371.
[74] McRae, *op.cit.,* pág. 172 e segts.

sua assinatura ou a denúncia seria feita separadamente em relação aos domínios e colónias[75], é também significativo das diferenças de aplicação.

Os territórios britânicos continuam a ser objecto deste tipo de cláusulas. Assim, a "reserva" do Reino Unido relativa à ilha de Man, no momento da ratificação do Pacto relativo aos Direitos Civis e Políticos, foi retirada em Maio de 1993. Em Março do mesmo ano o governo britânico comunicou ao Secretário-Geral das Nações Unidas a extensão às ilhas de Guernsey, Jersey e Man, Bermuda e Hong Kong da aplicação da Convenção contra a Tortura e Tratamentos Degradantes, das Nações Unidas.

Em resumo, a questão coloca-se actualmente em termos de saber se um Estado pode, discricionariamente, excluir um território da aplicação de um tratado ou, ainda, se o pode impor às populações que o habitam[76]. A "cláusula colonial" assume maior relevo nos instrumentos relativos à protecção dos direitos do homem, que os Estados têm tendência para utilizar no sentido de excluir a sua aplicação dos territórios deles dependentes. Dela nos ocuparemos, mais detalhadamente, a propósito da Convenção Europeia dos Direitos do Homem.

2. EVOLUÇÃO HISTÓRICA

A ausência de regras para a formulação das reservas deixou durante muito tempo aos Estados a livre escolha do seu regime. Para além da regra da unanimidade na aceitação, a variedade de procedimentos adoptados quase não revela semelhanças, pois cada tratado tinha o seu modo de admitir as reservas, por vezes através da inclusão de cláusulas de reservas. Assim, o regime das reservas que os Estados livremente formulavam variava segundo os governos depositários, a natureza do texto, o peso político do Estado e ainda as circunstâncias políticas do momento.

Aliás, a natureza técnica ou política dos tratados determinava, na maior parte dos casos, a aceitação ou a recusa da própria existência de reservas. Durante todo o século XIX, os tratados multilarerais foram elaborados em conferências ou congressos internacionais, entre um

---

[75] Malkin, H.W. – "Reservations to Multilateral Conventions", in *B.Y.I.L.*, 1926, pág. 155.

[76] Nguyen Quoc Dinh, *op. cit.*, pág. 204 e segts.

número reduzido de partes que não dispunham de normas preestabelecidas, estando apenas sujeitos à vontade dos Estados que neles participavam. A chamada "diplomacia de conferência" permitia uma grande flexibilidade de procedimentos, pelo que a necessidade de regras escritas sobre a conclusão e efeitos dos tratados era diminuta. No entanto, a dificuldade de conciliar as posições dos diversos Estados envolvia longas discussões processuais.

Os tratados elaborados no final do século passado não continham no seu articulado cláusulas de reservas, embora incluíssem, por vezes, "declarações" formalizadas em anexo, que normalmente não tinham a denominação de reserva mas que visavam afastar o efeito de uma ou mais disposições do tratado. Por outro lado, um pouco à semelhança dos tratados bilaterais em cujas conversações durante a negociação se exprimem as divergências entre as partes, também as reservas se fundamentavam nas declarações dos delegados ou plenipotenciários de cada Estado durante a conferência de negociações. As reservas faziam referência a essas declarações e só assim eram aceites pelos outros Estados partes, o que tornava obviamente difícil a adesão de Estados que não tivessem participado nas negociações.

A excepção que confirma a regra verificou-se no âmbito da União de Berna, instituída pela Convenção de Paris de 1883 sobre propriedade industrial, que se tornou o primeiro instrumento internacional a incluir uma cláusula de reservas, para tentar de algum modo disciplinar o seu regime. No entanto, tal cláusula foi elaborada alguns anos mais tarde de forma a permitir a adesão de Estados como a Rússia e o Japão, cujo peso político "forçou" a elaboração de disposições que permitissem ratificar a Convenção com reservas[77]. Assim, o artigo 16.º da versão inicial proíbe implicitamente as reservas no momento da adesão ao afirmar: *"Les Etats qui n'ont pas pris part à la présente Convention seront admis à y adhérer sur leur demande. Cette adhésion (...) emportera, de plein droit, accession à toutes les clauses et admission à tout les avantages stipulés par la présente Convention."* Os artigos elaborados durante a Conferência de Berlim, em 1908 (ainda no âmbito da União de Berna), autorizavam os Estados a formular reservas no momento da ratificação às disposições que entendessem necessárias, sem referir a necessidade do consentimento dos outros Estados partes. Esta ausência de limitações à possibilidade de formular reservas, justificada talvez pelo carácter essencialmente técnico da Convenção e

---

[77] Imbert, P.H. – *Les réserves aux traités multilatéraux*, Paris, 1979, pág. 31.

ainda pela disparidade de critérios de protecção da propriedade industrial, não respeitava o princípio da unanimidade que nesse momento era corrente na prática do direito internacional.

O Tratado de Navegação do Danúbio, celebrado em 1883 entre a Itália, a Turquia, a Áustria, a França, a Alemanha, a Grã-Bretanha e a Rússia, foi objecto de uma declaração desta última, incluída no seu instrumento de ratificação[78]. A declaração não era propriamente uma reserva, pois tratava-se de uma "declaração de princípio" fundada mais em motivos de ordem política do que em razões jurídicas, que traduziam as difíceis relações entre o Império Russo e o Império Otomano, a respeito da Bulgária. Assim, no Protocolo de ratificação da Rússia mencionaram-se as declarações proferidas pelos representantes russo e turco durante a Conferência, bem como a interpretação da questão da designação do delegado búlgaro na Comissão do Danúbio, a qual, segundo o texto da declaração, era uma questão que permanecia em aberto. Tal como afirma Malkin[79], a declaração é algo obscura e não permitia aos outros Estados pronunciarem-se sobre o seu conteúdo, uma vez que já tinham previamente ratificado o Tratado. Afigura-se-nos que este poderá considerar-se um caso típico de declaração de natureza política destinada a afastar a vinculação a uma disposição, não por razões de conflito com a ordem jurídica interna mas por motivos políticos, e que, só por analogia, se poderá designar de reserva.

Outro tipo de declarações semelhantes às reservas foi utilizado por Portugal na Convenção Sanitária Internacional de 1892, na qual o representante português declarou aceitar a Acta da Conferência Internacional de Veneza que a tinha elaborado, bem como a "reserva" do governo dos Países Baixos. Mais tarde, no momento do depósito do instrumento de ratificação, o Encarregado de Negócios de Portugal declarou que "a ratificação de Sua Majestade Fidelíssima estava sujeita a duas condições análogas às que tinham acompanhado as ratificações da Rainha dos Países Baixos e do Imperador dos Otomanos, a saber: 1) nenhuma das cláusulas da Convenção modifica a legislação sanitária aplicável nos portos portugueses; 2) nenhuma das suas disposições torna obrigatória a adopção de nova legislação penal". O diplomata português declarou ainda que estas duas condições em nada contrariavam a anterior declaração previamente aceite pela Conferência de Veneza[80]. Embora não

---

[78] Malkin, *op.cit.*, pág.143.
[79] Idem, pág. 144.
[80] Declarações citadas *in* Malkin, *op.cit.*, págs. 145 e 146 (a tradução é nossa).

Teoria geral da reserva

tivessem o nome de reservas, as declarações portuguesas foram tomadas como tal, estando cobertas pela aceitação já expressa a propósito das reservas feitas pela Holanda e pela Turquia. Resta acrescentar que o carácter das cláusulas era excessivamente genérico, se o aferirmos à luz do actual conceito. Como se pode observar no texto acima citado, não se referia uma disposição expressa da Convenção e negava-se categoricamente a intenção de alterar o direito interno, como de resto era vulgar na época.

Um outro exemplo de declaração de natureza política está expresso na acta de ratificação do Acto de Algeciras de 1906. Foi feita pelos Estados Unidos da América e afasta as obrigações impostas no texto, a pretexto de não interferência nos assuntos europeus [81].

As Conferências de Paz da Haia representaram um marco na prática das reservas. A doutrina considera mesmo que as convenções dela resultantes "institucionalizaram" as reservas nos tratados multilaterais [82]. Durante a Primeira Conferência, vários Estados formularam reservas aos textos aprovados no decurso das sessões, que repetiam no momento da assinatura. Ora, um deles, a Convenção para a Adaptação dos Princípios da Convenção de Genebra sobre Guerra Marítima esteve aberta à assinatura até ao final do ano de 1899. No momento da assinatura o governo britânico formulou uma reserva ao artigo 10.º (relativo ao destino dos feridos). O governo dos Países Baixos, depositário da Convenção, recusou aceitar a assinatura com a reserva, alegando que as únicas reservas com possibilidade de serem aceites eram as registadas nas actas dos trabalhos da Conferência, sendo desse modo do conhecimento das outras partes contratantes; caso contrário qualquer Estado poderia assinar a Convenção com reservas às suas obrigações fundamentais, enquanto que os que tivessem assinado previamente estariam sempre vinculados às disposições convencionais. Assim, o governo holandês comunicou o texto da reserva a todos os outros Estados, os quais concordaram com o seu teor, pelo que a Grã-Bretanha pôde assinar a Convenção e formular a reserva [83]. Mais tarde, a Alemanha e a Itália quiseram também manter aberta a interpretação do artigo 10.º, tendo o governo depositário sugerido a exclusão do artigo 10.º da ratificação de todos os Estados, o que foi efectivamente feito. Na realidade, a cláusula revelou-se inaplicável por quase todas as partes contratantes, apesar da sua natureza humanitária!

---

[81] Malkin, *op.cit.*, pág. 149.
[82] Kappeler, *op. cit.*, pág. 6.
[83] Ruda, J. – "Reservations to Treaties", in *R.C.A.D.I.*, III, 1975, págs. 111 e 112.

Relativamente à Segunda Conferência da Haia, o governo britânico voltou a apresentar uma reserva a três artigos da Quinta Convenção apresentados pela delegação alemã, aos quais já se tinha expressamente oposto durante a negociação, embora sem formular uma reserva formal. Neste caso o governo holandês aceitou as reservas no momento da assinatura, pois terá considerado que elas já tinham sido apresentadas durante a Conferência.

O Tratado de Versalhes de 1919 foi igualmente objecto de controvérsias em matéria de reservas. Na sessão plenária para aprovação do texto final, o governo chinês declarou que tinha uma reserva a formular relativamente aos artigos respeitantes a Xantum (arts.156-158). Poucos dias depois, o delegado chinês informou oficialmente o Presidente da intenção de assinar o Tratado com uma reserva. Mais tarde, o Secretário-Geral da Conferência informou que a reserva não era admissível. Em consequência, a China não assinou o Tratado de Versalhes devido à não aceitação da reserva sobre o território de Xantum.

Ainda sobre o Tratado de Versalhes merecem referência as reservas propostas pelo Senado dos Estados Unidos, que na pura tradição americana implicavam a consulta à Comissão dos Negócios Estrangeiros, mesmo durante a fase da negociação. Alguns Senadores apresentaram vários "amendments" como condição para ratificar o Tratado de Versalhes, que foram rejeitados pela maioria do Senado[84]. O seu interesse é apenas histórico, mas revela a importância dada pela Constituição dos EUA ao Senado, segundo a qual os tratados serão concluídos pelo Presidente *"with the advice and consent of the Senate"*. Os Senadores, ciosos das suas prerrogativas e com receio de ver o Conselho da Sociedade das Nações impor aos Estados Unidos uma guerra sem a prévia deliberação do Congresso, impediram assim a ratificação do Tratado de Versalhes, como de resto já o tinham feito a cerca de 48 tratados apresentados anteriormente[85].

Estes exemplos servem para demonstrar a existência, mesmo antes da prática da Sociedade das Nações, de uma norma de direito internacional consuetudinário[86], segundo a qual as reservas exigiam aceitação de todos os Estados partes num tratado multilateral para serem consideradas válidas e para que o respectivo Estado se tornasse

---

[84] Shatzky, Boris – "La portée des réserves dans le droit international", in *Revue de Droit International et Législation Comparé*, 1933, pág. 221 e segts.

[85] Podesta Costa, *op. cit.,* pág. 8 (nota 13).

[86] Ruda, *op. cit.,* pág. 112.

parte. Se o consentimento unânime não fosse obtido o Estado deveria retirar a sua reserva ou renunciar a ser parte no tratado. Como veremos adiante, o Tribunal Internacional de Justiça considerou que tal regra apenas tinha "valor de princípio inegável", mas não seria propriamente uma norma jurídica.

Nas convenções multilaterais do século passado, as reservas, ou, melhor, o conteúdo das reservas era normalmente expresso durante os próprios trabalhos das conferências que as elaboravam. Analisámos o entendimento do governo holandês, como depositário das Convenções da Haia, segundo o qual as reservas só podem ser feitas com o consentimento de todas as outras partes. O facto de terem sido formuladas durante os trabalhos da Conferência implicava a sua aceitação pelos outros Estados, já que eram normalmente votadas. Note-se que as regras processuais das Conferências de Paz da Haia eram omissas em relação às reservas.

Assim, as reservas eram, em regra, incluídas na acta de assinaturas e referiam-se às declarações previamente proferidas pelos representantes dos Estados durante os trabalhos das conferências. Por vezes surgiam dificuldades no momento da entrega do instrumento de ratificação perante o governo depositário, o qual sujeitava a sua aceitação à comunicação a todos os outros Estados partes que deveriam dar o respectivo consentimento prévio. Tal foi, por exemplo, a atitude do governo francês em relação às reservas britânicas, como depositário da 2.ª Convenção Sanitária Internacional, assinada em Paris em 1903.

2.1. A prática da Sociedade das Nações

A regra rígida da unanimidade, imposta sobretudo pelo Secretário-
-Geral da Sociedade das Nações, determinava que uma reserva só era admitida se todos os outros Estados partes no tratado a aceitassem. Tal rigidez era atenuada pelo facto de o silêncio ser assimilado como aceitação tácita[87], ou seja, a reserva anunciava-se durante as conferências que elaboravam os textos e depois era repetida no momento da assinatura sem objecções das outras partes contratantes. A técnica de incluir as reservas numa acta final ou num protocolo de assinaturas foi usada algumas vezes, com benefício para a certeza e segurança jurídicas.

---

[87] Nguyen Quoc Dinh/Daillier/Pellet – *Droit International Public*, 4.ª ed., Paris, 1992, pág. 167.

Segundo alguns autores do início do século, o consentimento dos Estados deveria assim ser obtido antes da reserva ser formalmente apresentada, sobretudo nos casos em que o texto ficava aberto à assinatura dos Estados durante um determinado espaço de tempo e as partes não podiam encontrar-se para decidir da aceitação das reservas[88]. Esta posição era baseada no entendimento tradicional dos tratados como contratos de direito privado, corrente na doutrina francesa, mas foi também adoptada por Malkin, no seu estudo de 1926, já citado e criticado por Lord McNair[89]. A natureza contratual das reservas sublinhada por Podesta Costa, assemelha-se a uma nova proposta de negociações[90].

A visão tradicional entendia, por um lado, que só participava numa convenção quem aceitasse todas as suas cláusulas, e, por outro, que um Estado não podia pretender "modificá-las" sem o consentimento de todos os outros, sob pena de se alterarem os efeitos do tratado. A Prof.ª Bastid fala mesmo num "direito de veto" das partes, mas também refere os abusos a que ele pode conduzir[91]. O carácter sinalagmático dos tratados foi também, de algum modo, suscitado na doutrina portuguesa, designadamente pelo Prof. Gonçalves Pereira que sublinha o aspecto sinalagmático dos tratados multilaterais de carácter técnico[92], mas já na 2.ª edição do *Curso de Direito Internacional Público* atribui à classificação de tratado-contrato uma utilidade reduzida[93].

Na prática, os instrumentos de ratificação dos tratados eram muitas vezes compilados num Protocolo que continha as declarações e reservas apostas pelos Estados às convenções no momento da ratificação, embora nem o articulado nem as regras processuais contivessem qualquer directiva respeitante a reservas.

A contribuição do Secretariado da Sociedade das Nações foi decisiva na observância do princípio da unanimidade, que foi adoptado pelo direito internacional e perdurou ao longo de décadas. A questão foi levantada formalmente pela Grã-Bretanha, por ocasião da apresentação de uma reserva austríaca à Convenção sobre o Tráfico de Ópio,

---

[88] Malkin, *op.cit.*, pág. 160.

[89] McNair, *op.cit.*, pág. 160.

[90] Citado *in* Holloway, Kaye – *Les réserves dans les traités internationaux*, Paris, 1958, pág. 109.

[91] Bastid, *op. cit.*, pág. 73.

[92] Gonçalves Pereira, André – *Da Sucessão de Estados quanto aos Tratados*, Lisboa, 1968, pág. 125 e segts.

[93] Gonçalves Pereira, A., *op. cit.*, pág. 139.

de 1925. Assim, a Áustria, que não tinha participado nas negociações, assinou a Convenção com uma reserva de suspensão de algumas disposições sem o prévio consentimento dos Estados signatários, aos quais seria posteriormente comunicada. O governo britânico solicitou então ao Secretário-Geral da Sociedade das Nações que o assunto fosse agendado para o Conselho da SdN e submetido ao Comité Consultivo do Ópio, de forma a encontrar uma solução. O Conselho mandatou o Comité de Peritos para a Codificação do Direito Internacional para estudar a questão de princípio relativa à faculdade de formular reservas.

No Relatório, adoptado pelo Conselho e publicado em 1927[94], o Comité prescreve o princípio da unanimidade na aceitação das reservas, o qual obriga não só os Estados que participaram na elaboração do tratado, mas também os que "acedem" ou "aderem" e posteriormente a eles se associam, a assinar e ratificar o seu texto. Os primeiros deram o seu assentimento durante as sessões de negociação, mas os segundos, ao assinarem, aceitam as reservas já feitas. E, para que possam formular validamente uma reserva, é indispensável que ela seja aceite por todas as partes, como se tivesse sido apresentada durante as negociações. O Relatório conclui pela imposição do princípio da exigência do consentimento de todas as partes, sem o qual as reservas, e mesmo a assinatura, seriam "nulas e sem valor".

O Relatório foi mais tarde adoptado como "Recomendação" pelo Conselho da SdN e passou a servir de modelo para a aceitação das reservas aos tratados multilaterais, sendo mesmo seguido durante os primeiros anos da Organização das Nações Unidas e expresso, até, na posição dos Juízes "minoritários" do Tribunal Internacional de Justiça, no Parecer sobre as *Reservas à Convenção do Genocídio*, atrás citado. A vantagem da existência de órgãos dos Secretariados das organizações internacionais revelou-se, neste caso, evidente, já que a sua relativa independência permitia ultrapassar a "vontade dos Estados" e revestia, mesmo, autoridade jurídica para o avanço e codificação do direito internacional. De tal modo que, neste caso concreto, apesar do governo austríaco ter retirado as reservas muito antes da conclusão do Relatório, o Conselho da SdN entendeu prosseguir os trabalhos e comunicar oficialmente o seu conteúdo aos Estados membros, dada a importância da questão de princípio[95]. Esta fórmula foi imediatamente seguida nas

---

[94] Citado na íntegra *in* McNair, *op. cit.,* pág. 173 e segts.
[95] Podesta Costa, *op. cit.,* pág. 26.

convenções concluídas sob os auspícios da SdN, algumas das quais passaram a incluir cláusulas tendentes a limitar o número de reservas.

Também será interessante notar que em momento algum se levantou o problema das consequências de uma regra tão rígida, ou seja a dialéctica entre a integridade do tratado aliada à exigência da manifestação de vontade das partes, e, por outro lado, a eventual diminuição de participação em tratados que se pretendiam universais não preocupou os Estados membros da SdN. Tal facto talvez se explique pelo número relativamente reduzido de Estados e pela similitude de concepções jurídicas no campo do direito internacional, em particular quanto ao predomínio da vontade dos Estados sobre toda e qualquer pretensão de universalidade dos tratados. O aspecto quantitativo não preocupava demasiado os juristas da época, e a integridade e o respeito pela soberania eram valores mais elevados que dificultavam a formulação de reservas.

Desta forma, sob influência da doutrina, vários tratados passaram a incluir cláusulas de reservas, como, por exemplo, a Convenção sobre a Supressão de Moeda Falsa, de 20 de Abril de 1929, cujo artigo 22.º submete a validade das reservas ao consentimento de todos os Estados que já tenham ratificado ou aderido à Convenção, ou seja, consagrava a regra da unanimidade no seu articulado. Tal sistema implicava um processo escrito de consulta feita pelo Secretariado da SdN às partes, que o aceitavam tacitamente caso não respondessem no prazo de seis meses. Em termos de técnica jurídica esta prática representa um progresso, pois não prolonga excessivamente o prazo de admissão de um novo Estado, dá a possibilidade de manifestar as eventuais objecções e evita, de algum modo, as contra-reservas fundamentadas em razões políticas que um prazo indeterminado mais facilmente permitia.

Outros tratados irão incluir normas reguladoras do regime das reservas algo mais elaboradas, cujas condições não serão apenas o consentimento de todas as partes contratantes mas também limitações temporais que impõem prazos, tanto para a formulação como para as objecções às reservas. Um exemplo de regra mais elaborada surge na Convenção de Genebra para a Prevenção e Punição do Terrorismo, de 1937, a qual previa, no seu artigo 23.º, que o conteúdo das reservas fosse comunicado, antes da ratificação, aos Estados partes e aos Estados que tivessem apenas assinado, caso não tivessem decorrido três anos desde a entrada em vigor da Convenção. O mesmo artigo referia ainda que as objecções deveriam ser enviadas ao Secretário-Geral da Sociedade das Nações no prazo de seis meses. Estas duas condições temporais são

Teoria geral da reserva 51

algo inovadoras[96] se pensarmos que se estava em 1937, quando finalmente se opta por incluir cláusulas formais modelo em instrumentos
jurídicos internacionais e sem deixar ao depositário o poder "discricionário" de submeter as reservas aos outros Estados partes. Cabe ainda
notar que o próprio n.° 2 do artigo 23.° afirma que o Secretário-Geral
deve informar o governo do Estado que formulou a reserva do conteúdo das objecções, bem como perguntar se quer ratificar a Convenção
sem reserva ou se prefere abster-se de a ratificar. Estas duas alternativas, decorrentes do princípio da unanimidade, foram pela primeira vez
consignadas num articulado na Convenção para a Prevenção do Terrorismo, atrás citada, o que permitiu prevenir e evitar situações equívo-
cas e esclarecer previamente os candidatos a partes. Por outro lado a
cláusula permite a consulta aos Estados signatários, mas impede que
estes se oponham ou vetem a reserva caso já tenham passado três anos
após a entrada em vigor da Convenção.

Em suma, a prática da SdN tentou formalizar e sujeitar a regras a
formulação das reservas, evitando a imprecisão e a incerteza bem como
os comportamentos de natureza política que caracterizavam as relações
internacionais. Assim, é necessário o consentimento de todas as partes
para que as reservas possam produzir efeitos e para que o Estado que
as formulou possa tornar-se parte num tratado. Esta regra será obser-
vada por todos os Estados membros da SdN e adoptada pela generalidade da doutrina.

A prática seguida pela Organização Internacional do Trabalho em
matéria de reservas merece também referência, pois difere um pouco do
regime acima descrito. Com efeito, não podem ser formuladas reservas
às convenções internacionais do trabalho sem que o seu articulado o
preveja expressamente. Parece-nos que é a primeira manifestação da
importância do objecto do tratado, como causa de um regime específico
no que respeita às reservas. A natureza específica destas convenções,
não só quanto ao objecto como também ao modo de elaboração e
conclusão, justifica a adopção de um critério material que conduz à
proibição das reservas após o encerramento das negociações.

Importa lembrar que a estrutura tripartida das conferências da
OIT, as quais incluem representantes de governos, entidades patronais
e trabalhadores, torna obviamente difícil o consentimento unânime,
necessário às reservas, fora dos trabalhos das conferências. Por outro

---

[96] Hudson, M. – "Reservations to multipartite International Instruments" in *A.J.*,
1938, pág. 335.

52 *As Reservas à Convenção Europeia dos Direitos do Homem*

lado, o próprio objecto e fim das convenções internacionais do trabalho justifica as restrições impostas à formulação de reservas. É certo que a harmonização das legislações laborais internas se destinava a atenuar os efeitos da concorrência internacional decorrentes das diferenças de condições de trabalho, devendo as circunstâncias especiais de alguns países ser debatidas durante as conferências e salvaguardadas no próprio texto das convenções, não podendo os Estados modificar unilateralmente as normas sem o consentimento dos outros Estados partes[97]. Acresce que o modo de votação das convenções da OIT – maioria de dois terços – torna ainda mais difícil a formulação de reservas.

2.2. O sistema pan-americano

A União Pan-Americana, criada em 1889, que reunia a maioria dos Estados do continente americano, demonstrou, desde o início dos seus trabalhos, a vontade de elaborar textos que, de algum modo, unissem os seus membros. A tarefa encontrava justificação na história comum, nas relações de vizinhança e, até, na similitude dos regimes políticos, todos baseados num presidencialismo mais ou menos autoritário.

A produção jurídica da União Pan-Americana revelou-se elevada, merecendo referência os seus trabalhos de codificação do direito internacional, apesar da sua fraca tradução prática, revelada pelo número reduzido das ratificações.

Um dos textos elaborados no âmbito da União foi a Convenção sobre Tratados, assinada em Havana em 1928, que consagrou um regime de reservas algo diferente do que vinha sendo aplicado pela SdN[98]. O n.º 3 do artigo 6.º prevê que se formulem reservas, as quais afectarão apenas a disposição respectiva, sem que tal impeça a participação do Estado no tratado. A redacção dos artigos 6.º e 7.º da Convenção de Havana, que nunca entrou em vigor, revela-se algo ambígua e deu origem a várias interpretações. À primeira vista, a Convenção pan-americana parece retomar o princípio da aceitação unânime, como afirma Kappeler[99]. No entanto afigura-se-nos ser difícil conciliar o

---

[97] Imbert, *op. cit.*, págs. 28 e 29.

[98] Gomez Robledo, A. – "Las reservas en los tratados multilaterales" in *Revista de la Facultad de Derecho de Mexico*, tomo VII, Janeiro-Junho, 1957, n.ºs 25-26, pág.16 e segts.

[99] Kappeler, Dietrich, *op. cit.*, pág. 34 e segts.

Teoria geral da reserva

"direito de fazer reservas" com o princípio da unanimidade, pois não está expresso que a aceitação de todos os Estados partes seja condição *sine qua non* para que um Estado que formulou uma reserva se torne parte no tratado[100]. Nem tão-pouco se atribui às objecções o efeito de impedir que um Estado ratifique um instrumento jurídico.

De qualquer modo, em 1932, o Conselho de Direcção da União Pan-Americana adoptou um conjunto de regras relativas ao "estatuto jurídico dos tratados ratificados com reservas que não foram aceites", as quais afirmam que "um tratado não estará em vigor entre um governo que o ratificou com reservas e outro governo que não aceite as reservas". Esta regra foi mais tarde aprovada, em 1938, pela Conferência Internacional Pan-Americana. Assim, mantém-se o processo de consultas aos Estados signatários e partes, sendo o único efeito das objecções o de suspender a aplicação do tratado entre o Estado que formulou a reserva e o que levantou uma objecção.

A diferença de concepções que ressalta do sistema pan-americano em relação ao do princípio da unanimidade resulta do entendimento da formulação das reservas como uma manifestação de soberania nacional, à qual os outros Estados não se podem opor. O Estado que formula a reserva não está impedido de se tornar parte no tratado pelo facto de um outro Estado não aceitar a reserva. Pelo contrário torna-se parte "imediatamente", ou seja, logo que deposita o seu instrumento de ratificação, como sublinhou alguns anos mais tarde o Tribunal Interamericano dos Direitos do Homem[101], a propósito da Convenção Americana dos Direitos do Homem. Esta última remete o regime das reservas para a Convenção de Viena sobre o Direito dos Tratados, a qual consagra o critério da compatibilidade com o objecto e o fim do tratado como condição de admissibilidade. É interessante notar a evolução desta última posição que comunga das duas concepções de reservas atrás expostas, embora com algumas diferenças de pormenor que analisaremos adiante.

Assim, as reservas, embora sejam objecto de consentimento expresso ou tácito, não estão por esse facto sujeitas a qualquer controlo nem submetidas a condições de admissibilidade[102]. O próprio Secre-

---

[100] Neste sentido Imbert, *op. cit.,* pág. 34.

[101] Parecer consultivo n.º OC-2/82, de 24 de Setembro de 1982, do Tribunal Interamericano dos Direitos do Homem, relativo ao *Efeito das reservas sobre a entrada em vigor da Convenção Americana dos Direitos do Homem, Recueil* ILM, Série A, n.º 2, pág. 37.

[102] Imbert, *op. cit.,* págs. 36 e 37.

tário-Geral da Organização dos Estados Americanos aceita o instrumento de ratificação de um tratado, ao qual se formularam reservas, desde o momento em que um, e apenas um, Estado as aceitou, ao contrário do sistema da SdN no qual o depositário apenas aceitava os instrumentos de ratificação com reservas após a aceitação de *todas* as outras partes.

Tal foi, aliás, a interpretação expressa na exposição apresentada pela Organização dos Estados Americanos ao TIJ, em 1951[103], segundo a qual as reservas não requerem a aceitação dos outros Estados partes pois constituem um acto de soberania. Idêntica posição tinha sido adoptada pela União Soviética durante os debates relativos às reservas à Convenção do Genocídio na Assembleia Geral das Nações Unidas.

A possibilidade de aumentar o número de Estados partes nos tratados explica, de certo modo, a prática pan-americana da época, que influenciaria, aliás, alguns juízes do TIJ no Parecer sobre as *Reservas à Convenção do Genocídio*, como veremos em seguida. As críticas que lhe têm sido feitas, sobretudo na doutrina europeia, devem-se ao facto de que uma tão larga "permissibilidade" na aceitação das reservas apenas permite que o sistema funcione sem problemas nos tratados de natureza contratual. No caso dos chamados tratados normativos, como as convenções de direitos do homem, a utilização de tal processo de aceitação de reservas não se afigura aconselhável dado que o grau de vinculação deverá ser tendencialmente idêntico para todas as partes[104].

2.3. O Parecer do Tribunal Internacional de Justiça sobre as *Reservas à Convenção do Genocídio* e suas consequências

O papel das jurisdições internacionais no desenvolvimento do Direito Internacional afigura-se de tal modo importante que não podemos hoje estudar a maioria dos seus temas sem recorrer à jurisprudência. No caso concreto das reservas, a autoridade do Parecer do TIJ ultrapassa largamente o seu carácter consultivo e não obrigatório. É certo que a tendência da generalidade dos autores vai no sentido de

---

[103] Documento apresentado ao TIJ, por ocasião do Parecer Consultivo sobre as *Reservas à Convenção de Prevenção do Genocídio*, pela Organização dos Estados Americanos, in *Cour International de Justice*, "Mémoires, plaidoiries et documents" (1951), pág. 19.

[104] Ruda, *op. cit.*, pág. 122.

equiparar o valor dos Pareceres e dos Acórdãos do TIJ[105], pelo que o valor doutrinal e vinculativo dos primeiros é praticamente idêntico ao dos segundos.

A ruptura com a clássica regra da unanimidade, feita pelo Tribunal Internacional de Justiça no Parecer sobre as *Reservas à Convenção do Genocídio,* de 28 de Maio de 1951 irá marcar uma nova etapa no direito dos tratados, cujo interesse para o tema deste trabalho se revela acrescido pela importância histórica e o papel pioneiro que a Convenção do Genocídio assumiu no direito internacional dos direitos do homem.

Como assinalava, já em 1936, o Professor Basdevant, Presidente do TIJ ao tempo do Parecer, *"la Cour fait apparaître des normes d'une valeur juridique supérieure à celles que les Etats peuvent adopter par des Traités particuliers"*[106]. É o reconhecimento de normas imperativas universais expresso no Parecer sobre a Convenção do Genocídio, no qual se afirma que o objecto da Convenção é condenar e reprimir o genocídio como *"crime de droit des gens"*, pois ele implicaria recusar o direito à existência de grupos de pessoas, o que é contrário à moral e ao espírito e fins das Nações Unidas. A Convenção não reveste a natureza contratual de um conjunto de direitos e obrigações, antes se caracteriza num acordo de aceitação de determinados princípios gerais de conduta[107].

A versão final da Convenção de Prevenção e Punição do Genocídio foi adoptada por unanimidade pela Assembleia Geral das Nações Unidas e aberta à assinatura em 9 de Dezembro de 1948. O seu texto, elaborado logo após a Segunda Guerra Mundial, as atrocidades cometidas pelo regime nazi e os julgamentos do Tribunal de Nuremberga relativos a crimes de guerra e a crimes contra a humanidade, representa um franco progresso no direito internacional. A Convenção não só condena os actos de genocídio cometidos contra membros de grupos raciais como impõe que as pessoas que os pratiquem sejam julgadas perante tribunais internos ou internacionais. Esta última questão foi recentemente analisada pelas Nações Unidas a propósito do conflito da ex-Jugoslávia, e o estabelecimento de um tribunal internacional de

---

[105] Ago, Roberto – "I pareri consultativi 'vincolanti' della Corte Internazionali di Giustizia. Problemi di ieri e di oggi" *in Rivista di Diritto Internazionale,* vol. LXXIII, 1990, fas. 1, pág. 8.

[106] Basdevant – "Règles générales du droit de la Paix", in *R.C.A.D.I* – tome IV, 1936, pág. 650.

[107] Oppenheim, *op. cit.*, pág. 1244.

crimes de guerra deverá ter em conta a Convenção do Genocídio. Os princípios que estão na base da Convenção são reconhecidos pelas "nações civilizadas" como vinculativos para os Estados, para além de qualquer norma convencional, como aliás foi reconhecido pelo próprio Tribunal que atribuiu carácter universal à condenação do genocídio. Segundo Quoc Dinh [108], estes princípos não são os referidos no artigo 38.° do Estatuto, mas sim os princípios gerais de direito costumeiro em vigor ou em formação, que foram "positivados" na Convenção de 1948.

O Parecer do TIJ teve origem nas objecções apresentadas pela Guatemala e o Equador às reservas formuladas pela União Soviética e outros países do bloco de Leste [109]. De acordo com o procedimento habitual, o Secretário-Geral, na sua qualidade de depositário, comunicou o texto das reservas e solicitou aos Estados partes a sua posição sobre o respectivo conteúdo. A União Soviética, que tal como os outros países socialistas considerava o direito de formular reservas como um acto inerente à soberania nacional, pôs em causa os poderes do Secretário-Geral das Nações Unidas para pedir aos Estados partes a sua opinião sobre as reservas. Cabe notar que as reservas soviéticas visavam o artigo IX, relativo à competência do TIJ, e o artigo XII que continha uma cláusula territorial.

Posteriormente o Equador e a Guatemala transmitiram as suas objecções, invocando, no entanto, o sistema pan-americano de aceitação das reservas para afirmar que estas são actos inerentes à soberania do Estado, pelo que apenas afectam a disposição objecto de reserva sem impedir a participação do Estado que a formulou. A regra da unanimidade era afastada unilateralmente pelos dois Estados, numa tentativa de impor o sistema pan-americano no direito internacional universal. Não vamos aqui analisar as reais intenções dos Estados que fizeram as objecções, pois não é claro que eles tenham mostrado vontade de desencadear a reviravolta que o Parecer do TIJ provocou no sistema das reservas [110]. As objecções, bem como as dúvidas sobre os seus efeitos, levaram o Secretário Geral a remeter o assunto para a Assembleia Geral, a qual solicitou ao Tribunal Internacional de Justiça um parecer genérico sobre as reservas à Convenção do Genocídio, e à Comissão de

---

[108] Quoc Dinh, Nguyen – "Evolution de la jurisprudence de la Cour Internationale de La Haye relative au problème de l'hierarchie des normes conventionnelles", in *Mélanges offertes à Marcel Waline,* 1974, pag. 215 e seg..

[109] Imbert, *op. cit.,* pág. 59 e segts.

[110] Imbert, *op. cit.,* pág. 60 e segts.

Direito Internacional o estudo da questão das reservas às convenções multilaterais em geral.

O Tribunal, depois de afastar as excepções preliminares de natureza processual, analisou a questão em abstracto e afastou claramente a ideia de que a doutrina tradicional do consentimento unânime se tivesse transformado numa regra universal, apesar de admitir que ela tem "um valor de princípio inegável"[111]. Este princípio, corolário da noção de integridade do tratado, implicaria a aceitação das reservas por todas as partes contratantes como se as reservas tivessem sido apresentadas durante as negociações, tal como sucede nos contratos de direito privado. Ora, segundo o Tribunal, tal princípio não é aplicável a todas as convenções, designadamente às celebradas no âmbito das Nações Unidas, cujo carácter universal pressupõe uma larga participação de Estados membros e não membros. Tal exigência implica uma maior flexibilidade das convenções multilaterais. Por outro lado, a prática do consentimento tácito favoreceu a regra da unanimidade, que teve um "valor considerável", mas apenas foi referida no Relatório adoptado pelo Conselho da SdN acima mencionado, cujo valor é apenas o de uma recomendação. Assim, segundo a maioria dos Juízes do TIJ, a regra da unanimidade não era norma de direito internacional e não passa de uma prática administrativa[112]!

Por outro lado, o próprio modo de adopção da Convenção do Genocídio – por uma série de votos maioritários sucessivos – facilita a sua conclusão, mas implica a formulação de reservas para alguns Estados, nomeadamente os minoritários na votação. Cabe porém notar que, neste caso, a votação do texto final foi unânime, por cinquenta e seis Estados, embora o articulado tivesse sido objecto de sucessivos votos minoritários.

A Convenção do Genocídio não inclui nenhuma cláusula de reservas, pelo que importava considerar a interpretação da vontade da Assembleia Geral e das partes. Assim, os trabalhos preparatórios demonstram que foi decidido não inserir uma cláusula de reservas na Convenção, mas a faculdade de formular reservas foi tida em conta. Os delegados à Sexta Comissão da Assembleia Geral, que preparou o texto do projecto, anunciaram, logo durante os debates, que os seus governos só poderiam ratificá-lo com reservas[113].

---

[111] Parecer *Reservas à Convenção do Genocídio*, loc. cit., pág. 21.
[112] Idem, pág. 25.
[113] Parecer loc. cit., págs. 22 e 23.

Apesar da importância dada a estes aspectos de natureza formal que acabámos de referir, a questão da origem e carácter da Convenção do Genocídio como condicionante da formulação das reservas parece-nos um dos aspectos mais inovadores levantados no Parecer do TIJ e da maior importância para o nosso trabalho. O Tribunal levantou não apenas o problema da admissibilidade das reservas mas relacionou a natureza específica da Convenção com eventuais derrogações feitas pelos Estados, ou seja, não analisou a questão apenas de um ponto de vista formal, mas também sob o ângulo material. A relevância dos fundamentos e dos fins prosseguidos pela Convenção, bem como a universalidade dos princípios que ela encerra, serviram de argumentos para determinar o critério de admissibilidade das respectivas reservas, ou seja, a compatibilidade com o objecto e o fim da Convenção.

Este aspecto substancial revelar-se-á da maior importância para o estudo das reservas à Convenção Europeia dos Direitos do Homem, a qual, embora elaborada antes deste Parecer vem sendo aplicada e interpretada evolutivamente pelos órgãos de controlo. Cabe aqui lembrar que a Convenção do Genocídio foi o primeiro instrumento jurídico vinculativo, de carácter universal, de protecção dos direitos do homem, que será o início da sua etapa de "internacionalização" e antecede de apenas dois anos o texto europeu.

A contribuição do Tribunal para a questão das reservas consubstancia-se fundamentalmente no chamado critério da compatibilidade das reservas com o objecto e o fim do tratado, o que permite conciliar a integridade da Convenção com o seu carácter universal. Com efeito, o objecto e o fim da Convenção constituem os verdadeiros limites à liberdade de formular reservas e objecções. As características especiais da Convenção do Genocídio foram a principal razão do estabelecimento desta regra, pois a eliminação da totalidade ou de parte de um grupo racial constitui uma tal atrocidade que as suas normas se impõem não só pelo seu carácter universal como pela elementar preservação do direito à vida dos membros dos seus grupos e devem vincular todos os Estados da comunidade internacional.

Por outro lado, como salienta *Lord* McNair, os Estados que participaram na negociação teriam "autorizado" a formulação de reservas compatíveis e aceitaram a sua validade, sem necessidade de as submeter ao consentimento de todas as partes[114]. Esta regra, ou melhor, este critério que passou a substituir a regra da unanimidade foi objecto de

---

[114] McNair, *op.cit.*, pág. 167.

Teoria geral da reserva 59

inúmeras críticas, tanto no próprio Tribunal – no qual os juízes que votaram vencidos exprimiram a sua discordância e demonstraram que não existia nenhum *vacuum* jurídico, mas sim uma verdadeira regra de direito internacional – como na doutrina que constatou igualmente a existência de uma norma consuetudinária[115].

A opinião dissidente dos juízes entendia que um Estado que formulasse uma reserva não podia ser parte na Convenção se os outros Estados levantassem objecções. Assim, a necessidade do consentimento de todas as partes era uma regra com suficiente autoridade, e caso os negociadores a quisessem afastar teriam incluído uma norma no articulado da Convenção. Como não o fizeram, dever-se-ia considerar aplicável a regra da unanimidade. O novo critério da incompatibilidade não teria, segundo os juízes dissidentes, nem base legal nem precedentes no direito internacional. Por outro lado, acrescentaram os juízes, segundo tal critério não se pode determinar com certeza a posição dos Estados que formularam reservas, pois a sua apreciação pertence aos Estados que fizeram objecções. Isto implicaria uma avaliação subjectiva, uma vez que a compatibilidade só poderia ser objectiva se fosse aferida por decisão judicial, o que não resultava da vontade das partes[116]. O juiz Alvarez, numa opinião dissidente separada, considerou que o carácter da Convenção do Genocídio era incompatível com a formulação de qualquer reserva[117], o que na nossa percepção seria o melhor entendimento, examinando a questão à luz de critérios actuais.

O critério proposto pelo TIJ não é porém inédito, pois aparece já referido na doutrina nos anos 30. Assim, Podesta Costa afirma expressamente que as reservas não devem incidir sobre disposições essenciais do tratado e a participação dos Estados não teria interesse se não satisfizesse os seus fins essenciais. A referida posição do Tribunal foi objecto de críticas na doutrina, dada a óbvia dificuldade de encontrar o objecto e fim do tratado, o que implicará necessariamente uma interpretação subjectiva, ou, pelo menos, de difícil objectividade. Merece destaque a opinião de Lauterpacht, que qualificou o Parecer do TIJ de *"unorthodox"* e aparentemente inconclusivo, mas reconhece, mesmo assim, que constituiu uma importante contribuição para o direito dos tratados[118]. Tal como

---

[115] Holloway, *op. cit.,* pág. 181 e segts., e ainda Imbert, *op. cit.,* pág. 65 e segts.
[116] Parecer *Conv. Genocídio,* loc. cit., pág. 44.
[117] Parecer, *loc. cit.* pág. 49 e segts.
[118] Lauterpacht, H. – *The Development of International Law by the International Court of Justice,* Londres, 1958, pág. 27.

muitos outros autores, Lauterpacht afirma que a regra da unanimidade era uma norma clara e susceptível de aplicação e não podia ser considerada inaplicável.

Por seu lado Brierly considera que "não existe nenhum critério objectivo para aferir a compatibilidade", pelo que não se poderá saber com segurança se o Estado, autor da reserva, é ou não parte da convenção [119].

Logo após a publicação do Parecer, a Comissão de Direito Internacional, que também tinha sido encarregada pela Assembleia Geral de estudar a questão das reservas, elaborou um Relatório que curiosamente retoma a regra tradicional da unanimidade, criticando o critério sugerido no Parecer por excesso de subjectividade [120]. O Relatório refere mesmo que "a integridade e a aplicação uniforme da convenção são aspectos mais importantes que a sua universalidade" [121], o que reflete claramente a doutrina dominante na época. A regra da unanimidade atribuía ao tratado a segurança e a certeza jurídica que os autores estimavam essencial ao direito internacional.

Apesar das críticas de que foi alvo na doutrina, que acusou o Tribunal de se deixar influenciar por factores políticos ao proferir uma "decisão" ambígua [122], não podemos deixar de reconhecer o mérito e a "reviravolta" que o Parecer desencadeou. O juízo material de apreciação da validade das reservas, ao qual tanto o depositário como os outros Estados partes devem proceder, constituiu uma evolução positiva na problemática das reservas, foi desencadeado e reforçado por influência do Parecer. Um Estado não fica impedido de se tornar parte num tratado pelo facto de um outro Estado parte formular uma objecção. Tal impedimento apenas se verificará se a reserva não for "válida", o que não só retira o "direito de veto" de um Estado sobre outro como torna a apreciação mais objectiva e tendencialmente mais jurídica. A valorização do critério material, em detrimento do critério formal, é um dos aspectos mais positivos da nova concepção da admissibilidade das reservas.

---

[119] Brierly, L. – *Direito Internacional* (trad. portuguesa), Lisboa, 1979, pág. 331.

[120] Relatório da CDI, 3.ª sessão, 1951 (UN Document A/1858), § 24, citado *in* Fitzmaurice, G. – "Reservations to Multilateral Conventions", in *I.C.L.Q.*, vol. 2, 1953, pág. 6 e segts.

[121] Relatório CDI supracitado, § 22 (a tradução é nossa).

[122] Diez de Velasco, Manuel – "El Sexto Dictamen del Tribunal Internacional de Justicia: las reservas a la Convencion sobre el Genocidio", in *R.Esp.D.I.*, vol. IV, n.º 3, 1951, pág. 1087.

Em suma, o Tribunal instituiu uma nova concepção de admissibilidade das reservas, segundo a qual a regra da compatibilidade com o objecto e o fim do tratado constitui, na falta de disposição expressa, a única condição de validade das reservas. O Parecer "anulou" a regra da aceitação unânime como única condição de admissibilidade das reservas. Esta "reviravolta" foi objecto de uma Resolução da Assembleia Geral das Nações Unidas[123] que "recomenda aos Estados membros que se inspirem no Parecer do Tribunal", e pede ao Secretário-Geral para, na sua qualidade de depositário, chamar a atenção dos Estados para as consequências da formulação de reservas e objecções.

2.4. As reservas na Convenção de Viena sobre o Direito dos Tratados

A Convenção de Viena sobre o Direito dos Tratados, de 23 de Maio de 1969, foi elaborada no âmbito dos trabalhos da Comissão de Direito Internacional que, desde 1961, nomeou sucessivos relatores, que apresentaram propostas de trabalho para submeter à apreciação dos membros da Comissão. Não iremos aqui proceder à análise exaustiva dessas propostas. Apenas referiremos, relativamente às reservas, que boa parte dos relatores, eminentes internacionalistas como Lauterpacht e Fitzmaurice, eram defensores da regra da unanimidade na aceitação das reservas, embora tivessem apresentado propostas de compromisso, o que demonstra como a questão era controversa e estava bem longe de recolher consensos. Por outro lado, a União Soviética e o bloco socialista entendiam que o direito de formular reservas era inerente à soberania de cada Estado, pelo que o texto da Convenção de Viena representou um compromisso entre a inteira liberdade na formulação e a vontade de impor algumas limitações substanciais no seu conteúdo, de forma a impedir que as disposições dos tratados fossem total ou parcialmente esvaziadas.

Vimos, a propósito do conceito de reserva, que a Convenção de Viena consagra uma definição logo no artigo 2.º, remetendo para a Secção II, da Parte II, o regime das reservas. Iremos aqui apenas referir as suas linhas gerais, as quais serão completadas na parte relativa à Convenção Europeia dos Direitos do Homem que, embora sendo ante-

---

[123] Resolução 598 (VI) da Assembleia Geral, de 12 de Janeiro de 1952.

rior à Convenção de Viena, vê a sua aplicação aferida segundo alguns critérios desta última.

Assim, o artigo 19.º da Convenção de Viena consagra desde logo o direito "fundamental" de formular reservas, ou melhor, a presunção do princípio geral de "fazer" reservas [124], reconhecida pela generalidade da doutrina. No entanto, consideram alguns autores que a faculdade é excessivamente ampla e insatisfatória [125]. Tradicionalmente considerava-se que no caso do tratado ser omisso sobre a questão das reservas a sua formulação não estava autorizada. O artigo 19.º afasta *a contrario sensu* esta interdição implícita e inverte a presunção de proibição, passando a funcionar como regra a formulação das reservas em caso de silêncio do tratado. Tal norma resolve desde logo a questão de saber se, nos casos de ausência de cláusula de reservas, os Estados podem ou não fazê-las [126].

A doutrina inclui, na noção de formulação, tanto a possibilidade de fazer como a de propôr uma reserva. Alguns autores [127] defendem que o termo formular, aplicado às reservas, tem uma conotação neutra, mas parece-nos que o significado mais adequado será o direito de *fazer* uma reserva, embora o direito de a propor, que parece implícito em tese geral, tenha sido defendido por *Sir Humphrey Waldock* [128], um dos relatores da Comissão de Direito Internacional.

A verdadeira intenção do artigo 19.º é, a nosso ver, a admissão de um princípio geral de formulação de reservas no caso da inexistência de cláusula de reservas. Tal aceitação afasta a proibição implícita de impedir os Estados de ratificarem um tratado com reservas, como seria o caso dos Pactos das Nações Unidas sobre Direitos Civis e Políticos e sobre Direitos Económicos, que são omissos em relação às reservas. Na opinião de Gaja [129], o artigo 19.º da Convenção de Viena distingue as reservas admissíveis das inadmissíveis, pois o direito de formular reservas não é absoluto.

Com efeito o artigo admite um princípio geral que prevê três excepções, duas das quais de objectiva evidência. A primeira impede

---

[124] Nisot, *op. cit.*, pág. 201

[125] Bindschedler R. – "Treaties, Reservations" in *Bernhardt (ed.) Encyclopaedia of Public International Law*, Amsterdão, vol. 7, pág. 498.

[126] Ruda, *op. cit.*, pág. 180.

[127] Imbert, *op. cit.*, pág. 83 e segts.

[128] Citado *in* Imbert, *op. cit.*, pág. 89.

[129] Gaja, G. – "Unruly Treaty Reservations", in *Studi in Onore di Roberto Ago*, vol. I, Milão, 1987, pág. 313 e segts.

Teoria geral da reserva

que as reservas sejam formuladas se o tratado o proibir, o que, como veremos adiante, sucede com alguns instrumentos jurídicos em matéria de direitos do homem, como seja o Protocolo n.° 6 à Convenção Europeia dos Direitos do Homem, relativamente à proibição da pena de morte. A Convenção de Montego Bay, de 1982, impõe, por força do mecanismo, de um *"package deal"* obtido nas negociações, uma proibição teórica das reservas. No entanto permite declarações, cujo conteúdo se revela equívoco [130], contrariando assim a pretendida universalidade do seu texto [131].

A segunda excepção proíbe as reservas que vão para além das que o tratado autoriza, ou seja, no caso de um tratado incluir uma cláusula de reservas só as reservas nela previstas poderão ser formuladas. Os tratados podem prever expressamente as condições de forma e de fundo, às quais as reservas devem estar sujeitas para poderem ser consideradas compatíveis, como é o caso do artigo 20.° da Convenção para a Eliminação de todas as Formas de Discriminação Racial. Esta excepção tem sido objecto de críticas, pois ela pressupõe que a intenção dos autores do tratado exclua todas as outras reservas, o que não se conclui inequivocamente em todos os casos.

Finalmente, a terceira excepção levanta maiores dificuldades e vem descrita na alínea *c*) do artigo 19.°, inspirada no chamado critério da compatibilidade proposto pelo Tribunal Internacional de Justiça no Parecer de 1951, segundo o qual as reservas não serão admitidas se forem incompatíveis com o objecto e o fim do tratado. As questões levantadas por este critério foram debatidas logo no âmbito da Comissão do Direito Internacional, designadamente pela delegação dos Estados Unidos, que sublinhou a imprecisão da expressão "objecto e fim", dado que seria difícil saber se ela incluía a natureza e o carácter do tratado. As críticas foram, porém, afastadas devido ao facto de a expressão ter sido empregue pelo Tribunal Internacional de Justiça e já se encontrar consagrada em alguns tratados [132], acrescida da óbvia vantagem de submeter as reservas a um critério objectivo.

---

[130] Vignes, D. – "Les déclarations faites par les états signataires de la Convention sur le droit de la mer sur la base de l'article 310 de cette Convention", in *A.F.D.I.*, 29.1983, pág. 715 e segts.; e ainda Ladreit de Lacharrière, G. – "Aspects juridiques de la négotiation sur un 'package deal' à la Conférence des Nations Unies sur le droit de la mer", in *Essays in honour of Erik Castrén,* 1979, pág. 42 e segts.

[131] Carreau, D. – *Droit International*, Paris, 1991, pág. 125.

[132] Imbert, *op. cit.*, pág. 92 e segts.

No entanto cabe salientar que enquanto o critério proposto no Parecer do TIJ pretende ser objectivo e desprovido de considerações subjectivas, já no texto da Convenção de Viena tal não parece ser o caso dado que a sua aplicação depende da apreciação dos Estados e não de um órgão imparcial, tornando-se por essa razão um critério subjectivo. Tal conclusão resulta claramente do exame dos trabalhos preparatórios, pois o próprio Prof. Lauterpacht, Relator da CDI, propôs que uma camâra do TIJ apreciasse a admissibilidade das reservas em processo sumário [133]. Tal proposta não foi aceite pelos Estados devido ao facto de a simples intervenção do Tribunal não resolver a questão das relações entre o Estado que formula a reserva, os que a aceitam e os que a recusam. Por outro lado, a participação ou a ausência de um Estado num tratado não é a apenas uma questão jurídica, pois implica também considerações de ordem política, pelo que no estádio actual do direito internacional (e por maioria de razão nos anos 60) não poderá ser deixada apenas ao critério de um tribunal, por muito que esse processo fosse juridicamente mais perfeito. Tal solução será, como veremos adiante, preconizada para tratados específicos, designadamente no campo dos direitos do homem.

Relativamente à aceitação das reservas, as regras expressas no artigo 20.º têm carácter residual, tal como boa parte das disposições da Convenção de Viena. A aceitação das reservas expressamente autorizadas pelo tratado não tem que ser feita por todos os Estados, como refere o n.º 1 do artigo. As reservas apenas exigem a aceitação de todas as partes quando "resulta do número restrito dos Estados que participaram na negociação, assim como do objecto e do fim de um tratado em que a sua aplicação na íntegra entre todas as partes é uma condição essencial para o consentimento de cada uma a vincular-se pelo tratado". São os chamados "tratados multilaterais restritos", mas que exigem a manifestação de vontade expressa das partes para que a regra da unanimidade funcione.

O mesmo artigo 20.º refere ainda o caso das reservas aos actos constitutivos das organizações internacionais, que implicam normalmente a aceitação do órgão competente que decide por maioria ou por unanimidade. Tal como afirmam os Professores Gonçalves Pereira e Fausto de Quadros [134], este é o ponto mais criticável da Convenção de Viena no domínio das reservas, dado que se a organização ainda não

---

[133] Ruda, *op. cit.*, pág. 182 e segts.
[134] Gonçalves Pereira/Fausto de Quadros, *op. cit.*, pág. 235.

está constituída, não haverá órgão para deliberar sobre a aceitação das reservas dos membros originários. Por outro lado, para além de se retirar aos Estados individualmente considerados o poder de decidir sobre as reservas, remete-se para a especifidade de cada acto constitutivo das organizações internacionais a decisão sobre as reservas. Na prática, tais instrumentos jurídicos são omissos em relação às suas próprias reservas, pelo que a solução do problema não se afigura evidente. Segundo Imbert, a Convenção pretende excluir a sua aplicação a este tipo particular de tratados [135].

A regra geral subjacente ao n.º 4 do artigo 20.º da Convenção de Viena parte do princípio de que a aceitação é a base da validade das reservas [136], independentemente dos outros critérios de natureza objectiva. O sistema "colegial" proposto por Lauterpacht [137], que requeria a aceitação de dois terços dos Estados para que uma reserva fosse aceite, foi afastado pela Comissão de Direito Internacional. Assim, retomou--se a ideia clássica pela qual nenhuma obrigação pode ser imposta a um Estado sem o seu consentimento. Esta regra opõe-se à proposta dos ex--Estados socialistas, segundo a qual a reserva era válida logo que era formulada sem que a aceitação fosse necessária para que ela produzisse efeitos. Instituiu-se assim um sistema flexível através da aceitação individual, mas que coloca vários problemas de fundo. Neste contexto afigura-se difícil "compatibilizar" ou conjugar o critério da compatibilidade com o objecto e o fim do tratado expresso no artigo 19.º, c), com a "discricionariedade" deixada aos Estados na aceitação das reservas, ou seja, um Estado não está impedido de aceitar reservas incompatíveis, produzindo tal aceitação o efeito de "legitimação" da reserva, anulando assim a regra da alínea c), como aliás foi sublinhado pelas delegações britânica e norte-americana durante os debates no seio da CDI [138]. A validade das reservas fica apenas dependente da sua aceitação por um Estado parte, que pode respeitar ou não a regra da compatibilidade, que terá apenas valor indicativo para os Estados. Com efeito parece-nos, tal como ao Prof. Ruda, que a alínea c) do artigo 19.º é apenas uma simples afirmação doutrinal que poderá servir de base à

---

[135] Imbert, *op. cit.,* pág. 130 e segts.

[136] Ruda, *op. cit.,* pág. 183.

[137] Lauterpacht, H. – "Report of the Law of Treaties", in *Annuaire CDI,* pág. 133.

[138] Citado in Ruda, *op. cit.,* pág. 189 e segts; alguns Estados asiáticos propuseram a introdução da regra da maioria para determinar a compatibilidade, mas tal proposta não foi aceite.

aceitação das reservas [139], pois caso contrário existiria uma contradição entre o artigo 19.º, *c*), e o artigo 20.º, n.º 4.

Com efeito, o sistema de admissibilidade das reservas redunda na aceitação do Estado que formulou a reserva como parte contratante no tratado, e não na aceitação da reserva propriamente dita. Basta que um único Estado (que não o Estado autor da reserva) aceite tácita ou expressamente uma reserva para que o Estado que formulou essa reserva se torne parte no tratado. É o "triunfo da soberania do Estado", como refere Reuter [140].

A aceitação poderá ser expressa ou tácita. Este último caso, que se revela mais frequente, traduz-se na ausência de objecções no prazo de doze meses após a notificação da reserva, ou, caso o Estado se tenha tornado parte num momento posterior, o silêncio também equivale a aceitação tácita, de acordo com o n.º 5 do artigo 20.º.

A exigência de aceitação das reservas do artigo 20.º é entendida como uma componente da própria noção de reserva [141]. Por outro lado, a prévia aceitação das reservas pode servir de indicador aos outros Estados, para se saber se uma reserva é ou não compatível com o objecto e o fim do tratado [142], sobretudo nos casos em que não exista cláusula de reservas.

Merecem ainda referência as disposições da Convenção de Viena relativas aos efeitos das reservas ou, melhor, aos efeitos jurídicos decorrentes da sua aceitação. Assim, as reservas aceites modificam as disposições dos tratados na medida em que alteram o âmbito da sua aplicação, ou seja, a reserva modifica a relação entre o Estado que a formulou e o Estado que a aceitou, e reciprocamente, tal como o afirma o artigo 21.º n.ᵒˢ 1 e 2. Com efeito, se o Estado que formulou a reserva a pode invocar para afastar a aplicação de uma disposição, também o Estado que a aceitou, o pode fazer de igual modo pois ambos estão isentos do cumprimento da norma, na medida preconizada no texto da reserva. Vigora a chamada regra da reciprocidade das reservas, pelo que não se pode presumir a desigualdade de direitos entre as partes de um mesmo tratado.

---

[139] Ruda, *op. cit.*, pág. 190.

[140] Reuter, P. – *La Convention de Vienne sur le Droit des Traités*, Paris, 1970, pág. 19.

[141] Kuhner, pág. 58 e segts.

[142] Oppenheim, *op. cit.*, pág. 1244 (nota 6).

Por outro lado as reservas estão sujeitas à chamada regra da relatividade, no que diz respeito à extensão dos seus efeitos, prevista no n.º 2 do artigo 21.º. As reservas não alteram as disposições do tratado em relação aos outros Estados *inter se*. Alguns autores referem mesmo a existência de dois blocos de normas, ou de dois tratados distintos, pois no caso de a reserva ser aceite por todos os Estados ela torna-se obrigatória para todos e constituirá uma nova regra do tratado, por força da reciprocidade[143].

Analisámos os casos mais comuns, que se consubstanciam na aceitação das reservas pelos outros Estados partes nos tratados. Cabe agora apreciar a questão da recusa das reservas, ou seja, o problema das objecções apostas a determinadas reservas.

O direito de fazer objecções encontra-se reconhecido no texto da Convenção de Viena, no artigo 20.º, n.º 4, *b*), aos Estados que tenham ratificado ou aderido a um tratado, independentemente da sua entrada em vigor. Os efeitos restritos previstos na Convenção inovam de certo modo em relação à clássica regra da unanimidade, pois não só se permite que o Estado se torne parte no tratado como também se admite que o tratado entre em vigor entre o Estado que formulou uma reserva e o Estado que após uma objecção, salvo se intenção contrária tenha sido manifestada pelo Estado que fez a objecção. Assim excluem-se de vigorar entre os respectivos Estados apenas as disposições sobre as quais incidiram a reserva e a objecção. Na prática, o único efeito jurídico das objecções reduz-se a impedir a aplicação entre os dois Estados – o que formula a reserva e o que faz a objecção – da norma em causa, e apenas na parte atingida pela reserva.

As objecções devem ser comunicadas a todos os Estados partes e aos que possam vir a tornar-se partes, ou seja, tal como as reservas também as objecções devem ser levadas ao conhecimento dos Estados que, embora não sendo ainda partes num tratado, possam ter conhecimento das objecções feitas às reservas, podendo assim, no momento da ratificação, apor igualmente uma objecção. Não parece ser de concluir que se atribui aos Estados signatários o direito de fazer objecções[144], ou, melhor, as objecções feitas pelos Estados signatários, que tal como afirmava o TIJ no Parecer da Convenção do Genocídio, têm

---

[143] Podesta Costa, *op. cit.*, pág. 43

[144] Calamia, Antonio – "La disciplina delle obiezioni alle riserve e la riserve e la Convenzione di Vienna sul diritto dei tratati", in *Studi in onore di Giuseppe Sperduti*, 1984, pág. 7.

um tratamento mais favorável do que os Estados que não assinaram nem aderiram, só produzirão efeitos no momento da ratificação [145]. A permissão dos Estados signatários de fazerem objecções conduziria a uma diferença de tratamento entre os Estados partes e os signatários, na medida em que o *spatium ad deliberandum* seria diverso, pois os Estados que já tivessem ratificado disporiam de doze meses para levantar objecções, segundo o artigo 20.° n.° 5, aos quais acresceria, para os signatários, o tempo que estes demorassem a ratificar.

Na prática, os Estados que ainda não são partes têm feito objecções a reservas, inclusivamente à própria Convenção de Viena, ainda antes desta entrar em vigor. Foi o caso da "declaração-objecção" feita pelos Estados Unidos da América à reserva formulada pela Síria, relativa ao processo de conciliação obrigatória, elemento essencial do regime da Convenção. Parece de concluir que, independentemente da eventual aplicação das regras da própria Convenção de Viena, a declaração dos EUA, apesar de ser justificada pelo facto de a reserva síria ser contrária ao objecto e ao fim da Convenção [146], não pode ter valor jurídico de objecção, uma vez que os Estados Unidos não ratificaram a Convenção de Viena. De igual modo, no âmbito da Convenção para a Eliminação da Discriminação Racial, na qual são partes Israel e vários Estados árabes, estes fizeram declarações de "não reconhecimento" embora não tivesse sido formulada qualquer reserva por Israel.

A questão das objecções às reservas levanta ainda o problema da avaliação do conteúdo das reservas. Assim, a discricionariedade na valoração das reservas é deixada ao critério de cada Estado, embora limitada pela compatibilidade ao objecto e ao fim do tratado. Com efeito, podemos distinguir entre as objecções fundadas na incompatibilidade com o objecto e o fim do tratado e as objecções que, pressupondo tal compatibilidade, têm justificações de outra natureza [147]. Se partirmos do princípio contido no artigo 19.°, *c*), da Convenção de Viena, segundo o qual apenas são admissíveis as reservas compatíveis com o objecto e o fim do tratado, as objecções em sentido estrito só serão possíveis no segundo caso. No entanto o Tribunal da Haia afirmava, no seu Parecer,

---

[145] Parecer *Conv. Genocídio*, pág. 28 e segts.

[146] De Visscher, C. – "Une réserve de la République Arabe de Syrie à la Convention de Vienne (1969) sur les Traités", in *R.BelgeD.I.*, vol. VIII, 1972, n.° 2, pág. 417; sobre as reservas à própria Convenção de Viena *vide* Sztucki, J. – "Some Questions Arising from Reservations to the Vienna Convention on the Law of Treaties", in *G.Y.I.L.*, vol. 20, 1977, pág. 277 e segts.

[147] Calamia, *op. cit.*, pág. 9 e segts.

que o critério da compatibilidade deveria presidir tanto à formulação de uma reserva como de uma objecção; o efeito desta última seria a exclusão do Estado que formulou a reserva em relação ao Estado que fez a objecção[148]. Mas, dado que a apreciação de um Estado sobre a compatibilidade de uma reserva não tem eficácia *erga omnes*, as objecções em sentido lato apenas afastam a aplicação entre dois Estados da disposição do tratado em causa. Note-se que partindo, tal como acima afirmámos, de uma interpretação mais restrita da Convenção de Viena, as objecções apenas devem ser feitas às reservas compatíveis com o objecto e o fim do tratado, às quais se aplica o n.° 3 do artigo 21.° relativo aos efeitos das objecções. No entanto, o silêncio da Convenção quanto aos efeitos das reservas incompatíveis obriga-nos a aceitar que as objecções se possam fazer no caso de incompatibilidade das reservas, o que aliás acontece, na realidade, em boa parte dos casos.

Por outro lado os efeitos das objecções são também deixados ao critério dos Estados, pois a estes compete decidir se o tratado entra ou não em vigor entre o Estado que formula a reserva e o que faz a objecção. Com efeito, a Convenção parte do princípio que apenas a disposição objecto de reserva se torna inaplicável em relação ao Estado que faz uma objecção, mas tal presunção pode ser ilidida por expressa manifestação de vontade deste último, de acordo com o n.° 4, *b*), do artigo 20.°, o que poderá consubstanciar-se na não entrada em vigor do tratado entre os dois Estados. Cabe notar que esta objecção reforçada ou "qualificada", como lhe chamaram alguns autores[149], não tem necessariamente que corresponder a uma reserva incompatível, ou seja, está de novo sujeita ao critério dos Estados a imposição de tal efeito. A presunção visa alargar as disposições dos tratados ao maior número possível de Estados, bem como vincular reciprocamente as partes[150], apesar de comprometer a integridade.

Por outro lado, por vezes as objecções constituem elas próprias verdadeiras reservas, ou "contra-reservas", facto que, na ausência de mecanismos de resolução de conflitos de interpretação, fica normalmente sem solução jurídica. Cabe notar que, por exemplo, os ex-países do bloco socialista defendiam a proibição de fazer objecções a reservas, ao contrário dos Estados ocidentais que fizeram prevalecer na Convenção de Viena a sua posição de admitir objecções sem condições.

---

[148] Parecer sobre as *Reservas à Conv. Genocídio,* pág. 24 e segts.

[149] Alves, Raul Guichard – "Alguns aspectos de regime das reservas aos Tratados na Convenção de Viena de 1969", in *Direito e Justiça,* vol. VII, 1993, pág. 156.

[150] Calamia, *op. cit.,* pág. 20 e segts.

Na prática verifica-se que as objecções têm muitas vezes fundamentos de natureza política e, por essa razão, não se lhe podem atribuir efeitos jurídicos excessivamente rígidos. Foi de certo modo a solução consagrada no artigo 21.º, n.º 3, relativo aos efeitos das objecções, segundo o qual a disposição sobre a qual se formulou uma reserva, seguida de uma objecção, não entrará em vigor entre os dois Estados na medida do que foi previsto na reserva, salvo se o Estado que apôs a objecção a isso se opuser. Assim, as objecções têm efeitos jurídicos semelhantes à aceitação, pois apenas impedem a aplicação da disposição em causa na medida do previsto na reserva. Podem também ser retiradas a qualquer momento, por simples notificação ao Estado que formulou a reserva.

Os efeitos das reservas incompatíveis não se encontram regulados na Convenção de Viena, em parte devido à liberdade, deixada aos Estados, de fixar e aceitar as consequências de actos unilaterais. Neste contexto, um dos problemas decorrentes do critério da compatibilidade decorre justamente da dificuldade em atribuir efeitos às reservas incompatíveis com o objecto e o fim do tratado. Enquanto o TIJ falava de reservas "sem valor" se elas fossem incompatíveis com o objecto e o fim do tratado, as disposições descritas no artigo 21.º da Convenção de Viena, sobre os efeitos jurídicos das reservas, não incluem regras relativas aos efeitos das reservas incompatíveis. Assim, ao "impedir" no artigo 19.º que sejam formuladas reservas incompatíveis com o objecto e o fim do tratado, a Convenção como que pressupõe que elas não serão de facto feitas, ou então não serão aceites, e, por consequência, o Estado não se torna parte no tratado. De resto, tal era a posição do TIJ, no Parecer da *Convenção do Genocídio*. Por isso, o facto de um Estado fazer uma objecção qualificando a reserva de incompatível com o objecto e o fim do tratado não assume relevância jurídica à luz da Convenção de Viena.

Teoricamente os efeitos das reservas incompatíveis podem ter consequências de vária ordem para os Estados. Assim, numa primeira hipótese, o Estado que formulou uma reserva incompatível com o objecto e o fim do tratado não se torna parte contratante; num segundo caso, o Estado que faz a reserva torna-se parte, mas excluindo a parte do tratado que foi objecto de reserva; numa terceira hipótese o Estado torna-se parte e está vinculado à totalidade do tratado, sem que a reserva produza efeitos [151]. Aliás, na prática, os Estados fazem objec-

---

[151] Kuhner, *op. cit.*, pág. 83.

ções a reservas invocando a incompatibilidade com o objecto e o fim do tratado, mas aceitando que o tratado entre em vigor entre os dois Estados. A Convenção não atribui poderes ao depositário para eventualmente contestar estas posições algo controversas.

Vários autores abordaram esta questão, que tem sido muito criticada pela doutrina devido à falta de solução proposta pela Convenção de Viena, que implica incerteza e pluralidade de critérios. Por exemplo, O'Connell[152] coloca duas alternativas para as reservas incompatíveis, ou seja, ou o Estado se torna parte no tratado sem a reserva, ou o Estado não pode ser parte no tratado. Dado que nenhum Estado pode estar vinculado sem o seu próprio consentimento ou contra a sua expressa vontade, o que decorre, aliás, do "princípio do consenso" dominante no direito dos tratados, O'Connell opta pela segunda alternativa. Numa posição mais extremista, o internacionalista alemão Tomuschat[153] opina que a ratificação com reservas incompatíveis não produz efeito, na linha dos membros da Comissão do Direito Internacional, para os quais as cláusulas de reservas não podem ser derrogadas pelos Estados unilateralmente, o que leva, em última análise, a impedir o Estado reservante de ser parte no tratado. Por seu lado, Wengler considera que um Estado, ao formular uma reserva incompatível com o tratado, não deve ter como consequência a sua vinculação sem restrições[154]. Cabe ainda referir a posição de Bowett[155], que sublinha o caso das reservas incompatíveis, a contradição entre a vontade de vinculação a um tratado – incluindo a cláusula de reservas – e o não cumprimento das condições dessa mesma cláusula.

Um exemplo de divergência de entendimento sobre a compatibilidade das reservas encontra-se na Convenção de Genebra sobre os Prisioneiros de Guerra, de 1949, a cujo artigo 85.º, que atribui alguns direitos a prisioneiros de guerra já julgados, a União Soviética e os seus satélites formularam uma reserva pela qual se excluía a aplicação desta norma a prisioneiros condenados por crimes de guerra ou crimes contra a humanidade[156]. Porém, o Reino Unido, ao ratificar a Convenção,

---

[152] O'Connell – *International Law*, vol. 1, Londres, 1970, pág. 237 e segts.

[153] Tomuschat, *op. cit.* pág. 467.

[154] Wengler, *Völkerrecht*, I, pág. 218, citado *in* Kühner, *op. cit.*, pág. 83.

[155] Bowett, "Reservations to Non-Restricted Multilateral Treaties", in *B.Y.I.L.* (1976/1977), pág. 218.

[156] Numa nota adicional a União Soviética esclareceu que esta reserva só se aplicava aos casos julgados e já executados. Vide *Revue International de la Croix-Rouge*, n.º 37 (1955), pág. 533.

declarou considerar esta reserva soviética como não válida, entendendo que a sua aplicação implicaria uma violação da Convenção. A natureza jurídica desta formulação tem sido objecto de críticas, visto que o seu sentido não é claro. Com efeito, tanto se pode afirmar que o Reino Unido não atribui valor jurídico à reserva soviética, como, pelo contrário, se poderá considerar que não quis formular uma objecção formal[157]. Por seu lado, Wengler opina que a União Soviética está vinculada à Convenção sem ter em conta a limitação da reserva[158].

Ainda relativamente à mesma Convenção de Genebra, o Governo do Vietname do Norte formulou uma reserva ao artigo 85.º algo semelhante à da União Soviética, mas que, para além de afastar a sua aplicação aos "condenados", incluía também os "*prosecuted*". Assim, os tribunais norte-vietnamitas recusaram-se a tratar como prisioneiros de guerra os pilotos americanos capturados após os bombardeamentos aéreos. O Departamento de Estado norte-americano apresentou um Memorando ao Comité Internacional da Cruz Vermelha, no qual, sem pôr em causa a aplicabilidade da reserva, considerava que as expressões "perseguido criminalmente" e "condenado" deviam aplicar-se cumulativamente e não alternativamente[159]. A própria *Harvard Law Review* entendia que, se estes dois conceitos fossem considerados como alternativos, a reserva do Vietname do Norte era contrária ao objecto e ao fim da Convenção de Genebra. Este entendimento teria como consequência que o Vietnam do Norte não seria parte na Convenção, de acordo com o Parecer do Tribunal Internacional de Justiça sobre a Convenção do Genocídio. Tal não foi o processo seguido pelas autoridades norte-americanas, que não consideraram, à semelhança das britânicas, que a reserva norte-vietnamita fosse inválida ou não produzisse efeito, apesar de o terem feito no momento da ratificação, mas em relação a outros Estados partes[160].

Deve, por seu lado mencionar-se a solução encontrada no caso da Sentença Arbitral sobre a *Plataforma Continental entre a França e o Reino Unido*, de 1977[161], relativa à reserva francesa ao artigo 6.º da Convenção de Genebra, de 1958, sobre a Plataforma Continental, à

---

[157] Bowett, *op. cit.*, pág. 79.

[158] Wengler, *Völkerrecht,* pág. 218, citado *in* Kühner, pág. 85.

[159] Kühner, *op.cit.* pág. 86.

[160] Estudo (sem autor) publicado na *H.L.R.*, vol. 80, I (1966/67), pág. 851 e segts.

[161] Sentença arbitral relativa no caso da *Plataforma Continental (França/ /R. Unido)*, loc. cit., § 55.

qual o Reino Unido formulou uma objecção. Assim, o Governo britânico alegava que, devido à sua objecção levantada na altura, a reserva francesa não produziria qualquer efeito, pelo que a Convenção se aplicaria sem quaisquer limitações. Porém o Tribunal Arbitral, na linha da Convenção de Viena, entendeu que a Convenção era aplicável entre as duas partes contratantes, exceptuando a parte do artigo 6.° sobre a qual incidia a reserva, *e somente nessa medida*.

Assim, O'Connell[162] entende que as reservas incompatíveis não produzem nenhum efeito específico nem impedem que um Estado se torne parte na totalidade do tratado. Na opinião de Kühner tal consequência só se justifica se a reserva for incompatível *com o objecto e o fim do tratado*[163]. Já no entendimento de Bowett[164], a incompatibilidade das reservas tem como consequência a vinculação ilimitada do Estado que as formula, o que não toma em conta a expressão da vontade do Estado, que permanece ainda um princípio fundamental do direito dos tratados. A Sentença Arbitral sobre a *Plataforma Continental entre a França e o Reino Unido*, atrás citada, encontrou uma solução intermédia ao aplicar o artigo 6.° da Convenção de Genebra, exceptuando a parte do artigo sobre que incidiu a reserva, na linha do regime previsto na Convenção de Viena.

A ausência de um mecanismo de resolução de conflitos, extensivo a todo o articulado da Convenção de Viena, revela-se uma das grandes falhas da codificação do direito dos tratados. A interpretação individual feita por cada Estado parte sem controlo obrigatório, corrente no direito internacional, gera incerteza, nomeadamente na questão das reservas à qual a Convenção pretendia impor limitações objectivas, mas cuja avaliação depende exclusivamente da vontade dos Estados. A falta de uma autoridade competente que possa decidir com efeito obrigatório fez-se, aliás, sentir nas reservas à própria Convenção de Viena, cujas condições de admissibilidade não foram fixadas, provavelmente partindo do pressuposto que seria impossível formular reservas a normas consuetudinárias, havendo assim uma "cláusula implícita" que o impede[165]. Tal proibição foi também consagrada na jurisprudência do

---

[162] O'Connell, *op. cit.,* pág. 239.
[163] Kühner, *op. cit.,* pág. 82 e segts.
[164] Bowett, *op. cit.,* pág. 75 e segts.
[165] Teboul, G. – "Remarques sur les réserves aux conventions de codification", in *R.G.D.I.P.,* n.° 86, 1982, n.° 4, pág. 685.

TIJ, no Acórdão da *Plataforma Continental do Mar do Norte*[166], que afirmou que os Estados estavam impedidos de formular reservas em relação a normas consuetudinárias codificadas.

Cabe ainda mencionar a liberdade de retirar reservas, reconhecida aos Estados, sem que os Estados que as aceitaram tenham que se pronunciar sobre essa revogação/retirada. A maioria dos autores[167] advoga esta tese, dado que se um Estado decide renunciar à reserva, ou, melhor, à faculdade de modificar ou excluir uma disposição de um tratado, reconstituindo assim a integridade do seu texto, tal não exige o consentimento prévio do Estado que a aceitou. Não estamos face a uma cláusula contratual que só pode ser alterada por mútuo consentimento das partes. Seria absurdo considerar que um Estado que tivesse aceite a reserva se pudesse opor à sua retirada, que visa a integridade do tratado. Aliás, na pureza dos princípios as reservas destinam-se a ser retiradas, ou pelo menos têm a vocação da precaridade, pois apenas deveriam existir enquanto as leis internas, contrárias ao tratado em causa, não fossem revogadas, facto que os outros Estados partes deverão presumir.

Concluindo, pode dizer-se que a Convenção de Viena transformou a formulação de reservas e de objecções em actos unilaterais, que praticamente não impedem a participação de um Estado num tratado. Este entendimento implicou que o Parecer do TIJ não fosse mais aplicado[168], pois foi em parte tacitamente revogado pela Convenção, embora seja ainda hoje citado como base da imposição de critérios materiais e não formais. A aparente contradição entre o critério da compatibilidade e a possibilidade de um acordo consubstanciado na aceitação de uma reserva incompatível deve ser superada pela necessidade de complementar o critério material com a formalidade da aceitação. A função "pacificadora" que a Convenção veio desempenhar revela-se notória, embora permita, tendencialmente, uma admissibilidade excessiva das reservas. No entanto ela não deverá "congelar" o direito internacional nem a evolução da teoria geral da reserva.

---

[166] Acórdão do TIJ, de 20 de Fevereiro de 1969 (Dinamarca e Países Baixos RFA), *Recueil* (1969), pág. 3 e segts.

[167] Guggenheim, Podesta Costa e Rousseau, citados *in* Ruda, *op. cit.*, pág. 201 e segts.

[168] Zemanek, Karl – "Some Unresolved Questions concerning Reservations in the Vienna Convention on the Law of Treaties", in *Essays of International Law in Honour of Manfred Lachs*, 1984, pág. 334.

O objectivo de tornar os tratados universais, claramente pretendido pelos autores da Convenção de Viena, implicou a consagração de um regime de reservas algo fluido e permissivo. No entanto o valor da universalidade é por si só uma razão defensável para o desenvolvimento do direito internacional[169] e para a necessidade de influenciar e harmonizar as ordens jurídicas internas. A flexibilidade do regime das reservas não só aumenta tendencialmente a participação dos Estados como favorece os consensos na elaboração das normas dos tratados.

3. A INTERPRETAÇÃO DOS TRATADOS E A SUA APLICAÇÃO À TEORIA GERAL DAS RESERVAS

O direito internacional utilizou durante muito tempo numerosos conceitos provenientes do direito privado, e particularmente do direito romano. Tal sucedeu, em particular, com o direito dos tratados que se baseou, em grande parte, no direito dos contratos pela aparente analogia entre tratados e contratos; como o contrato pressupõe o consentimento mútuo das partes, considerou a doutrina clássica que seria necessário o consentimento de todas as partes para que as reservas fossem válidas[170]. A própria evolução da comunidade internacional levou à alteração do modo de interpretação dos tratados, cuja natureza deixou de ser exclusivamente contratual, passando a ser normativa ou híbrida[171], e modificou, por consequência, o entendimento das reservas, cuja formulação aumentou quantitativamente, mas que se tornou, de certo modo, "banalizada" no seio das organizações internacionais.

Analisámos atrás a evolução das teorias relativas à formulação de reservas, que podemos dividir entre absolutas e mistas[172], ou seja entre as posições mais extremas que preconizam a liberdade de formulação e as que pretendem impor limitações à faculdade de os Estados formularem reservas. Assim, de entre as absolutas, temos a chamada teoria da soberania, defendida pela ex-União Soviética e por boa parte dos Estados do bloco socialista, a partir dos anos 50, que pretende fazer do direito

---

[169] Piper, C. – "Reservations to Multilateral Treaties: The Goal of Universality", in *Iowa Law Review*, 71.1, 1985, n.º 1, pág. 322.

[170] Ruda – "Efectos juridicos de las reservas a los tratados multilaterales" in *Anuario Juridico Interamericano*, Int/L, I, 1982, pág. 65 e segts.

[171] Barbosa Rodrigues, Luís – *Interpretação de Tratados (Elementos para uma dogmática)*, Lisboa, 1990, pág. 158 e segts.

[172] Fitzmaurice, *op. cit.*, pág. 9 e segts.

de formular reservas um direito absoluto de um Estado se tornar parte num tratado, sem que as objecções dos outros o possam impedir. Esta teoria extremista foi sempre rejeitada pela maioria dos membros da comunidade internacional, pelo que não nos deteremos em detalhe sobre o seu conteúdo.

Integra-se também nas teorias absolutas a clássica regra da unanimidade, que exige o consentimento de todos os Estados partes para que o Estado que formulou uma reserva seja admitido como parte num tratado. Parece-nos que a rigidez desta regra foi já demonstrada, merecendo ainda destaque o facto de tal norma deixar ao critério de um Estado que faz uma objecção a possibilidade de decidir se o Estado que formula a reserva deve ou não tornar-se parte num tratado. No fundo, a regra da unanimidade surge do entendimento da natureza contratual dos tratados, segundo a qual, tal como cada disposição do tratado, todas as reservas exigem o consentimento expresso ou tácito de todas as partes. A formulação de reservas é apenas uma faculdade que depende da aceitação das outras partes contratantes. Pretende-se assim preservar a integridade do tratado, sem tomar em conta os Estados que, devido à sua ordem jurídica interna, apenas poderiam ratificar o tratado formulando reservas.

As teorias "mistas", ou seja as que impõem um regime que limita o direito de formular reservas mas que reconhecem igualmente um direito de formular objecções, vão no sentido de encontrar um compromisso entre a total liberdade e a extrema limitação. Este tipo de doutrinas pretende, assim, fazer participar o maior número possível de Estados nos instrumentos de direito internacional[173].

No chamado sistema pan-americano a liberdade de formulação de reservas não permite uma apreciação de fundo sobre o conteúdo das reservas. A comunidade de interesses protegidos no tratado será assim afectada pelo facto de se admitir a generalidade das reservas[174], que podem assim alterar profundamente a interpretação do tratado.

Como afirmou o próprio Tribunal Internacional de Justiça, no Parecer sobre as *Reservas à Convenção do Genocídio*, a concepção do tratado multilateral era "directamente inspirada no contrato", o que pressupunha logicamente a vontade unânime das partes em caso de desvio ou modificação. Devendo os tratados ser interpretados em

---

[173] Fitzmaurice, *op. cit.*, pág. 11 e segts.
[174] Marschall, R. – "The Problem of Reservations in Multilateral Conventions", in *Albany Law Review*, 30-1-1966, n.º 1, pág. 112.

conjunto com todas as reservas a eles formuladas, de acordo com o direito internacional, eles decompunham-se num feixe de relações bilaterais dominado pelo princípio da reciprocidade. O critério da compatibilidade, a natureza das reservas e a sua relação com as disposições convencionais passam, por consequência a ser objecto de apreciação substancial.

A distinção entre tratados de tipo contratual e de tipo normativo, sempre levantada a respeito da questão das reservas, tem alguma utilidade académica, para a interpretação, embora o aumento dos tratados "semi-legislativos", bem como o grande número de Estados que participam na elaboração e se tornam partes no tratado, tenham quase imposto a regra da inclusão, em cada tratado, de uma cláusula de reservas [175].

Coloca-se aqui o problema da relação entre a natureza do tratado e a possibilidade de formular reservas, que foi provavelmente uma das razões da profunda alteração que sofreu o regime das reservas após a Segunda Guerra Mundial. Assim, os tratados multilaterais tinham natureza contratual e criavam obrigações recíprocas entre as partes, que pressupunham cumprimento idêntico entre todas as partes. Podemos citar como exemplos as convenções relativas à concessão de tarifas aduaneiras mais favoráveis ou a criação de benefícios comerciais.

Por outro lado, o facto de se deixar aos Estados a apreciação da compatibilidade ou incompatibilidade das reservas em relação ao objecto e o fim dos tratados envolve, necessariamente, esse juízo de "subjectivismo", e por vezes de politização, estranho a considerações estritamente jurídicas. A existência de uma autoridade imparcial, que pudesse decidir sobre a compatibilidade das reservas e a sua consequente aceitação, revelar-se-ia de uma enorme vantagem para a interpretação uniforme do tratado e para o progresso do direito internacional em geral.

A faculdade de formular reservas permite que os Estados façam prevalecer o seu direito interno sobre as disposições de um tratado. Ela representa uma forma indirecta de impor o primado do direito interno sobre o direito internacional, sem alterar a regra actual da superioridade hierárquica do direito internacional sobre o direito interno. A recusa em modificar o direito interno para o harmonizar com as normas de direito internacional pode ter razões de natureza técnico-jurídica, mas terá

---

[175] Anderson, D.R. – "Reservations to Multilateral Conventions: a Re-examination", in *I.C.L.Q.*, 1964, pág. 467 e segts.

muitas vezes motivos de natureza política. Aliás a maioria da doutrina acusava a antiga União Soviética e os seus satélites de utilizarem excessivamente as reservas como forma de "expressão da soberania"[176], tendo contribuído em grande parte para a sua "proliferação".

A protecção internacional dos direitos do homem impôs a elaboração de outro tipo de tratados, que levantam problemas específicos de interpretação. A diferença do objecto e do fim deste tipo de tratados, destinados aos cidadãos de cada Estado, bem como o carácter absoluto das obrigações, que devem ser cumpridas por todas as partes, sem condições de reciprocidade, obrigam a uma interpretação dinâmica e evolutiva que trouxe ao direito internacional noções novas e originais. O cumprimento das obrigações não depende da participação das outras partes, e o não cumprimento de uma obrigação por parte de um Estado não pode justificar o incumprimento de outro Estado. Esta ausência de carácter sinalagmático é justamente a principal característica dos chamados tratados "normativos"[177], nos quais cada uma das partes cumpre *per se* as obrigações decorrentes do tratado, tornando "inadequado" o sistema de aceitação de reservas da Convenção de Viena[178].

O dilema entre "universalidade" e "integridade" coloca-se de forma necessariamente distinta nos "instrumentos legislativos" de direito internacional dos direitos do homem. Assim, a conjugação de diversas concepções de direitos do homem, por vezes contraditórias, influenciadas por tradições e condições reais diferenciadas, favorece as convenções regionais que agrupam Estados cujas ordens jurídicas são mais homogéneas[179]. Por outro lado, a intervenção de órgãos de fiscalização, cujas decisões vinculam os Estados, contribui, decerto, para a salvaguarda da integridade dos textos, concretizada através de uma interpretação uniforme, que se repercute inclusivamente na apreciação do conteúdo das reservas.

Com efeito, a evolução da problemática das reservas ilustra a influência de considerações de natureza política no direito internacional, e em particular na questão que aqui nos ocupa. Um problema que se afigura na aparência exclusivamente jurídico, pode ser susceptível

---

[176] Bishop, *op. cit.*, pág. 337 e segts.

[177] Fitzmaurice, *op.cit.*, pág. 14 e segts.

[178] Cohen-Jonathan, G. – "Les réserves à la Convention européenne des Droits de l'Homme (à propos de l'Arrêt *Belilos* du 29 avril 1988)", in *R.G.D.I.P.*, n.º 2, 1989, pág. 277 e segts.

[179] Bernhardt, R. – "Thoughts on the interpretation of human-rights treaties", in *Mélanges Wiarda,* Munique, 1988, pág. 66 e sgts.

de soluções eivadas de factores políticos que regem as relações internacionais num determinado momento. A intervenção dos órgãos convencionais, prevista na maioria dos instrumentos de protecção dos direitos do homem, permite maior objectividade e imparcialidade na interpretação dos tratados, tendo em conta as reservas formuladas pelos Estados partes. Assim, as reservas devem ser interpretadas à luz do objecto e do fim do tratado, o que no caso dos textos de direito internacional dos direitos do homem deve ser tomada em conta a sua natureza específica e os valores que eles visam salvaguardar. Por conseguinte, tradicionalmente, o facto de a reserva constituir um acto unilateral de carácter condicional torna, por vezes, necessário recorrer aos trabalhos preparatórios e às fontes de direito interno para melhor determinar a intenção do Estado que formulou a reserva[180]. No entanto, tal interpretação subjectiva perdeu importância face à Convenção de Viena e deve assumir apenas a natureza de meio auxiliar de interpretação.

No caso dos instrumentos de direitos do homem tal forma subjectiva de interpretação deve ter importância ainda mais reduzida, dado o carácter objectivo dos direitos protegidos e das obrigações assumidas pelos Estados. Neste tipo de tratados impõe-se uma interpretação restritiva das reservas, de forma a limitar o mais possível o seu peso[181] e, sobretudo, as restrições aos direitos e liberdades dos indivíduos. A aplicação de tal tipo de interpretação por órgãos independentes, e não por Estados, revela-se de certo modo mais eficaz e levanta menos problemas de natureza política, sempre subjacentes em relação às reservas. Nesta linha, o afastamento de uma reserva por parte de um órgão fiscalizador assume ainda carácter excepcional, mas verificou-se em 1988, no Acórdão *Belilos*, proferido pelo Tribunal Europeu dos Direitos do Homem, que analisaremos na Parte II.

4. A NATUREZA JURÍDICA DAS RESERVAS

A propósito do conceito de reserva tivemos já ocasião de abordar o problema da natureza jurídica das reservas, pelo que iremos apenas analisar sucintamente a posição da doutrina acerca do assunto.

A questão da natureza jurídica das reservas centra-se em torno da aceitação ou negação do seu carácter condicional. Ou seja, a doutrina

---

[180] Oppenheim's, *op. cit.*, pág. 1242.
[181] Cohen-Jonathan, *op. cit.*, pág. 285 e segts.

divide-se em dois campos distintos: para alguns autores as reservas serão uma condição para que um Estado consinta em ser parte num tratado, sendo que, para outros, as reservas são apenas actos unilaterais dos Estados relativos a uma ou várias disposições de um tratado. Paralelamente a doutrina coloca a questão de saber se as reservas integram ou não o tratado. A este respeito alguns autores qualificam as reservas como actos criadores de direito de conteúdo negativo[182], ou até de *"determinazione accessoria"*[183].

No seu curso à Academia de Direito Internacional da Haia, em 1961, o Professor Bishop[184] entendia que, em direito internacional, nenhum Estado está vinculado a um tratado sem exprimir o seu consentimento. Esta questão fundamental constituiu o ponto de partida para os debates sobre as reservas no seio da Comissão de Direito Internacional, sendo exposta logo no primeiro Relatório sobre o Direito dos Tratados em 1962, por *Sir Humphrey Waldock,* e posta em causa por Lachs[185] que entendia que a expressão "condição" não devia fazer parte da definição das reservas. De facto, como vimos acima, a Convenção de Viena qualificou as reservas de actos unilaterais, feitas fora do tratado e não dentro dele[186], e nem apôs carácter condicional à aceitação.

A análise de Kyongun Koh[187] distingue os elementos subjectivos dos finalistas (*purposive)* na determinação da validade das reservas. Assim, os elementos subjectivos caracterizam as posições que exigem o consentimento unânime dos Estados partes para que a reserva seja válida, o que pressupõe uma concepção de soberania absoluta dos Estados. Por outro lado, a determinação finalista da validade das reservas aceita apenas o critério da compatibilidade do conteúdo das reservas com o objecto e o fim do tratado. O próprio autor defende que a validade das reservas partilha dos dois tipos de elementos, pelo que a natureza jurídica das reservas será sempre híbrida, embora actualmente a evolução da comunidade internacional tenha tendência para fazer prevalecer os elementos finalistas.

---

[182] Shatzky, *op. cit.,* pág. 217.

[183] Vitta, E. – *Le riserve nei tratatti,* Turim, 1957, pág. 61.

[184] Bishop, *op. cit.,* pág. 255 e segts.

[185] Citados in Edwards, *op. cit.,* pág. 373 e segts.

[186] Ruda, *op. cit.,* pág. 5 e segts.

[187] Kyongun Koh, J. – "Reservations to Multilateral Treaties: How International Legal Doctrine Reflects World Vision", in *Harvard I.L J.,* vol. 23. n.º 1, 1982, pág. 73 e segts.

É certo que as reservas aos tratados multilaterais podem ter, segundo a doutrina, natureza jurídica de acto unilateral, ou ainda de acto multilateral no sentido de condição de participação num tratado[188], embora a Convenção de Viena, para favorecer a universalidade da aceitação dos tratados, a tenha qualificado de acto unilateral. No entanto, a questão da intenção de estabelecer uma condição de vinculação de um Estado a um tratado foi recentemente levantada pelo Tribunal Europeu dos Direitos do Homem, a propósito da distinção entre reservas e declarações interpretativas. Vimos como o carácter condicional foi o critério escolhido para distinguir uma declaração interpretativa de uma reserva, o qual se revela ainda de alguma utilidade teórica. Assim na opinião de Bindschedler[189], segundo a qual as reservas, apesar de estarem definidas na Convenção de Viena como actos unilaterais, são uma condição de aceitação do tratado, por parte do Estado que formulou a reserva, isso implicará a tomada em conta de um *special additional treaty*" apenso ao tratado principal.

A apreciação das reservas por órgãos convencionais de fiscalização veio trazer algo de novo à questão da natureza jurídica das reservas. O facto de um tribunal internacional poder declarar uma reserva inadmissível e, consequentemente, não aplicável, largos anos depois de ser formulada e aceite, expressa ou tacitamente, pelos outros Estados partes, retira, em nosso entender, o carácter condicional que uma reserva poderia ter ao ser apresentada.

Parece-nos que na actualidade apenas se poderá atribuir carácter declarativo às reservas, e consequentemente natureza jurídica de acto unilateral, sem que a sua aceitação seja condição de vinculação de um Estado, a menos que essa seja a vontade expressa desse Estado. Nesse caso as objecções, bem como uma eventual declaração de invalidade feita por um órgão convencional, excluiriam, em princípio, a participação de um Estado no tratado.

---

[188] Horn, *op. cit.*, pág. 34 e segts.
[189] Bindschedler, *op. cit.*, pág 498.

CAPÍTULO II – **As reservas nas convenções de Direito Internacional dos Direitos do Homem**

1. O Direito Internacional dos Direitos do Homem
2. A admissibilidade das reservas nas convenções de Direito Internacional dos Direitos do Homem
3. As cláusulas de reservas e a natureza dos tratados

    3.1. As cláusulas de reservas nas convenções universais
    3.2. As cláusulas de reservas nas convenções regionais

4. Breve conclusão

CAPÍTULO II – As reservas nas convenções de Direito Internacional dos Direitos do Homem

1. O DIREITO INTERNACIONAL DOS DIREITOS DO HOMEM

A vocação universalista dos direitos do homem, que remonta, como vimos atrás, ao início do Cristianismo, foi desenvolvida em particular pela Escola de Salamanca, na qual os estudos de Vitoria, Las Casas e Suarez demonstraram, a propósito das conquistas coloniais, que o direito natural cristão não se reduzia aos limites da Cristandade, devendo aplicar-se a toda a Humanidade[190]. A Escola do Direito natural, de Grotius e Puffendorf, irá difundir esta "revolução doutrinal", dando origem a uma filosofia humanista e universalista, na qual fundamentam o exercício da soberania do Estado[191].

Por seu turno, as reivindicações dos súbditos de João Sem Terra descritas na *Magna Carta,* a liberdade de consciência e de religião debatida mais ou menos violentamente durante os processos da Reforma e Contra-Reforma[192] iniciaram um processo que, aliado aos contributos posteriores de Rousseau, Hobbes e Locke[193] dará origem às declarações de direitos americana e francesa, que revelam uma nítida vocação universalista[194].

O idealismo alemão de Kant a Hegel conciliou, ou tentou conciliar, a defesa empiríca da liberdade com a fundamentação racional do direito à liberdade, sendo que todos os direitos são condições da liberdade[195]. Tal

---

[190] Truyol y Serra, A. – *Fundamentos de Derecho Internacional Publico*, 4.ª ed., Madrid, 1977, pág. 184 e segts.

[191] Sudre, *op. cit.,* pág. 31 e segts

[192] Cassin, R. – "Les droits de l'homme", in *R.C.A.D.I.*, Tomo 140, 1974-IV, pág. 323 e segts.

[193] Um estudo comparativo destes filósofos é feito por Villey, M. – *Le Droit et les Droits de l'Homme*, 2.ª ed., Paris, 1990, pág. 150 e segts.

[194] Barret-Kriegel, B. – *Les droits de l'homme et le droit naturel,* Paris, 1989, pág. 24 e segts.

[195] Bourgeois, B. – *Philosophie et droits de l'homme – De Kant à Marx,* Paris, 1990, pág. 12 e segts.

visão viria mais tarde a ser vivamente criticada pela doutrina marxista, que negaria a própria existência dos direitos do homem no sentido individualista, para os opor aos "direitos sociais"[196].

No príncipio do século, o movimento do direito humanitário dos conflitos armados, iniciado por Henry Dunant, constituiu uma das primeiras manifestações jurídicas da dignidade humana, que inspiraria o ordenamento jurídico internacional de princípios que mais tarde seriam consagrados em normas de direito internacional de direitos do homem.

A internacionalização da protecção dos direitos do homem foi sem dúvida um dos aspectos mais relevantes da vida internacional do pós-guerra. A influência dos princípios filosóficos acima referidos, dominados pelo individualismo[197] expresso logo na própria Carta das Nações Unidas, veio alterar alguns dos "dogmas" do direito internacional. Com efeito, a doutrina positivista ortodoxa entendia que somente os Estados eram sujeitos de direito internacional e os indivíduos apenas eram objecto desse direito[198]. Cada Estado estava limitado pela soberania dos outros – "*la souveraineté arrête la souveraineté*" –, na expressão de Virally, pelo que a elaboração de "legislação internacional" relativa à protecção dos direitos do homem afectou significativamente a soberania dos Estados e pôs em causa a própria natureza do direito internacional[199]. Ora, a consagração do indivíduo como sujeito efectivo de direito internacional tinha já sido desenvolvida na doutrina do início do século por Spiroupoulos[200], e foi abordada pelo Tribunal Permanente de Justiça Internacional no Parecer relativo aos *Decretos de Nacionalidade promulgados na Tunísia e em Marrocos*[201], que considerou que, naquele momento, as questões de nacionalidade se incluíam no domínio da competência exclusiva dos Estados, embora isso fosse uma questão relativa que dependia do desenvolvimento do direito internacional.

---

[196] Bourgeais, B., *op. cit.*, pág. 99 e segts.

[197] Glasers, S. – "Les droits de l'homme à la lumière du droit international positif", in *Mélanges offerts à Henri Rolin*, 1964, pág. 107 e segts.

[198] Lauterpacht, H. – *International Law and Human Rights*, Londres, 1950, pág. 6 e segts.

[199] Virally, M. – "Panorama du Droit International Contemporain – Cours Général de Droit International Public", *R.C.A.D.I.*, tomo 183, 1983-V, pág. 124.

[200] Spiroupoulos, J. – "L'Individu et le Droit International" in *R.C.A.D.I.*, tomo 30, 1929-V, pág. 196 e segts., e a análise na doutrina portuguesa in Brito, N. – *Notas para o estudo do Indivíduo perante o Direito Internacional Público*, Lisboa, 1984, pág. 10 e segts.

[201] Parecer Consultivo, de 7 de Fevereiro de 1923, *Recueil* (CPJI), Série B/4, pág. 23 e segts.

As reservas nas convenções de Direito Internacional dos Direitos do Homem   87

Assim, após a Segunda Guerra Mundial, com a constatação da insuficiência da protecção dos direitos fundamentais a nível interno, levada ao extremo no regime nacional-socialista alemão, a ordem jurídica internacional passou a atribuir aos cidadãos direitos internacionalmente protegidos, o que reduziu em parte o conteúdo do domínio reservado dos Estados, que até aí detinham poderes exclusivos em matéria de atribuição e defesa de direitos e liberdades individuais.

A primitiva protecção diplomática exercida discricionariamente pelos Estados para protegerem os seus nacionais no estrangeiro foi ultrapassada pela protecção dos direitos do homem e considerada pelo Tribunal Internacional de Justiça, em 1970, como uma obrigação *erga omnes*, no seu Acórdão *Barcelona Traction*[202], para, logo no ano seguinte, afirmar que ela não se incluía no "domínio reservado dos Estados"[203]. Alguns autores afirmam mesmo que ela é uma "obligation intégrale", sem qualquer discriminação, nem mesmo relativa à nacionalidade[204]. No entanto, as insuficiências dos mecanismos de garantia[205] do direito internacional dos direitos do homem universal mostram a fragilidade do sistema e justificam o sucesso dos regimes regionais.

A criação de um *jus cogens* internacional de direitos do indivíduo foi desde cedo reconhecida pelo TIJ, no já citado Parecer da *Convenção do Genocídio*, como conjunto de regras que os Estados não podem derrogar e que se impõem à consciência colectiva, e, mais recentemente, no Acórdão do *Pessoal Diplomático dos Estados Unidos em Teerão*[206]. Por outro lado, a profunda alteração que sofreu o instituto da responsabilidade internacional do Estado estende-se aos actos dos seus agentes praticados no estrangeiro no domínio dos direitos do homem[207]. A evolução da protecção dos direitos do homem foi mesmo alargada aos "*Drittwirkung*"[208] que implicam a responsabilidade do Estado, na sua

---

[202] Acórdão *Barcelona Traction* do TIJ, de 5 de Fevereiro de 1970, Recueil (1970), pág. 3 e segts.

[203] Parecer do TIJ sobre *As consequências jurídicas para os Estados da presença continuada da África do Sul na Namíbia*, in Recueil (1971), pág. 16 e segts.

[204] Cohen-Jonathan, Gérard – "Résponsabilité pour atteinte aux Droits de l'Homme", in *La responsabilité dans le système international, Colloque du Mans*, Maio 1991, Paris, 1992, pág.104.

[205] Carrillo Salcedo, Juan Antonio – "Souveraineté des Etats et droits de l'homme" in *Mélanges Wiarda*, Colónia, 1988, pág. 91 e segts.

[206] Acórdão de 24 de Maio de 1980, *Recueil*, (1980), pág. 3 e segts.

[207] Relatório da Comissão na Queixa *Chipre c/Turquia*, in *D & R*, 13, pág. 222.

[208] Drzemczewski, A. – "La Convention Européenne des Droits de l'Homme et les rapports entre particuliers", in *Cahiers de Droit Européen*, n.° 1, 1980, pág. 3 e segts.;

obrigação de prevenção das violações de direitos do homem, facto que foi reconhecido tanto pelo Tribunal Interamericano[209] como pelo Tribunal Europeu dos Direitos do Homem[210].

A questão do *jus cogens* liga-se directamente à existência de um *"noyau dur"* dos direitos do homem, comum a toda a Humanidade, que põe desde logo a questão de saber se esse núcleo é ou não inderrogável através das reservas. Por um lado, não se poderá falar em reservas em matéria de direitos do homem, que visam essencialmente restringir o âmbito e a aplicação dos direitos do homem, sem referir que, durante séculos, a protecção dos direitos dos indivíduos era assunto do domínio reservado dos Estados, e por consequência a elaboração de normas internacionais vinculativas ofereceu alguma resistência, de que a prática das reservas é apenas uma manifestação. Não seria portanto de esperar uma adesão totalmente desprovida de reservas, a tão inovador sistema jurídico, se tivermos em consideração as circunstâncias e o momento histórico da sua elaboração.

É certo que a noção e o conteúdo da soberania sofreram profunda evolução, desde o princípio da soberania absoluta de Bodin até à aceitação do primado do direito internacional, cuja tendência se afigura irreversível. A maioria dos Estados defende, durante as negociações de elaboração de convenções, a necessidade da inclusão de uma cláusula de reservas, de modo a poder salvaguardar a possibilidade de afastar a aplicação de disposições convencionais.

De resto, a moderna diplomacia multilateral das organizações internacionais, no âmbito da qual se elabora a maioria dos instrumentos de direitos do homem, conduz a soluções de compromisso, que não recolhem a unanimidade dos Estados participantes. Assim para evitar situações de bloqueio, politicamente indesejáveis, a formulação de reservas revela-se um modo discreto de rejeitar as normas jurídicas internacionais. A adesão posterior a uma convenção multilateral, já em vigor, em cuja negociação o Estado não participou, é ainda uma outra justificação para a apresentação de reservas.

---

e ainda Alkema, E. – "The third-party applicability or 'Drittwirkung' of the European Convention on Human Rights", in *Mélanges Wiarda,* Munique, 1988, pág. 33 e segts.

[209] Acordão *Velasquez (Honduras),* de 29 de Julho de 1988, in *I.L.Materials,* n.º 28 pág. 291 e segts. (1989).

[210] Acórdão *Plattform "Ärtze für das Leben",* de 21 de Junho de 1988, Série A, n.º 139, § 32.

No âmbito do direito internacional dos direitos do homem, a formulação de reservas torna-se assim uma das soluções para o problema das inúmeras divergências de opinião entre os Estados, cujas legislações e tradições jurídicas criam dificuldades na aceitação da totalidade das disposições de uma convenção[211]. No entanto, se a problemática das reservas em geral está eivada de considerações de natureza política, em matéria de direitos do homem essas considerações afiguram-se ainda mais evidentes.

Porém, a aplicação do instituto das reservas às convenções dos direitos do homem afigura-se algo contraditória e antagónica[212], pois os instrumentos de protecção de direitos do homem são já um "*standard mínimo*", resultante de um consenso mais ou menos negociado. As cláusulas de aceitação das garantias mais favoráveis das ordens jurídicas internas, existentes na maioria dos instrumentos jurídicos respeitantes à protecção dos direitos do homem, tais como o artigo 60.º da Convenção Europeia, ou os artigos 5.ºˢ dos Pactos de Direitos Civis e Políticos, e de Direitos Económicos, Sociais e Culturais das Nações Unidas, ou ainda o artigo 32.º da Carta Social Europeia, demonstram a consciência dos autores desses textos do carácter minimalista das suas normas. Este tipo de artigos são mesmo a prova ou a confissão, da parte do legislador internacional, da definição imperfeita dos direitos garantidos[213].

Assim, apesar da enunciação dos direitos do homem, ao nível do direito internacional, ser uma "opção minimalista", os tratados de direitos do homem não proíbem normalmente a formulação de reservas. Por vezes não incluem cláusula de reservas, como nos Pactos das Nações Unidas, pelo que se aplicam supletivamente as disposições da Convenção de Viena sobre Direito dos Tratados, embora com as devidas precauções, como veremos adiante.

No âmbito da Convenção Europeia dos Direitos do Homem os Estados não se atribuíram direitos e obrigações recíprocas para defesa dos seus interesses, mas sim obrigações de carácter objectivo para "*instaurer un ordre public communautaire des libres démocraties en*

---

[211] Marcus-Helmons, Silvio – "L'Article 64 de la Convention de Rome ou les réserves à la Convention européenne des Droits de l'Homme", in *R.D.I.D.C.,* 1968, pág. 9.

[212] Frowein, Jochen – "Reservations to the European Convention on Human Rights", in *Mélanges Wiarda*, Colónia, 1988, pág. 193 e segts.

[213] De Meyer, Jan – "Brèves réflexions à propos de l'article 60 de la Convention européenne des Droits de l'Homme", in *Mélanges Wiarda*, Colónia, 1988, pág. 125 e segts.

Europe", afirmava a Comissão[214], já em 1961. Consequentemente, para além das queixas individuais, e apesar da sua rara utilização, os recursos interestaduais existem na maioria dos textos de protecção dos direitos do homem, que podem funcionar como *actio popularis* dos direitos do homem.

Finalmente, não poderemos a este propósito evitar de chamar à colação a questão da autonomia do direito internacional dos direitos do homem, cujos limites estão ainda em debate na doutrina, sobretudo francesa. O estudo de Vasak[215], publicado em 1974, foi o pioneiro na matéria, mas, mais recentemente, o excelente manual de Frédéric Sudre[216] colocou expressamente o problema, salientando a questão das garantias institucionais para fundamentar a existência de um ramo do direito, apesar de lhe pôr o acento tónico na vertente europeia.

Em suma, a natureza específica dos intrumentos de protecção de direitos do homem e o seu impacto actual na comunidade internacional não permitem, por agora, impedir a formulação de reservas, pelo que devemos admitir a sua formulação embora sujeita a estritas condições e a fiscalização jurídica adequada. A especificidade do direito internacional dos direitos do homem deverá portanto ter também implicações no regime das reservas, pelo que importa agora saber que medida e critérios se poderão aplicar. O afastamento parcial do regime da Convenção de Viena foi, aliás, expressamente reconhecido pelo Tribunal Interamericano dos Direitos do Homem[217], como veremos adiante.

2. A ADMISSIBILIDADE DAS RESERVAS NAS CONVENÇÕES DE DIREITO INTERNACIONAL DOS DIREITOS DO HOMEM

Partindo do princípio que a admissão de reservas nos tratados favorece a sua universalidade, cabe averiguar em primeiro lugar se, na realidade, os Estados aderem em maior número pelo facto de se permitirem as reservas. É certo que, desde 1945, o número de reservas

---

[214] Decisão de 11de Janeiro de 1961, *Ann.*, vol. IV, págs. 139 a 141.

[215] Vasak, K. – "Le droit international des droits de l'homme", in *R.C.A.D.I.* 1974, IV, tomo 140, págs. 333-415.

[216] Sudre, F. – *Droit international et européen des droits de l'homme*, Paris, 1989, pág. 11 e segts.

[217] Parecer Consultivo sobre os *Efeitos das Reservas na Entrada em Vigor da Convenção Americana*, OC-2/82, de 24 de Setembro de 1982, Série A, n.º 2, pág. 37.

aumentou, mas o número de Estados também é mais elevado e a heterogeneidade dos sistemas jurídicos do mundo actual encoraja e, de certo modo, "obriga" os Estados à formulação de reservas[218]. Com efeito, por todas estas razões, verifica-se que o número de partes nos tratados aumentou, e as reservas também são mais numerosas[219], pelo que, apesar dos efeitos negativos das reservas, podemos afirmar – embora com alguma cautela – que elas devem ser admissíveis nos tratados de direito internacional de direitos do homem. Pode admitir-se que deste modo se estará a favorecer e a permitir a participação do maior número de Estados, e assim influenciar as ordens jurídicas internas no sentido de uma melhor adaptação e harmonia com aquele tipo de normas de direito internacional.

Em todo o caso, a defesa da absoluta integridade do tratado e a consequente proibição das reservas não é propriamente uma ideia utópica ou absurda. Logo nos anos 20, a Organização Internacional do Trabalho entendia que as reservas eram absolutamente inaceitáveis em relação aos instrumentos jurídicos por ela elaborados, pois as suas normas eram já *"minimum standards"* de protecção[220], que não admitiam derrogações. De resto, a própria estrutura tripartida da OIT não favorecia a aceitação de reservas, que aliás foram várias vezes rejeitadas pelo Secretariado.

A natureza específica dos textos de direito internacional dos direitos do homem impõe, em nosso entender, um regime particular para as reservas, designadamente no controlo da sua conformidade com o respectivo tratado. A pretensão da universalidade dos tratados, subjacente a um princípio liberal de admissibilidade de reservas, não deverá condicionar excessivamente os órgãos competentes para o controlo das reservas. Aliás a actual prática, algo permissiva e flexível e ainda pouco "jurisdicionalizada", não conduziu à participação alargada dos Estados nos instrumentos de direito internacional dos direitos do homem. No próprio caso da *Convenção de Prevenção do Genocídio,* objecto do Parecer do Tribunal Internacional de Justiça, o facto de o Tribunal ter aceite as reservas desde que compatíveis com o

---

[218] Bindschedler, *op. cit.*, pág. 498.

[219] King Gamble, J. – "Reservations to Multilateral Treaties, A Macroscopic View of State Pratice" in *A.J.I.L.,* vol. 74, n.º 2, 1970, pág. 393.

[220] Gormley, P. – "The modification of multilateral conventions by means of 'negotiated reservations' and other 'alternatives': a comparative study of the ILO and Council of Europe", in *Fordham Law Review,* vol. XXXIX, 1970-71, pág. 65 e segts.

objecto e o fim do tratado, não estimulou a aceitação universal da Convenção[221].

Podemos mesmo constatar que em domínios dos direitos do indivíduo cuja universalidade parece mais evidente, como seja o direito humanitário, as reservas são admitidas e existem em número elevado. Com efeito, as Convenções de Genebra de 1949, sobre protecção de vítimas de guerra, foram objecto de numerosas reservas de forma a salvaguardar as legislações internas de cada Estado[222]. E o mais interessante é que, salvo raras excepções, as reservas não deram lugar a objecções, apesar de o próprio chefe do serviço jurídico da Cruz Vermelha Internacional as ter qualificado de "importantes", embora não fossem incompatíveis com o objecto e o fim do tratado[223]. Apenas uma declaração dos Estados Unidos da América, rejeitando as reservas ao artigo 68.º (sobre protecção de civis), deu lugar a debates, de certo modo influenciados pelo Parecer do TIJ sobre a *Convenção do Genocídio*. Assim, considerou-se que os Estados Unidos estariam vinculados em relação aos Estados que formularam as reservas, com excepção das disposições sobre que estas incidem. A doutrina especializada do direito humanitário admite que um Estado possa manifestar a sua oposição a uma reserva feita por outro, sem que isso impeça a entrada em vigor do tratado entre os dois Estados, com excepção das disposições visadas na reserva[224]. Cabe aqui observar que as relações de reciprocidade em matéria do chamado "direito humanitário" são particularmente importantes, pelo que o paralelismo com o regime dos direitos do homem deve ser feito com alguma cautela.

Podemos considerar que de todos os textos jurídicos de protecção de direitos do homem decorre uma filosofia algo diferente do regime previsto na Convenção de Viena, dado que a natureza objectiva das

---

[221] Akhavan, Payam – "Enforcement of the Genocide Convention Through the Advisory Opinion Jurisdiction of the International Court of Justice", in *H.R.L.J.*, vol. 12, n.ºs 8-9, 1991, pág. 285 e segts.; cabe aqui assinalar que Portugal, inexplicavelmente, não ratificou esta convenção...

[222] É curiosa a reserva feita por Portugal, à semelhança de outros Estados, ao artigo 60.º da Convenção sobre prisioneiros de guerra, segundo a qual o governo só pagaria aos prisioneiros de guerra metade do salário devido aos militares portugueses de igual patente em serviço na zona de combate..., citado *in* Bishop, *op. cit.* pág. 258 e segts.

[223] Pilloud, Claude – "Les réserves aux Conventions de Genève de 1949", in *Revue International de la Croix-Rouge*, n.º 464, Agosto, 1957, pág. 437.

[224] Pilloud, Claude – "Les réserves aux Conventions de Genève", in *Revue International de la Croix-Rouge*, n.º 559, Julho, 1965, pág. 323.

As reservas nas convenções de Direito Internacional dos Direitos do Homem   93

suas obrigações e o seu carácter colectivo impõem-se a todos os Estados.

Para além dos critérios de compatibilidade das reservas com o texto da Convenção, importa agora analisar, em termos gerais, a competência para os apreciar. Vimos como a Convenção de Viena atribui implicitamente aos Estados a possibilidade de, através da aceitação, "validar" uma reserva. No entanto, em relação aos tratados de direitos do homem o papel dos órgãos de controlo assume maior importância pela necessidade de avaliar as reservas de uma forma objectiva e, tanto quanto possível, imparcial. Relativamente a esta questão, Cohen-Jonathan[225] distingue entre as reservas que afectam o funcionamento dos órgãos de controlo e as que respeitam aos direitos garantidos, sendo as primeiras da exclusiva competência das instâncias fiscalizadoras, como foi o caso da "reserva" formulada pela França à cláusula de aceitação da competência do Comité dos Direitos do Homem, previsto no Protocolo Facultativo ao Pacto sobre os Direitos Civis e Políticos, que excluía a apreciação de queixas de particulares que já tivessem sido examinadas por outra instância internacional. Neste caso, e em outros semelhantes, parece-nos que incumbe obviamente aos órgãos de controlo apreciar a validade das reservas. Um outro caso interessante, e revelador da hesitação das entidades convencionais encarregadas de apreciar o cumprimento dos tratados pelos Estados partes, foi a resposta dada pelo Comité para a Eliminação de todas as Formas de Discriminação contra as Mulheres a uma questão de compatibilidade de uma reserva formulada pelo Egipto, segundo a qual o Comité pode apresentar observações mas não se pode pronunciar sobre a eventual incompatibilidade das reservas, devendo esta última ser apreciada exclusivamente pelos Estados partes.

Assim, em nossa opinião, deve presumir-se que os órgãos de controlo existentes em cada um dos instrumentos possam apreciar e eventualmente contestar a validade das reservas, que não devem estar sujeitas à simples aceitação de um Estado. Aliás, como veremos adiante, a própria C.E.D.H. atribui competência ao Tribunal Europeu dos Direitos do Homem para julgar de todas as questões decorrentes da interpretação e aplicação da Convenção, nas quais se incluem naturalmente as reservas, apesar das críticas da doutrina. Assim, apesar da

---

[225] Cohen-Jonathan, G. – "Les réserves à la Convention européenne des Droits de l'Homme (à propos de l'Arrêt *Belilos* du 29 avril 1988)" in *R.G.D.I.P.*, n.º 2, 1989, pág. 281 e sgts.

função fiscalizadora das reservas não se encontrar expressamente prevista na letra dos tratados, parece-nos que a própria existência de mecanismos de garantia, mais ou menos rígidos, nos pode levar a admitir implicitamente a competência para conhecer do problema, senão em abstrato, pelo menos nos casos concretos. Aqui reside a evolução em relação à Convenção de Viena, que não pressupõe qualquer mecanismo de controlo, nem centra a apreciação no vector da sua validade em relação ao tratado, mas apenas na aceitação dos Estados.

A competência limitada ou autolimitada dos órgãos das diferentes convenções de direitos do homem, bem como uma certa prudência e ambiguidade de órgãos que não são propriamente instâncias jurisdicionais, não permitem ainda a emissão de juízos definitivos sobre a validade das reservas.

No que respeita aos direitos propriamente ditos, como refere Cohen-Jonathan, será difícil deixar de tomar em conta a vontade expressa pelos Estados de excluir uma disposição, pois os órgãos de controlo estão de certo modo "obrigados" a respeitar essa vontade e apenas levantam questões de forma limitada e cautelosa[226].

É evidente que se o controlo não for feito antes da admissão formal da reserva e apenas tiver lugar perante casos concretos, poderão passar muitos anos sem que a validade de uma reserva seja posta em causa. Tal facto poderá gerar uma certa incerteza, mas parece-nos que um juízo de invalidade sobre uma reserva, proferido pelos órgãos de controlo, poderá ser feito a todo o tempo, em nome da efectiva protecção dos direitos do homem. Por outro lado, importa salientar que nos tratados de direitos do homem a formulação de reservas não implica nenhuma consequência sobre o âmbito ou a natureza das obrigações das outras partes, as quais não podem invocar a reciprocidade para obviar ao cumprimento das suas normas.

As derrogações às normas dos tratados de direito internacional de direitos do homem admitem-se em caso de estado de necessidade em graus variáveis. Assim, elas são mais ou menos amplas e levantam a questão da existência de um núcleo de direitos inderrogáveis, ou mesmo da protecção de normas de *jus cogens*. Com efeito, o direito à vida, a proibição da tortura e da escravatura, a não-retroactivadade da lei penal não podem ser objecto de derrogações nem no Pacto dos Direitos Civis e Políticos, nem nas Convenções Europeia e Americana dos Direitos do Homem.

---

[226] Cohen-Jonathan, *op. cit.*, pág. 282.

Tal proibição de derrogação não implica a interdição de formular reservas, as quais são possíveis, na opinião de Sudre[227], se não forem incompatíveis com o objecto e o fim do tratado. Na realidade, tais reservas foram de facto formuladas, inclusivamente por Portugal, a respeito da irrectroactividade da lei penal, sem que ninguém contestasse a sua validade.

3. AS CLÁUSULAS DE RESERVAS E A NATUREZA DOS TRATADOS

Não se pode negar que na elaboração dos tratados relativos à protecção dos direitos do homem houve alguma preocupação em prever mecanismos específicos para o controlo da sua aplicação. No entanto, a diversidade de critérios não torna possível extrair uma regra clara e própria deste tipo de instrumentos jurídicos.

Assim, na opinião de Sudre, três atitudes ressaltam das convenções relativas aos direitos do homem em matéria de admissibilidade de reservas: a proibição, o silêncio e a autorização[228].

De entre os textos que proíbem expressamente as reservas, destacam-se a Convenção relativa à abolição da escravatura, de 1956, a Convenção contra a Discriminação em matéria de Ensino, de 1960, o Protocolo n.º 6 à C.E.D.H. relativo à abolição da pena de morte, de 1983, e, mais recentemente, a Convenção Europeia para a Prevenção da Tortura, de 1987. Por seu lado, a Carta Social Europeia, de 1960, prevê um esquema de ratificação de tal modo flexível – os Estados podem apenas vincular-se a um determinado número de disposições – que a ausência do mecanismo das reservas no articulado não se torna relevante.

A discussão dos projectos dos Pactos das Nações Unidas relativos aos Direitos do Homem incluiu naturalmente a questão das reservas. Já em 1950, as delegações do Reino Unido e da Dinamarca propuseram cláusulas que permitiam aos Estados formular reservas, desde que as leis em vigor na sua ordem interna não fossem conformes às disposições dos Pactos. Esta fórmula foi considerada como sugestão "*unorthodox*" por Lauterpacht, pois autorizava as reservas sem o consentimento específico das outras partes contratantes[229]. Uma outra proposta tentou

---

[227] Sudre, *op. cit.* pág. 96.
[228] Sudre, *op. cit.* pág. 95 e segts.
[229] Lauterpacht, *op.cit.,* pág. 390 (nota 60).

introduzir um mecanismo análogo ao da Convenção contra a Discriminação Racial, mas também não reuniu consenso. Com efeito, o texto final omitiu uma cláusula de reservas em ambos os Pactos, de que se poderia concluir, numa análise menos cuidada, que todas as reservas seriam permitidas[230], ou, segundo a norma consuetudinária da época, nenhuma reserva seria permitida – dado que a Convenção de Viena não tinha ainda sido aprovada –, ou, ainda, que se aplicaria o critério da compatibilidade com o objecto e o fim do tratado, na altura já preconizado no Parecer do TIJ e depois retomado na Convenção de Viena[231].

No entanto, os Pactos das Nações Unidas dos Direitos Civis e Políticos e dos Direitos Económicos Sociais e Culturais foram objecto de inúmeras reservas por parte dos Estados. A Austrália formulou-lhes um grande número de reservas[232], objecto de polémica doutrinal, que levou o governo a retirá-las. As mais controversas foram provavelmente as dos Estados Unidos da América, cujo isolamento constitucional em relação ao direito internacional[233] é surpreendente, atendendo à contribuição histórica que as suas declarações de direitos trouxeram ao desenvolvimento desta matéria. Assim, os EUA, após 15 anos de debates, ratificaram, em 1992, o Pacto dos Direitos Civis e Políticos com cinco reservas e quatro declarações interpretativas! As diferenças em relação à lei interna não são muito significativas, com excepção da lei da pena de morte para menores de 18 anos, e, em sentido contrário, ou seja, alargando o âmbito, a liberdade de expressão[234].

A reserva americana relativa à pena de morte foi alvo de várias objecções de países europeus, entre os quais Portugal, embora todos declarassem que o Pacto entraria em vigor entre os EUA e os Estados "objectantes". A discussão sobre a finalidade "abolicionista" desta norma tem sido acesa, invocando os seus defensores os trabalhos preparatórios e

---

[230] Golsong, H. – "Les réserves aux instruments internationaux pour la protection des droits de l'homme", in *Les clauses échappatoires en matière d'instruments internationaux relatifs aux droits de l'homme*, 4.º Colóquio do Departamento de Direitos do Homem da Universidade de Lovaina, 1982, pág. 31.

[231] Sudre, *op. cit.*, pág. 95.

[232] Triggs, G. – "Australia's Ratification of the International Convenant on Civil and Political Rights: Endorsement or Repudiation", in *I.C.L.Q.*, 31, n.º 2, 1982, pág. 279 e segts.

[233] Lillich, R. – "The United States Constitution and International Human Rights Law", in *Harvard H.R.J.*, vol. 3, 1990, pág. 80 e segts.

[234] Stewart, D. – "U.S. Ratification of the Covenant on Civil and Political Rights:The Significance of the Reservations, Understandings and Declarations", in *H.R.L.J.*, vol. 14, n.ºs 3-4, 1993, pág. 81 e segts.

os debates no seio da Comissão dos Direitos do Homem das Nações Unidas, que conduzem a essa conclusão[235]. Face ao regime da Convenção de Viena, baseado como já vimos no princípio da reciprocidade, o valor das objecções é juridicamente reduzido, mas elas têm um valor político importante. Em todo o caso, à luz do critério da compatibilidade esta reserva é ilegal, violadora de direitos inderrogáveis reafirmados na recente Convenção sobre os Direitos do Criança. Não vamos analisar as consequências dessa ilegalidade, que seriam, em última análise, a exclusão dos EUA do Pacto! No entanto, as vantagens para a protecção dos direitos previstos no Pacto beneficiarão, decerto, os cidadãos pela influência que as normas internacionais podem ter nas decisões dos tribunais americanos[236].

Em suma, para um instrumento que não previu expressamente uma cláusula de reservas, a formulação de mais de 150 reservas parece alarmante, embora elas não representem um forte desvio às normas do Pacto[237]. Parece-nos de apoiar, também em relação ao Pacto das Nações Unidas sobre Direitos Civis e Políticos, a tese defendida pela generalidade da doutrina especializada e mesmo genérica[238], segundo a qual os órgãos de controlo das obrigações convencionais instituídos pelos tratados de direitos do homem devem estar autorizados a pronunciar-se sobre a legalidade das reservas.

Relativamente ao Comité dos Direitos do Homem instituído pelo Pacto, a sua posição foi durante muito tempo pouco clara. Em Novembro de 1994, o Comité, face ao crescente número de reservas ao Pacto dos Direitos Civis e Políticos, produziu um *"General Comment"*[239] relativo às reservas em geral. Enuncia várias regras a que deve obedecer a formulação de reservas, como sejam a especificidade e a transparência, bem como a indicação das normas internas contrárias às normas do Pacto e ainda as intenções de alterações legislativas futuras[240]. Por

---

[235] Schabas, W. – "Les réserves des Etats-Unis d'Amérique au Pacte International relatif aux droits civils et politiques en ce qui a trait à la peine de mort", in *R.U.D.H.*, vol. 6, n.ºs 4-6, Setembro, 1994, pág. 143 e segts.

[236] Quigley, J. – "Criminal Law and Human Rights: Implications of the United States Ratification of the International Convenant on Civil Rights" in *Harvard H.R.J.*, n.º 6, 1993, pág. 85.

[237] Merieux, Margaret – "Reservations to the International Covenant on Civil and Political Rights: Their Substantive and Constitutive Significance", in *Revue de Droit International de Sciences Diplomatiques et Politiques,* ano 72, n.º 2, Abril-Junho, 1994, pág. 124.

[238] Quoc Dinh, *op. cit.,* pág. 178.

[239] *"General Comment* n.º 24 (52)", UN Doc. CCPR/C/21/Rev. 1.

[240] Idem, § 19.

outro lado, o documento considera que as reservas destinadas a subtrair a competência do Comité são incompatíveis com o objecto e o fim do Pacto.

3.1. **As cláusulas de reservas nas convenções universais**

Cabe agora analisar sucintamente, e por ordem cronológica da data da sua abertura à assinatura, alguns exemplos de convenções universais relativas a direitos do homem que prevêem cláusulas de reservas. Destaca-se, em primeiro lugar, a Convenção de Genebra sobre o Estatuto dos Refugiados, de 1951, que inclui uma cláusula (art. 42.º, n.º 1), excluindo a formulação das reservas a um conjunto de disposições expressamente determinadas, consideradas os "pilares da Convenção", que constituíam justamente o objecto e o fim da Convenção[241]. Tal opção não impediu um elevado número de ratificações por parte da maioria dos Estados membros das Nações Unidas. Foi sem dúvida uma solução bem escolhida que a prática revelou bem sucedida.

Na Convenção para a Eliminação da Discriminação Racial, de 1965, adoptou-se um critério de admissibilidade condicionada a um voto maioritário que proíbe as reservas incompatíveis com o objecto e o fim do tratado, bem como as que sejam alvo de objecções por parte de dois terços dos Estados partes. Por outro lado, afasta a possibilidade de impedir a sua apreciação pelos órgãos da Convenção. Este método inovador, que não se repetiu em outros textos, foi no entanto considerado durante a elaboração da C.E.D.H.[242]. O Professor Cassese considera-o um compromisso entre a necessidade de uma participação universal e a vontade de salvaguardar a integridade do texto[243].

Este original *"collegiate system"*, defendido na Comissão de Direito Internacional das Nações Unidas pelo Prof. Lauterpacht, visa remeter para uma "colectividade", ou "colégio" de Estados, a função de afastar reservas incompatíveis. Na prática revelou-se pouco eficaz e ilusório, pois não foi suficientemente articulado com o problema da

---

[241] Colella, A. – "Les réserves à la Convention de Genève (28 juillet 1951) et au Protocole de New York (31 janvier 1967) sur le Statut des Réfugiés", in *A.F.D.I.*, tomo XXXV, 1989, pág. 446 e segts.

[242] Golsong, *op.cit.*, pág. 30 e segts.

[243] Cassese, A. – "A New Reservations Clause (Article 29 of the United Nations Convention on the Elimination of all Forms of Racial Discrimination), in *En Hommage à Paul Guggenheim*, 1968, pág. 267.

As reservas nas convenções de Direito Internacional dos Direitos do Homem   99

entrada em vigor da Convenção e ainda pela fraca intervenção dos Estados, que não fazem habitualmente objecções[244]. Boa parte dos Estados fizeram reservas ao próprio artigo 22.º – a cláusula de reservas – para excluir a "jurisdição" do Comité para a Eliminação da Discriminação Racial sobre todas as matérias que lhe fossem conferidas[245].

Merece ainda destaque, pelo elevado número de reservas e objecções que lhe foram formuladas, a Convenção sobre a Eliminação de todas as Formas de Discriminação sobre as Mulheres, adoptada, em 1979, pela Assembleia Geral das Nações Unidas. A cláusula de reservas prevista no artigo 28.º afirma que nenhuma reserva incompatível com o objecto e o fim da Convenção será autorizada, remetendo os diferendos de interpretação para o TIJ através de uma cláusula facultativa. Dado que a finalidade principal da Convenção é justamente obrigar os Estados partes a eliminar todas as formas de discriminação sobre as mulheres, os Estados têm obrigação de, progressivamente, atingir este resultado. Ora as reservas que revelem uma clara "inconsistência" entre a lei interna e as obrigações previstas na Convenção são incompatíveis com o objecto e o fim do tratado[246]. Por razões políticas, verifica-se uma atitude de tolerância em relação às reservas, que permite legislações retrógradas e práticas discriminatórias.

Para citar alguns exemplos, as reservas formuladas por Israel à Convenção sobre a eliminação de todas as formas de discriminação sobre as mulheres dizem respeito à nomeação de mulheres para juízes de tribunais religiosos, bem como às leis sobre o estado das pessoas (artigo 16.º e 29.º da Convenção). Por outro lado, a quantidade de reservas formuladas pelos Estados de confissão islâmica, designadamente no âmbito da discriminação sexual, é de tal forma excessiva que levanta inúmeras objecções formais da parte dos outros Estados. O governo sueco apresentou, em Março de 1993, uma objecção à reserva formulada pela Jordânia e respeitante aos artigos 9.º, n.º 1, e 15.º, n.ᵒˢ 4 e 6 c), d), e g) da Convenção, alegando que elas eram incompatíveis com o objecto e o fim da Convenção. A sua aplicação implicaria uma

---

[244] Cohen -Jonathan, G. – "Les réserves à la Convention européenne des Droits de l'Homme (à propos de l'Arrêt *Belilos* du 29 avril 1988)", in *R.G.D.I.P.*, n.º 2, 1989,pág. 279 e segts.

[245] Buergenthal, T./Sohn, L. – *International Protection of Human Rights*, Nova Iorque, pág. 861 e segts.

[246] Cook, R. – "Reservations to the Convention on the Elimination of all Forms of Discrimination againts Women", in *Virginia J.I.L.*, n.º 3, 1990, pág. 648.

discriminação em função do sexo, contrária aos princípios da Carta das Nações Unidas e dos Pactos de Direitos nos quais a Jordânia é parte.

Tais reservas levam logicamente a concluir que a participação de boa parte dos Estados é apenas formal e "fictícia", pois mesmo os Estados que formularam conscientemente objecções, "não isentas de anomalias"[247], não excluíram a participação de nenhum Estado. Assim, impõe-se a intervenção do Comité para a Eliminação da Discriminação contra as Mulheres, que já reconheceu a sua "jurisdição" sobre a questão[248], embora de modo algo equívoco. No entanto, em 1992, o Comité propôs à Assembleia Geral uma Recomendação aos Estados convidando-os a retirar as reservas formuladas e a alterar a sua legislação interna.

Na Convenção dos Direitos da Criança, de 1989, a cláusula de reservas proíbe igualmente as reservas incompatíveis com o objecto e o fim do tratado. Assim, uma reserva do governo canadiano exclui a aplicação do artigo 21.º às populações aborígenes, e, numa Declaração, adapta a aplicação da Convenção às crianças das populações aborígenes. Os governos belga e britânico apresentaram declarações interpretativas excluindo a aplicação da Convenção às crianças não-nacionais.

Relativamente às objecções, o governo norueguês enviou ao Secretário-Geral das Nações Unidas, em 20 de Fevereiro de 1992, uma objecção à Declaração (com valor de reserva) feita pela Indonésia aos artigos 1.º, 14.º, 16.º, 17.º, 21.º, 22.º e 29.º da Convenção dos Direitos da Criança, na qual esta os interpretará de acordo com a sua constituição. Ora a invocação de princípios gerais de direito interno levanta dúvidas quanto à vinculação do Estado autor da reserva, é contrária ao objecto e ao fim da Convenção, e contribui para diminuir o valor, senão mesmo "minar" o próprio direito internacional[249]. O governo sueco apresentou ainda, em Agosto de 1992, uma objecção à reserva feita pela Jordânia aos artigos 14.º, 20.º e 21.º da Convenção dos Direitos da Criança que limitam a liberdade de religião das crianças aos preceitos da Charia Islâmica, o que esvazia de significado as normas de direito internacional[250]. O governo alemão formulou uma objecção a

---

[247] Clark, B. – "The Vienna Convention Reservations Regime and the Convention on Discrimination against Women", in *A.J.I.L.*, vol. 85, n.º 2, 1991, pág. 287.

[248] Cook, *op. cit.* pág. 710 e segts.

[249] *In* Notification dépositaire C.N. 326.1991. Treaties – 17 (IV.11) United Nations.

[250] *In* C.N.306. 1992 Treaties – 15 (Depository Notification) (IV) United Nations.

As reservas nas convenções de Direito Internacional dos Direitos do Homem 101

uma declaração e a uma reserva apresentadas pela Tunísia, aquando da ratificação. Assim, a declaração que limita o âmbito do artigo 4.º é considerada uma reserva, na qual as medidas legislativas e administrativas, para pôr em prática a Convenção, não devem ser contrárias à Constituição tunisina, sem referir os artigos pertinentes. As mesmas generalidade e falta de clareza foram observadas na reserva propriamente dita [251], que permanece em vigor entre os dois Estados partes. A única reserva formulada à proibição da pena de morte para menores de 18 anos veio de Myanmar (Birmânia), que mereceu uma objecção formal por parte de Portugal e da Alemanha.

A prática de todas estas Convenções relativamente às reservas foi apreciada, desde 1992, em encontros dos Presidentes dos respectivos órgãos fiscalizadores que reconheceram o papel das reservas como forma de permitir a adesão alargada aos instrumentos jurídicos de direitos do homem das Nações Unidas. No entanto, consideraram que as reservas deveriam ser sistematicamente apreciadas e os governos dos respectivos Estados questionados sobre a necessidade de manter as reservas e a possibilidade de as retirar [252]. Em 1994, provavelmente influenciados pela prática dos órgãos regionais, os referidos Presidentes recomendaram que cada órgão convencional tivesse competência para determinar se as reservas eram contrárias ao objecto e ao fim do tratado e, consequentemente, incompatíveis com a respectiva convenção [253]. Tal prática implica o risco de os Estados denunciarem as Convenções, embora isso não tenha acontecido na prática, possivelmente por receio de consequências políticas desfavoráveis.

3.2. As cláusulas de reservas nas convenções regionais

A Convenção Americana dos Direitos do Homem, de 1969, foi aberta à assinatura poucos meses após a Convenção de Viena sobre Direito dos Tratados e inclui, no seu artigo 75.º, uma cláusula de reservas onde se refere: "As reservas só podem ser feitas na presente Con-

---

[251] *In* Notification dépositaire C.N. 135. 1993. Treaties – 4 (IV.11) United Nations

[252] Schabas, W. – "Reservations to Human Rights Treaties", in *Canadian Yearbook of International Law*, 1995, pág. 50 (em publicação).

[253] *"Effective implementation of international instruments on human rights, including reporting obligations under international instruments on human rights"*, in UN, Doc. A/49/537, § 30.

venção, em conformidade com as disposições da Convenção de Viena sobre o Direito dos Tratados assinada em 23 de Maio de 1969". Esta remissão para o regime da Convenção de Viena, que sujeita a formulação das reservas à simples apreciação da sua conformidade pelos Estados, deverá permitir ainda a consideração de elementos objectivos sobre os quais os órgãos de controlo se possam pronunciar[254]. A respeito desta matéria o Tribunal Interamericano dos Direitos do Homem emitiu dois Pareceres, nos quais aborda o problema das reservas na Convenção Americana.

No primeiro, o já citado Parecer Consultivo, de 1982, sobre os *Efeitos das Reservas na Entrada em vigor da Convenção Americana,* o Tribunal[255] considerou que a referência aos artigos da Convenção de Viena se circunscreve à alínea *c*) do artigo 19.º, podendo assim um Estado formular uma reserva se ela não for incompatível com o objecto e o fim do tratado. No entanto, o mecanismo "aceitação-objecção" previsto no artigo 20.º, n.º 4, não se adapta, segundo o Tribunal, aos tratados sobre direitos do homem. O artigo 75.º da Convenção Americana não é claro sobre a questão de saber se as reservas estão sujeitas à aceitação dos outros Estados partes, e o Tribunal acrescenta, mais adiante, que o objecto e o fim da Convenção Americana é assegurar não uma troca de direitos recíprocos entre um número limitado de Estados, mas a protecção dos direitos individuais de todos os seres humanos do continente americano, qualquer que seja a sua nacionalidade[256], pelo que o mecanismo da Convenção de Viena não é apropriado a convenções de direitos do homem e é mesmo *"muy liberal"*. Por outro lado, as reservas não podem ser interpretadas extensivamente, de modo a limitar o âmbito dos direitos e liberdades da Convenção para além do próprio conteúdo dessas mesmas reservas.

O carácter especial das convenções de direitos do homem, enfatizado pelo Tribunal Interamericano, aproxima-o da jurisprudência do TIJ e dos órgãos da Convenção Europeia[257]. Ao salientar a importância do controlo internacional, e sobretudo o direito de recurso individual de carácter obrigatório da Convenção Americana, bem como a relevância das obrigações dos Estados partes em relação aos indivíduos, sem

---

[254] Golsong, *op. cit.*, pág. 32 e segts.

[255] Parecer consultivo OC-2/82 , *loc. cit.*, e segts. pág. 36.

[256] Parecer citado, § 38.

[257] Robertson, A/Merrils, J.G. – *Human Rights in the World – An introduction to the study of the international protection of human rights*, Manchester, 1993, pág. 182 e segts.

intervenção dos outros Estados, o Tribunal atribui natureza específica à Convenção. O papel dos Estados partes será decerto relevante, na medida em que estes podem ter um interesse legítimo em opôr-se às reservas incompatíveis com o objecto e o fim da Convenção, mas também são livres de submeter ao seu mecanismo de controlo a apreciação dessa questão. A função dos Estados não deverá assim ser exclusiva no juízo sobre a conformidade das reservas, como poderia depreender-se do regime da Convenção de Viena. Ou seja, os órgãos convencionais têm um papel especial a desempenhar, como decorre da natureza específica da Convenção Americana dos Direitos do Homem.

Neste sentido prosseguiu o Tribunal Interamericano, logo no ano seguinte, no Parecer sobre as *Restrições à Pena de Morte na Convenção Americana*[258] já atrás citado. Tratava-se de saber se, após a ratificação feita com uma reserva ao artigo 4.° da Convenção, seria possível, depois da entrada em vigor da Convenção adoptar novas leis internas impondo a pena de morte a crimes que não estavam a ela sujeitos no momento da ratificação. Note-se que o n.° 3 do artigo 4.° proíbe o reestabelecimento da pena de morte depois de ter sido abolida, e o n.°4 proíbe a pena de morte para os crimes políticos cuja definição apresenta dificuldades já salientadas pela doutrina europeia[259]. O Tribunal rejeitou a interpretação feita pela Guatemala, no sentido de alargar o âmbito da reserva, algum tempo depois da ratificação, criando legislação contrária à Convenção Americana. Seguindo a jurisprudência do Parecer anterior, a interpretação restritiva das reservas não permite alargar a pena de morte a novos crimes[260], tendo assim o Tribunal imposto verdadeiros limites à interpretação das reservas, decorrentes da especificidade da Convenção e da norma em causa.

Ainda relativamente aos instrumentos de âmbito regional, merece uma sucinta referência a Carta Africana dos Direitos do Homem e dos Povos adoptada pela Organização de Unidade Africana, em Nairobi, em 1981, que institui um sistema de protecção de direitos adaptado à especificidade africana. O seu articulado não inclui qualquer cláusula de reservas, pelo que se deverá aplicar a Convenção de Viena sobre o

---

[258] Parecer consultivo *Restrições à Pena de Morte,* OC-3/83, de 8 de Setembro de 1983, in *Annual Report of the Interamerican Court of Human Rights*, 1984, pág. 12 e segts.

[259] Frowein, J. – "The European and the American Conventions on Human Rights – A comparison", in *H.R.L.J.,* vol. 1, partes 1-4, págs. 47 e 48.

[260] Buergenthal, T./Norris, R./Shelton, D. – *Protecting Human Rights in the Americas,* 2.ª ed. Kehl, 1986, pág. 63 e segts.

104   *As Reservas à Convenção Europeia dos Direitos do Homem*

Direito dos Tratados[261], embora com as cautelas e adaptações atrás enunciadas. A existência de uma Comissão e a ausência de um Tribunal não favorecem, decerto, a "jurisdicionalização" do sistema africano e não fazem prever uma apreciação das reservas por parte da Comissão, como seria certamente, desejável. No entanto a Comissão tem competência para interpretar qualquer norma da Carta (artigo 45.°, n.° 3), incluindo a compatibilidade das reservas. Poderá ainda suscitar a questão junto da Conferência de Chefes de Estado e de Governo nos termos do artigo 54.°, apesar dos riscos de "politização" deste processo.

Vários Estados membros da OUA já ratificaram a Carta e alguns formularam algumas reservas, que não suscitaram, segundo o nosso conhecimento, objecções formais nem decisões da Comissão.

4. BREVE CONCLUSÃO

A utilização do critério da compatibilidade com o objecto e o fim do tratado previsto na Convenção de Viena, para os instrumentos jurídicos de direitos do homem, não deve estar excluída da apreciação das reservas. Ele deve ser utilizado como critério principal, ou como critério suplementar de aferição da compatibilidade das reservas, conforme a indicação da cláusula de reservas. Ou seja, o critério da Convenção de Viena revela-se adequado às convenções de direitos do homem, mas o que nos parece, porém, de excluir é o regime nela previsto, designadamente o mecanismo de aceitação/objecção e os efeitos recíprocos dele decorrentes, que de modo algum se pode aplicar aos textos de direitos do homem, dado o carácter objectivo e não recíproco das suas obrigações.

Ao analisarmos o texto das reservas propriamente ditas, feitas aos textos de direito internacional dos direitos do homems de carácter universal, verifica-se que as questões religiosas fundamentam parte do seu conteúdo. Por outro lado os Estado federais têm problemas de harmonização legislativa, pelo que são, por vezes, "obrigados" a formular reservas de duvidosa legalidade. Como atrás vimos, as objecções passaram a afectar apenas as relações bilaterais entre o Estado que formulou a reserva e o que lhe emitiu uma objecção.

---

[261] Palmieri, G. M. – "Comparaison entre la Charte Africaine des Droits de l'Homme et des Peuples et les Conventions Européenne et Américaine des Droits de l'Homme", in *La Charte Africaine des Droits de l'Homme et des Peuples – Actes du Colloque, Trieste, 30-31 de Outubro de 1987*, 1990, pág. 79.

Parece evidente poder-se afirmar que o objecto e o fim dos tratados de direitos do homem são diferentes dos outros tratados[262]. Em primeiro lugar, os sujeitos não são apenas os Estados, mas sim os indivíduos que se tornam assim sujeitos de direito internacional. Por outro lado, estes tipos de tratados contêm noções sem tradição no direito internacional, que provêm do direito penal ou do direito administrativo. Estes conceitos foram assim objecto de interpretação autónoma que por vezes lhe veio dar significado específico. No campo das reservas nas convenções de direitos do homem, tanto o TIJ na questão da Convenção do Genocídio, como o Tribunal Interamericano dos Direitos do Homem entenderam que as obrigações de um Estado não dependiam das atitudes dos outros Estados em relação às reservas, para estas serem cumpridas. Com efeito, as questões de reciprocidade e de responsabilidade internacional não representam a finalidade imediata das convenções de direitos do homem[263]. Por outro lado, o princípio do "não retrocesso" da protecção dos direitos do homem, já consagrado na doutrina dos anos 50 por Lauterpacht[264], foi defendido por vezes energicamente, pelas jurisdições regionais através de uma "jurisprudência" dinâmica e evolutiva.

Levanta-se agora a questão de saber se as normas protectoras de direitos do homem se incluem ou não no *jus cogens* relativamente à qual a doutrina tem dado resposta vaga e imprecisa, preferindo alguns autores a noção de "ordem pública internacional"[265]. Parece-nos que se deve guardar a noção de *jus cogens* para os chamados "direitos inderrogáveis", aos quais não se devem admitir reservas nem em circunstâncias excepcionais. Seria desejável que pudéssemos, neste final de milénio, considerar como *jus cogens* a generalidade do direito internacional dos direitos do homem[266], mas o próprio estudo das reservas leva-nos a afastar tal ideia, embora admitamos que ela possa evoluir.

É certo que a faculdade de formular reservas encoraja a adesão dos Estados, mas no entanto as reservas enfraquecem e por vezes

---

[262] Bernhardt, Rudolf – "Thoughts on the interpretation of human-rigts treaties" in *Mélanges Wiarda*, Colónia, 1988, pág. 65 e segts.

[263] Davidson, S. – *The Inter-American Court of Human Rights*, Sydney, 1992, pág. 192 e segts.

[264] Lauterpacht, *op. cit.*, pág. 153 e segts.

[265] Suy, E. – "Droit des Traités et Droits de l'Homme", in *Völkerecht als Rechtsordnung Internationale Gerischtbarkeit Menschenrechte – Festschrift fur Herman Mosler*, Heidelberga, 1983, pág. 938 e segts.

[266] Gonçalves Pereira/Fausto Quadros, *op. cit.*, pág. 280 e segts.

esvaziam de sentido a eficácia das normas, já de natureza "minimalista ou elementar". No entanto, parece-nos que o papel que o depositário pode aqui desempenhar se afigura relevante, devido à sua independência e neutralidade apoiadas num serviço jurídico eficaz. É certo que tradicionalmente os Estados depositários não tinham propriamente competência para se pronunciar sobre as reservas, embora não pudessem ignorar a natureza ilícita de uma reserva que lhe fosse notificada[267], como vimos alguns exemplos na parte histórica. É provavelmente essa a razão que leva a comunidade internacional a aceitar a atitude tolerante que os depositários, designadamente os serviços dos secretariados das organizações internacionais, assumem perante as reservas.

As organizações internacionais possuem mecanismos mais adequados a uma fiscalização do conteúdo das reservas, mesmo através de meios políticos, que podem, de certa forma, inibir os Estados de tomarem posições extremas no âmbito da sua particpação em instrumentos jurídicos internacionais[268]. Para além das Assembleias, o papel dos Secretários-Gerais foi desenvolvido, sobretudo, a partir dos anos 70. Assim, o Secretário-Geral das Nações Unidas, apesar dos protestos de alguns Estados (designadamente do bloco socialista), entendeu que uma reserva não podia ser admitida a título definitivo sem que o prazo para os Estados partes aporem objecções tivesse decorrido[269]. Por outro lado submeteu, por várias vezes, a questão das reservas à Assembleia Geral, o que tem pelo menos a vantagem de alertar a generalidade dos Estados para o assunto, apesar da forte oposição do ex-bloco socialista. Esta prática não perdurou, mas sucede frequentemente que os depositários, no momento da notificação das reservas, chamem a atenção para eventuais "irregularidades", primeiro para o próprio Estado que as formulou, e depois para os outros Estados partes, de modo a suscitar eventuais reações.

Porém, as "jurisdições" internacionais dos direitos do homem, ou melhor, os órgãos convencionais dos instrumentos jurídicos de direitos do homem, eram, no passado, muito reticentes em tomar posição, deixando a interpretação das normas das convenções à "margem de livre apreciação dos Estados", na expressão da Comissão Europeia[270]. Tal

---

[267] Glaser, E. – *Rezervele la Tratatele Internationale*, Bucareste, 1971, pág. 291.

[268] Morais Pires, M.J. – "Democracia e Direito Internacional", in *Política Internacional*, vol. 1, n.ºs 7/8, pág. 143 e segts.

[269] Monaco, R. – *Manuale di Diritto Internazionale Pubblico*, Turim, 1971, pág. 125.

[270] Meersch, Ganschof Van Der – "Le caractère 'autonome' des termes et la 'marge d'apprétiation' des gouvernements dans l'interprétation de la Convention

As reservas nas convenções de Direito Internacional dos Direitos do Homem 107

entendimento revelou-se fundamental para a implementação de tratados de direitos do homem, pois partia do princípio de que os Estados soberanos são responsáveis perante parlamentos democraticamente eleitos. Evidentemente, a fronteira entre esta *"discretion"* dos Estados e a supervisão internacional não pode ser traçada em abstracto e tem tendência a esbater-se com o decurso do tempo, embora circunscrita aos casos concretos apreciados pelas jurisdições internacionais.

A questão da interpretação dos tratados de direitos do homem difere também das regras clássicas do direito internacional público, no que respeita à interpretação subjectiva. A Convenção de Viena sobre o Direito dos Tratados atribui-lhe um papel subsidiário, um pouco à semelhança do que sucede na ordem jurídica interna, onde a *mens legislatoris* é normalmente preterida em favor da *mens legis*. Nos instrumentos jurídicos de direitos do homem, a interpretação subjectiva é ainda mais restrita, sendo a interpretação objectiva a mais apropriada, facto, de resto, já reconhecido pelo TIJ [271] e pelo Tribunal Interamericano dos Direitos do Homem[272]. Segundo este último, este tipo de tratados tem como objecto e fim "a protecção dos direitos básicos de seres humanos, independentemente da sua nacionalidade, tanto contra o Estado da sua nacionalidade, como contra todos os outros Estados".

O Tribunal Europeu dos Direitos do Homem refere várias vezes a necessidade de uma interpretação de acordo com as *"present-day conditions"* [273], que são assim mais relevantes do que as ideias ou convicções existentes ao tempo das disposições da Convenção. Esta interpretação dinâmica deve obviamente atender às legislações internas dos Estados membros, o que torna por vezes difícil o equilíbrio entre a defesa dos direitos dos indivíduos e os interesses da colectividade[274].

Em suma, as reservas nos textos de direito internacional de direitos do homem têm por objecto facilitar a aceitação dos instrumentos convencionais e favorecer a extensão do seu campo de aplicação, sem no entanto afectar a sua integridade. Pode mesmo parecer surpreendente que um Estado, parte num tratado de protecção de direitos do

---

européenne des Droits de l'Homme", in *Mélanges Wiarda,* Colónia, 1988, pág. 201 e segts.

[271] Parecer Consultivo, de 21 de Junho de 1971, sobre *Consequências jurídicas para os Estados da presença da África do Sul na Namíbia,* in *Recueil,* 1971, pág. 57.

[272] Parecer Consultivo *Restrições à Pena de Morte,* OC-3/83, de 8 de Setembro de 1983, loc. cit., pág. 38 e segts.

[273] Acórdão *Tyer (Reino Unido),* de 25 de Abril de 1978, Série A, n.º 26, pág. 15.

[274] Bernhardt, *op. cit.* pág. 70.

homem, não cumpra, por causa das reservas, todas as obrigações a ela inerentes. No entanto, podemos afirmar, tal como Sudre[275], que as reservas são um "mal menor", pois os tratados de protecção dos direitos do homem são os que mais atingem a soberania do Estado. Por consequência, só a prática das reservas torna possível uma participação alargada dos Estados, que é essencial ao reforço da autoridade dos princípios contidos nos instrumentos de protecção dos direitos do homem. A ratificação dos Estados constitui uma condição *sine qua non* para a efectiva protecção dos direitos do homem, tanto a nível nacional como a nível internacional, o que pressupõe uma ratificação global, pelo que seria desejável que as reservas fossem retiradas gradualmente[276]. A nosso ver, as reservas só podem ser admitidas nos instrumentos internacionais de direitos do homem se lhes for atribuído carácter temporário, de forma a que possam ser retiradas a termo certo.

---

[275] Sudre, F., *op. cit.*, pág. 94 e segts.

[276] Cançado Trindade, A.A. – "The current State of the International Implementation of Human Rights", in *Hague Yearbooh of International Leaw*, 1990, pág. 23 e sgts.

PARTE II

**As reservas à Convenção Europeia
dos Direitos do Homem
e seus Protocolos Adicionais**

CAPÍTULO II – **Princípios gerais**

1. As cláusulas limitativas
2. A cláusula derrogatórias do artigo 15.°
3. A cláusula de reservas e o artigo 64.° da Convenção

   3.1. Regras gerais
   3.2. Especificidades

      3.2.1. A proibição de reservas de carácter geral
      3.2.2. O "resumo da lei em causa"

   3.3. Consentimento ou aceitação
   3.4. Objecções
   3.5. As declarações interpretativas
   3.6. As reservas retiradas

4. A cláusula de reservas do artigo 64.° e o regime da Convenção de Viena
5. A "cláusula colonial" e o artigo 63.° da Convenção
6. As reservas às cláusulas facultativas
7. A apreciação da validade das reservas na Convenção Europeia dos Direitos do Homem
8. Efeitos das reservas não conformes à Convenção

CAPÍTULO I – **Princípios gerais**

A Convenção de Salvaguarda dos Direitos do Homem e das Liberdades Fundamentais, mais conhecida pelo nome de Convenção Europeia dos Direitos do Homem, foi elaborada no âmbito do Conselho da Europa, organização europeia criada, em 1949, pelo Movimento Europeu liderado ao tempo por nomes tão famosos como Winston Churchill, Adenauer, Spaak e Robert Schuman, entre outros [1].

A Convenção Europeia constituiu então o instrumento jurídico mais avançado em matéria de garantia efectiva dos direitos do homem. Veio trazer ao direito internacional um contributo inestimável para o seu desenvolvimento, inspirado na Declaração Universal dos Direitos do Homem. Desta se extraíram os direitos e liberdades sobre os quais existia um largo consenso entre os Estados membros do Conselho da Europa da altura.

O catálogo de direitos protegidos pela Convenção restringe-se, por isso, praticamente aos chamados direitos civis e políticos, embora contenha "ingredientes" e mesmo disposições de direitos económicos, sociais e culturais. A sua principal inovação consubstancia-se na possibilidade de os indivíduos poderem recorrer a uma instância internacional contra o seu próprio Estado. Tal faculdade constitui uma importante limitação à soberania dos Estados, o que justifica, de certo modo, a possibilidade de estes recorrerem a reservas ou fazerem valer, perante os órgãos da Convenção, as respectivas cláusulas restritivas, para escapar à garantia colectiva dos direitos do homem.

Assim, antes de analisar o problema das reservas que indubitavelmente limitam a aplicação da Convenção em relação aos Estados que as formularam, importa explicar, ainda que sucintamente, as limitações aos direitos inscritas no próprio articulado da Convenção, como sejam, por um lado, as restrições ou limitações em sentido estrito, e, por outro lado, a cláusula derrogatória. As primeiras são aplicáveis em período

---

[1] Para um estudo detalhado sobre as origens do Conselho da Europa, *vide* Sidjanski, Dusan – *L'Avenir Fédéraliste de l'Europe – La Communauté européenne, des origines au traité de Maastricht*, Paris, 1992, pág. 33 e segts.

normal, por oposição a esta última que se destina a situações de excepção[2].

1. AS CLÁUSULAS LIMITATIVAS

A Convenção Europeia dos Direitos do Homem autoriza os Estados partes a limitar as obrigações que lhes impõe, de modo a tornar mais flexível a sua aplicação e permitir que os Estados adaptem as suas legislações internas. Tais limitações resultaram, por um lado, da própria negociação do texto da Convenção e, por outro, da jurisprudência dos órgãos de controlo que, ao longo de mais de três décadas, desenvolveu um conjunto de conceitos que muito contribuíram para a efectiva integração das suas normas nas ordens internas europeias.

As limitações previstas no próprio texto da Convenção podem encontrar-se incluídas na própria definição dos direitos, como sucede com a expressão "margem de livre apreciação dos Estados" aposta em vários artigos substantivos da Convenção, a qual foi objecto de vasta jurisprudência. Igualmente a expressão das limitações "necessárias a uma sociedade democrática" está prevista nas disposições substantivas da Convenção e foram interpretadas pelo Tribunal no sentido de incluírem o pluralismo, a tolerância e o espírito de abertura[3].

Note-se que a maioria destas restrições ao exercício dos direitos, incluídas na Convenção, são mais rigorosas do que as previstas na Constituição portuguesa de 1976 que proíbe limitações de direitos que não estejam expressamente previstas no seu texto. No entanto a própria Convenção ressalva as disposições mais favoráveis de direito interno no seu artigo 60.º, pelo que, segundo o Prof. Jorge Miranda, não haverá contradição, mas, antes, "complementaridade e dupla garantia"[4].

Cabe ainda referir, no âmbito da C.E.D.H., o artigo 17.º que visa proteger o Estado democrático contra o eventual abuso dos direitos e liberdades por parte dos particulares e, por outro lado, proíbe aos Estados a imposição de restrições mais amplas do que as previstas nos artigos da Convenção. Esta norma é completada pela cláusula limi-

---

[2] Elens, F. – "La notion de démocratie dans le cadre des limitations aux droits de l'homme", in *BMJ-DDC*, 1982, n.º 9, pág. 167.

[3] Acórdão *Handyside,* de 7 de Dezembro de 1976, Série A, n.º 24, § 50.

[4] Miranda, J. – *Manual de Direito Constitucional,* tomo IV, Coimbra 1988, pág. 197 e segts., e ainda, do mesmo autor, *Direito Internacional Público I –*, polic., 1991, pág. 379.

Princípios gerais   115

tativa dos poderes discricionários dos Estados, inscrita no artigo 18.º que proíbe o desvio de poder[5].

Assim, o artigo 17.º tem por finalidade proteger a ordem pública interna dos Estados contra os totalitarismos fascistas ou comunistas. Consagra a chamada "teoria do abuso de direito"[6] e foi fundamento suficiente para a Comissão, logo no início da sua actividade, considerar que o partido comunista alemão prosseguia uma actividade que visava destruir os direitos e liberdades consagradas na Convenção[7]. Esta interpretação extensiva e muito controversa esvaziava de conteúdo a liberdade de expressão[8]. Pouco tempo depois o Tribunal demarcava-se desta posição ao afirmar que o artigo 17.º tinha um conteúdo negativo e não poderia privar uma pessoa singular dos direitos garantidos pela Convenção[9]. Já no final dos anos 70, a Comissão afirmou que o fim do artigo 17.º era impedir que grupos totalitários pudessem explorar os princípios inscritos na Convenção[10], pelo que esta disposição, tal como o artigo 14.º, não tem existência autónoma, devendo sempre combinar--se com outro artigo substancial. Abordaremos de novo esta questão a propósito da reserva portuguesa relativa à proibição das organizações fascistas.

Importa ter em conta um dos mais importantes princípios desenvolvidos pela jurisprudência dos órgãos de Estrasburgo, que se consubstancia na interpretação restritiva das limitações aos direitos. Este princípio encontra fundamento no carácter finalista da interpretação do Tribunal[11], que advém da própria natureza da Convenção. O princípio da interpretação estrita das limitações, bem como a proibição das limitações implícitas, devem também ser tidos em conta na sua aplicação, de forma a assegurar a garantia dos direitos. Note-se que as limitações

---

[5] Velu, J./Ergec, Rusen – *La Convention européenne des Droits de l'Homme*, Bruxelas, 1990, pág. 135 e segts.

[6] Flauss, J.F.- "L'Abus de droit dans le cadre de la Convention européenne des Droits de l'Homme", in *R.U.D.H.*, vol. 4, n.º 12, Dezembro de 1992, pág. 461 e segts.

[7] Queixa n.º 250/57, decisão da Comissão de 20 de Julho de 1957, in *Ann.* I, pág. 222 e segts.

[8] Sudre, *op. cit.,* pág. 112 e segts.

[9] Acórdão T.E.D.H. *Lawless (Irlanda)* de 1 de Julho de 1961, Série A, n.º 3,

[10] Queixa n.º 8348/78, *Gimmerveen c/Países Baixos,* decisão de 11 de Outubro de 1979, in *D&R,* 18, pág. 187.

[11] Sudre, F. – *La Convention Européenne des Droits de l'Homme*, Paris, 1990, pág. 38 e segts.

implícitas são admitidas por alguns autores na falta de limitações expressas [12].

No entendimento do Tribunal, as restrições nunca podem atingir a substância de um direito, pelo que o seu controlo se estende à proporcionalidade e à necessidade das limitações, de forma a definir o conteúdo concreto dos direitos protegidos na Convenção [13].

A tendência actual dos órgãos internacionais de protecção de direitos do homem, tanto da Comissão como do Tribunal de Estrasburgo, vai no sentido de uma interpretação restritiva [14] das limitações ao exercício dos direitos, de modo a não atingir o seu conteúdo essencial.

2. A CLÁUSULA DERROGATÓRIA DO ARTIGO 15.º

As limitações distinguem-se das derrogações, pois enquanto as primeiras têm carácter permanente as segundas visam restringir os direitos em situações de excepção e a título transitório. Este tipo de cláusula derrogatória, inserida em boa parte dos instrumentos jurídicos de direitos do homem, desde o Pacto dos Direitos Civis e Políticos à Convenção Americana, encerra, em parte, a chamada cláusula *rebus sic stantibus*, já existente no direito internacional geral [15]. A C.E.D.H. inclui no seu artigo 15.º uma norma derrogatória, que constitui "o tributo que a Convenção paga à razão de Estado" [16], mas tem o mérito de tomar em conta os deveres fundamentais do Estado [17], mesmo em caso de guerra ou de perigo público.

---

[12] Pelloux, R. – "Les limitations prévues pour protéger l'interêt commun offrent-elles une échappatoire aux Etats liés par les Conventions et Pactes relatifs aux droits de l'homme", in *Les clauses échappatoires en matière d'instruments internationaux relatifs aux droits de l'homme*, 4.º Colóquio do Departamento de Direitos do Homem da Universidade de Lovaina, 1982, pág. 52 e segts.

[13] Sudre, *op. cit.,* pág. 38 e segts., e jurisprudência aí citada.

[14] Meersch, W.Ganschof Van Der – "Réflexions sur les méthodes d'interprétation de la Cour Européenne des Droits de l'Homme", in *BMJ-DDC*, n.º 11, 1982, pág. 116.

[15] Não existe, porém, na Convenção Africana – *vide* Ouguergouz, F. "L'Absence de clause de dérrogation dans certains traités relatifs aux droits de l'homme: Les réponses du droit international général", in *R.G.D.I.P.,* 1992, pág. 292.

[16] Cataldi, G. "La clausola di deroga della Convenzione Europea dei Diritti dell'Uomo", in *Rivista di Diritto Europeo,* Ano 23, 1983, n.º 1, pág. 4.

[17] Velu, J. – "Le contrôle des organes prévus par la Convention européenne des Droits de l'Homme sur le but, le motif et l'object des mesures d'exception dérrogeant à cette convention", in *Mélanges Rolin,* 1974, pág. 478.

À semelhança do que se verifica no direito interno na maioria das constituições, sob a designação de estado de excepção ou de necessidade, a cláusula destinada aos casos de guerra ou perigo público permite suspender, sob certas condições, determinados direitos e liberdades previstos na Convenção. A derrogação dos direitos previstos na Convenção está sujeita a condições expressamente previstas no próprio artigo 15.°, designadamente a existência de uma situação de guerra ou perigo público que ameace a vida da nação, a proporcionalidade entre as medidas tomadas e o fim a atingir, e a compatibilidade com as outras obrigações de direito internacional. O artigo 15.° enuncia ainda os chamados direitos do *"noyau dur"* ou de *"jus cogens"* [18], que se consubstanciam na salvaguarda do direito à vida, na proibição da tortura, escravatura e trabalho forçado, e, ainda, o princípio da legalidade dos delitos e das penas. Ou seja, a norma do artigo 15.° foi prevista para Estados em que a situação política, económica e social é estável, e cujas situações de emergência se revelam residuais e limitadas no tempo [19].

A questão do controlo do exercício do direito de derrogação reveste particular importância não só pela gravidade das situações que já se verificaram no passado, ou que poderão ocorrer no futuro, como também pela sua relevância no que toca às reservas, tanto ao próprio artigo 15.° como aos direitos que ele salvaguarda. A competência dos órgãos da Convenção para apreciar as medidas derrogatórias adoptadas pelos Estados foi objecto de contestação logo no Acórdão *Lawless* (*Irlanda*) [20], no qual o governo irlandês invocou que a valoração das condições para recorrer à faculdade de derrogação do artigo 15.° pertenciam exclusivamente ao Estado. Aliás, no mesmo Acórdão atrás citado o Tribunal Europeu dos Direitos do Homem reconhece expressamente que os Estados dispõem de uma larga "margem de apreciação" para verificarem a existência de um "perigo público", ou, mais precisa-

---

[18] Cohen-Jonathan, G. – *La Convention européenne des Droits de l'Homme*, Paris, 1989, pág. 562.

[19] As derrogações comunicadas ao Secretário-Geral do Conselho da Europa elevam-se a quarenta, nas quais se incluem as inúmeras notificações da Turquia (não sujeitas ao controlo dos órgãos da Convenção por falta de aceitação da respectiva competência, o que só se verificará em 1987), da Grécia durante o regime dos "coronéis", da Irlanda e do Reino Unido; v. *Ann. de la C.E.D.H.*, 1955, pág. 1980.

[20] Primeiro Acórdão *Lawless* (*Irlanda*), memória do governo irlandês, Série B, n.° 1, de 12 de Janeiro de 1959, pág. 77 e segts.

mente, se existe um perigo que ameace a vida da nação e quais as medidas que a situação exige[21].

Os órgãos da Convenção tiveram desde então outras oportunidades de se pronunciarem sobre medidas derrogatórias tomadas pelos Estados partes, nos termos do artigo 15.º. No Acórdão *Irlanda (Reino Unido)*, o Tribunal afirma que a "margem de livre apreciação" não atribui um poder ilimitado aos Estados, pelo que o Tribunal reconhece-se competente para decidir se o Estado excedeu a "estrita medida" das exigências da crise, embora sejam as autoridades nacionais que se encontram em princípio em melhor posição para apreciar a natureza da situação de perigo, pelo que o próprio artigo 15.º, n.º 1, deixa aos Estados uma "larga margem de apreciação"[22].

No entanto, este controlo está ainda longe de constituir uma garantia segura contra as suspensões arbitrárias dos direitos do homem. Por um lado, ele exige que os Estados tenham reconhecido a competência da Comissão e do Tribunal para que estes possam apreciar eventuais queixas. Cite-se o caso da Turquia que, pelo facto de ter reconhecido tardiamente a competência dos órgãos de controlo, se subtraiu durante anos à fiscalização internacional das medidas derrogatórias, apesar de ter sido alvo de uma queixa, apresentada por um grupo de Estados, alegando, entre outras, a violação do artigo 15.º. Acresce, por outro lado, que o excessivo rigor demonstrado pela Comissão para aceitar as queixas individuais obsta, naturalmente, à apreciação das mesmas.

Cabe ainda referir a condição do n.º 1 do artigo 15.º, segundo a qual as derrogações devem respeitar as "obrigações decorrentes do direito internacional". Tal implica considerar a previsão do artigo 4.º do Pacto dos Direitos Civis e Políticos, que é semelhante ao artigo 15.º, mas que inclui um maior número de direitos inderrogáveis, designadamente o princípio da não-discriminação. Curiosamente, num recente Acórdão[23] sobre a aplicação do artigo 15.º, o Tribunal chamou pela primeira vez à colação o Pacto das Nações Unidas, a propósito de uma

---

[21] Acórdãos *Lawless*, dos quais o terceiro, relativo às questões de fundo (Série A, n.º 3, de 1 de Julho de 1961), reconhece o direito de derrogação exercido pelo governo irlandês, nos termos do art.15.º.

[22] Acórdão T.E.D.H., de 18 de Janeiro de 1978, Série A, n.º 25, pág. 22, § 207 e comentários, *in* Pinheiro Farinha – "L'Article 15 de la Convention", *in Protecting Human Rights: The European Dimension, Studies in honour of Gerard Wiarda*, Munique, 1988, pág. 321 e segts.

[23] Acórdão T.E.D.H. *Brannigan McBride, (Reino Unido)* de 26 de Maio de 1993, Série A, n.º 258-B, § 51.

condição formal, o que deixa antever uma futura aplicação de outros aspectos do seu artigo 4.°.

Do ponto de vista da efectiva protecção dos direitos previstos na Convenção, e atendendo ao valor supraconstitucional que se lhes pode atribuir, cabe perguntar se todos os direitos poderão ser objecto de reservas. A leitura atenta do artigo 15.°, n.° 2, relativo ao "estado de emergência", demonstra a existência de um "núcleo duro" de artigos que não podem ser derrogados, nem em "caso de guerra". São eles os artigos 2.°, 3.°, 4.°, n.° 1, e 7.°, cuja derrogação é expressamente proibida. Sudre considera mesmo que existe uma "hierarquia formal" entre estes "direitos intangíveis" e os outros "direitos condicionais"[24]. Assim, seria de prever que as reservas a estes artigos também não fossem permitidas nem aceites pelo depositário ou pelos Estados partes. Como já atrás afirmámos este núcleo de direitos inderrogáveis constitui matéria de *jus cogens* para a maioria dos autores[25], embora não tivesse posto em causa a validade das reservas a eles formuladas, parecendo-nos que tais reservas se deveriam considerar implicitamente excluídas. Este argumento encontra-se reforçado pelo artigo 53.° da Convenção de Viena, segundo o qual "uma norma imperativa de direito internacional geral é a que for aceite e reconhecida pela comunidade internacional dos Estados no seu conjunto, à qual nenhuma derrogação é permitida". Aliás, o Comité dos Direitos do Homem do Pacto dos Direitos Civis e Políticos[26] considerou já que as reservas contrárias a normas de *jus cogens* são incompatíveis com o objecto e o fim do tratado.

A determinação das normas de *jus cogens* no direito internacional dos direitos do homem revela-se difícil e é feita normalmente caso a caso. No citado relatório do Comité dos Direitos do Homem a proibição da tortura e da privação arbitrária da liberdade constituem normas de *jus cogens*. O Tribunal Interamericano dos Direitos do Homem considerou que a proibição da pena de morte por crimes cometidos por menores de 18 anos era uma norma de *jus cogens*. No caso da Convenção Europeia dos Direitos do Homem, na ausência de expressa estatuição convencional, nem o depositário nem os Estados partes, nem tão-pouco a jurisprudência, levantaram, até hoje, o problema, apesar de existirem de facto reservas a esses artigos, que analisaremos no capítulo II desta Parte.

---

[24] Sudre, *op.cit.,* pág. 25 e segts.

[25] Duarte, Maria Luísa – *A Liberdade de circulação de pessoas e a ordem pública no direito comunitário,* Coimbra, 1992, pág. 50.

[26] *"General Comment",* n.° 24 (52) UN Doc. CCPR/C/21/Rev. 1, § 8.

Parece-nos de subscrever a opinião de Ergec, segundo a qual o critério dominante deverá ser a natureza e o âmbito da reserva, e, em última análise, a sua compatibilidade com o objecto e o fim da Convenção [27]. No mesmo sentido se pronunciou o Parecer do Tribunal Interamericano dos Direitos do Homem, que aceitou a compatibilidade de uma reserva da Guatemala ao artigo 4.° da Convenção Americana, incluindo o direito à vida nos direitos inderrogáveis. Como adiante veremos, alguns autores já abordaram o problema, em termos teóricos, a propósito das reservas que concretamente foram formuladas a estes artigos [28].

Cabe acrescentar que o conjunto de direitos inderrogáveis do Pacto dos Direitos Civis e Políticos é mais alargado do que o da Convenção Europeia, provavelmente por razões circunstanciais decorrentes dos dezasseis anos de diferença entre os dois textos.

Em suma, as cláusulas que limitam o âmbito de aplicação da Convenção podem resultar de um consenso entre os negociadores e estar inscritas no seu texto, ou então poderão revelar-se sob a forma de "faculdades" reconhecidas aos Estados de unilateralmente suspender, derrogar ou mesmo excluir certas disposições da Convenção.

No que toca às reservas, não será apenas a sua não formulação ou o seu vago conteúdo que demonstra a efectiva aplicação interna das disposições da Convenção. Como veremos, a propósito dos países da Europa Central e Oriental cujas reservas foram raras e pouco significativas, tal facto não implica necessariamente uma estrita "convencionalidade" das suas normas internas, nem tão-pouco um cumprimento rigoroso da Convenção, antes revela, em nossa opinião, um certo desconhecimento da realidade jurídica do Ocidente. É revelador e significativo o facto da aceitação tardia por parte de alguns Estados, da competência da Comissão e da jurisdição do Tribunal para julgar das queixas, apresentadas por indivíduos, da lenta adequação da ordem jurídica interna às exigências da Convenção. Se, por um lado, a multiplicação de reservas afasta as normas da Convenção, ela também revela uma certa consciência do carácter obrigatório dos seus direitos, bem como da firmeza e autoridade do seu controlo. A crítica mais forte que

---

[27] Ergec, R. – *Les droits de l'homme à l'epreuve des circonstances exceptionnelles,* Bruxelas, 1987, pág. 380.

[28] Robertson, A. (rev. Merrills) – *Human Rights in the World – An introduction to the study of the international protection of human rights,* Manchester, 1993, pág. 184.

nos merecem as reservas na generalidade, é justamente a tendência para a perpetuidade.

3. A CLÁUSULA DE RESERVAS E O ARTIGO 64.° DA CONVENÇÃO

Inserimos a questão das reservas no âmbito mais vasto do conjunto das chamadas cláusulas limitativas (*"échappatoires"*)[29] da Convenção Europeia dos Direitos do Homem que permitem afastar a aplicação das suas disposições e as dos seus Protocolos, com excepção do Protocolo n.° 6, relativo à pena de morte, que não admite reservas. É evidente que, ao contrário das outras cláusulas limitativas que resultam do consenso entre as partes e estão incluídas no próprio articulado, as restrições decorrentes das reservas têm origem na acção unilateral dos Estados. Com efeito, as reservas visam salvaguardar as contradições entre a Convenção e a lei interna. Assim, se partirmos do princípio que a Convenção prevalece sobre a lei interna, as reservas destinam-se, em última análise, a evitar que os juízes apliquem a Convenção afastando a lei interna que a contrarie, o que conduziria, necessariamente, ao limite da harmonia e certeza que devem existir nas ordens jurídicas dos Estados partes.

Os "princípios supraconstitucionais que se impõem ao legislador constituinte", na expressão do Tribunal Constitucional alemão[30], deverão constituir um impedimento à formulação de reservas, pois não podem ser derrogados em nenhuma circunstância. Estes princípios foram naturalmente acolhidos no direito internacional dos direitos do homem como fazendo parte do património jurídico, senão da comunidade internacional pelo menos dos Estados membros do Conselho da Europa. Vimos, a propósito do artigo 15.°, o núcleo de direitos positivados na Convenção, cuja derrogação não é admissível, aos quais se poderão acrescentar alguns outros, como, por exemplo, o princípio da não-discriminação.

---

[29] A expressão cláusulas limitativas é a designação mais limitada do que a língua francesa apelida de *"clauses échappatoires"*, a qual inclui também as cláusulas derrogatórias e as reservas, revelando bem a sua natureza, pelo que a referimos entre aspas.

[30] Citado por Arné, Serge – "Existe-t-il des normes supra-constitutionnelles?", in *R.D.P.Sc.Pol.,* n.° 2, 1993, pág. 469.

A "especificidade" da Convenção Europeia dos Direitos do Homem em relação aos tratados clássicos do direito internacional foi sublinhada, pela própria Comissão dos Direitos do Homem logo numa das primeiras queixas apreciadas. Com efeito, a Queixa *Áustria c/Itália* afirmava: "as obrigações subscritas pelos Estados partes na Convenção têm essencialmente *carácter objectivo* pelo facto de visarem antes proteger direitos fundamentais dos particulares contra as intromissões dos Estados, do que criar direitos subjectivos e recíprocos entre eles"; ainda: "o carácter objectivo das obrigações surge igualmente no mecanismo de garantia (...), o conceito de garantia colectiva pelos Estados contratantes dos direitos e liberdades definidos na Convenção"[31]. Nesta linha, também o problema das reservas deve ser abordado de forma distinta do direito internacional público convencional, pois elas visam, em última análise, restringir o âmbito dos direitos e liberdades e, consequentemente, o direito de recurso individual atribuído pela Convenção.

A possibilidade dada aos Estados de guardarem na sua ordem jurídica disposições contrárias à Convenção já foi, aliás, expressamente reconhecida pela Comissão Europeia dos Direitos do Homem ao referir que *"on peut en effect clairement déduire des termes de la réserve que le Gouvernement autrichien avait l'intention de maintenir tel quel le système procédural"*[32], razão pela qual se interpretou extensivamente uma reserva fazendo-a reportar a uma lei posterior. Assim, nas primeiras décadas, a prática da Comissão entendia que as reservas cobriam não só as leis em vigor mas também as subsequentes à ratificação[33]. Admitiu, implicitamente, que os Estados não têm de modificar a sua legislação interna mas sim manter, através das reservas, as disposições convencionais que lhe sejam contrárias!

Por outro lado, a superioridade do direito internacional sobre o direito interno, consagrada expressamente em boa parte das constituições, da qual decorre o valor supralegal da Convenção, não impediu que os Estados formulassem reservas, no momento da ratificação, em lugar de alterarem as suas leis internas. Os governos preferiram manter a sua prerrogativa de apresentar aos parlamentos, para estes autorizarem, a

---

[31] Decisão de admissibilidade na Queixa n.º 788/60, *Áustria c/Itália*, de 11 de Janeiro de 1960, in *Ann. de la C.E.D.H.*, vol. 4, 1961, pág. 141 (o sublinhado é nosso).

[32] Queixa n.º 2432/65, *X c/Áustria*, in *Coll.* 22, 1967, pág. 124.

[33] Fawcett, J.E.S. – *The Application of the European Convention on Human Rights*, Oxford, 1987, pág. 401.

Princípios gerais

ratificação da Convenção aditada de reservas, a propôr uma alteração legislativa cujos "custos políticos" poderiam ser mais pesados.

Assim, no campo da protecção internacional dos direitos do homem, as reservas apenas deveriam ser aceites sob condições muito restritas e sob rigoroso controlo de um órgão independente, ou, pelo menos, só deveriam ser admitidas a título precário, cabendo aos Estados modificar as suas normas internas, até mesmo constitucionais[34]. Importa acentuar que a Convenção impõe aos Estados partes a obrigação de organizar um controlo nacional de respeito dos direitos nela inscritos, que deverá funcionar como primeira instância. No entanto, tal mecanismo só pode funcionar em pleno se a Convenção fizer parte integrante da ordem jurídica interna, o que não acontece nos casos da Dinamarca, Irlanda, Islândia, Malta, Noruega, Suécia e Reino Unido, nos quais a Convenção não produz efeitos directos *ipso jure*. Com efeito, a posição hierárquica da Convenção varia segundo os Estados, tendo na Áustria valor constitucional e na França valor supralegal, podendo ser directamente invocada pelos cidadãos e aplicada pelos tribunais internos, como veremos na Parte III.

Um outro aspecto importante a analisar no âmbito do regime das reservas diz respeito à Convenção de Viena sobre Direito dos Tratados. Como observação preliminar cabe notar que ela exclui a condição da reciprocidade nos tratados humanitários, codificando assim um costume de direito internacional. Veremos que tal princípio também será válido para a Convenção Europeia dos Direitos do Homem, pois as obrigações que ela impõe aos Estados não estão sujeitas a condições e o seu respeito vincula as partes independentemente de igual cumprimento por parte dos outros Estados[35].

Na tradição do Direito Internacional Público clássico a possibilidade de afastar unilateralmente a aplicação de normas surge na Convenção Europeia dos Direitos do Homem através da cláusula de reservas, o que constitui na opinião do Prof. Frowein, uma das grandes falhas do seu regime[36], sobretudo se o compararmos com o direito comunitário, no qual as reservas não são permitidas.

---

[34] Arné, *op. cit.*, pág. 493.

[35] Regourd, S. – "L'Article 55 de la Constitution et les juges – De la vanité de la clause de réciprocité", in *R.G.D.I.P.*, n.° 87, 1983, n.° 4, pág. 807.

[36] Frowein, J. – "Reservations to the European Convention on Human Rights", in *Protecting Human Rights: The European Dimension, Studies in honour of Gerard. Wiarda*, Munique, 1988, pág. 193.

A solução encontrada para a questão das reservas à Convenção Europeia dos Direitos do Homem (elaborada no final dos anos 40) resulta de um compromisso entre a opinião dominante na doutrina britânica da época, que defendia a regra clássica da aceitação unânime pelos Estados partes, tal como viria a ser expresso na opinião dissidente do Juiz McNair, no Parecer de 1951 sobre a Convenção do Genocídio, e, por outro lado, os defensores dos direitos do homem como ideia força da política de unificação europeia[37].

A consulta dos projectos da Convenção Europeia dos Direitos do Homem relativamente à cláusula de reservas do artigo 64.° revela-nos que a primeira versão elaborada pelo Comité de peritos, sob as orientações da Assembleia Parlamentar do Conselho da Europa, não incluía qualquer cláusula de reservas. Mais tarde, em Junho de 1950, na Conferência de Altos Funcionários, a delegação britânica considerou indispensável a inclusão de uma cláusula de reservas, dado o carácter vinculativo da Convenção, pelo que apresentou uma proposta de cláusula de reservas sem restrições[38].

Ao apreciar o projecto, a Comissão das Questões Jurídicas e Administrativas da Assembleia entendeu que seria necessário restringir ao máximo a possibilidade dos governos recorrerem às reservas, pelo que previa uma condição de aceitação de reservas por uma maioria qualificada dos Estados partes, bem como a apresentação periódica de relatórios ao Secretário-Geral a justificá-las. Tal proposta foi rejeitada pelo Comité de Ministros. Acresce ainda a circunstância de, no momento da elaboração da Convenção – 1949-50 –, dominar o entendimento da aplicação da norma consuetudinária do "consentimento unânime", pois o Parecer do Tribunal Internacional de Justiça, sobre a Convenção de Prevenção do Genocídio, seria elaborado um ano depois, em 1951.

A ausência de regras gerais codificadas relativas à formulação de reservas facilitou de certo modo a tarefa do legislador, que pôde assim criar limitações sem contrariar expressamente o direito internacional positivo. No fundo, a única condição extraída do direito internacional consuetudinário e da prática internacional foi apenas a condição tem-

---

[37] Vasak, K. – *La Convention Européenne des Droits de l' Homme*, Paris, 1964, pág. 67 e segts.

[38] Marcus-Helmons, Silvio – "L'Article 64 de la Convention de Rome ou les réserves à la Convention européenne des Droits de l'Homme", in *R.D.I.D.C.*, 1968, pág. 12 e segts.

poral para a formulação das reservas, isto é, o momento da assinatura ou o do depósito do instrumento de ratificação.

Na realidade, a importância dos *trabalhos preparatórios* para a interpretação da Convenção, nomeadamente da cláusula de reservas, viria a revelar-se secundária e relativa, tanto mais que a Comissão e o Tribunal de Estrasburgo deles se viriam a servir com moderação, pois optam frequentemente por uma interpretação dinâmica, evolutiva e não estática, aliás na linha de todo o moderno Direito Internacional.

Reza assim a cláusula de reservas da Convenção Europeia dos Direitos do Homem: "*1. Qualquer Estado pode, no momento da assinatura desta Convenção ou do depósito do seu instrumento de ratificação, formular uma reserva a propósito de qualquer disposição da Convenção, na medida em que uma lei então em vigor no seu território estiver em discordância com aquela disposição. Este artigo não autoriza as reservas de carácter geral.*

2. Toda a reserva feita em conformidade com o presente artigo será acompanhada de uma breve descrição da lei em causa."

Não é difícil constatar que a cláusula de reservas da Convenção Europeia dos Direitos do Homem não contém propriamente uma definição de reserva[39]. Aliás, não havia ainda uma definição no direito escrito no momento da sua elaboração, pois a Convenção de Viena sobre o Direito dos Tratados não existia. Ao tempo da elaboração da Convenção Europeia era do entendimento generalizado que, se o tratado incluísse uma cláusula que expressamente previsse determinadas reservas, as restantes seriam automaticamente rejeitadas[40].

Iremos agora analisar o conteúdo da cláusula de reservas começando pelas regras gerais, ou seja pelas características que já existiam no direito internacional, e, em seguida, pelos aspectos específicos da Convenção Europeia.

3.1. Regras gerais

À primeira leitura, os autores da Convenção quiseram limitar a possibilidade de formular reservas de modo a impedir que os Estados

---

[39] Kühner, Rolf – "Vorbehalte und auslegende Erklarung zur Europäischen Menschenrechtskonvention", in *Zeitschrift für Ausländisches Öffentliches Recht und Völkerrecht,* Bd 42, Heft 1, 1982, pág. 58 e segts.

[40] Idem, pág. 72.

126 *As Reservas à Convenção Europeia dos Direitos do Homem*

pudessem escapar ao avançado mecanismo de garantia internacional dos direitos do homem, o que constituía para a época um largo passo em frente em matéria de protecção dos direitos do homem. Assim, a própria inclusão de uma cláusula de reservas demonstra a preocupação de tornar a Convenção efectivamente aplicável, não deixando para as regras do direito internacional geral a disciplina das reservas. Por outro lado, o legislador, ou melhor, os Estados membros do Conselho da Europa da época não optaram pela proibição expressa das reservas, o que conduziria decerto à sua não assinatura e ratificação por parte de alguns governos, cujas legislações internas não estavam ainda ajustadas às estritas exigências da Convenção.

O artigo 64.º impõe ainda que as reservas sejam formuladas relativamente a uma disposição determinada da Convenção, de forma a evitar as chamadas reservas de carácter geral. Esta imposição é reforçada pela parte final do mesmo artigo 64.º, n.º 1, que refere: "as reservas de carácter geral não são autorizadas nos termos do presente artigo". Pretende-se desta forma evitar a formulação de reservas de natureza política que remetam para princípios gerais ou para as legislações nacionais, sem especificar as disposições da Convenção que pretendam excluir a aplicação. Note-se que esta condição, tal como a precedente, é comum ao direito dos tratados, já que, por definição, as reservas reportam-se a disposições específicas do texto internacional, cujo conteúdo visam derrogar. Veremos adiante como algumas reservas, feitas em concreto pelos Estados partes, se afastam desta imposição.

O momento da formulação das reservas é um tipo de limitação que existe na maioria das convenções internacionais que prevêm cláusulas de reservas, pelo que não se afigura uma originalidade nem uma particularidade da Convenção de Roma. Com efeito, o artigo 64.º impõe uma limitação temporal, já que obriga os Estados a enunciar as reservas no momento da assinatura ou da ratificação, após as quais não o poderão mais fazer. Este limite não só disciplina os Estados na formulação das reservas como apresenta ainda a vantagem de permitir aos outros Estados partes serem imediatamente informados, pelo depositário, do conteúdo das reservas, e permite, eventualmente, emitir objecções, ou mesmo recusar aceitá-las[41]. Assim, a faculdade de formular reservas apenas pode ser utilizada no momento da assinatura ou da ratificação, o que tem como consequência vincular os Estados ao texto da Convenção a partir desse momento. Tal imposição torna

---

[41] Marcus-Helmons, *op.cit.*, pág. 15.

inadmissível qualquer reserva formulada num momento posterior, designadamente na altura da aceitação das cláusulas facultativas. Um Estado não poderá reduzir o âmbito das suas obrigações convencionais ao apôr "restrições" à competência da Comissão ou à jurisdição do Tribunal, mesmo que não as denomine reservas, como foi o caso da Turquia, que examinaremos na altura própria.

Ainda relativamente ao aspecto temporal das reservas, cabe relacionar o momento em que o Estado se torna parte na Convenção e o *"waiting period"*, ou seja, o espaço de tempo que decorre entre o depósito do instrumento de ratificação e a aceitação dos outros Estados. Dado que a Convenção Europeia não exige aceitação dos outros Estados para que as reservas se tornem válidas, os Estados tornam-se parte na Convenção logo após o depósito do instrumento de ratificação. Tal facto encontra-se, aliás, confirmado pelos documentos oficiais do Conselho da Europa que descrevem o estado das assinaturas e ratificações, bem como as respectivas datas. O problema foi já analisado pelo Tribunal Interamericano dos Direitos do Homem[42], no citado Parecer Consultivo sobre o *Efeito das Reservas na entrada em vigor da Convenção Americana*, o qual concluiu unanimemente que as reservas compatíveis com o objecto e o fim da Convenção não requeriam a aceitação (expressa ou tácita) dos outros Estados para efeitos da Convenção Americana. Ora, apesar da Convenção Europeia não incluir o critério da compatibilidade, parece-nos que o Parecer do Tribunal Interamericano valerá *mutatis mutandis* para a determinação do momento da sua entrada em vigor em relação a cada Estado parte. Subscrevemos assim a opinião de Bowett, segundo a qual, em princípio, a vontade que deve prevalecer é a vontade de aceitar o tratado[43] e não propriamente a de impor a aceitação de uma reserva.

Dado que o artigo 64.º refere as reservas *"autorizadas"* e não as aceites, cabe então inquirir: por quem? Disso trataremos no local próprio, ou seja, a propósito da apreciação da conformidade das reservas na Convenção.

Apesar da expressa consagração de uma cláusula de reservas, levantam-se ainda algumas questões suplementares, tais como a possibilidade de formular reservas não expressamente previstas no artigo 64.º, mas permitidas pela Convenção de Viena sobre Direito dos

---

[42] Parecer Consultivo, loc. cit., § 26.

[43] Bowett, D.W. – "Reservations to Non-Restricted Multilateral Treaties", in *B.Y.I.L.*, vol. 48 (1976-1977), pág. 76.

Tratados. Serão implicitamente proibidas todas as reservas não previstas no artigo 64.°? A leitura atenta dos *trabalhos preparatórios* da Convenção leva-nos a concluir que as reservas não previstas no artigo 64.° estariam implicitamente proibidas. Cabe lembrar que no momento da elaboração da Convenção Europeia não havia ainda codificação, pelo que nos parece que a proibição expressa dificultaria a realização de uma das finalidades do artigo, ou seja, possibilitar a adesão à Convenção do maior número de Estados. Assim, na questão da aceitação de reservas para além das previstas no artigo 64.°, a doutrina tem procurado descobrir as possíveis fontes de inspiração dos autores da Convenção. Analisaremos em detalhe esta questão na parte relativa à comparação entre o regime da Convenção de Viena e a cláusula de reservas da Convenção Europeia.

Por outro lado, cabe ainda levantar o problema de saber qual o valor jurídico das reservas que não obedeçam às condições previstas no artigo 64.°, ou que com ele sejam incompatíveis, dado que se torna necessário saber quais os efeitos que elas produzem na aplicação da Convenção, o que também estudaremos mais adiante.

Em suma, ao contrário de outros textos de direito internacional de direitos do homem, que não prevêm cláusulas de reservas, a Convenção Europeia instituiu uma cláusula de reservas que impõe algumas condições de forma e de fundo. Como refere o Prof. Vasak [44], os autores da Convenção não quiseram permitir que os Estados partes escapassem à garantia colectiva dos direitos do homem, atribuindo-lhe assim um efectivo carácter vinculativo, ao contrário da natureza declarativa dos instrumentos jurídicos precedentes.

3.2. **Especificidades**

A primeira condição material específica da cláusula de reservas do artigo 64.° refere que um Estado pode formular reservas a um artigo da Convenção, "na medida em que uma lei nesse momento em vigor no seu território estiver em discordância com aquela disposição". Ao contrário do que seria de prever, a Convenção, em vez de obrigar os Estados a modificar a sua legislação interna, dispensa-os de alterar as normas contrárias à Convenção, permitindo que continuem em vigor, aliás à semelhança do direito internacional geral. Na opinião do

---

[44] Vasak, *op. cit.*, pág. 69.

Prof. Marcus-Helmons, os autores da Convenção aplicaram a chamada *teoria do mal menor*[45], de modo a permitir que o maior número possível de Estados ratificasse a Convenção, independentemente do facto de possuírem leis que lhe são contrárias. Ainda segundo o mesmo autor, os direitos e liberdades protegidos pela Convenção são de tal modo fundamentais que é preferível para um Estado renunciar à aplicação de uma norma, a ignorar por completo a Convenção.

Cabe no entanto assinalar que o Preâmbulo da Convenção refere que uma das finalidades dos Estados membros do Conselho da Europa é justamente o desenvolvimento dos direitos do homem, bem como a elaboração de medidas destinadas a assegurar a sua garantia. Não podemos aqui discutir o valor jurídico do Preâmbulo, mas devemos admitir uma obrigação implícita dos Estados de adaptar a ordem jurídica interna aos comandos da Convenção Europeia.

Por outro lado, apesar do artigo 64.º não excluir nenhuma disposição da Convenção da formulação de reservas, veremos, a respeito das reservas em concreto, que algumas estão excluídas, pela "própria natureza das coisas", ou seja, as relativas ao exercício e restrições de direitos e as chamadas cláusulas de execução, que regulam os mecanismos de garantia da Convenção.

O clássico princípio da formulação de reservas sem restrições materiais rigorosas não pode, na nossa opinião, aplicar-se ao direito internacional dos direitos do homem, o qual, pela sua característica da universalidade, tem por finalidade uniformizar e harmonizar as ordens jurídicas internas, expurgando-lhes as normas contrárias às convenções internacionais de direitos do homem. Note-se que a elaboração destas últimas, para além de resultar normalmente de um compromisso negociado entre Estados, tem um carácter "minimalista" e está muitas vezes aquém das normas constitucionais dos Estados, o que reforça ainda mais a necessidade de restringir as reservas. No caso concreto da Convenção Europeia dos Direitos do Homem, elaborada no final dos anos 40 pelos 10 Estados fundadores do Conselho da Europa, cujo catálogo interno de direitos era, em muitos casos, já mais avançado do que o do texto da Convenção, as contradições com as normas da Convenção eram limitadas e as diferenças revelam-se de pormenor e não de fundo.

A concessão do artigo 64.º deverá assim ser interpretada restritivamente, de forma a evitar a sua interpretação extensiva abusiva, tanto no fundo como na forma, ou seja, nem o âmbito da reserva pode ser

---

[45] Marcus-Helmus, *op. cit.*, pág. 16.

mais largo que a letra da lei interna em questão, nem a reserva pode ser aplicada a leis posteriores à ratificação da Convenção. Veremos, adiante, a curiosa evolução da jurisprudência de Estrasburgo nesta matéria.

Iremos agora analisar as principais especificidades da cláusula de reservas da Convenção Europeia dos Direitos do Homem, que se consubstanciam, no essencial, na proibição de reservas de carácter geral e na exigência formal, e de certo modo material, de um "breve resumo da lei em causa".

3.2.1. *A proibição de reservas de carácter geral*

Dado que a Convenção foi elaborada na ausência de um texto codificador de direitos dos tratados, o Conselho da Europa, ou melhor, os Estados membros autores da Convenção elaboraram justamente uma norma, destinada em parte a suprir essa falta, na qual incluíram como condição de admissibilidade de reservas a proibição de carácter geral.

O artigo 64.° da Convenção Europeia impõe justamente a proibição de reservas de carácter geral, sem definir exactamente o que entende por "carácter geral". No entanto, o papel passivo do Secretária--geral que, salvo raras excepções, não emite opiniões nem verifica a validade das reservas, face ao artigo 64.°, teve como consequência que surgissem algumas reservas cujo carácter geral é inequívoco e está em clara contradição com o espírito da Convenção. Ora, numa análise menos cuidada, a proibição do "carácter geral" de uma reserva apenas existiria se ela não se referisse a uma disposição em particular[46]. Curiosamente, este era o sentido que a doutrina dava a esta condição antes da Queixa *Temeltasch* examinada pela Comissão Europeia dos Direitos do Homem, em 1982, o que em nosso entender esvaziava de sentido o artigo 64.°.

A falta de uma definição convencional não impediu os órgãos de controlo da Convenção de apreciar e definir o "carácter geral" de uma reserva. Assim, na Queixa *Temeltasch*, a Comissão pronunciou-se pela primeira vez sobre o sentido de uma "reserva de carácter geral", como sendo toda aquela que não refira um artigo específico da Convenção, *ou* cuja redacção não permita definir o seu âmbito[47]. Estes critérios

---

[46] Vasak, *op., cit.* pág. 69, e Marcus-Helmons, *op. cit.,* pág. 14.

[47] Relatório da Queixa n.° 9116/80, *Temeltasch,* de 5 de Maio de 1982, in DR 31, pág. 133.

Princípios gerais 131

alternativos e não cumulativos vêm acrescentar algo à doutrina clássica, segundo a qual apenas era exigível a referência a uma disposição específica para que a reserva não tivesse carácter geral. Com efeito, apesar de na decisão da Comissão ter prevalecido o critério formal[48], foi a primeira vez que a Comissão se reconheceu competente para apreciar a validade de uma reserva face à cláusula do artigo 64.°. Por outro lado, na sua análise abordou o problema para além do aspecto formal, ao afirmar que da redacção das reservas se deveria extrair o respectivo âmbito.

Alguns anos mais tarde, em 1986, a Comissão no Relatório *Belilos*[49] considerou que, se a declaração interpretativa suíça fosse considerada uma reserva, ela teria carácter geral, pois a expressão "controlo judicial final", *"manquent de précision"*, revela-se ambígua.

No mesmo caso, dois anos depois, o Tribunal definiu no Acórdão *Belilos* uma reserva de carácter geral como "uma reserva redigida em termos demasiado vagos ou amplos para que se possa determinar o sentido e o âmbito de aplicação exactos" e a declaração interpretativa suíça falhava em precisão e clareza[50]. Tal natureza acentuou-se com o decurso do tempo e com a evolução da jurisprudência dos órgãos de controlo. Como facilmente se observa, a opção pelo critério material em detrimento do formal constitui um avanço significativo na apreciação das reservas.

A doutrina não é unânime relativamente às consequências destas definições sobre o carácter geral das reservas. Assim a opinião de Conforti, segundo a qual as reservas de carácter geral se equiparam às reservas incompatíveis com o objecto e o fim do tratado[51], difere do entendimento de Cameron e Horn, que chamam a atenção para o facto de, a seguir-se o raciocínio dos órgãos de controlo, os novos Estados poderão formular reservas *"with great care"*, mas incompatíveis com o objecto e o fim da Convenção[52].

---

[48] Imbert, P.H. – "Les réserves à la Convention européenne des Droits de l'Homme devant la Comission de Strasbourg (Affaire *Temeltasch*)" in *R.G.D.I.P.*, n.° 3, Julho-Setembro, 1983, pág. 599 e segts.

[49] Queixa n.° 10328/82: Decisão de admissibilidade, 8 de Julho de 1985, in *D&R*, 44, pág. 87; Relatório publicado em anexo ao Acórdão do T.E.D.H., citado na nota seguinte.

[50] Acórdão T.E.D.H. *Belilos (Suíça)*, de 29 de Abril de 1988, Série A, n.° 132, § 55.

[51] Conforti, B. – *Diritto Internazionale*, Nápoles, 1992, pág. 98.

[52] Cameron, I/Horn, F. – "Reservations to the European Convention on Human Rights: the Belilos Case", in *G.Y.I.L.*, vol. 33, 1990, pág. 109.

Cohen-Jonathan considera que a avaliação do carácter geral deve também fazer-se em função da norma que a reserva visa excluir, aferindo-a quanto à compatibilidade com o objecto e o fim da Convenção. Este critério adicional pode ser determinante para essa avaliação[53].

Em suma, não se revela claro o critério de determinação do carácter geral de uma reserva. Parece-nos que da análise caso a caso poderá mais facilmente concluir-se pela sua conformidade ao artigo 64.º.

3.2.2. O "resumo da lei em causa"

Uma outra especificidade da Convenção Europeia em relação às reservas está prevista no n.º 2 do mesmo artigo 64.º, que exige "um breve resumo da lei em causa", ou seja, as reservas deverão referir expressamente a lei interna incompatível com a disposição da Convenção, bem como o resumo do seu conteúdo. Parece claro que esta condição se destina a facilitar o controlo da compatibilidade normativa, tanto por parte do depositário e órgãos de controlo como pelos outros Estados partes.

À primeira vista esta exigência do n.º 2 do artigo 64.º parece apenas um requisito de forma. Ora, a descrição da lei interna contrária à Convenção permite constatar o grau da sua divergência e relacionar as normas em questão. Tal conhecimento é desejável para efeitos de segurança jurídica, que Kühner apelida de verdadeira função material da condição do artigo 64.º, n.º 2, que funciona ainda como garantia. Permite que todos possam conhecer essa legislação e ainda constatar o grau de "avanço" das normas de direito interno em relação à Convenção e a forma como os direitos do homem são assegurados[54]. Porém, segundo o mesmo autor, seria desproporcionado e exagerado exigir aos Estados federais, que possuem uma panóplia de leis cantonais e comunais, a enumeração exaustiva dessa legislação, pelo que a sua falta não implicará a incompatibilidade das reservas[55]. Este argumento seria invocado pelo governo suíço para justificar a ausência do resumo das leis em causa[56].

---

[53] Cohen-Jonathan, G. – "Les réserves à la Convention européenne des Droits de l'Homme (à propos de l'Arrêt *Belilos* du 29 avril 1988)", in *R.G.D.I.P.*, n.º 2, 1989, pág. 309.

[54] Kühner, Rolf – "Vorbehalte und auslegende Erklärungen zur Europäischen Menschenrechtskonvention", in *ZäoRV*, Bd 1982, 42, Heft 2, pág. 80.

[55] Idem, pág. 81.

[56] Acórdão *Belilos, loc., cit.* § 59.

Princípios gerais 133

A Comissão considerou na Queixa *Temeltasch* que o requisito do n.° 2 do arigo 64.° constitui uma condição suplementar que deve ser interpretada em conjunto com o n.° 1, pelo que não é apenas uma condição formal mas é também um "complemento útil ao n.° 1"[57]. No entanto, a falta do "breve resumo da lei em causa" não foi "decisiva" para invalidar a "reserva" em causa, pois tal resumo destina-se, segundo a Comissão, à "informação de terceiros". A doutrina criticou esta posição algo ambígua da Comissão dado que, após ter sublinhado a importância da exigência do n.° 2 do artigo 64.°, concluiu pelo seu carácter não determinante para a invalidade de uma reserva[58], pelo que seria apenas uma condição de forma na falta da qual não se poderia invocar a invalidade da "reserva"[59].

Mais tarde, no já citado Relatório da Queixa *Belilos*, a Comissão retomou os motivos da Queixa *Temeltasch* e considerou que a falta do "breve resumo da lei em causa" acrescia à incerteza do âmbito da declaração suíça, a qual, apesar de não ter sido equiparada a uma reserva, foi considerada inválida.

A interpretação do Tribunal Europeu dos Direitos do Homem no Acórdão *Belilos* revelou-se bem mais acertada, pois considerou (embora a propósito de uma outra declaração suíça) que o "breve resumo da lei em causa" tem função simultânea de elemento de prova e de factor de segurança jurídica, pelo que não é apenas uma simples exigência de forma, mas constitui também uma verdadeira condição de fundo[60]. Em consequência, a declaração suíça (que o Tribunal não qualificou de reserva) foi considerada "não válida" e não foi aplicada ao caso concreto! No entanto, apesar de não ter concluído pela qualificação de reserva, ao submeter a declaração interpretativa aos critérios do artigo 64.°, atribui-lhe pelo menos um valor equiparado às reservas[61].

Esta jurisprudência foi confirmada pouco tempo depois, no Acórdão *Weber*[62], desta vez a propósito da reserva suíça relativa ao artigo 6.°,

---

[57] Queixa *Temeltasch, loc. cit.*, § 89.

[58] Imbert, *op. cit.* pág. 602 e segts., e Haefliger, A. – *Die Europäische Menschenrechtskonvention und die Schweiz*, Berna, 1993, pág. 25 e segts.

[59] Wagner, Beatrice e Wildhaber, Luzius – "Der Fall Temeltasch und die auslegenden Erklärungen der Schweiz" in *EuGRz*, 1983, pág. 149.

[60] Acórdão *Belilos*, § 59.

[61] Edwards, R. – "Reservations to Treaties", in *Michigan Journal of International Law*, 10, n.° 2, 1989, pág. 371 e segts.

[62] Acórdão T.E.D.H. *Weber (Suíça)*, de 22 de Maio de 1990, Série A, n.° 177, § 37 e segts.

n.º 1, sobre a publicidade das audiências. O Tribunal invocou os argumentos apresentados no Acórdão *Belilos*, relativos à falta do "breve resumo da lei em causa", como razão suficiente para afastar quase "*in limine*" a reserva suíça. Assim o Tribunal considerou que face ao não cumprimento dessa condição, a declaração interpretativa suíça do Acórdão *Belilos* tinha já sido declarada inválida e o requerente tinha, em princípio, direito ao cumprimento integral do artigo 6.º, n.º 1 [63].

Relativamente ao Acórdão *Weber* não podemos deixar de lamentar a ausência de uma apreciação de fundo, que se impunha neste caso, de todas as condições exigidas pelo artigo 64.º [64], dado que se tratava de uma verdadeira reserva cujo teor ainda não tinha sido apreciado pelo Tribunal.

Os efeitos algo drásticos, em termos de direito internacional clássico, atribuídos ao não cumprimento desta condição, têm sido muito diversamente acolhidos pela doutrina, como veremos na parte final deste capítulo.

3.3. Consentimento ou aceitação

Ao contrário do direito internacional convencional geral, a relevância da aceitação revela-se diminuta na Convenção Europeia dos Direitos do Homem.

Em primeiro lugar, a Convenção não exige que as reservas sejam aceites, refere apenas que o artigo 64.º não autoriza "reservas de carácter geral", o que se assemelha, em nosso entender, à não aceitação. Parece-nos que foi justamente este sentido que os órgãos de controlo da Convenção atribuíram a esta expressão, como vimos atrás.

O carácter objectivo das obrigações da Convenção Europeia exclui naturalmente a reciprocidade [65] inerente ao mecanismo da aceitação/objecção previsto no regime das reservas da Convenção de Viena, aplicável aos tratados sinalagmáticos clássicos.

Na prática, o consentimento tácito é a atitude habitual dos Estados em relação às reservas, mesmo se por vezes o seu conteúdo levanta dúvidas em relação ao artigo 64.º. No entanto é difícil extrair do silên-

---

[63] Acórdão T.E.D.H. *Weber (Suíça)*, idem, § 38.

[64] Baratta, R. – "Le riserve incompatibili con l'art. 64 della CEDU", in *R.D.I.*, vol. LXXV, fasc. 2, 1992, pág. 299.

[65] Argumentos defendidos tanto pela Comissão (Queixa *Áustria c/Itália*, *loc. cit.*, pág. 23) como pelo Tribunal (Acórdão *Irlanda (Reino Unido)*, de 18 de Janeiro de 1978, Série A, n.º 25, § 239).

Princípios gerais

135

cio dos Estados um verdadeiro consentimento colectivo das reservas formuladas[66], mas a "garantia colectiva" e a defesa da "ordem pública europeia" a que estão sujeitas as disposições da Convenção[67] obrigam a um rigoroso critério de apreciação de validade, utilizado recentemente pela Comissão e pelo Tribunal.

A generalidade das reservas é aceite tacitamente pelos Estados, sem problemas, embora o Secretário-Geral possa pedir a atenção dos Estados para aspectos de mais duvidosa "convencionalidade", como aconteceu no caso da Turquia, como veremos no local próprio.

Para alguns autores as reservas conformes ao artigo 64.° da Convenção Europeia dos Direitos do Homem não têm de ser aceites[68]. Porém, o facto de uma reserva ser aceite não implica que ela seja conforme à Convenção. Podemos subscrever a opinião de Golsong, segundo a qual são os órgãos de controlo que têm a responsabilidade na matéria e a aceitação ou oposição formal dos outros Estados relativamente a uma reserva não tem nenhum valor jurídico[69]. Por outro lado, segundo Imbert[70], o princípio do consentimento tácito não está excluído no artigo 64.°, embora para Golsong[71] o chamado "prazo do consentimento tácito" não pode ser aplicável à Convenção, justamente por falta de previsão expressa no respectivo articulado.

A não apreciação da validade das reservas por parte dos órgãos de controlo, até ao início da década de 80, foi alvo de inúmeras críticas da doutrina[72] devido à atitude excessivamente neutra do depositário e o silêncio ou a indiferença dos Estados, que "aceitavam" reservas cujas características formais e materiais estavam por vezes em contradição com o artigo 64.°.

---

[66] Cohen-Jonathan, *op. cit.*, pág. 288 e segts.

[67] Marks, S. – "Reservation Unginged: The Belilos Case before the European Court of Human Rights", in *I.C.L.Q.*, vol. 39, parte 2, 1990, pág. 316.

[68] Imbert, P.H. – "Les réserves et les dérrogations – La question des réserves et les conventions en matière de droits de l'homme", in *5.° Colóquio Internacional sobre a Convenção dos Direitos de Homem*, Francoforte, 9-12 de Abril de 1980, ed. Pedone, Paris, 1982, págs. 129-131.

[69] Golsong, in Relatório ao *4.° Colóquio Internacional sobre a Convenção Europeia dos Direitos do Homem,* Roma (1975), pág. 270.

[70] Imbert, *op. cit.,* pág. 130 e segts.

[71] Golsong, *op.cit.,* pág. 269 e segt.

[72] Vide intervenções de Zanghi, C. – "L'effectivité et l'éfficacité de la garantie des droits de l'homme inscrits dans la Convention européenne des Droits de l'Homme", in Relatório ao *4.° Colóquio Internacional sobre a Convenção Europeia dos Direitos do Homem,* Roma (1975), pág. 217, e Golsong, loc. cit., págs. 269.

Os órgãos da Convenção vieram assim alterar profundamente o dogma do direito internacional, segundo o qual, apesar de todos os pareceres, normas codificadoras ou práticas dos depositários, nenhum Estado estava vinculado a um tratado sem o seu consentimento[73]. Com efeito, apesar da tentativa do governo suíço de submeter alternativamente os princípios do direito internacional sobre o consentimento tácito, a Comissão afirmou logo na Queixa *Temeltasch* que não era indispensável pronunciar-se sobre a questão da necessidade de aceitação expressa dos outros Estados a uma declaração interpretativa[74]. Por seu lado, o Tribunal afirmou expressamente que "o silêncio do depositário e dos Estados partes não retira aos órgãos de controlo o poder de apreciação"[75].

A similitude entre os conceitos de aceitação e a admissibilidade característica do direito internacional surge com conotações distintas na Convenção Europeia dos Direitos do Homem. Assim, enquanto a aceitação é uma formalidade de relevância diminuta inerente aos Estados e ao depositário, a admissibilidade traduz-se num juízo de valor material, cujo efeito pode ser a não aplicação da reserva pelos órgãos de controlo, como sucedeu no Acórdão *Belilos*, que adiante analisaremos.

3.4. Objecções

A ausência de regras sobre as objecções às reservas à Convenção Europeia dos Direitos do Homem encontra-se justificada pelas razões que apontámos a propósito da aceitação. Aparentemente a natureza das objecções à Convenção Europeia depende do seu próprio conteúdo. No entanto, no caso da Convenção Europeia, o Estado não é livre de determinar os efeitos jurídicos que pretende atribuir à objecção, dada a natureza objectiva das obrigações que o seu texto impõe. Pode levantar-se aqui a questão de saber se o efeito das objecções às reservas, face ao artigo 64.º, segue as regras gerais do direito internacional público, que atrás analisámos, ou seja, a "sanção" das objecções nos tratados "clássicos" afecta as relações mútuas entre os Estados. Vimos como no caso

---

[73] Chaudri, M. – "Reservations to multilateral treaties", in *Essays in honour of Robert Wilson – De Lege Pactorum*, 1970, pág. 52.

[74] Queixa *Temeltasch,* loc. cit., § 60.

[75] Acórdão *Belilos*, loc. cit., § 47.

Princípios gerais 137

dos tratados de direitos do homem não funciona a regra da reciprocidade, nem existe nenhuma "sanção", a menos que o tratado a preveja, ou atribua a alguns órgãos o poder de afastar as reservas contrárias ao tratado.

No entanto as objecções não serão totalmente irrelevantes. No caso de uma objecção cujo conteúdo revista a natureza de declaração de incompatibilidade da reserva com uma disposição da Convenção podemos considerá-la, como Ruda[76], uma "simples afirmação doutrinal", que pode servir de base para indicar aos outros Estados qual a atitude a tomar face à reserva, ou então, como Zemanek que interpreta este tipo de objecções, como uma vontade do Estado de salvaguardar a sua posição jurídica perante hipotéticos futuros conflitos[77]. Acresce que mesmo parte da doutrina especializada na Convenção Europeia afirma que as objecções têm grande utilidade pois permitem salvaguardar princípios, como foi, aliás, o caso das "objecções" à reserva portuguesa relativa ao artigo 1.º do Protocolo Adicional[78].

Com efeito, o papel tradicionalmente atribuído aos Estados para fazer objecções às reservas formuladas, de quase total discricionariedade[79], surge profundamente alterado no caso da Convenção Europeia dos Direitos do Homem porquanto a existência de órgãos jurisdicionais de controlo não impõe aos Estados a fiscalização da "convencionalidade" das reservas, mas sim a remissão implícita para a Comissão e para o Tribunal da competência de decidir dos eventuais efeitos da invalidade das reservas[80].

Na realidade, as reacções dos Estados às reservas à Convenção Europeia dos Direitos do Homem são raras. A natureza das relações entre os Estados partes na Convenção – todos membros do Conselho da Europa –, bem como a similitude de concepções de protecção dos direitos individuais, para além dos óbvios inconvenientes de natureza política podem justificar tal escassez de objecções.

---

[76] Ruda "Reservations to Treaties" – in *R.C.A.D.I.*, 1975, pág. 190.

[77] Zemanek, K. – "Some Unresolved Questions concerning Reservations in the Vienna Convention on the Law of Treaties", in *Essays of International Law in honour of Manfred Lachs,* 1984, p. 332.

[78] Imbert, "Les réserves à la Conv..." cit. pág. 620, e ainda a intervenção do mesmo autor no *Colóquio de Francoforte*, loc. cit., págs. 116-117

[79] Migliorino, L. – "Effetti guiridici delle obiezioni a riserve incompatibili con l'oggeto e lo scopo del trattato", in *R.D.I.*, vol. LXXVII, 1994, n.º 3, pág. 636 e segts.

[80] Frowein, *op.cit.*, pág. 198.

Assim, as excepções consubstanciam-se nas "objecções" apresentadas à reserva portuguesa ao artigo 1.º do Protocolo Adicional, bem como nas reacções de vários Estados partes às "reservas" da Turquia incluídas nas declarações de aceitação da competência da Comissão e da jurisdição do Tribunal, que analisaremos separadamente.

O caso das objecções à reserva formulada pelo Governo português ao artigo 1.º do Protocolo Adicional, relativa às indemnizações de expropriações, é justamente a excepção que completa a regra. Com efeito, a França, o Reino Unido e a Alemanha apresentaram observações à reserva portuguesa, reafirmando os princípios de direito internacional geral que salvaguardam o direito de propriedade de cidadãos estrangeiros em caso de nacionalização ou expropriação. Cohen-Jonathan considera a este propósito que estes Estados reagiram mais como defensores dos interesses económicos dos seus cidadãos do que como guardiões da ordem pública europeia, dado que a sua "reacção" não corresponde ao exercício de uma responsabilidade genérica[81].

Segundo a declaração do depositário, as declarações feitas pelos citados Estados não constituem objecções formais. Aliás, a natureza jurídica de tais declarações tem sido objecto de opiniões diversas. Na expressão de Frowein, elas são apenas "reacções às reservas"[82]. Outros autores consideram também que elas não são objecções formais, são apenas "observações"[83] contra a reserva portuguesa. Ainda a Prof.ª Rosalyn Higgins apelida-as de "comment"[84]. Por estas razões mencionamos as "objecções" à reserva portuguesa sempre entre aspas, pois elas não são, formalmente, objecções, embora pretendam salvaguardar o entendimento de uma norma. No entanto, sob o ponto de vista material, pretendem afastar os efeitos da reserva portuguesa.

Independentemente da designação, cabe perguntar quais são os efeitos jurídicos das objecções. Ora, nas convenções de tipo normativo e em particular nas convenções relativas a direitos do homem, Fitzmaurice não deixou de sublinhar a "falsa eficácia" das objecções[85]. Por seu

---

[81] Cohen-Jonathan, *op. cit.*, pág. 290.

[82] Frowein J. – "The Protection of Property", in *The European System for the Protection of Human Rights* (Edit. Macdonald, Matscher e Petzold), Dordrecht, 1993, pág. 522.

[83] Cohen-Jonathan, *op. cit.*, pág. 289.

[84] Higgins, R. – "The Taking of Property by the State: Recent Developments in International Law", in *R.C.A.D.I.*, 1982, pág. 361.

[85] Fitzmaurice, G. – "Reservations to Multilateral Conventions", in *I.C.L.Q.*, vol. 2, 1953, págs. 13-16.

Princípios gerais

lado Golsong nega-lhes quaisquer efeitos jurídicos[86], enquanto Imbert afirma que as objecções geram uma situação de desigualdade entre os Estados que não é compatível com a natureza objectiva das obrigações nem com o princípio fundamental da igualdade entre os Estados partes[87].

No caso português não houve consequências, e dado que a reserva portuguesa foi entretanto retirada não será provável que o problema volte a colocar-se, embora a questão de fundo das indemnizações a cidadãos estrangeiros esteja ainda por resolver bilateralmente. Tal problema surge, aliás, na sequência das reticências que se levantaram a propósito da entrada de Portugal no Conselho da Europa, sobretudo devido ao papel do Conselho da Revolução na fiscalização da constitucionalidade das leis, que gerou prolongadas discussões nas reuniões do Comité de Ministros da altura.

Em termos gerais parece-nos, tal como à maioria da doutrina, que a tendência actual vai no sentido de não reconhecer relevância jurídica vinculativa às objecções, ou pelo menos não determinar a medida da participação dos Estados, como faz ainda hoje o direito internacional convencional geral[88]. A própria exclusão do princípio da reciprocidade inerente à dialéctica aceitação/objecção leva-nos a concluir pelo seu afastamento. Embora a Comissão e o Tribunal nunca se tenham pronunciado relativamente a tal questão, parece-nos depreender-se do sentido da sua actual jurisprudência, designadamente pelo carácter objectivo das obrigações dos Estados, que as objecções não são impedimento à sua competência para apreciar qualquer reserva, como, aliás, se depreende da apreciação das "reservas" turcas às cláusulas facultativas.

3.5. As declarações interpretativas

Apesar de não se encontrarem expressamente previstas no articulado da Convenção, os Estados partes formularam mais de uma dezena de declarações interpretativas. Tal como afirma o Prof. Velu, a qualificação unilateral dos Estados não pode, por si só, subtrair ao

---

[86] Golsong, *op. cit.,* pág. 270.

[87] Imbert, *op. cit.,* pág. 110.

[88] MacDonald, R.St. – "Reservations under the European Convention on Human Rights", in *R.BelgeD.I.,* vol. XXI, 1988 – 2, pág. 438; e, ainda, Golsong, *op. cit.,* pág. 270.

regime jurídico das reservas uma declaração interpretativa, pois apesar da denominação formal pode incluir-se numa declaração interpretativa uma verdadeira reserva[89], o que foi, de resto, previsto logo no artigo 2.º da Convenção de Viena. Como adiante veremos pela análise da jurisprudência, as denominadas declarações interpretativas podem ser consideradas como tendo valor de reservas verdadeiras e próprias, aplicando-se-lhes os mesmos critérios para aferir da compatibilidade com a cláusula do artigo 64.º.

Tal como as reservas, as declarações interpretativas resultaram, em parte, da análise feita pelas autoridades dos Estados candidatos à jurisprudência das instâncias de Estrasburgo, cuja interpretação da Convenção suscita dificuldades de ordem formal e material para os Estados não fundadores do Conselho da Europa, que ratificaram a Convenção num momento posterior.

A doutrina tem debatido largamente a natureza jurídica das declarações interpretativas suíças, no sentido de saber se elas são declarações interpretativas "puras" ou declarações interpretativas equiparáveis a reservas, pois a sua qualificação permite determinar quais os seus efeitos. A maioria dos autores, bem como os próprios órgãos de controlo da Convenção, adoptaram a distinção proposta por McRae[90] entre as declarações interpretativas simples e as qualificadas, matéria já analisada na parte geral deste trabalho, que abordaremos de novo a respeito de cada declaração em concreto. Veremos como grande parte das declarações (que os próprios Estados não qualificam de "interpretativas") tem natureza simplesmente aclaratória e não revela discrepâncias de fundo com as normas convencionais.

A prática da Comissão e a jurisprudência do Tribunal adoptaram também esta distinção e consideraram uma declaração interpretativa qualificada como equivalente a uma reserva. Aliás, na linha da Convenção de Viena, a Comissão Europeia abstraiu da designação formal dada pelos Estados e "assimilou" a declaração interpretativa suíça ao artigo 6.º, n.º 3, *e)* a uma reserva, na Queixa *Temeltasch*. Por sua vez, o Tribunal aplicou um raciocínio semelhante à declaração interpretativa suíça ao artigo 6.º n.º 1, no Acórdão *Belilos*.

Como vimos, a opção pelas declarações interpretativas levanta o problema de saber se a interpretação dos outros Estados partes é

---

[89] Velu/Ergec, *op. cit.,* pág. 158 e segts.
[90] McRae, D.M. – "The Legal Effect of Interpretative Declarations", in *B.Y.I.L*, 1978, pág. 155 e segts.

Princípios gerais 141

idêntica à apresentada. No caso da Convenção Europeia a questão é agravada pela existência de órgãos de controlo, cuja interpretação pode afastar os efeitos das declarações interpretativas e constatar uma violação da disposição da Convenção objecto justamente de uma declaração interpretativa[91].

3.6. As reservas retiradas

Levanta-se nesta matéria uma questão terminológica dado que, na versão portuguesa da Convenção de Viena, publicada na 2.ª edição do *Manual de Direito Internacional Público,* do Professor Gonçalves Pereira, o artigo 22.° inclui a palavra "revogação" como tradução do francês *"retrait"* e do inglês *"withdrawal"*. Ora a "revogação" é usada no direito administrativo português[92] numa acepção diferente do sentido que normalmente lhe é atribuído em relação às reservas. A expressão que melhor corresponderia à realidade seria a de "reservas retiradas", aliás utilizada pelo Prof. Jorge Miranda[93], embora o correspondente substantivo "a retirada" tenha uma conotação mais militar que jurídica. Por esta última razão aceitamos a tradução acima proposta de "revogação de reservas", que aliás irá provalvelmente prevalecer na tradução oficial que será publicada no momento da ratificação da Convenção de Viena, mas mantemos o adjectivo "retirada".

Feita esta ressalva terminológica, o conceito de revogação das reservas em direito internacional designa o acto pelo qual um Estado parte num tratado decide fazer cessar os efeitos inerentes a uma reserva que ele tinha formulado no momento do depósito do instrumento de ratificação ou da adesão[94]. A revogação distingue-se de outros actos jurídicos semelhantes, tais como a "não renovação" de uma reserva de duração limitada e a "não confirmação" de uma reserva feita no momento da assinatura de um tratado, que são actos tácitos resultantes, em boa parte, dos casos da inércia das administrações ou da incerteza dos governantes.

---

[91] Kühner, op. cit., pág. 63.

[92] Marcello Caetano – *Manual de Direito Administrativo*, 10.ª ed. Coimbra, 1980, pág. 307 e segts.

[93] Miranda, J. – *Manual de Direito Constitucional,* tomo IV, Coimbra, 1988, págs. 211 e 212.

[94] Flauss, Jean-François – "Note sur le retrait par la France des réserves aux traités internationaux", in *A.F.D.I.*, XXXII, 1986, pág. 857.

142   *As Reservas à Convenção Europeia dos Direitos do Homem*

A faculdade de retirar reservas e objecções revela-se uma "bem consolidada regra de direito internacional"[95]. A regra da liberdade de revogação das reservas, consagrada no artigo 22.º, n.º 1, da Convenção de Viena, não exige o consentimento do Estado que as aceitou, ou seja atribui à revogação das reservas carácter unilateral. Ora, a questão que justamente se coloca em relação à revogação das reservas é a de saber se se podem retirar unilateralmente reservas sem o consentimento dos outros Estados. Por razões de lógica jurídica, os defensores da regra da unanimidade na aceitação entendem que, tal como as cláusulas contratuais, as reservas devem ser retiradas da mesma forma que foram aceites, ou seja, necessitam do consentimento do Estado interessado. Por outro lado, alguns autores condicionam a revogação das reservas à sua natureza e âmbito, devido às respectivas consequências práticas[96].

As reservas, após serem formuladas e aceites pelos outros Estados partes, não têm normalmente prazo de validade, ou seja, vigoram enquanto o respectivo Estado estiver vinculado ao tratado, a menos que este último lhes imponha uma duração limitada[97]. Curiosamente, embora haja tratados que prevêem a faculdade de retirar reservas, não existem convenções que prevejam um "dever de retirar reservas".

A prática recente das convenções do Conselho da Europa tem incentivado as reservas de duração temporária. Por exemplo, a Convenção sobre o Estatuto jurídico das Crianças nascidas fora do casamento, de 1975, prevê que as reservas formuladas tenham efeitos por um período de cinco anos, após o qual deverão ser renovadas.

Relativamente à Convenção Europeia dos Direitos do Homem importa salientar que ela não inclui nenhuma regra sobre a revogação das reservas, pelo que nos parece que se pode concluir pela aceitação do princípio da liberdade da revogação. A própria natureza e fim da Convenção, destinada à protecção e aplicação efectiva de direitos e liberdades, impõe que as reservas sejam retiradas logo que deixem de se verificar as razões pelas quais elas foram formuladas. Essas razões fundamentam-se, habitualmente, em alterações legislativas ou mesmo constitucionais.

---

[95] Migliornio, L. – "La revoca di riserve e di obiezioni a riserve", in *R.D.I.*, vol. LXXV, fasc. 2, 1992, pág. 317.

[96] Imbert, *op. cit.*, pág. 288.

[97] Imbert, P.H. – *Les réserves aux traités multilatéraux*, Paris, 1979, pág. 287 e segts.

Ainda sobre a Convenção Europeia dos Direitos do Homem, parece-nos inteiramente de subscrever a opinião do Juiz De Meyer no Acórdão *Belilos*, segundo a qual o artigo 64.° apenas pode permitir aos Estados um breve prazo para a actualização das leis em vigor, pelo que as reservas deviam ter carácter temporário, dada a natureza dos direitos protegidos pela Convenção[98].

Neste sentido, o Secretário-Geral do Conselho da Europa, no uso das suas competências de depositário, designadamente as atribuídas pelo artigo 57.° da Convenção[99], que lhe permite pedir esclarecimentos aos Estados partes sobre a forma como estes asseguram a aplicação efectiva da Convenção, poderia averiguar da necessidade de manter ou não as reservas formuladas e, de certo modo, pressionar a sua revogação.

Porém, o número de reservas "esquecidas", ou melhor, cuja revogação poderia concretizar-se, é significativo. A iniciativa de revogar e a lentidão do processo conduz a uma tendência para manter o *status quo*, em prejuízo da integridade da Convenção. A falta de organização e de coordenação entre os competentes serviços das Administrações mantêm as reservas em vigor[100]. Por outro lado, os inconvenientes da "não revogação" podem revelar-se negativos na aplicação da Convenção pelos tribunais nacionais, em prejuízo da protecção dos direitos dos indivíduos. A relativa discricionariedade do executivo, que é na maioria dos Estados quem decide da revogação das reservas ou, pelo menos, toma a iniciativa de as revogar, torna-se assim algo negativa, pelo que se impõe um apertado controlo parlamentar nesta matéria.

O caso português aparece citado na doutrina como um dos raros casos em que o Estado "toma consciência" e retira algumas das suas reservas[101], não sem controvérsia, como veremos no local próprio.

A propósito de "revogação" não podemos deixar de referir os casos de "modificações" de reservas que, apesar de raros e de "convencionalidade" duvidosa, tanto na Convenção como em termos de direito internacional geral, foram já aceites pelo depositário. Assim como veremos em concreto, a propósito da declaração interpretativa suíça ao artigo 6.°, após o Acórdão *Belilos, que* o governo suíço apresentou uma

---

[98] Acórdão *Belilos*, opinião concordante do Juiz De Meyer, pág. 36.

[99] Mahoney, P. – "Does article 57 of the Convention on Human Rights serve any useful purpose?", in *Protecting Human Rights: The European Dimension, Studies in honour of Gerard Wiarda,* Colónia, 1988, pág. 373 e segts.

[100] Flauss, *op. cit.,* pág. 861 e segts.

[101] Cohen-Jonathan, "Les réserves à la Convention…", cit., pág. 313, nota 104.

declaração interpretativa revista, sem objecções dos outros Estados partes. Também o Liechtenstein alterou a sua reserva ao artigo 6.°, n.° 1.

No entanto esta adaptação ou reformulação tem sido geralmente considerada inadmissível pela doutrina [102] e desapropriada a convenções de direitos do homem[103], pois traduz-se, em nossa opinião, num retrocesso, mesmo que seja para diminuir o âmbito da reserva, e representa, naturalmente, um perigo para a aplicação da Convenção, cujas segurança e estabilidade devem ser reforçadas e não "fragilizadas" através de "revogações" de reservas. Por outro lado, as reservas devem ser feitas no momento da assinatura ou da ratificação, pelo que tais modificações violam desde logo a condição temporal do artigo 64.°. Num recente Acórdão do Tribunal Europeu dos Direitos do Homem[104], a opinião dissidente do Juiz Valticos manifestou-se em sentido contrário.

A verdade é que a flexibilidade do depositário e dos Estados que aceitaram tais reservas permitiu aos Estados prolongar o "estado de graça" que as reservas proporcionam e subtrair as garantias que a Convenção atribui aos cidadãos sob jurisdição desses Estados partes.

4. A CLÁUSULA DE RESERVAS DO ARTIGO 64.° E O REGIME DA CONVENÇÃO DE VIENA

Analisámos, na parte introdutória, os artigos da Convenção de Viena relativos ao regime das reservas, pelo que cumpre, nesta altura, fazer uma comparação e relacioná-lo com o mecanismo da Convenção Europeia dos Direitos do Homem.

A relação entre o regime da Convenção de Viena e o regime especial da Convenção Europeia dos Direitos do Homem afigura-se algo complexa e não isenta de dúvidas. Apesar da Convenção de Viena sobre o Direito dos Tratados ter sido concluída em 1969, e entrado em vigor em 1980, poder-se-á considerar que este último texto veio "cristalizar" e formalizar algumas normas de direito internacional consuetu-

---

[102] Flauss, J.F. – "Le contentieux de la validité des réserves à la CEDH devant le Tribunal fédéral suisse: Requiem pour la déclaration interpretative relative à l'article 6 § 1", in *R.U.D.H.* vol. 5, n.ºˢ 9-10, 1993, pág. 298.

[103] Schabas, W. – "Reservations to Human Rights Treaties: Time for Innovation and Reform", in *Canadian Yearbook of International Law*, 1995, pág. 3 e segts.

[104] Acórdão *Chorherr (Áustria)*, de 25 de Agosto de 1993, Série A, n.° 266-B, § 17 e segts.

Princípios gerais 145

dinário que já faziam portanto parte da ordem jurídica internacional, vinculando assim todos os Estados, independentemente de terem ou não ratificado a Convenção. Porém, como concluímos na primeira parte, a Convenção de Viena veio trazer algumas inovações ao direito dos tratados, inclusivamente no domínio das reservas[105]. Uma delas, foi o princípio da liberdade de formulação das reservas, segundo o qual não se consideram automaticamente excluídas as reservas não expressamente previstas nas cláusulas de reservas dos tratados[106]. Salvo no caso de uma norma do tratado declarar incompatíveis, de forma expressa, as reservas não previstas, elas poderão ser consideradas como "não compatíveis". Assim, apesar desta regra não estar em vigor ao tempo da elaboração da Convenção, alguns autores excluem a possibilidade de considerar que, no caso da Convenção Europeia dos Direitos do Homem, estão automaticamente afastadas as reservas não conformes ao artigo 64.°[107].

Do ponto de vista formal não se vislumbram, na letra do artigo 64.°, referências ao critério da compatibilidade com o objecto e o fim da Convenção, expresso na Convenção de Viena sobre Direito dos Tratados. No entanto, segundo alguns autores, face à actual relevância deste instrumento jurídico, a questão da compatibilidade das reservas não pode ser afastada da análise das reservas, pois a origem consuetudinária da disposição torna imperativa a análise das reservas à Convenção Europeia à luz dos critérios da Convenção de Viena, o que, aliás, não foi excluído da jurisprudência dos órgãos de Estrasburgo.

Em termos formais impõe-se uma observação preliminar relativa ao princípio da não retroactividade da Convenção de Viena, consagrado no seu artigo 4.°. Com efeito, a Convenção limita a sua aplicação aos tratados concluídos após a sua entrada em vigor, o que atendendo ao facto de ela se ter verificado apenas em 1980, excluiria a sua consideração em relação à C.E.D.H. No entanto a natureza consuetudinária e genérica das disposições da Convenção de Viena não impediu a sua aplicação, independentemente da entrada em vigor ou mesmo da sua obrigatoriedade perante os Estados partes na C.E.D.H.

O sistema da Convenção de Viena foi construído sobre princípios de inspiração civilista, caracterizado pelo respeito da soberania do

---

[105] Díaz Barrado, C. – *Reservas a la Convención sobre Tratados entre Estados*, Madrid, 1991, pág. 16 e segts.

[106] Ruda, *op. cit., R.C.A.D.I.* vol. III, 1975, pág. 181.

[107] Ruda, *op. cit.*, pág. 181, e Kühner, *op. cit.*, pág. 76.

Estado e pela reciprocidade nas obrigações. As convenções multilaterais, em matéria de direitos do homem, constituem um "tipo" ou "categoria" de tratado cuja especificidade justifica a especial consideração do regime das reservas.

Neste contexto, a relação entre o artigo 64.º da Convenção Europeia e o artigo 19.º da Convenção de Viena sobre o Direito dos Tratados tem sido alvo de controvérsia na doutrina.

Apesar do carácter supletivo do texto de Viena, a sua aplicação não se circunscreve apenas aos casos omissos, ou seja, àqueles em que o tratado nada prevê relativamente às reservas. Assim, o artigo 19.º, c), deve aplicar-se também, em todos os casos em que o próprio instrumento não imponha um exame da compatibilidade das reservas com o objecto e o fim do tratado, sendo um critério "suplementar"[108] à aplicação das condições do artigo 64.º, que não inclui nenhum critério de natureza semelhante. De resto, a própria natureza da protecção dos direitos do homem e das liberdades fundamentais justifica a utilização deste critério material, cuja "codificação" é posterior à própria Convenção Europeia, embora a sua consagração na jurisprudência internacional remonte a 1951, isto é, apenas um ano após a abertura à assinatura da C.E.D.H.

Com efeito, a origem deste critério desenvolvido no Parecer do Tribunal Internacional de Justiça sobre as *Reservas à Convenção do Genocídio* tem alguns pontos de contacto com a Convenção de Roma. Ambos os textos têm como finalidade imediata a protecção de direitos e liberdades fundamentais cuja natureza e fins prosseguidos pelos Estados partes revelam evidentes semelhanças. Assim, a inclusão das duas convenções no chamado direito internacional dos direitos do homem afigura-se inequívoca, sendo óbvio que, no caso da Convenção Europeia, a sua natureza individualista, acrescida de um sistema desenvolvido de protecção, bem como de um mecanismo de garantia mais eficaz, modificam os dados do problema.

Assim, se o critério da compatibilidade das reservas foi mais tarde alargado à generalidade dos tratados, no caso dos instrumentos de direito internacional dos direitos do homem a sua aplicação não se pode excluir, nem por razões formais nem por razões materiais. O critério da compatibilidade revela-se, certamente, de complicada aplicação prática, mas a importância dos direitos e liberdades assegurados pela Conven-

---

[108] Westerdieck, Claudia – "Die Vorbehalte Liechtensteins zur Europäischen Menschenrechtskonvention", in *EuGRZ*, Heft 21, 1983, pág. 549 e segs.

ção impõe, por razões de rigor, a sua consideração. Face à possibilidade, concedida pela Convenção, de permitir aos Estados manter a legislação contrária em vigor através da formulação de reservas, torna-se, assim ainda mais importante averiguar se uma reserva é contrária ao seu "objecto e fim". No entanto parece-nos que uma reserva de âmbito excessivamente vasto, ou "far-reaching", na expressão de Jacobs, será "ilegal" porque incompatível com o objecto e o fim do tratado[109]. Na opinião de Duffy, os requisitos gerais das reservas – compatibilidade com o objecto e o fim do tratado – exigidos pelo direito internacional convencional aplicam-se às reservas não expressamente previstas no artigo 64[110].

Porém, alguns estudiosos da C.E.D.H., como Golsong, afirmam que o regime da Convenção de Viena é "inadaptado" aos tratados de direitos do homem, designadamente aos que prevêem mecanismos de controlo, os quais devem estar habilitados para apreciar a validade das reservas[111]. Na opinião do mesmo autor (que mais tarde veio a ser membro da Comissão) a aceitação ou a oposição dos Estados membros não têm relevância jurídica, pois implicariam uma diversidade de relações entre os Estados partes, pelo que, por razões de segurança jurídica, os órgãos de controlo devem assumir as respectivas responsabilidades na matéria[112]. Mais tarde, Cohen-Jonathan considerou inaplicável aos tratados de direitos do homem o regime das reservas previsto na Convenção de Viena, o qual só faz sentido em relação aos tratados tradicionais, ou seja, os que se possam decompor em relações bilaterais e onde domine o princípio da reciprocidade, o que não se verifica nos tratados de direitos do homem[113]. Por seu lado vimos, a respeito das especificidades da cláusula de reservas da Convenção Europeia, como alguns autores "equiparavam" o "carácter geral ao critério da incompatibilidade com o objecto e o fim da Convenção[114].

---

[109] Jacobs, Francis – *The European Convention on Human Rights*, Oxford, 1975, pág. 212.

[110] Duffy, P.J. – *"Luedicke, Belkacem and Koç* : A Discussion of the case and of certain questions raised by it", in Human Rights review, n.º 4, 1979, pág. 103.

[111] Golsong, H. – Intervenção no *4.º Colóquio Internacional sobre a Convenção Europeia dos Direitos do Homem*, Roma de 5-8, Novembro de 1975, pág. 269 e segts.

[112] Golsong, H. – "Les réserves aux instruments internationaux pour la protection des droits de l'homme", in *Les clauses échappatoires en matière d'instruments internationaux relatifs aux droits de l'homme*, 4.º Colóquio do Departamento de Direitos do Homem da Universidade de Lovaina, 1978, pág. 34 e segts.

[113] Cohen-Jonathan, *op. cit.,* pág. 281.

[114] Conforti, *op. cit.,* pág. 98.

Por outro lado, todos estes argumentos se encontram de certo modo reforçados pela própria jurisprudência do Tribunal Europeu dos Direitos do Homem ao afirmar que a interpretação da C.E.D.H. deve ser, tanto quanto possível, próxima do objecto e do fim da Convenção, que é proteger os direitos do homem, e não tomar em conta, em primeiro lugar, os interesses do Estado [115].

Em resumo, a aplicação do critério da compatibilidade das reservas com o objecto e o fim da Convenção parece-nos uma exigência que decorre da própria "natureza da C.E.D.H.", tal como afirmava o TIJ a propósito da Convenção do Genocídio e apesar de o artigo 64.° não prever expressamente essa condição. É deste modo um limite imanente, que não pode ser ultrapassado (*Imannentschranke*). Deve ser considerado, na apreciação das reservas, como "critério adicional" que se pode tornar determinante [116]. Em nossa opinião, o que nos parece de excluir não será o critério consagrado na Convenção de Viena mas, antes, o regime proposto no seu articulado, que não se afigura adequado a textos de direito internacional de direitos do homem que impõem obrigações de carácter objectivo, excluindo qualquer relação de reciprocidade.

5. A "CLÁUSULA COLONIAL" E O ARTIGO 63.° DA CONVENÇÃO

O artigo 63.° permite aos Estados partes declararem que a Convenção se aplica aos "territórios cujas relações internacionais assegura". A natureza da norma incluída no artigo 63.° não é isenta de dúvidas e foi já objecto de debate, tanto na doutrina como na jurisprudência. Poderá considerar-se que ela é apenas uma cláusula de delimitação geográfica da aplicação da Convenção ou uma modalidade de cláusula "*opting in*". Mas à luz da definição de reserva da Convenção de Viena esta cláusula "modifica o efeito jurídico de uma disposição do tratado", neste caso na aplicação territorial da Convenção Europeia, e, sobretudo, pode modificar a competência *ratione loci* dos órgãos de controlo. Por essa razão incluímos a sua análise no nosso estudo, porquanto ela limita inequivocamente a aplicação da Convenção e levanta problemas em relação aos Estados que assegurem as relações internacionais de certos territórios.

---

[115] Acórdão *Neumeister*, de 27 de Junho de 1968.
[116] Cohen-Jonathan, "Les réserves à la Convention...", *op. cit.*, pág. 309.

Princípios gerais 149

O princípio geral de aplicação da Convenção estende-se a todas as pessoas dependentes da jurisdição dos Estados partes, conforme está definido no artigo 1.°. No entanto, segundo o artigo 63.°, os Estados podem declarar, no momento da ratificação (ou posteriormente), afastar a aplicação da Convenção aos territórios cujas relações internacionais asseguram. Assim, os autores da Convenção entenderam que o grau de "civilização" de alguns territórios não metropolitanos não permitiria que se lhes aplicasse a protecção da Convenção. Estamos perante uma cláusula elaborada no final dos anos 40, altura em que parte dos Estados membros do Conselho da Europa possuíam territórios coloniais.

Os Protocolos Adicionais n.ºs 1, 4 e 7 incluem também cláusulas análogas. O primeiro permite mesmo uma aceitação parcial do Protocolo Adicional, visando os outros dois, na altura, evitar estender a sua protecção aos cidadãos dos domínios britânicos[117]. O Protocolo n.° 7 foi, aliás, alvo de declarações "curiosas" relativamente ao entendimento específico do direito penal nesses territórios.

Alguma doutrina qualifica, ainda hoje, a norma do artigo 63.° de "cláusula colonial"[118], embora boa parte das obras relativas à Convenção refira apenas a competência *ratione loci* da Comissão[119]. Parece-nos que a natureza de reserva[120] se afigura adequada à norma do artigo 63.°, porquanto ela afasta a aplicação da Convenção a determinados territórios o que implica, necessariamente, a exclusão da aplicação do conjunto das suas normas a indivíduos que, muito legitimamente, poderiam esperar a protecção dos seus direitos individuais através do mecanismo da Convenção.

Vários Estados fizeram declarações no âmbito do artigo 63.°. A Alemanha Federal, em 1952, relativamente a Berlim Ocidental, a Dinamarca, com respeito à Gronelândia, os Países Baixos ao Suriname e às Antilhas neerlandesas e o Reino Unido em relação a uma lista de territórios[121].

Alguns desses territórios tornar-se-iam membros de pleno direito do Conselho da Europa e mais tarde partes na Convenção, como foi o

---

[117] Velu/Ergec, *op. cit.,* pág. 49 e segts.

[118] Frowein/Peukert – *Die Europäische Menschenrechtskonvention – Kommentar,* Kehl, 1985, pág. 483; Velu/Ergec, *op. cit.,* pág. 47.

[119] Vasak, *op. cit.,* pág. 88; Cohen-Jonathan, G. – *La Convention européenne des Droits de l'Homme,* Paris, 1989, pág. 94.

[120] Van Dijk/Van Hoof – *Theory and Pratice of the European Convention on Human Rights,* 2.ª ed., Deventer, Boston, 1990, pág. 7.

[121] *Vide* Anexo II deste trabalho.

caso de Malta e Chipre que se tornaram independentes do Reino Unido, em cuja lista estavam incluídos nos termos do artigo 63.º. No que se refere à formulação de reservas, a doutrina entende que elas são possíveis, pois não se verificou uma sucessão de Estados [122], como, aliás, em muitos outros casos de independência de colónias britânicas [123].

Pelo contrário, o governo independente do Suriname comunicou, em 1976, ao Secretário-Geral do Conselho da Europa, que se considerava vinculado por razões de sucessão de Estados à Convenção Europeia dos Direitos do Homem. O Secretário-Geral não aceitou a declaração, invocando naturalmente o carácter "fechado" da Convenção que só permitia que Estados europeus membros do Conselho da Europa nela se tornassem partes [124].

Cabe neste momento analisar sucintamente a prática da Comissão e a jurisprudência do Tribunal apenas nos casos em que os Estados não fizeram declarações específicas, deixando para a parte especial os problemas concretos decorrentes das declarações no âmbito do artigo 63.º.

O sentido da expressão "território cujas relações internacionais assegura" foi abordado junto da Comissão, num sentido actualizado [125] a respeito do ex-Congo Belga [126]. Os requerentes alegavam uma violação da Convenção por parte das autoridades belgas num momento em que o Congo Belga fazia parte do território nacional. A Comissão rejeitou a Queixa concluindo que o Congo Belga devia ser considerado um território por cujas relações internacionais a Bélgica era responsável e, justamente, a ausência da declaração no âmbito do artigo 63.º tornava a Comissão incompetente *"ratione loci"*.

A prática da Comissão não exclui, por força do artigo 63.º, a responsabilidade dos Estados por actos praticados fora do território, mas sob sua "jurisdição", no sentido do artigo 1.º da Convenção. Assim, a Turquia foi considerada responsável por actos dos membros das suas forças armadas durante a invasão de Chipre. Neste caso a

---

[122] Eissen, M. – A. – "The independence of Malta and the European Convention of Human Rights", in *B.Y.I.L.*, vol. XLI, 1965/66, pág. 408.

[123] Gonçalves Pereira, A. – *Da Sucessão de Estados quanto aos Tratados*, Lisboa, 1968, pág. 75 e segts.

[124] Eissen, M. – A – "Surinam and the European Convention on Human Rights", in *B.Y.I.L.*, 1976, pág. 200 e segts.

[125] Mikaelsen, L. – *European protection of Human Rights. The practice and procedure of the European Comission of Human Rights on the admissibility of applications from individuals and states*, Dordrecht, 1980, pág. 95 e segts.

[126] Queixa n.º 1065/61, Decisão de 30 de Maio de 1961, in *Ann.*, IV, pág. 261.

Comissão interpretou o artigo 63.º no sentido de reconhecer a sua competência *ratione loci* em relação às pessoas submetidas à autoridade de um Estado em território nacional ou estrangeiro, de modo a não limitar o âmbito do artigo 1.º[127]. Este último afirma que a Convenção se aplica aos dependentes da jurisdição dos Estados partes, que a Comissão interpretou no sentido de "todas as pessoas sob a sua actual autoridade e responsabilidade"[128].

Recentemente, uma Queixa contra a França e a Espanha, relativa a Andorra, foi aceite na Comissão, por violação da Convenção no território de Andorra e com intervenção de autoridades da França e da Espanha, sem que a questão da incompetência *ratione loci,* fosse tida em conta[129]. No mesmo caso o Tribunal aceitou as excepções dos governos espanhol e francês de incompetência *ratione loci* por ausência da declaração do artigo 63.º, embora reconhecendo a natureza *sui generis* de Andorra que nunca tinha solicitado ser admitida como membro associado do Conselho da Europa, à semelhança do Sarre, em 1950[130]. No entanto entendeu que deveria apreciar o caso por força do artigo 1.º da Convenção, pois os requerentes alegavam violações, que relevam da jurisdição da França e da Espanha, como consequência de uma condenação de um tribunal de Andorra, as quais não se limitavam ao território francês ou espanhol, como demonstrou a prática da Comissão nas queixas acima citadas[131-132].

Cabe agora acrescentar uma observação relativamente a Portugal, que não fez nenhuma declaração no âmbito do artigo 63.º, nem em relação a Timor, nem em em relação a Macau, para submeter os seus habitantes à protecção da Convenção Europeia.

No caso de Timor, sem entrar na questão de fundo, apesar de Portugal manter internacionalmente os poderes de administração sobre o território, pois foi considerada potência administrante pela Assem-

---

[127] Queixas n.º 6780/74 e n.º 6950/75 *Chipre c/Turquia,* Decisão de 26 de Maio de 1975, in *D&R,* 2, pág. 138 e segts; Queixa 8007/77, *Chipre c/Turquia,* Decisão de 10 de Julho de 1978, in *D&R,* 13, pág. 222.

[128] Mikaelsen, *op. cit.,* pág. 95 e segts.

[129] Queixa n.º 12747/87, *Drozd & Janousek c/França e Espanha,* Decisão de 12 de Dezembro de 1989, in *D&R,* 64, pág. 97 e segts.

[130] Acórdão T.E.D.H., *Drozd & Janousek (França) e Espanha* de 26 de Junho de 1992, Série A, n.º 240, § 89.

[131] Idem, § 90 e 91.

[132] Entretanto Andorra aderiu ao Conselho da Europa e assinou a Convenção Europeia dos Direitos do Homem em 10 de Novembro de 1994.

bleia Geral das Nações Unidas[133], as autoridades portuguesas não exerciam poder efectivo à data da ratificação da C.E.D.H. ou, nos termos da Convenção, "jurisdição" sobre os seus habitantes, pelo que não poderiam ser responsáveis por qualquer violação da Convenção. No entanto, uma declaração nos termos do artigo 63.º, que tivesse sido feita na altura, teria sido útil, por razões políticas óbvias, e até juridicamente demonstraria alguma preocupação pela protecção dos direitos da população de Timor.

Relativamente a Macau, a ausência da declaração nos termos do artigo 63.º torna duvidosa a eventual aplicação da Convenção. Parece-nos claro que Macau é um território de que Portugal assegura, até 1999, as relações internacionais, pelo que a falta da declaração parece excluir a aplicação da Convenção. No entanto, "a administração da justiça em Macau é feita por órgãos que estão integrados na estrutura judicial portuguesa"[134], de cujas decisões cabe recurso para o Tribunal Constitucional. Assim, após análise da prática da Comissão, e apesar de não existir declaração no âmbito do artigo 63.º, parece-nos que, por força do artigo 1.º, que refere a aplicação da Convenção às pessoas sob jurisdição do Estado parte, não está excluída a aplicação da Convenção aos cidadãos de Macau. Aliás, será provavelmente a razão pela qual a Comissão, em vez de declarar inadmissíveis as Queixas[135] apresentadas por três cidadãos acusados de homicídio, e cuja extradição foi pedida pela República Popular da China, solicitou às autoridades portuguesas a suspensão dessa extradição até ela, Comissão, se pronunciar sobre o fundo da questão. Tal ainda não aconteceu, mas esta atitude prévia é já reveladora de uma possível aceitação da aplicação da Convenção ao caso, pois os indivíduos em causa estão "sob jurisdição" portuguesa.

6. AS RESERVAS ÀS CLÁUSULAS FACULTATIVAS

As cláusulas facultativas de jurisdição obrigatória permitem aos Estados, através de uma declaração de aceitação especial, distinta da

---

[133] Resolução 3485 (XXX), de 12 de Dezembro de 1975.

[134] Canas, V. – "Relações entre o ordenamento constitucional português e o ordenamento jurídico sobre o território de Macau", in *BMJ,* 1987, n.º 365, pág. 83.

[135] Queixas n.ºs 24464/94, 25410/94 e 25862/94, *Leung, Wang e Leung Cheong Meng,* respectivamente, cujo Acordão do Tribunal Constitucional português sobre a constitucionalidade de normas da Lei de Extradição portuguesa aplicável a Macau considerou inconstitucionais o art. 4.º n.º 1 do DL 437/75, de 16 de Agosto (in Ac 417/95).

adesão ao tratado, aceitar a jurisdição de tribunais internacionais. Por vezes, essas declarações incluem "condições", a que a maioria da doutrina chama reservas [136], que diminuem a competência desses órgãos e, no caso da Convenção Europeia, limitam necessariamente a protecção dos direitos garantidos. A particularidade destas reservas reside no facto de elas não estarem submetidas ao consentimento dos outros Estados vinculados pela mesma aceitação [137]. Assim, desde o Estatuto do Tribunal Permanente de Justiça Internacional que o modelo das cláusulas facultativas permite aos Estados, um pouco à semelhança das reservas, uma vinculação gradual às normas convencionais [138]. A aposição de reservas nas próprias declarações foi considerada admissível, pela Assembleia da Sociedade das Nações, no pressuposto de que "quem pode o mais pode o menos", ou seja, se os Estados podiam não aceitar a jurisdição, também a poderiam aceitar só em parte [139].

No actual direito internacional convencional geral o artigo 36.º, n.º 2, do Estatuto do Tribunal Internacional de Justiça prevê uma cláusula facultativa de jurisdição obrigatória, que deverá ser aceite através de uma declaração enviada ao Secretário-Geral das Nações Unidas. O conteúdo dessas declarações tem levantado alguns problemas, nomeadamente a questão das reservas nelas eventualmente incluídas, cujo teor é muitas vezes pretexto para as partes apresentarem excepções prévias aos processos perante o Tribunal. Foi o que sucedeu em 1955, com a declaração portuguesa de aceitação da jurisdição do TIJ, que previa a sua denúncia a todo o tempo [140], cujo teor foi logo na altura alvo de uma "objecção" por parte da Suécia [141], a qual foi, aliás, retomada pela Índia junto do TIJ, no Caso do *Direito de Passagem sobre o*

---

[136] Como se pode observar no próprio título dos artigo que citaremos nas notas seguintes, desde Lauterpacht, relativamente ao TPJI, até Kalin e Tomuschat, sobre a C.E.D.H., apelidam estas "cláusulas restritivas" de reservas. Evidentemente que a questão levanta problemas que abordaremos a propósito da análise da prática da Comissão sobre o assunto.

[137] Reuter, P. – *Droit International Public*, 7.ª ed., Paris, 1993, pág. 141

[138] Lauterpacht, H. – "The British Reservations to the Optional Clause", in *Economica*, vol. IX, n.ºs 28-30, 1929, pág. 137 e segts.

[139] Maus, B. – *Les réserves dans les déclarations d'acceptation de la juridiction obligatoire de la Cour International de Justice*, Genebra/Paris, 1959, pág. 17 e segts.

[140] Publicada in *Annuaire de la Cour International de Justice*, n.º 47, 1992--1993, pág. 110-111.

[141] Oda, S. – "Reservations in the Declarations of acceptance of the optional clause and the period of validity of those declarations: The effect of the Schultz letter", in *B.Y.I.L.*, 1988, págs. 16 e 17.

Território Indiano [142]. Levantou-se a questão da incompetência do Tribunal para apreciar o caso devido à invalidade da declaração portuguesa. Tal excepção foi rejeitada pelo Tribunal, que considerou a declaração não incompatível com o Estatuto.

Na realidade, as cláusulas facultativas permitem aos Estados limitarem a obrigação de se apresentar perante o Tribunal, através de condições que os Estados podem fazer prevalecer em qualquer momento. É o que Virally designa por cláusulas potestativas [143]. Efectivamente, a declaração de aceitação da competência do TIJ permite limitar a obrigação de um Estado apresentar perante o Tribunal apenas os casos nos quais não estejam em causa questões da sua competência interna. Em dois Acórdãos do TIJ – *Empréstimos Noruegueses* [144] e *Interhandel* [145], o Juiz Lauterpacht exprimiu, em duas "opiniões dissidentes", que o direito de formular reservas não incompatíveis não estava em causa e que os Estados podiam apenas aceitar o *"strict minimum"* da cláusula, o qual não poderia, porém, estar em oposição com o Estatuto; as reservas incluídas na declaração francesa de aceitação da jurisdição do TIJ deviam considerar-se nulas/inválidas, dado que derrogavam disposições imperativas do respectivo Estatuto. A conclusão deste eminente internacionalista vai no sentido de considerar desprovida de efeitos a totalidade da declaração de aceitação da jurisdição que contenha cláusulas incompatíveis com o objecto e o fim do Estatuto. De facto, quando as excepções estão previstas de uma forma vaga e subjectiva, a liberdade de interpretação dos Estados torna-se quase total e pode mesmo subverter o espírito do tratado. A não invocação do chamado *"Connally amendment"*, incluído na declaração dos Estados Unidos de aceitação da jurisdição do TIJ [146], que a sujeitava à determinação pelos EUA da *"domestic jurisdiction"*, permitiu, apesar da opinião contrária de Lauterpacht, que o Tribunal apreciasse o caso.

---

[142] Vide *"Observations et conclusions du Gouvernement de la République Portugaise sur les exceptions préliminaires du Gouvernement de L'Inde"*, Cour International de Justice, 1957, pág. 4 e segts.

[143] Virally, M. – "Des moyens utilisés dans la pratique pour limiter l'effect obligatoire des traités", in *Les clauses échappatoires en matière d'instruments internationaux relatifs aux droits de l'homme*, 4.º Colóquio do Departamento de Direitos do Homem da Universidade de Lovaina, 1982, pág. 16 e segts.

[144] Acórdão do TIJ, 6 de Julho de 1957, (França/Noruega) *Rec.*, 1957, pág. 9.

[145] Acórdão do TIJ, 21 de Novembro de 1959 (Suíça/E.U.A.), *Rec.*, 1959, pág. 6.

[146] Dolzer, R. – "Connally Reservation", in *Bernardt (ed.) Encyclopaedia of Public International Law*, vol. 1 (1981), pág. 755.

Princípios gerais

A doutrina tem sido muito crítica a este respeito, mas defendeu a validade da declaração, embora as reservas nela contidas não produzam efeitos[147]. Mais recentemente, no Caso *Nicarágua c/Estados Unidos*[148], foi posta em causa a aplicação do regime da Convenção de Viena às reservas incluídas nas declarações de aceitação de jurisdição e sugerido um regime mais liberal[149]. Numa opinião dissidente, o Juiz Jennings entendeu que se tratava de um regime *sui generis*. Aliás, a própria declaração dos Estados Unidos da América estava de tal modo recheada de reservas que a sua compatibilidade com o Estatuto é, pelo menos, "duvidosa" e a sua interpretação pelo TIJ conduziu à sua denúncia em 1986.

As cláusulas facultativas existem em alguns intrumentos jurídicos de protecção dos direitos do homem que incluem órgãos de controlo, designadamente no Pacto das Nações Unidas dos Direitos Civis e Políticos, no qual poucos Estados aceitaram a competência do Comité dos Direitos do Homem.

No caso da Convenção Europeia dos Direitos do Homem, o processo especial de aceitação das cláusulas facultativas permite que a Convenção esteja em vigor na ordem jurídica dos Estados, sem que, no entanto, os cidadãos possam recorrer aos órgãos convencionais para apresentar queixas de eventuais violações, dado que o sistema de garantia está justamente sujeito a uma declaração de vontade expressa e autónoma dos Estados. Tal mecanismo permite aos Estados adaptarem, numa primeira fase, a sua legislação às normas da Convenção e só depois aceitarem a competência dos órgãos de controlo. Evidentemente que, para salvaguardar a protecção efectiva dos cidadãos, os dois momentos não deverão estar muito afastados no tempo.

O direito de petição individual foi inserido na Convenção por influência de René Cassin, que já tinha tentado introduzi-lo na Declaração Universal dos Direitos do Homem. A possibilidade dada aos indivíduos de fazerem valer os seus direitos perante um órgão internacional constitui a consagração da sua personalidade jurídica internacional e a ultrapassagem do princípio da competência exclusiva dos Estados para proteger os direitos do homem[150].

---

[147] Kühner, *op. cit.*, pág. 87.

[148] Acórdão TIJ sobre as *Actividades militares na Nicarágua (competência e admissibilidade)*, 26 de Novembro de 1984, *Recueil*, 1984, pág. 392 e segts.

[149] Lang, C. – *L'AffaireNicaragua/Etats Unis devant la Cour International de Justice,* Paris, 1990, pág. 101 e segts.

[150] Cassin, R. – "La Déclaration Universelle et la mise en oeuvre des droits de l'homme", in *R.C.A.D.I.*, tomo 79, 1951, pág. 253 e segts.

Na Convenção Europeia dos Direitos do Homem as duas cláusulas facultativas encontram-se nos artigos 25.° e 46.°, relativas à competência da Comissão e do Tribunal, respectivamente. Neste momento apenas faremos observações de ordem geral, tendo em conta as limitações da garantia da Convenção que podem exercer as referidas declarações.

A natureza não obrigatória das cláusulas leva-nos, numa primeira análise, a pensar que as reservas estão excluídas, dado que os Estados apenas lhes estão vinculados por declaração expressa. No entanto vários problemas se levantaram em relação às declarações de aceitação da competência da Comissão e da jurisdição do Tribunal, cuja natureza de acto declarativo unilateral apenas admitiria limitações *ratione temporis*. Com efeito, as restrições temporais previstas nas cláusulas facultativas permitem reconhecer o direito de recurso individual por "um prazo determinado", cujas consequências são essencialmente de natureza processual, pois impedem o recurso à Comissão antes da data fixada. A generalidade dos Estados utilizou este direito por dois anos, como no caso da Espanha, ou por cinco, como a França, ou ainda renovável tacitamente, como foi o caso de Portugal logo em 1978.

No entanto, as queixas introduzidas após a data de aceitação da competência da Comissão podem reportar-se a factos posteriores à entrada em vigor da Convenção, em relação a cada Estado parte, pelo que a "restrição reveste um carácter processual e não se reflecte no âmbito das obrigações dos Estados[151]. A Comissão, aliás à semelhança do Tribunal Internacional de Justiça, não hesitou em atribuir um efeito retroactivo ao reconhecimento do direito de recurso individual[152], ou seja, apreciou factos anteriores à declaração de aceitação relativamente a Estados que não tinham aditado qualquer limitação temporal à sua declaração de aceitação da competência da Comissão.

Até 1966 não se tinha levantado o problema de saber se o artigo 25.° permitia a exclusão da competência da Comissão para apreciar factos ocorridos antes da data fixada na declaração, mas posteriores à data da entrada em vigor da Convenção. Assim, as declarações dos Estados no âmbito das cláusulas facultativas destinadas a evitar a

---

[151] Eissen, M. A. – "Les réserves *ratione temporis* à la reconnaissance du droit de recours individuel", in *Les clauses facultatives de la Convention européenne des Droits de l'Homme,* Actas da Mesa Redonda da Faculdade de Direito da Universidade de Bari, Dezembro de 1973, pág. 85 e sgts.

[152] Queixa n.° 846/60, in *Coll.* 6 (1961), pág. 63.

Princípios gerais

retroactividade deixam de ser apenas uma limitação processual para se tornarem verdadeiras limitações *ratione temporis* e *ratione personae* à competência da Comissão, que muitos autores apelidam de reservas [153]. Veremos, na parte especial, como, em casos concretos, a Comissão apreciou queixas contra o Reino Unido e contra a Itália, cujas declarações de aceitação da competência da Comissão incluíram uma reserva *ratione temporis* para limitar a sua apreciação aos factos ocorridos após a declaração. Não é evidente que o artigo 25.° da Convenção permita tal limitação, considerando alguns autores que se trata de uma violação do próprio artigo 25.°, pelo que a Comissão não deverá ter em conta tal restrição, que ultrapassa os poderes discricionários dos Estados [154]. Entretanto, tal restrição foi retirada das declarações posteriores apresentadas por estes países.

Mais recentemente levantou-se, a propósito da declaração turca, a questão de saber se a Convenção permite reservas ao artigo 25.°. Afirmámos, na parte geral relativa às reservas à Convenção, que, embora o artigo 64.° não excluísse nenhuma norma, estavam implicitamente afastadas as reservas às normas instrumentais da Convenção. Alguns autores excluem mesmo a aplicação do artigo 64.° às restrições apostas na declaração no âmbito do artigo 25.°, pois o reconhecimento de reservas em sentido estrito implicaria um "perigo" para a eficácia do controlo exercido pela Comissão [155]. Veremos, na parte especial, como as reservas relativas à competência da Comissão ou da jurisidição do Tribunal não são conciliáveis com o objecto e o fim da Convenção, nem tão-pouco com o seu artigo 64.°.

A analogia com as declarações no âmbito da cláusula do artigo 36.° do Estatuto do TIJ, que permite expressamente incluir ou excluir algumas questões, não deve ser aplicada automaticamente à Convenção Europeia dos Direitos do Homem. Enquanto o artigo 36.° se aplica à generalidade dos conflitos jurídicos entre Estados, a declaração do artigo 25.° está limitada aos artigos substantivos da Convenção. Em

---

[153] Cohen-Jonathan *La Convention... cit.*, pág. 101.

[154] Giuliva, D. – "La compétence de la comission européenne des droits de l'homme en matière de requêtes individuelles et ses limitations *ratione temporis* dans la déclaration italienne d'acceptation du droit de recours individuel", in *Les clauses facultatives de la Convention européenne des Droits de l'Homme, Actas da Mesa-Redonda da Faculdade de Direito da Universidade de Bari,* Dezembro de 1973, pág. 127 e segts.

[155] Van der Velde, J. "Voorbehouden ten Aanzien van de ECRM" in *Nederlands Tijdschrift voor de Mensenrechten – Bulletim,* 12.1978, n.° 5, pág. 360.

todo o caso a doutrina divide-se sobre a natureza jurídica e os efeitos a atribuir a tais declarações, pois como afirmou o Tribunal Europeu "em matéria de direitos do homem, quem pode o mais não pode, necessariamente o menos" [156].

À semelhança do artigo 41.º do Pacto das Nações Unidas sobre os Direitos Civis e Políticos, no qual se inclui também uma cláusula de aceitação da competência do Comité dos Direitos do Homem para apreciar queixas individuais, as declarações dos Estados não incluíram "condições materiais", mas apenas limitações temporais [157]. Neste contexto a ausência de precedentes e a falta de *opinio juris* tornam a análise da declaração turca mais difícil, mas a essa nos dedicaremos no capítulo seguinte.

A norma relativa à aceitação da competência obrigatória do Tribunal Europeu dos Direitos do Homem permite a inclusão de uma condição de reciprocidade na declaração que os Estados apresentam. Este critério de reciprocidade é naturalmente inspirado na cláusula facultativa do Estatuto do Tribunal Internacional de Justiça. A jurisprudência e a doutrina têm debatido largamente a possibilidade do princípio da reciprocidade permitir que as reservas incluídas na declaração sejam invocadas pela parte contrária, a fim de diminuir a sua legitimidade. A tendência, tanto do TIJ como da generalidade dos autores [158], vai no sentido de recusar tal entendimento.

7. A APRECIAÇÃO DA VALIDADE DAS RESERVAS NA CONVENÇÃO EUROPEIA DOS DIREITOS DO HOMEM

A questão do controlo da conformidade das reservas às disposições da Convenção Europeia dos Direitos do Homem tem sido objecto de viva discussão no âmbito da doutrina especializada, pois a Convenção não indica qual a entidade competente para apreciar a validade das reservas e para determinar uma eventual sanção.

---

[156] Acórdão T.E.D.H. *De Weer*, de 27 de Fevereiro de 1980, Série A, n.º 35, § 53.

[157] Publicação das Nações Unidas, *Status of International Instruments*, 1987, pág. 52 e segts.

[158] Torres Bernardes, S. – "Reciprocity in the System of Compulsory Jurisdiction and in Others Modalities of Contentious Jurisdiction Exercised by the International Court of Justice", in *Essays in honnour of judge Taslim Olawalde Elias*, vol. 1, Dordrecht, 1992, pág. 328 e segts.

Como atrás analisámos, a cláusula de reservas do artigo 64.° da Convenção não exige a aceitação formal de cada reserva por cada Estado parte. Assim, pode considerar-se que a ratificação da Convenção pelos Estados (que inclui obviamente o artigo 64.°) aceita desde logo esta condição, que prescinde da aceitação formal das reservas.

O clássico argumento da ausência de objecções não permite concluir de imediato que os Estados aceitaram o conteúdo de todas as reservas formuladas. Tão-pouco se podem qualificar de conformes à Convenção todas as reservas que foram aceites pelo silêncio, ou melhor, por consentimento tácito. Por um lado, os Estados podem, até, estar em desacordo com os requisitos do próprio artigo 64.°, sobretudo se não participaram na sua elaboração, e, por outro, a Convenção de Viena não é directamente aplicável, pois, de acordo com o seu próprio artigo 4.°, as suas normas só se aplicarão após a sua entrada em vigor em relação a cada Estado. Mas partindo do princípio que se pode, numa interpretação actualista, utilizar a Convenção de Viena, a sua aplicação supletiva não é inequívoca dado que o seu artigo 20.°, n.° 4, só se aplica no caso de o tratado em causa não possuir cláusula de reservas ou deixar às partes a liberdade de escolha[159]. A tais argumentos formais poder se-á responder que a Convenção de Viena codificou regras de direito consuetudinário, que já estavam instituídas na prática internacional, as quais se poderão aplicar com as devidas precauções aos instrumentos jurídicos de direitos do homem.

No entendimento tradicional, incluindo a Convenção de Viena, a compatibilidade e a incompatibilidade das reservas dependem apenas da aceitação dos Estados partes. No entanto, a natureza do direito internacional dos direitos do homem, designadamente no caso da Convenção Europeia dos Direitos do Homem, e a existência de órgãos de controlo do cumprimento das suas disposições, alteram os dados do problema. Assim, o conteúdo e a validade das reservas podem ser apreciados e julgados por outras entidades que não apenas os Estados. Logo, a falta de objecções não é por si só uma "aceitação implícita" e não implica, necessariamente, a aceitação das reservas e do seu conteúdo material[160].

---

[159] Tomuschat, C. – "Admissibility and Legal Effects of Reservations to Multilateral Treaties", in *ZäoRV*, 27.1967, n.° 3, pág. 476; ainda Haak, V. – " 'Unless the Treaty otherwise provides' and Similar Clauses in the International Law Commission's 1966 Draft Articles on the Law of Treaties", in ZaöRV, 27.1967, n.° 3, pág. 541 e segts.

[160] Kühner, *op. cit.*, págs. 78 e 79.

Assim, na opinião do relator da Comissão de Direito Internacional, *Sir* Humphrey Waldock, a aceitação de reservas incompatíveis com uma cláusula de reservas representa uma violação do tratado, pois a proibição de determinado tipo de reservas implica necessariamente a exclusão da sua aceitação [161].

A opinião do Prof. Imbert, que em momentos distintos manifestou a sua oposição à apreciação da validade das reservas por parte dos órgãos de controlo da Convenção, vai no sentido de considerar que a tomada de posição sobre a validade das reservas implicaria um debate de natureza política. Como veremos adiante, o mesmo autor, sem menosprezar o papel dos Estados, preconiza ainda um papel mais activo, ao Secretário-Geral do Conselho da Europa, que deverá apresentar observações e pedir esclarecimentos relativos a reservas, ou, ainda, chamar a atenção aos outros Estados membros [162].

Apesar da existência de órgãos de controlo da Convenção, o papel dos Estados partes na apreciação da validade das reservas permanece relevante, pois as suas observações podem servir de argumentos para reforçar as decisões da Comissão e do Tribunal. Por outro lado, a vontade e opiniões expressas pelos Estados partes não devem ser menosprezadas, tendo em conta a função fiscalizadora do Comité de Ministros na verificação do cumprimento interno dessas decisões e na respectiva concordância *a posteriori* sobre os juízos emitidos por esses órgãos. Aliás, o depositário notifica sistematicamente todos os Estados partes do conteúdo das reservas, não só por ser regra das organizações internacionais mas, naturalmente, pela importância que, pelo menos em termos formais, tal notificação reveste. É certo que a prática não corresponde, em regra, ao exercício da responsabilidade que o artigo 64.º implicitamente atribuiu aos Estados [163].

Com efeito, apenas em dois casos, cujo teor já analisámos a propósito das objecções, os Estados emitiram "juízos de valor" sobre as reservas. O primeiro incidiu sobre a reserva formulada por Portugal ao artigo 1.º do Protocolo Adicional, que suscitou observações de três Estados partes. Tal como afirma Cohen-Jonathan [164], os Estados reagiram menos como protectores da ordem pública europeia, do que como defensores dos interesses económicos dos seus cidadãos.

---

[161] *United Nations Conference on the Law of Treaties*, Official Records, First Session, pág. 133.

[162] Imbert, P.H., *op. cit.*, in *Colóquio de Francoforte*, pág. 134 e segts.

[163] Cohen-Jonathan, "Les réserves à la Convention...", *op. cit.*, pág. 289 e segts.

[164] Cohen-Jonathan, *op.cit.*, pág. 290.

Princípios gerais

A outra reacção dos Estados verificou-se por ocasião da aceitação da competência da Comissão, nos termos do artigo 25.°, por parte da Turquia. Como veremos no local próprio, a declaração incluía várias restrições à competência da Comissão, pelo que o Secretário-Geral as notificou aos Estados partes. Estes reagiram alegando "sérias dificuldades jurídicas", algumas com motivações claramente políticas, como foi o caso do governo grego que reagiu energicamente à declaração, considerando que as declarações turcas eram "nulas" e não produziam efeitos jurídicos[165].

As reacções dos Estados são, portanto, excepcionais, o que decorre directamente da própria natureza da protecção dos direitos do homem. Assim, não estamos ainda num estádio tão avançado do direito internacional dos direitos do homem que permita aos Estados velar pela "ordem pública europeia", sobretudo se não existem razões de fundo para o fazer. O despontar de um direito constitucional europeu está ainda longe de assumir esse papel. Será decerto mais apropriado deixar explicitamente a órgãos independentes o poder de fiscalizar a efectiva protecção dos direitos e liberdades dos indivíduos, tanto na vertente substancial como nas questões processuais.

8. EFEITOS DAS RESERVAS NÃO CONFORMES À CONVENÇÃO

Tal como no direito internacional convencional geral, também no direito internacional dos direitos do homem e, designadamente, na Convenção Europeia dos Direitos do Homem não existem regras estritas de determinação dos efeitos das reservas incompatíveis. Tradicionalmente os efeitos das reservas eram aferidos em relação aos outros Estados partes, ou seja, avaliava-se da possibilidade da entrada em vigor da disposição do tratado em relação a todos os outros Estados partes. Esta análise subjectiva encontra-se hoje afastada do regime da Convenção, em favor de uma apreciação objectiva dos efeitos das reservas não conformes ao artigo 64.° ou mesmo incompatíveis com o objecto e o fim do tratado.

Dado que a Convenção tem, à sua disposição, um conjunto de órgãos de controlo, a decisão sobre os efeitos das reservas incompatíveis deve ser deixada ao critério dos respectivos órgãos jurisdicionais

---

[165] Folha de informação do Conselho da Europa, n.° 21, pág. 4 e segts.

ou para jurisdicionais, de modo a evitar que aspectos de natureza política sejam trazidos a uma discussão puramente jurídica. Assim, Brändle [166] entende que as reservas incompatíveis não produzem quaisquer efeitos jurídicos e implicam a vinculação sem limites do respectivo Estado. O seu principal argumento consiste em considerar que os Estados através da ratificação se submetem ao regime do artigo 64.°, pelo que só podem formular as reservas por ele permitidas. No entanto, segundo Kühner [167], esta solução não se tira da letra nem dos *trabalhos preparatórios* da Convenção e, sobretudo, é contrária ao *Konsensprinzip*, princípio fundamental do Direito Internacional, referido, aliás, no Parecer do TIJ sobre as reservas, "*a State cannot be bound without its consent*".

Assim, tanto a posição extremista do direito internacional clássico de negar a participação de um Estado na Convenção, como a de considerar excluída da sua vinculação a disposição objecto da reserva, parecem-nos excessivamente radicais e contrárias ao fim da Convenção, que visa alargar, tanto quanto possível, a protecção dos direitos do homem. Por outro lado, a exclusão da norma objecto de reserva da vinculação do Estado decorre da apresentação de uma objecção por aplicação do artigo 21.°, n.° 3, da Convenção de Viena. Ora, os órgãos de controlo da Convenção Europeia não fazem objecções, apenas podem declarar as reservas "não válidas", pelo que esta solução não é apropriada ao mecanismo da Convenção [168].

A solução adoptada pela Comissão de Estrasburgo [169], de considerar o Estado vinculado à Convenção como se a reserva inválida não existisse, parece-nos mais equilibrada e conforme ao espírito da Convenção.

Dado que aceitamos a aplicação do critério da compatibilidade com o objecto e o fim da Convenção, como meio complementar de apreciação da admissibilidade das reservas, cabe agora determinar quais os efeitos das reservas a ele contrárias. Em tese geral, os efeitos das reservas poderiam consubstanciar-se na limitação da vinculação dos Estados nos termos da Convenção de Viena, o que se afigura obviamente mais adequado do que a negação da ratificação. No entanto, a

---

[166] Brändle, Dieter – *Vorbehalte und auslegende Erklärungen der Europäischen Menschenrechtskonvention,* diss. plicopiada, Zurique, 1978, pág. 36.

[167] Kühner, *op. cit.*, pág. 88.

[168] Cohen-Jonathan – "Les réserves à la Convention…, cit., pág. 297 e segts.

[169] Acórdão *Belilos (Suíça)*, loc. cit.

Princípios gerais

natureza objectiva das obrigações da Convenção Europeia dos Direitos do Homem opõe-se, em nossa opinião, ao mecanismo dos efeitos jurídicos das reservas previstos na Convenção de Viena, que pressupõe uma relação de reciprocidade e um "feixe de relações bilaterais" entre as partes, que não se verifica na Convenção Europeia.

Por outro lado, pressupondo que a proibição do "carácter geral" das reservas não é idêntica à incompatibilidade com o objecto e o fim do tratado, as reservas contrárias ao artigo 64.°, mas não opostas ao objecto e ao fim da Convenção, apenas afastam a aplicação da norma ou da parte da disposição a que se refere a reserva, havendo assim uma restrição da vinculação quanto aos efeitos. Deverá, no entanto, ser tomada em conta a expressão da vontade do Estado, ou seja, o conteúdo da reserva. Isto é, ao considerar uma reserva incompatível, e consequentemente ao afastar a sua aplicação, o artigo objecto de reserva não deve ser automaticamente aplicado sem quaisquer restrições, segundo o direito internacional clássico, subordinado à vontade dos Estados. Na opinião de Kühner, a responsabilidade pelo respeito do artigo 64.° cabe primariamente aos Estados, seguida dos órgãos de controlo da Convenção[170]. Parece de afastar a interpretação segundo a qual se pode excluir a aplicação das disposições da Convenção Europeia para evitar a "inconfortável" norma do artigo 64.°, n.° 2, que obriga a revelar o conteúdo da lei interna contrária à Convenção. Assim, o mesmo autor propõe duas alternativas: uma, irrealista, consiste em alterar o próprio artigo 64.°, no sentido de incluir a indicação do objecto e fim da Convenção e as consequências para o Estado que formulasse reservas incompatíveis; a outra alternativa, mais realista, visa alargar os poderes do depositário, neste caso o Secretário-Geral do Conselho da Europa, que poderia pedir parecer à Comissão ou ao Tribunal sobre a compatibilidade das reservas. No caso de se concluir pela incompatibilidade, o Secretário-Geral poderia mesmo recusar a ratificação da Convenção[171].

A solução mais adequada ao espírito da Convenção parece-nos ser a proposta pelo Professor Frowein. Preconiza o ilustre jurista alemão que, no caso de aceitação da competência da Comissão e da jurisdição do Tribunal, deverá ser deixada a estes órgãos a decisão sobre os efeitos legais das reservas, devendo, segundo este autor, aplicar-se a totalidade da norma da Convenção em todos os casos nos quais se

---

[170] Kühner, *op. cit.*, pág. 89.
[171] Idem, pág. 90.

conclua pela invalidade das reservas[172], solução adoptada recentemente pelos órgãos de Estraburgo, após décadas de hesitações.

Na realidade, os órgãos de controlo da Convenção vêm assumindo, durante a última década, um papel destacado neste processo, pois reconhecem-se competentes para apreciar a validade das reservas e para as declarar contrárias ao artigo 64.º. Chegaram mesmo a afastar a aplicação da reserva em casos concretos, que adiante analisaremos, o que representa um significativo passo em frente no direito dos tratados, aliás já seguido em parte por outros órgãos internacionais de fiscalização de direitos do homem, tais como o Comité dos Direitos do Homem no âmbito do Pacto dos Direitos Civis e Políticos[173] e o Comité contra a Discriminação da Mulher.

Com efeito, o não exercício dessa competência enfraqueceria o sistema da Convenção europeia, cujo direito, já "minimalista", perderia parte dos seus efeitos. Na verdade, parece quase evidente que num regime tão avançado, como o da Convenção, os órgãos jurisdicionais controlem a compatibilidade das reservas com o artigo 64.º, embora tal controlo levante objecções de fundo por parte da doutrina, pois põe em causa uma manifestação de vontade dos Estados e os termos da respectiva vinculação. Porém, a prática demostra que apenas no caso da reserva portuguesa ao artigo 1.º do Protocolo n.º 1, e na declaração de aceitação das cláusulas facultativas da Turquia, alguns Estados partes reagiram negativamente às reservas, embora sem consequências em termos jurídicos. Aliás, apesar de os Estados poderem juridicamente recorrer para a Comissão ou para o Tribunal[174], por força do artigo 24.º, os respectivos custos políticos seriam elevados e o recurso sem totais garantias de sucesso.

Assim, os efeitos da declaração de invalidade das reservas são bem diferentes dos previstos na Convenção de Viena sobre o Direito dos Tratados, na qual os Estados têm larga margem de decisão, sem fiscalização de qualquer órgão. No caso da Convenção Europeia dos Direitos do Homem, os efeitos de uma declaração de invalidade devem ser deixados ao critério dos órgãos de controlo, pois a sua competência provém de uma declaração expressa dos Estados, o que torna a sua legitimidade incontestável para examinar a questão que, como veremos

---

[172] Frowein, J. – "Reservations to the European Convention on Human Rights", in *Mélanges .Wiarda*, Munique, 1988, pág. 197 e 198.

[173] Schabas, *op. cit.*, pág. 2 e segts.

[174] Frowein, *op. cit.*, pág. 196.

Princípios gerais 165

é, desde há alguns anos, resolvida em favor da aplicação da norma da Convenção, ao contrário da solução do direito internacional geral. Tal jurisprudência foi, aliás, aceite pelo governo suíço nas suas alegações do Acórdão *Belilos*, no qual o Tribunal aplicou o artigo 6.°, n.°1, sem ter em conta a respectiva declaração interpretativa suíça[175].

Não é demais salientar o carácter inovador da posição do Tribunal Europeu dos Direitos do Homem ao declarar uma reserva não conforme à Convenção e afastar a sua aplicação. Na medida em que uma reserva é uma declaração de vontade, e normalmente uma condição para um Estado ratificar um instrumento jurídico, a sua "anulação" constitui um "acto grave". A possibilidade de, através da não aplicação de uma reserva, pôr em causa uma norma de direito interno reveste, naturalmente, uma importância que ultrapassa o próprio caso concreto, pois implica considerações de natureza política algo delicadas. Basta lembrar que o facto de o Tribunal Internacional de Justiça, no Caso *Nicarágua/Estados Unidos*[176], não tomar em conta uma reserva (sem a declarar inválida) incluída na declaração da aceitação da jurisdição obrigatória do TIJ, foi motivo para os Estados Unidos da América não renovarem a declaração, afastando-se assim do mecanismo jurisdicional universal.

Cabe ainda acrescentar que este tipo de juízos sobre as reservas e as declarações interpretativas, feitos pelos órgãos de controlo, ocorre, na maior parte dos casos, largos anos após a formulação das reservas. Tal facto permite, por um lado, que a lei interna em causa continue em vigor, mas, por outro, facilita a decisão de alteração legislativa. Assim, o Prof. Imbert preconiza uma maior firmeza por parte do depositário no sentido de fazer, imediatamente após o depósito do instrumento de ratificação as observações aos Estados que formulam as reservas e aos que já são partes, o que, embora sem valor de objecção, seria um exame prévio num momento mais adequado à eventual revogação da reserva[177]. Parece-nos, tal como a Cohen-Jonathan, que tal exercício não limitaria em nada o poder dos órgãos de controlo nos casos concretos e poderia clarificar o sentido das reservas e mesmo reduzir os litígios[178].

No caso da Convenção Europeia nenhum Estado se retirou, até este momento, por causa das decisões dos órgãos de controlo, embora a discussão se mantenha, de certo modo, em aberto, como veremos a

---

[175] Acórdão *Belilos,* § 60.
[176] Acórdão *Nicarágua* (*Estados Unidos*), de 26 de Novembro de 1984.
[177] Imbert, *Colóquio de Francoforte,* cit., pág. 134.
[178] Cohen-Jonathan, *op. cit.*, pág. 300.

propósito das reservas turcas às cláusulas facultativas. No caso concreto da Suíça, o governo de Berna, após o Acórdão, apresentou uma Declaração a precisar o conteúdo da anterior, cujos termos analisaremos adiante.

A cláusula de reservas do artigo 64.º tem sido muito criticada pela doutrina, pois põe em causa a eficácia da Convenção, a qual parte do princípio de que as legislações internas devem incluir um nível mínimo de protecção, comum a todos os Estados membros do Conselho da Europa.

Sudre apelida-a mesmo de "falsamente rigorosa"[179]. Kühner refere que o artigo 64.º pode ser comparado com a cláusula de reservas apresentada pelo Reino Unido durante o debate de elaboração, do Pacto das Nações Unidas, na qual se previa expressamente que apenas eram possíveis as reservas nela previstas[180].

Por seu lado, Lauterpacht[181] refere que a cláusula do artigo 64.º se inspira na "*unorthodox*" proposta dinamarquesa no Pacto dos Direitos Civis e Políticos das Nações Unidas, que permitia a formulação de reservas sem o consentimento específico das outras partes contratantes.

O "carácter liberal"[182] da cláusula de reservas do artigo 64.º é reconhecido pela maioria da doutrina[183], e a falta de controlo do seu conteúdo, bem como a não imposição aos governos da necessidade de actualizar a respectiva legislação, torna a cláusula do artigo 64.º particularmente "perigosa", na expressão do Professor Frowein[184]. Esta ausência de fiscalização reflecte-se no próprio conteúdo das reservas, porquanto elas se tornam em verdadeiras "*clauses échappatoires*" da aplicação da Convenção ao excluírem, mesmo, efeitos decorrentes dos Acórdãos do Tribunal Europeu dos Direitos do Homem.

A cláusula do artigo 64.º serviu ainda de fonte ao artigo 20.º da Carta Social Europeia, de 1961, o qual prevê a possibilidade de escolha de vinculação dos Estados partes a apenas alguns dos seus artigos, a que a doutrina francesa chama de "*engagement à la carte*". Se bem que o conteúdo dos dois artigos seja diferente, o resultado pode ser, de certo

---

[179] Sudre, *op. cit.*, pág. 95.

[180] Kühner, *op. cit.*, pág. 70 e segts.

[181] Lauterpacht, H. – *International Law and Human Rights,* Londres, 1950, pág. 390.

[182] Kühner, *op. cit.*, pág. 72.

[183] Cohen-Jonathan, G. – "Les réserves à la Convention européenne des Droits de l'Homme (à propos de l'Arrêt *Belilos*), in *R.G.D.I.P.*, n.º 2, 1989, pág. 300.

[184] Frowein, *op. cit.*, pág. 193.

modo, idêntico [185]. Na prática, a vinculação à Carta Social revelou-se irregular e pouco eficaz, sem que os mecanismos de garantia assegurassem uma efectiva protecção dos direitos nela consagrados.

A questão da alteração das leis internas que fundamentaram as reservas poderá colocar-se no caso de um Estado alterar as normas em causa, mas sem modificar os aspectos não conformes à Convenção. Põe-se aqui o problema de saber se tal deverá ser comunicado ao depositário. Parece-nos que formalmente a lógica que preside ao n.º 2 do artigo 64.º, ou seja dar a conhecer as leis internas contrárias à Convenção, deverá aplicar-se em caso de alteração ao seu teor. No entanto, materialmente, tal procedimento não devia, a nosso ver, ser admissível, dado que as alterações legislativas deveriam respeitar imperativamente as disposições, já "minimalistas" da Convenção.

Em suma, será apenas na medida em que os Estados respeitarem cumulativamente estas condições que as reservas formuladas se poderão considerar válidas. Assim, o conjunto de condições gerais e específicas exigidas aos Estados para formular reservas destina-se essencialmente a limitar a sua extensão e ainda a tornar pública a legislação nacional contrária à Convenção, o que poderá, em alguns casos, pressionar a sua revogação pelos parlamentos nacionais para evitar, pelo menos, condenações em sanções pecuniárias a pagar aos requerentes pelos Estados partes.

---

[185] Marcus-Helmons, Silvio – "La place de la CEDH dans l'intégration européenne", in *R.U.D.H.*, vol. 4, n.ᵒˢ 10-11, 1992, pág. 436.

CAPÍTULO II – **Análise das reservas**

1. As reservas formuladas pelos Estados partes

    1.1. O momento da ratificação e a formulação das reservas
    1.2. Natureza e origem da formulação das reservas
    1.3. As normas da Convenção e dos Protocolos Adicionais objecto de reservas e de declarações

        1.3.1. O direito à vida (art. 2.°)

            i) Malta
            ii) Liechtenstein

        1.3.2. A proibição do trabalho forçado (art. 4.°)

            i) Portugal

        1.3.3. O direito à vida privada e familiar (art. 8.°) e o princípio da igualdade entre os cônjuges (art. 5.° – Protoc. n.° 7)

            i) Liechtenstein
            ii) França
            iii) Suíça
            iv) Luxemburgo

        1.3.4. O direito à liberdade de pensamento e religião (art. 9)

            i) Noruega

        1.3.5. – O direito à instrução e ao respeito das convicções religiosas (art. 2.° do Protocolo Adicional)

            i) Reino Unido

ii) Irlanda
iii) Suécia
iv) Turquia
v) Países Baixos
vi) Alemanha
vii) Malta
viii) Grécia
ix) Portugal
x) Bulgária
xi) Roménia

1.3.6. O direito à liberdade de expressão (art. 10.°)

i) Malta
ii) França
iii) Portugal
iv) Espanha

1.3.7. O direito à liberdade de associação (art. 11.°)

i) Portugal
ii) Espanha
iii) São Marino
iv) Andorra

1.3.8. O direito de propriedade (art. 1.° do Protocolo Adicional)

i) Áustria
ii) Luxemburgo
iii) Portugal
iv) Espanha
v) Bulgária

1.3.9. O direito à liberdade de circulação (arts. 3.° e 4.° do Protocolo n.° 4)

i) Áustria
ii) Irlanda
iii) Itália
iv) Chipre

1.3.10. O direito à liberdade e as garantias processuais (art. 5.º)
  i) Áustria
  ii) Suíça
  iii) França
  iv) Portugal
  v) Espanha
  vi) República Checa
  vii) Eslováquia
  viii) Roménia
  ix) Lituânia
  x) Andorra

1.3.11. O direito a um processo equitativo (art. 6.º)
  i) Áustria
  ii) Irlanda
  iii) Malta
  iv) Suíça
  v) Liechtenstein
  vi) Finlândia
  vii) Hungria

1.3.12. A irretroactividade da lei penal (art. 7.º)
  i) Alemanha
  ii) Portugal

1.3.13. O direito às garantias do processo penal
(arts. 1.º a 4.º do Protocolo n.º 7)
  i) Países Baixos
  ii) Alemanha
  iii) França
  iv) Suécia
  v) Áustria
  vi) Suíça
  vii) Dinamarca
  viii) São Marino
  ix) Itália
  x) Portugal

1.3.14. A cláusula derrogatória (art. 15.º)

i) França
ii) Espanha
iii) Andorra

1.3.15. A cláusula colonial (art. 63.º)

i) Reino Unido
ii) Países Baixos
iii) Alemanha
iv) França

2. As reservas formuladas às cláusulas facultativas

2.1. As "reservas" aos artigos 25.º e 46.º da Convenção

2.1.1. As reservas *ratione temporis*
2.1.2. O caso turco

CAPÍTULO II – Análise das reservas

1. As reservas formuladas pelos Estados partes

Decorre do texto da própria Convenção Europeia dos Direitos do Homem que só podem dela ser partes os Estados membros do Conselho da Europa. Assim, a adesão ao Estatuto deste último é condição prévia e *sine qua non* da "entrada" para o "círculo fechado" dos Estados partes na Convenção, que por isso apenas inclui países europeus de regimes democráticos. Ora os artigos 3.º e 4.º do Estatuto impõem o respeito do princípio do primado do direito e da protecção dos direitos do homem que vinculam naturalmente todos os Estados partes na Convenção, dando-lhe carácter estatutário[186]. Com efeito tais regras constituem as normas comuns a todos os Estados membros do Conselho da Europa. Os mecanismos das cláusulas facultativas e a possibilidade de formular reservas permitem justamente aderir a um conjunto de normas que se tornam comuns a esses Estados, mas que têm repercussões diferentes nas ordens jurídicas internas.

Na realidade não existe nenhuma norma jurídica que obrigue os Estados membros do Conselho da Europa a ratificar a Convenção, embora os motivos acima descritos, aliados às motivações políticas, fossem suficientemente fortes para que, a partir dos anos 70, os órgãos políticos do Conselho da Europa "obrigassem" os novos membros a assinar a Convenção. Com efeito, a relação intrínseca que liga o Estatuto à Convenção parece de tal forma evidente, que actualmente a adesão ao Conselho da Europa é simultânea à assinatura da Convenção, o que não se verificava nos anos 50 e 60. Tal "imposição" só foi concretizada por ocasião das adesões de Portugal e Espanha, nos anos 70, justificada pela natureza totalitária dos regimes vigentes até então e, mesmo, pelas dúvidas que os governos de transição levantavam aos Estados membros da altura. A evolução das exigências políticas e jurídicas de adesão ao Conselho da Europa demonstra a importância

---

[186] Vasak, K. – "L'Historique des problèmes de la ratification de la Convention par la France", in *R.D.H.,* vol. 3, n.º 4, 1970, pág. 561 e segts.

crescente dada à Convenção e aos seus mecanismos de controlo da protecção dos direitos do homem.

No passado Estados houve que, por razões políticas, mas alegando problemas jurídicos, demoraram muitos anos para ratificar a Convenção. O exemplo mais flagrante foi o caso da França, membro fundador do Conselho da Europa e com papel activo na elaboração da Convenção, que demorou 23 anos a ratificá-la, pois os seus dirigentes invocavam as divergências entre o direito interno e a Convenção como obstáculos à ratificação, em lugar de tornar a legislação interna conforme às disposições convencionais. Mesmo juristas de renome internacional opunham-se à ratificação, como, por exemplo, Reuter que afirmava: "recusar ratificar esta Convenção é levá-la a sério e medir a amplitude da transferência de soberania que ela impõe e ainda o âmbito das consequências que dela decorrem" [187].

O caso do direito à instrução, inscrito no Protocolo Adicional, revelou-se uma das questões mais controversas que alguns deputados franceses entendiam contrária ao princípio republicano da escola laica. Nos anos 50, durante um dos debates destinados a ratificar a Convenção (sem sucesso), um deputado propôs uma declaração interpretativa no sentido de o artigo 2.º do Protocolo Adicional "respeitar o carácter laico da República e não implicar nenhuma obrigação de despesa para o Estado". Tal como refere o Professor Pellet, dos trabalhos preparatórios da Convenção não se infere qualquer propósito de impor subsídios às escolas privadas, entendimento que os órgãos da Convenção vieram a confirmar [188]. A guerra da Argélia, designadamente as práticas administrativas e judiciais das autoridades francesas, foram também um obstáculo importante, senão decisivo, para atrasar a ratificação da Convenção.

Nos anos 70, já em plena 5.ª República, o debate mudou de direcção passando a centrar-se em questões de soberania nacional opostas às aspirações supranacionais subjacentes ao espírito da Convenção, alegando alguns deputados que o sistema francês de protecção de direitos do homem era suficiente [189]. Estes "receios", acrescidos à desconfiança do "controlo externo" imposto pela Convenção, acrescentaram mais

---

[187] Reuter, P. – *In* Conclusões do Colóquio de Grenoble sobre "L'efficacité des mécanismes juridictionnels de protection des personnes privés dans le cadre européen", de 25-26 de Janeiro de 1973, *R.D.H.*, 1973, pág. 794.

[188] Pellet, A. – "La ratification française de la Convention des Droits de l'Homme", in *R.D.P.Sc.Pol.*, n.º 5, 1974, pág. 1332 e segts.

[189] Pellet, *op. cit.*, pág. 1340 e segts.

alguns anos de espera à ratificação francesa, concretizada finalmente em 1974 pelo Presidente da República interino, Alain Poher.

Algumas divergências, manifestadas pelos deputados franceses nas sucessivas assembleias que apreciaram as disposições da Convenção com vista à sua ratificação, traduziram-se naturalmente em reservas e declarações interpretativas para precisar o conteúdo dos direitos e liberdades, que analisaremos a propósito de cada artigo.

Relativamente à ratificação francesa importa ainda acrescentar que foi levantada a questão da apresentação à Assembleia do texto das reservas em simultâneo com a proposta de autorização para ratificação[190], pois, caso elas não fossem conhecidas, poder-se-ia levantar a questão da inconstitucionalidade da Convenção e, consequentemente, da sua fiscalização preventiva. No entanto o Governo entendeu que não se tratava de uma obrigação jurídica, pelo que apenas informava a Assembleia do conteúdo das reservas. Por outro lado, segundo os deputados, o controlo parlamentar deveria também incidir sobre as próprias reservas, bem como sobre o seu eventual "carácter geral" e a respectiva conformidade com o artigo 64.° da Convenção. Segundo Pellet, estes argumentos são contrários ao próprio direito internacional[191], pois deverão ser os outros Estados partes, ou, neste caso, os órgãos convencionais a ajuizar da compatibilidade das reservas, decorrendo da lei interna francesa que incumbe ao Executivo apresentar as reservas e declarações ao depositário no momento da ratificação. Parece-nos que não se pode negar a importância da questão da competência interna para formular reservas, o que, apesar de ser algo lateral, não deve ser subestimado. Aliás, mesmo em regimes parlamentares, como o italiano, se levantaram problemas orgânicos de formulação de reservas a propósito da ratificação do Pacto das Nações Unidas[192].

Merece ainda referência, nestas observações sobre o processo de ratificação dos Estados partes e as respectivas reservas, a declaração feita pelo governo francês, em 1974, de "recusa" de ratificação do Protocolo n.° 2. Este texto, aberto à assinatura em 1963, veio atribuir ao Tribunal Europeu competência para dar pareceres consultivos sobre questões jurídicas relativas à interpretação da Convenção e dos seus

---

[190] Zoller, E. – *Droit des relations extérieures,* Paris, 1992, pág. 228 e segts.

[191] Pellet, *op. cit.*, pág. 1348 e segts.

[192] Baldiali, G. – "Le riserve formulate dall'Italia al Patto delle Nazioni Unite sui Diritti Civili e Politici nel quadro dei rapporti costituzionali fra Parlamento e Governo", in *Comunicazione e Studi*, Perúsgia, 16, 1980, pág. 31.

176 *As Reservas à Convenção Europeia dos Direitos do Homem*

Protocolos, e cujas disposições foram integradas na Convenção (após ratificação por todos os Estados partes). A declaração não constitui, obviamente, uma reserva, mas pretende produzir efeitos semelhantes, ou seja, afastar a aplicação de disposições da Convenção. No entanto, ela não corresponde aos critérios do artigo 64.º, pois tais disposições não contrariam nenhuma lei interna francesa e o seu carácter geral parece inequívoco; mas a questão foi já levantada, sendo Eissen de opinião que os outros Estados membros poderiam ter feito uma objecção à "reserva" em causa.[193] Tal posição parece-nos excessiva, embora o depositário pudesse ter feito uma observação sobre a declaração francesa que, aliás, tinha sido já debatida na Assembleia Nacional, dada a contradição entre a aceitação da cláusula facultativa de jurisdição do Tribunal e a recusa em aceitar a sua competência consultiva, a pedido do Comité de Ministros, claramente menos vinculativa para os Estados[194].

O caso da Suíça, particularmente importante em matéria de reservas, foi exemplar em matéria de reformas constitucionais e legislativas. Com efeito, a ordem jurídica suíça incluía diversas limitações ao exercício da liberdade religiosa: não reconhecia às mulheres o direito de voto e possuía regras de processo penal incompatíveis com as disposições da Convenção[195]. A vontade de se tornar parte na Convenção traduziu-se num esforço de suprimir as incompatibilidades existentes entre o direito interno e a Convenção, o que não impediu, contudo, a formulação de reservas, que foram aliás objecto do primeiro acórdão de fundo do Tribunal Europeu sobre a matéria.

O reduzido número de reservas dos novos Estados partes da Europa de Leste encontra, em parte, justificação nos chamados "estudos de compatibilidade", efectuados pelo Secretariado do Conselho da Europa[196], destinados a adaptar a legislação interna às normas da Convenção. Por outro lado, a generalidade destes países incorporou a Convenção na ordem jurídica interna, e nos próprios textos constitucionais da Eslováquia e da Roménia os tratados relativos aos direitos do

---

[193] Eissen, M. A. – "La France et le Protocole n.º 2 à la Convention européenne des Droits de l'Homme", in *Studi in onore di Giorgio Balladore Pallieri*, vol. 2, Milão, 1978, pág. 267 e segts.

[194] Eissen, *op. cit.,* pág. 270.

[195] Pellet, *op. cit.,* pág. 1325 e segts.

[196] Drzemczewski, A. – "Compatibilité du droit interne avec la Convention européenne des Droits de l'Homme avant sa ratification: le modèle hongrois", in *R.U.D.H.,* Junho, 1995, pág. 195 e segts.

homem beneficiam de um "estatuto especial". Merece destaque o caso da Hungria, cuja tradição dualista a não impediu de realizar uma profunda reforma legislativa conducente a "compatibilizar" a ordem jurídica interna com o articulado da Convenção e com a jurisprudência dos órgãos de Estrasburgo.

Feitas estas observações de carácter histórico, relativas a casos mais complexos de ratificação da Convenção, que desenvolveremos quando tal se justificar, iremos agora analisar não só as reservas formuladas à Convenção Europeia dos Direitos do Homem, propriamente dita, mas também aos direitos inscritos nos respectivos Protocolos, os quais se devem considerar como adicionais à Convenção, como aliás refere o artigo 5.º do Protocolo Adicional.

1.1. O momento da ratificação e a formulação das reservas

O momento da adesão dos Estados ao Conselho da Europa, e consequentemente, à Convenção Europeia dos Direitos do Homem, tem importância na questão das reservas, tanto a nível interno como a nível europeu.

Podemos distinguir, pelo menos, três grupos de Estados que ratificaram a Convenção em momentos distintos. Os Estados que o fizeram logo após a sua abertura à assinatura tiveram tendência para formular poucas reservas. Com efeito, o âmbito e a interpretação dinâmica e evolutiva feita pelos órgãos de controlo da Convenção não eram, obviamente, conhecidos. Tal foi o caso do Reino Unido, o primeiro Estado a ratificar a Convenção, que apenas fez uma reserva ao Protocolo Adicional [197]. Os Estados que ratificaram a Convenção nos anos 70 tiveram tendência a formular mais reservas, e sobretudo reservas dirigidas à jurisprudência, ou melhor, ao entendimento e interpretação feita pelos órgãos de controlo aos preceitos da Convenção. Finalmente o caso dos países da Europa Central e Oriental que formularam poucas reservas, decerto por necessidade política de não dar a conhecer leis ainda não alteradas cujo conteúdo não corresponde aos critérios de um Estado de Direito democrático.

O caso da República Federal da Alemanha, cuja Lei Fundamental foi elaborada quase no mesmo momento da Convenção, a qual vai, na

---

[197] O Reino Unido formulará, alguns anos mais tarde, *doze* reservas ao Pacto dos Direitos Civis e Políticos das Nações Unidas...

opinião de alguns autores, mais longe do que a *Grundgesetz* na protecção dos direitos fundamentais[198]. Os direitos do acusado, no artigo 6.° da Convenção, excedem as garantias do direito processual penal alemão. O *Verfassungsgericht* alemão procedeu a uma interpretação evolutiva com base no princípio do Estado de Direito consagrado no artigo 20.° conjugado com o artigo 2.° da Constituição. Igualmente a garantia do julgamento em prazo razoável não está expressa na ordem jurídica alemã. No entanto o governo alemão da altura apenas formulou uma reserva sem grande significado, o que pode explicar-se pelas circunstâncias históricas do imediato pós-guerra.

O caso da Itália revela o maior interesse jurídico, uma vez que ao ratificar a Convenção, em 1955, não formulou qualquer reserva, apesar de a sua ordem jurídica conter várias leis contrárias às normas da Convenção, denunciadas pela doutrina e declaradas inconstitucionais pelo Tribunal Constitucional[199]. Em contrapartida, formulou várias reservas ao Pacto dos Direitos Civis e Políticos das Nações Unidas.

Já os Estados que, por razões diversas, ratificaram posteriormente a Convenção tomaram em conta não só as disposições convencionais mas também a prática da Comissão e a jurisprudência do Tribunal dos Direitos do Homem, opostas, por vezes, à ordem jurídica interna, como foi visivelmente o caso da Suíça. A tardia ratificação de alguns Estados, em certos casos, largos anos após a assinatura – o exemplo flagrante da França, suposta "pátria dos direitos do homem na Europa", que, vimos atrás, ratificou a Convenção 24 anos após a sua abertura à assinatura em 1950 –, levou os governos a tomar precauções e a apreciar conscienciosamente o direito interno e a sua compatibilidade à Convenção de Roma.

Por vezes a formulação das reservas decorreu do "excesso de zelo" das administrações ou, como no caso português, da reafirmação das opções do legislador constituinte[200]. Aliás, Portugal aparece muitas vezes citado na doutrina estrangeira, pois no momento da ratificação,

---

[198] Frowein, J. – "Übernationale Menschenrechtsgewährleitungen und nationale Staatsgewalt", in *Handbuch des Staatsrechts* (Isensee/Kirchhof), Berlim, 1994, pág. 744 e segts.

[199] Apontam-se várias leis que não só são contrárias à Convenção como conferem largos poderes discricionários à Administração em matéria de direitos fundamentais, *in* Mazziotti, M. – "Diritti dell'Uomo e Pubblica Amministrazione", in *Il diritto dell'economia*, Ano XIV, 1968, pág. 150 e segts.

[200] Moura Ramos, R. – "A Convenção Europeia dos Direitos do Homem – Sua posição face ao ordenamento jurídico português", in *BMJ-DDC*, n.° 5, 1981, pág. 186.

em 1978, pouco tempo após a aprovação da Constituição elaborada por uma Assembleia democraticamente eleita, foram formuladas oito reservas a disposições da Convenção e do Protocolo Adicional. Como se afirmou na época, os portugueses não poderiam "usufruir de oito dos direitos humanos concedidos a todos os europeus"[201]. Mas, na doutrina do Prof. Jorge Miranda, também não se pode argumentar que as reservas afastem a qualificação de Portugal como Estado de Direito[202]. Preferiram as autoridades portuguesas formular reservas, que posteriormente se revelaram inúteis, a expôr-se a críticas de desrespeito de disposições da Convenção face à interpretação que os órgãos de controlo lhe deram.

É certo que, na Constituição portuguesa, o catálogo de direitos e liberdades revela-se bem mais completo[203] que o conjunto de direitos garantidos na Convenção Europeia, não só pela diferença de mais de 20 anos entre a elaboração dos dois textos como pelas próprias circunstâncias históricas de elaboração do texto constitucional português, que impunham naturalmente um especial desenvolvimento das normas de direitos fundamentais para melhor impôr a sua protecção face ao arbítrio das autoridades. Por outro lado, a consagração da "cláusula aberta", ou de "não tipicidade"[204], dos direitos fundamentais, no artigo 16.º, n.º 1 da Constituição de 1976 alarga ainda mais um catálogo já bem preenchido. Com efeito, o "sentido material de direitos fundamentais" de que fala o Prof. Jorge Miranda[205] inclui naturalmente os direitos constantes da Convenção Europeia dos Direitos do Homem que não se encontrem na ordem jurídica portuguesa, como, por exemplo, o direito a uma decisão judicial em "prazo razoável" incluído nas garantias do artigo 6.º, n.º 1, da Convenção.

A ratificação da Convenão não foi porém isenta de vivo debate parlamentar sobre o âmbito de protecção dos direitos da Convenção e a sua comparação com a Constituição portuguesa. No entanto, não deixou de ser reconhecido que a ratificação da Convenção significava

---

[201] Pereira, A.M. – *Os Direitos do Homem*, Lisboa, 1979, pág. 171.

[202] Miranda, J. – *Direito Constitucional – Direitos, Liberdades e Garantias*, polic., Lisboa, 1980, pág. 393 e segts.

[203] Raposo, J. – "As condições de admissão das queixas individuais no sistema da Convenção Europeia dos Direitos do Homem", in *Estado & Direito*, vol. I, n.º 2, 1988, pág. 59.

[204] Miranda, J. – *Manual de Direito Constitucional*, tomo IV, 2.ª ed., Coimbra, 1993, pág. 152 e segts.

[205] Idem.

uma "*maior integração naquilo que de melhor a Europa tem*" [206]. A formulação das reservas propostas pelo Governo "*que procuram ressalvar a vigência das normas constitucionais são supérfluas se se entender, como é regra entre a doutrina, que sempre o direito constitucional prevaleceria sobre o direito internacional convencional*" [207]. Com efeito, em 1978, a ratificação da Convenção e a aceitação da competência dos órgãos de controlo foi apoiada pelo Governo e por parte da oposição da altura, como o "*mais avançado esquema de protecção dos direitos individuais até hoje efectivamente realizado na prática internacional*" [208].

As oito reservas formuladas por Portugal foram alvo de críticas na doutrina porquanto seis delas eram "*desnecessárias ou inúteis*", na expressão do Prof. Jorge Miranda [209], e reportavam-se a normas de direito constitucional de duvidosa "constitucionalidade", que foram a base de reservas necessariamente inconstitucionais. Na opinião do Prof. Moura Ramos, o sentido da formulação das reservas à Convenção Europeia aponta para a reafirmação na ordem externa das opções inscritas na Constituição, que se revelam contrárias ao "quadro mínimo" dos direitos consagrados na Convenção [210]. Estávamos ainda no momento da ratificação da Convenção, claramente perante aquilo que o Prof. Castanheira Neves apelida de "*antidireito – uma situação de deliberado e consciente atentado a valores irrenunciáveis do direito*" [211]. Com efeito, apesar de parte das reservas portuguesas terem já sido retiradas, parece-nos que o seu estudo poderá ainda contribuir para a análise da protecção dos direitos dos indivíduos no momento de ruptura político-constitucional que se verificou após a queda do Estado Novo, de que a versão originária da Constituição de 1976 é ainda reflexo.

No entanto, não podemos deixar de referir a opinião do *Rapport de Recherches*, dirigido pelo Prof. Sudre, da Universidade de Montpellier [212],

---

[206] Intervenção do Prof. Sérvulo Correia, na sua qualidade de Deputado, na Reunião Plenária de 15 de Junho de 1978, in *Diário da Assembleia da República,* I Série, n.º 89, de 16 de Junho de 1978, pág. 3309.

[207] Intervenção do Prof. Lucas Pires, na mesma Reunião, loc. cit., pág. 3313.

[208] Machete, R. – *Os Direitos do Homem no Mundo,* Lisboa, 1978, pág. 7.

[209] Miranda, J. – *Direito Internacional,* polic., Lisboa, 1991, pág. 423.

[210] Moura Ramos, *op. cit.,* pág. 186 e segts.

[211] Castanheira Neves, A. – *A Revolução e o Direito,* Lisboa, 1976, pág. 7.

[212] Sudre, F. (dir.) – *La protection juridictionnelle des droits et libertés par la Cour Européenne des Droits de l'Homme et les juridictions constitutionnelles nationales de France, Espagne et Portugal,* Montpellier, pág. 12 e segts.

que constata o número *"très élevé"* de reservas do instrumento de ratificação, mas considera que elas se revelam justificadas, *a posteriori*, pelos acórdãos do Tribunal Europeu dos Direitos do Homem, nos casos *Guincho*[213] e *Barahona*[214], nos quais o Tribunal reconhece os esforços feitos por Portugal para restaurar a democracia mas considera que, apesar das dificudades encontradas, as circunstâncias não são suficientemente excepcionais para exonerar o Estado das obrigações decorrentes da Convenção, designadamente o direito a obter um julgamento num prazo razoável. Tal não era, em nossa opinião, o objectivo das reservas portuguesas.

O caso dos países da Europa Central e Oriental apresenta algumas particularidades que merecem referência. Vimos que desde os anos 70, por decisão do Comité de Ministros do Conselho da Europa, a adesão ao Estatuto do Conselho da Europa deverá ser simultânea à assinatura da C.E.D.H., à qual se deveria seguir a ratificação tão rápida quanto possível. Ora, no caso dos novos Estados democráticos, o processo de democratização e de instauração de um Estado de Direito estava ainda pouco desenvolvido, apesar de terem decorrido eleições livres e de a maioria já possuir uma Constituição elaborada por uma assembleia livremente eleita. No entanto, ao nível da legislação interna e das práticas administrativas e judiciárias, a conformidade com a Convenção estava ainda longe de ser uma realidade, como o demonstram as várias missões do Secretariado dos Serviços Jurídicos do Conselho da Europa, descritas nos seus relatórios de actividades. Em nossa opinião, uma pouco cuidada análise das leis internas resultou numa escassez de reservas que não corresponde à realidade jurídica, o que poderá, no entanto, apresentar vantagens, pois pressiona o legislador a proceder às reformas necessárias a evitar futuras condenações nos órgãos de controlo da Comissão. As próprias condições políticas impunham aos governos desses Estados uma rápida ratificação de forma a afirmar-se positivamente na comunidade dos Estados democráticos, representada pelo Conselho da Europa, e, por outro lado, não seria politicamente conveniente mostrar aos outros Estados partes as leis internas não conformes à Convenção, visto que tal representa uma verdadeira "auto--denúncia" das normas nacionais.

---

[213] Acórdão do T.E.D.H., *Guincho (Portugal),* de 10 de Julho de 1984, Série A, n.º 81, § 36 e segts.

[214] Acórdão do T.E.D.H., *Barahona (Portugal),* de 8 de Julho de 1987, Série A, n.º 122, § 39.

Com efeito, as reservas dos países da Europa Central e Oriental são raras. Assim, a Bulgária, a República Checa, a Hungria, a Polónia (as duas últimas levaram dois anos a ratificar), a Eslováquia e a Eslovénia ratificaram a Convenção poucos meses após a assinatura, a Lituânia após dois anos, faltando apenas a Estónia e a Letónia, e ainda Andorra, a Albânia e a Moldova[215]. O caso específico da Lituânia, cujo trabalho de "compatibilização" foi considerado "exemplar"[216], não deixou, talvez por isso mesmo, de incluir no seu instrumento de ratificação duas reservas aos artigos 5.º e 6.º da Convenção, das quais uma com duração determinada, até à revisão do Código de Processo Penal, como veremos adiante.

Assim, os Estados que aderiram ao Estatuto do Conselho da Europa algum tempo após a sua criação, e por consequência ratificaram a Convenção largos anos após a sua entrada em vigor, encontraram uma realidade algo diferente em relação aos Estados fundadores. A jurisprudência do Tribunal Europeu dos Direitos do Homem, desenvolvida durante as décadas de 50, 60 e 70, veio influenciar decisivamente a formulação de reservas. A definição dos conceitos referidos nas disposições da Convenção revelou-se ao longo dos anos e permitiu aos Estados candidatos confrontar a "jurisprudência dos conceitos" com a sua própria legislação interna. Desta apreciação resultou a formulação de reservas, ou de declarações interpretativas, de forma a afastar ou a modificar não uma determinada norma mas a interpretação e pelos órgãos de Estrasburgo, de disposições convencionais contrárias à ordem jurídica dos novos Estados partes.

1.2. **Natureza e origem da formulação das reservas**

A ratificação da Convenção Europeia dos Direitos do Homem conduziu alguns Estados, mais exigentes em matéria de protecção dos direitos e liberdades fundamentais dos cidadãos, à revisão prévia de normas constitucionais contrárias aos artigos da C.E.D.H.. O exemplo mais conhecido é o da Suíça e as alterações constitucionais a que procedeu, designadamente em matéria de direito de voto e supressão de discriminações religiosas em relação aos católicos[217], que permitiram a

---

[215] *Vide* Anexo I, no final deste trabalho.
[216] Drzemczewski, *op. cit.,* pág. 197.
[217] Polakiewicz, Jörg – "La mise en oeuvre de la CEDH en Europe de l'Ouest/

Análise das reservas 183

ratificação da Convenção e do Protocolo Adicional sem reservas a estas questões, como chegou a estar previsto nos projectos de ratificação. No entanto, a existência de uma panóplia de normas cantonais não dispensou a formulação de reservas e declarações interpretativas em relação a questões processuais.

As razões que levam os Estados a formular reservas prendem-se normalmente com a vontade de preservar as diferenças entre a Convenção e as leis internas, ou com as dificuldades políticas em alterar a legislação interna. Porém, a existência de órgãos que interpretam e aplicam a Convenção e a respectiva jurisprudência evolutiva, que ultrapassou claramente a letra das suas normas, fizeram com que os Estados tomassem posteriormente consciência da necessidade de proceder a alterações legislativas e, até, constitucionais[218], dado que as reservas não são mais possíveis após o momento da ratificação.

Por outro lado, a possibilidade de uma declaração de invalidade das reservas por parte dos órgãos de fiscalização da Convenção levanta, necessariamente, alguns problemas de natureza constitucional, uma vez que, como acima referimos, parte das reservas formuladas pelos Estados resultam de incompatibilidades com os artigos das Constituições. Poder-se-á mesmo imaginar a eventualidade de, através de uma queixa individual apresentada junto da Comissão, esta declarar inválida uma determinada disposição constitucional[219], afastando a sua aplicação a favor de uma norma convencional.

Embora os casos de contradição entre as normas da Convenção e as normas constitucionais não sejam numerosos, na prática as interpretações dos órgãos de controlo da Convenção e das jurisdições constitucionais revelam-se por vezes contraditórias. Com efeito, os conflitos entre as normas constitucionais internas e as disposições da Convenção surgiram na última década em alguns casos pontuais. Ao nível interno, as jurisdições constitucionais podem exercer um controlo de "convencionalidade" das leis internas, tanto a título autónomo (caso da ex-

---

/Aperçu du droit et de la pratique nationaux", in *"La mise en oeuvre interne de la Convention européenne des Droits de l'Homme en Europe de l'Est et de l'Ouest"*, Actas do Seminário (Lei da, 24-26 de Outubro de 1991), in *R.U.D.H.*, vol. 4, n.ᵒˢ 10-11, 1992, pág. 371

[218] Cohen-Jonathan, G. – "Droit constitutionnel et Convention européénne des Droits de l'Homme", in *R.F.D.C.*, n.° 13, 1993, pág. 198.

[219] Flauss, J. F. – "La contribution de la jurisprudence des organes de la CEDH à la formation d'un droit constitutionnel européen", in *Actas do Colóquio sobre Direito Constitucional Europeu*, Estrasburgo, 18-19 de Junho de 1993, pág. 17, nota 18.

-Checoslováquia) como no âmbito da constitucionalidade das leis, ou, ainda de modo complementar ou auxiliar a essa fiscalização [220].

A questão das reservas deve também relacionar-se com a posição hierárquica da Convenção Europeia dos Direitos do Homem na ordem jurídica de cada Estado parte, pois, apesar de se poder imaginar o primado da Convenção sobre toda e qualquer lei interna, parece-nos, na linha de Bernhardt, que tal norma não existe ainda, pelo que se torna necessário analisar a questão em cada caso concreto [221].

O caso da Áustria é talvez o mais significativo, pois o valor constitucional da Convenção na sua ordem jurídica, que a faz prevalecer sobre a lei ordinária, não teve como efeito a alteração das normas incompatíveis com a Convenção, mas, sim, a manutenção de reservas a alguns dos seus artigos. Tal questão não deixou de levantar problemas a nível interno, traduzidos em críticas às reservas que afastam a protecção da Convenção, sobretudo no âmbito do processo administrativo. Coloca-se a questão de saber se as reservas austríacas têm ou não nível constitucional, à semelhança da Convenção. A doutrina nega o valor constitucional da reserva e considera-a *"verfassungswidrige Norm"* [222]. O Tribunal Constituconal não decidiu sobre a inconstitucionalidade das normas objecto de reserva que violam a Convenção Europeia dos Direitos do Homem. Mais: os seus artigos 5.º e 6.º não teriam sido aplicados na ordem jurídica austríaca por causa das reservas. O Tribunal Constitucional, ainda antes dessa data, considerou-as como elemento da Convenção, o que poderia levar-nos a concluir pela simultanea "elevação" ao nível constitucional das próprias reservas, que seriam assim parte integrante da Convenção, o que se depreende da jurisprudência do *Verfassungsgerichtshof* [223]. Seguindo este raciocínio até ao fim, ele implicaria que as reservas que alteram as disposições da Convenção passariam, a partir de 1964, a alterar normas constitucionais, dado que ao atribuir nível constitucional à Convenção não se mencionam as "alterações" introduzidas pelas reservas. Caso se considerasse que as

---

[220] Flauss, J.F. – "Convention europénne des Droits de l'Homme et contentieux constitutionnel", in *R.F.D.C.*, n.º 13, 1993, pág. 207 e segts.

[221] Bernhardt, R. – "The Convention and Domestic Law", in *The European System for the Protection of Human Rights* (Edit. Macdonald, Matscher, Petzold), Dordrecht, 1993, pág. 25 e segts.

[222] Hock, J. – "Hat der österreichische Vorbehalt zu art. 5 MRK Verfassung?", in *ÖJZ*, Heft 7, 1984, pág. 176 e segts.

[223] Hock, *op. cit.*, pág. 177.

reservas tinham nível infraconstitucional, então estaríamos perante "normas inconstitucionais".

A falta de menção expressa das reservas na lei parlamentar que atribui nível constitucional à Convenção, não permite que tal qualidade se lhe possa atribuir, mesmo através de hábil interpretação, pelo que não poderiam derrogar normas convencionais/constitucionais. O controlo das reservas pelo Tribunal Constitucional não está previsto na Constituição nem na sua Lei orgânica, salvo se forem integradas numa lei do *Nationalrat,* nos termos do artigo 140.°-A da Constituição.

O Tribunal Constitucional entendeu, numa visão rigorosa e formal, que a falta de atribuição de nível constitucional, nos termos do artigo 44.°, n.° 1, às reservas não as torna idênticas à Convenção, o que acontecia antes de 1964[224]. Aliás, o conceito actual de reserva de direito internacional não as integra formalmente no tratado, pelo que a sua não integração na convenção não ofende o direito internacional. As reservas nunca foram declaradas como revogatórias da Convenção, estando apenas em contradição com ela, o que conduziria à sua revogação pelo Tribunal Constitucional, como norma hieraquicamente inferior. As regras de "transformação" exigidas pela Constituição austríaca não foram respeitadas por "lapso", ou seja as reservas existem como "normas inconstitucionais" cuja consequência seria a aplicação integral da Convenção Europeia dos Direitos do Homem[225]. Esta visão doutrinal não impediu, como veremos adiante, a aplicação algo controversa das reservas austríacas.

No entanto, a maioria dos Estados partes que integram a Convenção na sua ordem jurídica, atribuem-lhe valor infraconstitucional e supra legislativo, normalmente não distinto do direito internacional convencional.

Mais recentemente os países da Europa Central e Oriental, cujas constituições e leis internas foram em parte elaboradas ou alteradas por força da adesão ao Conselho da Europa, e consequente assinatura e ratificação da Convenção dos Direitos do Homem, formularam poucas reservas. A integração das normas da Convenção na letra e no espírito dos catálogos de direitos das constituições não foram, porém, suficientes para assegurar uma efectiva protecção dos direitos do homem ao nível da Administração e dos Tribunais[226], apesar de em alguns casos

---

[224] Hock, *op. cit.,* pág. 179.
[225] Idem.
[226] Gomien, D. – "La mise en oeuvre du droit international relatif aux droits de

terem sido empreendidas reformas destinadas a "compatibilizar" o direito interno com a Convenção.

Curiosamente, nas constituições dos países da Europa Central e Oriental elaboradas recentemente, mencionam-se expressamente os instrumentos de direitos do homem que prevalecem sobre o direito interno e têm assim um estatuto especial, confirmado pelas jurisprudências das jurisdições constitucionais .

A Constituição da Roménia, de 1991, no seu artigo 20.° atribui natureza supralegislativa aos tratados de protecção dos direitos do homem, que prevalecem sobre normas internas a eles contrárias[227]. Igualmente o artigo 11.° da Constituição eslovaca prevê um grau semelhante para tais instrumentos[228].

Já o Acto Constitucional da Polónia, de 1992, não inclui qualquer cláusula sobre o direito internacional, embora apresente um curto catálogo de direitos fundamentais, fiscalizados por um "Comissário para os Direitos dos Cidadãos". A Convenção Europeia dos Direitos do Homem terá, neste caso, um papel particularmente importante a desempenhar na definição do conteúdo dos direitos e liberdades inerentes a uma sociedade democrática.

No âmbito do direito interno coloca-se ainda a questão do controlo da "convencionalidade" das leis, que se revela ser um instrumento fundamental no cumprimento das obrigações da Convenção e a efectiva protecção dos direitos dos cidadãos. No entanto, dado que este trabalho se insere no âmbito do direito internacional e não no de direito constitucional, a abordagem deste tema será necessariamente breve e circunscrita a alguns Estados, cuja prática nos pareceu mais significativa.

---

l'homme en Europe Centrale et Orientale", in Actas do Seminário (Lei da, 24-26 de Outubro de 1991), *La mise en oeuvre interne de la Convention européenne des Droits de l'Homme en Europe de l'Est et de l'Ouest"*, in *R.U.D.H.*, vol. 4, n.ᵒˢ 10-11, 1992, pág. 385-386.

[227] Artigo 20.°: (1) *"Les dispositions constitutionnelles portant sur les droits et les libertés des citoyens seront interpretées et appliqués en concordance avec la Déclaration Universelle des Droits de l'Homme, avec les pactes et les autres traités auxquels la Roumanie est partie.*

(2) S'il y a des non-concordances entre les pactes et les traités portant sur les droits fondamentaux de l'homme, auxquels la Roumanie est partie, et les droits internes, les reglémentations internationales ont la primauté."

[228] Artigo 11.°: *"International instruments on human rights and freedoms ratified by the Slovak Republic and promulgated under statutory requirements shall take precedence over national laws provided that the international treaties and agreements guarantee greater constitutional rights and freedoms."*

O caso do Supremo Tribunal norueguês é paradigmático, pois apesar da Convenção não fazer parte da ordem jurídica norueguesa as suas normas são directamente aplicadas, embora em caso de conflito o Tribunal recorra à chamada "interpretação conforme" entre a norma convencional e a norma legislativa, forçando, por vezes, a letra e o espírito desta última[229].

No caso da Áustria o Tribunal Constitucional é competente para "assimilar completamente as leis contrárias ao direito internacional às leis inconstitucionais", na expressão de Kelsen[230]. Assim, apesar do esparso catálogo interno de direitos fundamentais, que remonta ao século passado[231], a jurisprudência do Tribunal Constitucional revelou--se inicialmente relutante e mesmo hostil à aplicação da Convenção que desde 1964, tem valor constitucional. No entanto, a jurisprudência mais recente respeita, em geral, não só a Convenção como também a prática dos órgãos de Estrasburgo[232], como veremos, na Parte III, dada a importância atribuída pela jurisprudência interna às reservas.

Os exemplos mais recentes da Europa Central e Oriental confirmam esta tendência para atribuir às jurisdições constitucionais o controlo da conformidade das leis internas à Convenção. Com efeito, na Hungria o Tribunal Constitucional tem competência para verificar tal "convencionalidade", e nem esperou pela ratificação da Convenção por parte da Hungria, para anular disposições dos Códigos Penal e Processual Penal, invocando, justamente, o artigo 1.º do Protocolo n.º 6 à Convenção[233]. Igualmente na República Checa e na Eslováquia o Tribunal Constitucional é competente, por força da própria Consti-tuição, para fazer igual juízo.

No caso português, já amplamente debatido na doutrina nacional e estrangeira[234], o problema ainda não teve uma solução clara. Assim, a controvérsia entre a 1.ª Secção do Tribunal Constitucional, que consi-

---

[229] Verdussen, M. – "La Convention européenne des Droits de l'Homme et le juge constitutionnel", in *La mise en oeuvre interne de la Convention européenne des Droits de l'Homme*, Bruxelas, 1994, pág. 32 e segts.

[230] Citado in Levasseur, *op. cit.,* pág. 34.

[231] Pahr, W. – "Le système autrichien de protection des droits de l'homme", in *R.D.H.,* vol. I, n.º 3, 1968, pág. 397 e segts.

[232] Nowak , M. – "The implementation of the European Convention on Human Rights in Austria", in *The Implementation in National Law of the European Convention on Human Rights,* 4.ª Conferencia de Copenhaga de Direitos do Homem, 28-29 de Outubro de 1988, pág. 34.

[233] Levasseur, *op. cit.,* pág. 35 e segts.

[234] *Vide,* entre outros, Polakiewicz, *op. cit.,* págs. 369-370.

dera as divergências entre a Constituição e o direito internacional viciadas de inconstitucionalidade, e a 2.ª Secção, que as considera apenas "ilegais" pelo que não se deve pronunciar sobre elas, não permite que se vislumbre uma solução clara e conclusiva sobre a questão [235]. Apesar das alterações da Lei 85/89, de 7 de Setembro, que admite a possibilidade de recurso para o plenário sobre decisões jurisdicionais que recusem a aplicação de uma norma por não conformidade com uma convenção internacional, ainda não se encontrou jurisprudência definitiva. Tal competência foi, aliás, contestada pelo Prof. Jorge Miranda, que considera *"douteux"* que o legislador ordinário possa atribuir ao Tribunal Constitucional uma competência que a Constituição não lhe atribui claramente [236]. Tais controvérsias não são favoráveis à Convenção Europeia e tendem a afastar progressivamente a sua aplicação [237].

Em França, a integração e aplicabilidade directa da Convenção na ordem jurídica e o seu valor supralegislativo [238] não obstou às "hesitações" do Conselho Constitucional em matéria de direito internacional, que recusou a sua integração no "bloco de constitucionalidade" [239] e a consequente apreciação de "convencionalidade" das normas internas. Até 1989, a jurisprudência contraditória da *Cour de Cassation* e do Conselho de Estado relativamente ao direito internacional [240] enfraqueceram a posição já hesitante da "jurisprudência constitucional". No entanto, apesar do seu "efeito perverso", a evolução da prática do Conselho Constitucional revela-se favorável à tão debatida integração da Convenção no citado "bloco da constitucionalidade" [241]. O caso mais

---

[235] Acórdão n.º 219/89 (1.ª Secção), in *D.R.* II série, 1989, pág. 6476 e Acórdão 99/88 (2ª Secção), in *DR* II série, 1988, pág. 7642.

[236] Miranda, J. – "Chroniques. Portugal" in *A.I.J.C.*, 1992, pág. 620-621.

[237] Delmas-Marty, M. – *Raisonner la raison d'état – Vers une Europe des droits de l'homme,* Paris, 1989, pág. 292 e segts.

[238] Robert, J. – *"Libertés publiques et droits de l'homme"*, Paris, 1988, pág. 79 e segts.

[239] Burdeau, G. – *Manuel de Droit Constitutionnel,* 21.ª ed., Paris, 1988, pág. 659.

[240] Rideau, J. – "Constitution et droit international dans les Etats membres des Communautés Européennes – Réflexions générales et situation française", in *R.F.D.C.*, n.º 2, 1990, pág. 268 e segts.

[241] Rousseau, D. – "L'intégration de la Convention européenne des Droits de l'Homme au bloc de constitutionnalité", in *Conseil Constitutionnel et Cour Européenne des Droits de l'Homme* (dir. Rousseau e Sudre), Actas do Colóquio de Montpellier, 20- -21 de Janeiro de 1989, Paris, 1990, pág. 124 e segts; e em sentido contrário, Favoreu, L. – "L'apport du Conseil Constitutionnel au droit public", in *Pouvoirs*, n.º 13, 1991, pág. 20 e segts.

Análise das reservas 189

conhecido diz respeito à apreciação preventiva da constitucionalidade do Tratado de Maastricht, que entendeu que ele contrariava as "condições essenciais do exercício da soberania" previstas na Constituição e concluiu pela necessidade de revisão constitucional[242].

As jurisdições constitucionais dos Estados partes na Convenção revelaram-se essenciais para o cumprimento das obrigações nela previstas e, em certos casos, inspiraram-se na jurisprudência do Tribunal Europeu para melhor delimitar as restrições e limitações "convencionalmente" previstas.

Por seu lado, os órgãos de controlo da Convenção desempenham um papel "unificador" de uma futura ordem jurídica europeia e tendem a harmonizar a aplicação da Convenção, embora por vezes com alguns problemas.

Um exemplo de divergência entre a jurisdição de Estrasburgo e um tribunal interno revela-se no Acórdão *Open Door (Irlanda)*[243] relativo ao direito à informação sobre o aborto, sobre o qual o Supremo Tribunal irlandês tinha, por imposição constitucional, proibido a livre troca de informações sobre clínicas que praticavam o aborto no Reino Unido. O Tribunal Europeu dos Direitos do Homem recusou conceder aos Estados um direito de resistência à aplicação da Convenção, a pretexto do respeito e salvaguarda de normas constitucionais relativas à protecção dos direitos do homem. No caso *sub-judice* estavam em causa o artigo 43.º da Constituição irlandesa, sobre a protecção do direito à vida, e o artigo 10.º da C.E.D.H., relativo à liberdade de expressão. O Tribunal de Estrasburgo, sem se pronunciar sobre o eventual conflito entre a liberdade de expressão e o direito à vida, sobre o qual o Tribunal do Luxemburgo já se tinha considerado incompetente[244], neutralizou, de certo modo, a norma constitucional ao considerar que o direito de receber informações (sobre o aborto), incluído no artigo 10.º, n.º 1, tinha sido violado, por ingerência desproporcionada da parte do Estado, apesar da proibição constitucional. Embora o Tribunal tenha recusado apreciar a questão de fundo sobre se o direito à vida do feto estava ou não protegido pela Convenção Europeia (a Convenção americana refere-o expressamente), não hesitou em considerar uma limitação à

---

[242] Morais Pires, M. J. – "Relações entre o Direito iInternacional e o Direito Interno em Direito Comparado", in *BMJ-DDC,* n.ºˢ 53/54, 1993, pág. 177 e segts.

[243] Acórdão T.E.D.H., de 29 de Outubro de 1992, *Open Door and Dublin Well Woman (Irlanda)*, Série A, n.º 246, pág. 27.

[244] Caso C-159/90 *SPUC et Grogan,* de 4 de Outubro de 1991.

liberdade de expressão como não necessária ao caso em apreço, contrariamente à sua jurisprudência anterior que deixava essas questões para a "margem de apreciação dos Estados"[245]. Esta curiosa "ousadia" por parte do tribunal de Estrasburgo foi ultrapassada pela decisão do referendo efectuado um mês depois, que continuou a proibir o aborto mas autorizou a informação sobre a sua prática no estrangeiro, não sem ter sido objecto de críticas por parte da doutrina pela falta de posição sobre a questão de fundo[246].

A aplicação da Convenção ao contencioso de constitucionalidade das leis foi recentemente levantada no Acórdão *Ruiz-Mateus*[247], no qual se colocou a questão da sujeição dos processos objecto de apreciação pelos tribunais constitucionais às garantias do artigo 6.°, quando estejam em causa litígios que afectem os direitos dos cidadãos. Após décadas de hesitações o Tribunal Europeu tomou posição sobre esta matéria, ultrapassando em parte o clássico princípio da especificidade do contencioso constitucional, cuja regulamentação era tradicionalmente entendida como questão interna. Merece aqui especial destaque a opinião dissidente do Juíz Pettiti que afirma: "se uma lei, mesmo reconhecida como constitucional a nível interno, for contrária à Convenção, o mecanismo desta pode ser utilizado sem interferência no procedimento constitucional"[248].

Esta questão colocou-se igualmente em França, por enquanto apenas ao nível doutrinal, em relação à "jurisdição" da *Haute Cour de Justice,* destinada a julgar a responsabilidade penal de ministros, cuja "convencionalidade" se afigura contestável, em relação ao direito a um processo equitativo e à propria imparcialidade do tribunal[249].

Dado que boa parte das reservas formuladas pelos Estados partes na Convenção Europeia dos Direitos do Homem tem a sua origem em disposições constitucionais, cujo conteúdo o legislador não pôde ou

---

[245] Acórdão T.E.D.H., de 7 de Dezembro de 1976, *Handyside (Reino Unido)*, Série A, n.° 24, § 35.

[246] Sudre, F. – "L'interdiction de l'avortement: le conflit entre le juge constitutionnel irlandais et la Cour Européenne des Droits de l'Homme", in *R.F.D.C.*, n.° 13, 1993, pág. 222.

[247] Acórdão T.E.D.H., de 23 de Junho de 1993, *Ruiz-Mateus (Espanha)* Série A, n.° 262, pág. 30, v. opinião dissidente do Juiz Pettiti, aprovada pelos Juízes Lopes Rocha e Ruiz-Jarabo Colomber.

[248] Idem, pág. 31.

[249] Artigo 67.° da Constituição francesa; Cohen-Jonathan, G. – "Haute Cour et Convention européenne des Droits de l'Homme", in *La révision de la Constitution, Journées d'études*, 20 de Março e 16 de Dezembro de 1992, Paris, 1993, pág. 253 e segts.

Análise das reservas

não quis alterar no momento da ratificação, importa assim verificar a evolução da aplicação de tais normas pelas jurisdições constitucionais e a sua eventual revogação implícita. O caso português afigura-se talvez o mais flagrante, já que a maioria das reservas apostas à Convenção e ao Protocolo Adicional dizem respeito a normas da Constituição de 1976, na sua versão original, as quais foram no entanto retiradas, mesmo antes da revogação das normas constitucionais.

A formulação de reservas resulta muitas vezes de "excesso de zelo" dos serviços jurídicos dos Estados, a cujas administrações se deixa por vezes o poder de elaborar o texto das reservas, sem que a nível político se analise o problema ou se proponha uma reforma legislativa.

Durante largos anos a abstenção dos órgãos convencionais para apreciar as reservas, nomeadamente sob o ângulo material, levou na prática a uma "extensão abusiva" da condição do artigo 64.°, sobre a interdição do carácter geral das reservas, dado que o âmbito das reservas pode ser muito alargado, mesmo obedecendo à condição formal de citar uma disposição precisa da Convenção.

1.3. As normas da Convenção e dos Protocolos Adicionais objecto de reservas e de declarações

Vimos como o artigo 64.° não exclui qualquer disposição da Convenção, pelo que parece, à primeira vista, admitir implicitamente que os Estados lhe formulem reservas. No entanto, no seu articulado podem distinguir-se várias categorias de normas: as cláusulas que garantem direitos e liberdades (artigos 2.° a 12.°), as cláusulas relativas ao exercício e às restrições desses direitos (artigos 1.°,13.° e 18.°) e as cláusulas de execução (artigos 19.° a 57.°) [250]. Em relação a esta última categoria, as reservas devem ser *"impermissible"* [251], pela própria natureza das coisas, pois a admissão de reservas ao sistema de garantia colectiva, que constitui uma parte fundamental da Convenção, paralisaria o seu funcionamento [252].

As declarações interpretativas não estão previstas no texto da Convenção, mas incluimos a sua análise no nosso estudo pois, à semelhança da maioria da doutrina, pensamos que elas podem constituir

---

[250] Ergec, R., *op. cit.,* pág. 377.
[251] Van Dijk e Van Hoof, *op. cit.,* pág. 611.
[252] Ergec, *op. cit.,* pág. 377.

192 *As Reservas à Convenção Europeia dos Direitos do Homem*

verdadeiras reservas. Por outro lado, foi com base numa declaração interpretativa que a Comissão e, mais tarde, o Tribunal Europeu dos Direitos do Homem produziram decisões que "revolucionaram" o regime das reservas na Convenção Europeia dos Direitos do Homem, pois mais importante do que a forma como são formuladas as reservas é a disposição ou direito à qual elas dizem respeito[253].

1.3.1. *O direito à vida (art. 2.°)*

O direito à vida consagrado no artigo 2.°, inclui-se no chamado "núcleo duro" dos direitos inderrogáveis previstos no artigo 15.° da Convenção. Assim, seria de admitir que, pela natureza essencial do direito em causa, este não fosse passível de reservas e excepções. Mas o próprio artigo 2.° inclui excepções que os Estados podem prever na sua ordem interna, e os trabalhos preparatórios da Convenção conduzem também à conclusão de um carácter não absoluto deste direito[254]. Por outro lado, o momento de elaboração da Convenção (pouco tempo após a Segunda Guerra Mundial) não era naturalmente propício à abolição generalizada da pena de morte, apesar das opiniões discordantes[255]. A aplicação prática deste direito tem sido alvo de controvérsia, porquanto o artigo 2.°, elaborado num contexto histórico específico, foi invocado sobretudo nos casos interestaduais, entre a Irlanda e o Reino Unido, e ainda na Queixa *Chipre c/Turquia*, na qual a Comissão considerou que a Turquia tinha violado o artigo 2.° num número apreciável de casos ao executar cidadãos arbitrariamente[256].

Mais recentemente este artigo foi interpretado pelos órgãos da Convenção em conjugação com o artigo 3.° que proíbe a tortura, os maus tratos e os tratamentos desumanos. O Acórdão *Soering*[257] ilustra

---

[253] Marcus-Helmons, J. – "L'article 64 de la Convention de Rome ou les réserves à la Convention européenne des Droits de l'Homme", in *Revue de Droit International et de droit Comparé*, 1968, pág. 16.

[254] Spielmann, A. – "La Convention européenne des Droits de l'Homme et la peine de mort", in *Mélanges en honneur de Jacques Velu*, Bruxelas, 1992, pág. 1506 e segts.

[255] Vasak, K. – *La Convention Européenne des Droits de l' Homme*, Paris, 1964, pág. 17.

[256] Queixas n.ᵒˢ 6780/74 e 6950/75 *Chipre c/Turquia*, in *Ann.* XVIII (1975), pág. 82, e respectivo Relatório de 10 de Julho de 1976, pág. 119.

[257] Acórdão T.E.D.H., *Soering (Reino Unido)*, de 7 de Julho de 1989, Série A, n.° 161, § 100 e segts.

Análise das reservas 193

bem esta interpretação evolutiva num caso de extradição para os Estados Unidos da América, com possível aplicação da pena de morte, pois apesar de reconhecer que o artigo 2.°, n.° 1, autoriza, em certas condições, a pena de morte, considerou que o *"síndrome do corredor da morte"*, a que os condenados estavam sujeitos, era um "tratamento degradante" no sentido do artigo 3.°, pelo que a decisão administrativa de conceder a extradição para os Estados que aplicam a pena de morte era contrária, segundo o Tribunal, a esta última norma. Neste caso a "audaciosa" interpretação do Tribunal teve algum impacto político, pois demonstra que a identidade europeia contrasta com a concepção americana da pena de morte.

Por outro lado, o Protocolo n.° 6 à Convenção, que impõe aos Estados a abolição da pena de morte em tempo de paz, inclui, justamente, uma cláusula específica de interdição de reservas. Tal proibição pode levar a pressupor a possibilidade de formular reservas ao artigo 2.°, mas se, por outro lado, fizéssemos uma interpretação material, poderíamos concluir que, por analogia também, estariam proibidas as reservas ao artigo que protege o direito à vida. No entanto, o próprio artigo 2.° prevê algumas excepções, no âmbito das quais foram formuladas as respectivas reservas. Cabe acrescentar que alguns Estados membros do Conselho da Europa não aboliram ainda a pena de morte na sua ordem jurídica interna, como, por exemplo, Chipre, a Turquia e o Reino Unido, pelo que não ratificaram o Protocolo n.° 6. Outros Estados ao ratificarem o citado Protocolo, fizeram declarações no sentido de reconhecerem a abolição da pena de morte, mas que isso não obrigava a alterações às leis internas não penais. Tal foi o caso da Alemanha, e ainda o da Suíça que declarou manter a pena de morte para casos de guerra, o que se encontra, aliás, previsto no Protocolo.

Uma outra questão que se coloca, relativamente a este artigo, refere-se à protecção da vida antes do nascimento, a qual permanece em aberto pelas dúvidas que levanta a ausência de menção expressa (ao invés da Convenção americana) no texto do artigo 2.°. A Comissão e o Tribunal mantêm uma atitude relativamente neutra[258] e têm evitado pronunciar-se sobre esta matéria de forma conclusiva[259], pois consi-

---

[258] Delmas-Marty, M. – "La Convention Européenne de sauvegarde des droits de l'homme et le droit pénal de fond", in *I diritti dell'uomo,* ano III, n.° 3, Setembro--Dezembro, 1992, pág. 16.

[259] Opsahl, T. – "The Right to Life", in *The European System for the Protection of Human Rights* (Edit. Macdonald, Matscher, Petzold), Dordrecht, 1993, pág. 219 e segts.

deram que o artigo 2.° não diz respeito ao feto, embora a Comissão entenda que o "aborto terapêutico" não é contrário à Convenção[260].

Assim, na opinião de Brändle, atendendo a que a cláusula de reservas da Convenção não prevê nenhuma excepção, as reservas ao artigo 2.° não são contrárias à Convenção, do ponto de vista formal[261], embora materialmente as reservas a esta norma possam ser consideradas inválidas se ultrapassarem as excepções previstas no próprio artigo. Ao contrário do Pacto dos Direitos Civis e Políticos, ao qual Estados como a Noruega e a Irlanda, que incluíam ainda na sua ordem jurídica a pena de morte (embora a tenham abolido *de facto*), formularam reservas ao respectivo artigo 6.°[262], na Convenção, devido à própria redacção do artigo 2.°, apenas dois Estados "reagiram" a um aspecto da questão da legítima defesa: Malta e Liechtenstein.

i) *Malta*

Como observação preliminar cabe indagar sobre a validade da "declaração" feita pelo governo de Malta, a qual pode ser contestada se se admitir que se verificou uma sucessão de Estados do Reino Unido para Malta, dado que, antes da assinatura, a Convenção já era aplicável neste território, como colónia britânica. No entanto, no caso presente não se poderá considerar que estivéssemos perante uma sucessão de Estados, pois a admissão no Conselho da Europa não pode concretizar-se através de "declarações de sucessão", dado que a competência para admitir novos membros pertence estatutariamente ao Comité de Ministros, excluindo-se qualquer adesão automática[263]. Desta forma afasta-se o debate sobre a sucessão em matéria de reservas, cuja complexidade está de certo modo ultrapassada pelo artigo 20.°, n.° 2, da

---

[260] Cohen-Jonathan, G. – *La Convention européenne des Droits de l'Homme*, Paris, 1989, pág. 281 e segts.

[261] Brändle, Dietrich – *Vorbehalt und auslegende Erklärungen der Europäischen Menschenrechtskonvention,* diss., Zurique, 1978, pág. 69.

[262] Schabas, W. – *The Abolition of the Death Penalty in International Law*, Cambridge, 1993, pág. 91 e segts.

[263] Eissen, M. – A. – "The independence of Malta and the European Convention of Human Rights", in *B.Y.I.L.*, vol. XLI, 1965/66, pág. 407 e segts. (veremos, adiante, o que sucedeu relativamente à República Checa e à Eslováquia).

Convenção de Viena sobre Sucessão de Estados em matéria de Tratados de 1978, que permite a formulação de novas reservas[264].

Tal como outros Estados membros, e apesar de incluir na sua ordem jurídica a pena de morte, a República de Malta formulou, nos termos do artigo 64.°, uma declaração relativa ao artigo 2.°, n.° 2, no momento da assinatura, e posteriormente incluída no seu instrumento de ratificação. Assim, as excepções previstas no n.° 2, para a protecção do direito à vida, são de certo modo ajustadas e alargadas de acordo com a ordem jurídica interna. O texto da declaração, tal como o exige o n.° 2 do artigo 64.°, cita as disposições do Código Penal maltês, segundo as quais a legítima defesa pode exercer-se para a defesa de bens e não apenas de pessoas.

Parece-nos que, apesar de o governo de Malta a apelidar de "declaração", estamos perante uma reserva, dado que se pretende manifestamente alargar os efeitos do n.° 2 do artigo 2.° que apenas permite a legítima defesa em relação a pessoas. Aliás, Brändle designa-a de *Vorbehalt* sem se deter sobre a sua natureza. Segundo o mesmo autor, a reserva está apresentada da "melhor maneira possível"[254] e não oferece quaisquer reparos do ponto de vista formal. Por outro lado, parte da doutrina entende que o artigo 2.°, n.° 2, *a*) não se aplica à protecção de bens[266].

Embora os órgãos da Convenção não se tenham pronunciado sobre a declaração pode levantar-se a questão da "convencionalidade" desta reserva, dado que a interpretação extensiva, feita pelo governo maltês, de uma excepção desta natureza pode ser contestável, mas é certo que, em boa parte dos Códigos Penais europeus, a legítima defesa alarga-se aos bens, embora em graus e circunstâncias distintos[267].

ii) *Liechtenstein*

Igualmente o governo do Liechtenstein pretendeu através de uma reserva, e de acordo com o seu Código Penal, alargar a legítima defesa à protecção de bens, contrariamente ao entendimento de parte da

---

[264] Gaja, G. – "Reservations to Treaties and the Newly Independent States", in *Italian Yearbook of International Law*, 1.1975, pág. 67 e segts.

[265] Brändle, *op.cit.*, pág. 70.

[266] Velu/Ergec, *op. cit.*, pág. 186 e segts.

[267] Cavaleiro Ferreira, M. – *Lições de Direito Penal*, Lisboa, 1985, pág. 82 e segts.

doutrina do n.º 2 do artigo 2.º da Convenção [268]. A reserva menciona as disposições do Código Penal em causa, pelo que, formalmente, está conforme ao artigo 64.º, n.º 2. Por outro lado, ela não põe em causa o direito à vida e não ultrapassa o sentido dos artigos 3.º e 4.º da Convenção, nem se opõe à prática corrente em vigor entre os Estados [269].

Esta reserva foi retirada, em 22 de Abril de 1991, através de uma notificação ao Secretário-Geral do Conselho da Europa [270].

1.3.2. *A proibição do trabalho forçado (art. 4.º)*

No âmbito da protecção da dignidade humana, a Convenção Europeia dos Direitos do Homem inclui, naturalmente, uma norma que proíbe a escravatura e a servidão, bem como o trabalho forçado ou obrigatório. Embora o artigo 4.º não contenha nenhuma definição de "trabalho forçado ou obrigatório" a Comissão considera, para que ele seja contrário à Convenção, que deve reunir simultaneamente duas condições, como sejam a realização de trabalho contra vontade e, ainda, o seu carácter injusto e vexatório [271]. O Tribunal considerou, à semelhança das convenções da Organização Internacional do Trabalho, que deveria prevalecer a última condição, sendo o consentimento uma questão relativa que se devia analisar no contexto.

A proibição do trabalho forçado foi invocada em diversos campos de actividades, designadamente a prestação de serviços de advogados como defensores oficiosos a título de assistência judiciária, e analisada diversas vezes pelos órgãos de controlo da Convenção, os quais consideraram que tal actividade não violava o artigo 4.º, tendo em conta, aliás, o direito à assistência judiciária gratuita, consagrada no artigo 6.º, n.º 3 [272]. Contudo, tanto a Comissão como o Tribunal lamentam a ausência de remuneração, sem que isso possa justificar a queixa de trabalho forçado invocada pelos requerentes.

---

[268] Velu/Ergec, *op.cit.,* pág. 186

[269] Westerdiek, C. – "Die Vorbehalte Liechtensteins zur Europäischen Menschenrechtskonvention", in *EuGRZ,* 21, 1983, pág. 551.

[270] Vide Anexo II.

[271] Queixa n.º 93227/81, Decisão de 3 de Maio de 1983, in *D&R,* 32, pág. 186.

[272] Acórdão T.E.D.H., *Van der Mussele (Bélgica),* de 23 de Novembro de 1983, Série A, n.º 70, § 37.

Análise das reservas 197

O próprio artigo 4.° prevê casos que estão fora do conceito de trabalho forçado ou obrigatório e que delimitam o seu conteúdo. Na opinião do Tribunal estes casos visam satisfazer interesses de solidariedade social da comunidade, pelo que podem ser impostos aos seus membros sem discriminação[273]. Assim, o trabalho de pessoas legalmente detidas, antes ou após sentença judicial, encontra-se na previsão do artigo 4.°, de acordo com a jurisprudência do Tribunal[274].

No mesmo contexto se situa naturalmente o serviço militar, ou equiparado, para os casos de objecção de consciência. Este último "serviço" não existe em todos os Estados, nem tão-pouco é imposto pela Convenção[275]. A Comissão teve já oportunidade de se pronunciar sobre estas questões, considerando que certas tarefas do serviço militar poderiam ser consideradas incompatíveis com a Convenção[276].

O artigo 4.°, n.° 3, *c*) prevê ainda que a prestação de serviços em casos de crises e calamidades escape à proibição de trabalho forçado, e a Comissão entendeu que a falta de dentistas no Norte da Noruega "ameaçava o bem-estar da comunidade", pelo que era justificado o seu envio obrigatório face ao artigo 4.°, n.° 3, da Convenção, tendo declarado a queixa inadmissível[277]. Tal decisão foi vivamente criticada pela doutrina[278], que a considerou influenciada por razões políticas dada a polémica surgida na Noruega e ainda a coincidência temporal com a renovação da declaração de aceitação da competência da Comissão (nos termos do artigo 25.°).

Finalmente a alínea *d*) do mesmo artigo 4.° considera excluídos do "trabalho forçado" "*qualquer trabalho ou serviço que faça parte das obrigações cívicas normais*". A diferença em relação à alínea anterior reside no grau da urgência e da gravidade da situação[279], que neste caso inclui, por exemplo, o combate a incêndios, a obrigação de exercer a função de jurado perante um tribunal ou as obrigações decorrentes do exercício de uma profissão.

---

[273] Acórdão T.E.D.H., *Von der Mussele (Bílgica)*, idem, § 38.
[274] Acórdão T.E.D.H., *De Wilde, Ooms et Versyp (Bélgica)*, de 18 de Junho de1971, Série A, n.° 12, § 89.
[275] Cohen- Jonathan, *op.cit.*, pág. 313 e segts.
[276] Queixa n.° 3435/67, Decisão de 19 de Julho de 1968, in *Ann.*, vol. XI, pág. 595.
[277] Queixa n.° 1468/62, Decisão de 17 de Dezembro de 1963, in *Ann.*, vol. VI, pág. 329.
[278] Jacobs, *op. cit.*, pág. 41.
[279] Van Dijk e Van Hoof, *op. cit.*, pág. 250.

i) Portugal

A única reserva formulada a esta disposição convencional foi a apresentada por Portugal, o que se afigura desde logo significativo da sua duvidosa razoabilidade, dado que as diferenças em relação às ordens jurídicas dos outros Estados partes não se revelam tão flagrantes que imponham uma reserva a uma disposição relativa à escravatura e trabalhos forçados, cujo n.º 1 se inclui nos direitos inderrogáveis do artigo 15.º e cuja filosofia se encontra implicitamente consagrada na ordem jurídico-constitucional portuguesa.

A reserva portuguesa refere expressamente a alínea *b)* do n.º 3 do artigo 4.º e fundamenta-se no artigo 276.º, n.º 5, da versão originária da Constituição que prevê um serviço cívico obrigatório para os cidadãos não sujeitos a deveres militares. Segundo Vital Moreira e Gomes Canotilho[280] o texto da Constituição de 1976 referia o "serviço cívico" em três casos distintos: como substituição do serviço militar obrigatório para os inaptos e objectores de consciência, como complemento ou substituição para os aptos, e, ainda, como obrigação para os cidadãos não sujeitos a obrigações militares.

A natureza do serviço cívico, criado para os candidatos ao ensino superior, instituído ainda antes da Constituição pelo Decreto-Lei n.º 270/75, de 30 de Maio, e extinto pela Lei n.º 37/77, de 17 de Junho (antes da ratificação da Convenção), não colidia, em nosso entender, com a Convenção, pois o seu carácter voluntário, bem expresso logo no artigo 1.º do diploma legal citado, afastava qualquer violação do artigo 4.º.

Como acima sucintamente analisámos, os n.º 3, *b)* e *c)* do artigo 4.º da Convenção prevêm estes tipos de serviços em substituição do serviço militar, o que torna a reserva desnecessária[281] ou inútil[282]. Enquadrando-se o serviço cívico obrigatório nas duas alíneas do artigo 4.º, embora o texto da reserva apenas mencione a alínea *b)*, a pretensa salvaguarda deste serviço revela uma prudência excessiva, que justificaria a manutenção da reserva[283].

Ora da própria letra das normas convencionais não decorre qualquer contradição com este tipo de serviço, nem tão-pouco da jurispru-

---

[280] Vital Moreira/Gomes Canotilho – *Constituição da República Portuguesa Anotada*, 1.ª ed., Coimbra, 1978, pág. 475.

[281] Pinheiro Farinha, J.D. – *A Convenção Europeia dos Direitos do Homem, Anotada*, Lisboa, s.d., pág. 20.

[282] Miranda, J. – *Manual de Direito Constitucional*, IV, 1.ª ed., págs. 211 e 212.

[283] Pereira, A.M., *op.cit.*, pág. 180 e segts.

dência resulta um entendimento que justifique a reserva. Parece óbvio que não havia razão jurídica para formular tal reserva, e o excesso de prudência afigura-se, antes, deficiente conhecimento da Convenção, justificado em parte pelas circunstâncias históricas do momento da sua ratificação. Mesmo que estivesse na *mens legislatoris* criar algum serviço cujo conteúdo pudesse colidir com o artigo 4.°, tal não justificaria a reserva, pois, como vimos, as reservas apenas poderão ter por objecto normas *em vigor no momento da ratificação,* o que manifestamente não se verificava em 1978!

Assim, a reserva foi acertadamente retirada pela Lei n.° 12/87, de 7 de Abril, apesar de se manter a norma constitucional que fundamenta, aliás o serviço cívico destinado aos objectores de consciência e aos cidadãos não sujeitos a deveres militares. Com efeito um serviço cívico obrigatório encontra-se previsto, mas não imposto na Constituição[284], embora até agora sem desenvolvimento em lei ordinária.

Saudado na doutrina estrangeira[285], o direito à objecção de consciência constitucionalmente consagrado, mas não imposto pela Convenção, implica a prestação de um serviço cívico em substituição do serviço militar, de *"duração e penosidade equivalentes"*, cuja natureza obrigatória mas não sancionatória foi já defendida pelo Tribunal Constitucional[286], pelo que a reserva portuguesa não tinha qualquer justificação e revelou-se despropositada, podendo mesmo induzir em erro relativamente à natureza do "serviço cívico".

1.3.3. *O direito à vida privada e familiar (art. 8.°) e o princípio da igualdade entre os cônjuges (art. 5.° – Protoc. n.° 7)*

O respeito do direito à vida privada, tradicionalmente consubstanciado numa atitude de abstenção por parte do Estado, conheceu nas últimas décadas uma evolução significativa decorrente do progresso tecnológico e dos meios modernos de investigação de que dispõem as autoridades públicas, como sejam as escutas telefónicas ou ficheiros de dados pessoais, de que resulta uma ingerência mais ou menos justifi-

---

[284] Gomes Canotilho/Vital Moreira, *op. cit.,* 3.ª ed., pág. 965 e segts.

[285] Rodotà, S. – "Objection de conscience au service militaire", in *Liberté de conscience,* Seminário da Universidade de Leiden e do Conselho da Europa, Leiden (Países Baixos), 12-14 de Novembro de 1992, pág. 102 e segts.

[286] Miranda, J. – "Chroniques. Portugal", in *A.I.J.C.,* 1992, pág. 689 e segts., e jurisprudência nele citada.

cada. Por outro lado, coloca-se a questão da sua protecção em relação aos outros cidadãos, ou seja os chamados *Drittwirkung*, cuja protecção pelo artigo 8.° não se deduz claramente da sua letra, mas é reconhecida pela generalidade da doutrina[287]. A noção de vida privada inclui não só o direito ao tradicional respeito pela vida privada como também o aspecto mais recente, que consiste no direito à liberdade da vida sexual, o que implica a adopção de medidas positivas por parte do Estado[288].

Apesar de apenas o Liechtenstein ter formulado uma reserva a esta disposição, a jurisprudência de Estrasburgo revela que as contradições entre as ordens jurídicas internas e a Convenção são significativas, para além das diferenças legislativas entre os diversos Estados membros. As questões de estatuto matrimonial e de moral sexual são deixadas, integral ou parcialmente à "margem de livre apreciação" dos Estados[289], os quais se encontram em melhor posição para "opinar" e determinar o exacto conteúdo destas matérias[290], cabendo no entanto ao Tribunal determinar se as razões da ingerência são adequadas e proporcionais à sociedade sob o ângulo do artigo 8.°. Os valores morais não se revelam idênticos em todos os Estados membros, dependendo dos parâmetros culturais das diferentes sociedades. Por outro lado, a ausência de legislação ou de medidas positivas de protecção de direitos podem implicar a violação do artigo 8.°.

Anos mais tarde, em 1984, o Protocolo n.° 7 veio adicionar à Convenção o direito à igualdade de direitos e responsabilidades entre os cônjuges, o que vai nitidamente mais além do que o direito ao casamento e à família previsto no artigo 12.° (e ao qual não foi feita qualquer reserva). Dado que o citado Protocolo apenas entrou em vigor em 1988 e é diminuto o número de ratificações, justifica-se uma jurisprudência ainda pouco abundante. Curiosamente, a Comissão tem apreciado os casos relativos a esta matéria, invocando apenas o artigo 8.° e afastando a aplicação do artigo 5.° do Protocolo[291].

---

[287] Frowein/Peukert, *op.cit.*, pág. 198, e Velu/Ergec, *op. cit.*, pág. 533.

[288] Cohen-Jonathan, G. – "Respect for Private Life", in *The European System for the Protection of Human Rights* (Edit. Macdonald, Matscher, Petzold), Dordrecht, 1993, pág. 405 e segts.

[289] MacDonald, R.St – "The Margin of Appreciation in the Jurisprudence of the European Court of Human Rights", in *Recueil des Cours de l'Académie de Droit Européen*, vol. I tomo 2, 1992, pág. 124 e segts.

[290] Acórdão T.E.D.H. *Dudgeon (Irlanda)*, de 22 de Outubro de 1981, Série A, n.° 45, § 47.

[291] Queixa n.° 19823/92, *T.H. c/Finlândia*, Relatório de 22 de Outubro de 1993.

Relativamente às questões que foram objecto da única reserva até agora formulada ao artigo 8.°, cabe salientar que tanto a Comissão como o Tribunal consideraram que a punição de actos homossexuais entre adultos, mesmo sem efectiva aplicação pela lei penal irlandesa, era contrária ao respeito pela vida privada[292].

O estatuto jurídico das crianças nascidas fora do casamento foi, igualmente, objecto de apreciação, pois as diferenças entre os filhos legítimos e ilegítimos existem em vários Estados membros. No Acórdão *Marckx*[293], e mais tarde no Acórdão *Johnston*[294], o Tribunal considerou que a Convenção não impunha aos Estados a obrigação de legislar sobre o divórcio, mas a ausência de legislação ou de medidas positivas de protecção dos direitos dos filhos nascidos fora do casamento pode implicar a violação do artigo 8.°.

i) *Liechtenstein*

A reserva formulada pelo Liechtenstein não encontra paralelo na prática dos outros Estados membros. Assim, o texto da reserva ao artigo 8.° refere as disposições do Código Penal relativas à punição da homossexualidade, bem como as normas do Código Civil sobre o estatuto dos filhos ilegitímos e ainda a "Lei do Casamento", de Dezembro de 1973, relativas ao estatuto da mulher casada.

A doutrina levanta naturalmente a questão do eventual carácter geral desta reserva, ou, melhor, do seu âmbito excessivamente amplo. O Prof. Frowein[295] refere-a como exemplo de "exclusão de efeitos de certos acórdãos" relativos ao artigo 8.°. A comparação entre a ordem jurídica interna do Liechtensteien e as normas da Convenção deixava transparecer diferenças de padrões em matérias importantes. No entanto, elas não serão "incompatíveis com o objecto e o fim do tratado"[296], embora se possa perguntar se a Convenção permite o âmbito e o número de reservas formuladas pelo Principado[297]. Mas a ausência,

---

[292] Queixa n.° 19823/92, *idem*, § 52, e ainda, Acórdão T.E.D.H., *Norris (Irlanda)*, de 26 de Outubro de 1988, Série A, n.° 142.

[293] Acórdão T.E.D.H., *Marckx (Bélgica)*, de 13 de Junho de 1979, Série A, n.° 31.

[294] Acórdão T.E.D.H., *Johnston (Irlanda)*, de 18 de Dezembro de 1986, Série A, n.° 112, § 55.

[295] Frowein, "Reservations...", cit., in *Mélanges Wiarda*, pág. 199.

[296] Westerdiek, *op. cit.*, pág. 552.

[297] Frowein/Peukert, *op. cit.*, pág. 487 e segts.

durante décadas, de controlo e a falta de base jurídica adequada isentam os Estados Membros de alterar a sua ordem jurídica, embora tal imposição esteja implícita no Preâmbulo da Convenção.

Aliás, esta reserva revela-se o típico exemplo de uma reserva que visa a prática da Comissão e a jurisprudência do Tribunal que, como vimos acima, tem tendência a afastar as "ingerências" dos Estados em detrimento da "margem de livre apreciação", embora reconheça que no campo da moral e dos valores sociais não existe ainda um *standard européen*.

A reserva foi entretanto retirada em 1991, embora nunca tivesse sido objecto de apreciação pelos órgãos da Convenção.

ii) *França*

Ao ratificar o Protocolo n.º 7 o governo francês apresentou uma declaração em relação ao artigo 5.º, na qual faz prevalecer as disposições do seu Código Civil bem como sobre a legislação sobre poder paternal, neste último caso sem especificar as normas em questão. Salta à vista o "carácter geral" desta declaração, mas só através da apreciação de um caso concreto os órgãos convencionais poderão analisar o seu conteúdo face ao artigo 64.º da Convenção.

iii) *Suíça*

O artigo 5.º do Protocolo n.º 7 foi objecto de uma reserva suíça, na qual o governo salvaguarda a aplicação do direito federal relativo aos nomes de família, citando desta vez a legislação pertinente. Na Queixa *Brughartz et Schneider c/Suíça*[298], na qual o marido poderia adoptar o nome de família da mulher, mas tendo de renunciar ao seu nome original, o governo helvético invocou justamente a reserva formulada para afastar a aplicação do artigo 5.º do Protocolo. A Comissão considerou que os artigos 8.º e 14.º da Convenção eram aplicáveis, não sendo necessário examinar a questão à luz do artigo 5.º. Por sua vez o Tribunal entendeu que o artigo 5.º estava compreendido no artigo 8.º, não atendendo, assim, aos argumentos do governo suíço[299].

---

[298] Relatório anexo ao Acórdão do T.E.D.H., de 22 de Fevereiro de 1994, Série A, n.º 280-B.

[299] Morais Pires, M.J. – "A 'discriminação positiva' no direito internacional e europeu dos direitos do homem", in *BMJ-DDC* n.º 63/64, 1995, pág. 41.

Análise das reservas 203

iv) *Luxemburgo*

A reserva luxemburguesa ao artigo 5.° do Protocolo faz prevalecer a lei interna sobre a transmissão dos nomes de família. Tal questão não decorre propriamente da norma do artigo 5.°, pois não se inclui na sua previsão[300], pelo que a reserva não produz efeito, salvo uma evolução imprevista da jurisprudência dos órgãos de Estrasburgo.

1.3.4. *O direito à liberdade de pensamento e religião (art. 9.°)*

A liberdade de pensamento, consciência e religião incluída na Convenção está autonomizada de uma outra norma com ela relacionada, que se consubstancia no direito dos pais assegurarem uma educação conforme às suas convicções religiosas, consagrada no artigo 2.° do Protocolo Adicional e que analisaremos a seguir. Parece-nos ser esta a razão que justifica as numerosas reservas a esta última norma e a formulação de uma única reserva ao artigo 9.°, feita pela Noruega e, aliás, já retirada.

No entanto, a liberdade de religião deu origem a uma larga jurisprudência dos órgãos de Estrasburgo, desenvolvida nos últimos anos de um modo algo controverso e, de certa forma, contrário às tradições dos Estados partes. Se parece claro que este direito representa uma das bases da sociedade democrática, o proselitismo e a liberdade de manifestar as convicções religiosas – aspecto externo do direito, por oposição ao aspecto interno que não pode ser restringido[301] – estão obviamente sujeitos a limitações.

A natureza das obrigações dos Estados relativamente aos indivíduos que professam as diferentes religiões consiste, em primeiro lugar, em evitar a ingerência no exercício desse direito. A questão da igualdade de tratamento em relação às convicções religiosas, ou melhor, a não discriminação dos cultos levanta problemas graves e entendidos de forma diferente nos diversos Estados partes. O recente Acórdão *Hoffmann*[302] atribuiu o poder paternal a uma mãe cuja convicção religiosa – Testemunhas de Jeová – podia pôr em causa o bem-estar e até

---

[300] Velu/Ergec, *op. cit.*, pág. 577 e segts.
[301] Velu/Ergec, *op. cit.*, pág. 584 e segts.
[302] Acórdão T.E.D.H., *Hoffmann (Áustria)*, de 23 de Junho de 1993, Série A, n.° 255-C.

a saúde dos filhos. Apesar de reconhecer tal risco, esta jurisprudência demonstra que os órgãos europeus foram mais longe que os tribunais austríacos em matéria de respeito pelas convicções religiosas[303].

Um outro aspecto importante da liberdade religiosa refere-se à liberdade de exteriorizar e manifestar a religião, individual ou colecti-vamente, prevista no n.º 2 do artigo 9.º, não propriamente como um direito colectivo mas como um direito de exercício colectivo reconhe-cido aos indivíduos[304]. O Tribunal Europeu entendeu que as restrições ao proselitismo constituíam "medidas necessárias numa sociedade democrática", mas a condenação a pena de prisão, pelos tribunais gre-gos, de um cidadão testemunha de Jeová não estava fundamentada, pelo que a considerou como contrária ao artigo 9.º, n.º 2, da Convenção[305].

Assim, apesar de apenas a Noruega ter formulado uma reserva a esta disposição convencional, relativamente a um aspecto já ultrapas-sado, a jurisprudência de Estraburgo revela que a legislação e a prática administrativa e judicial dos Estados membros está ainda algo distante do entendimento dos órgãos da Convenção. No entanto, parece-nos, tal como a alguns autores, que neste caso, sobretudo, a jurisprudência do Tribunal pretende demonstrar um excesso de liberalismo traduzido na protecção, a todo o custo, das minorias religiosas não tradicionais, em detrimento, por vezes, da neutralidade confessional que deve presidir às administrações públicas.

i) *Noruega*

Apesar da liberdade religiosa se encontrar consagrada na maioria das declarações de direitos do século XVIII e XIX, a Constituição norue-guesa de 1814 dispunha que a religião envangélica luterana era a reli-gião oficial. Os Jesuítas e as ordens religiosas não eram admitidos, estando os Judeus proibidos de residir no território. A intolerância de tais preceitos foi objecto de alteração em 1851, relativamente aos Judeus. Em 1956 alterou-se a lei que proibia a entrada dos Jesuítas, e

---

[303] Flauss, J.F. – "Actualité de la Convention européenne des Droits de l'Homme", in *A.J.D.A.*, n.º 1, de 20 Janeiro de 1994, pág. 29 e segts.

[304] Shaw, M. – "Freedom of Thought, Conscience and Religion", in *The European System for the Protection of Human Rights* (Edit. Macdonald, Matscher, Petzold), Dordrecht, 1993, pág. 450 e segts.

[305] Acórdão T.E.D.H., *Kokkinakis (Grécia)*, de 25 de Maio de 1993, Série A, n.º 250-A, § 33.

só em 1964, com uma modificação do artigo 2.° da Constituição, foi acrescentada uma alínea instituindo a liberdade de religião[306].

Assim, a única reserva formulada à Convenção dizia respeito à aplicação do seu artigo 9.°, segundo a qual os Jesuítas não eram admitidos no território norueguês, de acordo com o artigo 2.° da Constituição de 1814. Esta reserva foi qualificada de *"coquetterie"*[307], embora em nossa opinião visasse mais directamente a liberdade de circulação do que a liberdade religiosa. Após a revisão constitucional de 1956 a Noruega retirou a reserva, o que foi durante muito tempo o único exemplo de "revogação" de reservas na Convenção Europeia.

1.3.5. *O direito à instrução e ao respeito das convicções religiosas (art. 2.° do Protocolo Adicional)*

Uma das normas da Convenção que foi objecto de um grande número de reservas foi justamente o artigo 2.° do Protocolo Adicional, que consagra não só o direito à instrução como também o respeito do direito dos pais a assegurar aos filhos a educação e o ensino, de acordo com as suas convicções religiosas e filosóficas.

Apesar de constituírem direitos distintos, tanto a Comissão como o Tribunal entendem o direito à educação como aspecto principal e dominante e o respeito pelas convicções dos pais como acessórios[308].

O direito à instrução está, aliás, formulado de forma negativa, "ninguém pode recusar o direito à instrução", ou seja, a Convenção não impõe aos Estados a obrigação de organizar sistemas de ensino segundo determinados modelos ou convicções, nem, tão-pouco, assegurar a gratuitidade ou os subsídios a escolas privadas[309]. No entanto, a norma do artigo 2.° impõe ao Estado a obrigação de assegurar o acesso aos estabelecimentos de ensino e de o regulamentar.

---

[306] Eide, Asbjorn – "Les droits de l'homme dans le système juridique norvégien de 1814 à 1970", in *Les Droits de l'Homme dans le Droit national en France et en Norvège* (Smith, ed.), Paris, 1990, pág. 58 e segts.

[307] Brändle, *op. cit.*, pág. 124, nota 427.

[308] Wildhaber, L. – "Right to Education and Parental Rights", in *The European System for the Protection of Human Rights* (Edit. Macdonald, Matscher, Petzold), Dordrecht, 1993, pág. 531 e segts.

[309] Acórdão T.E.D.H., *Affaire linguistique belge,* de 23 de Julho de 1968, Série A, n.° 8, § 3-5.

A obrigação de respeitar as convicções religiosas dos pais não implica que os pais tenham o direito de exigir ensino religioso conforme às suas convicções[310]. Um dos casos paradigmáticos nesta matéria diz respeito ao caso da educação sexual obrigatória na Dinamarca (imposta por lei), que os pais consideravam contrária às suas convicções religiosas e ao artigo 2.º do Protocolo Adicional[311]. Tanto a Comissão como o Tribunal consideraram que este último não tinha sido violado, pois o Estado deve simultaneamente regulamentar a educação no interesses das crianças e respeitar os direitos dos pais, o que a legislação dinamarquesa efectivamente salvaguardava. Por outro lado o Estado permitia que os pais inscrevessem os filhos fora das escolas públicas, as quais eram, aliás, subvencionadas. Assim, o respeito das convicções religiosas e filosóficas deve ser assegurado pelos Estados mesmo no ensino público, embora seja limitado pelo próprio conteúdo dos programas escolares que podem, obviamente, conter informações dessa natureza[312].

A dificuldade de encontrar consenso nesta matéria traduziu-se no elevado número de declarações e reservas formuladas, cerca de uma dezena, sendo boa parte delas relativas aos aspectos financeiros. A definição exacta das obrigações dos Estados gera alguma controvérsia em sociedades que passaram por diferentes evoluções históricas no que diz respeito às relações entre o Estado e a Igreja.

Estas reservas e declarações são, por vezes, a expressão de posições políticas[313] em relação à liberdade de ensino. Outras vezes têm origem em motivos de ordem financeira e exprimem o debate e a controvérsia à volta da questão de o direito à instrução ser assegurado pelo Estado ou pelos particulares, designadamente as igrejas. Face ao entendimento, dos órgãos da Convenção, o artigo 2.º do Protocolo Adicional não impõe aos Estados obrigações financeiras, pelo que as reservas resultam decerto de um "excesso de precaução" da parte dos governos. Note-se que a maioria das reservas e declarações foi proferida nos anos 50 e 60, como se pode ver no seu texto reproduzido no Anexo II deste trabalho.

---

[310] Queixa n.º 13387/88, *Greme c/Reino Unido*, Decisão de 5 de Fevereiro de 1990.

[311] Acórdão T.E.D.H. *Kjeldsen, Busk Madsen e Pedersen*, de 7 de Dezembro de 1976, Série A, n.º 23, § 152.

[312] Duffar, J. – "La liberté religieuse dans les textes internationaux", in *R.D.P.Sc.Pol.*, n.º 4,1994, pág. 966.

[313] Marcus-Helmons, *op.cit.*, pág. 18.

Por outro lado, após os Acórdãos *Belilos* e *Weber*[314] torna-se duvidosa a validade de algumas destas reservas face à Convenção, dado o seu manifesto "carácter geral" e, em alguns casos, a falta de "resumo da lei em causa".

Iremos de seguida estudar, por ordem cronológica de formulação, as reservas e declarações apresentadas pelos Estados, ao artigo 2.° do Protocolo Adicional.

i) *Reino Unido*

Uma das raras reservas do Reino Unido às normas do sistema convencional concretiza-se, justamente, no artigo 2.° do Protocolo Adicional, ratificado logo em 1952, mas cuja elaboração foi objecto de aceso debate, tendo o Ministro dos Negócios Estrangeiros, ao tempo Anthony Eden, declarado, durante a própria reunião do Comité de Ministros que decidira abrir o Protocolo à assinatura que o Reino Unido iria formular uma reserva.

Nesse contexto, merece referência especial o texto da reserva no qual se declara, por força de "certas leis em vigor", que o Estado só assegurará o ensino religioso na medida em que for compatível com uma formação eficaz e não implicar despesas públicas excessivas ("*unreasonable*").

Segundo Brändle, formalmente seria duvidosa a compatibilidade desta reserva com o artigo 64.° da Convenção, pois não só omite o "breve resumo" da lei em questão como não refere, em termos precisos, qualquer norma interna.

Curiosamente, esta reserva britânica foi invocada no *Affaire Linguistique belge* para fundamentar justamente a obrigação decorrente do artigo 2.°, pela qual os Estados teriam "obrigação" de financiar o ensino das línguas. Ora, como a Bélgica não tinha formulado nenhuma reserva, estava por isso obrigada a financiar o ensino. A tal argumento o governo belga afirmou perante o Tribunal europeu: "*Le Gouvernement belge concède que la déclaration britannique 'se présente' sous la forme d'une réserve. Il considère cependant qu'elle correspond au 'sens même du texte' de l'article 2, de sorte qu'elle n'était nulement nécéssaire 'en stricte logique'. Le Royaume-Uni ne l'aurai émise que par acquit de conscience*"[315].

---

[314] Acórdão *Belilos,* loc. cit., § 38; Acórdão *Weber,* de 22 de Maio de 1990, Série A, n.° 177, § 36-38.

[315] Acórdão T.E.D.H., *Affaire linguistique belge,* de 23 de Julho de 1968, Série B, vol. I, § 267.

Igualmente no caso dinamarquês sobre educação sexual[316], a reserva britânica foi invocada pelas partes no mesmo sentido.

Parece-nos que actualmente, face à jurisprudência dos órgãos de controlo, não se pode considerar a "reserva" britânica como uma reserva em sentido material, já que ela não visa excluir ou modificar qualquer efeito decorrente da norma do artigo 2.º, pelo que a sua natureza jurídica é praticamente irrelevante.

ii) *Irlanda*

Ao contrário da maioria dos outros Estados, a declaração apresentada pela Irlanda no instrumento de ratificação é curiosa e invulgar, pois não refere as questões financeiras decorrentes das obrigações convencionais, antes faz uma declaração de princípio sobre a norma do artigo 2.º. Com efeito, afirma que o artigo não garante de forma satisfatória o direito de os pais darem educação aos filhos em casa, ou em escolas à sua escolha.

Esta declaração constitui, antes de mais, uma crítica decorrente da sua "derrota" durante a elaboração do Protocolo, pelo que não nos parece revestir qualquer natureza ou efeitos de reserva ou de declaração interpretativa. Trata-se de uma "declaração de princípio", destinada provavelmente a consumo interno.

iii) *Suécia*

Na linha dos Estados nórdicos, a Suécia não formulou reservas às disposições da Convenção propriamente dita, sendo esta reserva ao artigo 2.º do Protocolo Adicional uma das raras que apresentou. Pretendia o governo sueco preservar o dever imposto, pela lei sueca, de receber educação religiosa na escola[317].

O texto da reserva indica pormenorizadamente a redução do âmbito do direito ao respeito pelas convicções religiosas dos Estados. Refere-se apenas o "Regulamento para os estabelecimentos de ensino secundário" mas omitem-se outras leis relativas ao mesmo assunto. No

---

[316] Acórdão T.E.D.H., *Kjeldsen, Busk Madsen e Pedersen*, loc. cit., § 113.
[317] Castberg, Frede – *The European Convention on Human Rights*, Lei da, 1974, pág. 26.

entanto, dado que a reserva explica o conteúdo das leis internas, poder-se-á considerá-la conforme ao artigo 64.°[318].

Assim, segundo a lei de 1933, os alunos que pertencem a outra comunidade religiosa, que não a Igreja Sueca, só podem ser dispensados do ensino da religião "oficial" se a sua própria religião oferecer um ensino satisfatório. No entanto, em 1953 tal entendimento não estava já em vigor no momento da ratificação (em Junho de 1953), pois em 24 de Abril de 1953 tinha sido alterada a lei no sentido de dispensar do ensino da religião oficial os alunos cuja confissão religiosa tinha uma autorização do Rei para ministrar o ensino. Ora tal possibilidade não está coberta pela reserva, mas as limitações nela mencionadas continuam a existir, pelo que a reserva continua a poder considerar-se válida, tanto à face da lei antiga como da nova[319]. Assim, a reserva reduz, para a Suécia, as obrigações decorrentes do artigo 2.°, pois não permite dispensar certos alunos das aulas de religião, designadamente aqueles cujos pais sejam agnósticos e se oponham ao ensino de religião, ou, então, a cultos a quem não tenha sido dada autorização para leccionar a sua doutrina.

A reserva sueca foi já objecto de apreciação por parte da Comissão Europeia dos Direitos do Homem. Com efeito, na Queixa *Karnell & Hardt c/Suécia*[320], os requerentes, membros da Igreja Evangélica Luterana (distinta da Igreja Sueca), pediram ao Estado autorização para leccionar a sua doutrina, o que foi recusado porque não reuniam os pressupostos legais da dispensa acima citada. Consideravam os requerentes que a limitação era mais larga que a reserva, pelo que violava o artigo 2.° do Protocolo Adicional. O governo entendia que por causa da reserva não havia violação, mas opinava que a queixa deveria ser declarada "admissível" de modo a que a Comissão apreciasse o mérito da causa. A Comissão entendeu declarar a Queixa admissível, apesar da reserva, o que não era habitual na sua prática. Pela primeira vez a Comissão interpretou uma reserva no sentido em que foi efectivamente formulada e não de forma geral, ou seja, afastando o exame das dispensas de ensino religioso em relação à Suécia.

A Comissão no caso sueco não teve de se pronunciar quanto ao fundo, pois foi conseguido um acordo amigável. No seu Relatório a Comissão considerou que a reserva sueca resultava de uma inter-

---

[318] Brändle, *op. cit.*, pág. 159 e segts.

[319] Brändle, *op. cit.*, pág. 160.

[320] *Ann.*, vol. XIV, pág. 664 e segts.

pretação muito ampla do artigo 2.º. A reserva deixa ao governo sueco a quase total liberdade de organizar o ensino da religião, sem consideração pelas convicções religiosas e filosóficas dos pais.

Já nos anos 80 a Comissão[321] recusou reconhecer a liberdade negativa de religião e aceitou que o ensino da religião luterana sueca pudesse ser imposto aos alunos das escolas públicas. Neste caso a decisão fundamentava-se apenas na liberdade religiosa do artigo 9.º da Convenção e não propriamente no respeito das convicções religiosas dos pais, provavelmente para evitar a análise da reserva sueca. Assim, no entendimento da Comissão, os alunos cujos pais professem uma religião minoritária têm um "direito adquirido" à dispensa, mas os agnósticos ou ateus não podem, com base na Convenção, ter direito à dispensa do ensino da religião[322].

iv) *Turquia*

Tal como outros Estados que ratificaram a Convenção logo no início dos anos 50, a Turquia não formulou reservas às disposições do articulado da Convenção e apenas apôs uma reserva ao artigo 2.º do Protocolo Adicional.

Assim, a reserva visa salvaguardar a lei turca de 1924, aprovada sob o regime de Atatürk, relativa à uniformização do ensino nas escolas, que aboliu as escolas religiosas e incumbiu o Estado de ministrar o ensino, para evitar as escolas de fanáticos islâmicos, sem tolerância pelas minorias de outras confissões religiosas existentes na Turquia.

Apesar de citar a lei em causa, a reserva omite o "breve resumo" exigido pelo n.º 2 do artigo 64.º, embora os seus efeitos fossem, durante décadas, praticamente nulos, pois a Turquia não aceitou a competência da Comissão antes de 1987, o que impediu qualquer queixa individual e a consequente apreciação, pelos órgãos da Convenção da validade da reserva.

---

[321] Queixa n.º 10491/83, *Angelini c/Suécia*, Decisão de 3 de Dezembro de 1986, in *D&R.*

[322] Flauss, *op.cit.*, pág. 31 e segts.

v) *Países Baixos*

A delaração do governo neerlandês exprime a intenção de tomar as medidas financeiras necessárias ao exercício dos direitos dos pais no domínio da educação. Tal declaração, que está um pouco para além das habituais reservas e declarações, foi apresentada logo na reunião do Comité de Ministros, pelo Ministro dos Negócios Estrangeiros holandês, o qual declarou que tal texto não obrigava os Estados nem constituía uma interpretação[323]. Tratava-se apenas de uma tomada de posição provavelmente resultante da discussão ocorrida durante a elaboração do texto do Protocolo Adicional, que Brändle apelida de *"kommentierende Erklärung"*[324] da qual não se podem tirar conclusões sobre o seu conteúdo, sendo apenas uma "declaração de intenções".

vi) *Alemanha*

A "declaração" feita pela RFA no momento da ratificação visa igualmente afastar as obrigações financeiras decorrentes do artigo 2.°, no entendimento de que a questão está fora do âmbito da Convenção e do Protocolo Adicional, pelo que, pelos motivos acima descritos, não se altera a vinculação da Alemanha a este preceito.

Apenas razões de ordem interna justificam a declaração, de modo a evitar a "obrigação internacional" de o Estado financiar escolas de ensino privado. Revela um "excesso de precaução", uma vez que não se depreende da letra do artigo em causa tal obrigação, nem os órgãos de controlo da Convenção revelaram esse entendimento.

vii) *Malta*

A declaração apresentada pelo governo de Malta é semelhante à reserva formulada pelo Reino Unido e afirma a necessidade de evitar despesas excessivas, tendo em conta que a maioria da população é de religião católica.

Formalmente não indica a lei interna que contraria a norma da Convenção, pelo que não está em conformidade com o artigo 64.°,

---

[323] *Recueil des Travaux Préparatoires,* vol. V, pág. 1256.
[324] Brändle, *op. cit.,* pág. 149.

212 *As Reservas à Convenção Europeia dos Direitos do Homem*

sendo a declaração irrelevante e desprovida de efeitos jurídicos, por força do entendimento que os órgãos da Convenção atribuem à norma do artigo 2.° do Protocolo Adicional.

viii) *Grécia*

A história das reservas gregas a este artigo é algo "rocambolesca" e reveladora de uma função de depositário pouco atento e sem autoridade.

Logo no momento da abertura à assinatura do Protocolo Adicional a Grécia anunciou a reserva que na primeira ratificação do Protocolo, em 1952, formulou ao artigo 2.°, na qual afirmava que a palavra "filosófica" seria entendida de acordo com a legislação interna relativamente ao ensino público. Trata-se, de novo, de uma declaração de intenções, se não mesmo de um lugar-comum, mas que não preenche as condições do artigo 64.°, pois não indica expressamente a legislação em causa.

Em 1969, a Junta Militar denunciou a Convenção temendo uma decisão de condenção por parte do Comité de Ministros, no âmbito da queixa apresentada junto da Comissão por alguns Estados. Derrubada a Junta, a Grécia voltou a entrar para o Conselho da Europa e a ratificar a Convenção em Novembro de 1974, tendo formulado uma nova reserva ao artigo 2.° do Protocolo, desta vez relativa às "despesas públicas excessivas" que o cumprimento das obrigações previstas no artigo podia implicar, à semelhança da reserva britânica.

Certamente por lapso, o Secretário-Geral omitiu a notificação desta nova reserva aos outros Estados partes dentro do prazo habitual. O texto da reserva apenas surgiu publicado no *Annuaire* da Convenção em 1976, com uma atraso de 19 meses e sem qualquer explicação. Apenas se mencionava que ela tinha sido formulada por ocasião da ratificção em 1974. Este "desaparecimento" temporário da reserva, sem que o governo grego reagisse, impediu que se estudasse a questão do carácter substitutivo ou complementar da reserva de 1952. Na opinião de Brändle [325] o Secretário-Geral deveria, logo no momento da ratificação, ter pedido esclarecimentos ao Estado grego.

Relativamente à reserva de 1952, uma vez que a assinatura continuava em vigor em 1974, a Grécia manteve a reserva aquando da

---

[325] Brändle, *op. cit.*, pág. 155.

Análise das reservas 213

ratificação de 1974. Dado que a prática do Conselho da Europa não exige a repetição das reservas formuladas no momento da assinatura, a reserva de 1952, apesar da falta de declaração expressa do governo grego, mantém-se formalmente em vigor. Em termos materiais a questão já não é tão evidente, pois não se podia saber se a intenção da Grécia seria a de manter a reserva de 1952 acrescida da nova reserva, ou se esta veio substituir aquela. Até 1979, não era possível determinar exactamente o sentido da vontade do Estado, embora se pudesse considerar que a palavra "filosófica", no sentido das leis gregas, era algo distinta dos encargos públicos, pelo que a nova reserva se poderá entender como suplementar e não como substitutiva da anterior. Alguma doutrina considerava mesmo que a reserva não seria válida, pois não tinha sido proposta de novo na ratificação de 1974[326].

As autoridades gregas, por carta do Representante Permanente ao Secretário-Geral, em 1979, "retomaram" formalmente a reserva de 1952. Contudo, tanto a reserva formulada em 1952 como a retomada em 1979, não produzem efeitos jurídicos pois não preenchem as condições do artigo 64.°. Em qualquer caso a fiscalização dos órgãos de controlo não era de imediato possível, pois só alguns anos mais tarde a Grécia viria a aceitar a competência da Comissão e a jurisdição do Tribunal, pelo que não havia o "perigo" da reserva ser controlada e interpretada de maneira diferente.

ix) *Portugal*

A reserva portuguesa ao artigo 2.° do Protocolo Adicional visava salvaguardar a não confessionalidade do ensino público, bem como a fiscalização do ensino particular, de acordo com os artigos 74.° e 75.° da Constituição.

Aliás, como nota o Prof. Jorge Miranda[327], não existe contradição entre a regra da não confessionalidade do ensino público e o ensino da religião e moral católicas nas escolas públicas, pretendendo-se apenas evitar a "unicidade da doutrina do Estado". O Tribunal Constitucio-

---

[326] Zanghi, C. – "L'Effectivité et l'éfficacité de la garantie des droits de l'homme inscrits dans la Convention européenne des Droits de l'Homme", in *Actas do 4.° Colóquio da Convenção*, Roma, 5-8 de Novembro de 1975, pág. 217.

[327] Miranda, J. – *Manual de Direito Constitucional,* vol IV, 2.ª ed., Coimbra, 1993, pág. 385 e segts.

nal [328] considerou que o ensino religioso deve ser assumido pelas próprias confissões religiosas, mas não pôs em causa o ensino da religião católica já existente. No entanto declarou inconstitucional a norma do artigo 2.°, n.° 1, do Decreto-Lei n.° 323/83, de 5 de Julho, que exige uma "declaração" expressa pelas pessoas que não desejem receber ensino de religião e moral católica, que considerou uma inovação que restringe a liberdade religiosa, pois o exercício de uma liberdade de *facere* pode depender da prática de um determinado acto (requerimento ou declaração), mas não o exercício de uma liberdade de *non facere*.

Ora, tal exigência decorre directamente da primeira parte do artigo 21.° da Concordata celebrada entre Portugal e a Santa Sé, que exige um pedido de isenção por parte de quem não queira receber ensino religioso nas escolas públicas. Como vimos atrás, é maioritariamente aceite pela doutrina que as normas de direito internacional prevalecem sobre as leis internas, pelo que é, no mínimo, discutível a decisão do Tribunal Constitucional. Curiosamente, o Professor Jorge Miranda defende este ponto de vista [329]: considera inconstitucional a própria norma da Concordata que exige um pedido de isenção para quem não queira ensino religioso, pois entende que essa liberdade deverá ser *"pedida positivamente"* [330]. Tal entendimento, embora conduza ao mesmo resultado, parece-nos juridicamente mais correcto, apesar de o Tribunal não poder conhecer da constitucionalidade das normas estranhas ao pedido de fiscalização. Por outro lado, o exercício da liberdade religiosa não pode ser considerado inequivocamente uma liberdade de *non facere*.

O referido pedido de isenção parece-nos perfeitamente justificado e não restringe a liberdade de religião, pois o ensino de uma religião não implica a sua prática nem tão-pouco o proselitismo. A declaração exigida é uma simples formalidade administrativa, sem relevância suficiente para restringir direitos. Vimos atrás como a Convenção protege as opções dos pais, e está demonstrado que a não confessionalidade não implica uma negação do ensino religioso. A harmonização prática está

---

[328] Ac. 423/87, in *D.R.*, I Série, n.° 273, de 26 de Novembro de 1987.

[329] Miranda, J. – "Confessions religieuses et liberté d'enseignement au Portugal", in *Stati e Confessioni Religiose in Europa Modelli di Finanziamento Pubblico Scuila e Fattore Religioso,* Milão, 1992, pág. 105 e segts.

[330] Miranda, J. – "A Concordata e a Ordem Constitucional Portuguesa", in *Direito & Justiça,* vol. V, 1991, pág. 158 e segts., e, do mesmo autor, "A Concordata e a Ordem Constitucional Portuguesa", in *A Concordata de 1940 – Portugal e a Santa Sé*, Lisboa, 1993, pág. 83.

naturalmente sujeita a uma declaração de conteúdo negativo, para simples efeitos de organização das escolas.

Ora, o direito dos pais assegurarem educação aos filhos de acordo com as suas convicções religiosas e filosóficas manifesta-se, segundo o mesmo Professor, dentro e fora das escolas públicas, tanto mais que se encontra garantido o ensino de qualquer religião no âmbito da respectiva confissão, podendo até utilizar-se meios de comunicação social para o efeito. Assim, esta reserva não era, na opinião de Pinheiro Farinha, necessária nem razoável, nem tão-pouco se podia dizer derivar da Constituição[331]. O Prof. Jorge Miranda qualificou-a de "inconstitucional" por envolver sentido contrário ao da correspondente norma constitucional[332].

De facto não se detecta contradição entre os dois textos, nem relativamente à não confessionalidade do ensino nem à liberdade do ensino particular. Como afirmou o Relatório da Comissão de Assuntos Constitucionais, Direitos, Liberdades e Garantias, da Assembleia da República, *"não se vislumbra fumo de colisão"* entre a norma constitucional e o artigo da Convenção, a qual pecava por *"excesso de prurido constitucional"*[333].

A reserva foi assim retirada, por unanimidade, pela Lei n.° 12/87, de 7 de Abril, o que veio provar a não contradição do artigo 2.° do Protocolo Adicional com o texto constitucional português.

x) *Bulgária*

Apesar de ter ratificado o Protocolo em 1992, o governo búlgaro não deixou de apresentar uma declaração para excluir os encargos financeiros decorrentes de subsídios a estabelecimentos de ensino de orientação religiosa, para além dos previstos na lei interna. Embora as condições das minorias religiosas possam justificar algum receio por parte das autoridades da Bulgária, a norma do artigo 2.° do Protocolo Adicional à Convenção não implica a atribuição de subsídios públicos, como já atrás demonstrámos e a jurisprudência confirmou, desde o início, tal interpretação.

---

[331] Pinheiro Farinha, *op. cit.,* pág. 169.
[332] Miranda, J. – *Direito Internacional Público*, polic., Lisboa, 1991, pág. 424.
[333] *Diário da Assembleia da República,* 17 de Janeiro de 1987, pág. 1525.

As Reservas à Convenção Europeia dos Direitos do Homem

Parece-nos que estamos perante as consequências indirectas da reserva britânica, cujo efeito "bola de neve" se manifestou até aos nossos dias.

xi) *Roménia*

À semelhança dos Estados anteriormente referidos, a Roménia também emitiu uma declaração no sentido de afastar as obrigações financeiras suplementares, decorrentes relativamente a instituições de ensino privado novamente para além das estabelecidas no direito interno. Valem aqui as observações que acima fizemos para concluir pela ausência de efeitos de tal declaração.

1.3.6. *O direito à liberdade de expressão (art. 10.º)*

A liberdade de expressão constitui um dos fundamentos básicos da sociedade democrática e inclui todas as formas de expressão que permitam divulgar opiniões, ideias e informações, independentemente do conteúdo ou do modo de comunicação[334]. Por outro lado, dado que num regime democrático a maioria não deverá ter uma posição exclusiva, a liberdade de expressão assegura às minorias (de qualquer tipo) a possibilidade de intervir e manifestar as suas opiniões.

A vastidão das matérias tratadas no artigo 10.º da Convenção não permite uma análise detalhada de todas as suas componentes. Abordaremos apenas os seus aspectos mais relevantes para a melhor compreensão das reservas.

A liberdade de expressão de ideias políticas encontra-se particularmente protegida e desenvolvida na jurisprudência de Estrasburgo, cujo Acórdão *Handyside* afirma que a liberdade de expressão das ideias vale tanto para as ideias inofensivas como para as que chocam ou inquietam o Estado ou uma parte da população[335]. Embora, no caso concreto, o Tribunal tenha considerado, por escassa maioria, que a legislação que regula (e proíbe em alguns casos) as publicações obscenas

---

[334] Lester, A. – "Freedom of expression", in *The European System for the Protection of Human Rights* (Edit. Macdonald, Matscher, Petzold), Dordrecht, 1993, pág. 469.

[335] Acórdão T.E.D.H., de 7 de Dezembro de 1976, loc. cit.

tinha um "fim legítimo" de protecção da moral dos jovens, concedendo ao Estado uma "margem de apreciação" para apreciar as questões decorrentes da moral.

Com efeito, as limitações e as ingerências do Estado na liberdade de expressão, que pode ser suspensa em caso de guerra ou perigo público, nos termos do artigo 15.°, vêm definidas no n.° 2 do artigo 10.°. Devem estar previstas na lei, visar a defesa de um fim legítimo e revelarem-se necessárias a uma sociedade democrática. Um dos acórdãos mais relevantes nesta matéria é decerto o do *Sunday Times* [336], relativo a uma proibição de publicação de um artigo no jornal sobre um litígio em debate num tribunal (crianças vítimas da talidomida), baseada numa lei não escrita, de origem consuetudinária denominada *contempt of court*, que permite proibir um jornal de publicar um artigo sobre um caso pendente num tribunal, e que o Tribunal Europeu considerou incluída na *Common Law* [337] sem, no entanto, considerar a ingerência do Estado na liberdade de expressão, como justificada por "necessidades sociais imperiosas", ou seja, sem fim legítimo.

Um outro aspecto importante deste direito, que foi, aliás, objecto de uma reserva, refere-se à relação da liberdade de expressão com a natureza das funções exercidas, designadamente os funcionários públicos, já apreciada pela Comissão e pelo Tribunal Europeu [338]. Curiosamente, a intervenção do Estado, ou, melhor, o despedimento de uma professora da função pública por ter escrito uma carta para um jornal comunista a apoiar uma iniciativa de jardins de infância, foi entendido em sentidos opostos pelos dois órgãos de controlo da Convenção. O Tribunal concluiu, ao invés da Comissão, que não havia "ingerência", no direito à liberdade de expressão do artigo 10.°, n.° 1 da Convenção. Este entendimento restritivo foi criticado pela doutrina, pois não se vislumbrava justificação ou "fim legítimo" para tal "ingerência", nem tão-pouco para concluir pela sua inexistência [339].

Finalmente, a vulgar e impropriamente designada liberdade de informação, ou seja a liberdade de expressão e a sua relação com as empresas de radiodifusão e televisão, foi objecto de várias reservas dos Estados partes. A evolução tecnológica da difusão por intermédio de

---

[336] Acórdão T.E.D.H., de 26 de Abril de 1979, Série A, n.° 30, § 47.

[337] Malinverni, G. – "La réserve de la loi dans les conventions internationales de sauvegarde des droits de l'homme", in *R.U.D.H.*, vol. 2, n.° 11, 1990, pág. 401 e segts.

[338] Acórdãos T.E.D.H., *Glasenapp* e *Kosiek*, ambos contra a RFA, de 28 de Agosto de 1986, Série A, respectivamente n.ᵒˢ 104 e 105.

[339] Lester, *op. cit.*, pág., 476.

satélites, cabos e rádios veio alterar as previsões dos autores da Convenção, cujo artigo 10.º visava apenas garantir a livre troca de informações, essencial a uma sociedade democrática. O mercado comum de bens e serviços desenvolvido no seio da Comunidade Económica Europeia interessou-se, naturalmente, pelos aspectos económicos dos serviços de radiodifusão num sentido diferente do da Convenção Europeia.

A "cláusula de autorização", incluída no n.º 1 do artigo 10.º, foi inicialmente interpretada como legitimadora incondicional de um monopólio público [340], e foi provavelmente essa a causa das reservas formuladas por alguns Estados partes. Porém, a Comissão interpretou esta cláusula como autorizando pura e simplesmente o monopólio do Estado sobre os meios de radiodifusão [341] desde 1968. Assim, o regime de autorização ao qual podem estar sujeitas as empresas de radiodifusão ou de televisão, nos termos do artigo 10.º, n.º 1, não pode ser interpretado como excluindo o monopólio do Estado, desde que esteja assegurada a liberdade de expressão.

A questão fundamental decorrente deste artigo diz respeito às eventuais incidências do monopólio público na liberdade de expressão, designadamente do acesso e participação dos pequenos partidos ou grupos de pressão. A Comissão, consciente do eventual conflito, entendeu que os Estados tinham o "dever positivo" de permitir o acesso à radiodifusão pública. Os regimes de monopólio das rádios e televisões foram sendo progressivamente abandonados, devido ao desenvolvimento dos meios de transmissão, mas tal não facilita, por si só, a liberdade de expressão, pois os canais privados de rádio e televisão podem constituir-se em oligopólios privados. Por outro lado, a regulamentação dos regimes de autorização de canais privados sujeitos ao poder discricionário do Estado deverá ter em conta a liberdade de expressão [342]. Mais recentemente, o Tribunal, num caso contra a Áustria [343], confirmou a exigência da cláusula de autorização e reconheceu a legitimidade do monopólio da radiodifusão e da televisão apenas em

---

[340] Bullinger, M. – "Liberté d'expréssion et d'information: élément essentiel de la démocratie", in *Actas do 6.º Colóquio Internacional sobre a Convenção Europeia dos Direitos do Homem,* Sevilha, 13-16 de Novembro de 1985, Dordrecht, 1988, pág. 87 e segts.

[341] Queixa n.º 3071/67 *X c/Suécia*, decisão de 7 de Fevereiro de 1968, in *Ann. C.E.D.H.*, vol., XI, pág. 456 e segts.

[342] Bullinger, *op. cit.*, pág. 95 e segts.

[343] Acórdão do T.E.D.H., *Informationverein Lentia et autres (Austria),* de 24 de Novembro de 1993, Série A, n.º 276, § 33.

caso de "necessidade imperiosa", o que se reveste de alguma dificuldade de prova, algo difícil para os Estados, pelo que se impôs a revisão da legislação austríaca.

Em suma, a questão mais controversa que se levantou a propósito deste artigo foi o problema do monopólio da rádio e televisão por parte do Estado, existente ao tempo da elaboração da Convenção na maioria dos Estados membros, que "justificou" a formulação de algumas reservas e declarações que, como vimos não tem justificação evidente, pois tanto a letra do artigo 10.°, como a jurisprudência dos órgãos de controlo consideraram esse monopólio compatível com a Convenção. Assim, um excesso de precaução, ou, então, alguma falta de confiança na firmeza da jurisprudência, justificaram tais reservas, as quais, face à generalidade das leis internas actuais, não têm actualidade.

i) *Malta*

A reserva formulada pelo governo de Malta refere-se ao n.° 2 do artigo 10.° e visa limitar a liberdade de expressão de opinião de funcionários, prevista na Constituição e no Código de conduta dos funcionários públicos de Malta, que proíbe que tomem parte activa em discussões políticas durante as horas de serviço ou nos locais oficiais.

A reserva amplia as limitações permitidas à liberdade de expressão previstas no n.° 2 do artigo 10.°. Com efeito, o governo maltês quis manter expressamente esta limitação, pelo que a reserva não é supérflua e evita dúvidas em relação à aplicação do artigo em causa.

O seu teor preenche as exigências do artigo 64.° na referência à disposição convencional e à indicação correcta da lei objecto de reserva[344]. No entanto, os órgãos de controlo da Convenção nunca se pronunciaram sobre esta reserva, embora seja de pressupor que a aceitariam, dado que ela não vai muito para além das limitações previstas na própria norma da Convenção.

ii) *França*

A suposta imposição da supressão do monopólio da rádio e da televisão levantou dúvidas aos sucessivos governos franceses e foi um

---

[344] Brändle, *op. cit.*, pág. 210.

dos argumentos utilizados para adiar a ratificação da Convenção. Assim, o instrumento de ratificação incluiu uma declaração interpretativa, segundo a qual se considera o artigo 10.° compatível com o regime instituído em França relativo ao Estatuto da Rádio Televisão Francesa. A sua natureza foi desde logo debatida na própria Assembleia Nacional francesa, tendo alguns deputados apelidado de reserva tal declaração interpretativa, ao que o governo se opôs alegando que ela não tinha valor de reserva, pois a Convenção devia interpretar-se de acordo com a vontade das partes[345]. Parece-nos que estamos perante um caso de "excesso de zelo" da Administração, pois a declaração interpretativa foi feita em 1974, após a Comissão e o Tribunal terem já interpretado o artigo 10.° no sentido de considerar os monopólios compatíveis com a Convenção, desde que a liberdade de expressão estivesse assegurada. A declaração parece assim inútil[346], pois ela não impede o controlo dos órgãos de Estrasburgo sobre a liberdade de expressão nos meios de comunicação social, que exige, aliás, medidas positivas por parte do Estado para a garantir.

Assim, dado que o monopólio do Estado foi abolido por lei em 1981, afigurava-se, já na altura, supérfluo e sem justificação ter acrescentado à ratificação tal declaração interpretativa, a qual foi, acertadamente, retirada em 1988, por carta do Representante Permanente da França ao Secretário-Geral do Conselho da Europa, depositário da Convenção[347].

iii) *Portugal*

Ao contrário da França e da Espanha, que apresentaram declarações interpretativas, Portugal formulou uma reserva relativamente ao artigo 10.°, que visa salvaguardar a propriedade pública da televisão, na linha da redacção então vigente do artigo 38.°, n.° 6, da Constituição, a qual não era incompatível, segundo a doutrina da época, com a liberdade de expressão, nem com o "direito à informação"[348]. Ora, vimos

---

[345] Pellet, A. – "La ratification française de la Convention des Droits de l'Homme", in *R.D.P.Sc.Pol.* n.° 5, 1974, pág. 1354 e segts.

[346] Cohen-Jonathan – "La reconnaissance par la France du droit de recours individuel devant la Commission Européenne de Droits de l'Homme", in *A.F.D.I.*, vol. XXVII, 1981, pág. 279.

[347] Declaração retirada por Nota Verbal da Representação Permanente da França, de 24 de Março de 1988.

[348] Gomes Canotilho/Vital Moreira, *op. cit.*, 1.ª ed., pág. 114.

Análise das reservas 221

como já em 1968 a Comissão tinha considerado que o artigo 10.° da Convenção não impedia o monopólio do Estado sobre a televisão. Porém, numa decisão anterior à data da ratificação portuguesa a Comissão considerou que antes de afirmar manter a posição anterior a questão deveria ser sujeita a um novo exame[349]. Tal "aviso" tornou impossível garantir que a Comissão admitiria para o futuro o monopólio estatal da televisão, o que constituiu provavelmente o fundamento da reserva portuguesa.

Apesar disso, e possivelmente pela constatação da evolução do problema a nível europeu, bem como do reconhecimento da sua inutilidade, a reserva foi retirada pela Lei n.° 12/87, de 7 de Abril, reconhecendo a Comissão de Assuntos Constitucionais, Direitos Liberdades e Garantias que ela devia ser retirada com *"vantagens inerentes ao sentido político"* da decisão[350]. No entanto, só em 1989 a revisão constitucional veio eliminar a proibição da propriedade privada da televisão e impor, apenas, a existência de um serviço público de rádio e televisão, que estará sujeito a um regime específico e distinto dos órgãos de comunicação social pertencentes a entidades privadas[351].

iv) *Espanha*

Relativamente ao artigo 10.°, n.° 1, a Espanha apresentou, sem menção de qualquer lei interna, uma declaração interpretativa, segundo a qual o regime de organização da radiofusão e da televisão em Espanha seria entendido como compatível com o artigo 10.°, ou seja, não afectaria a liberdade de expressão. Com efeito as empresas de rádio e televisão estão sujeitas a um regime de autorização prévia para poderem emitir. Por outro lado, a declaração visa manter o monopólio da Televisão Espanhola, sem que tal seja incompatível com a liberdade de expressão[352].

A doutrina espanhola considerou que esta declaração vai mais longe do que uma simples autorização prévia, pois visa manter o

---

[349] Decisão de 12 de Março de 1976, *Sacchi c/Iália,* in *D&R,* 5, pág. 43 e segts.

[350] In *Diário da Assembleia da República,* I Série, n.° 51, reunião de 5 de Março de 1987, pág. 2004.

[351] Gomes Canotilho/Vital Moreira, *op. cit.,* 3.ª ed., pág. 233, e Miranda *op. cit.,* pág. 404.

[352] Serra Punti, M. – *Les reserves d'Espanya al Conveni Europeu dels Drets Humans* (tese, polic.), Barcelona, 1989, pág. 33.

regime de monopólio da TVE compatível com a liberdade de expressão. Assim, a referida declaração poderia ser considerada como uma reserva, enquanto o regime de monopólio estivesse em vigor[353]. Parece-nos que, tal como a Comissão afirmou durante largos anos, a Convenção não proíbe o regime de autorização prévia, pelo que a declaração espanhola não poderia pretender afastar a aplicação do artigo 10.°, nem tão pouco pode ser equiparada a uma reserva.

Como em boa parte dos Estados, o monopólio da televisão foi entretanto extinto, embora a declaração não tenha sido retirada.

1.3.7. *O direito à liberdade de associação (art. 11.°)*

A análise deste artigo daria, só por si, um longo trabalho de investigação, pelo que vamos apenas referir aqui os aspectos mais importantes, designadamente os que foram objecto de reservas por parte dos Estados.

Apesar da jurisprudência ter dado mais atenção à liberdade sindical, expressamente mencionada no artigo 11.°, o âmbito de protecção desta norma vai mais além. Com efeito, para além da liberdade de reunião e manifestação pacífica[354], eventualmente sujeita a autorização prévia, o artigo 11.°, n.° 1, da Convenção preconiza claramente o direito à liberdade de associação no sentido positivo – o direito de constituir ou participar numa associação –, embora tal já não seja evidente no sentido negativo, ou seja, o direito a não ser obrigado a participar obrigatoriamente numa associação, ou de se retirar a qualquer momento.

Assim, importa salientar que, desde o já citado caso da proibição do Partido Comunista alemão[355], logo no início da actividade da Comissão, esta entendeu que os partidos políticos se incluem no conceito de associação para efeitos do artigo 11.°, podendo as leis internas impôr-lhes um funcionamento democrático. Por outro lado, a Comissão julgou conforme à Convenção a decisão das autoridades italianas de dissolver uma associação inspirada na ideologia fascista, pois tal pode ser necessário à segurança pública e à protecção das instituições

---

[353] Chueca Sancho, A. – "Las reservas a los Tratados de Derechos Humanos", in *Documentacion Juridica*, Tomo XIX, Abril-Junho n.° 74, 1992, pág. 89-90.

[354] Acórdão T.E.D.H., *Plattform "Ärtze für das Leben" (Áustria)*, Série A, n.° 139, §12.

[355] Queixa n.° 250/57, *Kommunistische Partei Deutschland c/RFA*, in *Ann.*, vol. I, pág. 222.

democráticas[356]. Considerou igualmente justificada a proibição de um "meeting" destinado a fomentar a união da Áustria com a Alemanha, a qual está formalmente proibida no artigo 4.°, n.° 2, da Constituição austríaca[357].

A liberdade sindical também se encontra expressamente consagrada nesta norma, como garantia adicional das "actividades externas das associações"[358], que exclui qualquer monopólio sindical do Estado ou outro, embora a Convenção não garanta aos sindicatos o direito de serem consultados pelo Estado[359], nem tão-pouco o de celebrar convenções colectivas de trabalho[360]. Não é fácil delimitar, face à jurisprudência do Tribunal Europeu, o conteúdo deste direito, para além da liberdade de constituição e inscrição num sindicato. A obrigatoriedade de inscrição num sindicato como condição de manutenção de um posto de trabalho, pelo chamado sistema de *closed shop,* foi considerada pelo Tribunal como contrária ao artigo 11.°[361].

O direito à greve não está expressamente previsto na letra do artigo 11.°, mas pode estar submetido pelo direito interno dos Estados a uma disciplina limitativa[362], embora a sua proibição total seja contrária à Convenção, dado que é um elemento essencial da liberdade de associação, e mais especificamente dos sindicatos, que constitui uma das formas de defender os interesses profissionais dos seus membros[363].

O n.° 2 do artigo 11.° prevê um conjunto de limitações deste direito aos membros das forças armadas, polícia e administração do Estado. Alguns autores consideram mesmo que este artigo privava estas pessoas do exercício dos direitos do artigo 11.°[364]. Outros entendem que tal direito se poderá exercer, mas com limitações proporcio-

---

[356] Queixa n.° 6741/74, Decisão de 21 de Maio de 1976, in *D&R*, 5, pág. 84.

[357] Queixa n.° 9905/82, Decisão de 15 de Março de 1984, in *D&R,* 36, pág. 187.

[358] Tomuschat, C. – "Freedom of Association", in *The European System for the Protection of Human Rights* (Edit. Macdonald, Matscher, Petzold), Dordrecht, 1993, pág. 494.

[359] Acórdão T.E.D.H., *Syndicat national de la police belge,* de 27 de Outubro de 1975, Série A, n.° 19, § 39.

[360] Acórdão T.E.D.H. *Syndicat suedois de conducteurs de locomotives,* de 6 de Fevereiro de 1976, Série A, n.° 20.

[361] Acórdão T.E.D.H., *Young, James e Webster* (*Reino Unido*), de 13 de Agosto de 1981, Série A, n.° 44.

[362] Acórdão T.E.D.H., *Schmidt & Dahlstrom* (*Suécia*), de 6 de Fevereiro de 1976, Série A, n.° 21, § 36.

[363] Cohen-Jonathan, *op.cit.,* pág. 513; Frowein/Peukert, *op. cit.,* pág., 247.

[364] Fawcett, *op. cit.,* pág. 284; Tomuschat, *op. cit.,* pág. 512.

nadas, ou submetidas ao critério convencional da "necessidade numa sociedade democrática"[365]. Parece-nos que esta última posição está mais conforme ao próprio texto do artigo 11.º, n.º 2, da Convenção que refere apenas "restrições legítimas" e não exclui o exercício desse direito, ao qual se aplicará naturalmente o princípio da proporcionalidade. A Comissão entendeu que a proibição de ser membro de um sindicato era aceitável no caso de membros da Administração Pública, e no caso concreto de uma agência de *intelligence* britânica os seus funcionários desempenhavam "funções vitais para a protecção da segurança nacional", pelo que a Queixa foi declarada "inadmissível"[366]. Estamos aqui perante um caso extremo e muito contestável face ao direito internacional convencional, designadamente da Convenção n.º 87, de 1984, da Organização Internacional do Trabalho[367], que permite o exercício dos direitos sindicais pelos funcionários da Administração Pública.

i) *Portugal*

No momento da ratificação da Convenção Europeia dos Direitos do Homem Portugal formulou duas reservas ao artigo 11.º, uma relativa ao *lock-out,* outra sobre a proibição de organizações fascistas.

A primeira reserva destina-se a salvaguardar a proibição do *lock-out* imposta no artigo 60.º da versão originária da Constituição de 1976 (actual art. 57.º, n.º 3) e desenvolvida na Lei n.º 65/77, de 26 de Agosto. Tal proibição "*visa vedar às entidades patronais o recurso ao encerramento da empresa não apenas como meio de luta contra os trabalhadores mas também como pressão política, (...) não é o equivalente patronal da greve*"[368].

Ora o artigo 11.º da Convenção garante a liberdade de reunião e associação, incluindo a liberdade de associação sindical, sem qualquer referência a *lock-out,* pelo que a reserva era "desnecessária ou inútil" na expressão do Prof. Jorge Miranda[369]. Tratou-se provavelmente de

---

[365] Frowein /Peukert, *op. cit.* pág. 249; Van Dijk/Van Hoof, *op. cit.,* pág. 328.

[366] Decisão de 20 de Janeiro de 1987, *Council of Civil Service Unions v/UK*, in *D&R,* 50, pág. 228.

[367] Petiti/Decaux/Imbert – *La Convention européenne des Droits de l'Homme – Commentaire article par article*, Paris, 1995, pág. 430.

[368] Gomes Canotilho/Vital Moreira, *op. cit.,* pág. 312 e segts.; *vide* opinião contrária *in* Pereira, A.M. – *Direitos do Homem*, Lisboa, 1979, pág. 180.

[369] Miranda, J., *op. cit.* 1.ª ed., tomo IV, pág. 212.

Análise das reservas 225

um lapso, pois a própria jurisprudência dos órgãos de controlo da Convenção nunca tratou deste problema.

A relação entre o artigo da Convenção e o da Constituição afigura-se no mínimo "forçada" e sem rigor jurídico pois não se vislumbra qualquer contradição entre as duas normas. Como afirma o Relatório da Comissão de Assuntos Constitucionais, Direitos, Liberdades e Garantias, da Assembleia da República[370]: "*a reserva em apreço nasceu sem objecto e sem motivo. Não só pode como deve ser retirada. Eliminando-a, elimina-se um equívoco*". A reserva foi assim oportunamente retirada pela Lei n.º 12/87, de 7 de Abril.

A outra reserva formulada por Portugal ao artigo 11.º visa preservar a proibição constitucional das organizações que perfilhem ideologia fascista, nos termos do artigo 45.º, n.º 4, da versão originária da Constituição, actual artigo 46.º, n.º 4.

Coloca-se a questão de saber se se pode incluir a proibição constitucional das ideologias fascistas neste artigo 11.º para julgar da necessidade ou desnecessidade da reserva portuguesa, que foi retirada em 1987 não sem alguma controvérsia.

Como acima analisámos, também no articulado da Convenção se admitem restrições ao exercício do direito de associação. Assim, o próprio n.º 2 do artigo 11.º refere a chamada "cláusula das medidas necessárias a uma sociedade democrática", que autoriza as restrições a este direito. Tal entendimento foi já, aliás, objecto de uma decisão da Comissão, que defendeu que a repressão penal de actos tendentes à reconstrução, na Itália, do partido fascista (criação de um movimento), pode considerar-se "necessária a uma sociedade democrática", à segurança pública e à protecção dos direitos e liberdades dos cidadãos[371].

Neste contexto deve ainda ser considerada a norma do artigo 17.º, que analisámos no âmbito das cláusulas limitativas, a qual não admite actividades ou prática de actos "em ordem à destruição dos direitos ou liberdades". Os debates parlamentares de aprovação da Convenção indicam justamente que o artigo 17.º visa impedir que correntes totalitárias possam invocar os direitos do homem para suprimir os direitos do homem[372].

---

[370] In *Diário da Assembleia da República*, I Série, n.º 51, reunião de 5 de Março de 1987, pág. 2004.

[371] Queixa n.º 6741, loc. cit., pág. 83.

[372] Benevenuti, na sessão de 8 de Setembro de 1949, da Assembleia Consultiva do Conselho da Europa, citado *in* Pinheiro Farinha, *op. cit.,* pág. 56.

No entanto, também no próprio preceito do direito à associação, a Constituição portuguesa impõe o que o Prof. Vieira de Andrade apelida de *"limites imanentes"* [373], que se referem não só à *actividade* e à *prática de actos*, mas também ao processo de formação e à existência das próprias associações ou organizações. Neste sentido, a proibição constitucional portuguesa é mais alargada do que a da letra do artigo 17.º, embora não sejam só as que perfilhem ideologia fascista que podem pôr em causa a ordem democrática. A interpretação mais recente feita pela Comissão, citada a propósito das cláusulas limitativas, refere tanto as actividades como agrupamentos totalitários [374], nos quais se podem incluir os partidos, movimentos e organizações políticas.

Assim, apesar das críticas de que foi alvo [375], a reserva pode aceitar-se como justificada, em termos formais. Ou seja, face ao artigo da Constituição portuguesa.e à letra do artigo 11.º e do artigo 17.º, parece-nos que não decorre à evidência que a proibição constitucional se lhes possa subsumir. Aliás, tal era a opinião da maioria da doutrina da época, segundo a qual a reserva estava em conformidade com a norma constitucional [376], ou pelo menos não suscitava objecções de fundo. Pensamos que as críticas surgidas na época dirigiam-se em primeiro lugar à própria existência da norma constitucional e da Lei n.º 64/78, de 6 de Outubro, relativa às organizações fascistas, pelo que se tratava essencialmente uma questão de política interna.

Apesar da norma constitucional não ter sido eliminada na Revisão constitucional de 1982, a Lei n.º 12/87, de 7 de Abril, veio suprimir esta reserva. Na doutrina portuguesa destaca-se a opinião do Prof. Jorge Miranda, segundo a qual a proibição das organizações fascistas não é uma restrição que caiba no artigo 11.º n.º 2, da Convenção, *"mas antes uma verdadeira inversão ou* quebra *material de princípios constitucionais"* [377].

Ora, se em termos formais entendemos que a formulação de tal reserva se justificava no momento da ratificação, até para reafirmar as

---

[373] Vieira de Andrade, J.C. – *Os Direitos Fundamentais na Constituição Portuguesa de 1976*, Coimbra, 1987, pág. 215.

[374] Queixa n.º 8348/78, Decisão de 11 de Outubro de 1979, in *D&R,* 18, pág. 187 e segt.

[375] Pereira, *op. cit.,* pág. 181, e ainda do mesmo autor, "Direitos do Homem e Defesa da Democracia", in *Nação e Defesa*, ano III, n.º 8, Outubro-Dezembro, 1978, pág. 63 e segts.

[376] Pinheiro Farinha – "Garantia Europeia dos Direitos do Homem", in *BMJ--DDC*, n.º 2, 1980, pág. 277.

[377] Miranda, J. – *Direito Internacional*, polic., Lisboa, 1991, pág. 421.

opções constitucionais de que fala o Prof. Moura Ramos[378], parece-nos que, face à evolução da prática da Comissão e da jurisprudência do Tribunal, atrás demonstradas, pode concluir-se que, conjugando a aplicação do n.º 2 do artigo 11.º e do artigo 17.º, decorre uma proibição convencional das *"organizações de ideologia fascista"* de que fala a Constituição portuguesa, pelo que a eliminação da reserva nos parece pertinente[379]. Evidentemente que a este argumento se pode opôr o facto de as reservas se dirigirem a normas da Convenção e não à jurisprudência dos órgãos de controlo, cujo sentido não é necessariamente rígido e fixo. Mas, mesmo apenas à luz do n.º 2 do artigo 11.º, será possível defender a interdição de uma associação que perfilhe uma ideologia fascista[380]. Parece-nos, porém, juridicamente mais correcto considerar a norma do n.º 2 do artigo 11.º conjugada com o artigo 17.º e acrescida da interpretação da Comissão e do Tribunal, manifestando-se assim como suficientemente protectoras e justificando a revogação da reserva portuguesa.

ii) *Espanha*

A reserva formulada pela Espanha visa restringir a liberdade sindical dos membros das forças armadas e dos magistrados. Assim, a reserva exclui a aplicação do artigo 11.º na medida em que for incompatível com os artigos 28.º e 127.º da Constituição. Ou seja, os militares exercem direitos de associação sindical e política de forma limitada e os juízes e magistrados do Ministério Público não podem pertencer a partidos políticos ou sindicatos, embora se prevejam constitucionalmente associações profissionais para estes corpos do Estado.

Esta reserva não suscita objecções de fundo porquanto o artigo 11.º, n.º 2, da Convenção prevê restrições semelhantes[381], embora os órgãos de controlo nunca se tenham pronunciado especificamente sobre a sua aplicação em Espanha.

---

[378] Moura Ramos, *op. cit.*, pág. 186.

[379] Duarte, M. Luísa – "O Conselho da Europa e a Protecção dos Direitos do Homem", in *BMJ-DDC*, n.º 39/40, 1989, pág. 222 e segt.

[380] Barreto, Ireneu Cabral – *A Convenção Europeia dos Direitos do Homem*, Lisboa, 1995, pág. 32.

[381] Sudre, *op. cit.*, pág. 15.

iii) *São Marino*

A reserva formulada pela República de São Marino ao artigo 11.º diz respeito ao direito de fundar sindicatos, o qual deverá obedecer às condições previstas na lei interna. A Lei de 1961 exige que as "associações" ou "uniões sindicais" incluam, no mínimo, seis categorias de trabalhadores e um mínimo de 500 inscritos.

Parece-nos que esta reserva, conforme ao artigo 64.º e justificada pela própria exiguidade territorial do Estado, indica uma lei interna que não contraria o artigo 11.º, o qual prevê restrições semelhantes[382], nem vai para além da jurisprudência dos órgãos de controlo, pelo que foi provavelmente formulada por excesso de precaução.

iv) *Andorra*

A reserva formulada pelo Principado de Andorra ao artigo 11.º respeita à questão da criação de organizações profissionais, patronais e sindicais que deverão ser autónomas de outras organizações estrangeiras e deverão funcionar democraticamente. Não nos parece que exista contradição com a Convenção, mas as próprias características do Estado justificam este tipo de precauções.

A reserva cita ainda o artigo 19.º da Constituição que remete para a lei ordinária o exercício dos direitos dos trabalhadores e dos empresários, o que é um método jurídico excessivamente genérico e algo contrário à norma do artigo 64.º da Convenção. Aguardemos a interpretação dos órgãos de controlo, mas parece-nos que, salvo se a lei interna andorrana não for contrária à Convenção, a aplicação da reserva poderá ser pura e simplesmente afastada pela Comissão e pelo Tribunal.

1.3.8. *O direito de propriedade (art. 1.º do Protocolo Adicional)*

O primeiro Protocolo Adicional à Convenção Europeia dos Direitos do Homem, de 20 de Março de 1952 (denominado oficialmemte de Protocolo Adicional), inclui três direitos que, por falta de acordo quanto à sua redacção, não puderam figurar na Convenção. Trata-se do direito

---

[382] Sudre, *op. cit.*, pág. 15.

Análise das reservas 229

de propriedade, do direito à instrução e do direito a eleições livres. Curiosamente os Estados formularam um elevado número de reservas, o que confirma a ausência de consenso sobretudo no que respeita ao direito à instrução.

Relativamente ao direito de propriedade, ainda hoje alguns autores defendem que ele não merece o estatuto de direito fundamental, nem deve tão-pouco figurar no catálogo dos direitos protegidos pela Convenção[383]. De facto, o artigo 1.º do Protocolo Adicional foi objecto de longa discussão e, aliás, não consagra literalmente um direito à propriedade, mas apenas o direito ao respeito dos bens, que inclui não só as restrições ao direito de propriedade como também a obrigação de indemnização em caso de expropriação, como o demonstram os trabalhos preparatórios[384].

O artigo 1.º foi alvo de uma interpretação, primeiro hesitante e depois evolutiva, por parte da Comissão e do Tribunal, que garante a substância do direito de propriedade[385]. Assim, o direito de propriedade é mesmo tomado no sentido do direito internacional, ou seja com um âmbito mais lato do que reveste normalmente em direito civil[386]. Inclui, segundo a jurisprudência do Tribunal Europeu dos Direitos do Homem, três normas distintas: o respeito pelo direito de propriedade, a privação da propriedade por razões de utilidade pública e, ainda, a faculdade dos Estados regulamentarem o uso dos bens, o qual deverá prosseguir um fim de interesse geral e revelar uma relação de proporcionalidade entre os meios empregues e o fim prosseguido[387]. Tal entendimento tem vindo a ser confirmado pela jurisprudência posterior[388], com alguns recuos, por parte da Comissão[389], justificados, em parte, pela defesa do direito de propriedade entre particulares (neste caso entre accionistas

---

[383] Schermers, H. – "The international protection of the right of property", in *Mélanges Wiarda*, Colónia, 1988, pág. 580.

[384] *Recueil des travaux préparatoires*, vol. I, pág. 221 e segts.

[385] Acórdão T.E.D.H., *Marckx (Bélgica)*, de 13 de Junho de 1979, Série A, n.º 31, § 63.

[386] Dolzer, R. – "Eigentumsschutz als Abwägungsgebot. Bemerkung zu art. 1 des Ersten Zuzatzprotocolls der EmRK", in *Festschrift für Wolfgang Zeidler,* Berlim, 1987, pág. 1677 e segts.

[387] Acórdão T.E.D.H., *Spörrong & Lönnroth (Suécia)*, de 23 de Setembro de 1982, Série A, n.º 52.

[388] Acórdãos T.E.D.H., *Lithgow (R. Unido)*, de 8 de Julho de 1986, Série A, n.º 102 § 46 e *James (R. Unido)*, de 21 de Fevereiro de 1986, Série A, n.º 90, § 37.

[389] Queixas n.ºs 8588/79 e 8589/79 *(Bramelid/Malmström)*, Decisão de 12 de Dezembro de 1982, in *D&R*, 29, pág. 64.

maioritários e minoritários), à qual se pretende apenas salvaguardar uma relação equilibrada[390]. Em todo o caso, dado que a jurisprudência do Tribunal atribui firmemente "carácter civil" ao direito de propriedade, para efeitos do artigo 6.°, isso implica que todos o processos com ele relacionados (incluindo os de expropriação), mesmo que tenham natureza administrativa, podem ser fiscalizados pelos órgãos de controlo da Convenção.

A maioria dos autores reconhece que o citado Acórdão *Spörrong & Lönnroth* (*Suécia*) contribuiu de modo notável para a interpretação de uma disposição tão complexa e com tantas implicações práticas como o artigo 1.°, pois reconheceu que o princípio da efectividade do gozo e exercício do direito de propriedade seria ofendido pela falta de um processo de expropriação[391]. No caso concreto a sua duração era excessiva e violava o princípio da proporcionalidade inerente ao exercício dos direitos da Convenção.

Podemos considerar que a jurisprudência do Tribunal, nos Acórdãos atrás citados, evoluiu para uma concepção "socialmente avançada" da propriedade privada pelo entendimento alargado da noção de interesse público, que pode conduzir a um enfraquecimento da protecção individual prevista no artigo 1.°. Com efeito, o Tribunal aceitou apreciar a relação de proporcionalidade entre os meios empregues e os fins de interesse público prosseguidos no âmbito da intervenção do Estado sobre um direito de exploração de uma propriedade[392]. Neste caso, o Tribunal reconheceu às autoridades suecas uma "larga margem de apreciação" por razões de conservação da natureza, que se revelam cada vez mais importantes na sociedade actual[393]. Tal doutrina aplicada pelo Tribunal, desde os anos 70, a vários direitos previstos na Convenção, permite que os Estados possam exercer "poderes discricionários" sobre as restrições ao exercício de certos direitos, o que foi de algum

---

[390] Raymond, J. – "L'Article 1 du Protocole additionnel et les rapports entre particuliers", in *Mélanges Wiarda*, Colónia, 1988, p. 537 e segts.

[391] De Salvia, M. – "Alcune riflessioni in tema di interpretazione del diritto al rispetto dei beni nella giurisprudenza della Comissione e della Corte Europea dei Diritti dell'Uomo", in *R.I.D.U.*, 1989, vol. 2, n.° 2, pág. 234.

[392] Acórdão T.E.D.H., *Fredin* (*Suécia*), de 18 de Fevereiro de 1991, Série A, n.° 192.

[393] MacDonald, R.St – "The Margin of Appreciation in the Jurisprudence of the European Court of Human Rights", in *Recueil des Cours de l'Academie de Droit Européen*, 1992, vol. I, tomo 2, pág. 155 e segts. e, ainda, Weber, Stefan – "Environmental Information and the European Convention on Human Rights", in *H.R.L.J.*, vol. 12, n.° 5, 1991, pág. 182.

Análise das reservas | 231

modo evitado pelos Estados que formularam reservas. Note-se que a expressão utilizada pelo Tribunal para designar o equivalente aos "poderes discricionários" dos Estados é a de *"margem de livre apreciação"*, que se afigura menos vaga[394] e mais apropriada aos direitos do homem. Tal expressão constitui, aliás, um dos exemplos mais aperfeiçoados do carácter "autónomo" da interpretação da Convenção Europeia pelos órgãos de controlo[395].

O artigo 1.° refere ainda o respeito pelos princípios gerais do direito internacional, cujo significado tem sido alvo de ampla controvérsia doutrinal e jurisprudencial. O problema consubstancia-se no direito à indemnização que, de acordo com estes princípios, deve ser "rápida, adequada e efectiva" no que diz respeito à propriedade de estrangeiros.

Parte da doutrina entendia que os autores da Convenção quiseram dar precedência aos princípios de direito internacional que apenas protegiam os estrangeiros e não a generalidade dos cidadãos, diminuindo claramente os *"standards"* da Convenção[396]. Com efeito, apesar da maioria das legislações nacionais prever a atribuição de uma indemnização razoável em processo de expropriação administrativa, os órgãos da Convenção não consideram esse princípio geral como *"standard* europeu", pelo que lhe aplicaram uma interpretação restritiva que gerou, segundo a doutrina, uma "injustificada discriminação"[397] entre cidadãos nacionais e estrangeiros. Ou seja, apesar de reconhecerem o direito à indemnização por expropriação, aos cidadãos nacionais, tanto a Comissão[398] como o Tribunal[399] entendiam que os princípios gerais de direito internacional em matéria de expropriação diziam apenas respeito a bens pertencentes a cidadãos estrangeiros e só a eles se aplicaria a obrigação de indemnizar de forma *"prompt, adequate and effective"*, de

---

[394] Matscher, F. – "La notion de 'décision d'une contestation sur un droit ou une obligation (de caractère civil)' au sens de l'article 6, § 1, de la Convention européenne des Droits de l'Homme", in *Mélanges Wiarda,* Colónia, 1988, pág. 405.

[395] Meersch, G. Van Der – "Le caractère 'autonome' des termes et la 'marge d'appréciation' des gouvernements dans l'interprétation de la Convention européenne des Droits de l'Homme", in *Mélanges Wiarda,* Colónia, 1988, pág. 201 e segts.

[396] Frowein, J. – "The Protection of Property", in *The European System for the Protection of Human Rights* (Edit. Macdonald, Matscher, Petzold), Dordrecht, 1993, pág. 521 e segts.

[397] Biscaretti di Rufia, C. – "Le limitazioni al diritto di proprietà nel procedimento amministrativo valutário in relazione al Protocolo Addizionale della Convenzione Europea dei Diritti dell'Uomo" in *R.I.D.U.*, vol. 2, n.° 2, 1989, pág. 250.

[398] Queixa n.° 511/59 *Gudmunsson c/Islândia*, in *Ann.,* vol. III, pág. 395.

[399] Acórdão *Lithgow*, supra, citado, § 113.

acordo com o artigo 1.° do Protocolo, afastando assim a possibilidade de os cidadãos nacionais reclamarem, nos mesmos termos, uma indemnização do respectivo Estado por força da citada disposição convencional.

Uma outra doutrina mais radical defendida pela Prof. Rosalyn Higgins, no Curso de 1982 da Academia de Direito Internacional da Haia[400], entende que a *obrigação* de indemnizar decorrente do artigo 1.° é apenas devida a estrangeiros, à qual os Estados partes atribuem a maior importância e quiseram inequivocamente salvaguardar. Tal ideia é reforçada pela leitura dos trabalhos preparatórios e pelos "comentá-rios" que alguns Estados fizeram à reserva portuguesa. Por outro lado, o próprio artigo 1.° não refere o direito à indemnização, pelo que não existe qualquer discriminação entre nacionais e estrangeiros, os quais têm, segundo esta autora, posições distintas em relação ao direito à indemnização.

Uma posição tão radical parece-nos actualmente ultrapassada, apesar da jurisprudência do Tribunal de Estraburgo não ser ainda inequívoca. A Convenção deve aplicar-se indistintamente a nacionais e estrangeiros, embora o artigo 14.° não proíba expressamente a discri-minação em função da nacionalidade, pelo que poder-se-á encontrar uma "justificação objectiva e razoável" para diferenciar. Segundo algu-ma doutrina, as razões que justificam esta distinção relevam da situação particular dos estrangeiros que não "participam" através do voto na feitura das leis, nem beneficiam dos motivos de interesse público na base do qual se fazem as expropriações[401]. A Comissão e o Tribunal atribuem deste modo aos Estados uma larga "margem de apreciação", aliás não partilhada por todos os juízes do tribunal, que consideram a diferença de tratamento contrária tanto à filosofia como à economia da Convenção[402].

A própria evolução do direito internacional vai no sentido de abandonar a distinção, que encontrava justificação nos tempos da des-colonização durante a qual os novos Estados independentes não respei-

---

[400] Higgins, R. – "The Taking of Property by the State: Recent Developments in International Law", in *R.C.A.D.I.*, 1982, pág. 355 e segts.

[401] Sapienza, R. – "Espropriazione di beni e indemnizzo nel sistema della Convenzione Europea dei Diritti dell'Uomo: le sentenze nei casi *James* e *Lithgow*", in *R.D.I.*, vol. LXX, fasc. 2, 1987, pág. 313 e segts.

[402] *Vide* declaração de voto dos juízes Bindschedler-Robert, Gölcüklü, Matscher, Petiti, Russo e Spielman no acórdão *James* supra, citado.

Análise das reservas   233

tavam, por vezes, tal regra[403]. A necessidade de incentivar o investimento estrangeiro em todas as regiões do mundo implicava, no entanto, uma enorme margem de risco, a qual estava apenas protegida pela "protecção diplomática" que os Estados quisessem desencadear[404]. Na prática actual a distinção não se justifica nem tem efeitos práticos, e, sobretudo, não obsta à atribuição de indemnizações simbólicas, mesmo a cidadãos estrangeiros. Ora, no âmbito dos Estados partes na Convenção, não se justifica a aplicação de tratamento diferenciado entre nacionais e estrangeiros, tanto mais que a proliferação de sociedades mistas geraria, em caso de expropriação, uma gritante discriminação[405]. Como afirma o Prof. Dolzer, a não aplicação dos princípios gerais de direito internacional aos cidadãos nacionais não implica uma verdadeira diferença de tratamento[406], pois a ambos a jurisprudência reconhece neste momento um direito à indemnização em caso de expropriação, pelo que o entendimento da natureza da indemnização acaba por ser mais teórico do que prático. E ainda *last but not the least,* o artigo 1.º da Convenção afirma que os Estados devem reconhecer os direitos "a qualquer pessoa dependente da sua jurisdição", o que pode ser um argumento válido para não discriminar negativamente os cidadãos nacionais.

No entanto, as tentativas do Conselho da Europa de proceder a uma revisão do texto do artigo 1.º e consagrar a igualdade entre nacionais e estrangeiros não têm tido sucesso. Alguma doutrina entendeu, mesmo, que tal poderia ter um "efeito perverso" e representar uma regressão na protecção da propriedade estrangeira[407]. A verdade é que os Estados atribuem tanta importância a esta "especial" protecção da propriedade estrangeira, que ela deu lugar às únicas "reacções" expressas em relação a uma reserva a um direito garantido[408], que foi justamente a portuguesa, conforme veremos no local próprio.

---

[403] Rousseau, C. – *Droit International Public,* tomo V, Paris, 1983, pág. 54 e segts.

[404] Lillich, R. – "The Diplomatic Protection of Nationals Abroad: An Elementary Principle of International Law under Attack", in *A.J.I.L.*, vol. 69, n.º 2, 1975, pág. 359 e segts.

[405] Russo, C. – "L'applicabilité aux nationuax des 'principes généraux du droit international' visés à l'article 1 du Protocole n.º 1", in *Mélanges Wiarda*, Colónia, 1988, pág. 253 e segts.

[406] Dolzer, *op. cit.,* pág. 1691.

[407] Flauss, J.F. – "Nationalisation et indemnization préférentielle de la propriété étrangère dans le cadre de la Convention européenne des Droits de l'Homme", in *Gazette du Palais*, 1986, pág. 4.

[408] Frowein, *op. cit.,* pág. 522.

Importa ainda acrescentar que a ausência de reservas não implica uma total compatibilidade da legislação interna com a Convenção e a jurisprudência do Tribunal. O caso flagrante da Itália, denunciado pela doutrina, revela que não só as leis do momento da ratificação, em 1955, como também as leis vigentes e mesmo a prática dos tribunais italianos conduzem a critérios de indemnização por expropriação de propriedade algo diferentes dos adoptados pela jurisprudência do Tribunal de Estrasburgo [409].

Mas a situação dos países da Europa Central e Oriental, que já são partes no Protocolo [410], reveste ainda maior interesse pela actualidade e pela complexidade dos problemas relativos ao direito de propriedade. Apenas a Bulgária formulou uma reserva, que analisaremos separadamente, tendo a Hungria, a República Checa, a Eslováquia, a Polónia, a Roménia e a Eslovénia já ratificado o Protocolo Adicional. Ora, apesar do curto espaço de tempo que decorreu após a ratificação, já se torna possível fazer algumas observações.

Assim, face às declarações de aceitação de competência dos órgãos da Convenção apresentadas pelos novos Estados partes, que afastaram a retroactividade das obrigações relativamente a factos ocorridos em momento anterior à referida declaração, o artigo 1.º do Protocolo não se pode aplicar a expropriações ocorridas durante o período comunista. A Comissão é incompetente *rationae temporis* em relação a queixas respeitantes a esse período [411]. A questão levanta-se, sobretudo, relativamente às expropriações posteriores à alteração do regime constitucional. Aparentemente as respectivas disposições contitucionais relativas às expropriações foram mesmo inspiradas pelo Protocolo Adicional e todas incluem uma referência à indemnização, embora com qualificativos distintos [412]. No entanto, no que toca aos direitos dos estrangeiros a adquirir certo tipo de bens, designadamente fundiários,

---

[409] Starace, V. – "La tutela del diritto di proprietà nel Protocolo Addizionale della Convenzione Europea dei Diritti dell'Uomo e nella Costituzione italiana" in *R.I.D.U.*, vol. 2, n.º 2, 1989, pág. 259.

[410] *Vide* mapa do estado das assinaturas e ratificações n.º 9, em anexo na parte final deste trabalho.

[411] Queixa n.º 21344/93, *Szechenyi c/Hungria*, Decisão de 30 de Junho de 1993.

[412] Flauss, J-F. – "Les mutations de propriété dans les pays d'Europe Centrale et Orientale à l'épreuve de l'article 1er du Protocole Additionnel", in *La mise en oeuvre interne de la Convention européenne des Droits de l'Homme*, Bruxelas, 1994, pág. 216 e segts.

são as próprias constituições que o proíbem[413]. Tais normas parecem de duvidosa "convencionalidade" pelo menos em função do princípio da não discriminação, dado que o artigo 1.° não consagra propriamente um direito à propriedade. Assim, embora a própria Convenção permita no seu artigo 16.° restrições às actividades políticas dos estrangeiros, parece-nos que o princípio da não discriminação prevalece[414], pois não parece objectiva e razoavelmente justificada a discriminação em função da nacionalidade. No caso em questão o problema não é apenas jurídico, pois as circunstâncias históricas ocorridas nos países da Europa Central e Oriental, designadamente as alterações de fronteiras e o direito à nacionalidade, são alvo de graves controvérsias. Sem entrar na questão de fundo, deve apenas salientar-se que os problemas de nacionalidade decorrentes das mudanças territoriais não estão totalmente resolvidos[415], e o receio da aquisição de propriedades por parte de membros de minorias separados por fronteiras jurídicas, inspirou a inclusão deste tipo de normas nas constituições. A questão da indemnização de bens expropriados foi objecto de uma norma na Constituição da Hungria, sujeitando-a aos critérios do direito internacional[416], embora estivesse previsto recurso judicial apenas para o valor da indemnização. O Tribunal Constitucional considerou, porém, que o recurso deveria ser alargado à própria decisão de expropriação[417].

Relativamente à prática da Comissão sobre este artigo, merece referência a chamada *"präsumierte Vorbehalt"*[418], admitida numa queixa relativa à violação do artigo 1.° do Protocolo Adicional, decorrente de uma pena de confisco de metade do património por "colaboração com o inimigo", aplicada por um tribunal dinamarquês. O queixoso[419] alegava que as limitações ao direito de propriedade são taxativas, e como a Dinamarca não tinha formulado reservas nos termos do artigo 64.°

---

[413] Constituição da Eslováquia de 1992 (art. 20, n.° 2), Const. Eslovénia, de 1991 (art. 68), Const. Roménia de 1991 (art. 41, n.° 2), Constituição da Estónia, de 1992 (art. 32, n.° 3).

[414] Mascagni, P. – "Le restrizioni alle attività politiche degli straniere consentite dalla Convenzione Europea dei Diritti dell'Uomo", in *R.D.I.*, 1977, pág. 539.

[415] Chan, J. – "The right to a nationality as a human right/The current trend towards recognition", in *H.R.L.J.*, vol. 12, n.ºs 1-2, 1991, pág. 11 e segts.

[416] Artigo 13.° da Constituição da Hungria, alterada em 1989, pelo qual a expropriação deve estar subordinada a uma indemnização *"full, unconditional and prompt"*.

[417] Drzemczewski, *op. cit.,* pág. 211 e segts.

[418] Brändle, *op.cit.*, pág. 147.

[419] Queixa n.° 323/57, in *Ann.,* vol. I, pág. 241.

não era possível aplicar penas de multa equiparadas ao confisco. A Comissão considerou que o artigo 1.° não incluía multas, e apesar de todos os Estados membros possuírem este tipo de penas no seu direito processual penal nenhum tinha formulado reservas ao artigo 1.° com um tal conteúdo, pelo que elas não se poderiam excluir da interpretação da norma. Em decisões posteriores a Comissão decidiu de forma seme-lhante, argumentando de novo com a ausência de reservas para afastar a interpretação taxativa das limitações[420].

Tal interpretação, apesar de remontar ao início dos anos 60, prova que a Comissão presume as reservas na sua interpretação e admite-as tacitamente, o que contraria a convicção generalizada na doutrina de não admitir reservas senão as expressamente previstas ou aceites pelos órgãos de controlo.

i) Áustria

Para evitar incertezas em relação à aplicação do artigo 1.° o governo austríaco incluiu no instrumento de ratificação uma reserva de forma a salvaguardar as Partes IV e V do Tratado de Estado, relativas às reclamações e direitos de alterações ao direito de propriedade, decorrentes da última guerra.

Tal como em relação às outras reservas austríacas, a Comissão manteve-se preocupada em respeitar o fim prosseguido pelo governo, autor da reserva[421]. Assim, a Comissão, numa Decisão de Agosto de 1959[422], entendeu que a reserva que citava apenas o "Tratado de Estado" compreendia também a respectiva "lei de execução" (*Ausführungsge-setzte*) no sentido do direito administrativo[423]. Esta lei previa a criação de uma Comissão Federal de indemnização, destinada a indemnizar os prejuízos causados durante a ocupação da Áustria. Com efeito, afir-mava a Comissão, a intenção do governo austríaco era a de excluir do domínio de aplicação do artigo 1.° do Protocolo Adicional *todas as maté-rias*, incluindo todas as medidas legislativas e administrativas, respei-tantes às Partes IV e V do Tratado de Estado. Dado que as normas do Tratado não podem ser directamente aplicadas sem uma lei comple-

---

[420] Queixas n.ᵒˢ 1420/62 e 1477/62, in *Ann.*, vol. VI, pág. 620.
[421] Marcus-Helmons, *op. cit.,* pág. 22.
[422] Queixa n.° 473/59, Decisão de 29 de Agosto de 1959, in *Ann.* II, pág. 400.
[423] Kühner, *op. cit.,* pág. 74.

Análise das reservas   237

mentar, pois têm natureza constitucional, elas não produzem efeitos práticos sem serem completadas por outras medidas legislativas ou administrativas. Por outro lado, a Comissão insiste no "efeito prático" da reserva, atendendo ao facto de a interpretação contrária esvaziar o conteúdo da reserva, tirando-lhe todos os efeitos. Estamos, de novo, no entendimento de alguns autores, perante uma interpretação extensiva da reserva, dado que esta lei de execução, embora já estivesse em vigor no momento da formulação da reserva, não foi mencionada no seu texto. Assim, a Comissão rejeita a queixa acima citada alegando como fundamento o argumento da atribuição de efeitos a todas as consequências da reserva e o respeito das intenções do governo em causa[424].

As declarações de incompetência proferidas em queixas contra a Áustria[425], que implicavam a aplicação do artigo 1.° do Protocolo Adicional, como adiante veremos, foram também interpretadas extensivamente, alargando o seu âmbito à aplicação do artigo 6.° da Convenção. Aliás, a reserva relativa ao direito de propriedade decorre das consequências da *Anschluss* e ainda da situação de guerra. Afigura-se difícil compreender como se pode assim, alargar o âmbito de uma reserva, quando havia suficientes argumentos para excluir *ratione tempori* a aplicação da Convenção.

Se a interpretação extensiva relativa à reserva do artigo 5.°, que analisaremos adiante, nos parece injustificável, no caso desta reserva ao artigo 1.° do Protocolo Adicional poder-se-á subscrever a opinião de Monconduit. Este autor[426] entendia, tal como a Comissão, que esta lei estava incluída no âmbito da reserva formulada pelo governo austríaco, pelo que a Comissão poderia ter recusado pronunciar-se sobre o assunto. No entanto ela considerou que a questão em causa *"pose un sérieux problème"* às vítimas da ocupação, pelo facto de a reserva austríaca os privar do direito de recurso individual previsto pela Convenção. Monconduit viu mesmo nesta Decisão uma atitude restritiva na aplicação das reservas, o que já nos parece algo "forçado", pois, em sentido formal, existe efectivamente uma interpretação extensiva, que encontra, porém, justificação na própria natureza da lei constitucional.

---

[424] Marcus-Helmons, *op. cit.,* pág. 23.

[425] Annuaire de la Convention Européenne des Droits de l'Homme, n.° 5, 1962, págs. 82 a 87.

[426] Monconduit, F. – *La Commission Européenne des Droits de l'Homme,* Leida, 1965, pág. 163 e segts.

238 *As Reservas à Convenção Europeia dos Direitos do Homem*

Ainda a propósito da mesma reserva, a Comissão, já no final dos anos 70, num caso de não restituição de propriedade ocupada pelos militares alemães em 1938, refere os "problemas que pode suscitar o conteúdo da reserva e a sua conformidade com o artigo 64.°" e acrescenta que essa jurisprudência (de afastar sistematicamente a aplicação do artigo 1.° do Protocolo) poderia ser revista [427].

ii) *Luxemburgo*

A reserva formulada pelo Luxemburgo ao artigo 1.° do Protocolo Adicional visa salvaguardar a Lei de 26 de Abril de 1951, relativa à liquidação de certos bens, direitos e juros que, por pertencerem ao "inimigo" durante a guerra, foram objecto de medidas de sequestro. No texto da própria lei referem-se os bens e direitos "alemães", substituídos na reserva por "inimigo", pois o governo não teria querido mencionar os destinatários da lei, cujo Estado – a Alemanha – se tornaria em breve parte contratante [243].

A reserva refere expressamente a lei em causa, como exige o artigo 64.°, embora omita o seu "breve resumo", pelo que reduz em parte as obrigações decorrentes do artigo 1.° em relação ao Luxemburgo.

Foi justamente a respeito da reserva luxemburguesa que a Comissão se debruçou pela primeira vez sobre a questão das reservas. O requerente [244] – cidadão alemão – queixava-se do confisco dos seus bens no Luxemburgo, sem alegar uma violação do artigo 1.°. A Comissão invocou *ex officio* esta disposição, pois o confisco relacionava-se com este artigo e com a reserva formulada pelo Estado luxemburguês. Assim, concluiu, citando a reserva e sem apreciar a sua conformidade com o artigo 64.°, que a Queixa era incompatível com a Convenção e, consequentemente, inadmissível.

A Comissão não só não se pronunciou sobre a compatibilidade da reserva com o artigo 64.°, afastando, sem fundamentar, a aplicação da disposição em causa, como não aceitou apreciar os outros artigos invocados.

---

[427] Queixa n.° 8180/78, Decisão de admissibilidade de 10 de Maio de 1979, in *D&R*, 20, pág. 23 e segts.

[428] Brändle, *op. cit.* pág. 145

[429] Queixa n.° 388/58, Decisão de 8 de Janeiro de 1959 (não publicada).

Análise das reservas 239

Posteriormente, em duas outras queixas[430], a Comissão, contrariamente à sua prática, abandonou a interpretação extensiva da reserva às
outras disposições invocadas, aplicando a reserva apenas ao artigo 1.º
mas não às outras disposições com ele relacionadas.

iii) *Portugal*

A norma da versão originária da Constituição de 1976, na base da
qual incidiu a reserva portuguesa, pode incluir-se no que o Prof. Jorge
Miranda designou por "normas constitucionais específicas da opção
socialista"[431]. Com efeito o artigo 82.º, n.º 2, ao permitir que as *expropriações de latifundiários e de grandes proprietários e empresários ou
accionistas não dêem lugar a qualquer indemnização"* é, segundo
alguma doutrina da época, "apenas uma autorização constitucional deixada à discrição do legislador"[432], que, aliás, não foi propriamente utilizada, pois a Lei n.º 80/77, de 26 de Outubro, relativa às indemnizações
das nacionalizações, estabeleceu um regime menos favorável para os
grandes accionistas. Sendo a nacionalização uma forma particular de
expropriação, a norma do artigo 82.º, n.º 2, atinge o próprio "conteúdo
essencial" do direito à propriedade privada[433] e é claramente contrária
à concepção liberal da Convenção.

Assim, a reserva afirmava que "*o artigo 1.º do Protocolo Adicional
não obsta a que por força do disposto no artigo 82.º da Constituição, as
expropriações de latifundiários e grandes proprietários e empresários
ou accionistas possam não dar lugar a qualquer indemnização em
termos a determinar por lei*". No entanto, pela própria leitura do artigo
82.º, n.º 2, a generalidade da doutrina afirma que não há uma obrigação
constitucional de não indemnizar os grandes proprietários, pelo que, na
opinião dos comentadores da época, a reserva não era uma exigência
constitucional, mas sim uma opção política[434]. A questão da inconstitu-

---

[430] Queixas n.º 372/58 e 1828/63, Decisão de 29 de Setembro de 1969 (não
publicadas).
[431] Miranda, J. – *A Constituição Portuguesa de 1976*, Lisboa, 1977, pág. 505 e
segts.
[432] Gomes Canotilho/Vital Moreira – *Constituição Portuguesa Anotada,* 1.ª ed.
Coimbra, *1978*, pág. 206.
[433] Quadros, Fausto de – "O direito de reversão", in *Direito e Justiça*, vol. V,
1991, pág. 113.
[434] Pereira, António M., *op. cit.* pág. 182 e segts.

cionalidade desta norma foi levantada pelo Prof. Afonso Queiró, que considera que ela viola o "*standard* mínimo de justiça" contrário ao "património da *Rechtsstaatlichkeit*" e equiparável ao confisco[435]. Igualmente o Prof. Jorge Miranda afirma que a reserva ao artigo 1.º do Protocolo (bem como a do artigo 2.º) "*envolvem sentidos contrários às das correspondentes normas constitucionais ou restrições de direitos por elas não admitidos*", pelo que deve considerar-se inconstitucional[436].

A reserva formulada por Portugal surge ainda hoje inúmeras vezes citada na doutrina como exemplo de reserva que suscitou as únicas "objecções" levantadas a propósito das normas da Convenção Europeia e seus Protocolos. Concretamente, o Representante Permanente do Reino Unido enviou, em 7 de Fevereiro de 1979, uma carta ao Secretário-Geral do Conselho da Europa na qual reafirma que, segundo a opinião do seu governo, os princípios gerais do direito internacional requerem que se proceda a uma indemnização "*prompt, adequate and effective*" em caso de expropriação de uma propriedade estrangeira[437]. Por seu turno, o Representante Permanente da República Federal da Alemanha endereçou uma carta ao Secretário-Geral observando que, segundo a opinião do seu governo, a reserva emitida por Portugal não pode afectar as regras de direito internacional público que estipulam que uma indemnização rápida, adequada e efectiva deve ser paga em caso de expropriação de património estrangeiro[438]. Finalmente o Representante Permanente da França, em carta enviada ao Secretário--Geral do Conselho da Europa, referiu, expressamente, que a reserva (portuguesa) não afectaria os princípios gerais de direito internacional que requerem uma indemnização pronta, adequada e efectiva em caso de expropriação de bens estrangeiros[439]. A todas estas comunicações o Secretário-Geral respondeu que as declarações contidas nas cartas não constituíam uma objecção formal, pelo que as enviaria para informação a todos os Estados partes e aos órgãos de controlo da Convenção[440].

Como se pode verificar o teor das cartas é apenas declarativo e não afirma propriamente que Portugal infringiria o direito internacional

---

[435] Queiró, Afonso Rodrigues – *Lições de Direito Administrativo*, polic., Coimbra, 1976, pág. 301 e segts.

[436] Miranda, J. – *Manual de Direito Constitucional, cit.*, vol. IV, 1.ª ed., pág. 212.

[437] Carta publicada no *Annuaire CEDH*, vol. 22, 1979, pág. 16.

[438] Carta publicada no *Annuaire CEDH*, vol. 22, 1979, pág. 19.

[439] Carta publicada no *Annuaire CEDH*, vol. 22, 1979, pág. 21.

[440] Cartas publicadas no *Annuaire CEDH*, vol. 22, 1979, págs. 19, 21 e 23.

Análise das reservas 241

se se recusasse a pagar uma indemnização[441]. Como opina Rosalyn Higgins[442] as cartas são apenas um *"comment"*, ou uma *"reaction"* na expressão do Prof. Frowein[443]. Drzemczewski apelida-as mesmo de *"interesting correspondance"*[444], sem lhes atribuir quaisquer efeitos jurídicos.

É certo que, como atrás analisámos, o entendimento do direito internacional público clássico, em processos de nacionalizações, impõe aos Estados a obrigação de indemnizar os não nacionais e, ao tempo da formulação da reserva, a interpretação da Comissão ia no sentido de não alargar o direito à indemnização aos nacionais e apenas garantir os direitos dos não nacionais[445], pelo que era justamente aos estrangeiros que a reserva se dirigia.

Ora, o legislador ordinário português entendeu conceder indemnizações, por motivo das nacionalizações, na Lei n.º 80/77, de 26 de Outubro, pelo que a reserva visava apenas salvaguardar a norma constitucional da altura, o artigo 82.º n.º 2, aliás eliminado na Revisão Constitucional de 1982. Para apenas citar um exemplo, o Tribunal Constitucional português[446] entendeu mesmo que a Lei n.º 80/77 estabelecia categorias de "favorecidos", entre as quais se encontram os cidadãos estrangeiros, mas curiosamente sem invocar os "princípios gerais de direito internacional", alegando apenas a necessidade de evitar conflitos nas relações internacionais bilaterais. Segundo o Prof. Freitas do Amaral, não há fundamento constitucional para atribuir aos estrangeiros tratamento mais favorável, qualificando tal "favor" de *"discriminação invertida"*[447]. De facto, a fraqueza dos argumentos do Tribunal Constitucional e a aplicação do princípio da não discriminação conduzem-nos igualmente à conclusão da inconstitucionalidade da norma do tratamento mais favorável. Face à Convenção a questão já não se torna tão clara, porquanto a interpretação dos *princípios gerais de direito* poderia levar-nos a uma

---

[441] Gonçalves Pereira/Fausto Quadros, *op. cit.*, pág. 624, n.º 1.

[442] Higgins, *op. cit.*, pág. 361.

[443] Frowein, *op. cit.,* pág. 522.

[444] Drzemczewski, A. – *European Human Rights Convention in Domestic Law*, Oxford, 1981, pág. 155.

[445] Queixas n.ºs 511/59, de 20 de Dezembro de 1960, in *Ann.,* vol. III, pág. 423, e 2303/64, de 12 de Dezembro de 1966, in *D&R*, 22, pág. 16.

[446] Acórdão, n.º 39/88, de 9 de Fevereiro de 1988, in *D.R.*, n.º 52, de 3 de Março de 1988, pág. 755 e segts.

[447] Freitas do Amaral, D. – "Indemnização justa ou irrisória? Comentário ao Acórdão n.º 39/88, do Tribunal Constitucional, de 9 de Fevereiro", in *Direito e Justiça,* vol. V, 1991, pág. 61 e segts.

242 *As Reservas à Convenção Europeia dos Direitos do Homem*

conclusão diferente, a qual, como vimos acima, já não encontra hoje justificação, embora o debate constitucional sobre as nacionalizações esteja *"loin d'être clos"* [448] e a questão do direito à indemnização no direito português esteja, neste momento, a ser objecto de apreciação da Comissão e no Tribunal.

No entanto, o que nos parece inconstitucional é a própria norma do artigo 82.°, n.° 2, por ofensa ao sacrossanto princípio do respeito pela propriedade privada, que, apesar da evolução que sofreu nos últimos anos, não permite a imposição de uma tal regra. Assim, a negação de expropriação nega a própria essência do direito, ou, para usarmos a linguagem constitucional, o *"conteúdo essencial"* do direito, o que não se afigura admissível numa sociedade democrática.

iv) *São Marino*

A reserva formulada pelo governo de São Marino ao artigo 1.° do Protocolo Adicional refere que, devido às disposições legislativas em vigor, que regem o uso dos bens, de acordo com o interesse público, não pode ter influência sobre o regime em vigor em matéria de propriedade imobiliária dos cidadãos estrangeiros.

Ora, apesar da ausência de referência precisa à lei interna, tal reserva encontra naturalmente justificação nas especiais características territoriais da República de S. Marino, cuja exiguidade impõe precauções em matéria de direito de propriedade.

v) *Espanha*

A reserva formulada ao artigo 1.° do Protocolo Adicional, ratificado apenas em 1990, cita o artigo 33.° da Constituição espanhola, "deseando evitar cualquier incertidumbre" na aplicação do citado artigo o qual estabelece, entre outras, a garantia do direito à indemnização por expropriações de utilidade pública ou de interesse social [449].

---

[448] Bon, P. – "Les nationalisations en Europe de l'Ouest", in *V Cours International de Justice Constitutionnelle,* Aix-en-Provence, 6-11 de Setembro de 1993, pág. 1 (em publicação).

[449] Estudo detalhado do conteúdo deste direito no direito espanhol, *in* Garcia de Enterría/Ramon Fernandez – *Curso de Derecho Administrativo,* 3.ª ed., Madrid, 1991, pág. 201 e segts.

Por outro lado, nos termos do artigo 5.º, a Espanha reiterou a aceitação da competência da Comissão e da jurisdição do Tribunal relativamente a *factos ocorridos posteriormente à data* da declaração.

Naturalmente, que por força da aplicação do princípio da exaustão dos meios internos, os órgãos da Convenção não se pronunciaram ainda sobre esta reserva.

vi) *Bulgária*

O único Estado da Europa Central e de Leste a limitar a aplicação do artigo 1.º do Protocolo Adicional foi justamente a Bulgária. A reserva foi apresentada, em 1992, nestes termos: *"Les dispositions de la deuxième disposition de l'article 1 du Protocole additionnel ne portent pas atteinte au champ d'aplication ni le contenu de l'article 22, alinéa 1 de la Constitution de la Repúblique de la Bulgarie, selon lequel: 'Les étrangers et les personnes morales étrangères ne peuvent pas acquérir le droit de propriéte sur la terre sauf dans le cas de succession conformément avec la loi. Dans ce cas, ceux-ci doivent transférer leur propriété' ".*

De novo se coloca o problema da aplicação dos princípios gerais do direito internacional às indemnizações a atribuir aos cidadãos estrangeiros, já reconhecidos pelos órgãos da Convenção[450] a que o governo búlgaro se quis claramente eximir através desta reserva[451]. No entanto, a evidente discriminação em função da nacionalidade carece de justificação objectiva, como aliás as idênticas disposições constitucionais dos outros países da Europa Central e Oriental, apesar das razões políticas que motivaram a sua elaboração.

A obrigação de "transferência" imposta aos proprietários estrangeiros poderia, na opinião do Professor Flauss[452], ser aceite pelo Tribunal por prosseguir um fim legítimo. Parece-nos que a norma constitucional búlgara foi decerto inspirada em concepções jurídico-políticas algo retrógradas e decorrentes do regime político anterior à própria Constituição. Será talvez de aguardar a concretização de eventuais processos de "transferência" para se poder emitir juízos mais elaborados.

---

[450] Queixa n.º 11855/85 *Häkansson et Sturesson*, Relatório da Comissão de 15 de Outubro de 1988.

[451] Flauss, *op. cit.,* pág. 217 e segts.

[452] Flauss, *op. cit.,* pág. 217.

1.3.9. *O direito à liberdade de circulação (arts. 3.° e 4.° do Protocolo n.° 4)*

O Protocolo n.° 4 à Convenção, que entrou em vigor em 1968, protege alguns direitos relacionados com a liberdade de circulação das pessoas entre os Estados membros do Conselho da Europa, designadamente a entrada, a permanência e a expulsão de cidadãos nacionais e estrangeiros.

Segundo o n.° 1 do artigo 3.° do citado Protocolo "ninguém pode ser expulso, em virtude de disposição individual ou colectiva, do território do Estado de que for cidadão", e o n.° 2 prescreve que "ninguém pode ser privado do direito de entrar no território do Estado de que for cidadão".

Esta norma proíbe efectivamente a expulsão e não a extradição dos cidadãos nacionais e consagra o direito de permanecer no território e o direito de não ser expulso apenas relativamente aos cidadãos nacionais, pois os estrangeiros dependem do poder discricionário dos Estados[453], cuja fiscalização não é normalmente feita pelos órgãos de Estrasburgo. A Convenção não atribui aos órgãos de controlo da Convenção poderes de apreciação da legalidade dos actos de expulsão. A prática da Comissão aponta para uma aplicação rigorosa desta norma, salvaguardada apenas pela "protecção por efeito de ricochete"[454], ou seja, a Comissão e também o Tribunal consideram os efeitos da violação do direito à liberdade de circulação como tratamentos desumanos ou degradantes de que os queixosos podem ser vítimas[455] ou eventualmente como violação de outros direitos protegidos pela Convenção, para obstar à expulsão de estrangeiros. No entanto, o Protocolo n.° 7 à Convenção atribui aos estrangeiros uma série de garantias processuais que reforçam o direito à liberdade de circulação e que abordaremos adiante.

A norma do artigo 3.° do Protocolo n.° 4 não foi ainda objecto de uma jurisprudência conclusiva, pois nenhuma violação foi constatada, devendo também tomar-se em conta a jurisprudência do Tribunal de Justiça das Comunidades, que já produziu alguns acórdãos sobre a matéria[456].

---

[453] Cohen-Jonathan, *op. cit.,* pág. 84.

[454] Cohen-Jonathan, *op. cit.,* págs. 84-85.

[455] Queixa *Amekrane c/Reino Unido,* relatório de 19 de Julho de 1974.

[456] Acórdão *Adoui et Cornuaille,* de 18 de Maio de 1982, Casos 115 e 116/81, in *Recueil,* pág. 1665, citado com comentários in Delmas-Marty, *Raisonner la raison d'Etat, op.cit,* pág. 57 e segts.

Análise das reservas 245

Apesar disso verifica-se um "défice de garantia"[457] relativamente aos cidadãos estrangeiros no sistema da Convenção Europeia dos Direitos do Homem, que se constata também em outros direitos sobretudo de natureza processual.

i) *Áustria*

Ao artigo 3.º do Protocolo n.º 4, assinado em 1963 e ratificado em 1969 pela Áustria, foi formulada uma reserva que visa afastar a aplicação deste artigo e fazer prevalecer a Lei de 1919, relativa ao banimento e ao confisco dos bens da dinastia Habsburgo-Lorena, tendo em conta a Lei Constitucional Federal de 1963.

A chamada Lei dos Habsburgos foi "interpretada" na *BGBl* 172/ /1963, a qual afirma que os titulares da Coroa e os membros da Casa Habsburgo-Lorena não poderão entrar no território enquanto não renunciarem aos direitos e não se considerarem cidadãos fiéis à República, o que deve ser verificado pelo Governo e pelo *Nationalrat*.

Por outro lado, no Tratado de Estado de 1955, a Áustria tinha-se obrigado a manter em vigor esta lei, pelo que não era possível deixar de formular esta reserva que efectivamente limita os efeitos do artigo 3.º, ou seja, proíbe a entrada dos membros da Família Habsburgo-Lorena em território austríaco[458].

Curiosamente, a Comissão teve já oportunidade de se pronunciar sobre esta reserva. Com efeito, numa queixa apresentada pelo próprio filho do Imperador Carlos II contra a Áustria[459] invocou justamente esta reserva, que considerou contrária ao Tratado de Saint-Germain de 1919 e não preenchendo as exigências do artigo 64.º da Convenção. No entanto, a Comissão entendeu que a reserva era aplicável, pois referia expressamente a Lei de 3 de Abril de 1919 e estava em vigor no momento em que a reserva tinha sido formulada. O seu teor era suficientemente preciso e incluía a referência à lei em causa. Em suma, a Comissão considerou-se incompetente *ratione materiae* e, entre outras razões, declarou a Queixa inadmissível.

---

[457] Duarte, M.ª Luísa – *A Liberdade de circulação de pessoas e a ordem pública...*, cit., pág. 64.

[458] Brändle, *op. cit.,* pág. 165 e segts.

[459] Queixa n.º 15344/89, *Habsburg-Lothringen c/Áustria*, Decisão de 14 de Dezembro de 1989, in *D&R,* 64, pág. 210 e segts.

Neste momento, após a adesão da Áustria à União Europeia, poder-se-á levantar a questão da conformidade desta Lei ao direito comunitário. Evidentemente que o problema ultrapassa o âmbito deste trabalho, mas não quisemos deixar de o levantar.

ii) *Irlanda*

No momento da assinatura, em 1963, o governo da Irlanda apresentou uma Declaração segundo a qual a extradição se aplica igualmente às leis de execução de mandatos de captura emitidos por outro Estado parte.

A doutrina apelidou-a de Declaração *"très ferme"*[460], mas ela encontra justificação nos graves problemas de terrorismo do Ulster, que se refletem naturalmente junto das autoridades da República da Irlanda.

iii) *Itália*

O governo italiano incluiu no seu instrumento de ratificação uma Declaração relativa à entrada e saída do território nacional de certos membros da dinastia de Sabóia, por imposição das disposições constitucionais.

Com efeito, o parágrafo XIII das "Disposições transitórias e finais" da Constituição italiana de 1947 afirma que os ex-Reis da Casa de Sabóia, os seus consortes e descendentes masculinos não podem entrar nem permanecer em território italiano, estendendo-se tal norma aos membros não nascidos no momento da entrada em vigor da Constituição, segundo a jurisprudência do Conselho de Estado[461]. Tal norma obsta naturalmente ao comparecimento em Tribunal dos descendentes do ex-Rei de Itália, o que lhes atribui uma "imunidade de facto" e que adiou por tempo indeterminado um processo penal em que era parte um descendente masculino do ex-Rei Humberto.

Esta norma nunca foi objecto de revisão constitucional, nem foi apreciada pelos órgãos de Estraburgo e continua a ser aplicada na

---

[460] Marcus-Helmons, *op. cit.*, pág. 19.

[461] Jurisprudência citada in Pescatore, e outros – *Costituzione e Leggi sul processo Costituzionale e sui Referendum*, 2.ª ed., Milão, 1992, pág. 1468 e segts.

Análise das reservas 247

prática, apesar da sua duvidosa conformidade com a actual liberdade de circulação comunitária.

iv) *Chipre*

A declaração do governo da República de Chipre afasta a aplicação do artigo 4.° do Protocolo, que proíbe a expulsão colectiva de estrangeiros, aos que se encontrem ilegalmente em Chipre, na sequência da invasão e ocupação militar pela Turquia.

A Comissão entendeu já que as expulsões colectivas não se verificavam nos casos em que tais medidas fossem tomadas com base num exame razoável e objectivo da situação particular de cada estrangeiro que compõe o grupo[462]. Assim, para lá das razões políticas que integram o caso de Chipre, não será de recear uma decisão rígida da parte dos órgãos de controlo da Convenção.

1.3.10. *O direito à liberdade e as garantias processuais (art. 5.°)*

As disposições respeitantes ao direito processual são, de longe, as mais invocadas pelos indivíduos nas queixas aos órgãos de controlo da Convenção. Os problemas giram à volta da interpretação prática das garantias judiciais atribuídas aos particulares pela Convenção.

O direito à liberdade e à segurança é o princípio geral garantido no artigo 5.°, solenemente reconhecido pelo Tribunal Europeu no Acórdão *De Wildde, Ooms e Verps*[463]. Assim, a Convenção prevê um conjunto de excepções de casos de privação de liberdade autorizados taxativamente no seu articulado. Genericamente as detenções devem ser "legais" e "regulares", tanto para períodos de detenção de curta duração, como para penas de prisão após condenação por um tribunal competente, independente e imparcial.

A interpretação extensiva feita pelos órgãos de controlo ao artigo 5.°, alargando o seu âmbito ao direito processual administrativo, levantou inúmeros problemas, designadamente no âmbito das expulsões dos cidadãos estrangeiros. Ainda nos casos de medidas de privação de liberdade por parte de autoridades administrativas e a ausência do

---

[462] Queixa n.° 7011/75, Decisão de 3 de Outubro de 1975, in *D&R,* 4, pág. 256.
[463] Acordão T.E.D.H., de 18 de Junho de 1971, Série A, n.° 12, § 64-65.

respectivo recurso judicial levantou aceso debate, como veremos a respeito da Áustria.

O número das reservas aos artigos 5.º e 6.º revela-se claramente superior em relação às outras disposições da Convenção. Cabe porém assinalar que o conteúdo das reservas diverge aqui ainda mais entre os Estados partes que participaram na elaboração da Convenção e a ratificaram antes da entrada em funcionamento da Comissão e do Tribunal e aqueles cuja ratificação ocorreu alguns anos depois. Numa apreciação geral das reservas ao artigo 5.º, apenas a Áustria e a Suíça as formularam para afastar o direito processual administrativo do seu âmbito, tendo Portugal, França, Espanha, República Checa, Eslováquia, Roménia e Lituânia aposto reservas ao direito penal militar, que, como veremos de seguida, foi objecto de um Acórdão do Tribunal Europeu condenando os Países Baixos por violação do artigo 5.º em relação a membros das Forças Armadas [464].

Merece por isso especial referência o direito penal militar, que tradicionalmente reveste características especiais e distintas do direito processual penal, as quais foram justamente objecto deste importante Acórdão do Tribunal Europeu, relativo a uma sanção disciplinar por incitação à indisciplina militar em panfletos. Com efeito a afectação a uma unidade disciplinar foi considerada como uma privação de liberdade não atribuída por um tribunal competente. As limitações admitidas pelo artigo 5.º são exaustivas e deixam aos Estados uma estreita margem de apreciação, devendo por isso ser objecto de uma interpretação restritiva. No entanto, a situação concreta em que se encontra a pessoa em causa deve também ser tida em conta pelo que, no caso dos membros das Forças Armadas, o Estado tem uma maior "margem de apreciação". Parece-nos que se pode aqui aplicar a chamada "teoria das limitações decorrentes das 'características inerentes' ao estatuto pessoal", já desenvolvida pela Comissão a respeito das actividades políticas dos militares [465]. O problema de assegurar aos militares um *minimum incompressible* [466] de direitos, impõe que a disciplina militar não escape ao âmbito do artigo 5.º [467].

---

[464] Acordão T.E.D.H., *Engel (Países Baixos)*, de 8 de Junho de 1976, Série A, n.º 22, § 80.

[465] Sinagra, A. – "I diritti dell'uomo e le Forze armate in materia de associazioni", in *Studi in onore de Giorgio Balladore Palliere,* Milão, 1978, pág. 584 e segts.

[466] Eissen, M.A. – "Les Droits de l'Homme dans les Forces Armées", in *Recueils de la Société International de Droit Pénal Militaire et le Droit de la Guerre,* 7.º Congresso Internacional, San Remo, 1976, pág. 964.

[467] Acórdão *Engel*, loc. cit., § 57 e 59.

Análise das reservas   249

A distinção de tratamentos em matéria de privação de liberdade entre civis e militares foi claramente assumida pelo Tribunal no referido Acórdão *Engel*, embora sujeita à aplicação dos critérios da Convenção, o que deu origem às reservas da França, Portugal e Espanha, ainda na década de 70, e da República Checa, Eslováquia e Roménia, já na década de 90, como veremos de seguida.

Dado que parte dos direitos consagrados na Convenção são essencialmente de natureza civil e penal, é na legislação ordinária que se encontram as normas contrárias à Convenção e, por consequência, a ela, se referem parte das reservas formuladas pelos Estados. Assim, algumas das reservas relativas às leis militares visam simultaneamente os artigos 5.º e 6.º, pelo que optámos pela sua análise na parte relativa ao artigo 5.º.

Deve ainda acrescentar-se que a ausência de reservas não significa uma total conformidade das ordens jurídicas internas com as normas da Convenção. Disso são testemunho a prática da Comissão e a jurisprudência do Tribunal, que condenam inúmeras vezes os Estados partes não só por violações da Convenção na aplicação da lei em casos concretos, como por constatação da existência de leis internas contrárias à Convenção. O exemplo do prazo da *"garde à vue"* em França[468] será talvez um dos mais debatidos na doutrina[469].

i) *Áustria*

Para evitar ser acusado de violar disposições convencionais, o governo de Viena, ao propor ao Parlamento a ratificação da Convenção em 1958, formulou reservas às garantias dos artigos 5.º e 6.º. O relatório explicativo que acompanhou o projecto de lei esclarece o sentido e as razões da formulação destas reservas. Assim, as autoridades austríacas referem que o entendimento atribuído pela Convenção às disposições de direito processual administrativo e civil não era semelhante às leis austríacas, "apesar destas serem das mais modernas da Europa"[470], pelo

---

[468] Constantinesco, V. – "A propos de la reconnaissance par la France du droit de recours individuel" in *Europe en Formation,* 1981, n.º 246, pág. 33.

[469] Boulan, F. – "La Convention européenne des droits de l'homme et le droit pénal procédural", in *Universität des Saarlands Europa-Institut,* n.º 252, 1991, pág. 5 e segts.

[470] Citado *in* Brändle, *op.cit.,* págs. 71 e 72.

250 *As Reservas à Convenção Europeia dos Direitos do Homem*

que seria necessário formular reservas de forma a melhor proteger os indivíduos e eliminar incertezas. Foi como uma *ex abundanti cautela* que o governo austríaco justificou a formulação das reservas[471].

A situação da Áustria revela particular interesse, pois, como atrás analisámos, a "elevação", em 1964, da Convenção à categoria de lei constitucional, fazendo-a passar a ter o mesmo valor hierárquico da Declaração de direitos dos nacionais de 1867, não se traduziu imediatamente em reformas legislativas de fundo, de modo a tornar as leis internas conformes à Convenção. Pelo contrário, o governo austríaco entendia mesmo, à maneira americana, que os direitos do homem já estavam assegurados e protegidos pela ordem jurídica interna[472], pelo que a adesão à Convenção não teria propriamente consequências no sistema constitucional e legislativo. No entanto, nas últimas décadas, as leis austríacas foram sendo modificadas, e sobretudo a jurisprudência interna evoluiu não só na linha da Convenção como também no sentido da própria prática da Comissão e do Tribunal dos Direitos do Homem.

O governo austríaco declarou, no texto da reserva, que o artigo 5.º seria aplicado sem interferir nas disposições da lei processual administrativa (BGBl 172/1950), relativamente às medidas de privação de liberdade, que continuarão sujeitas ao controlo do Supremo Tribunal Administrativo e do Tribunal Constitucional, de acordo com a Constituição da Áustria.

As críticas da doutrina a esta reserva visam em primeiro lugar a sua falta de clareza, que admite várias interpretações, bem como a sua não conformidade ao artigo 64.º da Convenção[473], pois omite o conjunto de leis avulsas que permitem a aplicação de penas de prisão por autoridades administrativas. Ou seja, a lei citada na reserva apenas inclui as normas processuais a observar pelas autoridades para a imposição das penas, pelo que a base legal destas penas encontra-se em textos de nível inferior[474].

Logo no início da sua actividade, a Comissão Europeia dos Direitos do Homem entendeu interpretar extensivamente a reserva formu-

---

[471] Brändle, *op. cit.*, pág. 72.

[472] Rill, Heinz Peter – "Die Artikel 5 und 6 der europäischen Menschenrechtskonvention, die Praxis der Straßurger Organe und des Verfassungsgerichtshofes und das österreichische Verfassungssystem", in *Festschrift für Günther Winkler*, 1989, pág. 15.

[473] Hock, *op. cit.*, pág. 177.

[474] Öhlinger, Theo – "Austria and Article 6 of the European Convention on Human Rights", in *European Journal of International Law*, vol. 1, 1990, pág. 287.

Análise das reservas 251

lada ao artigo 5.º, pela Áustria, ou seja alargar a sua aplicação às outras leis de processo administrativo que prevêm medidas de privação da liberdade mas omitidas no texto da reserva[475]. Assim, o requerente – condutor em excesso de velocidade em estado de embriaguês – alegava que a pena de duas semanas de prisão que lhe foi aplicada pelas autoridades policiais de Viena violava o artigo 5.º da Convenção. A decisão tinha por base a *Kraftfahrgesetz* de 1955 e a *Straßenpolizeigesetz* de 1947, que não estão incluídas no *BGBl.* 172/1950, citado no texto da reserva. Assim, segundo o requerente, da reserva autríaca não decorria a intenção de incluir todas as decisões administrativas que impunham penas de prisão. O tribunal administrativo austríaco entendia, por seu lado, alargar o âmbito das penas de prisão, citadas na reserva, a todas as medidas de privação de liberdade (*Freiheitsentzugsmaßnahmen*) das leis processuais administrativas, ou seja, afastar a aplicação da garantia dos artigos 5.º e 6.º, pois neste caso não tinha havido sentença de condenação proferida por um juiz independente.

Esta interpretação extensiva da reserva atribui-lhe naturalmente um carácter geral, contrário à cláusula de reservas do artigo 64.º. Por outro lado, parece-nos que, segundo um princípio geral de direito, as reservas, pela sua natureza excepcional, não devem ser interpretadas extensivamente, pelo que todas as leis não mencionadas na reserva estão automaticamente excluídas do seu âmbito.

O Governo defendeu-se alegando que a reserva ao artigo 5.º da Convenção também abrange o § 10.º do "Código penal administrativo" – que está incluído no *BGBl* 172/1950 – e afirmou que tanto as sentenças como a sua execução deviam estar de acordo com as leis administrativas. Ora, as leis invocadas neste caso – *Kraftfahrgesetz* e a *Straßenpolizeigesetz* – incluem-se justamente neste conjunto de leis administrativas coberto pelo citado Código. Acrescenta ainda o Governo austríaco que a sua intenção ao formular a reserva não era evidentemente restringi-la apenas aos poucos casos previstos no *BGBl,* mas também à lei geral de procedimento administrativo, sem a qual a reserva seria desprovida de sentido[476].

A conclusão da Comissão Europeia dos Direitos do Homem revela-se de particular interesse, pois em primeiro lugar levanta um problema específico de direito internacional que é a questão da tradução[477]. Assim,

---

[475] Queixa n.º 1047/61, in *Ann.*, IV, pág. 356.
[476] Queixa n.º 1047/61, in *Ann.,* IV, pág. 357 e segts.
[477] Weston, M. – "The role of translation at the European Court of Human Rights", in *Mélanges Wiarda*, Colónia, 1988, pág. 679 e segts.

o texto original da reserva refere *"die in den Verwaltungsverfahrensge-setzen BGBl. n.º 172/1950 vorgesehen Manahmen des Freiheitsen-tzuges"*, cujo verbo foi traduzido para inglês por *"prescribed"* e não por *"provided for"*, que seria o termo mais correcto. Dado que a reserva foi depositada em língua alemã, considerou a Comissão que a alegada violação do artigo 5.º deve ser analisada à luz do texto original e não de uma tradução aproximada. Por outro lado, a Comissão retomou a interpretação do Governo e considerou que a *Kraftfahrgesetz* e a *Straßenpolizeigesetz* eram "regulamentos administrativos" que davam às autoridades administrativas poderes para aplicar penas de prisão e estavam em vigor no momento da formulação da reserva, apesar de não se encontrarem referidas no seu texto. Deste modo o respectivo con-teúdo estende-se *"in any case"* às leis aplicadas ao requerente, pelo que a queixa estava incluída na previsão da reserva e considerada "inadmis-sível". A Comissão absteve-se claramente de exprimir juízos de fundo sobre o conteúdo da reserva, e mesmo sobre a omissão, no texto da reserva, de todas as leis em vigor no momento da sua formulação, que podem cair sob a sua alçada. Considerou assim aplicável a reserva a todas as leis que conferem às autoridades administrativas poderes para aplicar penas de prisão[478].

Como veremos adiante, mais tarde o Tribunal Constitucional aus-tríaco viria a interpretar esta reserva ao artigo 5.º de maneira diametral-mente oposta à Comissão, ou seja, deu-lhe uma interpretação restritiva.

Numa outra Queixa apresentada junto da Comissão contra a Áus-tria[479], logo no ano seguinte, o requerente invocou o "carácter geral" da reserva austríaca ao artigo 5.º e a falta da "pequena descrição da lei em causa" referida no n.º 2 do artigo 64.º. A Comissão não atendeu a estes argumentos e considerou que as leis aplicadas ao requerente, apesar de não se encontrarem citadas na reserva, eram "regulamentos administra-tivos" no sentido do Código penal administrativo citado na reserva, em vigor no momento da ratificação.

A Comissão pretendia que era essa a vontade do Governo austríaco, o que se nos afigura, no mínimo, discutível, pois, como acima vimos, no relatório que acompanhou o projecto de lei de aprovação para ratificação, o Governo entendia que a reserva era formulada por razões de certeza jurídica e não porque o sistema administrativo fosse contrário à Convenção.

---

[478] Brändle, *op. cit.*, pág. 79.
[479] Queixa n.º 1452/62 , *Hurdes (Austria)*, in *Ann.*, vol. VI, 286, págs. 12-121.

Análise das reservas 253

Na mesma Queixa já acima referida[480], o requerente alegou a violação do artigo 6.º, pois um recurso para o *Verwaltungsgerichtshof* foi rejeitado e o tribunal não examinou o mérito da causa. A Comissão rejeitou estes argumentos e alegou que todo o processo penal administrativo austríaco estava coberto pela reserva formulada ao artigo 5.º, apesar de o texto da reserva não mencionar o artigo 6.º, as normas processuais devem ser analisadas *"as a whole"* e não devem ser consideradas como divididas em partes separadas, a umas aplicando-se a Convenção e a outras afastando-a. Deste modo, a reserva deve cobrir não apenas as "medidas de privação de liberdade" mas também os processos conducentes a uma decisão definitiva, tomada pelas autoridades administrativas distritais e federais, pela qual o "acusado" é privado de liberdade, de acordo com as disposições das leis mencionadas na reserva.

Esta "interpretação extensiva" reincidente, muito criticada pela doutrina, tinha novamente por fundamento a interpretação da pretensa vontade do governo austríaco da época. Ora, como afirmámos atrás, a reserva foi formulada por "excesso de zelo" e não porque o Governo austríaco considerasse que o processo administrativo era contrário à Convenção[481], o que não se nos afigura claramente demonstrado.

O entendimento da Comissão no sentido de alargar o âmbito da reserva é prosseguido nas decisões de inadmissibilidade das queixas ao longo da década de 60[482], inclusivamente nas relativas às penas disciplinares dos militares, as quais excluem qualquer recurso. Assim, apesar do artigo 64.º referir expressamente que as reservas devem ser feitas em relação a "uma lei então em vigor" e na medida em que ela não esteja conforme à Convenção, a Comissão afirmou que a reserva formulada pela Áustria, em 1958, abrange uma lei de 5 de Julho de 1962, a qual se limita a aplicar um princípio geral já incluído numa lei em vigor no momento da formulação da reserva[483].

Alguns anos mais tarde, a Comissão foi ainda mais longe ao considerar incluída na reserva uma lei – *Straßenverkehrsordnung* – posterior à ratificação da Convenção e portanto não em vigor ao tempo

---

[480] Queixa n.º 1452/62, idem, pág. 6.

[481] Brändle, *op. cit.*, pág. 80.

[482] Kopetzki, C. – "Art. 5 und 6 EMRK und das österreischische Verwaltungsverfahrensrecht", in *EuGRZ*, 1983, Heft 7, pág. 174 e segts.

[483] Queixa n.º 1731/62, Decisão de 16 de Dezembro de 1964, in *Ann.*, vol. VII, pág. 193 e segts.

da formulação da reserva[484], o que contraria manifestamente a própria cláusula de reservas do artigo 64.º e exclui as leis publicadas após Setembro de 1958.

Assim, apesar de a Comissão sempre ter afirmado que as reservas só podiam ser consideradas em relação a leis *em vigor* no momento da sua formulação, ela considerou que as *Straßenverkehrsordnungen* de 1947 e de 1960 eram substancialmente as mesmas. Ou seja, a nova lei não pretendeu alterar as disposições que estavam excluídas da competência da Comissão pela reserva ao artigo 5.º. O seu sentido próprio, segundo a Comissão, referia-se a todas as medidas de privação de liberdade previstas nas leis de processo administrativo.

A Comissão estendeu assim o âmbito da reserva a uma *Gegenstand*, ou seja, a um assunto determinado, neste caso o processo administrativo, e não apenas a leis em sentido próprio. Assim, tal como afirma Brändle, a Comissão parece aceitar tendencialmente, as leis futuras, mesmo se elas não estavam obviamente abrangidas pela reserva. Ou seja, sendo o domínio o mesmo do previsto nas leis objecto de reserva, as leis futuras serão excluídas da apreciação dos órgãos da Convenção[485].

Assim, a Comissão reconheceu, relativamente à reserva formulada ao artigo 5.º da Convenção, que as leis cobertas pela reserva vão para além da lei citada expressamente no seu texto, abrangendo um conjunto de leis de direito processual administrativo que prevêm decisões de privação de liberdade tomadas por autoridades administrativas. Esta legislação inclui não só as normas em vigor no momento da ratificação, mas abrange também as leis publicadas posteriormente. Por outro lado, a interpretação extensiva da reserva ao artigo 5.º refere-se também à fase final do processo penal administrativo, ou seja, à execução da pena, prevista no artigo 6.º[486], o que não estava claramente previsto no teor da reserva. Ao considerar que uma reserva cobre todas as leis que têm directamente a ver com a matéria em causa, mesmo que não estejam ou não possam estar citadas no seu texto, a Comissão faz uma interpretação extensiva que pretende dar "efeito útil" à reserva, procurando encontrar a intenção do Estado que a formulou[487]. Este

---

[484] Queixa n.º 2432/65, *loc. cit.*, pág. 122.

[485] Brändle, *op.cit.*, pág. 82.

[486] Brändle, *op.cit.*, pág. 83.

[487] Vasak, *op.cit.*, pág. 69.

entendimento, foi unanimemente rejeitado pela doutrina. Alguns autores consideram a reserva austríaca desprovida de efeitos, para além dos expressamente previstos no seu texto. Tal interpretação vai mesmo além da jurisprudência do Tribunal Constitucional austríaco que, como adiante veremos, apreciou por várias vezes esta reserva.

A interpretação extensiva de uma reserva à Convenção afigura-se-nos inaceitável, pois a primeira das funções do direito internacional dos direitos do homem e em particular da Convenção, visa não só aplicar-se directamente na ordem interna, como também tornar as leis nacionais conformes à Convenção, de modo a atingir os fins previstos no Preâmbulo. Ora, apesar da cláusula de reservas da Convenção não o prever expressamente, nem obrigar os Estados partes as alterações legislativas necessárias, parece-nos que será dever implícito dos Estados fazê-lo. Neste contexto, adoptando a Comissão esta posição permissiva e excessivamente respeitadora da vontade dos Estados, estes não se sentirão decerto constrangidos a alterar a sua lei interna para a tornar conforme à Convenção. A Comissão abdicou assim, nesta fase, da sua função de controlo, que mais tarde avisadamente veio a alterar.

Já nos anos 80, numa outra queixa dirigida contra a Áustria[488], a Comissão alargou igualmente o âmbito da reserva formulada ao artigo 5.°, estendendo-a ao artigo 6.°, tornando este último inaplicável nos casos relativos à possibilidade de recurso para um órgão judicial de uma decisão administrativa de privação de liberdade. A Comissão refere "a expressa vontade do Governo austríaco" de excluir o processo de execução administrativa do âmbito da aplicação da Convenção. Um dos aspectos salientados pela Comissão ao apreciar as reservas diz respeito à chamada "intenção subjectiva das partes", desenvolvida pela doutrina clássica das reservas que analisámos na Parte I, nomeadamente por Ruda, que refere: *everything depends on the intention of the declaring State in the specific case*[489].

A doutrina, tanto francófona, como anglo-saxónica, mais propícia a aceitar o respeito da "vontade soberana dos Estados" criticou, durante muitos anos, a interpretação da Comissão. Assim, autores como Jacobs consideraram que a Comissão *appears to have gone too far in accepting that a later law in the same field might be brought within the scope of*

---

[488] Queixa n.° 8998/80, *X c/Áustria,* Decisão de 3 de Março de 1983, in *D&R,* 32, pág. 150 e seg.

[489] Ruda, *op. cit.,* pág. 106.

a reservation" [490]. Kühner considera-a como uma *"staatenfreundliche Tendenz"* [491].

Mais recentemente, já na década de 90, o Tribunal Europeu apreciou a reserva austríaca ao artigo 5.º no Acórdão *Chorherr* [492], considerando-a compatível com o artigo 64.º. Negou-lhe o "carácter geral", pois não estava redigida em termos vagos ou amplos de modo a impedir apreciar o seu exacto "campo de aplicação". O "breve resumo da lei em causa", como elemento de prova e factor de segurança jurídica, estava salvaguardado pela remissão para o *Jornal Oficial*, que identificava correctamente as leis visadas pela reserva que instituem um regime da repressão de infracções que define os actos puníveis e as respectivas penas [493]. Em resumo, a reserva era compatível com o artigo 64.º da Convenção.

Estamos de novo perante o que o Prof. Flauss designa de "cristalização de uma teoria pretoriana do direito das reservas", que levanta desde logo o problema do duplo controlo das reservas por parte dos Estados e pelos órgãos de controlo [494].

Tal doutrina foi seguida recentemente pela Comissão numa pluralidade de queixas, nas quais o governo austríaco pretendia aplicar a reserva do artigo 5.º às condições previstas no artigo 6.º, tendo a Comissão considerado que a reserva (ao artigo 5.º) não impedia a apreciação da queixa face ao artigo 6.º [495]. Relativamente aos mesmos casos, o Tribunal Europeu entendeu que a reserva deve ser interpretada *stricto sensu* e só poderia ser invocada se estivessem em causa as disposições administrativas citadas nas leis que a reserva especifica. Ora, no caso concreto estava em causa o Código da Estrada que não se encontra citado no texto da reserva, pelo que a sua aplicação deve ser afastada [496].

---

[490] Jacobs, Francis – *The European Convention on Human Rights,* Oxford, 1975, pág. 214.

[491] Kühner, *op. cit.* pág. 75.

[492] Acórdão T.E.D.H., de 25 de Agosto de 1993, Série A, n.º 266-B, § 17-21.

[493] Idem, § 19.

[494] Flauss, J.F. – "Actualité de la Convention européenne des Droits de l'Homme", in *A.J.D.A.*, n.º 1, de 20 de Janeiro, 1994, pág. 18.

[495] Queixas n.º 15527/89, n.º 16841/90, n.º 16718/90, relatórios da Comissão de 19 de Maio de 1994 (não publicados).

[496] Acórdãos T.E.D.H., *Schmautzer, Umlauft, Gradinger, Palaoro, Pfarrmeier,* todos de 23 de Outubro de 1995, Série A, n.ºs 328-A, 328-B, 328-C, 329-B, 329-C, respectivamente, § 29-31, § 32-34, § 37-39, § 36-38, § 33-35, respectivamente.

Curiosamente, num Relatório da mesma data, a Comissão [497] admite de novo a aplicação, sob o âmbito da reserva, de leis que não estavam em vigor à data da sua formulação. Para tal invoca a *réglementation semblable*" sobre construção imobiliária em vigor em 1958. A imprecisão de tal entendimento, que afasta a interpretação mais formalista e rígida do Tribunal e revela ainda o respeito pela "vontade dos Estados", característico da Comissão, sem reconhecer que a finalidade da Convenção e, designadamente, da cláusula de reservas é justamente "forçar" as alterações legislativas. Ao admitir apenas as leis em vigor no momento da formulação, a cláusula de reservas visa implicitamente modificar as leis internas futuras, de acordo com a Convenção, e evitar manter um *"status quo"* a ela contrário. Por seu turno, o Tribunal Europeu ao apreciar o mesmo processo entendeu que não estava em causa nenhuma das leis internas invocadas na reserva, pelo que se devia afastar a aplicação da reserva [498].

Esta evolução jurisprudencial merece o maior aplauso, porquanto é conhecido o respeito que as instâncias de Estrasburgo demonstram em relação às autoridades dos Estados partes na Convenção e à respectiva concepção alargada do teor das reservas. A interpretação restritiva e o consequente afastamento da aplicação das reservas contribuíram de modo decisivo para a autonomia e valorização do direito da Convenção, cujas garantias se vêem assim alargadas.

ii) *Suíça*

A reserva suíça ao artigo 5.° revela uma rigorosa interpretação da Convenção e destina-se a fazer prevalecer leis cantonais sobre internamento de menores por decisão de autoridades administrativas, e assim afastar a aplicação das garantias do artigo 5.° da Convenção. A reserva foi desde logo formulada com carácter provisório, pois já estava iniciado um processo de alteração das leis cantonais que já se consideravam obsoletas [499].

---

[497] Queixa n.° 16713/90, *Pramstaller c/Áustria,* Relatório de 19 de Maio de 1994 (não publicado).

[498] Acórdão T.E.D.H., *Pramstaller c/Áustria,* de 23 de Outubro de 1995, Série A, n.° 329-A, § 36.

[499] Haefliger, A. – *Die Europäische Menschenrechtskonvention und die Schweiz,* Berna, 1993, pág. 26 e segts.

Cabe aqui assinalar que a generalidade da doutrina considera que a decisão de "privação da liberdade" de um menor, que tivesse comportamentos perigosos para a ordem pública, pode ser tomada face ao direito da Convenção, por uma autoridade judicial ou administrativa [500]. No entanto deve estar prevista a possibilidade de recurso da decisão para o menor ou seu representante legal. A Comissão e o Tribunal [501] já consideraram a "convencionalidade" das detenções de menores, desde que *"feita com o propósito de o educar sob vigilância"* de acordo com o artigo 5.º, n.º 1, *d*).

Curiosamente, também a nível da lei federal suíça era possível tal internamento de menores sem recurso para uma autoridade jucicial, tal como a Convenção exige. A questão colocou-se num caso resolvido por "acordo amigável" [502] que levou à alteração posterior da lei, tendo a reserva sido retirada em 1982.

iii) *França*

A reserva formulada pela França ao artigo 5.º refere-se ao regime disciplinar das Forças Armadas e estende-se também ao artigo 6.º, tendo por objecto o Estatuto Geral dos Militares na parte relativa ao regime disciplinar das Forças Armadas, bem como o artigo 375.º do Código de Justiça Militar francês. Assim, tal como em outros países, os militares estão sujeitos a mecanismos especiais de sanções disciplinares, determinadas com base em "decretos" (não em lei) pela própria autoridade militar. Ora tais disposições são dificilmente compatíveis com os artigos 5.º e 6.º da Convenção, que prevêm a proibição da privação da liberdade, salvo em certos casos muito restritos enumerados na Convenção e sob controlo de um magistrado, devendo o julgamento ser feito num prazo razoável e com um processo equitativo. Por outro lado as penas devem estar previstas em lei e não em decreto, como é o caso das penas disciplinares dos militares.

Durante o debate parlamentar, a reserva foi qualificada pelo governo francês de reserva de "prudência", ou *"scrupule de dernière*

---

[500] Velu/Ergec, *op. cit.,* pág. 274 e segts.

[501] Acórdão T.E.D.H. *Bouamar (Bélgica)*, de 29 de Fevereiro de 1988, Série A, n.º 129, § 50.

[502] Trechsel, S. – "A Convenção Europeia dos Direitos do Homem e a experiência suíça", in *BMJ-DDC*, 1983, pág. 262.

Análise das reservas 259

heure", e, por um Deputado da Assembleia, de "precaução excessiva"[503], mas revelou-se da maior utilidade perante o Relatório da Comissão relativo a militares holandeses (apreciado na mesma altura da ratificação) e o posterior Acórdão do Tribunal *Engel* (*Países Baixos*)[504], que consideraram a privação de liberdade, imposta ao queixoso, como contrária ao artigo 5.º, n.º 1. No entanto, alguma doutrina considerou *"regrettable"* a "discriminação" existente no direito francês, entre militares e civis, não resolvendo, aliás, a reserva todos os problemas que possam surgir nesta matéria, nomeadamente no âmbito da liberdade de expressão[505], que já fez afirmar a um autor que *"les militaires ne sont pas des citoyens à part entière"*[506].

A reserva visa afastar a aplicação não só do artigo 5.º como também do artigo 6.º da Convenção. Relativamente a este último, trata-se de novo da questão da atribuição, a autoridades não judiciais, de competência para deduzir acusações em matéria penal. No supracitado Acórdão *Engel*, o Tribunal define matéria penal cumulativamente pela qualificação atribuída em direito interno, pela natureza da infracção e pelo grau de severidade da sanção que é possível atribuir[507]. Assim, as punições disciplinares infligidas aos militares cabem dentro da previsão do artigo 6.º, o que é, por força da reserva, inaplicável na ordem jurídica francesa[508].

Tal reserva demonstra à evidência a necessidade de reformar os mecanismos disciplinares das Forças Armadas que, em certos Estados, estão ainda longe de incluir as garantias exigidas pela Convenção, estabelecendo assim uma discriminação entre cidadãos militares e civis, nacionais de um mesmo Estado.

---

[503] Pellet, *op. cit.*, pág. 1356 e segts.

[504] T.E.D.H., Acórdão *Engel* (*Países Baixos*), de 8 de Junho de 1976, Série A, n.º 22, loc. cit.

[505] Pellet, *op. cit.*, pág. 1357 e seg.; Robert, *op. cit.*, pág. 157 e segts.

[506] Costa, J.P. – *Les libertés publiques en France et dans le Monde"*, Paris, 1986, pág. 166.

[507] Acórdão *Engel*, loc. cit., § 91.

[508] Duprig, O. – "L'applicabilité de l'article 6 de la CEDH aux juridictions administratives", in *Le juge administratif français et la Convention européenne des Droits de l'Homme*, Colóquio, Montpellier, 14-15 de Dezembro de 1990, in *R.U.D.H.*, vol. 3, n.º 7-9, 1991, pág. 348 e segts.

iv) *Portugal*

A reserva portuguesa ao artigo 5.º visa igualmente o regime disciplinar dos membros das Forças Armadas, regido pelo Regulamento de Disciplina Militar, aprovado pelo Decreto Lei n.º 142/77, de 9 de Abril. A reserva refere-se apenas à prisão disciplinar imposta a militares, prevista nesse Regulamento, que levantou, por seu turno, dúvidas sobre a sua constitucionalidade. Dado que a privação de liberdade só era admissível através de sentença judicial condenatória, nos casos de prisão preventiva em processo criminal ou em relação a cidadãos estrangeiros, as normas que previam a prisão disciplinar de militares por ordem da autoridade militar eram manifestamente inconstitucionais. Tal vício impunha-se tanto ao Regulamento de Disciplina Militar em vigor ao tempo da elaboração da Constituição – inconstitucionalidade pretérita[509] – como ao citado Regulamento de 1977.

A Comissão Constitucional, logo no início da sua actividade[510], consagrava um princípio de independência dos procedimentos disciplinar e militar, distinguindo-os por um critério de exclusão, ou seja, a disciplina militar aplica-se apenas ao que não for qualificado por lei de *crime*. No mesmo Parecer o Prof. Jorge Miranda afirma que o *"conteúdo essencial das garantias de direito penal deve ser extensivo ao direito disciplinar"*. Com efeito, face à versão originária da Constituição, as penas de prisão exigiam uma *"sentença judicial condenatória"* (artigo 27.º, n.º 2), o que tornava as normas do Regulamento de Disciplina Militar manifestamente inconstitucionais.

Na revisão constitucional de 1982, provavelmente por influência da doutrina[511], o artigo 27.º, n.º 3, *c*) veio admitir que a pena de prisão possa ser não uma sanção penal mas sim uma sanção disciplinar, desde que aplicada a militares, com garantia de recurso para o "tribunal competente". Embora seja problemática a questão de saber qual é o tribunal competente[512], vimos como dessa pena cabe recurso para um

---

[509] Galvão Teles, M. – "Inconstitucionalidade Pretérita", in *Nos dez anos da Constituição*, org. J. Miranda, Lisboa, 1987, pág. 269.

[510] Parecer n.º 3/78, in *Pareceres da Comissão Constitucional*, 4.º vol., pág. 221 e segts.

[511] Miranda, J. – *Direito Constitucional – Direitos, Liberdades e Garantias*, polic., Lisboa, 1980, pág. 394.

[512] Gomes Canotilho/Vital Moreira, *op. cit.*, pág. 186 e segts.

tribunal, o que preenche os requisitos da Convenção e torna a reserva de *"duvidosa razão de ser"*[513].

A "prisão disciplinar" só contrariará o entendimento dos órgãos da Convenção relativamente à aplicação do artigo 5.º em relação a esta questão, se a detenção tiver uma duração de três ou quatro meses, ou seja, se for um *"aggravated arrest"*, mas não se for um *"light arrest"*[514]. Por outro lado o *"princípio da preferência pelas reacções não detentivas"*, defendido na doutrina portuguesa[515], levará por certo à eliminação futura de penas disciplinares de prisão.

A reserva portuguesa deveria assim ser retirada, pois a evolução do Direito português permite a aplicação integral da Convenção.

v) *Espanha*

O regime disciplinar das Forças Armadas foi igualmente objecto de uma reserva do governo espanhol, apresentada no momento da ratificação, em 4 de Outubro de 1979, que exclui a aplicação dos artigos 5.º e 6.º da Convenção, na medida em que fossem incompatíveis com as normas do Código de Justiça Militar. Em Maio de 1986, o Representante do Governo espanhol comunicou a substituição do Código de Justiça Militar pela Lei Orgânica n.º 12/1985, de 27 de Novembro, sobre o Regime Disciplinar das Forças Armadas, que reduziu as penas privativas de liberdade que podiam ser aplicadas sem intervenção de autoridade judicial, e aumentou as garantias da instrução. No entanto, a Espanha manteve a reserva aos artigos 5.º e 6.º, na medida em que fossem incompatíveis com a nova legislação. Trata-se de uma "adaptação de reservas"[516], motivada por uma alteração legislativa, a qual, embora não prevista na Convenção, se verifica na prática.

Os órgãos da Convenção não tiveram ocasião de se pronunciar sobre esta reserva devido ao efectivo controlo realizado pelos tribunais

---

[513] Miranda, J. – *Manual de Direito Constitucional. cit.*, vol. IV, 1.ª ed., pág. 212.

[514] Acórdão *Engel, cit,* § 83 e segts. Stavros, S. – *The Guarantees for Accused Persons Under article 6 of the European Convention on Human Rights,* Dordrecht, 1993, pág.11.

[515] Figueiredo Dias, J. – *"Direito Penal Português. Parte Geral, II – As Consequências Jurídicas do Crime,* Lisboa, 1993, pág. 74 e seg.

[516] Chueca Sancho, *op.cit.,* pág. 317.

262   *As Reservas à Convenção Europeia dos Direitos do Homem*

internos espanhois sobre esta questão, designadamente o Tribunal Constitucional[517], como veremos na Parte III.

vi) *República Checa*

A única reserva formulada pela República Checa à Convenção visa os artigos 5.º e 6.º e refere-se justamente às medidas disciplinares aplicáveis aos militares. A reserva tinha sido já anteriormente formulada pela República Federativa Checa e Eslovaca no momento da sua ratificação em 1991.

No momento da "sucessão", ou mais precisamente na data da decisão do Comité de Ministros relativamente à adesão da República Checa e da Eslováquia ao Conselho da Europa, e consequentemente à Convenção Europeia dos Direitos do Homem, não se levantou a questão da reserva formulada pela Checoslováquia. No entanto, teria sido possível que o Comité de Ministros convidasse os dois novos Estados membros a não retomar a reserva[518].

Cabe notar que a sucessão por simples declaração de vontade não é possível nos termos do Estatuto e da prática do Conselho da Europa, pois o processo de adesão pressupõe a verificação prévia das condições inerentes a um Estado de direito democrático. A solução *sui generis* encontrada pelo Comité de Ministros em 30 de Junho de 1993 não menciona sequer a palavra "sucessão". Refere apenas que em relação às convenções "fechadas" nas quais a Checoslováquia já era parte, designadamente a Convenção Europeia, a República Checa e a Eslováquia se tornariam partes com efeito retroactivo a contar do dia 1 de Janeiro de 1993. Evitava-se assim um hiato que poderia ser prejudicial à protecção dos direitos dos indivíduos em concreto, uma vez que já tinham dado entrada na Comissão algumas queixas individuais. Esta questão, de difícil qualificação jurídica, levar-nos-ia muito longe, cabendo aqui apenas apreciar o percurso da reserva.

Assim, a "sucessão" da reserva não decorre da decisão do Comité de Ministros, mas de uma declaração feita por cada um dos Ministros

---

[517] Casadevante Romani, C.F. – *El Convenio Europeo de Derechos Humanos: demandas contra España (1979-1988)*, Bilbau, 1988, pág. 138.

[518] Flauss, J.F. – "Convention européenne des droits de l'homme et succession d'Etats aux traités: une curiosité, la décision du Comité des Ministres du Conseil de l'Europe en date du 30 juin 1993 concernant la République Tchèque et la Slovaquie", in *R.U.D.H.*, Março, vol. 6, n.os 1-2, 1994, pág. 3.

Análise das reservas 263

dos Negócios Estrangeiros durante a cerimónia de adesão dos dois novos Estados ao Conselho da Europa, os quais manifestaram a intenção de continuar vinculados à Convenção e de "confirmar" a reserva. Salta à vista a "originalidade" deste processo, pois a reserva é confirmada depois da entrada em vigor da Convenção em relação a cada um dos Estados. A falta de menção da reserva na decisão do Comité de Ministros pode ser interpretada como uma incitação à não renovação, na sequência, aliás, da de uma Recomendação genérica da Assembleia nesse sentido[519].

Este mecanismo levanta algumas dificuldades técnicas, decorrentes da aplicação retroactiva da Convenção, embora a Comissão tenha declarado inadmissíveis seis queixas contra a Checoslováquia. Relativamente ao período entre Janeiro e Junho de 1993, o Secretariado da Comissão aceitou algumas queixas cujas decisões de admissibilidade não foram ainda tornadas públicas.

A reserva visa aplicar medidas penitenciárias disciplinares, relativamente a certas obrigações dos soldados, de acordo com a Lei checa n.° 76/1959, referida no seu texto. O tempo máximo de pena disciplinar está fixado em 21 dias, o que em nossa opinião não contraria a prática da Comissão e a jurisprudência do Tribunal sobre as penas disciplinares, mas pressupondo que não está previsto recurso para um tribunal (o que a reserva não indica), estamos, então, perante uma contradição com o artigo 5.° n.° 1, o que justifica a formulação da reserva.

vii) *Eslováquia*

As observações feitas relativamente à República Checa valem também para a Eslováquia, apesar dos problemas levantados, em relação à adesão deste último Estado ao Conselho da Europa, pelo Principado do Liechtenstein e pela Hungria, deixarem antever alguns problemas específicos[520], mas sem importância para as garantias processuais dos militares.

---

[519] Recomendação n.° 1183 (1992) da Assembleia Parlamentar e o prévio Relatório Haller (relator da Comissão dos Assuntos Jurídicos).

[520] Em relação ao Liechtenstein levantava-se a questão da "nacionalização" dos bens fundiários do Princípe do Liechtenstein; quanto à Hungria coloca-se o problema da protecção da minoria húngara que habita a Eslováquia, e a protecção dos seus direitos, nomeadamente o ensino da língua e a preservação da cultura magiar.

264 As Reservas à Convenção Europeia dos Direitos do Homem

Concretamente em relação à reserva formulada pela Eslováquia, estão em curso reformas do sistema processual penal que poderão eventualmente alterar as leis aplicáveis aos militares, sob influência dos órgãos de controlo da Convenção. Não são ainda conhecidas as especificidades para podermos formular um juízo sobre a questão.

viii) *Roménia*

Como atrás observámos a Constituição romena impõe o primado das convenções internacionais em matéria de direitos do homem sobre a lei interna, pelo que a situação jurídica das reservas se revela algo curiosa e original. Tal imposição tem decerto a vantagem de fazer prevalecer a Convenção Europeia em aspectos dos direitos da defesa que ainda não estão aferidos à luz dos critérios europeus, como sejam a impossibilidade de comunicar com um advogado durante a *"garde à vue"*, a impossibilidade de guardar silêncio e outras restrições impostas ainda pelas actuais leis de processo penal [521].

A única reserva romena formulada à Convenção diz igualmente respeito às penas disciplinares dos militares. Indica-se claramente a Lei visada, que remonta a 1968, a qual prevê sanções disciplinares de prisão até 15 dias [522]. A medida desta pena situa-se entre o que o Tribunal designa por *"light arrest"* e *"agravated arrest"* [523], o que não é contrário ao artigo 5.º. Igualmente, no caso romeno, a falta de previsão de recurso para um tribunal justifica a formulação da reserva.

Será de esperar que a influência da Comissão e do Tribunal produza efeitos no momento das reformas legislativas, designadamente no regime de disciplina militar.

ix) *Lituânia*

Vimos como a Lituânia, antes de ratificar a Convenção, procedeu, com a ajuda do Secretariado do Conselho da Europa, a uma cuidadosa

---

[521] Staniou, R. – "La réforme pénale en Europe entre le défi de la criminalité et la défense des droits de l'homme", in *Revue International de Droit Comparé* n.º 2, 1993, pág. 385.

[522] O texto integral da reserva encontra-se no Anexo II deste trabalho.

[523] Acórdão T.E.D.H., *Le Compte, Van Leuven & De Meyere* (*Bélgica*), de 23 de Junho de 1981, Série A, n.º 43, § 51*a*.

Análise das reservas 265

verificação da conformidade da sua legislação interna com a Convenção. Desse trabalho resultou um relatório, aprovado pelo Parlamento, no qual se propunham duas reservas incluídas no instrumento de ratificação.

A reserva formulada ao n.° 3 do artigo 5.° refere-se à possibilidade de os procuradores decidirem sobre a prisão preventiva de suspeitos da prática de crimes. O carácter inovador da reserva surge na duração determinada pelo período de um ano, ou seja até à revisão do Código de Processo Penal. Esta constatação da diferença entre o direito interno e o direito da Convenção é atenuada pelo propósito de a eliminar, num curto prazo de tempo, com a revisão do Código de Processo Penal.

A outra reserva apresentada pela Lituânia visa, à semelhança de outros Estados membros, afastar a aplicação das garantias dos artigos 5.° e 6.° das sanções disciplinares dos membros das Forças Armadas.

x) *Andorra*

Ao contrário dos países da Europa Central e Oriental, que praticamente não incluíram reservas no seu instrumento de ratificação, o Principado de Andorra, baseado nas suas normas constitucionais, formulou cerca de três reservas. A primeira visa justamente as normas do artigo 5.° da Convenção relativas à detenção (*garde à vue*), a qual, segundo o artigo 9.°, n.° 2, da Constituição não pode ultrapassar 48 horas.

A reserva traduz claramente um *ex abundanti cautela* pois a interpretação do Tribunal e da Comissão das normas convencionais relativas à detenção não contraria a norma constitucional andorrana, pelo que a reserva não é juridicamente relevante.

1.3.11. *O direito a um processo equitativo (art. 6.°)*

Um dos pressupostos de um Estado de Direito consubstancia-se, nos termos da Convenção, no "direito a um processo equitativo" desenvolvido nas várias alíneas do artigo 6.°. Esta expressão foi utilizada pelo Tribunal no Acórdão *Golder*[524] e sintetiza, de uma forma precisa,

---

[524] Acórdão T.E.D.H., *Golder (Reino Unido)*, de 21 de Fevereiro de 1975, Série A, n.° 18.

o conjunto das diferentes garantias enunciadas no artigo 6.º. Esta disposição enuncia os princípios essenciais relativos à administração e ao funcionamento da justiça, aplicáveis sempre que um tribunal decida sobre "*contestações sobre direito e garantias de carácter civil*" e ainda sobre o "*fundamento de qualquer acusação em matéria penal*". O "direito de acesso a um tribunal" implica que o tribunal apresente garantias de independência e imparcialidade, devendo ser assegurada a publicidade do processo e a sua apreciação efectuada dentro de um prazo razoável, como se encontra igualmente inscrito no artigo 6.º.

A delimitação destes conceitos ocupou naturalmente a prática da Comissão e a jurisprudência do Tribunal. Assim, uma das noções objecto de largo debate doutrinal foi justamente a de "*contestações sobre direito e garantias de carácter civil*", que dividiu os autores anglo-saxónicos e continentais devido ao distinto entendimento dado pelas diferentes ordens jurídicas dos Estados partes. A jurisprudência do Tribunal revelou-se, nesta matéria, para uns "hesitante e tortuosa"[525] e para outros muito dinâmica e progressista[526]. Com efeito, o Tribunal considerou que os direitos de carácter civil iam além das contestações de carácter privado no sentido clássico[527], pois as questões da qualificação jurídica e da autoridade competente não se revelam fundamentais para que os direitos em causa se possam subsumir ao artigo 6.º, pelo que "*seul compte le caractère du droit en question*", ou seja, apenas o *conteúdo material e os efeitos que lhe confere o direito interno do Estado* podem determinar o carácter civil dos direitos. Com efeito, no Acórdão *König* tratava-se de uma decisão "*perfectoral*" que retirou a um médico o direito de continuar a exercer a medicina e de gerir a sua clínica, o que o Tribunal Europeu considerou um direito de carácter privado incluído na previsão do artigo 6.º.

A inclusão do direito administrativo na noção de "*civil rights*" é provavelmente um dos mais complexos problemas do artigo 6.º, pois as disparidades existentes entre os Estados são flagrantes. Assim, desde a Suécia, cujas decisões administrativas do governo não eram suscepti-

---

[525] Jacot-Guillarmod, O. – "Rights Related to Good Administration of Justice (article 6)", in *The European System for the Protection of Human Rights* (Edit. Macdonald, Matscher e Petzold), Dordrecht, 1993, pág. 387.

[526] Van Dijk, P. – "The interpretation of 'civili rights and obligations' by the European Court of Human Rights" in *Mélanges Wiarda*, Colónia, 1988, pág. 131.

[527] Acórdãos T.E.D.H., *Ringeisen (Áustria)*, de 16 de Julho de 1971, Série A, n.º 13, § 94, e *König (RFA)*, de 26 de Julho de 1978, Série A, n.º 27, § 90.

Análise das reservas 267

veis de recurso nem administrativo nem judicial[528], até às diferenças respeitantes a garantias, passando pela questão da plena jurisdição em matéria administrativa, todos estes problemas foram objecto de cuidadosa análise pelos órgãos de Estrasburgo.

A inclusão do direito de propriedade e dos processos dele decorrentes teve grande desenvolvimento após o Acórdão *Ringeisen,* que abordámos atrás. A responsabilidade civil extra-contratual do Estado foi também incluída nesta noção, no Acórdão *Baraona (Portugal),* no qual o direito à reparação dos prejuízos invocado pelo requerente tinha carácter privado, devido ao seu conteúdo pessoal e patrimonial[529], sem que o Tribunal tivesse atendido às especiais circunstâncias da organização da justiça portuguesa no período pós-25 de Abril de 1974.

Por outro lado a *"acusação em matéria penal"* é também uma noção autónoma definida pelos órgãos da Convenção no já citado Acórdão *Engel,* que define o critério no qual a matéria penal se caracteriza pela qualificação atribuída em direito interno, pela natureza da infracção e ainda pelo grau de severidade da sanção que é possível aplicar[530]. Assim, o Tribunal não está vinculado à qualificação do Estado em causa, que constitui um "simples ponto de partida" para examinar a questão. A natureza da infracção decorre em parte dos destinatários da norma em concreto, ou seja se se trata de cidadãos comuns ou de corpos especiais, como sejam os militares ou os membros de profissões liberais. Por outro lado, a distinção entre multas e penas de prisão não serve de critério decisivo para determinar se estamos ou não perante matéria penal, à luz do artigo 6.° da Convenção[531].

Este conceito estendeu-se progressivamente a acidentes de viação, multas de natureza fiscal e, por vezes, questões disciplinares (militares e de ordens profissionais). Neste contexto, os processos disciplinares no âmbito das ordens profissionais revestem aspectos específicos nem sempre protegidos pela Convenção, embora as sanções disciplinares de suspensão ou de proibição do exercício da medicina não estejam excluídas do âmbito do artigo 6.° da Convenção[532].

---

[528] Acórdãos T.E.D.H., *Pudas (Suécia),* de 27 de Outubro de 1987, Série A, n.° 125 e *Tre Traktörer Aktiebolag (Suécia),* de 7 de Julho de 1989, Série A, n.° 159.

[529] Acórdão T.E.D.H., de 8 de Julho de 1987, Série A, n.° 122, § 42 e 44.

[530] Acórdão *Engel,* loc. cit., § 80-82.

[531] Acórdão T.E.D.H., *Özturk (RFA),* de 21 de Fevereiro de 1984, Série A, n.° 73, § 51 e 56.

[532] Acórdão T.E.D.H., *Albert Le Compte (Bélgica),* de 10 de Fevereiro de 1983.

268   *As Reservas à Convenção Europeia dos Direitos do Homem*

Relativamente à disciplina militar, cabe aqui assinalar que numa Queixa contra Portugal[348], relativa à passagem à reserva de um oficial das Forças Armadas, a Comissão considerou-a inadmissível, dado que se tratava de uma típica pena disciplinar que estava excluída do âmbito de aplicação do artigo 6.º.

As garantias gerais de processo e as garantias especiais do acusado em processo penal são detalhadamente descritas no artigo 6.º e foram também objecto de inúmeros Relatórios e Decisões da Comissão e de Acórdãos do Tribunal. Com efeito, o direito de acesso a um tribunal, a publicidade do processo, a independência e a imparcialidade do tribunal, bem como a apreciação em prazo razoável são algumas das mais importantes garantias gerais (civis e penais) decorrentes da boa administração da justiça.

A tais garantias acrescem as de natureza especificamente penal, como sejam a presunção de inocência, o direito a ser informado sobre a causa da acusação, o direito à defesa e a gratuitidade do intérprete e o princípio da igualdade das armas, entre outras.

Com efeito, o princípio geral da publicidade do processo encontra-se consagrado na maioria dos Estados partes e foi definido pelo Tribunal como garantia essencial de uma sociedade democrática[349], que não deve ser apreciado apenas sob o aspecto formal[350]. Levantam-se no entanto alguns problemas relativamente aos Tribunais supremos, e em especial ao processo administrativo, e, mais recentemente, aos processos de contencioso constitucional[351], relativamente aos quais a jurisprudência é mais *nuancée*[352], pois a ausência de publicidade das audiências das instâncias de recurso pode justificar-se pelas características especiais do processo. Da letra do artigo 6.º parece decorrer que a regra da publicidade das audiências e julgamentos se aplica às jurisdições administrativas[353], entendimento confortado pela jurispru-

---

[533] Queixa n.º 9208/80, *O.S.Carvalho (Portugal)*, decisão de 10 de Julho de 1981, in *D&R*, 26, pág. 262.

[534] Acórdão T.E.D.H. *Sutter*, de 22 de Fevereiro de 1984, Série A, n.º 74, § 26.

[535] Acórdão *Le Compte*, supra, *citado*.

[536] Acórdão T.E.D.H., *Ruiz Mateus (Espanha)*, de 23 de Junho de 1993, Série A, n.º 262.

[537] Gölcüklü, F. – "Le procès équitable et l'administration des preuves dans la jurisprudence de la Cour Européenne des Droits de l'Homme", in *Mélanges Velu*, 1992, vol. III, pág. 1375.

[538] Velu, J. – "Le problème de l'application aux juridictions administratives, des règles de la Convention européenne des Droits de l'Homme relatives à la publicité des audiences et des jugements", in *R.D.I.D.C.*, n.ᵒˢ 3-4, 1961, pág. 170.

Análise das reservas 269

dência do Tribunal Europeu que demonstra os *"faveurs croissants"*[539] em relação à aplicação das garantias do processo equitativo ao contencioso administrativo, designadamente em licenças de construção[540] e processos de expropriação já atrás referidos. Cabe ainda no âmbito de aplicação do artigo 6.° o chamado "direito penal administrativo", neste caso acrescido das garantias enunciadas nos n.ᵒˢ 2 e 3. Com efeito, as questões de infracções ao código da estrada são impostas na maioria dos Estados por autoridades administrativas, mas devendo o processo de recurso ser sujeito às garantias do artigo 6.°.

O direito a um tribunal aplica-se também ao processo administrativo no sentido de exigir a intervenção de um órgão judicial de plena jurisdição que aplique as garantias do artigo 6.°[541] aos litígios que lhe são submetidos, devendo apreciar *tanto em matéria de facto como de direito*[542]. No processo administrativo, a questão da "plena jurisdição" não deverá ser tomada num sentido rigoroso de incluir controlo de mérito e de legalidade por um órgão jurisdicional, pois os órgãos de Estrasburgo entendem-na, no momento actual, mais como um recurso de "plena legalidade" ou controlo completo de legalidade[543]. A maioria da doutrina considera que o artigo 6.° apenas impõe um controlo da legalidade dos actos administrativos, pois não decorre claramente da jurisprudência dos órgãos de Estrasburgo que se atribua aos tribunais o poder de se substituir à Administração[544]. Aliás a Comissão afirmou já claramente que o artigo 6.° garante apenas um controlo jurisdicional de "legalidade" das decisões administrativas, mesmo nos casos em que a Administração pratica actos no exercício de poderes discricionários[545].

No entanto, alguns tipos de processo administrativo estão, segundo o Tribunal, fora do âmbito do artigo 6.°, n.° 1, tais como os processo de

---

[539] Lambert, P. – "La mise en oeuvre de la Convention européenne des Droits de l'Homme dans le contentieux administratif", in *La mise en oeuvre interne de la Convention européenne des Droits de l'Homme*, Bruxelas, 1994, pág. 246.

[540] Acórdão T.E.D.H., *Skarby (Suécia)*, de 28 de Junho de1990, Série A, § 28 e 29.

[541] Acórdão *Le Compte*, loc. cit., § 29.

[542] Idem, § 98.

[543] Flauss, J.F. – "Actualité de la Convention européenne des Droits de l'Homme", in *A.J.D.A.*, n.° 1, 20 de Janeiro, 1994, pág. 28.

[544] Melchior, M. – "La notion de compétence de pleine juridiction en matière civile dans la jurisprudence de la Cour Européenne des Droits de l'Homme", in *Mélanges Velu*, Bruxelas, vol. III, 1992, pág. 1345 e segts.

[545] Queixa *Kaplan*, Relatório de 17 de Julho de 1980, in *D&R*, 21, pág. 5.

270 *As Reservas à Convenção Europeia dos Direitos do Homem*

nacionalidade e, em parte, de polícia de estrangeiros, bem como o direito de acesso à função pública.

As dificuldades em encontrar um direito comum em matéria processual, deram origem a que boa parte das reservas, formuladas pelos Estados partes na Convenção Europeia dos Direitos do Homem, visassem os direitos de natureza processual consagrados no artigo 6.° ou, eventualmente, a interpretação que os órgãos de controlo deles fizeram. Tratámos, atrás, das reservas que visavam simultaneamente os artigos 5.° e 6.°, relativas ao direito disciplinar militar, pelo que analisaremos, de seguida, os casos das reservas formuladas apenas ao artigo 6.°.

i) *Áustria*

A reserva formulada pela Áustria ao artigo 6.° da Convenção, relativa à publicidade do processo, refere expressamente o artigo 90.° da Constituição, o qual impõe a regra da publicidade do processo, embora remeta para a lei ordinária as excepções a este princípio. Deste modo, a reserva visa justamente as excepções, reduzindo assim o âmbito de aplicação do artigo 6.°, na ordem jurídica austríaca.

Mas, apesar desta precaução, consideram alguns autores que não foram tomados em devida conta, pelas autoridades austríacas, o contexto e a relação entre os artigos 5.° e 6.° da Convenção [546]. Assim, as medidas de privação de liberdade previstas na lei de processo administrativo austríaca, que originaram a formulação de uma reserva ao artigo 5.°, deveriam ter igualmente sido objecto de uma reserva ao artigo 6.°, pois a relação entre a "condenação por tribunal competente" do artigo 5.°, n.° 1, *a*) e a "acusação em matéria penal" feita por "um tribunal independente e imparcial" do artigo 6.°, devem ser interpretadas no mesmo contexto. Ora, a ordem jurídica austríaca, em particular a lei penal fiscal, prevê que as autoridades administrativas possam tomar medidas de privação da liberdade. O governo austríaco nunca manifestou a intenção de reformar o sistema fiscal, pelo que a desconformidade da legislação fiscal com a Convenção não foi tida em conta na formulação de reservas. Assim, no momento da ratificação, a lei de processo administrativo violava as garantias previstas no artigo 6.° da Convenção. Segundo a doutrina austríaca, uma das razões desta "omissão" deve-se provavelmente à diferença de entendimento do conceito de

---

[546] Rill, *op. cit.*, pág. 15.

"civil rights" britânicos, que, como é sabido, não são apenas direitos de natureza privada. Relativamente aos *"tribunals"*, eles não equivalem aos *"Gerichte"* mas incluem também autoridades com funções jurisdicionais, que no direito continental são consideradas autoridades administrativas[547].

Assim, afirmar que as penas de prisão determinadas pelas autoridades administrativas estão incluídas na reserva e escapam ao âmbito do artigo 6.°, tal como o fez o governo austríaco, afigura-se ser uma interpretação errónea da referida disposição. A aplicação de uma pena pecuniária como pena de substituição está prevista imperativamente no § 16 da lei processual penal, pelo que as penas de multa previstas na lei processual penal deveriam também ser cobertas pela reserva[548], caso o governo de Viena as quisesse subtrair à aplicação da Convenção.

Por outro lado, as reservas formuladas segundo o artigo 64.° poderão constituir um limite às reformas legislativas empreendidas após a ratificação da Convenção, as quais não deverão contrariar as normas da Convenção, para além do que foi previsto no texto da reserva, devendo tendencialmente aproximar-se da conformidade à Convenção.

Na ordem jurídica austríaca, as autoridades administrativas distritais e federais têm efectivamente competência para decidir sobre penas, tanto de multa como de prisão. Os agentes da Administração estão naturalmente sujeitos às instruções dos ministérios federais, pelo que não são independentes no sentido do artigo 6.° da Convenção, apesar das referidas decisões estarem sujeitas ao controlo do *Verwaltungsgerichtshof*, mas apenas em matéria de direito[549].

A atitude inicial da Comissão revelou-se muito respeitadora da soberania dos Estados, o que conduzia à não aceitação das queixas por as considerar incompatíveis com os artigos da Convenção, cujo conteúdo estava alterado pelas reservas.

A primeira vez que a Comissão invocou a reserva austríaca ao artigo 6.° foi na Queixa 460/59[550], na qual, sem proceder à análise do seu conteúdo nem à sua compatibilidade com a Convenção, afastou a aplicação da disposição convencional, sem explicar as razões da invocação da reserva. Considerou, aliás, a falta de publicidade do processo

---

[547] Rill, *op. cit.*, pág. 17.

[548] Rill, *op. cit.*, pág. 19 e segts.

[549] Polakiewicz, *op. cit.* pág. 360.

[550] Queixa n.° 460/59, in *Recueil,* 1, citada in Brändle, *op. cit.,* pág. 95.

como incluída no princípio da igualdade das armas e não na garantia do processo equitativo. No mesmo ano, na Queixa n.º 462/59 [551], a Comissão absteve-se, de novo, de mencionar o artigo 64.º da Convenção e, desta forma, controlar a compatibilidade da reserva. Porém, analisou o caso em questão para saber se fazia ou não parte do âmbito das disposições objecto de reserva, bem como a sua correcta aplicação na ordem jurídica interna, pelas autoridades austríacas, concluindo pela não violação do artigo 6.º.

Alguns meses depois a Comissão apreciou três queixas [552] relativas à garantia da publicidade das audiências, às quais os advogados dos requerentes não podiam assistir, ao contrário do Ministério Público. Alegavam assim as partes uma violação do artigo 6.º, n.º 1, entre outros, mas a Comissão concluiu que as disposições da Convenção não tinham sido violadas, pois a reserva formulada pelo Governo, "nos termos do artigo 64.º, n.º 1", se aplicava aos três casos. De novo não foi invocado um dos requisitos formais da formulação de reservas à Convenção, exigido pelo n.º 2 do artigo 64.º, que impõe "um breve resumo da lei em causa", que não estava incluído no texto da reserva austríaca. Esta apenas citava o artigo 90.º da Constituição, sem referir o artigo 296.º do Código de Processo Penal que prevê a apreciação do recurso pelo tribunal supremo, por audiência não pública.

A Comissão não emite nenhum juízo de valor e limita-se a constatar que a disposição da Convenção não se aplica porque o Estado em causa formulou uma reserva e, por consequência, a queixa é declarada *"irrecevable"*.

Estas decisões produziram, de resto, alguns efeitos práticos, pois a legislação austríaca de recurso em processo penal foi alterada, como de resto se inclui em anexo do relatório da Comissão. Assim, no espírito da Convenção e no sentido de proporcionar aos requerentes junto da Comissão a reabertura do processo, bem como dar mais publicidade às suas fases, foi adoptada a Lei Federal de 26 de Março de 1963. Durante toda a década de 60 a Comissão manterá a sua jurisprudência invocando apenas algumas condições do artigo 64.º, tais como a referência pela primeira vez, ao facto de o artigo 296.º do Código de Processo

---

[551] Queixa n.º 462/59, Decisão de 7 de Julho de 1959, in *Ann.*, II, pág. 382 e segts.

[552] Queixas n.º 524/59 (*Ofner*), n.º 596/59 (*Pataki*) e n.º 617/59 (*Hopfinger*), in *Annuaire*, III, págs., 322, 356 e 370, respectivamente.

Análise das reservas

Penal austríaco já estar em vigor ao tempo da ratificação da Convenção pela Áustria, embora não tivesse sido incluído no texto da reserva[553].

A propósito da apreciação da Comissão das queixas contra a Áustria, relativas ao artigo 6.°, cabe assinalar uma curiosa decisão, na qual o requerente invocava a violação do artigo 6.°, n.° 1 pelo facto de não ter podido interpor uma acção por difamação contra um deputado do Parlamento austríaco, pois este gozava de imunidade parlamentar[554]. A Comissão entendeu que a imunidade parlamentar é um princípio de direito público nos Estados de regime parlamentar, e em particular nos Estados partes da Convenção, que se encontra, de resto, no Estatuto do Conselho da Europa relativamente aos membros da Assembleia Parlamentar. Assim, as disposições do artigo 6.° devem ser interpretadas *"sous réserve"* da imunidade parlamentar tradicionalmente reconhecida. Ainda segundo a Comissão, seria impensável que os Estados ao reconhecerem o direito individual de ver a sua causa examinada por um tribunal derrogassem um princípio fundamental do regime parlamentar, que se encontra escrito nas constituições da maioria dos Estados.

Na altura alguns autores pronunciaram-se sobre a decisão, considerando-a Raymond uma "reserva tácita" e uma inovação na jurisprudência internacional, pois na falta de uma reserva expressa interpretou-se a vontade das partes contra a letra do tratado[555]. Vasak[556] fala de "reserva implícita", tal como Brändle[557], que compara a decisão da Comissão com o Parecer do Tribunal Permanente de Justiça Internacional relativo ao trabalho das mulheres[558]. Este último considerou que, apesar de nem a Convenção nem os seus trabalhos preparatórios falarem no trabalho não manual, devia admitir-se que as disposições da Convenção da OIT têm *"une portée générale"*, pelo que se pode estender o seu âmbito ao trabalho não manual. Este argumento não seria convincente para criticar a decisão da Comissão, mas, segundo o

---

[553] Queixa n.° 1138/61, Rec., 11, pág. 9.

[554] Queixa n.° 3374/67, *D&R*, 29, pág. 29.

[555] Raymond, Jean – "Les droits garantis par la Convention de Sauvegarde des Droits de l'Homme et des Libertés Fondamentales", in *R.D.H.*, vol III, n.° 2 , 1970, pág. 293.

[556] Vasak, Karel – "Droits garantis par la Convention", in *"Juris Classeur du Droit International"*, Fasc. 155, 2.°caderno, 1972, pág. 152.

[557] Brändle, *op. cit.*, pág.117 e segts.

[558] TPJI, Parecer consultivo sobre *"Interpretação da Convenção de 1919 relativa ao trabalho nocturno das mulheres"*, de 15 de Novembro de 1932, Série A/B, n.° 50, págs. 377 e 378.

mesmo autor, a Comissão interpretou a norma do art. 6.º, n.º 1, em sentido contrário à sua própria letra, ao contrário do que fez o Tribunal Permanente, pelo que deveria ter admitido a queixa do requerente.

Em nossa opinião a queixa foi acertadamente rejeitada, pois a imunidade parlamentar é um princípio fundamental de um regime democrático pelo que não parece justificado aceitar uma queixa contra um deputado. O argumento tantas vezes invocado das "medidas necessárias numa sociedade democrática" podia aqui ter sido utilizado com acuidade.

Reveste particular interesse o caso *Ringeisen*[559], analisado primeiro pela Comissão que apesar de concluir, por curta maioria, pela não aplicação do artigo 6.º, remeteu o processo para o Tribunal. Do relatório da Comissão merece destaque a pergunta relativa à alegada violação do artigo 6.º (na parte relativa à publicidade do processo) durante um processo sobre direito de propriedade perante os tribunais autríacos. Assim, sem citar a reserva, a Comissão remete para o Tribunal a decisão final sobre a questão.

No Acórdão *Ringeisen (Austria)*[560], o Tribunal de Estrasburgo afastou ainda a interpretação restritiva e declarou, a propósito dos "*civil rights and obligations*", ou "*droits et obligations de caractère civil*", que eles cobrem todos os processos determinantes para os direitos e obrigações de carácter privado. A definição destes direitos não devia ser feita à luz dos conceitos da ordem interna de cada Estado, mas pelo contrário, deverá ter interpretação autónoma, ou seja, segundo o Tribunal, "o artigo 6.º não visa unicamente as relações entre particulares (...), não importa a natureza da lei em questão, ou a autoridade competente na matéria: pode tratar-se de uma jurisdição ou de um órgão administrativo, pois *só conta o carácter do direito em questão*"[561]. Assim, o artigo 6.º aplica-se sempre que o direito em causa revista natureza privada[562].

Assim, a reserva austríaca ao artigo 6.º que visa apenas afastar a regra da publicidade nos casos excepcionais previstos na lei destina-se apenas, segundo o Tribunal Europeu, às jurisdições civis e penais ou nos casos em que o direito em causa tiver carácter civil. Neste último caso as autoridades são "assimiladas" a tribunais no sentido do artigo

---

[559] Relatório publicado na Série B do T.E.D.H., vol. 11, Caso *Ringeisen*, pág. 63 e segts.

[560] Acórdão *Ringeisen (Áustria)*, de 16 de Julho de 1971, Série A, n.º 13, § 4.

[561] Acórdão *Ringeisen*, § 94 (o sublinhado é nosso).

[562] Velu, *op.cit.*, pág. 378.

Análise das reservas 275

6.º, pelo que, por força da reserva, entendeu o Tribunal não ser de aferir a condição da publicidade, tendo, entre outras razões, concluído pela não violação do artigo 6.º[563].

Apesar das críticas da doutrina, tal argumentação foi de novo retomada, anos mais tarde, no Acórdão *Ettl*[564], sem que uma apreciação relativa à compatibilidade da reserva com o artigo 64.º fosse feita.

A justificação pode encontrar-se no entendimento da separação de poderes entre a Administração e os Tribunais, que se revela algo específica na ordem jurídica austríaca e que afasta de algum modo uma relação hierárquica. O *Verwaltungsgerichtshof* criado em 1872, o qual pode *"judiciren aber nicht ad-ministrien"*, representa o compromisso encontrado entre divisão de poderes e a protecção jurídica dos cidadãos[565]. O controlo "cassatório" deste tribunal revela-se de difícil conformidade com a Convenção.

A falta de reserva relativamente ao processo administrativo no âmbito do artigo 6.º teve o inconveniente da relativa "confusão" e incerteza criadas inicialmente, mas contribuiu, em parte, para a adaptação do direito austríaco aos critérios da Convenção e da jurisprudência do Tribunal Europeu.

Recentemente, a prática da Comissão sofreu alterações positivas em relação à interpretação da reserva ao artigo 6.º[566]. Assim, ela foi parcialmente considerada sem efeito, pois a Comissão recusou admitir que a lei objecto da reserva, alterada após a ratificação austríaca, pudesse alargar o âmbito de aplicação da lei, ou seja, apenas admitiu a validade das modificações legais na medida em que já existissem ao tempo da formulação da reserva, recusando uma regressão na protecção dos direitos.

Não se trata propriamente de uma "reviravolta", mas é uma interpretação restritiva e mais adequada ao espírito da Convenção, que pretende implicitamente conduzir a alterações legislativas internas conformes às suas disposições.

Ainda a propósito deste caso, o Tribunal Europeu manteve a jurisprudência do Acórdão *Belilos* e considerou que a norma da lei

---

[563] Acórdão *Ringeisen,* § 98 e 99.

[564] Acórdão T.E.D.H., *Ettl (Áustria),* de 23 de Abril de 1987, Série A, n.º 117, § 42.

[565] Kopetzki, *op. cit.* pág. 174.

[566] Queixas n.º 16922/90 (*Fischer*), Decisão de 29 de Março de 1993 (não publicada). Comissão de 19 de Maio de 1994 (não publicado).

austríaca invocada pelas autoridades para recusar a publicidade das audiências – que não estava em vigor à data da formulação da reserva – tornava o artigo 6.° n.° 3 aplicável ao caso[567]. Concluiu assim o Tribunal, por unanimidade, pela violação da norma convencional, afastando a reserva, sem no entanto ter examinado a sua validade face às outras condições prescritas no artigo 64.°.

A interpretação restritiva das reservas, conduz à sua não aplicação e à consequente aplicação das disposições convencionais, o que demonstra a clara opção inovadora e evolutiva dos juízes europeus. O respeito pela "vontade soberana" dos Estados concretizada na formulação das reservas foi ultrapassado pela necessidade de fazer prevalecer as normas da Convenção na sua plenitude. Tal como afirmou o Juíz Matcher na sua *opinion concordante* ao mesmo Acordão *Fischer*, boa parte das reservas e declarações interpretativas tornaram-se obsoletas, ou, melhor, a "confiança recíproca" – entre os Estados e o Tribunal Europeu – "foi traída". Com efeito, o legislador austríaco deverá por consequência alterar a sua legislação interna, de forma a tornar obrigatória a audiência pública.

ii) *Irlanda*

A assistência judiciária gratuita consagrada no artigo 6.°, n.° 3, *c*) foi também objecto de uma reserva por parte da Irlanda, na qual se limita a assistência judiciária gratuita à prevista na lei interna irlandesa, em vigor no momento da ratificação (*to any wider extent than is now provided in Ireland*), que teve lugar em 25 de Fevereiro de 1953.

A imprecisão desta redacção salta imediatamente à vista, pois a omissão da referência a uma lei determinada, bem como a falta do resumo dessa mesma lei, viola claramente as condições da cláusula de reservas da Convenção. Nenhuma norma concreta se depreende desta reserva, nem de natureza legislativa (*statutory*), nem de carácter jurisprudencial (*non-statutory*).

Dado que a reserva não preenche de nenhuma forma as exigências do artigo 64.°, podemos considerar que ela não produz quaisquer efeitos. O silêncio do depositário e dos outros Estados partes não implica, como atrás vimos, uma aceitação tácita da reserva.

---

[567] Acórdão T.E.D.H., *Fischer (Áustria)*, de 26 de Abril de 1995, Série A, n.° 312, § 41.

Análise das reservas 277

A questão colocou-se indirectamente perante os órgãos da Convenção, no Acórdão *Airey*[568] relativo ao "direito de acesso a um tribunal", que a Comissão e o Tribunal entendiam implicar *"mesures positives"*. O governo irlandês entendia que se estava perante um direito de carácter civil e que a respectiva assistência judiciária não era imposta pela Convenção senão em matéria penal. Por esta razão, a reserva foi apenas aflorada no sentido de afastar a sua aplicação *a contrario sensu*, pois se havia uma reserva para afastar a assistência judiciária em matéria penal, devia partir-se do princípio que ela estaria assegurada em litígios civis. Tal jurisprudência foi qualificada pela doutrina de *"très constructive"*[569] e influenciou a própria evolução de legislação irlandesa sobre a questão da gratuidade da assistência judiciária, o que tornou a reserva praticamente supérflua, sendo de esperar que venha a ser retirada em breve.

iii) *Malta*

O governo de Malta apresentou uma declaração interpretativa a propósito do artigo 6.º, n.º 2, na qual refere que *"it does not preclude any particular law from imposing upon any person charged under such law the burden of proving particular facts"*[570]. Embora esta declaração nunca tenha sido objecto de apreciação pelos órgãos da Convenção, salta à vista a falta de referência a uma lei determinada, exigida pelo artigo 64.º. Assim, parece evidente concluir, tal como Brändle[571], pela incompatibilidade da declaração e pela sua consequente ineficácia.

iv) *Suíça*

No caso da Suíça, afigura-se do maior interesse a análise do conteúdo das reservas e declarações interpretativas, pois a Convenção, que tem como fim principal a protecção e a garantia dos direitos do homem nas ordens jurídicas dos Estados partes, desempenha um papel

---

[568] Acórdão *Airey* (*Irlanda*), do T.E.D.H., de 9 de Outubro de 1979, Série A, § 24 e segts.

[569] Cohen-Jonatan, *La Convention, cit.*, pág. 412 e segts.

[570] *Ann.*, IX, 24, *Collected Texts*, pág. 610 (o sublinhado é nosso).

[571] Brändle, *op. cit.*, pág. 108.

fundamental na harmonização legislativa da ordem jurídica dos diversos cantões. Por outro lado, foi a propósito das reservas e declarações suíças que surgiram as primeiras decisões verdadeiramente inovadoras para o direito internacional.

Relativamente ao artigo 6.º, a Suíça formulou uma reserva e uma declaração interpretativa ao n.º 1, e apenas uma declaração interpretativa em relação ao n.º 3 do mesmo artigo. A reserva foi já objecto de um Acórdão do Tribunal Europeu [572], proferido após o Acórdão *Belilos*, pelo que a analisaremos na sequência deste último.

O governo helvético emitiu, pois, duas declarações interpretativas relativas a questões processuais do artigo 6.º, cujo carácter impunha, provavelmente, pelo menos num dos casos, a formulação de uma reserva. Muito se tem escrito sobre esta escolha, mas a razão apresentada pelo membro do *Bundesrat* suíço, Graber, poderá ajudar a compreender os motivos desta opção. Assim, afirmou o Conselheiro Federal: *"Là où il y a incompatibilité entre la Convention et notre droit interne, nous faisons des réserves, où il s'agit d'une question d'interprétation, une déclaration interprétative"* [573].

As duas declarações interpretativas suíças referem-se ao n.º 1 e ao n.º 3, *c*) e *e*) do art. 6.º da Convenção. Começaremos primeiro por abordar o n.º 3, pois foi sobre a questão da gratuidade dos intérpretes que a Comissão se pronunciou em primeiro lugar, desencadeando uma série de decisões de importância fundamental para o problema das reservas à Convenção Europeia dos Direitos do Homem.

α)

Assim, o artigo 6.º, n.º 3, *e*) reconhece a todo o acusado o direito à assistência judiciária e à interpretação gratuita, caso não compreenda ou não fale a língua utilizada na audiência. A seu respeito a Suíça formulou uma declaração interpretativa nos seguintes termos:

"Le Conseil Fédéral suisse déclare interpréter la garantie de la gratuité de l'assistance d'un avocat d'office et d'un interprète figurant à l'article 6 par. 3 c) et e) de la Convention comme ne libérant pas définitivement le bénificiaire du payement des frais qui en résultent."

---

[572] Acórdão *Weber*, supra, citado.
[573] Citado no Relatório da Comissão, *Temeltasch*, § 80, in *D&R*, n.º 31, pág. 132.

Dado que na Suíça vigora o chamado *Vorbehalt des Terrioriali-tätsprinzips,* segundo o qual os cidadãos nos seus contactos com as autoridades devem submeter-se à lingua oficial do cantão, os custos dos eventuais intérpretes devem ser suportados, segundo a prática, pelos cidadãos, mesmo que sejam indigentes.

Em primeiro lugar colocaram-se dúvidas sobre a natureza da declaração interpretativa da Suíça, ou seja se o seu conteúdo não seria comparável a uma reserva[574]. A interpretação da *Cour de Justice du Canton de Genève*[575] entende que ela é, ao contrário da declaração sobre o n.° 1 do mesmo artigo 6.°, suficientemente clara e desprovida de carácter geral, pelo que pode ser considerada válida.

A equiparação das declarações interpretativas suíças a reservas tem sido objecto de um debate doutrinal e jurisprudencial, no âmbito da Convenção Europeia dos Direitos do Homem. Como vimos acima, segundo a Convenção de Viena, um dos aspectos mais relevantes da distinção entre os dois institutos não é a denominação propriamente dita, mas sim os seus efeitos jurídicos. Outro critério para os apreciar é a chamada "intenção subjectiva das partes", que a Comissão utilizou a par da doutrina de direito internacional[576], citando o artigo do Prof. McRae[577], que distingue as "declarações interpretativas simples" das "declarações interpretativas qualificadas", tendo a primeira uma função de interpretação e representando a segunda uma condição para a ratifi-cação. Nesta linha, a Comissão entendeu que se um Estado formula uma declaração destinada a excluir ou modificar o efeito jurídico de uma norma, tal declaração deverá ser assimilada a uma reserva nos termos do artigo 64.°, qualquer que seja a sua denominação[578].

Segundo Kühner, a declaração suíça pode ser qualificada como reserva, no sentido do art. 2.° da Convenção de Viena, dado que o Governo helvético pretendia modificar ou excluir parcialmente os efei-tos jurídicos do artigo 6.°, n.° 3, da Convenção e considerou o acordo tácito dos outros Estados partes como condição de aceitação da sua

---

[574] Wagner, Beatrice e Wildhaber, Luzius – "Der Fall Temeltasch und die auslegenden Erklärungen der Schweiz, in *EuGRZ* 1983, pág. 146.

[575] Malinverni, Giorgio e Hottelier, Michel – "La pratique suisse relative à la Convention européenne des Droits de l'Homme, 1991", in *Revue suisse de droit international et de droit européen,* vol. 4, 1992, pág. 481 e segts.

[576] Queixa *Temeltasch,* loc. cit., pág. 132.

[577] McRae, D.M. – "The legal effects of interpretative declarations", in *B.Y.I.L.,* 1978, pág. 155 e segts.

[578] Queixa *Temeltasch*, loc. cit., pág. 130.

interpretacão[579]. De acordo com o mesmo autor a declaração não pode ser analisada isoladamente, pelo que se afigura necessário recorrer ao relatório do Conselho Federal para se chegar a uma conclusão. O seu conteúdo é elucidativo. Segundo Trechsel a opção pela declaração interpretativa é acertada, pois é possível que a interpretação do artigo seja considerada correcta. Na opinião de Duffy, a formulação de uma reserva seria neste caso "ilógica", pois a interpretação suíça do art. 6.°, n.° 3, é aceitável ou, pelo menos, defensável[580].

Coloca-se ainda o problema de saber se a falta do requisito exigido na cláusula de reservas, pelo n.° 2 do art. 64.° da Convenção, ou seja a identificação e o resumo da lei interna que está "em discordância", implica ou não a incompatibilidade da declaração interpretativa suíça.

Merece aqui referência a opinião do Professor Partsch, segundo a qual cada reserva representa de certo modo uma "autodenúncia" (*Selbstanprangerung*), pois através dela o Estado admite publicamente que o seu direito interno não está conforme ao padrão da Convenção, a qual representa a "ordem pública europeia". Esta "publicidade" é ainda reforçada pela exigência do n.° 2 do art. 64.°. Assim, caso o Governo suíço tivesse formulado uma reserva, deveria descrever as diversas leis de processo penal em vigor nos cantões da Confederação.

Um dos autores que mais estudou este problema – Brändle – entende que a opção pela declaração interpretativa advém da consciência de que, neste caso, a reserva seria eventualmente considerada como não conforme ao art. 64.°, n.° 2. Na realidade, apenas alguns cantões suíços possuem leis processuais penais contrárias à Convenção, pelo que seria possível, segundo o mesmo autor, elaborar uma lei conforme à Convenção, pois pode levantar-se a questão de o Estado Federal permitir que alguns cantões mantenham em vigor leis contrárias à Convenção, que o cumprimento da condição de "uma breve descrição da lei em causa" poria claramente a descoberto. Assim, o carácter condicional da Declaração decorrente do relatório do Conselho Federal suíço permite qualificá-la como verdadeira reserva[581].

Logo, parece claro que a referida "reserva" suíça não será compatível com as condições da cláusula de reservas da Convenção, mas não é contrária ao objecto e ao fim da Convenção Europeia dos Direitos do

---

[579] Kühner, *op. cit.*, pág. 65
[580] Idem, pág. 67.
[581] Idem, pág. 68.

Análise das reservas 281

Homem, o que afasta a possibilidade académica de a Suíça não ser parte na Convenção. No entanto, a "reserva" limita a vinculação do governo suíço ao n.º 3, *e*), do artigo 6.º, pois parece deduzir-se da Declaração interpretativa que se pretende afastar a chamada jurisprudência do Acórdão *Luedicke*[582], ou seja permitir que as autoridades judiciais suíças possam deixar de aplicar o artigo 6.º, n.º 3, *e*), que impõe a gratuidade da interpretação[583].

A apreciação de fundo do conteúdo da declaração interpretativa suíça ao artigo 6.º, n.º 3, *e*), foi pela primeira vez desenvolvida na Comissão Europeia dos Direitos do Homem, na Queixa *Temeltasch c/Suíça*[584], na qual um cidadão holandês de origem turca, detido em território suíço foi condenado a pagar as "despesas de justiça" nas quais se incluíam os encargos de interpretação, visto que o requerente não compreendia a língua francesa utilizada na audiência. Os sucessivos recursos para a "*Cour de Cassation*" penal e para o Tribunal Federal suíços baseavam-se no artigo 6.º, n.º 3, *e*) da Convenção, que impõe que os Tribunais assegurem ao acusado que não compreenda ou fale a língua usada no processo a assistência gratuita de um intérprete. Os recursos foram rejeitados por ambas as instâncias, alegando o *Bundesgericht* que o Conselho Federal tinha, no momento da ratificação, emitido uma declaração interpretativa destinada a limitar o âmbito da garantia do artigo 6.º, n.º 3, *e*). Parecia clara a intenção das autoridades suíças de limitar o âmbito da disposição convencional, pois a declaração interpretativa tinha efeitos semelhantes e devia ser considerada uma reserva formal, e, consequentemente, o artigo 6.º, n.º 3, *e*) não era aplicável à Suíça. O Tribunal Federal conclui mesmo que se a Suíça tivesse aderido à Convenção após o Acórdão *Luedicke, Bekkacem et Koc*[585], do Tribunal Europeu dos Direitos do Homem, teria certamente formulado uma reserva formal[586]. Ora, desde o Acórdão *Luedicke* que o Tribunal Europeu dos Direitos do Homem considerou que o princípio da gratuidade visa impedir a desigualdade entre um acusado que não conhece a língua empregue na audiência e um acusado que a conhece e compreende.

---

[582] Acórdão T.E.D.H., *Luedicke, Belkacem et Koç (RFA)*, de 28 de Novembro de 1978, Série A, n.º 29.

[583] Kühner, *op. cit.*, pág. 89.

[584] Queixa n.º 9116/80, *Temeltasch c/Suíça*, in *D&R*, 31, pág. 120 e segts.

[585] Acórdão *Luedicke, supra, citado*, § 48.

[586] Queixa *Temeltasch, op. cit.*, pág. 125.

282 *As Reservas à Convenção Europeia dos Direitos do Homem*

Por seu lado o requerente alegava que, após o citado Acórdão *Luedicke* que considerou o artigo 6.º, n.º 3, *e*) da Convenção uma garantia de "exoneração definitiva" do pagamento das despesas de interpretação, as autoridades suíças violavam a Convenção ao imporem o respectivo pagamento.

O Relatório da Comissão, emitido em 1982, sobre a Queixa *Temeltasch*, começa por levantar a questão da sua própria competência para apreciar a conformidade das reservas e declarações interpretativas. Assim, a Comissão considera que o Título II da Convenção cria dois órgãos – a Comissão e o Tribunal – encarregados de controlar a aplicação das suas disposições, pelo que é o próprio mecanismo convencional que lhe confere poderes para examinar se, num caso concreto, uma reserva ou uma declaração interpretativa foram emitidas em conformidade com a Convenção. A sua natureza específica tem como objectivo instaurar uma "ordem pública comunitária das democracias livres da Europa", afirmava a Comissão, logo no início dos anos 50[587]. Por seu lado a jurisprudência do Tribunal refere ainda que, "ao contrário dos tratados internacionais clássicos, a Convenção ultrapassa o âmbito da simples reciprocidade entre Estados contratantes", pelo que, para além de um conjunto de obrigações sinalagmáticas bilaterais, ela cria obrigações objectivas que, nos termos do seu Preâmbulo, beneficiam de uma "garantia colectiva"[588]. Nesta linha, como vimos, o Tribunal admitiu implicitamente, nos Acórdãos *Ringeisen*[589] e *Airey*[590], anteriores à Queixa *Temeltasch*, a sua competência para interpretar reservas. Ou seja, a competência da Comissão parece adquirida, apesar de até esta data nunca ter sido posta em prática relativamente à validade de uma reserva, não tendo deixado, no entanto, de as interpretar, como atrás vimos, a propósito das reservas austríacas.

Em seguida o Relatório *Temeltasch* analisa detalhadamente a declaração interpretativa suíça relativa ao artigo 6.º, n.º 3, *e*), que a Comissão considerou ter valor de reserva, baseando-se em parte no artigo 2.º, n.º 1, da Convenção de Viena, a qual, como atrás referimos, estende a toda a declaração unilateral que modifique ou exclua as cláusulas de um tratado, qualquer que seja a sua denominação. Assim, apesar da natureza específica do sistema da Convenção dos Direitos do

---

[587] Queixa n.º 788/50, *Áustria c/Itália, Rec.*, 7, págs. 23, 41.
[588] Idem.
[589] Acórdão *Ringeisen, loc. cit.*, § 98.
[590] Acórdão *Airey, loc. cit.*, § 26.

Homem que favorece a interpretação objectiva, a intenção do Estado autor da declaração foi aqui tida em conta, na sequência, aliás, da anterior jurisprudência sobre as reservas autríacas que referem a "intenção evidente do Governo", aliás apoiada por parte da doutrina[591]. Desta forma,a vontade do Governo suíço – manifestada, de resto, na defesa do processo – de excluir o princípio da gratuidade dos intérpretes nos tribunais parece inequívoca pelo estudo dos trabalhos preparatórios do processo de ratificação, desde os relatórios do Conselho Federal, que recomendavam a formulação de uma declaração interpretativa devido às divergências do direito de alguns cantões com as normas da Convenção, aos debates parlamentares[592]. Em ambas as Câmaras Federais se considerou que as declarações interpretativas deviam ser apreciadas de forma semelhante às reservas, ou seja, de acordo com o artigo 64.º da Convenção. Como recordou o Governo suíço durante a sua defesa, a escolha da declaração interpretativa deve-se à ausência de jurisprudência sobre o artigo 6.º, n.º 3, e), a qual só existe desde 1978, data do citado Acórdão *Luedicke*.

Finalmente a Comissão, partindo do pressuposto da equiparação das declarações interpretativas às reservas, apreciou a conformidade da declaração interpretativa suíça com as condições exigidas pelo artigo 64.º. O seu parecer vai no sentido de considerar que a declaração está redigida em "termos claros", não devendo assim ser considerada como "reserva de carácter geral". Por outro lado, a exigência do n.º 2 do artigo 64.º, ao impor um "breve resumo" da lei incompatível com a disposição da Convenção objecto de reserva, foi considerada pelo requerente como não preenchida, implicando assim a sua invalidade. O Governo suíço invocou o carácter formal da condição que, de resto, outros Estados também não respeitaram, para além da dificuldade de resumir o direito processual cantonal e comunal suíço, que não é unificado. Por seu lado, a Comissão considerou o n.º 2 como condição suplementar destinada a evitar as reservas de carácter geral. Acrescentou ainda que a razão desta exigência – o conhecimento público das leis internas incompatíveis com a Convenção – tinha mais utilidade em normas convencionais de âmbito mais largo, como o artigo 10.º, do que em disposições de âmbito mais limitado, como o artigo 6.º, n.º 3, e). Assim, a declaração interpretativa suíça é suficientemente clara para

---

[591] McRae, *op.cit.*, pág. 160.
[592] Malinverni, G. – "La pratique suisse relative à la CEDH", in *Revue suisse de droit international et européen*, n.º 4, 1992, pág. 498.

demonstrar que o princípio da gratuidade do intérprete não é oponível à Suíça.

Deste modo a Comissão concluiu, por 9 votos contra 2 e 1 abstenção, que não havia no caso *sub judice* violação da Convenção, dado que a declaração interpretativa suíça produz os efeitos de uma reserva validamente formulada, excluindo, assim, a aplicação do princípio da gratuidade do intérprete pelas autoridades helvéticas[593].

Mas a "reviravolta" na "jurisprudência" de Estrasburgo dá-se pelo facto de a Comissão se reconhecer competente para apreciar a validade das reservas, que contrasta com a anterior atitude, respeitosa para com a soberana vontade dos Estados, que atrás referimos. No entanto, como se pode verificar no Relatório da Comissão, o exercício dessa competência era ainda hesitante e não estava isento de dúvidas, e o Governo suíço não contestou expressamente a competência dos órgãos de controlo da Convenção para proceder a tal apreciação de fundo, mas alegou que a falta de objecções dos outros Estados partes reflecte o consentimento tácito e a aceitação da delaração interpretativa.

Apesar da complexidade e inovação da "jurisprudência" elaborada, a Comissão não ousou remeter o processo ao Tribunal, tendo o Relatório sido transmitido ao Comité de Ministros que o adoptou em 1983[594]. Cabe notar que o Comité de Ministros do Conselho da Europa não se pronunciou sobre o fundo da questão, embora se desconheçam as eventuais discussões, pois as suas reuniões decorrem à porta fechada, não sendo os debates publicados.

O Relatório da Comissão foi inicialmente objecto de críticas na doutrina da especialidade, respeitantes sobretudo à competência da Comissão para apreciar a validade das reservas e a sua compatibilidade com o artigo 64.º da Convenção. A doutrina suíça, em particular, entende que o artigo 6.º, n.º 3, *e*) não era aplicável à Suíça, por força da declaração interpretativa[595], embora outros autores considerassem que a declaração interpretativa não vincula as jurisdições internacionais, designadamente após a jurisprudência *Luedicke*[596]. Na opinião de Imbert[597], a Queixa *Temeltasch* deveria assim ter sido liminarmente

---

[593] Queixa citada, *D&R* 31, pág. 135.

[594] Resolução DH (83) 6, adoptada pelo Comité de Ministros de 24 de Março de 1983.

[595] Malinverni, *op. cit.*, pág. 487.

[596] Raymond, J. – "*La Suisse devant les organes de la Convention européenne des Droits de l'Homme*", Estrasburgo, 1979, pág. 76 e segts.

[597] Imbert, P.H. – "Les réserves à la Convention européenne des Droits de

Análise das reservas 285

rejeitada, a menos que a Comissão tivesse julgado que a declaração era inválida e contrária ao objecto e fim do artigo 64.°.

O efeito desta decisão sobre a jurisprudência posterior dos órgãos de Estrasburgo foi de tal modo significativo que se lhe pode chamar "efeito *Temeltasch*". Ou seja, a Comissão considera-se competente para equiparar uma declaração interpretativa a uma reserva, e caso esta não seja conforme ao artigo 64.° será considerada inválida e não aplicável.

ß)

A declaração interpretativa da Suíça ao artigo 6.° n.° 1, relativa aos "direitos e obrigações de carácter civil", tem como justificação básica a jurisprudência do Tribunal Europeu dos Direitos do Homem no já citado Acórdão *Ringeisen*. Tal razão foi, aliás, expressamente invocada pelo Conselho Federal suíço para apresentar a Declaração, já que a organização judiciária é matéria da competência dos cantões, nao sendo necessariamente os processos de natureza civil submetidos a uma autoridade judicial mas sim a uma entidade administrativa[598].

Assim, alguns anos após a Queixa *Temeltasch*, um outro caso – a Queixa *Belilos* c/*Suíça*[599]. Debruça-se desta vez sobre o artigo 6.°, n.° 1, e veio de novo levantar a questão da admissibilidade da declaração interpretativa e a da inexistência, na ordem jurídica de alguns cantões suíços, de recurso judicial de uma decisão da uma autoridade adminis-trativa.Tratava-se de uma condenação a multa, pela Comissão de polícia de Lausana, por participação numa manifestação não autori-zada, sem que fosse possível o recurso sobre a matéria de facto a uma autoridade judicial. A queixosa alegava a violação do artigo 6.°, n.° 1, da Convenção.

Ora o governo suíço, aquando da ratificação, apresentou duas declarações interpretativas relativas ao artigo 6.°, bem como duas reservas relativas aos artigos 5.° e 6.°, o que parecia à partida demons-

---

l'Homme devant la Comission de Strasbourg (Affaire Temeltasch)", in *R.G.D.I.P.*, n.° 3, Julho-Setembro, 1983, pág. 599 e segts.

[598] Wagner, B. e Wildhaber, L. – "Der Fall Temeltasch und die auslegeden Erklärungen der Schweiz", in *EuGRZ*, n.° 6, 1983, pág. 145 e segts.

[599] Queixa n.° 10325/83, Relatório da Comissão de 7 de Maio de 1986, publicada em anexo ao Acórdão do T.E.D.H.

trar a intenção de não atribuir valor de reserva às declarações interpretativas.

A Queixa *Belilos,* apreciada em primeiro lugar pela Comissão, começou por averiguar, à semelhança da Queixa *Temeltasch* e retomando os mesmos argumentos, se a declaração interpretativa suíça devia ou não ser equiparada a uma reserva[600]. Mas, com base na própria redacção do seu texto e nos trabalhos preparatórios, considerou, neste caso, que a declaração suíça era uma declaração interpretativa simples, sem valor de reserva, que podia servir para interpretar um artigo, embora na condição de a interpretação da Comissão ou do Tribunal vincular o Estado visado, mesmo que fosse diferente. Acrescentou ainda a Comissão que era apenas a título de excepção que a declaração interpretativa poderia ser assimilada a uma reserva, dado que o governo suíço tinha apresentado reservas e declarações, pelo que parecia ter a intenção clara de distinguir as duas situações[601].

Por seu lado, o governo suíço defendeu perante a Comissão que a declaração visava responder aos problemas levantados no Acórdão *Ringeisen,* relativos aos processos administrativos respeitantes a direitos de carácter civil, e ao entendimento do processo civil e penal, designadamente ao controlo da matéria de facto por uma autoridade judicial[602].

A Comissão considerou que a declaração interpretativa não limitava a obrigação do governo suíço de tornar o sistema judicial compatível com o referido artigo da Convenção. Em qualquer caso, a declaração interpretativa, mesmo se fosse equiparada a uma reserva, não estava conforme ao artigo 64.°, pois a imprecisão do seu âmbito atribui-lhe carácter geral e vago, sendo a expressão "contrôle judiciaire final" excessivamente ambígua, sem fornecer nenhuma indicação sobre a maneira de a aplicar ao processo penal em causa. Assim, a declaração suíça não pode limitar a competência dos órgãos de controlo da Convenção em relação ao artigo 6.°. Por outro lado, a omissão do "breve resumo da lei em causa" exigido pelo n.° 2 do artigo 64.°, e alegada pela requerente, não foi considerada pela Comissão como afectando a validade da declaração.

Assim, a Comissão concluiu, por unanimidade, que as autoridades suíças tinham violado o artigo 6, n.° 1, da Convenção, pois a

---

[600] Queixa *Belilos,* idem, § 93.
[601] Queixa *Belilos,* idem, § 102.
[602] Queixa *Belilos,* idem, § 105 e segts.

Análise das reservas 287

requerente não tinha beneficiado, na solução jurisdicional do seu litígio, de uma apreciação da matéria de facto. Porém, dada a complexidade das questões processuais, e apesar da unanimidade, remeteu a Queixa para o Tribunal Europeu dos Direitos do Homem.

Por seu turno, o Acórdão do Tribunal, no mesmo caso *Belilos,* analisa igualmente a natureza jurídica da declaração, retomando o argumento da apresentação pelo governo helvético de declarações e de reservas, mas reconhecendo a necessidade de ir para além da denominação e determinar o seu conteúdo material. Procura ainda saber qual a intenção do governo suíço através dos trabalhos preparatórios e dos respectivos debates parlamentares sobre a matéria.

Por seu lado, o governo suíço pretendeu demonstrar que a declaração em causa era uma "declaração interpretativa qualificada", pelo que tinha valor de reserva[603]. O Tribunal recusa tomar partido sobre a natureza da declaração[604], considerando que a Suíça entendeu subtrair ao âmbito do artigo 6.°, n.° 1, certas categorias de litígios, pelo que o Tribunal deve evitar que as obrigações decorrentes da Convenção sejam objecto de restrições que não correspondam às exigências do artigo 64.°. Assim, o Tribunal, sem qualificar a declaração, afirma que examinará a validade da declaração interpretativa, à luz desta disposição, *como no caso de uma reserva*[605].

Esta conclusão, segundo Cohen-Jonathan, algo desconcertante, foi talvez o "preço" de um consenso entre os juízes do Tribunal[606]. No entanto, apesar da falta de qualificação expressa, parece-nos que o Tribunal admitiu implicitamente que se tratava de uma reserva, pois só assim se justifica a análise exaustiva que faz o Acórdão das condições do artigo 64.°. Aliás, o governo suíço desenvolveu uma argumentação no sentido de demonstrar que a declaração interpretativa não tinha carácter geral, dado que, por um lado, ela se referia a uma disposição específica da Convenção, e, por outro, estava formulada de modo a determinar claramente o seu âmbito. Ou seja, o governo pretendia limitar o âmbito da garantia do processo equitativo nos casos em que uma autoridade administrativa decide sobre uma acusação em matéria penal, a qual seria objecto de "contrôle judiciaire final" apenas nas questões de direito. Acrescentou ainda que seria abusivo qualificar de

---

[603] Acórdão *Belilos*, § 42.
[604] Cohen-Jonathan, *op. cit.,* pág. 305.
[605] Acórdão *Belilos*, § 49 (o sublinhado é nosso).
[606] Cohen-Jonathan, *op. cit.*, pág. 305.

288 As Reservas à Convenção Europeia dos Direitos do Homem

vaga e de carácter geral, com base numa jurisprudência posterior (o Acórdão *Albert & Le Compte*, que afirma que o artigo 6.°, n.° 1, garante o direito a um tribunal e a uma solução jurisdicional do litígio, tanto sobre a matéria de facto como sobre a matéria de direito[607]) à apresentação da declaração, que datava de há 15 anos atrás[608]. Por outro lado, a noção de *"contrôle judiciaire final"* não seria estranha ao direito internacional dos direitos do homem, pois vem também mencionada na reserva francesa ao artigo 2.° do Protocolo n.° 7 da Convenção. O governo helvético afirmou ainda que a declaração era compatível com o objecto e o fim da Convenção, pois visava apenas um aspecto determinado e não a substância do direito a um processo equitativo[609].

O Tribunal retoma os argumentos da Comissão e atribui "carácter geral" e ambíguo à declaração, pois o seu teor está redigido em termos demasiado vagos e amplos para que se possa determinar o campo de aplicação, o que conduz à privação quase total, do acusado, das garantias atribuídas pela Convenção[610]. Ora o artigo 64.° exige precisão e clareza, pelo que a declaração suíça é atingida pela proibição das reservas de carácter geral.

Por outro lado, relativamente à condição exigida no n.° 2 do artigo 64.°, o Tribunal, para além de subscrever os argumentos da Comissão, acrescenta ainda que o "breve resumo da lei em causa" constitui um elemento de prova e um factor de segurança jurídica, o qual não é uma simples exigência de forma mas é também uma condição de fundo. Assim, não se justificam as dificuldades práticas alegadas pelo governo em causa[611].

Em suma, o Tribunal, sem qualificar propriamente a declaração, conclui que ela não corresponde às exigências do artigo 64.° e considera-a "não válida". Com efeito, o Tribunal rejeita assim a excepção preliminar levantada pelo governo suíço e aplica o artigo 6.°, n.° 1, na íntegra, do qual consta a violação.

A doutrina acolheu esta decisão do Tribunal com algum entusiasmo, embora nem sempre sem críticas. Um dos autores que melhor estudou a Convenção, o Professor Velu, da Universidade de Bruxelas, qualifica o Acórdão *Belilos* de *"approche passablement rigoureuse"*[612].

---

[607] Acórdão *Albert et le Compte*, de 10 de Fevereiro de 1983, Série A, n.° 58.
[608] Acórdão *Belilos*, loc. cit., § 52.
[609] Acórdão *Belilos*, loc. cit., § 53.
[610] Relatório da Comissão, Queixa *Belilos*, § 111, e Acórdão T.E.D.H., § 55.
[611] Acórdão *Belilos*, § 59.
[612] Velu/Ergec, *op. cit.*, pág. 163.

Análise das reservas 289

Já Cohen-Jonathan entende que o Acórdão *Belilos* traz uma contribuição preciosa ao problema das reservas de carácter material formuladas pelos Estados[613]. Na doutrina americana também o acórdão foi acolhido favoravelmente, constituindo uma *"decisive answer to the troubling question of reservations"*[614].

Cabe ainda acrescentar que na sequência do Acórdão *Belilos* a Suíça apresentou uma comunicação ao Secretário Geral do Conselho da Europa, na qual modifica a sua declaração interpretativa no sentido de lhe subtrair a parte penal, apresentando uma longa lista de leis federais e cantonais para justificar a declaração no âmbito dos "direitos e obrigações de carácter civil", cujo *"contrôle judiciaire"* deverá manter-se apenas em relação à matéria de direito[615]. É previsível que, no caso de uma queixa apresentada sobre este problema perante a Comissão, esta sustente a invalidade da declaração. Tal como afirma Frowein, será de esperar que o Acórdão suscite acções preventivas da parte dos Estados de modo a concretizar uma aplicação efectiva dos direitos do homem[616].

Um outro pormenor interessante verifica-se na reserva suíça (e não declaração interpretativa) ao artigo 14.º do Pacto dos Direitos Civis e Políticos, cujo teor apenas refere que a Suíça assegura o recurso judicial em matéria de direito, relativamente aos processos relativos a direitos e obrigações de carácter *civil. A contrario sensu* depreende-se que assegura o recurso em processo penal, tanto em matéria de facto quanto em matéria de direito. Podemos daqui extrair mais uma benéfica consequência do Acórdão *Belilos.*

γ)

Finalmente, a reserva formulada ao n.º 1 do art. 6.º afasta a publicidade das audiências do processo civil e penal perante as autoridades administrativas, de acordo com algumas leis cantonais. Na linha da prática suíça não se indicam as leis objecto da reserva, nem se resume o seu conteúdo, nos termos do n.º 2, do artigo 64.º da Convenção.

---

[613] Cohen-Jonathan, *op. cit.,* pág. 310 e sgts.

[614] Bourguignon, H. – "The Belilos Case: New Light on Reservations to Multilateral Treaties", in *Virginia J.I.L.,* 29.1989, n.º 2, pág. 384.

[615] *Vide* texto da Comunicação *in* Anexo I.

[616] Frowein, *op. cit.* in *Mélanges Wiarda,* págs. 199-200.

Segundo Brändle, a reserva não pode assim produzir quaisquer efeitos, nem altera a vinculação da Suíça[617]. Produziu apenas um efeito indirecto que se consubstanciou na adaptação progressiva da sua lei interna, que concede a possibilidade de interpôr recurso para uma autoridade judicial das decisões das autoridades administrativas, o que implicará, necessariamente, a publicidade do processo.

A seu respeito, no já citado Acórdão *Weber*[618], o Tribunal Europeu reitera a sua doutrina *"Belilos"* e afasta a referida reserva ao artigo 6.º, n.º 1, por força apenas do artigo 64.º, n.º 2 (falta do "breve resumo da lei em causa"). O Tribunal considera que, face ao incumprimento da referida exigência, não se torna necessário determinar se a reserva revestia "carácter geral" nos termos do artigo 64.º, n.º 1. Depreende-se que o afastamento de uma reserva não conforme à Convenção se tornou numa prática que já não justificaria uma análise pormenorizada do seu teor.

v) *Liechtenstein*

A reserva formulada em 1982, no momento da ratificação da Convenção, afasta o princípio da publicidade das audiências e da leitura de sentenças, com fundamento numa extensa lista de leis processuais civis e penais.

Curiosamente, as outras duas reservas apresentadas pelo Liechtenstein foram retiradas em 1991, mas a reserva relativa ao artigo 6.º não só foi mantida como lhe foi aditada uma declaração que notifica duas alterações às leis citadas no texto da reserva. Esta declaração vai claramente ao invés do espírito da Convenção, pois, em lugar de "compatibilizar" as leis internas, as autoridades do Liechtenstein mantiveram na sua ordem jurídica normas contrárias à Convenção, apesar de terem procedido a uma reforma legislativa.

vi) *Finlândia*

A Finlândia, que ratificou a Convenção em 1990, formulou apenas uma reserva relativa à condição de publicidade e oralidade dos

---

[617] Brändle, *op. cit.*, pág. 112.

[618] Acórdão, T.E.D.H. *Weber*, supracitado § 36.

Análise das reservas 291

processos imposta pelo artigo 6.°, alegando que naquele momento não seria possível assegurar esse direito em acções de recurso perante tribunais ordinários e administrativos[619].

A reserva visa afastar o princípio da oralidade dos processo de tribunais administrativos regionais e supremos, dos "tribunais de águas" e de seguros, bem como dos tribunais de última instância. Como é sabido, parte destas restrições existe na maioria dos sistemas jurisdicionais dos Estados partes, na Convenção, sem que os órgãos de Estrasburgo considerem que isso ofende as suas disposições. Nos raros casos até hoje apreciados pela Comissão e pelo Tribunal, relativos à Finlândia (que apenas se tornou parte na Convenção em 1989), tal questão não foi ainda apreciada, sendo de prever a aceitação da validade formal (referem-se as leis internas visadas) e material da reserva.

vii) *Hungria*

Vimos atrás como o governo húngaro procedeu a reformas legislativas para harmonizar a sua ordem interna com a Convenção. Assim, a única reserva formulada pela Hungria à Convenção diz respeito ao direito de recurso a um tribunal em matéria de contravenções administrativas, o qual não se encontra previsto na lei húngara. O texto da reserva indica as duas leis internas pertinentes, que remontam a 1968 e 1970, pelo que será de esperar uma alteração ao sistema vigente.

Será interessante analisar a futura jurisprudência do Tribunal perante tais lacunas, pois o passado revela que a condescendência dos juízes perante situações de convulsão interna não é favorável aos Estados.

1.3.12. *A irretroactividade da lei penal (art. 7.°)*

O princípio da irrectroactividade da lei penal encontra-se em boa parte das constituições da actualidade, como no artigo 25.° da Constituição italiana, ou está, pelo menos, como no caso francês, integrado no "bloco da constitucionalidade" pelo Conselho Constitucional, pois surge na sequência lógica dos princípios fundamentais do Estado de Direito.

---

[619] Polakiewicz, Jörg – "La mise en oeuvre de la CEDH en Europe de l'Ouest: Aperçu du droit et de la pratique nationaux", in *R.U.D.H.*, vol. 4, n.°ˢ 10-11, pág. 363.

O princípio *nullum crimen nulla poena sine lege* faz hoje parte do direito internacional dos direitos do homem, consagrado na Declaração Universal dos Direitos do Homem que inspirou a Convenção Europeia dos Direitos do Homem. Esta última inclui também o direito à legalidade dos crimes e das penas, o que proíbe necessariamente a aplicação rectroactiva do direito penal em detrimento do arguido. A aplicação rectroactiva da lei penal poderá, em certos casos beneficiar o arguido, pela diminuição da pena aplicável, estando tal princípio incluído na maioria das legislações penais dos Estados partes na Convenção, bem como na própria jurisprudência da Comissão[620].

Aliás, este princípio está de tal maneira presente nas ordens jurídicas internas que nem os trabalhos preparatórios da Convenção lhe dedicaram longo debate e atenção, nem as decisões da Comissão são numerosas. Por essa razão torna-se ainda mais interessante analisar as razões que levaram os Estados a formular reservas a um princípio "clássico" dos direitos do homem!

O artigo 7.° vem expressamente mencionado na cláusula derrogatória do artigo 15.°, n.° 2, relativo às medidas de excepção, ou seja, o princípio da proibição rectroactiva da lei penal não pode ser derrogado nem em caso de guerra ou de perigo público. No entanto, o próprio artigo 7.°, n.° 2, contem uma excepção ao princípio geral do n.° 1. Assim, permite-se a aplicação pelos tribunais nacionais da legislação interna e internacional relativa a crimes de guerra ou colaboração com o inimigo e traição praticados durante a Segunda Guerra Mundial. Este artigo da Convenção europeia constitui de certo modo uma codificação dos princípios aplicados pelos Tribunais de Nuremberga e de Tóquio[621], na linha da Resolução da Assembleia Geral das Nações Unidas[622], que considerou os crimes de guerra como violações do direito internacional. As posições da doutrina a este respeito revelam-se contraditórias, pois, a ausência de lei que punisse determinados crimes não obstava ao seu carácter criminal, no momento em que foram praticados. São curiosas as palavras do criminoso de guerra Eichmann durante o seu

---

[620] Queixa n.° 327/57, *Kruzig contre la République Fédérale d'Allemagne,* in *Rec. des Décisions de la Commission en 1958.*

[621] Van Dijk e Van Hoof – *Theory and Pratice of the European Convention on Human Rights,* 2.ª ed., Deventer, Boston, 1990, pág. 365.

[622] Resolução 95 (I), de 11 de Dezembro de 1946, *in* UN Yearbook (1946-7), p. 254.

Análise das reservas 293

julgamento em Jerusalém: *"legally I do not consider myself guilty...*
Guilty in a human sense: Yes"...[623]

Aliás, logo nos anos 50, a Comissão interpretou esta norma excepcional no sentido de afastar a aplicação do princípio geral de rectroactividade às leis que, sob circunstâncias muito excepcionais, no final da Segunda Guerra Mundial, foram adoptadas para condenar crimes de guerra, traição e colaboração com o inimigo, as quais não eram condenáveis nem legal nem moralmente[624]. Tal foi o caso de Queixas apresentadas contra a Bélgica[625] e contra a Noruega[626], tendo, neste último caso, a Comissão considerado que o artigo 7.º, n.º 2, se aplicava directamente a um cidadão norueguês condenado por actos de traição e colaboração com a administração ocupante alemã durante a última guerra.

A expressão "princípios gerais de direito reconhecidos pelas nações civilizadas", já utilizada no artigo 38.º do Estatuto do Tribunal Internacional de Justiça, relativo às fontes de direito, serviu claramente de fonte aos autores da Convenção para qualificar de crime acções ou omissões, para além dos "crimes de guerra" *stricto sensu*. A opção do Pacto das Nações Unidas sobre os Direitos Civis e Políticos, para fundamentar a qualificação de crimes da mesma natureza, foi algo diferente e refere, no seu art. 15.º n.º 2, "os princípios gerais de direito reconhecidos pela comunidade das nações", o que nos parece certamente mais correcto pois não se coloca a *vexata questio* de saber o que são "nações civilizadas".

A fórmula da Convenção torna difícil saber quais os crimes incluídos nesta previsão. De resto, a norma do art. 7.º, n.º 2, refere-se à responsabilidade penal individual, a qual estava classicamente excluída do direito internacional e está ainda longe de recolher opinião unânime. De novo surge a influência exercida pelo Estatuto do Tribunal de Nuremberga, no qual a competencia *ratione personae*, que foi objecto de críticas, permitia mesmo a condenação de pessoas que tivessem pertencido a uma "organização criminosa". Cabem na previsão do artigo 7.º, n.º 2, da Convenção, de acordo com a interpretação da

---

[623] Green, L.C. – "The maxim *Nullum Crimen sine lege* and the Eichmann trial" in *B.Y.I.L.*, vol. XXXVIII, 1962, pág. 460.

[624] Relatório da Comissão, de 20 de Julho de 1957, Queixa n.º 268/57, in *Ann. Conv.*, vol. I, pág. 239.

[625] Queixas n.ºs 214/56, in *Ann.*, II, pág. 226, e 1038/61, in *Ann.* IV, págs. 334-336.

[626] Queixa n.º 931/60, in *Collectanea*, 6, pág. 41.

294   As Reservas à Convenção Europeia dos Direitos do Homem

Comissão Europeia dos Direitos do Homem, para além dos "crimes contra a humanidade", os "princípios fundamentais de direitos do homem", tais como o direito à vida, a proibição da escravatura ou a discriminação racial[627]. Pode ainda interpretar-se esta disposição no sentido da exclusão do princípio *nulla poena sine lege* para os crimes internacionais, mas não do princípio *nullum crimen sine lege*[628]. O próprio Kelsen considera que os Estados são livres de criar normas de direito penal internacional a título retroactivo[629].

O problema de saber qual o direito aplicável a estes casos põe-se desde a criação do tribunal internacional, criado pelo Tratado de Versalhes, de 1919, para julgar o Imperador Guilherme II, da Alemanha, que, como é sabido, não chegou a efectuar-se pela recusa dos Países Baixos em conceder a extradição.

A questão foi levantada por vários autores, entre os quais Radbruch[630], cuja ideia do *ungerichtes Recht*, revela que a diferença entre a lei positiva e a justiça pode atingir níveis tão intoleráveis que tornará a primeira numa *"wrong law"*. No casos em que a igualdade, que constitui o corolário da justiça, for conscientemente negada pela lei positiva, então a lei perde o seu carácter de lei e não existe mesmo. Este ponto de vista foi aceite pelo Supremo Tribunal Federal, em 1951, a propósito da validade das ordens do *Führer,* em Março de 1945, no momento da chamada "solução final" relativa à eliminação física dos judeus[631]. Hart também defendeu que *"laws may be law but too evil to be obeyded",* o que no fundo se reduz a algo semelhante ao pensamento de Radbruch.

Por outro lado, segundo alguns autores o princípio da interdição da aplicação retroactiva da lei penal não é contrário aos princípios gerais de direito das nações civilizadas[632], tendo o próprio Tribunal de Nuremberga tentado demonstrar que o direito internacional, já antes da guerra, reconhecia a responsabilidade individual por crimes contra a paz. No entanto foi reconhecido que várias normas do Acordo de

---

[627] Queixa n.º 268/57, loc. cit., pág. 367.
[628] Bindschedler-Robert, Denise – "De la reetroactivité en Droit International Public", in *Recueil d'Etudes de Droit International en hommage à Paul Guggenheim,* Genebra, 1968, pág. 186.
[629] Kelsen, *Principles of International Law*, Nova Iorque, 1952, pág. 137.
[630] Radbruch, G. – *Filosofia do Direito,* trad., 2.ª ed., Coimbra, 1945, pág. 195 e segts.
[631] Decisão citada, *in* Green, *op. cit.*, pág. 469.
[632] Green, *op. cit.*, pág. 471.

Londres de 1945, que permitiu julgar os criminosos de guerra, eram exemplo de verdadeira lei retroactiva, pois eram leis inovadoras que estabeleciam responsabilidade individual para situações de facto, as quais, até aí, apenas implicavam a responsabilidade dos Estados[633].

A questão levantada por este artigo 7.º, n.º 2, voltou, de novo a interessar os internacionalistas devido à criação, pelo Conselho de Segurança das Nações Unidas, do Tribunal Penal Internacional para a ex-Jugoslávia[634]. As referências a um tribunal penal internacional tinham já surgido na Convenção para a prevenção do Genocídio e na Convenção para a eliminação e repressão do crime do *apartheid*, mas sem consequências práticas pois a própria Assembleia Geral não foi além de encarregar a prestigiada Comissão de Direito Internacional de elaborar um estatuto de um tribunal penal internacional permanente, cujos trabalhos ainda decorrem.

O Estatuto deste Tribunal *ad hoc,* ao contrário do Tribunal de Nuremberga, que tinha sido instituído pelo Acordo de Londres de 8 de Agosto de 1945, foi criado por Resolução do Conselho de Segurança para evitar, decerto, as demoras das ratificações, e destina-se a julgar os crimes de guerra, os crimes contra a humanidade e as violações ao direito humanitário praticados no território da antiga República Federativa Socialista da Jugoslávia a partir do dia 1 de Janeiro de 1991.

A questão do princípio *nullum crimen nulla poena sine lege* foi largamente debatida, pois a sua estrita aplicação conduziria às normas do Código Penal da ex-Jugoslávia, posição a que se opunha a maioria dos membros do Conselho de Segurança. Ao contrário do Estatuto do Tribunal de Nuremberga, que apenas mencionava "crimes contra a paz", o estatuto do novo Tribunal refere "infracções graves às Convenções de Genebra de 1949", "violações de leis e costumes da guerra", que se reconduz, em parte, ao chamado "direito da Haia", e ainda o "crime de genocídio". Estas referências concretas constituem, segundo alguns autores, um certo retrocesso[635] em relação ao Acordo de Londres e à Proclamação de Tóquio, que não referiam nenhum texto em particular. Porém, em nossa opinião a citação de normas jurídicas positivas advém justamente da aplicação do princípio *nullum crimen sine lege,* que

---

[633] Binschedler-Robert, *op.cit.,* pág. 191.

[634] Resolução n.º 808 (1993), de 22 de Fevereiro de 1993, que cria o Tribunal, seguida da Resolução n.º 827 (1993), de 25 de Maio, que aprovou o Estatuto.

[635] Pellet, Alain – "Le Tribunal Criminel International pour l'ex-Yougoslavie – Poudre aux yeux ou avancée décisive?", in *R.G.D.I.P.* tomo XCVIII, 1994/1, pág. 35 e segts.

exige que o Tribunal utilize apenas normas cuja existência seja inequívoca, para além de demonstrar uma evolução no direito internacional penal que não se verificava em 1945. Apesar da maioria dos Estados ter ratificado as Convenções de Genebra, incluindo a própria ex--Jugoslávia, o direito humanitário é independente de convenções que o "positivem"[636] e, como tal, pode ser aplicado pelo Tribunal Internacional. Por outro lado, os crimes contra a humanidade vêm definidos no n.º 5 do Estatuto do novo Tribunal, de forma mais lata do que os do texto de Nuremberga, de modo a abrangerem a chamada "limpeza étnica" praticada na ex-Jugoslávia.

As sentenças proferidas pelo Tribunal podem aplicar penas de prisão, de acordo com o Código Penal da ex-Jugoslávia, o que se afigura algo surpreendente, mas vêm na linha da estrita aplicação do princípio *nulla poena sine lege*. Na sequência deste raciocínio deveria então aplicar-se também o direito penal dos Estados sucessores da ex--Jugoslávia. Está no entanto excluída a pena de morte, ao contrário do que aconteceu em 1945. A execução das penas poderá ser atribuída a um Estado que voluntariamente se disponha a receber os condenados, o que no caso dos Estados partes na Convenção Europeia dos Direitos do Homem será "facilitado" pela própria previsão do artigo 7.º, n.º 2. Na prática, os aspectos mais importantes da questão são a execução das penas de prisão e a possibilidade de extradição[637], para as quais poderão ser incumbidos Estados partes na Convenção, razão pela qual abordámos este tema.

Apesar de ser discutível a possibilidade de formular reservas, dois Estados as fizeram ao artigo 7.º, n.º 2. São eles a Alemanha e Portugal, cujos casos merecem particular atenção, pois resultam de situações distintas. É curioso notar que alguma doutrina[638] entende que a Espanha deveria ter formulado uma reserva em relação ao n.º 2 do artigo 7.º, pois é duvidosa a sua conformidade face aos princípios da Constituição de 1978. Dado que a citada disposição convencional se pode aplicar a todas as situações históricas em que se praticaram crimes de guerra, designadamente em Espanha, poder-se-ia admitir a hipótese, algo inverosímil em nosso entender, da invocação do artigo 7.º, n.º 2,

---

[636] Pellet, Alain – "Le Tribunal Criminal...", idem.

[637] Castillo, Maria – "La compétence du Tribunal pénal pour la Yougoslavie", in *R.G.D.I.P.* tomo XCVIII, 1994/1, pág. 61 e segts.

[638] Garcia de Enterría (dir.), Linde/Ortega/Sanchez Moron – *El sistema europeo de proteccción de los derechos humanos*, Madrid, 1983, pág. 99 e segts.

Análise das reservas 297

o que contrariaria o princípio geral de irretroactividade da lei penal inscrito na Constituição espanhola. Em todo o caso a própria Convenção faz prevalecer a lei interna quando ela se revela mais favorável à protecção dos direitos dos indivíduos, pelo que tais receios não têm fundamento consistente.

i) *Alemanha*

O caso da Alemanha revela-se particularmente interessante. A retroactividade das leis relativas a crimes de guerra foi limitada por uma reserva do Governo Federal, pela qual o artigo 7.º, n.º 2, só poderia ser aplicado dentro dos limites do artigo 103.º § 2, da Lei Fundamental de Bona, segundo a qual "uma acção só pode ser punida, se a culpabilidade tiver sido definida antes de praticada a acção". Esta reserva contém um limite ao n.º 2 do artigo 7.º, que já de si é um limite ao princípio geral do n.º 1. Ao reduzir o limite, a reserva alarga assim a garantia do artigo 7.º [639].

Logo no início dos seus trabalhos a própria Comissão Europeia observou que a reserva, em vez de restringir as obrigações do Governo face à Convenção, alarga o seu âmbito, já que a possibilidade dada às autoridades judiciais de aplicar retroactivamente as leis penais é expressamente excluída pela reserva, alargando assim a protecção dos direitos do indíviduo [640]. A queixa em questão foi rejeitada, considerando a Comissão, sem grande desenvolvimento, que não havia violação do artigo 7.º dado que, do ponto de vista temporal, a Lei Militar era aplicável ao requerente. Tanto mais que os tribunais alemães tinham particulares responsabilidades no julgamento de crimes de guerra. Na prática os tribunais, em vez de aplicarem retroactivamente leis penais, preferiram considerar ilegais os actos praticados sob a "lei nazi", a qual era ilegal porque contrária a uma lei "não escrita" e hierarquicamente superior [641]. Logo nos seus Acórdãos iniciais o *Bundesverfassungsgericht,* presumindo, implicitamente, a existencia de uma lei "supra positiva", condenou e puniu criminosos nazis por actos de violência praticados ao tempo dentro da legalidade, ou seja, sob as ordens das

---

[639] Brändle, *op. cit.*, pág. 121.
[640] Queixa n.º 1063/61, não publicada.
[641] Jacobs, *op. cit.*, pág. 125.

298   *As Reservas à Convenção Europeia dos Direitos do Homem*

mais altas autoridades do Estado, mesmo do próprio *Führer*[642]. A Lei Fundamental atribuía competência ao Tribunal Constitucional para examinar toda a legislação dessa época à luz dessa "lei supra positiva", pois a legalidade das ordens do *Führer* não obsta à punição da pessoa que as cumpriu[643].

Em suma, a norma constitucional objecto de reserva não é contrária à Convenção, visa apenas assegurar uma garantia mais forte da aplicação do princípio, o que, aliás, vem na linha do artigo 60.° da Convenção. A reserva é, portanto, *überfüssig*, segundo Dürig, que acrescenta expressamente que o artigo 103.° da Lei Fundamental tem precedência sobre o artigo 7.°, n.° 2, da Convenção[644].

ii) *Portugal*

O princípio da irretroactividade da lei penal surge consagrado apenas em algumas constituições, entre as quais a portuguesa, na qual a *"importância da regra justifica a sua proibição constitucional"*[645]. Tal princípio tem como fundamento a segurança jurídica do indivíduo frente ao Estado, ou seja, no direito de não ser afectado nos bens essenciais da vida senão na medida exigida pela lei[646].

A reserva formulada por Portugal ao n.° 2 do artigo 7.° tem por base a norma constitucional relativa à incriminação e julgamento dos agentes e responsáveis da PIDE/DGS, incluída nas disposições finais e transitórias, tanto da versão original (art. 309.°) como das sucessivas revisões (art 298.°, da 1.ª revisão, e 294.°, das 2.ª e 3.ª). Este artigo da Constituição, ao manter em vigor a Lei n.° 8/75, de 25 de Julho, com as alterações introduzidas pelas Leis n.° 16/75 e 18/75, de 23 e 26 de Dezembro respectivamente, tem natureza de norma de recepção de medidas revolucionárias de excepção[647], contrárias a princípios gerais

---

[642] Cremona, J.J. – "International Human Rights and the non-retroactivity of penal laws", in *Selected Papers 1946-1989*, pág. 156.

[643] Decisão citada *in* Castberg, *op.cit.*, pág. 27.

[644] Maunz-Dürig, n.° 121, anotação ao artigo 103, citada por Brändle, *op. cit.*, pág. 122.

[645] Miranda, J. – "Os princípios constitucionais da legalidade e da aplicação da lei mais favorável em matéria criminal", in *O Direito*, n.° 121, 1989, vol. IV, pág. 697.

[646] Sousa Brito, J. – "A Lei Penal na Constituição", in *Estudos sobre a Constituição*, vol.II, pág. 217 e sgts.

[647] Gomes Canotilho/Vital Moreira, *op.cit.*, pág. 1069.

Análise das reservas 299

da Constituição, neste caso o princípio *nullum crimen sine lege* e *nulla poena sine lege* enunciado no artigo 29.°. A norma do artigo 309.° pode considerar-se uma "excepção desnecessária" , pois bastaria recorrer-se às normas do Código Penal ou aos princípios gerais de direito internacional comummente reconhecidos[648].

Esta norma foi duramente criticada na doutrina portuguesa, em particular pelos Profs. Afonso Queiró, Castanheira Neves e Moura Ramos, da Faculdade de Direito de Coimbra. Assim, o Prof. Queiró[649] afirma que a norma do artigo 309.° da Constituição (versão originária) *"posterga o impostergável em matéria de direitos e garantias individuais"*, ao excluir a aplicação do princípio da irretroactividade da lei penal aos agentes da ex-PIDE/DGS e considera acertadamente esta norma uma *"ressonância da revolução"*. Levanta-se mesmo a questão da inconstitucionalidade da norma constitucional, com base no estudo de Bachof[650].

O Prof. Castanheira Neves refere as *"dramáticas preterições do princípio"* da irretroactividade da lei penal, agravado pelo facto de o objectivo prosseguido ser o de "afirmar o direito" e impor a sua *"antijuridicidade no contexto histórico-comunitário"*[651].

Por seu turno, relativamente à reserva ao princípio da irretroactividade da lei penal, o Prof. Moura Ramos considera que *"qualquer entorse a este princípio faz abalar todo o edifício jurídico"*, mesmo restrito a um grupo circunscrito de pessoas[652]. E, a propósito desta reserva, levanta a questão de fundo da sua conformidade ao objecto e fim da Convenção . Como muito bem previa este Professor, à validade das reservas nada há a opor enquanto os órgãos da Convenção não forem chamados a pronunciar-se a este respeito. Com efeito, apesar de tal não ser a prática dos órgãos da Convenção na altura, o juízo de fundo sobre a validade das reservas, pela Comissão e pelo Tribunal, viria a revelar-se negativo para os Estados, como foi "previsto" pelo Prof. Moura Ramos no seu estudo de 1981.

---

[648] Marques da Silva, G. – "Algumas notas sobre a consagração dos princípios da legalidade e da jurisdicionalidade na Constituição da República Portuguesa", in *Estudos sobre a Constituição*, vol. II, pág. 262.

[649] Queiró, *op. cit.,* pág. 304 e segts.

[650] Bachof, O. – *Normas Constitucionais Inconstitucionais?*, trad., Coimbra, 1977, pág. 51 e segts.

[651] Castanheira Neves, A. – "O princípio da legalidade criminal – O seu problema jurídico e o seu critério dogmático", in *Estudos em Homenagem ao Prof. Doutor Eduardo Correia*, vol. 1, pág. 322 e segts.

[652] Moura Ramos, *op. cit.*, págs. 186 e 187.

300   *As Reservas à Convenção Europeia dos Direitos do Homem*

A doutrina estrangeira tem qualificado tal reserva de *"origi-
nale"*[653], embora a sua não aplicação e a ausência de alcance prático
constituam uma atenuante a esta violação flagrante de um princípio
básico da lei penal.

Em princípio, a reserva só poderia ser retirada no momento em
que todos os agentes tivessem sido julgados, ou por supressão do actual
artigo 294.º da Constituição, o que já foi proposto nas sucessivas revisões constitucionais, mas sem sucesso. Com efeito, a norma constitucional que permite aplicar retroactivamente a lei penal aos agentes da
ex-PIDE/DGS, mantém-se em vigor, apesar da amnistia que lhes foi
aplicada e do próprio decurso do tempo que esgotará o prazo de pres-
crição.

A "utilidade residual" da reserva admitida no Relatório da Comissão de Assuntos Constitucionais, Direitos, Liberdades e Garantias da
Assembleia da República não subsiste mais, considerando a doutrina
que ela não "tem *alcance prático*"[654] nem "*qualquer alcance político*"[655], pelo que nos parece que a reserva deveria ser rapidamente
retirada, com vantagem para a dignidade do Estado de Direito e para a
própria imagem de Portugal no Conselho da Europa.

Por muitas justificações histórico-revolucionárias que se encontrem, a simples existência desta norma, ao impor uma excepção à norma constitucional do artigo 29.º, ofende os limites do "mínimo ético"
de que fala Jellineck[656]. A reserva afigura-se tanto mais inválida quanto
a excepção a este princípio, consubstanciada no direito de Nuremberga,
se encontrar expressamente prevista na Convenção, o que leva a
concluir que mais nenhuma excepção será permitida à luz do direito da
Convenção. Assim, para além de a reserva visar um direito inderrogável, é duvidosa a sua "convencionalidade" pois ela ofende um princípio fundamental da ordem pública europeia.

1.3.13. *O direito às garantias do processo penal (arts. 1.º a 4.º do Protocolo n.º 7)*

O Protocolo n.º 7 visa consagrar alguns direitos e garantias de
natureza processual para além dos já inscritos na Convenção. Preenche

---

[653] Sudre, op. cit., pág. 15.
[654] Miranda, *Manual...*, *cit.*, vol. IV, pág. 212.
[655] Gonçalves Pereira/Fausto de Quadros, *op. cit.*, pág. 625.
[656] Citado *in* Bachof, *op. cit.*, pág. 43.

Análise das reservas   301

assim, uma lacuna do artigo 6.°, pois, para além do chamado duplo grau de jurisdição em matéria penal, o Protocolo inclui também o direito a uma indemnização para a vítima de erro judiciário e, ainda, normas de protecção dos cidadãos estrangeiros, designadamente no âmbito do regime jurídico da expulsão de cidadãos estrangeiros, ao qual acrescenta *"assinalável melhoria"*[657]. O princípio *"non bis in idem"* está inscrito no artigo 4.°, como direito inderrogável, nos termos do artigo 15.°.

A própria letra do artigo 2.° do Protocolo n.° 7 refere que o exercício do direito da pessoa condenada por infracção penal ao exame da sentença por uma jurisdição superior *"é regido pela lei"*. Esta possibilidade deixa naturalmente aos Estados uma "grande latitude"[658] para legislar sobre esta matéria, nomeadamente na determinação da infracção penal. Ora, foi justamente a respeito destes conceitos legais que alguns Estados formularam reservas e declarações para afirmarem e fazerem prevalecer as suas definições legais sobre infracções penais, por vezes em relação ao conjunto das normas do Protocolo.

Uma das questões mais importantes desta matéria é justamente o chamado "duplo grau de jurisdição" em matéria penal, que deverá, segundo o Protocolo n.° 7, ser relativo a matéria de facto e de direito, o que, como é sabido, não se verifica em todas as ordens jurídicas europeias.

O Tribunal considerou no citado Acórdão *Belilos* que, por força do próprio artigo 6.°, era exigível um controlo judiciário final em matéria de facto e de direito em matéria civil, e sobretudo deviam sempre aplicar-se as garantias previstas na lei interna, para além das do artigo 6.°. Nessa linha faremos apenas uma referência sucinta e genérica às reservas e declarações apresentadas acerca do Protocolo n.° 7, que, aliás, só entrou em vigor em 1988. Ressalta destas reservas e declarações a reafirmação do direito interno e as suas eventuais disparidades que estão ainda longe de desaparecer entre os Estados partes na Convenção.

i) *Países Baixos*

Apesar de não ter ainda procedido à ratificação do Protocolo n.° 7, o governo dos Países Baixos apressou-se a apresentar uma declaração,

---

[657] Duarte, *op. cit.,* pág. 55 e segts.
[658] Cohen-Jonathan, *La Convention,* op. cit., pág. 448.

302 As Reservas à Convenção Europeia dos Direitos do Homem

no momento da assinatura, para afirmar que o artigo 2.°, n.° 1, apenas se aplicava às condenações em primeira instância proferidas pelos tribunais que conhecem de matéria penal, de acordo com o direito neerlandês.

ii) *Alemanha*

A declaração apresentada pela Alemanha no momento da assinatura do Protocolo n.° 7 (ainda não ratificado) visa fazer prevalecer os conceitos do seu direito interno relativos à "infracção penal", relativamente aos artigos 2.° a 4.°. Cita o Código de Processo Penal para delimitar o âmbito de aplicação do artigo 3.°.

iii) *França*

O direito ao duplo grau de jurisdição em matéria penal foi objecto de uma "declaração" do governo francês segundo a qual o exame por uma jurisdição superior podia limitar-se a um controlo da aplicação da lei como o *"recours en cassation"*.

Relativamente ao conjunto das normas do Protocolo n.° 7 a França formulou uma reserva no sentido de fazer prevalecer os conceitos da lei penal francesa, relativos às infracções em matéria penal, sobre o entendimento convencional, eventualmente mais alargado[659].

Ora um processo especial da *Haute Cour* relativo à responsabilidade penal dos ministros não prevê qualquer recurso, salvo para as instâncias internacionais...[660]

iv) *Suécia*

A declaração do governo sueco visa o artigo 1.° relativo à expulsão de estrangeiros, segundo a qual estes podem renunciar ao direito ao recurso da decisão de expulsão, e caso não tenham feito a declaração o seu recurso não será aceite.

---

[659] Cohen-Jonathan, *op. cit.*, pág. 448.

[660] Cohen-Jonathan, G. – "Droit constitutionnel et Convention europeénne des Droits de l'Homme" in *R.F.D.C.*, n.° 13, 1993, pág. 206.

Análise das reservas 303

O teor desta declaração afigura-se, no mínimo, surpreendente, pois quase obriga à renúncia a um direito, o que constitui não só uma discriminação como poderá considerar-se tal declaração como contrária ao objecto e ao fim do Protocolo.

v) *Áustria*

Na sua linha de formulação de reservas, o governo austríaco apresentou uma declaração referindo que por jurisdições superiores, para efeitos do artigo 2.º, se consideravam o Tribunal Administrativo e o Tribunal Constitucional.

Por outro lado, os artigos 3.º e 4.º devem aplicar-se unicamente ao processo penal no sentido do direito penal austríaco.

vi) *Suíça*

O governo suíço formulou duas reservas relativamente ao Protocolo n.º 7, que incidem sobre os direitos de cidadãos estrangeiros. Assim, a primeira reserva exclui a aplicação do artigo 1.º aos casos de condenação por ameaça da segurança interna e externa da Suíça. A segunda faz prevalecer a lei interna, relativa ao nome de família e ao regime matrimonial, sobre o artigo 5.º do Protocolo, que consagra o princípio da igualdade entre os cônjuges.

Será muito interessante analisar a futura eventual aplicação de tais reservas pelos órgãos da Convenção, de modo a avaliar a sua "convencionalidade".

vii) *Dinamarca*

Ao contrário da sua prática habitual de quase não formular reservas, a Dinamarca apresentou uma ao artigo 2.º do Protocolo n.º 7, para definir os casos de exclusão de dupla jurisdição, como sejam a não comparência do "acusado", os casos de anulação da pena e os processos em que as multas atribuídas sejam inferiores a um valor fixado por lei.

viii) *São Marino*

A República de São Marino reconhece, através de uma declaração, que a sua lei interna não prevê o direito à indemnização por erro judiciário, previsto no artigo 3.º. Compromete-se a aprovar, no futuro, a legislação pertinente.

É uma verdadeira declaração de intenções a saudar por todas as razões.

ix) *Itália*

A declaração italiana sujeita a aplicação dos artigos 2.º a 4.º do Protocolo às qualificações penais da sua lei interna. Tal aspecto já se encontra previsto, pelo que a declaração reflecte algum excesso de zelo. No entanto, ela poderá encontrar explicação no entendimento autónomo feito pelos órgãos da Convenção em relação às infracções criminais no âmbito do artigo 6.º, como vimos atrás a propósito do Acórdão *Engel*.

x) *Portugal*

A ratificação do Protocolo n.º 7 revela vicissitudes curiosas, cuja origem apenas se pressupõe, pois não existem documentos que as possam comprovar. Assim, em 13 de Julho de 1990, a Assembleia da República aprovou para ratificação[661] o Protocolo n.º 7 à Convenção Europeia dos Direitos do Homem, a qual incluiu uma reserva segundo a qual se entende por "infracção penal", no sentido dos artigos 2.º e 4.º do Protocolo, os factos que constituem infracção penal segundo o direito português. Aceitavam-se na mesma Resolução a competência da Comissão e a jurisdição do Tribunal por um prazo de dois anos, nos termos do artigo 7.º do citado Protocolo.

No entanto, inexplicavelmente, quase cinco anos passados, o instrumento de ratificação não foi ainda depositado junto do Secretário--Geral do Conselho da Europa[662], pelo que as reservas não produzem efeitos.

Ao tentar encontrar as razões que possam fundamentar tal proce-dimento, parece-nos que a falta de duplo grau de jurisdição em matéria

---

[661] Resolução n.º 22/90, de 13 de Julho, in *D.R.*, I Série, n.º 224, de 27 de Setembro de 1990, pág. 3997 e segts.

[662] *Vide* Anexo I, no final deste trabalho, e referência *in* Vitorino, *op. cit.*, pág. 13.

Análise das reservas 305

de facto de natureza criminal, que se verificava em parte da ordem processual penal portuguesa anteriormente ao Código do Processo Penal, que entrou em vigor em 1988, pode determinar a "suspensão" do processo de ratificação. Na verdade não se formulou reserva ou declaração nesse sentido, o que poderia vir a causar sérios problemas nos processos a que se tivesse aplicado o anterior Código e que ainda não tivessem transitado em julgado. Trata-se de uma simples hipótese que fundamenta juridicamente a não ratificação.

1.3.14. *A cláusula derrogatória (art. 15.°)*

Analisámos, no Capítulo 1, a cláusula derrogatória do artigo 15.° da Convenção, cuja natureza limitativa de alguns dos direitos protegidos em tempo de guerra ou de grave crise foi objecto de longo debate.

A admissibilidade de reservas a este artigo levanta problemas de fundo que se prendem não só com o direito constitucional dos Estados partes, no que toca à previsão ou omissão de situações de excepção no âmbito da Constituição ou da legislação ordinária, como também no papel central do artigo no seio da Convenção, que, segundo alguns autores, define o seu objecto e fim[663].

i) *França*

A tardia ratificação da Convenção por parte da França, que apenas teve lugar em 1974, deveu-se, em parte, ao facto de os sucessivos governos considerarem a cláusula derrogatória do artigo 15.° da Convenção contrária ao artigo 16.° da Constituição de 1958[664]. Esta norma constitucional atribui, em circunstâncias excepcionais, poderes especiais ao Presidente da República para "tomar as medidas exigidas pelas circunstâncias, em caso de grave ameaça da integridade do Estado ou de execução dos seus compromissos internacionais". Utilizada durante a Guerra da Argélia, no início dos anos 60, a aplicação do artigo 16.° traduziu-se no internamento e detenção de pessoas sem direito de defesa, bem como em alterações ao processo penal, e ainda na criação

---

[663] Cousirat-Coustère, *op. cit.,* pág. 280.
[664] Vasak, K. – "L'histoire des problèmes de la ratification de la Convention par la France", in *R.D.H.,* vol. 3, n.° 4, 1970, pág. 565 e segts.

de jurisdições de excepção. Mais recentemente, a faculdade de derrogação da Convenção prevista neste artigo foi já utilizada pela França a propósito da proclamação do estado de emergência na Nova Caledónia (12 de Janeiro a 30 de Junho de 1985).

A supressão deste artigo da Constituição, objecto de larga controvérsia, foi proposta em vários projectos de revisão constitucional, um dos quais apresentado pelo próprio Presidente da República em Março de 1993, mas sem sucesso.

Para impedir o controlo dos actos do Presidente da República pelos órgãos convencionais, inaceitável para as autoridades francesas, designadamente quanto à oportunidade da aplicação do artigo 16.°, o artigo 15.° foi objecto de uma reserva por parte da França de modo a manter intacto o sacrossanto artigo 16.° da Constituição, tal como sucedeu com o artigo 4.° do Pacto dos Direitos Civis e Políticos, também objecto de uma reserva.

A reserva francesa visa fazer prevalecer as regras do artigo 16.° da Constituição e as leis especiais sobre o estado de sítio e o estado de urgência sobre o artigo 15.° da Convenção o que constitui uma verdadeira "condição de constitucionalidade da Convenção"[665]. Com efeito, a expressão "em caso de guerra ou de outro perigo público que ameace a vida da nação", referida no artigo 15.°, deverá incluir todas as condições previstas na lei interna francesa. Tal como afirmava o Ministro dos Negócios Estrangeiros da época, quando se verificarem as condições do artigo 16.° da Constituição e das leis dos estados de sítio e de urgência deve também aplicar-se o artigo 15.° da Convenção[666].

Cabe ainda salientar que a reserva refere expressamente que o artigo 15.° deverá interpretar-se no sentido do artigo 16.° da Constituição francesa, ou seja, este último autoriza o Presidente da República a tomar "as medidas exigidas pelas circunstâncias", o que é algo diferente do texto do artigo 15.°, que apenas permite derrogar direitos "na estrita medida em que o exigir a situação", claramente mais limitativo. Assim, a exigência da estrita proporcionalidade desaparece por força da reserva francesa.

Põe-se, desde logo, uma questão de princípio, ou seja, até que ponto um Estado pode formular uma reserva de forma a afectar substancialmente uma norma fundamental da Convenção, bem como limitar o

---

[665] Coussirat-Coustère V. – "La réserve française à l'article 15 de la Convention européenne des Droits de l'Homme", in *Journal du Droit International,* 1975, pág. 273.

[666] Citado *in* Pellet, *op. cit.*, pág. 1360.

Análise das reservas 307

poder dos órgãos da Convenção de controlarem o exercício do direito de derrogação, numa situação de excepção durante a qual as garantias nacionais podem ser afectadas, assumindo as garantias internacionais uma importância significativa?

Para além do debate constitucional sobre o artigo 16.°, a doutrina francesa tem criticado vigorosamente esta reserva, qualificando-a de "intolerável" num país democrático, dado que a natureza supraconstitucional de alguns direitos e liberdades salvaguardados no artigo 15.° (e não previsto no artigo 16.°) deve prevalecer mesmo que a continuidade da vida da nação esteja ameaçada[667]. Por outro lado, a compatibilidade com o artigo 64.° tem sido muito discutida, dado que uma reserva a um artigo fundamental da Convenção pode constituir por si só uma reserva de "carácter geral"[668]. O Prof. Cohen-Jonathan considera "douteux" que a reserva francesa seja admissível nos termos do artigo 64.°, pois ela atinge o fundo de todo o artigo 15.° que é uma norma fundamental da Convenção[669]. Por outro lado, a reserva pretende impor aos órgãos de controlo da Convenção a aceitação dos critérios de determinação do estado de excepção pelo Presidente da República francesa e atribuir-lhe, assim, uma imunidade político-jurídica, o que, apesar da larga margem de apreciação atribuída pelos órgãos da Convenção aos Estados, nos parece claramente inaceitável, pois conduziria à negação do próprio controlo da Comissão e do Tribunal.

Na verdade, não se torna difícil concluir, tal como Velu, pela sua incompatibilidade com a cláusula de reservas, dado o seu "carácter geral", ou melhor, a limitação dos poderes de controlo dos órgãos da Convenção à generalidade dos direitos e liberdades inscritos na Convenção em situações de excepção[670]. Assim, a reserva francesa visaria, em última análise, substituir em parte o artigo 15.° pelo artigo 16.°, ou seja, esvaziar o conteúdo do artigo 15.°. Porém, a simples análise formal pode levar a pensar que o governo francês, ao formular a reserva

---

[667] Arné, *op. cit.*, pág. 448 e segts.

[668] Coussirat-Coustère, *op. cit.*, pág. 282.

[669] Cohen-Jonathan, Gérard – "La reconnaissance par la France du droit de recours individuel devant la Commission Européenne de Droits de l'Homme", in *A.F.D.I.*, XXVII, 1981, pág. 281.

[670] Velu, J. – "Le droit pour les Etats de déroger à la Convention de sauvegarde des droits de l'homme et des libertés fondamentales en cas de guerre ou d'autre danger public menaçant la vie de la nation", in *Les clauses échappatoires en matière d'instruments internationaux relatifs aux droits de l'homme*, 4.° Colóquio do Departamento de Direitos do Homem da Universidade de Lovaina, 1982, pág. 142 e segts.

apenas ao n.º 1 do artigo 15.º, pretendeu manter aplicável à França o n.º 2, relativo aos direitos inderrogáveis, e o n.º 3 relativo ao dever de informação do Secretário-Geral do Conselho da Europa. Por outro lado, ao analisarmos os debates parlamentares da ratificação francesa, as autoridades francesas pretendiam fazer aplicar o artigo 15.º, mas com todas as limitações impostas pela reserva. Se formalmente tal interpretação pode admitir-se, do ponto de vista substancial não decorre nem da reserva, nem do artigo 16.º da Constituição francesa, que os chamados direitos inderrogáveis não possam ser postos em causa pelo Presidente da República. Assim, a reserva atribui formalmente às instâncias europeias um *"droit de regard"*, mas de tal modo restrito que lhe tira sentido, na defesa dos direitos dos indivíduos, apesar de subsistir o controlo do artigo 18.º da Convenção, relativo ao desvio de poder[671].

Por outro lado, tomando o critério da compatibilidade como base de apreciação, cabe então perguntar se a reserva francesa será compatível com o objecto e o fim da Convenção Europeia. Como vimos, a própria aplicação dos princípios da Convenção de Viena obriga a ter em conta a natureza *sui generis* da C.E.D.H., ou seja o carácter objectivo das suas obrigações que exclui as concepções contratuais e sinalagmáticas dos tratados, designadamente as condições de reciprocidade.

Até agora nem a Comissão nem o Tribunal foram chamados a pronunciar-se sobre a compatibilidade desta reserva com as regras do artigo 64.º, pelo que o exercício de verificar a sua conformidade à Convenção foi deixado à especulação doutrinal. Um dos autores franceses que mais analisou este assunto[672] refere, expressamente, que os órgãos convencionais porventura chamados a apreciar a questão deveriam tomar em consideração não o artigo 15.º, mas sim o artigo 16.º. Tal aplicação parece-nos de difícil concretização, pois os órgãos da Convenção devem aplicar somente as disposições convencionais e não as leis internas dos Estados partes. Poder-se-ia imaginar a aplicação do artigo 15.º da Convenção com as modificações introduzidas pela reserva, apesar de, em nossa opinião, as alterações se afigurarem de tal modo significativas que a hipótese seria de difícil concretização. Com

---

[671] Flauss, J.F. – "Des incidences de la Convention européene des Droits de l'Homme sur le contrôle de constitutionnalité des lois en France", in *Les Petites Affiches*, n.º 148-3, Dezembro 1988, pág. 4.

[672] Pellet, *op. cit.*, pág. 1359 e segts.

Análise das reservas 309

efeito, apesar das claras limitações que a reserva impõe, ela não refere o n.º 2 do artigo 15.º, que impede a derrogação do direito à vida, a proibição da tortura e a interdição das leis penais retroactivas, durante a situação de excepção, pelo que estariam fora dos poderes do Presidente da República tais derrogações. Ora, o carácter geral da reserva não permite extrair essa conclusão.

A questão relativa ao carácter geral desta reserva levantou-se também à luz da respectiva definição dada pela Comissão na Queixa *Temeltasch*, nestes termos : "uma reserva é de carácter geral quando ela não se refere a uma disposição específica da Convenção ou quando ela está redigida de maneira a não permitir definir o seu âmbito"[673]. Assim, o facto de o texto da reserva se referir a uma disposição específica não lhe tira *ipso jure* carácter geral. Pode assim, à luz do critério da conformidade com o objecto e o fim da Convenção, levantar-se a questão da sua validade. O facto de ela não ter sido alvo de objecções não afasta a competência dos órgãos da Convenção para apreciar a validade da reserva.

Relativamente a um recente caso de aplicação do artigo 15.º, no Reino Unido, o Tribunal recordou a existência de um "controlo europeu" sobre as condições de aplicação do artigo 15.º, apesar da "margem de apreciação" deixada aos Estados[674]. Seguindo esta orientação, o Prof. Flauss afirma que a reserva francesa ao artigo 15.º é susceptível de ser objecto de um controlo de validade em relação às exigências do artigo 64.º, com um *"risque d'invalidation nullement hypothétique"*, pelo que seria aconselhável retirar a reserva para evitar a ab-rogação do artigo 16.º[675]. Esta hipótese algo académica seria uma forma de debater o próprio teor do artigo 16.º, hoje já considerado ultrapassado e sem sentido.

A solução que nos parece mais conforme à Convenção seria declarar a reserva não conforme ao artigo 64.º, o que foi, aliás, já avançado pela doutrina, como vimos acima, e questionado durante os próprios debates parlamentares no seio da Assembleia Nacional francesa. Assim, aplicar-se-ia simplesmente o artigo 15.º, que impõe, de resto, um controlo bem mais "apertado" protector das garantias dos direitos

---

[673] Queixa *Temeltasch*, loc. cit. pág., 133, § 84.

[674] Acórdão T.E.D.H., *Branningan e McBride (Reino Unido)*, de 26 de Maio de 1993, Série A, n.º 258-B, § 30 e 31.

[675] Flauss, J.F. – "Actualité de la Convention européenne des Droits de l'Homme", in *A.J.D.A.*, n.º 1, 20 de Janeiro, 1994, pág. 29.

dos indivíduos. Embora, tal posição pudesse ser considerada radical e ousada, não se pode excluí-la da análise desta reserva, pois cabe aqui lembrar que desde a Queixa *Temeltasch* e do Acórdão *Belilos* a Comissão e o Tribunal se reconhecem respectivamente competentes para apreciar a validade das reservas e eventualmente afastar a sua aplicação. A *"staatenfreundliche Tendenz"* preconizada por Kühner poderá ser posta de lado a favor de um tendência de intervenção mais rigorosa e respeitadora não da vontade dos Estados mas da Convenção.

ii) *Espanha*

A declaração interpretativa espanhola visa interpretar os artigos 15.º e 17.º de modo a permitir a adopção das medidas previstas nos artigos 55.º e 116.º da Constituição de 1978. Estas normas de direito interno prevêm medidas similares[676] às da Convenção para regular os estados de alarme, de excepção e de sítio e a respectiva suspensão de direitos e liberdades, pelo que a declaração foi decerto apresentada por excesso de precaução e de preservação das normas constitucionais.

iii) *Andorra*

O governo de Andorra formulou uma reserva ao artigo 15.º de forma a que este seja interpretado nos limites do artigo 42.º da Constituição do Principado, o qual refere a suspensão de uma pluralidade de direitos mais vasta que os previstos na norma convencional.

Como atrás vimos, este entendimento não pode ser aceite à luz dos princípios inscritos na Convenção, pois limita de modo inadmissível a aplicação do arigo 15.º.

1.3.15. *A cláusula colonial (art. 63.º)*

A chamada "cláusula colonial" foi objecto de viva controvérsia durante os debates no seio da Assembleia Consultiva do Conselho da Europa, por ocasião da própria aprovação da Convenção em 1950[677].

---

[676] Casadevante Romani, *op. cit.,* pág. 65.

[677] Nos debates da Assembleia Consultiva relativos à discussão do texto da

Análise das reservas 311

Como se pode ver no seu texto, evitou-se habilmente a referência expressa a territórios coloniais mas a intenção dos autores da Convenção foi precisamente possibilitar a aplicação da Convenção a territórios extra-europeus[678].

Actualmente esta norma reveste apenas interesse histórico, embora a intenção de excluir da aplicação da Convenção partes do território nacional não tenha ainda sido posta de lado. Com efeito, o Reino Unido utilizou-a para os Domínios e Territórios sob sua jurisdição, embora nem sempre de uma forma permanente.

Por seu lado, a Turquia afasta também a aplicação da Convenção ao Norte de Chipre, alegando que se trata de um Estado autónomo, ao qual não se aplica a Constituição turca. Veremos, na parte relativa às cláusulas facultativas a prática da Comissão sobre o assunto.

i) *Reino Unido*

O Reino Unido utilizou esta cláusula para tornar a Convenção aplicável a cerca de quinze territórios, de que assegura as relações internacionais, tais como a ilha de Man e as ilhas do Canal.

Na prática surgiram vários casos de queixas de violações da Convenção ocorridas nessas ilhas. Relativamente à ilha de Guernsey, a Comissão considerou, a propósito da aplicação do n.° 3 do artigo 63.°, que as "necessidades locais" não deviam ser examinadas separadamente, pois não existiam entre Guernsey e o Reino Unido diferenças sociais ou culturais substanciais que o justificassem[679].

Ainda relativamente à ilha de Guernsey não foi feita a declaração análoga de extensão de aplicação do Protocolo n.° 1, sem que a sua falta tenha sido assinalada junto da Comissão na Queixa *Gillow*, embora o Tribunal tenha concluído que a falta de tal declaração tornava o Protocolo inaplicável à ilha de Guernsey[680]. Na opinião do Prof. Frowein isto

---

Convenção, em 1950, o deputado francês Léopold Senghor propôs a supressão desta "cláusula colonial", que atribui aos Estados europeus o poder de negar aos territórios ultramarinos a aplicação da Convenção. A proposta foi aceite na Assembleia, mas a norma foi retomada pelo Comité de Ministros. Vd. Pellet, *op. cit.,* pág. 1331.

[678] Frowein /Peukert, *op.cit.* pág. 483.

[679] Queixa n.° 7456/76, *Wiggins c/R.Unido*, Decisão de 8 de Fevereiro de 1978, in *D&R*, 13, pág. 40 e segts.

[680] Acordão T.E.D.H., *Gillow (Reino Unido)*, de 24 de Novembro de 1986, Série A, n.° 109, § 25.

é um *"very strange result"*, pois as condições destas ilhas não são diferentes das dos Estados membros mas podem ser excluídas da aplicação
da Convenção sem qualquer justificação razoável, o que devia mesmo
levantar a questão da responsabilidade do Estado como entidade
colectiva[681].

O governo britânico tentou, relativamente à ilha de Man, invocar
as "necessidades locais" para justificar uma pena de castigos corporais
nas escolas, como medida preventiva. Assim, o Tribunal considerou
que não havia prova conclusiva sobre a "opinião pública local", e o
facto de a população aceitar tais práticas não era suficiente. Por outro
lado, a ilha de Man tinha um nível de desenvolvimento que permite
considerá-la parte das nações europeias e excluí-la dos territórios
ultramarinos que estavam na mente dos autores da Convenção[682].

Cabe aqui acrescentar que, após este Acórdão *Tyrer*, o Reino Unido
não renovou a sua declaração de aceitação da competência da Comissão nos termos do artigo 25.º, em relação às chamadas ilhas do Canal.

Também, em relação à ilha de Jersey, a Comissão concluiu que a
declaração feita nos termos do artigo 63.º leva à conclusão de que a ilha
não faz parte integrante do território do Reino Unido para efeitos de
participação nas eleições gerais[683].

ii) *Países Baixos*

Ao ratificar a Convenção em 1954 os Países Baixos incluíram, no
instrumento de ratificação, uma passagem indicando que no caso de o
governo aceitar no futuro a aplicação da Convenção aos territórios aos
quais assegura as relações internacionais, essa declaração poderia vir
acompanhada de "reservas impostas pelas necessidades locais". Efectivamente, em 1955, o governo holandês declarou aceitar a aplicação da
Convenção ao Suriname e às Antilhas neerlandesas, à excepção do
artigo 6.º, n.º 3, *a)* no que diz respeito ao direito à assistência judiciária
nos tribunais criminais.

---

[681] Frowein, J. – "The ECHR as the Public Order of Europe", in *Recueil des
Cours de l'Académie de Droit Européen*, vol. 1, tomo 2, 1990, pág. 301.

[682] Acórdão T.E.D.H., *Tyrer (Reino Unido)*, de 25 de Abril de 1978, Série A,
n.º 26, § 18.

[683] Queixa n.º 8873/80, *X c/Reino Unido*, Decisão de 13 de Maio de 1982, in
D&R, n.º 28, pág. 99 e segts.

Análise das reservas 313

Os Países Baixos utilizaram esta cláusula, para os seus territórios, de uma forma muito particular. Como veremos adiante, logo no momento da ratificação anunciaram que poderiam, no futuro, estender a aplicação da Convenção aos territórios de que asseguravam as relações internacionais, em cuja declaração poderiam incluir "reservas impostas pelas necessidades locais"[684]. No ano seguinte, em 1955, utilizaram efectivamente esta cláusula do artigo 63.º em relação ao Suriname e às Antilhas neerlandesas, pois formularam uma reserva excluindo a assistência judiciária em processos penais. Já não mencionaram as "necessidades locais", o que aliás seria inútil, pois o próprio n.º 3 do artigo 63.º impõe que a *"Convenção será aplicada de acordo com as necessidades locais"*.

Deve ainda referir-se uma curiosa decisão do Tribunal das Antilhas neerlandesas[685] que rejeita um pedido de assistência judiciária por considerar que esta caía no âmbito da "reserva" formulada pelos Países Baixos ao artigo 6.º, n.º 3, *c*), no momento em que estenderam a aplicação da Convenção àqueles territórios.

Como vimos, a propósito da cláusula colonial, os dois artigos – o artigo 63.º e o artigo 64.º – não estão propriamente ligados. Enquanto o artigo 63.º não tem condições temporais, a cláusula de reservas impõe uma inequívoca limitação relativamente ao momento da formulação da reserva. Deste modo, se a declaração inicial pode considerar-se aceitável, mas sem qualquer eficácia ou obrigação de aceitação para o depositário, já a reserva de exclusão da aplicação do artigo 6.º n.º 3, *a*), aos territórios citados, ultrapassa a declaração de intenções e parece-nos contrária ao artigo 64.º, *ratione temporis*. Por outro lado, mesmo se se considerar que se trata de uma reserva, não surge mencionada qualquer disposição legal, como exige o artigo 64.º.

iii) *Alemanha*

Apenas como valor histórico merece aqui referência a declaração de aplicação da Convenção a Berlim Ocidental, embora hoje já não tenha praticamente utilidade. O "alargamento" da soberania da República Federal da Alemanha implicou, naturalmente, a extensão da aplicação da Convenção ao território da antiga RDA.

---

[684] *Ann.*, vol. I, pág. 53.
[685] Citado em Brändle, *op. cit.*, pág. 110.

iv) *França*

Alguns Estados fizeram declarações relativas à aceitação desta cláusula colonial relativamente ao Protocolo n.° 7, como, por exemplo, a França, que declarou aplicá-lo aos territórios do Ultramar (TOM) e a Mayotte, de acordo com as necessidades locais.

A França declarou também expressamente que a Convenção se aplicava aos "Térritoires d'Outre-mer", tendo em conta as "necessidades locais" referidas no artigo 63.°. Tal declaração foi muito debatida na altura da ratificação, dado que o estatuto especial desses territórios lhes atribuía uma grande autonomia legislativa, facto que nos parece inteiramente salvaguardado pela referência às "necessidades locais"[686].

2. AS "RESERVAS" FORMULADAS ÀS CLÁUSULAS FACULTATIVAS

A prática dos Estados, no que respeita à aceitação da cláusulas facultativas, tem sido variável. O caso francês, cuja tardia ratificação foi já objecto da nossa análise, revela uma curiosa particularidade, pois o governo francês aceitou a jurisdição do Tribunal Europeu dos Direitos do Homem e não aceitou a competência da Comissão para apreciar queixas individuais, nos termos do artigo 25.°. O argumento invocado alegava que o "direito francês era suficientemente perfeito para que os indivíduos estivessem protegidos" e que os tribunais franceses precisariam de um prazo para se adaptarem ao direito da Convenção. Mas a verdadeira razão, referida, aliás, por um Senador da altura, respeitava ao problema de saber se as decisões proferidas por tribunais franceses deviam ou não estar sujeitas ao exame e à censura de órgãos internacionais[687]. Tal atitude foi, aliás, tomada em relação ao Pacto dos Direitos Civis e Políticos e à Convenção contra a Discriminação Racial, cuja competência faculatativa dos órgãos de controlo também não foi aceite. No caso da Convenção Europeia dos Direitos do Homem apenas em 1981 o governo francês aceitou a competência da Comissão para apreciar as queixas individuais.

---

[686] Cohen-Jonathan, *op. cit.,* pág. 284.

[687] Imbert, P.H. – "La France et les Traités relatifs aux Droits de l'Homme", in *A.F.D.I.,* 1980, pág. 36.

Análise das reservas 315

Como vimos na parte geral, a questão de saber se as cláusulas facultativas podem ser objecto de reservas revela-se controversa, pois pela sua natureza facultativa e pelo próprio conceito de reserva elas pareceriam excluídas. Tal como afirma Velu[688], é duvidoso que as cláusulas facultativas permitam "*réserves déguisées*".

Impõe-se, neste momento, uma referência aos países da Europa Central e Oriental que aceitaram as cláusulas facultativas sob uma restrição de ordem temporal, segundo a qual o seu consentimento só é válido para factos ocorridos após a entrada em vigor da Convenção e dos Protocolos na respectiva ordem jurídica. Note-se que esta restrição temporal decorre, em certa medida, do recente Acórdão do Tribunal[689], segundo o qual as queixas apresentadas junto dos órgãos de Estrasburgo, após a aceitacão do direito de recurso individual, não podem ser dissociadas do processo no qual o requerente foi condenado, apesar do seu início se reportar a data anterior à aceitação da jurisdição do Tribunal.

2.1. As reservas aos artigos 25.º e 46.º da Convenção

O texto original da Convenção Europeia dos Direitos do Homem contém duas cláusulas facultativas de jurisdição obrigatória, o artigo 25.º, respeitante à competência da Comissão, e o artigo 46.º, relativo à jurisdição do Tribunal, que constituem a base do direito de recurso individual. Segundo o Prof. Marcus-Helmons, estes artigos encerram o princípio do respeito da soberania nacional[690], à semelhança do artigo 64.º sobre as reservas, pois permitem efectivamente "graduar" a vinculação dos Estados à Convenção.

Por seu lado, os órgãos de Estrasburgo alargaram progressivamente o âmbito do direito de queixa individual, estendendo-o mesmo às chamadas medidas provisórias. A este propósito, a Comissão declarou, quase por unanimidade, que a aceitação deste direito implicava, para os Estados, a obrigação de não obstar ao seu exercício, nomeadamente de suspender as medidas internas, quando os indivíduos interpõem uma queixa, sobretudo "*lorsque la mise à éxécution de la*

---

[688] Velu, *op.cit.,* pág. 163 e segts.

[689] Acórdão T.E.D.H., *Stamoulakatos (Grécia),* de 26 de Outubro de 1994, Série A, n.º 271.

[690] Marcus-Helmons, *op. cit.*, pág. 11.

316   *As Reservas à Convenção Europeia dos Direitos do Homem*

décision conduirait à un préjudice grave et irréparable pour le requérant et que la Commission a demandé d'y surseoir"[691]. Assim, o desrespeito das "medidas provisórias" atinge o "*exercice efficace*" do direito de recurso individual, como no caso *Cruz Varas c/Suécia*. O Tribunal Europeu dos Direitos do Homem entendeu, pelo contrário, que tal execução não estava convencionalmente consagrada e que a prática habitual dos Estados, de suspenderem a execução de medidas de expulsão ou, extradição, não tinha força obrigatória[692].

Assim, não será descabido concluir pelo carácter fundamental a atribuir às declarações de aceitação das cláusulas facultativas da Convenção, cujo desrespeito ou não conformidade à Convenção põem em causa a efectividade da protecção dos direitos do homem[693].

As condições previstas na letra das disposições relativas às cláusulas facultativas consubstanciam-se em restrições *ratione temporis* e apenas em relação ao artigo 46.° acresce uma condição de reciprocidade. A questão de saber se estas duas cláusulas podem ou não ser objecto de reservas e se a elas se aplica ou não o artigo 64.° é uma *vexata questio* que ocupa a doutrina e levanta problemas de ordem formal e material. A questão temporal salta imediatamente à vista, ou seja, as reservas apenas são permitidas no momento da assinatura ou da ratificação. Ora, como na maioria dos casos a aceitação da competência da Comissão ou da jurisdição do Tribunal não é feita nesse momento, as reservas estariam desde logo excluídas.

A inclusão de reservas no texto das declarações de aceitação de jurisdição afigura-se de duvidosa compatibilidade relativamente às disposições da Convenção. Até às declarações turcas de 1987 e 1989 o problema não tinha ainda sido analisado a fundo pelos órgãos da Convenção, embora a Comissão tivesse já afirmado que as reservas não eram possíveis na aceitação da jurisdição obrigatória do Tribunal[694].

A doutrina já tinha debatido largamente este assunto, pois alguns governos tinham levantado a questão de fazer acompanhar as decla-

---

[691] Relatório da Comissão, de 7 de Junho de 1990, Queixa n.° 15576/89, in *D&R*, 64, pág. 264.

[692] Acórdão *Cruz Varas*, Serie A, n.° 201, de 20 de Março de 1991, pág. 35 e segts.

[693] Cohen-Jonathan, Gérad – "De l'effet juridique des 'mesures provisoires' dans certaines circonstances et de l'efficacité du droit de recours individuel: à propos de l'arrêt Cruz Varas de la Cour Européenne des Droit de l'Homme", in *R.U.D.H.*, vol. 3, n.° 6, août 1991, pág. 205 e segys.

[694] "Mémoire" do "*Affaire Linguistique belge*", Série B, pág. 432, e "Mémoire" da Queixa *Kjelden*, Série B, n.° 40, pág. 119.

Análise das reservas 317

rações de reservas excluindo certos casos da competência da Comissão ou do Tribunal[695].

Por razões diversas a doutrina é unânime em considerar inaceitáveis as reservas às cláusulas facultativas da Convenção. Assim, Golsong[696] considera que os artigos 25.° e 46.° pertencem ao grupo de normas do sistema de controlo, no qual as reservas não são autorizadas. Refere ainda este autor que o próprio artigo 25.° refere os "direitos reconhecidos na Convenção", sem nenhuma excepção.

A leitura dos trabalhos preparatórios da Convenção revela que os seus autores quiseram excluir a faculdade de formular reservas às cláusulas facultativas. Assim, o primeiro projecto da Convenção adoptado pelo Comité de Ministros previa que a competência da Comissão fosse facultativa. Em seguida, a Assembleia propôs tornar essa competência obrigatória, podendo os Estados excluir alguns direitos, para além da previsão na cláusula de reservas desse mesmo projecto, prevendo a possibilidade de limitar a competência da Comissão[697]. Estas propostas não foram accites, pelo que parece inequívoca a intenção do legislador em excluir as reservas deste tipo de cláusulas.

Para confirmar o princípio geral de interdição das reservas pode-se invocar um outro argumento de natureza sistemática, que é a previsão no artigo 6.° do Protocolo n.° 4, a qual exige uma declaração específica de aceitação da competência da Comissão e da jurisdição do Tribunal. O Protocolo acrescenta mais alguns direitos, designadamente os relativos à liberdade de circulação de pessoas, e o artigo 6.° refere, expressamente, a possibilidade de afastar a competência da Comissão relativamente a alguns dos seus artigos. A falta de declaração conduz naturalmente a uma limitação *ratione materiae* da competência dos órgãos de controlo. No entanto, o Reino Unido que não ratificou o Protocolo n.° 4 e, consequentemente, não aceitou a respectiva cláusula facultativa, não obstou a que a Comissão considerasse um dos direitos incluídos no Protocolo, protegido "por ricochete" em relação a um direito consagrado na Convenção e, consequentemente, aplicável ao Reino Unido[698].

---

[695] A Grécia em 1960, a Bélgica em 1965 e o Reino Unido em 1976, citados in Imbert, *Colóquio de Francoforte,* pág. 120, nota 52.

[696] Golsong, *Colóquio de Roma,* supra, citado, pág. 269 e segts.

[697] *Recueil des Travaux Préparatoires,* vol. IV, págs. 957 e 966.

[698] Queixa *Asiáticos da Africa Oriental c/Reino Unido,* n.ᵒˢ 4478/70 e 4488/70, in *Ann., C.E.D.H.,* n.° 13, págs. 929 e 1005.

318   *As Reservas à Convenção Europeia dos Direitos do Homem*

Em suma, pela própria natureza opcional deste tipo de cláusulas facultativas, parece-nos de afastar a possibilidade de formular quaisquer reservas ou condições que de algum modo "graduem" a vinculação dos Estados ou limitem os poderes dos órgãos de controlo. A aceitação de tal limitação contraria a própria natureza da estrutura orgânica da Convenção Europeia.

2.1.1. As reservas *ratione temporis*

Como já afirmámos na parte geral, admitimos incluir as reservas *ratione temporis* no nosso conceito de reservas, como, aliás, alguns autores que se debruçaram sobre a questão[699], pois elas visam modificar os efeitos de disposições da Convenção, através da exclusão da sua aplicação, em determinado período de tempo.

Conforme atrás referimos, as restrições temporais são as únicas expressamente permitidas pela Convenção nas declarações de aceitação das cláusulas facultativas, pelo que a sua compatibilidade não levantaria, em princípio, problemas, pois apenas determina as condições de acesso à Comissão e não implica propriamente alterações na vinculação jurídica dos Estados partes[515]. Porém, importa apreciar a conduta dos Estados partes no que se refere aos prazos de aceitação da competência da Comissão e da jurisdição do Tribunal Europeu dos Direitos do Homem.

Com efeito, as declarações de aceitação da competência da Comissão podem ser feitas por prazo determinado, nos termos do artigo 25.º, n.º 2. A maioria dos Estados usou esse direito ao prever um período que ia desde os dois anos no caso da declaração inicial da Espanha, aos cinco, nos casos da França, Bélgica, Reino Unido, entre outros. As declarações de aceitação das cláusulas facultativas não têm necessariamente de coincidir com a ratificação, ou seja, os Estados podem estar vinculados à Convenção, mas não aceitarem de imediato a competência dos órgãos de controlo. Tal circunstância verificou-se com parte dos Estados originários da Convenção que fizeram as primeiras

---

[699] Cohen-Jonathan, Gérad – "La reconnaissance par la France du droit de recours individuel devant la Commission Européenne de Droits de l'Homme", in *A.F.D.I.*, XXVII, 1981, pág. 274.

[700] Sorensen, M. – "Le problème intertemporel dans l'applications de la Convention", in *Mélanges Modinos*, Paris, 1968, pág. 306 e segts.

Análise das reservas 319

declarações relativas aos artigos 25.° e 46.° numa data posterior à ratificação, sem lhes atribuir, naturalmente, efeitos retroactivos.

Cabe então levantar a questão das queixas apresentadas à Comissão após a data da declaração, mas referentes a factos ocorridos entre a data da ratificação e o momento da aceitação do direito de recurso individual. A este respeito a Comissão, logo nos seus Relatórios iniciais, entendeu atribuir efeito retroactivo às declarações, aceitando apreciar queixas relativas a factos anteriores às declarações de aceitação da sua competência[701], de resto à semelhança de outras jurisdições internacionais, desde o TPJI[702] ao actual TIJ.

Assim, para evitar a atribuição de efeitos retroactivos, as declarações de alguns países, como o Reino Unido e a Itália, incluíram, logo na primeira declaração uma "reserva especial"[703], segundo a qual a competência da Comissão era reconhecida apenas para factos ocorridos posteriormente à declaração. Esta reserva faz como que uma triagem às queixas, dado que no caso britânico a ratificação remonta a 1951 e a aceitação a 1966, e, no caso da Itália, a ratificação foi feita em 1955 e a aceitação em 1973, o que, dado o largo espaço de tempo decorrido, exclui naturalmente um grande número de queixas. Mais recentemente a Espanha incluiu na sua declaração de aceitação da competência da Comissão, uma reserva semelhante.

No entanto, o facto destas reservas *ratione temporis* não estarem previstas na Convenção não implica, segundo alguns autores, que elas sejam inadmissíveis ou ilegais[704]. De facto não se regista nenhuma objecção e a Comissão sempre tomou em consideração e aceitou implicitamente tal reserva, provavelmente por analogia com as declarações de aceitação da jurisidição do Tribunal Internacional de Justiça, como vimos na parte geral. Várias foram as queixas rejeitadas por este motivo[705], tendo a Comissão invocado, não propriamente a admissibilidade mas a incompetência *ratione temporis* relativa, ou seja, as obrigações especiais assumidas pelos Estados em virtude do artigo 25.°. Como afirma Eissen, a Comissão não julgou necessário aferir da com-

---

[701] Queixa n.° 846/60, Rec. 6, pág. 63 e Doc. D.H. (55) 13, pág. 5.

[702] Acórdão TPJI, *Mavromantis,* de 30 de Agosto de 1924, *Recueil,* série A, n.° 2.

[703] Cohen-Jonathan, *op.cit.,* pág. 275.

[704] Starace, V. – "Optional Clauses of the European Convention on Human Rights" in *Italian Yearbook of International Law,* 1975, vol. 1, pág. 46.

[705] Queixa n.° 2749/66, Decisão de 2 de Outubro de 1966, in *Ann.,* 10, pág. 378; Queixa n.° 3034/67, Decisão de 19 de Dezembro de 1967, in *D&R,* 25, pág. 86.

320   *As Reservas à Convenção Europeia dos Direitos do Homem*

patibilidade da reserva britânica face ao artigo 25.°, n.° 2, mas é duvidoso que ele permita aos Estados formular tal tipo de reservas[706].

Porém, esta não retroactividade foi em parte atenuada pela aceitação do princípio da "violação continuada", ou seja, as situações que se prolongam para além da data referida na declaração são apreciadas pela Comissão. Assim, num caso relativo à duração da prisão preventiva na Itália, a Comissão tomou em consideração o período posterior à data da declaração italiana e tem em conta o estado em que se encontrava o processo[707]. Uma outra "atenuação" da incompetência *ratione temporis* consubstancia-se no entendimento flexível do princípio da exaustão dos meios internos[708], que permite apreciar casos cujos factos ocorreram em momento anterior à data prevista na declaração, mas cujo processo decorreu posteriormente[709].

Outros Estados, como a França que apenas reconheceu a competência da Comissão em 1981, não fizeram tal "reserva especial", pelo que a competência *ratione temporis* da Comissão respeita a todos os factos anteriores a 2 de Outubro de 1981, desde a entrada em vigor da Convenção relativamente à França, ou seja, desde 3 de Maio de 1974. Tal retroactividade foi efectivamente aplicada pela Comissão. No entanto, a Comissão, contrariamente à sua prática anterior, declarou inadmissível uma queixa contra a França, alegando que o prazo de seis meses se encontrava esgotado, pois ele devia contar-se a partir da última decisão interna definitiva e não a partir da data da declaração[710]. Tal reviravolta foi criticada pela doutrina[711] e implicitamente pelo Tribunal, que num Acórdão posterior tomou, por unanimidade, posição contrária[712].

---

[706] Eissen, M. A. – "Les réserves *ratione temporis* à la reconnaissance du droit de recours individuel", in *Les clauses facultatives de la Convention européenne des Droits de l'Homme*, Actas da Mesa Redonda da Faculdade de Direito da Universidade de Bari, Dezembro, 1973, pág. 92.

[707] Queixa n.° 7438/76, *Ventura c/Itália*, Decisão de 9 de Março de 1978, in *D&R*, 12, pág. 38.

[708] Quadros, Fausto de – "O princípio da exaustão dos meios internos na Convenção Europeia dos Dreitos do Homem e a ordem jurídica portuguesa", Separata da *Revista da Ordem dos Advogados*, Ano 50, I, Lisboa, Abril de 1990, pág. 141; e, ainda, Chappez, J. – *La règle de l'épuisement des voies de recours internes*, Paris, 1972, pág. 232 e segts.

[709] Cassese, A. – Intervenção na *Mesa-Redonda de Bari*, loc. cit., pág. 221

[710] Queixa *X c/França*, Decisão de 13 de Dezembro de 1982.

[711] Cohen-Jonathan, *La Convention...*, cit., pág.136 e segt.

[712] Acórdão T.E.D.H., *Bozano (França)*, de 18 de Dezembro de 1986, Série A, n.° 111.

2.1.2. *O caso turco*

As divergencias filosóficas e os problemas jurídicos não impediram a Turquia de assinar a Convenção Europeia dos Direitos do Homem logo no dia em que foi aberta à assinatura, tendo depositado o instrumento de ratificação no ano de 1954. No entanto, só em 28 de Janeiro de 1987 o governo turco entregou, junto do Secretário-Geral do Conselho da Europa, a declaração de aceitação da competência da Comissão Europeia dos Direitos do Homem para apreciar queixas individuais. Se as razões políticas não cabem propriamente no objecto deste trabalho, cabe no entanto assinalar que esta declaração precedeu de alguns meses o pedido formal da Turquia de adesão às Comunidades Europeias.

A tardia aceitação da jurisdição dos órgãos de controlo pelo Governo turco, já objecto de três Queixas interestaduais relativas à questão cipriota[713], interpostas por diversos Estados partes, foi objecto de longos debates no seio da Comissão. Elas respeitam essencialmente a factos ocorridos logo após a invasão de Chipre, durante a qual a responsabilidade das Forças Armadas turcas era evidente.

Cabe ainda acrescentar que, após a apresentação da declaração turca, a República de Chipre reconheceu a competência da Comissão nos termos do artigo 25.º. Curiosamente a declaração refere que a competência da Comissão não se aplicará a acções ou omissões praticadas pelo governo de Chipre para fazer face à situação resultante da invasão de uma parte do território da República de Chipre pela Turquia. Ora o carácter geral desta declaração é notório, pelo que só a relativa condescendência dos Estados membros do Conselho da Europa pôde "deixar passar" tal declaração.

A decisão de reconhecer o direito de petição individual representou um passo significativo por parte da Turquia, saudado por toda a doutrina. Porém, apesar das boas intenções políticas e jurídicas, a declaração turca, no âmbito do artigo 25.º, surge eivada de várias restrições, cujo conteúdo e denominação foram já objecto de larga controvérsia. A declaração turca é tanto mais inédita quanto pela primeira vez um Estado parte na Convenção incluiu condições materiais na aceitação da competência da Comissão, ultrapassando claramente o fim para que foi

---

[713] Queixas n.ᵒˢ 6780/74, 6950/75 e 8007/77 *Chipre c/Turquia*, supra citadas. O relatório desta última foi tornado público em 2 de Abril de 1992, pela Resolução DH (92) 12 do Comité de Ministros do Conselho da Europa, in *R.U.D.H.*, 1992, vol. 4, n.ᵒˢ 3-4, pág. 70 e segts.

prevista a norma do artigo 25.°. Como vimos, esta disposição apenas prevê restrições de ordem temporal ou, eventualmente, de natureza territorial, utilizadas, de resto, por alguns Estados.

Em primeiro lugar, a declaração refere-se apenas a actos das autoridades turcas *no interior das fronteiras do território sobre o qual se aplica a Constituição*, o que se destina, claramente, a excluir a possibilidade de queixas relativas a factos ocorridos em Chipre, os quais já tinham sido imputados à Turquia na Queixa *Chipre c/Turquia*[714]. A limitação territorial, ao referir expressamente a fronteira na qual vigora a Constituição da Turquia, exclui a competência da Comissão relativamente às acções das Forças Armadas turcas estacionadas no Norte de Chipre, tornando-as assim "imunes" à apreciação da Comissão. Tal limitação visa afastar a prática da Comissão, que aceita apreciar queixas de indivíduos sujeitos à jurisdição das autoridades de um Estado, ultrapassando o princípio da territorialidade, conforme analisámos a propósito da cláusula colonial. A "convencionalidade" de tal limitação parece-nos, no mínimo, duvidosa, e embora pareça ter a filosofia de base prevista no artigo 63.°, n.° 4, não se afigura possível comparar o Norte de Chipre a qualquer território colonial, nos termos do artigo 63.°.

A Turquia incluiu ainda uma reserva *ratione temporis*, segundo a qual a declaração expirará três anos após a data do seu depósito junto do Secretário-Geral, aliás à semelhança de outros governos e de acordo com o próprio artigo 25.° da Convenção. Por outro lado, a declaração exclui os efeitos retroactivos ao assinalar que as queixas apresentadas se deverão apenas referir a factos ocorridos após a data do seu depósito, o que limita por muito tempo a possibilidade de apresentação de queixas dado que a sacrossanta regra da exaustão das vias de recurso internas implicará ainda um compasso de espera na apreciação das queixas. Tal limitação, se bem que não seja inédita, poderá constituir um "*enormous obstacle*"[715], que tem provavelmente como fundamento o golpe militar de 1980.

Para além destas limitações temporais e territoriais a declaração turca inclui uma lista de alíneas cujo teor suscitou vivas críticas na

---

[714] Sapienza, R. – "Sull'ammissibilità di riserve all'accettazione della competenza della Commissione europea dei diritti dell'uomo", in *R.D.I.*, vol. LXX, n.ᵒˢ 3-4, 1987, pág. 642.

[715] Tomuschat, Christian – "Turkey's Declaration under article 25 of the European Convention on Human Rights", in *Fortschritt im Bewutsein der Grund – und Menschenrechte – Festschrift fur Felix Ermacora*, Kehl/Estrasburgo, 1988, pág. 119 e segts.

Análise das reservas   323

doutrina, pois não só pretende excluir certos assuntos como condicionar a interpretação de disposições da Convenção. Assim, a cláusula (ii) *"must be interpreted"*, ou seja, visa interpretar as condições de aplicação do artigo 15.° à luz dos artigos 119.° a 122.° da Constituição turca. A natureza de reserva desta "condição/imposição" é evidente e tem mesmo algumas semelhanças com a reserva francesa[716], que atrás analisámos. Ora a Turquia já tinha aceite no momento da ratificação – e sem qualquer reserva – as condições previstas no artigo 15.°, pelo que, apesar da analogia, tal "reserva" não é admissível, tanto face ao artigo 64.° como à luz do próprio artigo 25.°.

A cláusula (iii) visa excluir da competência da Comissão o regime disciplinar das Forças Armadas. A limitação da competência da Comissão, em relação ao processo disciplinar dos membros das Forças Armadas, tem algumas semelhanças com outras reservas, nomeadamente a portuguesa, mas obviamente que a Turquia está vinculada às normas convencionais aplicáveis ao estatuto jurídico do pessoal militar e ao regime disciplinar das Forças Armadas dado que não formulou nenhuma reserva no momento da ratificação. Esta "condição" visaria prevenir a aplicação da jurisprudência de Estrasburgo sobre a matéria, que impõe, entre outras, a aplicação das garantias processuais da Convenção ao sistema disciplinar militar.

A cláusula (iv) pretende ainda dar uma interpretação própria, ou "nacional", à noção de jurisdição do artigo 1.° da Convenção e à de "sociedade democrática" referida nos artigos 9.°, 10.° e 11.°.

As cláusulas que levantam mais dificuldades são as constantes dos citados parágrafos (ii), (iv) e ainda o (v), que impõem que os artigos 10.° e 11.° da Convenção *"must be understood"* de acordo com os artigos 33.°, 52.° e 135.° da Constituição turca.

O caracter imperativo das cláusulas levou já alguns autores a qualificarem-nas como "reservas *ratione materiae*"[717], por contraste com as declarações interpretativas. No entanto, Tomuschat, outro dos autores que estudou esta *vexata questio*, considera que tal classificação não descreve a verdadeira natureza destas cláusulas e é mesmo contrária ao direito dos tratados, pelo que as denomina de *"qualification clauses"*[718],

---

[716] Zanghi, C. – "La déclaration de la Turquie relative à l'article 25 de la CEDH", in *R.G.D.I.P.*, tomo XCIII, 1989, pág. 90.

[717] Kälin, W. – "Die Vorbehalte der Turkei zu iher Erklarung gem. art. 25. EMRK", in *EuGRZ*, 14, 1987, pág. 421.

[718] Tomuschat, *op. cit.*, pág. 120.

pois elas consistem em limitações *ratione legis*. Ou seja, se elas fossem aplicáveis, a Comissão *deveria ter em conta* as normas e os princípios da Constituição turca, que vinculariam assim a prática da Comissão em relação à Turquia. É evidente que tal não pode suceder, pois a Comissão não aplica o direito interno dos Estados, aplica apenas as normas da Convenção. A tentativa de a Turquia subverter a relação normal entre o direito interno e o direito internacional é, por si só, contrária ao próprio artigo 25.º, que impõe a apreciação da queixa de uma vítima de violação cometida por um Estado em relação a direitos reconhecidos na Convenção, ou seja a compatibilidade de uma conduta com as normas da Convenção. Ora é evidente que um Estado parte não pode afastar unilateralmente este comando, para seu benefício exclusivo, pelo que, na expressiva opinião de Tomuschat, a Turquia tentou "nacionalizar" os direitos da Convenção[719].

Este tipo de reservas tem sido muito criticado pela doutrina, que as qualificou de "inadmissíveis", pois os Estados só podem formular reservas de carácter normativo no momento da assinatura ou da ratificação. Levanta-se, então, a questão de saber se o artigo 25.º permite, ou não, limitações. Ora o artigo 25.º apenas prevê limitações temporais, pelo que alguns autores entendem que todas as outras condições estão proibidas[720], ou pelo menos são *"doubtful"*[721], embora outros aceitem tal possibilidade[722]. A Turquia está vinculada à Convenção nos termos em que a ratificou, e seria "perigoso" que os Estados pudessem reduzir o âmbito da sua vinculação no momento da apresentação da declaração ou da sua renovação[723]. Por outro lado, o artigo 64.º não autoriza este tipo de reservas que afectam as regras processuais dos órgãos de controlo e, por conseguinte, não são admissíveis, pois não foram formuladas no momento adequado, o que torna as condições turcas "ilegítimas"[724]. Por outro lado é entendimento de parte da doutrina a exclusão de todas as reservas que não estão conformes às regras da cláusula de reservas[725].

Os trabalhos preparatórios da Convenção não permitem aceitar este tipo de declaração condicionada, pois durante a elaboração da

---

[719] Tomuschat, *op. cit.*, pág. 130.
[720] Tomuschat, *op. cit.*, pág. 130, e Kühner, *op. cit.*, pág. 58.
[721] Jacobs, *op. cit.*, pág. 214.
[722] Zanghi, *op. cit.*, pág. 88.
[723] Cohen-Jonathan, – "Les réserves à la Convention…", *cit.*, pág. 311.
[724] Zanghi, *op.cit.*, pág. 71.
[725] Imbert, *Colóquio de Francoforte…* cit., pág. 105 e segts.

Análise das reservas 325

Convenção foram rejeitadas propostas da Assembleia no sentido de os Estados poderem excluir da competência da Comissão as normas da Convenção, com excepção dos artigos 2.º, 3.º, 4.º, n.º 1, e 7.º[726], pelo que nem o argumento histórico permite aceitar a inclusão de reservas nas declarações.

Cabe ainda referir o já citado argumento de ordem sistemática, consubstanciado no artigo 6.º, n.º 2, do Protocolo n.º 4 à Convenção, e reforçado pelo artigo 7.º, n.º 2, do Protocolo n.º 7, que permitem a aceitação da competência da Comissão relativamente a todos os artigos do Protocolo ou só a parte deles. Desta norma decorria, *a contrario sensu,* que a falta de previsão análoga no artigo 25.º excluía a possibilidade de incluir limitações na respectiva declaração. A "flexibilidade" do regime do Protocolo n.º 4 confirma a "não flexibilidade" do regime da Convenção propriamente dita. Porém não é possível atribuir relevância decisiva a este argumento[727], porquanto a natureza dos direitos protegidos nesse Protocolo (relativos à liberdade de circulação) fundamenta a sua eventual aceitação parcial. Por outro lado, o Tribunal já afirmou que esta norma constituía uma excepção e nao podia ser aplicada de modo semelhante ao artigo 36.º do Estatuto do Tribunal Internacional de Justiça[728]. Igualmente o Protocolo n.º 7, relativo à expulsão de estrangeiros, exige uma declaração autónoma para efeitos de aceitação da competência da Comissão em relação às suas disposições, o que reforça a inadmissibilidade de reservas no âmbito do artigo 25.º.

A ausência de precedentes tornou a questão ainda mais complicada. Com efeito, os 19 Estados que antes da Turquia tinham aceite a cláusula do artigo 25.º não tinham aposto quaisquer condições materiais e incluíram apenas limitações *ratione temporis,* no entendimento de que o artigo 25.º o permitiria[729]. A eventual aceitação de tais reservas *sui generis* implicaria uma relação de desigualdade entre os Estados partes, e sobretudo entre os indivíduos que apresentem queixas junto da Comissão, que veriam a Convenção aplicar-se de forma distinta entre a Turquia e todos os outros Estados.

---

[726] *Coll. Travaux Préparatoires,* vol. VI, págs. 214 e 224.

[727] Sapienza, *op. cit.,* pág. 649 e segt.

[728] Acórdão T.E.D.H., *Kjelden, Busk Madsen & Pedersen (Dinamarca)* de 7 de Dezembro de 1976, Série B, n.º 21, pág. 119.

[729] Tomuschat, *op. cit.,* pág. 126 e 127.

Assim, as questões jurídicas decorrentes do conteúdo da declaração foram desde logo levantadas pelo depositário, através de notificações aos outros Estados membros[730]. Esta atitude foi criticada pelo governo turco, que entendia que o Secretário-Geral se devia abster de comentários sobre o fundo das declarações. Ora, vimos como o papel do depositário da Convenção Europeia se encontrava reforçado pela norma do artigo 57.°, que lhe impõe um dever de verificar a aplicação efectiva, o que justifica plenamente esta intervenção, aliás muito tímida e respeitosa. No entanto, o papel do Secretário-Geral do Conselho da Europa, ao reagir como depositário da Convenção, deve ser assinalado. Com efeito, o Secretário-Geral entendeu chamar a atenção dos Estados partes na Convenção para as questões jurídicas decorrentes do teor da declaração turca. Ora, o governo turco começou por contestar a competência do Secretário-Geral para ir além da simples transmissão da declaração e respectiva publicação, tendo precisado que as condições da sua declaração não devem ser consideradas como reservas, e reafirma a intenção de incluir limitações na declaração de aceitação da competência da Comissão. Consideram as autoridades turcas que tal faculdade é absolutamente discricionária, estabelecendo os Estados uma "competência adicional à Comissão", a qual pode ser sujeita a condições[731]. Entendiam as autoridades turcas que a Convenção deveria ser tão flexível quanto o Estatuto do TIJ, para admitir limitações à competência da Convenção.

Vários Estados partes reagiram à declaração turca[732]. O governo grego afirmou mesmo que as "condições" incluídas na declaração são verdadeiras reservas, que integram a definição do artigo 2.°, *d*), da Convenção de Viena, as quais não estavam autorizadas pelo artigo 64.° da Convenção, pelo que se deveriam considerar como nulas. Por outro lado, as reservas eram "tardias" e incompatíveis com o "objecto e o fim" do tratado. Esta reacção foi contestada pela Turquia, que afirmou que as "condições" incluídas na sua declaração não pretendiam "modificar ou excluir uma disposição substantiva da Convenção, mas apenas visavam definir e limitar o poder da Comissão em relação à Turquia",

---

[730] V. cartas do Secretário Geral, a incluir no *Annuaire*, em publicação.

[731] Sapienza, *op. cit.* pág. 647 e segts.

[732] O teor das cartas de "protesto" encontra-se no texto da primeira queixa à Comissão, que se pronunciou sobre a matéria da "convencionalidade" das "condições" turcas, vd. Queixas n.os 15299/89, 15300/89 e 15318/89, *Chrysostomos, Papachrsostomou, Loizidou c/Turquia*, Decisão de 4 de Março de 1991, in *D&R*, 68, pág. 216 e segts.

Análise das reservas 327

sendo os Estados livres de sujeitar a sua vinculação à competência da Comissão e a certas condições, as quais, alega o governo turco, não são, aliás, proibidas pelo artigo 25.°[733].

Para além da Grécia, também a Suécia, o Luxemburgo, a Dinamarca, a Noruega e a Bélgica reagiram à declaração turca. A Noruega afirma claramente que a questão deve ser resolvida pela Comissão, reservando-se os outros Estados o direito de reapreciar a questão à luz das decisões que os órgãos competentes venham a tomar sobre a matéria.

As "reacções" dos governos não têm efeitos constitutivos[734] e são apenas indicadores para a Comissão, a quem incumbe apreciar objectivamente a questão e estabelecer a sanção da inadmissibilidade das reservas *sui generis*. Alguns autores consideraram a declaração turca desprovida de efeitos[735], não devendo ser examinada face aos critérios do artigo 64.° mas, sim, face ao artigo 25.°, enquanto outros preferiram aguardar a próxima declaração para apreciar as verdadeiras intenções das autoridades turcas[736]. Efectivamente tal declaração foi apresentada quando expirou o prazo de três anos e foi renovada em 1993, atenuada em alguns aspectos do seu conteúdo material.

A Comissão teve já ocasião de se pronunciar sobre este assunto na Queixa *Chrysostomos*[737]. A natureza jurídica e a "convencionalidade" das "condições" da declaração turca foram analisadas e consideradas incompatíveis com a Convenção, com excepção das limitações temporais. A Comissão considerou que prevalecia a vontade da Turquia de aceitar a sua competência para apreciar queixas individuais, em detrimento das condições apresentadas.

A decisão pode comparar-se à já citada decisão de admissibilidade da Queixa *Áustria c/Itália*. de 11 de Janeiro de 1961. A Comissão vem de novo assinalar as particularidades da Convenção e a sua relação com o direito internacional convencional inscrito na Convenção de Viena, nomeadamente na questão das reservas.

Após os acontecimentos ocorridos no Norte de Chipre, invadido pelas forças armadas turcas em 1974, os requerentes participaram numa marcha de protesto ao lado de membros da comunidade grega,

---

[733] Vd. carta turca igualmente incluída na queixa citada.
[734] Tomuschat, *op. cit.,* pág. 136.
[735] Kälin, *op. cit.,* pág. 429.
[736] Tomuschat, *op. cit.,* pág. 480.
[737] *Vide* Queixas supracitadas.

para protestar contra a ocupação. Reprimida a manifestação foram detidos os responsáveis e condenados a multas e penas privativas de liberdade. Alegavam ser vítimas de maus tratos e processos judiciais não conformes à Convenção. O governo turco contesta a participação de forças armadas turcas na manifestação e alega a "limitação territorial incluída na sua declaração de 1987.

A Comissão tomou pela primeira vez posição sobre a validade de limitações de natureza "não temporal" numa declaração de aceitação da competência da Comissão no âmbito do artigo 25.º, o qual não admite outras limitações para além das *ratione temporis*. Evita entrar na definição da natureza jurídica das declarações, ressalvando que o governo turco tinha afirmado que não se tratava de reservas no sentido do direito dos tratados, mas sim de "condições" que limitam a competência da Comissão. Considerou, assim, que não eram aplicáveis as normas da Convenção de Viena mas apenas o artigo 25.º, na sua função constitutiva de competência do reconhecimento do direito de queixa individual. A analogia com o artigo 36.º do Estatuto do Tribunal Internacional de Justiça, invocada pela Turquia, não foi aceite pela Comissão, pois as limitações da jurisdição do TIJ constituem um conjunto de relações bilaterais e recíprocas entre os Estados[738], inconciliáveis com a "ordem pública europeia" dos direitos do homem. A própria natureza jurídica de ambas as declarações se revela distinta, pois a vinculação tem carácter contratual e interestatal no TIJ, diferente do reconhecimento da queixa individual da Convenção Europeia, cujos destinatários são os indivíduos e não os Estados[739].

Após concluir pela incompatibilidade das condições incluídas nas alíneas *i*) a *v*) da declaração turca com a Convenção, coube levantar a questão crucial da validade da declaração e da eventual manutenção da aceitação da competência da Comissão, ou seja o reconhecimento eficaz do direito da queixa invidual. O representante do governo turco alegou que as "condições" eram decisivas para essa aceitação, pelo que a sua recusa por parte da Comissão implicava que a totalidade da declaração ficaria sem efeito[740]. No entanto, a Comissão considerou que a

---

[738] Acórdão TIJ sobre as *Actividades militares na Nicarágua (competência e admissibilidade)*, de 26 de Novembro de 1984, *Recueil*, 1984, pág. 392.

[739] Polakiewicz, J. – "Anmerkung zur Zulässigkeitsenscheidung der Europäischen Kommission für Menschenrechte im Fall *Chrysostomos u. a. /Türkei* vom 4. März 1991", in *ZaöRV*, bd 51, 1991, 149.

[740] Queixa *Crisosthomos*, loc. cit., pág. 285.

Análise das reservas 329

Turquia tinha reconhecido o direito de queixa individual de forma eficaz, que não era previsível, por comparação ao direito internacional geral[741]. O precedente do Acórdão *Belilos,* que considerou irrelevante para a vontade de vinculação do Estado suíço, à Convenção, a inadmissibilidade da declaração interpretativa suíça face ao artigo 64.°, não punha em causa a participação da Suíça. No caso presente, a vontade de vinculação da Turquia, ao aceitar o direito de queixa individual, pretendeu simultaneamente limitar a competência da Comissão. Esta última entendeu que prevalecia a vontade das autoridades turcas de reconhecer o sistema de controlo europeu e o direito de queixa individual. Assim, a declaração turca não constituía uma unidade indivisível, mas poderia ser sub-dividida, apesar dos problemas que tal divisão pode levantar em relação à participação da Turquia[742]. Com efeito, não estávamos perante um pormenor processual, como no caso da Suíça, mas face ao regime do estado de emergência e ao âmbito territorial da Convenção, o que se revelava particularmente importante em relação à soberania da Turquia. No entanto, após o "acordo amigável" obtido pouco antes, em relação à Queixa interestadual apresentada contra a Turquia, ainda nos anos 70, a aceitação desta decisão preveniu inevitáveis críticas por parte da comunidade internacional devido ao "acordo político" que obstou à condenação do governo turco pelo Tribunal de Estrasburgo.

A justificação de tal decisão fundamenta-se na especificidade da Convenção Europeia, que não admite limitações à competência dos seus órgãos de controlo, pelo que as limitações unilaterais constituem um *Rechtsirtum* inadmissível, cuja aceitação seria nociva para as outras queixas já apresentadas e um "precedente perigoso" para os países da Europa Central e Oriental[743].

A voz da doutrina que se levantou contra a decisão da Comissão, de considerar inválidas as "limitações" da declaração turca, foi a de um dos advogados da Turquia (de nacionalidade alemã), por sinal ex-membro da Comissão, que declarou os argumentos desta como "*not convincing*" por contrariarem o direito internacional[744].

---

[741] Polakiewicz, *op. cit.,* pág. 152.

[742] Polakiewicz, *op. cit.,* pág. 153.

[743] Polakiewisz, *op. cit.,* pág. 154.

[744] Golsong, H. – "Interpreting the European Convention on Human Rights Beyond the Confines of the Vienna Convention on the Law of Treaties?", in *The European System for the Protection of Human Rights* (Edit. Macdonald, Matscher, Petzold), Dordrecht, 1993, pág. 160 e segts.

Apesar das ameaças turcas de retirada ou denúncia da Convenção, a Comissão entendeu preservar a integridade do direito da Convenção e a sua autoridade como órgão fiscalizador. Nesta Queixa a Comissão caracteriza expressamente e pela primeira vez, a Convenção como um "*instrumento constitucional*"[745] que ultrapassa a defesa do "*standard minimum*" dos direitos do homem.

Esta posição constitui, na verdade um grande passo em frente na aplicação do direito internacional dos direitos do homem e poderá mesmo considerar-se uma das suas especificidades, pois é certo que o direito internacional clássico continua a respeitar rigorosamente a "vontade dos Estados" sem ter em conta o conjunto das normas de direito internacional, que contrariam, por vezes, essa "vontade" e a que os próprios Estados se encontram também vinculados.

Curiosamente não se levantou a questão da própria competência da Comissão para apreciar a validade das reservas ou das limitações incluídas no artigo 25.º, pelo que essa competência, que tanta polémica levantou nas queixas contra a Suíça, é hoje dada por adquirida mesmo pela Turquia. Aliás, o governo turco renovou a sua declaração em 1990, com algumas alterações, pois, como atrás dissemos, o pedido de adesão à União Europeia pressupõe o respeito dos direitos do homem, que fazem parte do *acquis communautaire* que os Estados candidatos declararam aceitar.

Mais recentemente, o Tribunal Europeu teve ocasião de se pronunciar pela primeira vez sobre as "restrições" das sucessivas declarações turcas, tanto no problema da sua aplicação territorial como na questão de fundo. Assim, o Tribunal considerou como "não válidas" as "restrições", mas entendeu que elas deixavam intacta a aceitação das cláusulas facultativas[746]. Em consequência, a competência da Comissão e do Tribunal para a apreciar o processo não podia ser posta em causa. Ou seja, o Tribunal opinou que a Convenção não permite nem restrições materiais nem restrições *ratione loci*, argumento, aliás, reforçado pelas reacções de "reserva de posição" expressas logo no momento da aceitação das cláusulas facultativas por alguns governos e pelo próprio Secretário-Geral, depositário da Convenção. Por outro lado, o citado Acórdão *Loizidou* rejeitou a analogia com as declarações de aceitação de competência do Tribunal Internacional de Justiça, dada a natureza distinta da competência e das finalidades dos dois órgãos[747].

---

[745] Queixa *Crisosthomos*, loc. cit., pág. 278.

[746] Acórdão T.E.D.H. *Loizidou c/Turquia*, Série A, n.º 310, § 97.

[747] Idem, § 83 e segts.

Análise das reservas 331

Finalmente, ainda no mesmo Acórdão, a restrição territorial incluída nas sucessivas declarações turcas, relativas às cláusulas facultativas, foi alegada pelo governo turco para afastar a competência do tribunal, invocando, por um lado, a irresponsabilidade das autoridades turcas no território do Norte de Chipre, e, por outro, a cláusula da reciprocidade, uma vez que a República de Chipre incluiu, na sua primeira declaração de aceitação da competência dos órgãos de Estrasburgo, uma restrição territorial relativa à parte ocupada da ilha. O Tribunal rejeitou tal argumentação, pois as restrições territoriais não são permitidas pelos artigos 25.° e 46.° da Convenção, nem tão-pouco a natureza e a finalidade do artigo 63.° se podem assemelhar às cláusulas facultativas dado que estas não permitem restrições *ratione loci,* ou *ratione materiae.* Tais restrições enfraqueceriam, segundo o Tribunal, a eficácia da Convenção como "instrumento constitucional de ordem pública europeia" e negariam, por outro lado, o papel e a finalidade específica dos órgãos convencionais.

À guisa de conclusão, importa referir que, no momento da ratificação, a Turquia não formulou reservas à Convenção propriamente dita, pelo que a inclusão destas reservas *sui generis* parece querer recuperar as omissões do passado. No entanto, a Convenção visa justamente defender a "ordem pública europeia" e a "sociedade democrática" através da protecção dos direitos do homem. A atitude firme e independente dos órgãos da Convenção na última década poderá não impedir graves violações dos direitos do homem, mas permite, pelo menos, uma aplicação estrita do direito da Convenção aos casos que são levados à sua apreciação.

PARTE III

Apreciação geral da jurisprudência sobre reservas

1. APLICAÇÃO DAS RESERVAS PELOS ÓRGÃOS DE CONTROLO DA CONVENÇÃO EUROPEIA DOS DIREITOS DO HOMEM

O papel das jurisdições internacionais foi posto em relevo por vários jus-internacionalistas, não só para a solução política de conflitos que ameacem a paz entre as nações como para o efectivo cumprimento das normas de direito internacional. A construção de Kelsen, preconizada no início dos anos 40, previa uma organização internacional cujo principal órgão era um tribunal internacional dotado de jurisdição obrigatória[1], da qual o órgão executivo fiscalizaria o cumprimento das decisões. Ora, os modelos regionais do pós-Segunda Guerra Mundial ilustram, de algum modo, o cenário imaginado por Kelsen, designadamente a Convenção Europeia dos Direitos do Homem que, apesar de integrada no âmbito do Conselho da Europa, inclui órgãos jurisdicionais ou para-jurisdicionais independentes, cujas decisões são obrigatórias para os Estados[2].

O sistema de garantia da Convenção Europeia dos Direitos do Homem, criado em 1950, que constitui uma das suas originalidades e inovações, revela-se ainda hoje um notável progresso do direito internacional da actualidade. A possibilidade de órgãos jurisdicionais ou parajurisdicionais apreciarem as queixas de Estados, e, sobretudo, de indivíduos, relativas a eventuais violações das disposições da Convenção, acrescido da respectiva condenação dos Estados e reparação de danos morais e materiais, trouxe ao direito internacional um contributo de inegável valor que representou uma evolução qualitativa e quantitativa na protecção dos direitos do homem.

A ausência de uma acção do tipo *actio popularis* para as queixas individuais no âmbito da C.E.D.H. implica que o seu mecanismo de

---

[1] Kelsen, H. – "El Principio de Igualdad de Soberanía entre los Estados como Base de la Organización Internacional", in *Cultura Jurídica,* Caracas, Ano IV, Julho--Dezembro, 1944, n.os 15-16, pág. 226 e segts.

[2] Pfersmann, O. – "De la justice constitutionnelle à la justice internationale: Hans Kelsen et la seconde guerre mondiale", in *R.F.D.C.*, n.° 16, 1993, pág. 778 e segts.

controlo apenas possa produzir efeitos quando os indivíduos ou os Estados recorram aos seus órgãos por alegadas violações concretas das disposições convencionais. A institucionalização do direito de petição individual dotado de um mecanismo de garantia constitui, efectivamente, a principal inovação da Convenção Europeia dos Direitos do Homem[3]. Para além do avançado mecanismo de garantia descrito no articulado da Convenção, e progressivamente completado por Protocolos adicionais de tipo processual, a jurisprudência produzida pelos órgãos de controlo da Convenção contribuiu igualmente para o sucesso do sistema, pois a sua interpretação "autónoma" construiu conceitos distintos relativamente aos direitos nacionais dos Estados membros, embora recorrendo, por vezes, ao método comparativo para delimitar noções referidas nas disposições convencionais. Um dos exemplos mais debatidos respeita às diferenças entre os sistemas anglo-saxónico e continental relativamente aos "direitos e obrigações de carácter civil". Por outro lado verifica-se uma evolução nessa mesma jurisprudência, que se foi tornando cada vez mais independente da "vontade" dos Estados e cujas considerações de ordem política foram sendo progressivamente afastadas pela Comissão e, sobretudo, pelo Tribunal.

A futura reforma destes mecanismos de controlo prevista no Protocolo n.º 11, que fundirá a Comissão e o Tribunal num único órgão, possibilitará uma jurisprudência uniforme e poderá, assim, exercer maior influência nas ordens jurídicas internas, bem como na jurisprudência dos tribunais nacionais. O desaparecimento da intervenção do Comité de Ministros do Conselho da Europa virá "jurisdicionalizar" totalmente o processo. Afirmar que a garantia jurisdicional é uma forma superior de protecção dos direitos do homem parece hoje uma banalidade. No entanto, a acção dos órgãos jurisdicionais internacionais impôs-se progressivamente aos Estados, inclusive ao legislador e ao juiz, não sem a resistência de certas correntes mais tradicionalistas, visíveis, até, nas opiniões dissidentes dos juízes do Tribunal e dos membros da Comissão.

Por outro lado convirá ter em conta que a Comissão exerce um controlo preliminar sobre a admissibilidade das queixas, sendo grande parte rejeitada por falta de fundamento ou não exaustão dos meios de

---

[3] Fitzmaurice, G. – "Some Reflections on the European Convention on Human Rights – and on Human Rights", in *Volkerrecht als Rechtsordnung Internationale Gerichtsbarkeit Menschenrechte – Festschrift fur Hermann Mosler*, Heidelberga, 1983, pág. 209 e segts.

Apreciação geral da jurisprudência sobre reservas 337

recurso internos. Assim, a garantia dos direitos protegidos pela Convenção pertence em primeiro lugar aos tribunais nacionais, pelo que a eles dedicaremos alguma atenção.

O sucesso dos órgãos regionais dos direitos do homem, não contradiz a universalidade desses cidadãos[4], antes facilita e influencia a sua aplicação através de uma integração dos mecanismos regionais numa ordem internacional. A própria natureza da Convenção Europeia, o seu carácter vinculativo e obrigatório, bem como a necessidade de fixar um "núcleo duro" dos direitos do homem, levaram os órgãos aplicadores a criar uma "ordem pública democrática" europeia.

Os limites aos direitos e liberdades impostos pelas reservas foram sendo progressivamente examinados. O controlo do seu conteúdo e a apreciação da sua validade foram feitos no âmbito de uma "jurisprudência" independente de pressões políticas e subordinada a critérios jurídicos e sociais, a qual conseguiu "jurisdicionalizar" e, sobretudo, "despolitizar" a aplicação da Convenção.

A instituição de órgãos jurisdicionais de controlo da aplicação da Convenção podia levar-nos a supor que essa competência também incluiria a verificação ou "fiscalização preventiva" da compatibilidade das reservas. Como vimos, durante alguns anos os órgãos de Estrasburgo aceitavam pacificamente o conteúdo das reservas, afastando, assim, a aplicação dos artigos aos quais elas se referiam. Revelavam um "liberalismo" respeitador da vontade dos Estados, na expressão de Cohen-Jonathan[5], que não contribuiu para o desenvolvimento da efectiva protecção dos direitos dos indivíduos ao nível da legislação interna.

Apesar disso, o papel dos órgãos da Comissão e do Tribunal europeus no enriquecimento e na evolução do direito internacional dos direitos do homem não deixou de desenvolver-se em outras áreas, pelo que é hoje por todos reconhecida a sua influência nas ordens internas europeias e nas jurisdições regionais extra-europeias, revelando-se frutuosa e benéfica para o próprio direito internacional universal.

Durante largos anos os órgãos da Convenção Europeia dos Direitos do Homem abstiveram-se de tomar posições relativamente à questão de saber se era ou não permitida a formulação de outras reservas

---

[4] Badinter, Robert – "L'Universalité des droits de l'homme dans un monde pluraliste", *R.U.D.H.* vol. 1, n.ºs 1-12, 1989, pág. 4.

[5] Cohen-Jonathan, G. – "La reconnaissance par la France du droit de recours individuel devant la Commission Européenne de Droits de l'Homme", in *A.F.D.I.*, XXVII, 1981, pág. 283.

para além das previstas no artigo 64.°, ou mesmo de emitir juízos sobre a sua compatibilidade com a Convenção. No entanto, a doutrina não deixou de encorajar a Comissão e o Tribunal para que apreciassem a sua validade, no decurso de um processo que levantasse a questão das reservas, que reduzem em muitos casos a sua competência *ratione materiae*. A tendência actual da jurisprudência europeia evoluiu no sentido de uma interpretação restritiva do artigo 64.°[6]. Prevalece a vontade de aceitar a Convenção e não a vontade expressa pelos Estados nas reservas. Aliás, como afirmou Bowett, existe uma contradição flagrante entre a vontade de um Estado ratificar uma Convenção e, simultaneamente, "acrescentar-lhe" uma condição ilegal[7]. A Convenção permite-o, de certa forma, através do artigo 64.° , pelo que, seguindo o pensamento do Prof. Frowein[8], estamos perante *"a metajuridical question"*.

Vimos atrás que a Convenção não instituiu propriamente um sistema de fiscalização e de apreciação específico das reservas. O clássico mecanismo de notificação das reservas aos Estados partes pelo depositário, revelou-se na generalidade dos casos, excessivamente neutro, não pondo em causa a vontade dos Estados, e não revelava preocupações de interpretação objectiva das disposições da Convenção.

Ora uma das especificidades da Convenção consiste justamente na instituição de um conjunto de órgãos que "fiscalizam" a sua aplicação nos Estados partes, sendo dois órgãos específicos a Comissão Europeia dos Direitos do Homem e o Tribunal Europeu dos Direitos do Homem, e um órgão político, anterior à própria Convenção, o Comité de Ministros do Conselho da Europa. Apesar de não se encontrar previsto na Convenção, mas decorrente implicitamente do seu espírito e até da sua letra (função interpretativa), os órgãos específicos, após anos de hesitações e de recuos, aceitaram apreciar as reservas, pronunciar-se sobre a sua validade e, até, afastar a sua aplicação.

i) *A Comissão Europeia dos Direitos do Homem*

A Convenção instituiu um órgão composto de tantos membros quantos os Estados partes na Convenção, cuja competência deve ser

---

[6] Imbert, *op. cit.*, pág. 39.

[7] Bowett, D.W. – "Reservations to Non-Restricted Multilateral Treaties", in *B.Y.I.L.*, vol. 48 (1976-1977), pág. 76.

[8] Frowein, "Reservations..", loc. cit., in *Mélanges Wiarda*, pág. 199.

expressamente aceite. Os seus membros são eleitos pelo Comité de Ministros, sob proposta da Assembleia Parlamentar do Conselho da Europa. Reúne em câmaras com carácter semipermanente, decorrendo as sessões à porta fechada.

A fiscalização da Comissão sobre a compatibilidade das reservas com a Convenção está sujeita, desde logo, a uma condição processual, pois a Comissão não pode apreciar em abstrato uma violação de um direito da Convenção. Deste modo, será necessário que a questão das reservas seja invocada pelas partes (indivíduos ou Estados) no decorrer de um processo, para que a Comissão examine o problema.

A atitude inicial da Comissão relativamente às reservas era, como de resto em muitas outras matérias, profundamente respeitadora da soberania dos Estados, mas muito criticada pela doutrina. A Comissão limitava-se a rejeitar as queixas que invocavam disposições objecto de reservas, sem apreciação de fundo quanto à sua compatibilidade com a cláusula de reservas ou com o espírito da Convenção.

A natureza *sui generis* da Convenção foi justamente posta em relevo na questão das reservas. Assim, o carácter objectivo das suas obrigações que não admite atribuir à Convenção natureza contratual e sinalagmática, nem tão-pouco condições de reciprocidade, foi salientado em várias queixas examinadas pela Comissão. Merece destaque, logo no início da actividade da Comissão, a Queixa *Áustria c/Itália*[9], na qual a Comissão afirma que "os Estados não quiseram atribuir-se reciprocamente direitos e obrigações úteis à prossecução dos seus interesses nacionais respectivos, mas sim instaurar uma ordem pública comunitária das democracias livres da Europa, a fim de salvaguardar o seu património comum". Consagra-se assim o carácter objectivo das obrigações e a consequente exclusão da reciprocidade, condição tradicional no direito internacional clássico.

A questão da reciprocidade em relação às reservas foi expressamente afastada pela Comissão, já nos anos 80, no chamado segundo caso turco, no qual cinco Estados membros (França, Noruega, Dinamarca, Suécia e Países Baixos) acusaram a Turquia de infringir princípios da Convenção, incluindo uma violação à cláusula derrogatória do artigo 15.°. O governo turco contestou a admissibilidade da queixa francesa, alegando que a França não podia exigir o cumprimento do artigo 15.° dado que lhe tinha formulado uma reserva. A Comissão não aceitou tais argumentos, invocando justamente a natureza objectiva da

---

[9] Queixa n.° 788/50, *Rec.*, 7, págs. 23-41.

340 As Reservas à Convenção Europeia dos Direitos do Homem

Convenção e o carácter colectivo do sistema de garantia que transcende os interesses próprios de cada Estado [10].

No início da sua actividade, as decisões da Comissão relativas a reservas referem-se, em grande parte, a queixas apresentadas contra a Áustria. A "interpretação extensiva" do seu âmbito foi, como vimos, muito criticada pela doutrina [11]. Eram decisões de inadmissibilidade que afastavam, quase sem justificação, a aplicação das disposições da Convenção. No entanto, Monconduit, um dos autores que mais estudou a actividade da Comissão [12], entende que ela não afastou o seu poder de controlo das reservas e considera que a Comissão restringiu mesmo a aplicação das reservas formuladas. Atendendo ao facto de estas observações terem sido feitas em 1965, não nos parece possível concordar com tal entendimento, de tal modo nos parece evidente que a rejeição das queixas se fundamenta expressamente numa interpretação extensiva das reservas austríacas.

Porém, a posição da Comissão foi evoluindo no sentido de limitar o âmbito das reservas através de uma interpretação mais restrita, como vimos a propósito da reserva austríaca ao artigo 1.º do Protocolo Adicional. A Comissão chegou a admitir expressamente que a "sua jurisprudência poderia utilmente ser objecto de reexame" [13], dando relevância ao conteúdo material das reservas.

Com efeito, a primeira grande "reviravolta" na prática da Comissão deu-se já nos anos 80, na Queixa *Temeltasch c/Suíça*, atrás analisada, na qual esta admitiu implicitamente a sua competência para apreciar a validade das reservas em relação à Convenção, e considerou a declaração interpretativa suíça relativa ao n.º 3, *e*), do artigo 6.º, sobre a gratuidade do intérprete, equivalente a uma reserva propriamente dita, embora seguindo o método da interpretação subjectiva. De facto, a Comissão chega a tal conclusão em parte através da análise detalhada dos trabalhos preparatórios da ratificação suíça.

Parte da doutrina acolheu favoravelmente esta decisão, embora alguns autores a tenham criticado vivamente. Nestes últimos inclui-se Imbert, que distingue, por um lado, a interpretação das reservas, e, por

---

[10] Queixas n.º 9940 a 9944/82, Relatório da Comissão, de 7 de Dezembro de 1985, in *D&R*, 35, pág. 143

[11] Marcus-Helmons, *op. cit.,* pág. 24.

[12] Monconduit, F. – *La Commission européenne des Droits de l'Homme*, Leida, 1965, pág. 163 e segts.

[13] Queixa n.º 8180/78, Decisão de 10 de Maio de 1979, in *D&R*, 20, pág. 25.

Apreciação geral da jurisprudência sobre reservas 341

outro, a apreciação da sua validade[14], entendendo este autor que a Comissão tem competência para a primeira, mas não terá para a segunda. Por outro lado, o mesmo especialista considera que a Comissão atribuiu importância excessiva aos trabalhos preparatórios da Convenção, sem ter em conta as suas características específicas, dado que a procura da intenção do legislador só seria admissível se houvesse sérias dúvidas sobre a natureza da declaração[15]. Tais dúvidas não existiriam relativamente a esta declaração, pois a formulação de duas reservas e de duas declarações interpretativas demonstra claramente as intenções do governo suíço, o que torna injustificada a interpretação subjectiva.

Após ter criado este precedente, um outro passo foi dado pela Comissão no momento da apreciação da Queixa *Belilos*, que atrás apreciámos. Cabe-lhe o mérito, de não só ter de novo apreciado a questão da validade da declaração interpretativa suíça, dando menos importância aos trabalhos preparatórios, como também o facto de ter transmitido a Queixa para o Tribunal, o que levou este último a pronunciar-se pela primeira vez sobre o fundo da questão.

No entanto, a abordagem da questão das reservas foi diferente no seio dos dois órgãos. Como vimos, a Comissão considerou a declaração interpretativa suíça como uma "declaração interpretativa simples". Assim, o controlo exercido em relação ao artigo 64.° foi apenas "adicional"[16], ou talvez tivesse sido feito para reiterar o entendimento anteriormente expresso na Queixa *Temeltasch*.

Recentemente, a Comissão aceitou apreciar queixas respeitantes à aplicação da reserva austríaca ao artigo 6.°, sobre a publicidade dos processos e até da declaração interpretativa austríaca aos artigos 3.° e 4.° do Protocolo n.° 7[17], o que constitui um progresso relativamente à época em que a Comissão "indeferia liminarmente" as queixas que invocavam normas objecto de reservas, considerando-se incompetente *ratione materiae*.

---

[14] Imbert, P.H. – "Les réserves à la Convention européenne des Droits de l'Homme devant la Commission de Strasbourg (Affaire Temeltasch)", in *R.G.D.I.P.*, 1983, n.° 3, pág. 610 e segts.

[15] Imbert, *op. cit.*, pág. 595 e segts.

[16] Cohen-Jonathan G. – "Les réserves à la Convention européenne des Droits de l'Homme (à propos de l'Arrêt *Belilos* du 29 avril 1988)", in *R.G.D.I.P.*, 1989, n.° 2, pág. 308 e segts.

[17] Queixa n.° 15963/90, *Gradinger c/Áustria*, Decisão de 19 de Maio de 1993 (não publicada).

Relativamente às "reservas" e declarações apostas às clausulas de jurisdição facultativa dos artigos 25.º e 46.º da Convenção, a Comissão interpretou-as restritivamente, no sentido de afastar a sua aplicação e não ver limitada a sua competência *ratione materiae*. Esta atitude foi ainda mais corajosa e digna de aplauso, porquanto não era certo que a Turquia não pudesse denunciar a Convenção e escapar dessa forma ao juízo da Comissão.

Merece ainda destaque a atitude do Comité de Ministros, que votou favoravelmente os Relatórios da Comissão que abordavam a questão das "reservas" nas cláusulas facultativas, apesar da pressão contrária do Representante Permanente turco que invocava os raros precedentes em sentido contrário para "forçar" o Comité de Ministros a votar contra a Comissão, o que na realidade não aconteceu neste caso [18]. Assim, em matéria de reservas, nunca o Comité de Ministros assumiu uma posição contrária ou distinta da Comissão, aceitando sempre, sem observações, as suas propostas, razão pela qual não abordamos a sua actividade separadamente.

A iniciativa "corajosa" e inovadora da Comissão, por ocasião da Queixa *Temeltasch*, desenvolveu uma nova vertente da aplicação da Convenção e desencadeou um controlo sistemático da validade das reservas e declarações interpretativas.

ii) *O Tribunal Europeu dos Direitos do Homem*

Ao contrário da Comissão, os juízes do Tribunal são eleitos pela Assembleia Parlamentar e o seu número corresponde aos membros do Conselho da Europa (39, após a adesão da Albânia e da Moldávia em Julho de 1995 e da Rússia, Ucrânia e Macedónia em 1996).

A jurisdição do Tribunal deve também ser aceite, pelos Estados, nos termos do artigo 46.º da Convenção. Por outro lado, a própria marcha do processo assume algumas especificidades decorrentes do facto de os particulares não participarem directamente no processo como

---

[18] Os casos de diferenças entre o parecer da Comissão e a decisão do Comité de Ministros são raros (cerca de 7). Lamentavelmente um deles refere-se a uma Queixa contra Portugal, *Dores e Silveira* (Resolução DH (85) 7), cuja maioria de dois terços não foi atingida, gerando-se assim um situação de denegação de justiça, muito criticada pela doutrina. A decisão teve ainda como consequência para Portugal o envio automático das suas queixas para o Tribunal europeu, tendo sido necessária uma diligência formal do Governo português junto da Comissão para pôr fim a tal "castigo".

Apreciação geral da jurisprudência sobre reservas   343

partes, embora na prática estejam associados[19]. No entanto, desde 14 de Outubro de 1994, com a entrada em vigor do Protocolo n.° 9, que altera o artigo 44.° da Convenção, os indivíduos tem legitimidade para recorrer para o Tribunal, tal como os Estados e a Comissão.

No que se refere às reservas, vimos como a jurisprudência do Tribunal se revelou importante para esclarecer alguns aspectos do problema, cujas soluções eram estudadas na doutrina. Ao longo dos anos, várias foram as apreciações sobre o sentido e a interpretação das reservas, embora tivesse decorrido bastante tempo até que fosse tomada uma posição de fundo sobre a questão.

Assim, em 1971, o Acordão *Ringeisen* pode considerar-se o acórdão pioneiro em matéria de reservas, embora a sua jurisprudência não se afaste do entendimento tradicional das reservas, pois conclui pela não condição de publicidade do artigo 6.°, afastada pela reserva austríaca.

Este acórdão é igualmente citado a propósito da natureza do direito de propriedade. Até à data do Acórdão interpretavam-se estas expressões no sentido da distinção "continental", entre direitos públicos e privados. Nesta linha importa aqui citar o seu texto na passagem referente à reserva austríaca ao artigo 6.°: "esta reserva não visa expressamente os processos administrativos, mas somente as questões civis e penais, ou seja, sem dúvida, os processos tratados perante jurisdições civis ou penais. Deve-se portanto admitir que ela cobre *a fortiori* os processos interpostos perante autoridades administrativas quando têm por objecto contestações de carácter civil e que nessa altura as ditas autoridades são assimiladas a tribunais no sentido do artigo 6.°, n.° 1"[20]. Por este motivo o Tribunal concluiu pela não violação do artigo 6.°, n.° 1, nos processos referidos neste caso.

A chamada jurisprudência *Ringeisen* suscitou críticas de vária ordem. Por um lado, o Tribunal não examinou a questão de fundo sobre a publicidade das audiências, segundo o artigo 6.°, n.° 1, aplicando automaticamente a reserva. A interpretação extensiva feita neste Acórdão afigura-se excessiva no que toca à reserva, para além de o Tribunal se abster de fazer a análise da sua "compatibilidade" com o artigo 64.°.

---

[19] A participação dos requerentes ou dos seus representantes tem vindo a aumentar, e ainda recentemente no Caso *Otelo Saraiva de Carvalho c/Portugal* o Tribunal autorizou que o próprio requerente fizesse uma intervenção durante a audiência de julgamento, a par da Comissão e do Estado parte.

[20] Acórdão *Ringeisen*, § 98.

Sem qualquer justificação afasta a aplicação do artigo 6.° da Convenção, sem se preocupar em mencionar as condições do artigo 64.°, nem tão-pouco com a posição da Convenção na ordem jurídica austríaca, nessa altura já equiparada a lei constitucional, logo hierarquicamente superior à lei ordinária. Por outro lado, como dissemos a propósito da Comissão, se atribuímos carácter excepcional à reserva, por maioria de razão ela não deve ser interpretada extensivamente.

O Tribunal veio progressivamente a aceitar o conhecimento do conteúdo das reservas e a admitir implicitamente a sua competência para as apreciar, como vimos no Acórdão *Airey (Irlanda)*, no qual se rejeita a interpretação do governo irlandês sobre a reserva ao artigo 6.°, n.° 3[21]. Anos mais tarde o já citado Acórdão *Ettl (Áustria)*, retoma o debate do Acórdão *Ringeisen*, para igualmente afastar a aplicação do arigo 6.°, n.° 1, por força da reserva.

Só em 1988 o Tribunal aceitou pronunciar-se, não só sobre o âmbito ou interpretação das reservas, mas também sobre a sua validade em relação à Convenção, no Acórdão *Belilos (Suíça)*[22]. Apesar de o governo suíço alegar que a sua declaração interpretativa era válida, pois tinha sido notificada aos outros Estados, sem comentários do Secretário-Geral do Conselho da Europa, e como tal tinha sido aceite pelos outros Estados, o Tribunal considerou que o silêncio do depositário e dos Estados partes não priva os órgãos da Convenção do seu poder de apreciação[23].

Assim, à semelhança da Comissão, o Tribunal reconheceu a sua "competência implícita" para apreciar a validade da declaração em relação às disposições convencionais, invocando o artigo 19.° da Convenção, pelo qual a Comissão e o Tribunal devem "assegurar o respeito dos compromissos que resultam para as Altas Partes Contratantes da presente Convenção", nos quais se incluem, naturalmente, os decorrentes do artigo 64.°. Apelou ainda para o artigo 45.°, que estende a competência do Tribunal às questões de interpretação e aplicação da Convenção, e também para o artigo 49.°, pelo qual o Tribunal decide sobre as questões da sua própria competência. Todas estas normas, invocadas no Acórdão, demonstram claramente que a Comissão e o Tribunal têm efectivamente competência para interpretar a Convenção e velar pela sua aplicação integral[24], a qual inclui, naturalmente, a apre-

---

[21] Acórdão *Airey (Irlanda)*, de 9 de Outubro de 1979, Série A, n.° 32, § 26.
[22] Acórdão *Belilos (Suíça)*, loc. cit.
[23] Acórdão *Belilos (Suíça)*, § 47.
[24] Cohen-Jonathan, *op. cit.*, pág. 292.

ciação das reservas. Por outro lado, a clara opção por um critério objectivo de interpretação de reservas distingue também a jurisprudência do Tribunal em relação à prática inicial da Comissão.

Relativamente ao Acórdão *Belilos*, o Comité de Ministros[25], que por força do artigo 54.º da Convenção fiscaliza a execução dos acórdãos do Tribunal Europeu, verificou a execução pelas autoridades suíças, do conteúdo do Acórdão, não apenas na parte relativa ao pagamento da indemnização mas também das medidas de ordem geral tomadas pelo Governo. Cabe aqui assinalar que o Cantão de Vaud, cujo tribunal era visado na questão de fundo, procedeu a uma alteração legislativa que instituiu um processo de recurso das decisões municipais para um tribunal de polícia, permitindo assim que o tribunal reaprecie livremente o processo. Por outro lado, o governo suíço remeteu ao Secretário-Geral do Conselho da Europa uma carta precisando o conteúdo da sua declaração interpretativa[26].

No entanto, a doutrina dividiu-se relativamente à questão de saber se a Comissão e o Tribunal podiam declarar uma reserva como não conforme à Convenção, sem que tal estivesse expressamente previsto no seu articulado. Com efeito, Cohen-Jonathan[27] considera que os órgãos de Estrasburgo têm mesmo "competência especial" para apreciar e decidir sobre a questão, pois as características particulares da Convenção justificam a atribuição de tais poderes. Aliás a Comissão tinha já defendido essa tese na Queixa *Temeltasch,* na qual foi de novo realçado o carácter objectivo e não recíproco das obrigações previstas na Convenção, ao contrário dos tratados internacionais de tipo clássico. Por outro lado, a instauração de uma "ordem pública comum às democracias europeias" e ainda o próprio mecanismo de controlo que repousa no "conceito de garantia colectiva" justificam e reforçam esse poder de apreciação. Posições idênticas têm Golsong[28] e Coussirat-Coustère[29] que aceitam e enfatizam a competência dos órgãos de controlo para apreciar a validade das reservas na Convenção Europeia.

---

[25] Resolução DH (89) 24, de 19 de Setembro de 1989.

[26] *Vide* Anexo II deste trabalho.

[27] Cohen-Jonathan, *op. cit.*, pág. 293 e segts.

[28] Golsong, H. – "Les réserves aux instruments internationaux pour la protection des droits de l'homme", in *Les clauses échappatoires en matière d'instruments internationaux relatifs aux droits de l'homme*, 4.º Colóquio do Departamento dos Direitos do Homem da Universidade de Lovaina, 1982, pág. 31 e segts.

[29] Coussirat-Coustère, *op. cit.*, pág. 273 e segts.

Outros autores, como Imbert[30], consideram, pelo contrário, que o carácter objectivo e não recíproco das obrigações não justifica forçosamente a competência dos órgãos de controlo para declarar uma reserva inválida, dado que outros instrumentos de direito internacional dos direitos do homem semelhantes, como a Convenção Americana dos Direitos do Homem e o Pacto dos Direitos Civis e Políticos, aplicam o regime da Convenção de Viena e não prevêem tal controlo. Mas o grau de avanço e o aperfeiçoamento da jurisprudência dos seus órgãos atribui ao sistema da Convenção Europeia um "carácter específico", reforçado por uma cláusula de reservas à qual deve naturalmente assegurar efeito útil[31]. A importância e o peso da Comissão e do Tribunal, cujas decisões são aceites quase sem excepção pelos Estados partes através do Comité de Ministros, facilita uma "solução institucional" na questão das reservas que afasta o carácter negativo do mecanismo das objecções. Por outro lado, a originalidade e o carácter vinculativo da Convenção Europeia afigura-se nitidamente mais forte do que os outros instrumentos de direitos do homem, para que se possa fazer uma comparação rigorosa.

Cabe, no entanto, assinalar que o Tribunal Interamericano, em 1982 (antes do Acórdão *Belilos* que é de 1988), no seu Parecer sobre as reservas de 1982, e mais tarde do seu primeiro Acórdão em matéria contenciosa[32], assumiu uma posição bem mais ousada ao "adaptar" os critérios da Convenção de Viena à Convenção Americana, reconhecendo expressamente a especifidade dos instrumentos de direitos do homem aos quais não se devia aplicar o direito geral dos tratados de forma automática.

Outros autores criticam a própria decisão de fundo tomada pelo Tribunal no Acórdão *Belilos* ao afirmar que, face a tal decisão, os Estados que formularam reservas consideradas inválidas ficam perante a alternativa de deixar de ser parte na Convenção ou de acatar o julgamento do Tribunal, assumindo as obrigações que as reservas quiseram excluir[33]. Levanta-se aqui o problema, que se poderá chamar de "reservas à jurisprudência", de que estas se afastam do entendimento clássico

---

[30] Imbert, *op.cit.*, pág. 612 e segts.

[31] Cohen-Jonathan, *op. cit.* pág. 294 e segts.

[32] Parecer OC-2/82, loc. cit., e Acórdão (*Velasquez Honduras*), de 29 de Julho de 1988, supracitado.

[33] Baratta, R. – "Le riserve incompatibili con l'art. 64 della CEDU", in *R.D.I.*, vol. LXXV, 1992, fasc. 2, pág. 314.

Apreciação geral da jurisprudência sobre reservas 347

da função das reservas. Com efeito, as reservas destinam-se a afastar uma disposição convencional e não, propriamente, a respectiva interpretação feita pelos órgãos de controlo. O exemplo mais evidente consubstancia-se nas reservas ao regime disciplinar militar, as quais foram nitidamente formuladas para "escapar" à jurisprudência do Acórdão *Engel.*

A jurisprudência *Belilos* foi prosseguida em acórdãos subsequentes, designadamente no Acórdão *Weber,* em 1990, que afasta a aplicação da reserva suíça ao artigo 6.° por não conformidade com o artigo 64.°, n.° 2 (falta de resumo da lei em causa, como condição de forma e de fundo), sem mesmo se deter sobre o seu eventual "carácter geral"[34].

Mais tarde, em 1993, a questão das reservas surge de novo aflorada no já citado Acordão *Branningan & McBride (Reino Unido)*[35], a propósito não de uma reserva, propriamente dita, mas da cláusula derrogatória do artigo 15.°, cuja apreciação de validade é feita a propósito da legalidade das detenções preventivas de indivíduos acusados de acções terroristas. Curiosamente, numa "opinião concordante", os Juízes Matscher e Morenilla qualificam as derrogações decorrentes do artigo 15.° de "reservas temporárias" no que respeita aos efeitos. Consideram que a diferença entre as reservas e as derrogações consiste, em relação às primeiras, no poder de o Tribunal controlar os aspectos formais, e, em relação às derrogações, a verificação incide igualmente sobre as condições materiais da sua validade em relação ao artigo 15.°. Em suma, entendem os dois juízes que ambas visam afastar a aplicação de uma disposição da Convenção.

Ainda em 1993 o Tribunal apreciou no Acórdão *Chorherr* a validade da reserva austríaca relativa ao artigo 5.°, afastando o seu eventual "carácter geral" dado que essa reserva engloba um número limitado de casos que considerou bem *identificados pelas referências ao Jornal Oficial Federal.* Importa salientar aqui a "opinião dissidente" do Juiz Valticos que considerou a reserva austríaca como não conforme ao artigo 64.° , pelo que o processo deveria ser apreciado sem ter em conta a reserva. O juiz levanta ainda a questão da fiscalização das reservas em abstrato pelo Tribunal, pondo em causa o clássico controlo dos Estados, por força da natureza de *tratado-lei* da Convenção. Tal fiscalização permitiria evitar um momento mais ou menos longo de vigência

---

[34] Acórdão *Weber, cit.,* § 36 e 37.
[35] Acórdão *Branningan & McBride (Reino Unido),* de 26 de Maio de 1993, Série A, n.° 258-B, § 30.

das reservas, até que os órgãos da Convenção se pronunciem em concreto sobre a sua validade [36].

Finalmente, parece-nos da maior importância o papel assumido pelo Tribunal Europeu dos Direitos do Homem como tribunal constitucional que fiscaliza a aplicação de um "instrumento constitucional" consubstanciado na Convenção e seus protocolos. No Acórdão *Irlanda* (*Reino Unido*), o Tribunal afirmou claramente que a sua jurisprudência servia não apenas para decidir sobre os casos que lhe eram submetidos mas também para "clarificar, salvaguardar e desenvolver as normas da Convenção, contribuindo, assim, para o seu respeito pelos Estados". Já no Acórdão *Marckx* [37] o Tribunal de Estrasburgo comparou o seu papel ao de um tribunal constitucional interno, cuja tarefa era desenvolver os "*standards*" da Convenção.

O controlo efectuado pelo Tribunal Europeu dos Direitos do Homem, para assegurar o respeito dos direitos do homem e a compatibilidade das decisões nacionais com as exigências da Convenção, adquiriu a natureza de uma fiscalização da constitucionalidade, à semelhança dos tribunais constitucionais nacionais [38]. Evidentemente que os acórdãos do Tribunal Europeu têm apenas autoridade de "caso julgado relativo" [39], pelo que os seus efeitos apenas incidem em cada caso concreto.

A este problema está ligada a questão do "controlo da constitucionalidade externa" das reservas, que começa a ser defendida na doutrina dos direitos do homem [40], confortada pela jurisprudência acima citada e que adquire maior importância com o alargamento da Convenção a Estados cujas ordens jurídicas estão ainda em fase de adaptação aos padrões da Europa Ocidental.

---

[36] Acórdão *Chorherr,* opinião parcialmente dissidente do Juiz Valticos, pág. 39 e segts.

[37] Acórdão *Marckx*, cit., § 58.

[38] Pettiti, Opinião parcialmente dissidente, *in* Tribunal Europeu dos Direitos do Homem, Acórdão de 23 de Junho de 1993, *Ruiz-Mateos* (*Espanha*), Série A, n.º 262, pág. 30.

[39] Rideau, J. – "La Coexistence des systèmes de protection des droits fondamentaux dans la Communauté Européenne et ses Etats membres", in *A.I.J.C.*, 1991, pág. 11 e segts.

[40] Flauss, J.F. – "Le contentieux de la validité des réserves à la CEDH devant le Tribunal fédéral suisse: Requiem pour la déclaration interprétative à l'article 6 § 1", in *R.U.D.H.*, vol. 5, n.º 9-10, 1993, pág. 300, nota 35.

2. A APLICAÇÃO DA CONVENÇÃO EUROPEIA DOS DIREITOS DO HOMEM POR ALGUNS TRIBUNAIS NACIONAIS E O PROBLEMA DAS RESERVAS

O problema da aplicação das convenções internacionais coloca-se primordialmente aos órgãos internos de cada Estado parte, pelo que embora este estudo aborde a questão das reservas à Convenção dos Direitos do Homem sob o ângulo do Direito Internacional, nos pareceu relevante enunciar alguns aspectos do tema à luz da jurisprudência dos tribunais internos dos Estados partes na Convenção.

A ratificação da Convenção exigiu da parte de alguns Estados a alteração das suas legislações internas, que assim se tornaram compatíveis com as normas da C.E.D.H. e evitaram a formulação de reservas ou as contradições na ordem jurídica. Estas modificações atingiram a lei ordinária como a própria Constituição, como sucedeu na Suíça.

O papel dos tribunais revelou-se particularmente importante, não só na aplicação da Convenção como também na interpretação do direito interno, mesmo nos Estados em que a Convenção não foi objecto de uma "lei de transformação". Com efeito, na Irlanda e do Reino Unido, mesmo na falta de norma positiva, os tribunais aplicam a Convenção por sua própria iniciativa[41].

Recentemente, uma comunicação do Prof. Frowein ao Congresso de Direito Internacional das Nações Unidas[42], subordinada justamente ao tema da aplicação do direito internacional pelos tribunais nacionais, sublinhou a importância dos tribunais nacionais, designadamente os "*supreme courts*", na implementação das decisões da Comissão e do Tribunal Europeu dos Direitos do Homem. Salientou ainda a sua grande responsabilidade na aplicação dos padrões internacionais nas ordens jurídicas nacionais.

Os tribunais internos invocam, por várias vezes, as respectivas reservas para justificar a não aplicação das normas da Convenção. No entanto, a influência da jurisprudência dos órgãos de Estrasburgo revelou-se benéfica em jurisdições internas, cujas tradições dogmático-

---

[41] Pescatore, "La Cour de Justice des Communautés Européennes et la Convention européenne des Droits de l'Homme", in *Protecting Human Rights: The European Dimension, Studies in honour of Gérard Wiarda*, Colónia, 1988, pág. 441 e segts.

[42] Frowein, Jochen – "The Implementation and promotion of international law through national courts", in *Actas do Congresso das Nações Unidas de Direito Internacional Público*, Nova Iorque, 13-17 de Março de 1995.

-jurídicas estavam um pouco afastadas do espírito, para não dizer da letra, da efectiva protecção dos direitos dos indivíduos.

Escolhemos para análise apenas alguns exemplos de jurisprudência interna que nos pareceram mais significativos e cujo interesse para a questão das reservas se afigura mais relevante.

i) *Áustria*

Um dos casos mais flagrantes será decerto a jurisprudência austríaca, cuja atitude inicial de hesitação foi ultrapassada no próprio Tribunal Constitucional, que se revelou um dos tribunais nacionais que mais invoca a Convenção e a jurisprudência dos órgãos de Estrasburgo. Note-se que o catálogo constitucional de direitos fundamentais remonta a 1867, pelo que o conteúdo dos direitos descritos na Convenção é mais avançado e inclui um sistema de garantias que obviamente não consta de um texto do século passado. Assim se compreende melhor a "elevação" da Convenção Europeia dos Direitos do Homem ao nível das normas constitucionais.

Ao longo da década de 70, e sobretudo nos anos 80, o Tribunal Constitucional autríaco adaptou as suas decisões à jurisprudência da Comissão e do Tribunal europeus dos Direitos do Homem. As questões de maior dificuldade prendiam-se com a aplicação dos artigos 5.° e 6.° da Convenção, aos quais, como vimos, a Áustria formulou reservas que, no entanto não resolveram todas as dificuldades de aplicação desses preceitos.

Ao nível interno, a reserva ao artigo 5.° foi alvo de viva controvérsia na doutrina e na jurisprudência, pois o Tribunal Constitucional austríaco, um pouco à semelhança do Tribunal de Estrasburgo, entendia inicialmente que o âmbito da reserva se estendia a todas as medidas de privação de liberdade previstas nas diversas leis de processo administrativo, apesar de estas não se encontrarem mencionadas no texto da reserva, como impõe o artigo 64.° [43]. A evidência deste raciocínio parecia de tal modo flagrante que a própria Comissão aceitou esta interpretação extensiva, como atrás analisámos.

---

[43] Öhlinger, Theo – "Austria and Article 6 of the European Convention on Human Rights", in *Europeen Journal of International Law*, Vol. 1 n.° 1/2, 1990, pág. 287.

Apreciação geral da jurisprudência sobre reservas   351

No entanto, a jurisprudência hesitante do Tribunal Constitucional, relativamente à interpretação da reserva ao artigo 5.º, foi por vezes influenciada pela Comissão, embora tenha sido esta jurisdição nacional a primeira a dar uma interpretação restritiva à referida reserva, facto que foi positivamente saudado pela doutrina especializada[44].

Assim, o Tribunal Constitucional considerava, em 1960, ainda antes das decisões da Comissão, que a Convenção Europeia, porque não tinha valor constitucional, não derrogava a *Finanzstraßgesetz*, embora esta fosse contrária ao artigo 5.º da Convenção. O facto de não se poder incluir esta lei penal financeira no âmbito da reserva não implicava o seu carácter inconstitucional.

Anos mais tarde, já após a atribuição à Convenção de natureza constitucional (em 1964), o Tribunal Constitucional austríaco mudou a sua jurisprudência, pois considerou, por influência das decisões da Comissão, que a *Finanzstraßgesetz* se incluía no contexto da reserva. Como muito bem nota Brändle[45], parece claro que nem as próprias autoridades austríacas sabiam exactamente a que leis se referia a reserva, fazendo uma interpretação casuística, segundo as necessidades do momento.

As garantias processuais contidas nos artigos 5.º e 6.º da Convenção não influenciaram decisivamente o sistema constitucional austríaco até à data do Acórdão *Ringeisen (Áustria)*, que acima analisámos. Aplicava-se a clássica concepção do direito "continental" oriunda do direito romano, distinguindo entre direitos públicos e direitos privados, sem que a questão fosse posta em causa pela jurisprudência austríaca.

Após o Acórdão *Ringeisen,* este entendimento inicial foi sendo abandonado pelo *Verwaltungsgerichtshof* e pelo *Verfassungsgerichtshof* da Áustria. No início o Tribunal Constitucional não se sentiu desafiado pela jurisprudência do Tribunal Europeu, mas mostrou maior abertura na sua garantia embora sem alterar o sistema de protecção dos direitos. Uma estratégia de imunidade (*Immunisierungsstrategie*), como lhe chamou Rill, foi empreendida pelo *VwGH* e pelo *VfGH*, e teve como base o direito de acessso a um Tribunal consagrado no artigo 6.º da Convenção[46]. Esta jurisprudência, muito criticada pela doutrina, não

---

[44] Vasak, K. – *La Convention européenne des Droits de l'Homme*, Paris, 1964, pág. 248.

[45] Brändle, *op.cit.,* pág. 84.

[46] Rill, Heinz Peter – "Die Artikel 5 und 6 der Europäeischen Menschenrechtskonvention, die Praxis der Straburger Organe und des Verfassungsgerichtshofes und das österreichische Verfassungssystem", in *Festschrift Winkler* (1989), pág. 30.

tem em conta que o artigo 6.º permite o chamado "processo administrativo gracioso", seguido de recurso para um tribunal de plena jurisdição. Ora, o Tribunal Constitucional e o Tribunal Administrativo deveriam em primeiro lugar analisar o problema da reserva formulada pela Áustria ao artigo 5.º (e implicitamente ao artigo 6.º), antes de levantar a questão do controlo dos direitos. Numa decisão de 1986[47], o *VfGH* seguiu assim a jurisprudência de Estrasburgo, à qual não estava propriamente vinculado, alegando que os direitos dos particulares face à Administração devem interpretar-se como "*civil rights*" para efeitos de garantia. Caso contrário, afirma ainda o Tribunal Constitucional, no momento da ratificação da Convenção pela Áustria, ou a reserva formulada teria um âmbito mais largo ou o sistema administrativo teria sido modificado. Por outro lado, a adesão à Convenção num momento posterior à sua abertura à assinatura tem como pressuposta, a aceitação da *praxis* dos órgãos de controlo. Ora no momento da adesão o conceito de "*civil rights*" tinha já um conteúdo mais forte do que o sentido clássico. O Tribunal austríaco exprimiu a doutrina mais tarde desenvolvida pelo Juiz Matscher no Acórdão *König*. Este entendimento parece injustificado, pois, no sistema austríaco, os direitos fundamentais apenas estavam protegidos na medida em que se incluíam no "*jus privatum*", no sentido do direito romano, pelo que a garantia da independência do juiz aplicar-se-ia somente a este tipo de direitos. No caso das "licenças de construção", elas têm, na ordem jurídica austríaca, natureza pública, ao contrário da jurisprudência do Tribunal Europeu, que, desde o Acórdão *Ringeisen*[48], lhes atribui carácter privado.

Ora o controlo judicial de actos administrativos de execução violaria, segundo o Tribunal Constitucional austríaco, a própria Constituição, pois desta não decorre o controlo obrigatório pelo *Verwaltungsgerichtshof* das decisões de todas as autoridades administrativas. No Acórdão acima citado, a mais alta jurisdição austríaca refere ainda que o conceito alargado de "*civil rights*" do Tribunal Europeu dos Direitos do Homem exigiria uma alteração constitucional seguida de um referendo, como estipula a própria Constituição austríaca.

Porém, como observa o Professor Rill, o Tribunal Constitucional está vinculado à Convenção, mesmo em caso de contradição com a ordem jurídica austríaca[49]. Ora, o artigo 53.º da Convenção apenas

---

[47] Citado, *in* Rill, *op. cit.*, pág. 30.
[48] Rill, *op. cit.*, pág. 32.
[49] Rill, *op. cit.*, pág. 33.

Apreciação geral da jurisprudência sobre reservas 353

impõe a obrigatoriedade de os Estados partes aceitarem as decisões do Tribunal nos litígios em que os mesmos são partes, ou seja, a jurisprudência não tem efeito *erga omnes*. Segundo o mesmo constitucionalista, deve distinguir-se entre o que não é juridicamente proibido e o que é totalmente proibido, segundo a jurisprudência do Tribunal Europeu. Não há assim nenhuma norma que imponha que os órgãos internos considerem os "direitos afins" aos direitos de construção, como direitos civis no sentido da jusrisprudência do referido Tribunal Europeu. Ou seja, apesar de a Convenção ter valor constitucional, a jurisprudência do Tribunal não é vinculativa, nem funciona como *leges posteriores* em relação à ordem jurídica interna. Aliás, a interpretação dos *civil rights* do artigo 6.º de acordo com o Tribunal Europeu implicaria, segundo o mesmo Prof. Rill, uma revisão da Constituição austríaca [50].

Na prática, a jurisprudência de Estrasburgo influencia a legislação interna, tanto por razões políticas como jurídicas, embora as leis mais recentes não traduzam sempre uma clara melhoria no domínio das garantias dos particulares face à Administração, pois os conceitos básicos não evoluíram no sentido de lhes assegurar uma protecção jurisdicional.

Assim, a reserva da Áustria ao artigo 5.º deveria ser naturalmente retirada, não só pela sua não conformidade à cláusula de reservas da Convenção, dado que a legislação pertinente não se encontrava citada na reserva austríaca, tal como o exigia o artigo 64.º [51], como tão-pouco ela estava de acordo com a própria evolução das garantias processuais dos particulares.

ii) *França*

O valor supralegal da Convenção implica que os tribunais franceses possam apreciar a legalidade das normas internas face à Convenção, designadamente no que repeita às limitações do exercício de direitos. Nos termos do artigo 55.º da Constituição de 1958, caso se verifiquem contradições entre o direito internacional e a lei interna deverá prevalecer o primeiro.

A *Cour de Cassation* aplicou uma declaração interpretativa, com valor de reserva apresentada pela França no momento da assinatura do

---

[50] Rill, *op. cit.,* pág. 35.
[51] Rill, *op. cit.,* pág. 21.

Protocolo n.º 7, segundo a qual o direito de uma pessoa, condenada por um juiz francês, de apelar para um tribunal superior, não tem que ser necessariamente um *"juge d'appel"*, pode ser um *"juge de cassation"*. Assim, o mesmo tribunal confirmou a sentença proferida pelo Tribunal das Forças Armadas Francesas na Alemanha, pois ela era susceptível de recurso em matéria de direito perante um juíz da *Cour de Cassation*[52].

No entanto, é por demais conhecida a posição tradicional do Conselho de Estado francês, que em caso de contradição entre uma norma internacional e uma lei interna posterior, aplicou durante décadas esta última, ao contrário da *"Cour de Cassation"* que fazia prevalecer a norma internacional. Ora, os direitos individuais relevam muitas vezes da competência das autoridades administrativas, o que faz pressupor que uma possível violação das normas da Convenção pode ser admitida pela jurisprudência do Conselho de Estado, por simples aplicação de uma lei interna posterior que seja eventualmente mais restritiva dos direitos dos particulares[53]. Tal entendimento foi já afastado desde 1989, no Acórdão *Nicolo* do Conselho de Estado[54], mas a questão foi durante muitos anos levantada e serviu mesmo de pretexto à não aceitação da cláusula do artigo 25.º, relativa à competência da Comissão para apreciar queixas individuais.

É certo que no Conselho de Estado a questão da hierarquia das normas nunca foi colocada entre a lei interna francesa e a Convenção, nem a incompatibilidade da Convenção com as normas internas foi considerada, pois, como afirmava o Prof. Flauss, o Conselho evitava citar a Convenção[55]. Essa tendência tem vindo a desaparecer e a jurisprudência do Conselho de Estado vem sendo mesmo influenciada pela do Tribunal Europeu dos Direitos do Homem relativamente à legalidade dos processos de extradição e expulsão, mas revela divergências de entendimento em relação às garantias do artigo 6.º, n.º 1, da Convenção, que a mais alta jurisdição administrativa francesa interpreta de

---

[52] Lachaume, J.F. – "Jurisprudence relative au Droit International", in *A.F.D.I.*, 1991, pág. 906.

[53] Imbert, P.H. – "La France et les Traités relatifs aux Droits de l'Homme", in *A.F.D.I.*, 1980, pág. 38 e segts.

[54] Costa, J. – P. – "La Convention européenne des Droits de l'Homme et le Conseil d'Etat de France", in *Revue Trimestrielle des Droits de l"Homme*, 1990, pág. 125 e segts.

[55] Fauss, J.F. – "Le juge administratif français et la Convention européenne des Droits de l'Homme", in *Actualité Juridique*, Julho-Agosto, 1983, pág. 387 e segts.

Apreciação geral da jurisprudência sobre reservas 355

forma restritiva, ao invés do Tribunal Europeu que, desde o Acórdão *Ringeisen*, alargou a aplicacação do artigo 6.° aos direitos de carácter civil, independentemente da natureza da jurisdição [56].

iii) *Portugal*

A Constituição de 1976 consagra no seu artigo 8.°, n.° 2, uma cláusula geral de recepção plena [57], pelo que, segundo o entendimento generalizado na doutrina, a Convenção Europeia dos Direitos do Homem vigora directamente na ordem jurídica portuguesa [58].

A generalidade da doutrina portuguesa atribui valor infraconstitucional, mas supralegislativo, ao direito internacional convencional [59], embora a jurisprudência do Tribunal Constitucional, face às divergências entre as duas Secções [60], mantenha a questão em aberto. Por outro lado, na ausência de um mecanismo específico de protecção de direitos fundamentais, é na fiscalização da constitucionalidade que essa protecção se consubstancia [61]. No entanto importa acrescentar que, como atrás analisámos, os direitos previstos na Convenção não se aplicam na totalidade por força das reservas, ou pelo menos até 1987 – data da revogação de algumas reservas –, o que teve como consequência a impossibilidade de os invocar perante os órgãos de controlo da Convenção. Tal

---

[56] Costa, *op. cit.*, pág. 127 e segts.

[57] Gonçalves Pereira/Fausto Quadros, *op. cit.*, pág. 110 e segts.; Miranda, J. – *A Constituição de 1976 – Formação, Estrutura e Princípios Fundamentais,* Lisboa, 1977, pág. 298 e segts.; "As Actuais Normas de Direito Constitucional e o Direito Internacional, in *Nação e Defesa,* n.° 36, 1985, pág. 4 e segts.; Gomes Canotilho/Vital Moreira, *op.cit,* pág. 83 e segts.; ainda o Acórdão do T.C. n.° 371/91, publicado no *D.R.,* II Série, de 10 de Dezembro de 1992.

[58] Moura Ramos, R. – "A Convenção Europeia dos Direitos do Homem – Sua posição face ao ordenamento jurídico português", in *BMJ-DDC,* n.° 5, 1981, pág 117.

[59] Tese contrária é a do Prof. Silva Cunha – *Direito Internacional Público – Introdução e Fontes,* Coimbra, 1991, pág. 92 e segts., e foi defendida nos anos 70 pelo Prof. Gonçalves Pereira – "O Direito Internacional na Constituição", in *Estudos sobre a Constituição,* vol. I, Lisboa, 1977, pág. 40.

[60] *Vide*, entre outros, Acórdão, da 1.ª Secção, n.° 66/91, de 5 de Julho de 1991, e da 2.ª Secção o Acórdão 47/88, de 9 de Maio de 1988, os quais, embora não se refiram a normas de direito internacional de direitos do homem, estabelecem critérios que se lhes podem aplicar enquanto normas de direito internacional convencional.

[61] Nabais, J.C. – *Os Direitos Fundamentais na Jurisprudência do Tribunal Constitucional,* Coimbra, 1990, pág. 3 e segts.

facto vem acrescer ao chamado "défice procedimental", de que alguma doutrina já acusou a Constituição portuguesa [62].

As normas da Convenção e dos seus Protocolos nunca foram sujeitas nem a fiscalização preventiva nem a fiscalização sucessiva da constitucionalidade. Face à hesitante jurisprudência do Tribunal Constitucional, já criticada nas doutrinas nacional [63] e estrangeira [64], não se pode afirmar que algum juízo de inconstitucionalidade se pudesse estabelecer em caso de contrariedade entre lei ordinária e norma da Convenção [65]. A questão permanece assim em aberto, em prejuízo da segurança e certeza jurídica.

Relativamente às normas de direito internacional de direitos do homem, designadamente da Convenção Europeia, deve levantar-se a questão da sua inclusão no "bloco de constitucionalidade", pois, por força do artigo 16.°, n.° 1, da Constituição, elas deverão ocupar um lugar especial na ordem jurídica portuguesa acrescido ao seu carácter de *self--executing*. O Tribunal Constitucional nunca reconheceu às normas de protecção de direitos do homem qualquer estatuto privilegiado, nem lhes atribuiu carácter constitucional em sentido material. Neste contexto, embora por várias vezes os recorrentes tenham invocado as normas da Convenção como parâmetro de aferição da validade de normas de direito interno [66], o Tribunal Constitucional considera-as como "elementos coadjuvantes da clarificação do sentido e alcance das normas constitucionais" [67], sem carácter autónomo.

Assim, a Convenção Europeia dos Direitos do Homem não surge citada com frequência na jurisprudência dos tribunais portugueses. Por um lado, o âmbito do catálogo constitucional português de direitos fun-

---

[62] Gomes Canotilho, J.J. – "Constituição e Défice Procedimental", in *Estado & Direito*, vol. I, n.° 2, 1988, pág. 35.

[63] Vitorino, A. – *Protecção Constitucional e Protecção Internacional dos Direitos do Homem: Concorrência ou Complementaridade*, Lisboa, 1993, pág. 39 e segts.; Medeiros, Rui – "Relações entre normas constantes de convenções internacionais e normas legislativas na Constituição de 1976", in *O Direito*, n.° 122, (1990) II, pág. 374.

[64] Polakiewicz, J. – "La mise en oeuvre de la CEDH en Europe de l'Ouest/ /Aperçu du droit et de la pratique nationaux", in *R.U.D.H.*, vol. 4, n.os 10-11, 1992, pág. 369 e segts.

[65] Cardoso da Costa, J.M. – *A Jurisdição Constitucional em Portugal*, Coimbra, 1992, pág. 26 (nota 27).

[66] Vitorino, *op. cit.*, pág. 54.

[67] Acórdão do Tribunal Constitucional, n.° 124/90, in *D.R.*, II Série, 1991, pág. 1517.

Apreciação geral da jurisprudência sobre reservas 357

damentais vai muito além dos direitos protegidos na Convenção, e, por outro, as divergências das Secções do Tribunal Constitucional sobre a natureza do vício inerente às leis internas violadoras de normas internacionais afastam a aplicação das normas e princípios da Convenção como *ratio decidenndi*[68]. Sucede mesmo que os recorrentes invoquem a Convenção sem que o Tribunal emita sequer um juízo sobre a pertinência da respectiva disposição, fazendo apenas apelo, por expressa imposição constitucional aos artigos da Declaração Universal dos Direitos do Homem[69].

Cabe porém aqui referir, sucintamente, as decisões em que se invocam os artigos da Convenção, designadamente os que foram objecto de reservas. Durante a existência da Comissão Constitucional o problema da aplicação retroactiva da lei penal aos agentes da PIDE/DGS prevista na Lei n.° 8/75, com valor constitucional atribuído pelo artigo 309.° da Constituição (na versão original), foi abordado em dois Acórdãos[70]. A Comissão, invocando o artigo 16.°, n.° 2, da Constituição, socorreu-se do artigo 11.° da Declaração Universal para interpretar o artigo 309.°, de forma a atenuar a derrogação do princípio *nulum crimen sine lege, sine poena.*

Um outro exemplo revela-se no Acórdão n.° 39/88[71], relativo à constitucionalidade de legislação relativa às indemnizações devidas após as nacionalizações, onde o Tribunal Constitucional fez referência ao artigo 1.° do Protocolo Adicional e ao entendimento da Comissão Europeia dos Direitos do Homem, segundo o qual este artigo não era aplicável aos casos de expropriações de bens pertencentes a cidadãos nacionais, na linha dos princípios gerais do direito internacional. Ora tal regra encontra-se de certa forma já ultrapassada pela jurisprudência do Tribunal Europeu dos Direitos do Homem, no Acórdão *Lithgow & others*[72], como atrás já referimos, pelo que não é muito rigorosa a conclusão do Tribunal Constitucional português. Poderia eventualmente invocar a reserva portuguesa para reforçar o argumento e afastar a

---

[68] Polakiewicz, J./Jacob-Foltzer, V. – "The European Human Rights Convention in domestic law: The impact of the Strasbourg case-law in States where direct effect is given to the Convention (second part)", in *R.U.D.H.*, vol. 12, n.° 4, 1991, pág. 131.

[69] Acórdão n.° 63/85, in *D.R.*, II Série de 12 de Junho de 1985.

[70] Acórdão n.° 108, de 25 de Julho de 1978, e o Acórdão n.° 120, de 5 de Dezembro de 1978.

[71] Acórdão do T.C., de 9 de Fevereiro de 1988, in *D.R.,* I Série, 1988, pág. 740 e segts.

[72] T.E.D.H., Acórdão de 8 de Julho de 1986, Série A, n.° 102, § 120.

aplicação do artigo da Convenção na ordem jurídica nacional, apesar de o legislador não ter concretizado a norma constitucional.

Num outro Acórdão, relativo à duração da prisão preventiva, o recorrente invocou a violação do artigo 5.º, n.º 3, embora o Tribunal apenas tenha citado o Acórdão *Wemhoff*[73], do Tribunal Europeu, para concluir que a procura da verdade material não podia ficar prejudicada pela duração da prisão preventiva[74]. Ainda uma referência à Convenção é feita no Acórdão n.º 99/88[75], no qual estava em causa a violação do princípio da não-discriminação inscrito no seu artigo 14.º, num prazo de propositura de uma acção de investigação de paternidade. Neste caso o Tribunal considerou que, por um lado, a norma constitucional correspondente consumia a regra de não-discriminação do artigo 14.º, e por outro, estava excluído considerar a norma da Convenção autonomamente, isto é, "*independentemente dos princípios e normas constitucionais que para tanto venham a julgar-se relevantes*", pelo que apenas serão admissíveis como "*elementos coadjuvantes da clarificação do sentido e alcance de tais normas e princípios*".

Em vários outros casos se invocaram normas da Convenção perante o Tribunal Constitucional, o qual se exime a responder, quer invocando dúvidas sobre a natureza do juízo de desconformidade entre uma lei interna e uma norma da Convenção, quer socorrendo-se das disposições da Declaração Universal dos Direitos do Homem para eventualmente formular um juízo de constitucionalidade por força do atigo 16.º , n.º 2.

Uma excepção para confirmar esta regra surge no Acórdão n.º 219/89[76], no qual, a propósito de um crime de "organização terrorista", os recorrentes invocavam a inconstitucionalidade das normas que previam que o despacho de pronúncia é proferido pelo juiz de julgamento, o que violava o artigo 6.º, n.º 1, da Convenção que inclui a garantia da imparcialidade do juiz. O Tribunal Constitucional sublinhou que o despacho de pronúncia tem apenas uma função de garantia, havendo violação do princípio do acusatório se o despacho fosse para além da acusação. Neste último caso haveria não só uma violação do

---

[73] T.E.D.H., Acórdão de 27 de Junho de 1968, Série A, n.º 6.

[74] Acórdão do T.C., n.º 69/88, de 23 de Março de 1988, in *D.R.*, II Série, 1988, pág. 7596.

[75] Acórdão do T.C., n.º 99/88, de 28 de Abril de 1988, in *D.R.*, II Série, 1988, pág. 7642.

[76] Acórdão do T.C., n.º 219/89, de 15 de Fevereiro de 1989, in *D.R.*, II Série, 1989, pág. 6476.

Apreciação geral da jurisprudência sobre reservas 359

princípio do acusatório inscrito no artigo 32.°, n.° 5, da Constituição, como também da garantia de imparcialidade do artigo 6.°, n.° 1, da Convenção, o que geraria um vício de inconstitucionalidade por violação do princípio da superioridade hierárquica das normas convencionais do artigo 8.°, n.° 2, da Constituição e ainda da regra *pacta sunt servanda* contida no direito internacional geral do n.° 1 do mesmo artigo. Com efeito, o Tribunal Constitucional atribuiu ao despacho de pronúncia apenas função garantística, pelo que não considerou inconstitucional a norma em causa. É interessante verificar que os votos de vencido invocam justamente o Relatório da Comissão Europeia dos Direitos do Homem no caso *Ben Yaacoub*[77], para justificar que esta acumulação de funções viola o princípio da imparcialidade. O caso foi apreciado pelos órgãos de controlo da Convenção, tendo a Comissão[78] decidido, por escassa maioria, pela não violação do artigo 6.°, n.° 1, da Convenção, tal como, mais tarde, o Tribunal Europeu dos Direitos do Homem que, apesar de toda a jurisprudência anterior ser em sentido contrário, veio dar razão ao Estado português[79].

iv) *Espanha*

A Convenção Europeia dos Direitos do Homem está em vigor na ordem jurídica espanhola por força do artigo 96.° da Constituição, e embora não tenha valor constitucional tem, segundo a maioria da doutrina, valor supralegal[80].

A letra do artigo 10.°, n.° 2, da Constituição espanhola impõe a interpretação dos direitos fundamentais de acordo com a Declaração Universal dos Direitos do Homem e com os tratados internacionais de que a Espanha seja parte. Esta norma permite, segundo a doutrina[81],

---

[77] Relatório da Comissão incluído no Acórdão do T.E.D.H. de 27 de Novembro de 1987, Série A, n.° 127.

[78] Queixa n.° 15651/89, *Otelo Saraiva de Carvalho c/Portugal*, Relatório de 14 de Janeiro de 1993 publicado em anexo ao Acórdão do T.E.D.H. infracitado.

[79] Acórdão do T.E.D.H., *OItelo Saraiva de Carvalho (Portugal)* de 22 de Abril de 1994, Série A, n.° 286-B; *vide* comentário de Gaspar, A.Henriques, in *Revista Portuguesa de Ciência Criminal*, n.° 4, 1994, págs. 405-417.

[80] Fernandez Sanchez, P.A. – "La aplicabilidad del convenio europeo de derechos humanos en los ordenamientos juridicos internos", in *R.E.sp.D.I.*, vol. XXXIX, 1987, pág. 440.

[81] Garcia de Enterría (dir.), Linde/Ortega/Sanchez Moron – *El sistema europeo de proteccion de los derechos humanos*, Madrid, 1983, pág. 181 e segts.

invocar a jurisprudência do Tribunal Europeu dos Direitos do Homem relativa aos direitos protegidos e ainda considerar inconstitucionais as leis que violem essa mesma interpretação do Tribunal de Estrasburgo. Por estas razões, tanto o Supremo Tribunal como o Tribunal Constitucional invocam frequentemente a Convenção Europeia, fazendo mesmo este último uma "utilização corrente da jurisprudência do Tribunal Europeu dos Direitos do Homem"[82].

Relativamente às reservas da Espanha a respeito da aplicação das garantias dos artigos 5.° e 6.° ao regime disciplinar das Forças Armadas, o Tribunal Constitucional proferiu um Acórdão que suscitou opiniões contraditórias na doutrina. Tratava-se de apreciar as garantias judiciais de um oficial vítima de uma medida disciplinar, ao qual o Tribunal reconheceu que os artigos 5.° e 6.°, n.° 1, não seriam aplicáveis por força da reserva, mas considerou, por outro lado, que o sistema de valores da Declaração Universal e dos instrumentos internacionais relativos aos direitos do homem devem ser entendidos como princípios gerais de base, as quais deve também estar submetido o regime disciplinar militar. Nele se devia incluir o direito à defesa, consagrado, aliás, no artigo 24.° da Constituição espanhola, que não exclui os militares do seu âmbito[83], pelo que não hesitou em afastar a aplicação da reserva. Um estudo dirigido pelo Prof. Sudre[84] considerou que o Tribunal Constitucional espanhol privou de efeito útil a reserva formulada pelo governo, e que, não obstante a reserva, fez prevalecer a Convenção Europeia, designadamente a jurisprudência *Engel*[85], que aplicou a militares holandeses as garantias processuais da Convenção, contribuindo, assim, para a sua integração no *corpus* constitucional espanhol (facto que não se verifica em Portugal, acrescentam, curiosamente, os autores do estudo).

Pelo contrário, o trabalho colectivo, atrás citado, dirigido por Garcia de Enterria, classifica esta decisão como uma das "*más insatisfac-*

---

[82] Garcia de Enterría, E. – "Valeur de la jurisprudence de la Cour Européenne des Droits de l'Homme", in *Mélanges Wiarda,* pág. 230.

[83] Acórdão de 15 de Junho de 1981 (recurso de amparo 92/80), citado *in* Garcia de Enterría (dir.), Linde/Ortega/Sanchez Moron – *El sistema europeo...* cit., pág. 198 e segts.

[84] Sudre, F. (dir.) – *La Protection Juridictionnelle des Droits et Libertés par la Cour Européenne des Droits de l'Homme et les Juridictions Constitutionnelles Nationales de France, Espangne et Portugal* (Rapport de Recherche, dactil.), Montpellier, s.d., pág. 78 e segts.

[85] T.E.D.H., Acórdão de 8 de Junho de 1976, *Engel* (*Países Baixos*), Série A, n.° 22.

torias" da jurisprudência do Tribunal Constitucional, que seria mesmo improcedente, dado que a exclusão do regime disciplinar dos militares das garantias processuais não pode fundamentar-se no artigo 24.° da Constituição e as reservas aos artigos 5.° e 6.° não podem servir de base a um procedimento contrário à Constituição [86]. Como nota Chueca Sancho, a interpretação correcta do artigo 10.°, n.° 2, da Constituição deve ter presentes as reservas e declarações interpretativas formuladas por Espanha a algumas normas dos tratados sobre direitos do homem nele citadas, pelo que não deverão aplicar as normas constitucionais à luz de disposições convencionais objecto de reservas [87].

A verdade é que o Tribunal Constitucional confirmou tal jurisprudência logo em 1983, fazendo referência ao Acórdão anterior, invocando as "características constitucionais" que o processo disciplinar militar deve respeitar [88].

v) *Alemanha*

A ordem jurídica alemã inclui por razões históricas um catálogo de direitos fundamentais que vai naturalmente além da Convenção, cuja tendência "minimalista", apesar de ter sido superada pela jurisprudência, surge muitas vezes citada na doutrina alemã. O debate gira à volta da questão da possibilidade de utilizar o mecanismo da *Verfassungsbeschwerde,* para os direitos da Convenção Europeia, os quais, ao serem "transformados" em direito alemão através do artigo 1.° , n.° 2, e 25.° , possuem o nível e a *Qualität* de direito constitucional alemão [89]. Assim, o Tribunal Constitucional alemão deverá verificar a aplicação do direito internacional geral, por força da própria Constituição, o que inclui também os direitos da Convenção.

---

[86] Garcia de Enterría (dir.), *op. cit.,* pág. 198.

[87] Chueca Sancho, A. – "Las reservas a los Tratados de Derechos Humanos", in *Documentacion Juridica*, tomo XIX, Abril-Junho, 1992, n.° 74, pág. 204.

[88] Acórdão 44/1983, de 24 de Maio de 1983, *B.O.E.* n.° 144, de 17 de Junho de 1983, citado *in* Casdevante Romani, C.F. – *El Convênio Europeo de Derechos Humanos: demandas contra España (1979-1988)*, Bilbao, 1988, pág. 63.

[89] Bleckmann, A. – "Verfassunsrang der Europäischen Menschenrechtskonvention?", in *EuGRZ*, 21, Heft 7-8, pág. 155.

vi) *Suíça*

Após a publicação do Acórdão *Belilos*, o governo suíço anunciou, perante o Comité de Ministros, a alteração ao Código de Processo Penal do Cantão de Vaud, estabelecendo a publicidade do processo de julgamento de infracções. Põe-se aqui a questão de saber se a reserva declarada inválida, pode ser alterada. Como vimos atrás, o governo suíço enviou ao Secretário-Geral uma carta "precisando" o conteúdo da declaração interpretativa de 1974, cuja validade se afigura duvidosa, podendo interpretar-se como uma *"modification à la baisse"* ou como uma nova reserva [90].

A recente decisão do Tribunal Federal suíço [91], tomada na sequência do Acórdão *Belilos,* merece aplauso pelo seu carácter inédito e inovador. Com efeito, o Tribunal considerou que o Acórdão *Belilos* privou de efeito a declaração interpretativa, relativamente ao "controlo judiciário final", em matéria civil. Ou seja, o Tribunal suíço atribui aos acórdãos do Tribunal Europeu autoridade de "caso julgado absoluto" que ultrapassa naturalmente o previsto na Convenção mais vai ao encontro da jurisprudência do Tribunal de Estrasburgo.

vii) *Países da Europa Central e Oriental*

O curto espaço de tempo decorrido desde a entrada em vigor da Convenção nos Estados do ex-Bloco de Leste não permite ainda tirar conclusões sobre a atitude dos órgãos jurisdicionais relativamente à sua aplicação e interpretação do conteúdo das suas disposições. É certo que a protecção dos direitos do homem constitui uma das principais preocupações no plano legislativo, embora a sua aplicação concreta pela administração e pelos tribunais esteja ainda numa fase embrionária.

Assim, para além das referências feitas ao longo deste trabalho, citaremos apenas o caso da Polónia que demorou três anos a ratificar a Convenção, na qual o Tribunal Constitucional não tem competência para controlar a conformidade do direito interno com as convenções de direito internacional de que a Polónia é parte, pois, como já atrás referimos, a Constituição não inclui qualquer cláusula de recepção de direito internacional. No entanto, o Tribunal Constitucional já proferiu

---

[90] Flauss, *op. cit.,* pág. 300.
[91] Citada, *in* Flauss, *op. cit.,* pág. 301.

Apreciação geral da jurisprudência sobre reservas   363

vários acórdãos sobre direitos fundamentais, tendo referido como argumento suplementar das suas decisões, as normas dos Pactos de Direitos Civis e Políticos e de Direitos Económicos e Sociais das Nações Unidas, cujo carácter obrigatório vinculava a Polónia como Estado parte[92]. Será, assim, de esperar que o Tribunal Constitucional invoque igualmente a Convenção Europeia na sua jurisprudência futura.

Apesar de ainda não ter aderido ao Conselho da Europa e, consequentemente, não ser parte na Convenção, a Rússia tem desenvolvido esforços para modificar a sua ordem jurídica e a protecção dos direitos dos cidadãos. Assim, ainda no tempo da ex-União Soviética, o Congresso dos deputados do povo aprovou, em Setembro de 1991, logo após a tentativa de golpe de Estado e antes da criação da Comunidade de Estados Independentes, uma *Declaração dos Direitos e Liberdades do Homem*[93]. O seu valor declarativo e o alinhamento às concepções liberais e ao direito natural[94], surge reforçado logo no artigo 1.º pela obrigação de conformidade das leis sobre direitos e liberdades à Declaração Universal dos Direitos do Homem, aos pactos internacionais, às outras normas internacionais e à própria declaração. Esta exigência deixa adivinhar a vontade política de aderir ao Conselho da Europa e à Convenção Europeia dos Direitos do Homem. Qualquer que seja o valor e a duração da Declaração a sua aprovação representa um enorme passo em frente, permitindo a aplicação dos textos internacionais (o primado do direito internacional sobre o direito interno tinha já sido reconhecido pelo Congresso). Relativamente à Convenção de Roma, o problema das reservas poderá assim ser evitado através das reformas em curso, fiscalizadas por distintos peritos do Conselho da Europa[95].

A Constituição russa de 1993 sofreu já a influência da Convenção, na parte relativa aos direitos fundamentais, faltando agora transpor os seus princípios para a lei ordinária, nomeadamente penal e processual penal.

---

[92] Errera, R. – "Le rôle de la Cour Constitutionnelle dans l'interprétation du droit international", in *Les rapports entre le droit international et le droit interne,* Actas do Seminário UNIDEM sobre *Les rapports entre le droit international et le droit interne,* Varsóvia, 19-21 de Maio de 1993,

[93] Publicada na *Revue du Droit Public et de la Science Politique en France et à l''étranger* 1, 1992, pág. 309 e segts.

[94] Lebreton, Gilles – "Un legs de l'U.R.S.S. à la C.E.I. : La Déclaration Soviétique des Droits de l'Homme du 5 septembre 1991", in *RDPSc.Pol.*, 1, 1991, pág. 278 e segts.

[95] Bernhardt, R. – "General considerations on the human rights situation in Russia", in *H.R.L.J.*, vol. 15, n.º 7, Outubro de 1994, pág. 250 e segts.

3. O TRIBUNAL DE JUSTIÇA DAS COMUNIDADES EURO-PEIAS E OS DIREITOS DO HOMEM

Antes de concluirmos cabe ainda uma palavra relativa à aplicação da Convenção Europeia pelo Tribunal de Justiça da actual União Europeia[96]. Apesar da Convenção não ter propriamente um estatuto dentro do direito comunitário, ela foi mencionada no Acto Único e, mais tarde, no Tratado de Maastricht (art. F, § 2), no qual se afirma que a União deve respeitar os direitos fundamentais tal como estão garantidos na Convenção Europeia dos Direitos do Homem.

Com efeito, apesar de a União Europeia não ser parte na Convenção Europeia dos Direitos do Homem, não são raras as referências do Tribunal de Justiça das Comunidades Europeias tanto aos seus princípios como às suas disposições. Ora a questão das reservas é justamente uma das dificuldades da possível adesão da União à Convenção, acrescida de outras bem mais graves, tais como a competência dos dois tribunais. No entanto, tomar a Convenção em conta não a torna vinculativa para a União.

A natureza e a autonomia do direito comunitário têm sido obstáculos à aplicação de direitos previstos na Convenção aos requerentes nos processos trazidos perante o Tribunal do Luxemburgo. A alegada incompetência *ratione personae* das Comunidades faz escapar o direito comunitário ao juízo de compatibilidade com a Convenção. Um dos casos mais evidentes, relativo ao direito da concorrência, foi o do Tribunal de Justiça que declarou, a propósito do art. 6.º da Convenção: "o direito comunitário contêm todos os meios necessários para examinar, ou, em último caso fazer valer jurídicamente, os dispositivos relativos às alegadas violações dos direitos da defesa das partes"[97]. Tal posição decorre da própria posição do Tribunal, segundo o qual a matéria de direito da concorrência não tem natureza penal, e, por outro lado, deverá ser o próprio direito comunitário da concorrência a assegurar os direitos da defesa relacionados com a protecção dos direitos fundamentais[98]. Cabe aqui notar que a Comissão Europeia dos Direitos do Homem reconhece-se competente em matéria de direito da concor-

---

[96] Os Acórdãos do Tribunal de Justiça mencionam ainda "Tribunal de Justiça das Comunidades Europeias", pelo que optámos por utilizar também esta designação.

[97] Acórdão *Musique diffusion française (Commission)*, in *Rec.*, 1983, pág. 1881.

[98] Helali, M.S.E. – "La Convention européenne des Droits de l'Homme et les droits français et communautaire de la concurrence", in *R.T.D.E.*, n.º 27 (3) e (4), Julho-setembro, 1991, pág. 345.

rência, na parte relativa aos direitos da defesa do art. 6.°, n.° 1 [99], fundamentado-se no carácter penal de uma sanção pecuniária.

O Tribunal de Justiça das Comunidades afirmou no seu Acordão *Cinétèque*[100] que lhe incumbe assegurar o respeito dos direitos do homem no domínio próprio do direito comunitário, mas não lhe compete, por isso, examinar a compatibilidade de uma lei nacional com a Convenção Europeia dos Direitos do Homem, pois tal competência pertence ao legislador nacional[101].

Os direitos consagrados na Convenção não estão, para o Tribunal de Justiça, necessariamente incluídos nos direitos fundamentais, embora constituam princípios não escritos do direito comunitário. Por outro lado, a Comissão Europeia dos Direitos do Homem tem sistematicamente recusado apreciar queixas contra actos comunitários, alegando incompetência *ratione personnae*[102]. Assim, nenhum texto vinculava as instituições comunitárias a respeitar os direitos fundamentais, e, apesar da protecção dos direitos ser equivalente, nem sempre decorre do direito comunitário a sua compatibilidade com a Convenção.

Em resumo, a Comissão de Estrasburgo considera que os actos comunitários escapam a qualquer fiscalização directa, embora possam ser objecto de um controlo indirecto perante os órgãos da Convenção[103]. A generalidade da doutrina considera que a adesão da União Europeia à Convenção teria uma enorme vantagem para a protecção dos direitos individuais[104]. No entanto, tal adesão encontra obstáculos

---

[99] Relatórios Comissão *SA Stenuit c/França*, req. n.° 11598/85, de 11 Julho 1989, e *CM et Co c/RFA*, req. n.° 12358/87, Decisão de 9 de Fevereiro de 1990; nesta última tratava-se de uma falta de controlo de "compatibilidade" com a Convenção por parte das autoridades alemãs e foi declarada "*irrecevable*".

[100] Acórdão do Tribunal de Justiça das Comunidades Europeias, *Cinétèque* (*Fédération nationale des cinémas français*), de 11 de Junho de 1985, aff. 5/88, *Recueil*, pág. 2605.

[101] Acórdão de 13 de Julho de 1989, *Wachhauf* (*Budesamt für Ermärung und Fortwitschaft*), Proc. 5/88, *Recueil*, pág. 2609.

[102] Fierens, M.J. – "Les exclus des droits de l'homme pauvretés et marginalisations", in *Recueil des Cours de l'Institut International des Droits de l'Homme*, Estrasburgo, 1993, pág. 21.

[103] Weitzel, L. – "La Commission Européenne des Droits de l'Homme et le droit communautaire", in *Mélanges Velu*, Bruxelas, 1992, pág. 1406.

[104] Jacqué, J. – P. – "The Convention and the European Communities", in *The European System for the Protection of Human Rights* (Edit. Macdonald, Matscher, Petzold), Dordrecht, 1993, pág. 895.

políticos que não foram até hoje ultrapassados, porquanto a decisão exige a unanimidade dos Estados membros, o que, devido à oposição das autoridades britânicas e aos problemas técnicos de compatibilização das jurisprudências, não foi ainda possível atingir.

CONCLUSÕES

A Convenção Europeia dos Direitos do Homem como base do património jurídico europeu

A protecção internacional dos direitos do homem contribuiu decisivamente para a evolução do direito internacional e será talvez a melhor herança que o século XX deixará para o futuro. Os direitos do homem são hoje considerados um "imperativo categórico" no sentido kantiano, ou seja, um conjunto de valores que defendemos incondicionalmente e que fazem parte da maioria dos sistemas políticos, mas que se encontram muitas vezes desvirtuados ou esvaziados de sentido e conteúdo jurídico.

Na política europeia a exigência do respeito e protecção dos direitos do homem tornou-se não propriamente uma condição mas, pelo menos, um meio de pressão no âmbito do auxílio ao desenvolvimento, que limitou em alguns casos a dimensão dessa ajuda. A imposição dessas condições não se revela uma constante nas relações internacionais nem é decerto suficiente para impedir violações sistemáticas de direitos do homem na China, na Bolívia ou em Timor, apesar dos esforços de alguns Estados.

Os instrumentos jurídicos internacionais de direitos do homem conduziram também ao progressivo afastamento das técnicas clássicas de direito internacional, caracterizadas pela "bilateralização" e pelo sacrossanto princípio da soberania absoluta dos Estados. Igualmente a ultrapassagem do mecanismo da reciprocidade e a instituição de mecanismos jurisdicionais ou parajurisdicionais de garantia, existentes nos diversos instrumentos jurídicos internacionais de direitos do homem, contribuíram para uma certa "despolitização" do problema das reservas e para que a respectiva apreciação se tornasse mais objectiva.

A "positivação" dos direitos do homem no direito internacional foi enriquecida por uma tutela jurisdicional, que "densificou" de tal modo o seu conteúdo, que se pode, hoje, falar numa "jurisprudência dos interesses", evolutiva, que extraiu novas proposições jurídicas das normas convencionais. O papel das jurisdições internacionais no desenvolvimento do Direito Internacional tornou-se de tal forma fundamental que não podemos hoje estudar qualquer dos seus temas sem recorrer à jurisprudência. No campo particular do direito internacional dos direitos do homem, a contribuição do próprio Tribunal Internacional de Justiça não deixa de ser relevante ao reconhecer que os direitos do homem eram uma "missão sagrada da civilização" [105].

Foi, aliás, o Tribunal Internacional de Justiça, a primeira jurisdição internacional a pronunciar-se sobre o problema das reservas numa convenção de protecção de direitos do homem – a Convenção para a Prevenção e Punição do Genocídio –, alterando substancialmente a concepção tradicional do direito internacional. Com efeito, o primeiro grande passo foi dado em 1951 pelo TIJ, no seu Parecer sobre as *Reservas à Convenção do Genocídio*, ao adoptar um critério material para a apreciação das reservas, baseado justamente na natureza dos direitos protegidos, cuja universalidade e imperatividade não devia estar sujeita à vontade dos Estados. Esta jurisprudência viria a influenciar a própria codificação do direito dos tratados, embora o seu carácter supletivo torne o regime das reservas bastante flexível e liberal, sem previsão de mecanismos de fiscalização. Como assinalava o Professor Basdevant, em 1936, "*la Cour fait apparaître des normes d'une valeur juridique supérieur à celles que les Etats peuvent adopter par des Traités particuliers*" [106].

Outros factores históricos vieram influenciar a alteração do conceito e fundamento das reservas, que tinham surgido no século XIX, com o aparecimento dos tratados multilaterais, os quais vieram impor novas regras ao direito internacional clássico. De facto, a multiplicação dos tratados multilaterais e, sobretudo, o significativo aumento do número de Estados pôs em causa a rígida regra da unanimidade na aceitação das reservas, que vigorava no direito internacional desde o século XIX, o que obrigou, naturalmente, tanto a doutrina como a jurisprudência a repensar a questão. Colocou-se então o dilema da opção entre a integridade e a universalidade dos tratados, que até meados deste século se tinha decidido a favor da primeira, sem grandes hesitações. Após a Segunda Guerra Mundial prevaleceu a opção pela universalidade como forma de incluir as dezenas de novos Estados que passaram a fazer

---

[105] Parecer sobre as *Consequências da presença da África do Sul na Namíbia*, *Recueil* (1971), supracitados pág. 170.

[106] Basdevant – "Règles générales du Droit de la Paix", in *Receuil des Cours de l'Académie du Droit International de la Haye* , tomo 58, 1936, pág. 650.

Conclusões 369

parte da comunidade internacional, e que politicamente não convinha impedir de se tornarem partes em tratados por causa das reservas formuladas. O aumento do número de Estados membros da comunidade internacional e a institucionalização de organizações internacionais universais vieram, assim, alterar profundamente todos os problemas relacionados com as relações internacionais e, designadamente, com o direito dos tratados.

A formulação das reservas revela-se uma forma equívoca de fazer prevalecer as normas de direito interno sobre o direito internacional, o que obsta muitas vezes ao desenvolvimento deste último. No entanto, ao analisar a evolução do direito internacional no decurso dos últimos cem anos parece quase impossível acreditar nos seus notáveis progressos. As reservas no direito internacional público permitem, assim, às partes salvaguardar a participação dos Estados sem modificar a sua ordem interna ou superar as dificuldades políticas que a ratificação de determinado tratado implicaria. A evolução do direito dos tratados, relativamente às reservas – abandono da regra da unanimidade –, revelou uma flexibilidade e uma capacidade de adaptação às novas realidades que contribuiu para afastar um pouco alguns aspectos políticos de que está eivado este ramo do direito, de forma a salientar a sua "juridicidade". A preservação da lei interna tornou-se a principal razão da formulação das reservas, que deixou de ser um instrumento de pressão política entre Estados utilizado correntemente até meados do século XX.

Na área da protecção dos direitos do homem, as alterações da ordem interna exigem normalmente profundas reformas legislativas, e até constitucionais que muitas vezes os governos não querem ou não podem empreender. No entanto, o "peso" das normas internacionais contribui muitas vezes para influenciar a opinião pública e os decisores políticos para a concretização das reformas legislativas. A tendência mais recente, verificada sobretudo nos países da Europa Central e Oriental, vai no sentido de omitir a formulação de reservas. Ou seja, apesar das diferenças entre a ordem jurídica interna e as normas internacionais, os governos optam por não formular reservas, apelando, em certos casos às normas constitucionais de primado do direito internacional para afastar as normas internas a ele contrárias.

As normas internacionais de direitos do homem incluem e revestem, por vezes, natureza de *jus cogens,* o que, para além da questão de saber qual o seu grau de "imperatividade" na ordem jurídica internacional, levanta ainda problemas quanto à formulação de reservas. Com efeito, a proibição de derrogação imposta pela comunidade internacional a determinadas normas de direito internacional implica, por maioria de razão, a impossibilidade de formular reservas, as quais representam, naturalmente, uma limitação ao âmbito da aplicação das normas jurídicas.

No caso concreto da Convenção Europeia dos Direitos do Homem, a Comissão e o Tribunal tiveram um papel crucial na evolução do problema da definição das reservas. O reconhecimento da respectiva competência para apreciar a questão, e a sua vontade declarada de assegurar o respeito pela integridade da Convenção, superaram as reticências que tinham normalmente os juízes e os árbitros internacionais em declarar inválida uma reserva formulada por um Estado soberano. Ao reconhecerem que as obrigações dos Estados não se limitavam ao dever de não ingerência nos direitos dos indivíduos, mas impunham obrigações positivas, a Comissão e o Tribunal contribuíram para a evolução da legislação interna que teve assim de se adaptar, e ajustar os direitos e garantias dos indivíduos aos critérios dos órgãos de controlo da Convenção. Por outro lado, como afirmava o Prof. Burdeau, os Estados que aceitam o direito de recurso individual têm tendência a desenvolver internamente um sistema de fiscalização da constitucionalidade das suas leis para evitar o controlo dos órgãos da Convenção [107].

A natureza de *jus cogens* de parte dos princípios inscritos na Convenção Europeia implica que sejam difíceis de aceitar reservas relativas a tais normas, pois, tal como refere o Juíz De Meyer, do Tribunal Europeu dos Direitos do Homem, no Acórdão *Belilos,* tanto a própria formulação de reservas como as cláusulas que as permitem são, em grande parte, incompatíveis com o *jus cogens* e, por consequência, nulas e inválidas. A menos que se refiram a "modalidades de execução", sem afectarem a substância dos direitos em questão, as reservas só poderão ser admitidas "muito temporariamente" [108]. Evidentemente que a própria atribuição da natureza de *jus cogens*, mesmo a uma norma de direito internacional dos direitos do homem, é assunto sobre o qual se podem escrever vários estudos da dimensão do presente trabalho. No entanto, parece-nos que pelo menos as normas que proibem a tortura e a discriminação se devem considerar normas de *jus cogens,* sem levantar muitas oposições.

---

[107] Burdeau, G. – "La contribution des nationalisations françaises de 1982 au droit international des nationalisations", in *R.G.D.I.P.*, n.° 1, 1985, págs. 12-13.

[108] Acórdão *Belilos, loc. cit.,* pág. 36.

Conclusões 371

Afirmar que o direito internacional dos direitos do homem, e em particular a Convenção Europeia dos Direitos do Homem contribuíram para a harmonização dos direitos constitucionais europeus e mesmo não europeus poderá ser uma banalidade, ou uma evidência, ou, talvez, um excesso de optimismo. Ao impor como condição de adesão ao Conselho da Europa a assinatura da Convenção, e implicitamente o "*acquis*" da jurisprudência, o Comité de Ministros e a Assembleia Parlamentar exercem algum controlo, ainda que indirecto, sobre a protecção dos direitos fundamentais no interior da ordem jurídica de cada estado candidato. Poder-se-ia ir ainda mais longe ao seguir a opinião de um membro do Conselho de Estado francês que aventa mesmo a possibilidade da elaboração de um "direito constitucional europeu" relativo aos direitos fundamentais de cada um dos Estados partes[109]. A influência da Convenção e da jurisprudência dos órgãos de Estrasburgo, na elaboração e interpretação dos direitos fundamentais pelas jurisdições constitucionais internas, é visível na maioria das ordens jurídicas europeias, desde o Tribunal Constitucional de Karlsruhe[110] até à Constituição da Turquia de 1982[111].

É certo que o peso relativo de cada um dos direitos não se revela idêntico, pois a tentativa de determinação de princípios comuns a todos os Estados partes na Convenção não apresenta resultados semelhantes. Entre o direito de propriedade e as garantias processuais existe uma enorme diferença, manifestada nos resultados obtidos através da interpretação dos órgãos da Convenção. A interpretação evolutiva tanto da Comissão como do Tribunal, permitiu tomar em conta as alterações da realidade económica, social e cultural dos Estados membros, cujo significado para a protecção dos direitos fundamentais se revelou muito importante, estabelecendo-se uma crescente relação de "diálogo" com os Tribunais Constitucionais de alguns Estados membros que ultrapassa a dimensão de um instrumento de direito internacional que é a Convenção Europeia dos Direitos do Homem. O desenvolvimento dinâmico do seu mecanismo de controlo atribui-lhe um carácter constitucional cujos

---

[109] Abraham, R. – "Les incidences de la C.E.D.H. sur le droit constitutionnel et administratif des Etats parties", R.U.D.H., n.º 10-11, 1992, pág. 409 e seg.

[110] Acórdãos do Tribunal Constitucional Alemão, de 26 de Março de 1987, *EuGRZv* 1987, 203 (206) e Acórdão de 29 de Maio de 1990, vol. 92, pág. 106.

[111] Gölcüklü, Feyyaz – "Quelques principes fondamentaux de la nouvelle Constitution de la République de Turquie (1982) et la Convention européenne des Droits de l'Homme", in *Protecting Human Rights: The European Dimension, Studies in honour of Gérard Wiarda*, Munique, 1988, pág. 231 e segts.

efeitos se reflectem na generalidade dos Estados. A noção de eficácia ou de "efeito útil" das normas da Convenção e do conteúdo dos direitos, traduziu-se, inclusivamente, na apreciação das reservas.

A sua contribuição para um verdadeiro "direito constitucional europeu" em sentido material tem sido provavelmente uma das principais tarefas da Comissão e do Tribunal desenvolvidas na presente década. Um vector desse contributo é, sem dúvida, o reconhecimento da sua competência sobre a questão da validade das reservas, afastando, assim, normas de direito interno contrárias à Convenção, mesmo de natureza constitucional.

Evidentemente que a competência dos órgãos de controlo não vai ao ponto de verificar *a priori* a validade das reservas em abstracto. A questão não é totalmente académica, porquanto o alargamento do Conselho da Europa terá como consequência que os novos Estados partes da Convenção formulem reservas que os actuais Estados membros poderão, por razões políticas, não querer avaliar. Aliás, nos trabalhos do Comité dos Direitos do Homem, no âmbito do Pacto das Nações Unidas para os Direitos Civis e Políticos, a questão foi já colocada, pelo que pode constatar-se uma tendência, apesar de muito tímida e que levanta sérias objecções por parte dos Estados, para a apreciação das reservas em abstracto.

Mas importa salientar que tal desenvolvimento só pôde ter lugar com o consentimento, mesmo que tácito, dos Estados partes, que se traduziu não só no acatamento das decisões da Comissão e do Tribunal como também na renovação das declarações de aceitação da respectiva competência e jurisdição. Por outro lado, os Estados adoptaram, em 1990, o Protocolo n.º 9 à Convenção Europeia dos Direitos do Homem, que permitirá aos indivíduos recorrerem como partes perante o Tribunal, o que representa um progresso considerável na evolução do direito da Convenção.

Se os textos de direitos do homem não impedem, por si só, a violação dos direitos e liberdades neles incritos, parece-nos que será dever de qualquer jurista defender a sua perfeição jurídica e tentar alargar a sua aplicação, mesmo apenas no âmbito do texto das disposições dos instrumentos jurídicos existentes, cujo carácter minimalista deve ser sublinhado. Incluem-se, neste processo, a necessidade de retirar as reservas formuladas e a de, ainda, apresentar as objecções pertinentes perante reservas de outros Estados cujo conteúdo seja manifestamente atentatório do conteúdo essencial dos direitos. A eliminação das reservas será decerto uma das formas de "prevenção" da violação dos direitos do homem, pois ela alarga o âmbito das suas normas e permite a plena aplicação e fiscalização do cumprimento das normas de direito internacional dos direitos do homem pelos orgãos nacionais e internacionais de controlo.

À primeira vista parece estranho que se admitam reservas em instrumentos de direito internacional dos direitos do homem, enfraquecendo naturalmente a protecção, já de si limitada, que as normas internacionais podem oferecer ao indivíduo. Simultaneamente, um reconhecimento alargado de uma convenção de direitos do homem revela-se necessário à sua eficácia. A faculdade de formular reservas constitui uma medida de salvaguarda da soberania, que representou em muitos casos uma condição fundamental para a aceitação da Convenção por parte dos Estados, pois a natureza imperativa das suas normas, bem como a fiscalização dos seus órgãos de controlo, não tinham precedentes no direito internacional. A cláusula de reservas da Convenção permitiu que progressivamente todos os Estados membros do Conselho da Europa dela se tornassem parte, apesar de todas as reservas formuladas cujo número e âmbito não são, no entanto, excessivamente largos. O seu regime jurídico é, porém, algo vago e pouco claro, pelo que o papel dos órgãos de controlo se revela decisivo para a sua determinação e clarificação.

A garantia dos direitos protegidos pela Convenção pode encontrar-se substancialmente afectada pela formulação das reservas, sobretudo nos casos em que os órgãos de controlo não fizeram uma apreciação material do seu conteúdo e as aplicaram sem conhecerem da sua validade, ou seja, afastaram a disposição convencional para fazer prevalecer a norma ou as normas internas. Tal procedimento quase pode considerar-se uma denegação de justiça que se revelou nociva à protecção e garantia dos direitos e liberdades inscritos na Convenção e, sobretudo, não "obrigou" o legislador nacional a alterar as normas internas de forma a torná-las compatíveis com a Convenção.

Assim, apesar da "soberania sensível" dos Estados, a evolução verificada permite antever o estabelecimento de um conjunto de direitos que farão parte do património jurídico europeu, comum a todos os Estados, desenvolvido pela acção da Comissão e do Tribunal cuja imparcialidade permite superar algumas dificuldades e contribuir para uma protecção efectiva dos direitos do homem. Para que tal objectivo se realize será necessário não só o esforço dos órgãos da Convenção como também a vontade política dos Estados. É curioso assinalar que grande parte das reservas não surge de entre os Estados originários da

Convenção, mas sim dos que a ratificaram durante as décadas de 70 e 80, pelo que é justamente para afastar a interpretação dada pela Comissão ou pelo Tribunal às disposições convencionais que boa parte das reservas são formuladas.

A evolução e a autoridade dos órgãos de controlo da Convenção adquiriram uma tal importância, e são de tal modo respeitadas pelos Estados, que em caso algum estes recorreram à denúncia da Convenção para escapar ao cumprimento das suas deliberações. O caso extremo da Turquia, cujo cumprimento da Convenção levanta sérias dúvidas, permitiu "testar" a relação de forças existente entre os órgãos de controlo e os Estados partes. Decerto que os precedentes relativos ao controlo da validade das reservas, desde o Acórdão *Belilos* em 1988, se revelam encorajadores, porquanto as autoridades suíças acataram a decisão do Tribunal e procederam mesmo à alteração da sua lei interna. No caso da Turquia, apesar de parecer evidente que as condições apostas na declaração de aceitação de competência da Comissão eram essenciais, a firmeza do entendimento da Comissão não obstou a retirar-lhes o efeito, sem contudo declarar inválida a totalidade da declaração, e, por conseguinte, concluir pela sua própria incompetência. Tal não foi o caso, tendo as autoridades turcas aceite a decisão sem que a denúncia da Convenção se verificasse.

A autoridade e a importância da Comissão e do Tribunal permitiram dar um passo significativo no direito dos tratados, em geral, e nas reservas, em especial. O direito de apreciar o seu conteúdo e afastar a sua aplicação representam um progresso notável no direito internacional, que permite ultrapassar as dificuldades que decorriam da exclusiva apreciação das reservas pelos outros Estados partes, cujo juízo subjectivo nem sempre era aceite pela comunidade internacional.

O caminho será ainda longo, mas a eliminação progressiva das diferenças entre as ordens jurídicas europeias contribuirá, com substancial vantagem, para a elaboração de um *jus commune* europeu no domínio dos direitos do homem, aplicável igualmente pelos juízes nacionais em benefício da protecção dos direitos e liberdades do indivíduo.

ANEXO I

**CONVENÇÃO DE SALVAGUARDA DOS DIREITOS DO HOMEM E DAS
LIBERDADES FUNDAMENTAIS**

Reservas e declarações

(21/2/96)

Anexos 377

Réserves/Déclarations
STE N° 5

ANDORRE

Réserves et Déclarationconsignées dans l'instrument de ratification, déposé le 22 janvier 1996 - Or. cat./fr.

Le Gouvernement de la Principauté d'Andorre, conformément à l'article 64 de la Convention, formule les réserves suivantes :

Article 5

Les dispositions de l'article 5 de la Convention, relatif à la privation de liberté, s'appliquent sans préjudice de ce qui est établi à l'article 9 paragraphe 2 de la Constitution de la Principauté d'Andorre.

L'article 9, paragraphe 2, de la Constitution dispose :

"La garde à vue ne peut excéder le temps nécessaire aux besoins de l'enquête, et, en aucun cas, dépasser quarante huit heures, délai au terme duquel le détenu doit être présenté à l'autorité judiciaire".

Article 11

Les dispositions de l'article 11 de la Convention, concernant le droit de création d'organisations patronales, professionnelles et syndicales, s'appliquent dans la mesure où elles ne s'opposent pas à ce qui est établi dans les articles 18 et 19 de la Constitution de la Principauté d'Andorre.

L'article 18 de la Constitution établit:

"Est reconnu le droit à la création et au fonctionnement d'organisations professionnelles, patronales et syndicales. Sans préjudice de leurs liens avec des organisations internationales, elles doivent être de caractère andorran, disposer d'une autonomie propre hors de toute dépendance organique étrangère. Leur fonctionnement doit être démocratique".

L'article 19 de la Constitution établit:

"Les travailleurs et les chefs d'entreprises ont le droit de défendre leurs intérêts économiques et sociaux. La loi détermine les conditions d'exercice de ce droit afin de garantir le fonctionnement des services essentiels à la communauté".

Article 15

Les dispositions de l'article 15 de la Convention concernant le cas de guerre ou de danger public s'appliqueront dans les limites de ce que prévoit l'article 42 de la Constitution de la Principauté d'Andorre.

L'article 42 de la Constitution prévoit:

"1. Une Llei Qualificada réglemente l'état d'alerte et l'état d'urgence. Le premier peut être déclaré par le Govern en cas de catastrophe naturelle, pour une durée de quinze jours, et fait l'objet d'une notification au Consell General. Le second est également déclaré par le Govern, pour une période de trente jours, en cas d'interruption du fonctionnement normal de la vie démocratique, après autorisation préalable du Consell General. Toute prorogation de ces dispositions requiert nécessairement l'approbation du Consell General.

378 *As Reservas à Convenção Europeia dos Direitos do Homem*

Réserves/Déclarations
STE N° 5

2. Pendant l'état d'alerte, l'exercice des droits reconnus aux articles 21 et 27 peut être limité. Pendant l'état d'urgence, les droits mentionnées dans les articles 9.2, 12, 15, 16, 19 et 21 peuvent être suspendus. l'application de cette suspension aux droits contenus dans les articles 9, alinéa 2, et 15 doit toujours être effectuée sous le contrôle de la justice, sans préjudice de la procédure de protection établie à l'article 9, alinéa 3".

Déclaration générale

Le Gouvernement de la Principauté d'Andorre, bien qu'il s'engage résolument à ne pas prévoir ni autoriser des dérogations dans les obligations contractées, croit nécessaire de souligner que le fait de constituer un Etat de dimensions territoriales limitées exige de porter une attention spéciale aux questions de résidence, de travail et aux mesures sociales à l'égard des étrangers, même si elles ne sont pas couvertes par la Convention de sauvegarde des Droits de l'Homme et des Libertés fondamentales.

Réserves/Déclarations
STE N° 5

AUTRICHE

Réserves consignées dans l'instrument de ratification, déposé le 3 septembre 1958 - Or. all.

Le Président fédéral déclare ratifiée la présente Convention sous la réserve que :

1. les dispositions de l'article 5 de la Convention seront appliquées sans préjudice des dispositions des lois de procédure administrative, BGB1 n° 172/1950, concernant les mesures de privation de liberté qui resteront soumises au contrôle postérieur de la Cour administrative ou de la Cour constitutionnelle, prévu par la Constitution fédérale autrichienne ;

2. les dispositions de l'article 6 de la Convention seront appliquées dans la mesure où elles ne portent atteinte, en aucune façon, aux principes relatifs à la publicité de la procédure juridique énoncés à l'article 90 de la Loi fédérale constitutionnelle dans sa version de 1929.

REPUBLIQUE TCHEQUE

Réserve confirmée lors de l'adhésion au Conseil de l'Europe, le 30 juin 1993, et par lettre du Ministre des Affaires étrangères, en date du 23 juillet 1993, enregistrée au Secrétariat Général le 2 août 1993 - Or. angl.

Lors de la cérémonie d'adhésion au Conseil de l'Europe, le Ministre des Affaires étrangères de la République tchèque a précisé que la réserve formulée par la République fédérative tchèque et slovaque relative aux articles 5 et 6 de la Convention continue de s'appliquer. La réserve se lit ainsi :

"Conformément à l'article 64 de la Convention, la République fédérative tchèque et slovaque formule une réserve au sujet des articles 5 et 6 ayant pour effet que ces articles n'empêchent pas d'infliger des mesures pénitentiaires disciplinaires, conformément à l'article 17 de la Loi n° 76/1959 (Recueil des lois) relative à certaines obligations de service des soldats." [1]

La teneur de l'article 17 de la Loi sur certaines conditions de service des militaires, no 76/1959 du Recueil des Lois, est la suivante:

Article 17 [2]

Peines disciplinaires

1. Les peines disciplinaires sont : blâme, peines de simple police, peines privatives de liberté, peine d'abaissement du grade d'un degré et chez les sous-officiers également peine de dégradation.

2. Les peines disciplinaires privatives de liberté sont: arrêts après le service, arrêts et arrêts à domicile.

3. Le délai maximum d'une peine disciplinaire privative de liberté est fixé à 21 jours.

---

[1] *Réserve consignée dans l'instrument de ratification de la République fédérative tchèque et slovaque, déposé le 18 mars 1992, et dans une Note Verbale du Ministère fédéral des Affaires étrangères, en date du 13 mars 1992, et remise au Secrétaire Général lors du dépôt de l'instrument de ratification - Or. tchéc./angl.*

[2] *Texte transmis par Note Verbale de la Représentation Permanente de la République fédérative tchèque et slovaque, en date du 8 avril 1992, enregistrée au Secrétariat Général le même jour - Or. fr.*

380 *As Reservas à Convenção Europeia dos Direitos do Homem*

Réserves/Déclarations
STE N° 5

FINLANDE

Réserve consignée dans l'instrument de ratification, déposé le 10 mai 1990 - Or. angl.

Conformément à l'article 64 de la Convention, le gouvernement de la Finlande fait la réserve suivante au sujet du droit à une audience publique, garanti par l'article 6, paragraphe 1, de la Convention.

Pour l'instant, la Finlande ne peut pas garantir le droit à une procédure orale dans les cas où les lois finlandaises n'énoncent pas un tel droit. Ceci s'applique :

1. aux procédures devant les cours d'appel, la cour suprême, les tribunaux des eaux et la cour d'appel des eaux conformément aux articles 7 et 8 du chapitre 26, à l'article 20 du chapitre 30 du Code de procédure judiciaire, l'article 23 du chapitre 15 et aux articles 14 et 39 du chapitre 16 de la loi sur les eaux ;

2. aux procédures devant les tribunaux administratifs régionaux et la cour suprême administrative conformément à l'article 16 de la loi sur les tribunaux administratifs régionaux et à l'article 15 de la loi sur la cour suprême administrative ;

3. aux procédures devant la cour des assurances statuant comme juridiction de dernière instance, conformément à l'article 9 de la loi sur la cour des assurances ;

4. aux procédures devant la commission d'appel en matière d'assurance sociale, conformément à l'article 8 du décret sur la commission d'appel en matière d'assurance sociale.

Les dispositions des lois finlandaises mentionnées ci-dessus font l'objet d'une annexe séparée à la présente réserve.

Réserves/Déclarations
STE N° 5

FRANCE

Réserves et déclarations *consignées dans l'instrument de ratification, déposé le 3 mai 1974 - Or. fr.*

En déposant cet instrument de ratification, le Gouvernement de la République déclare :

Articles 5 et 6

Le Gouvernement de la République, conformément à l'article 64 de la Convention, émet une réserve concernant les articles 5 et 6 de cette Convention en ce sens que ces articles ne sauraient faire obstacle à l'application des dispositions de l'article 27 de la loi n° 72-662 du 13 juillet 1972 portant statut général des militaires, relatives au régime disciplinaire dans les armées, ainsi qu'à celles de l'article 375 du Code de justice militaire.

Article 10 [1]

Le Gouvernement de la République déclare qu'il interprète les dispositions de l'article 10 comme étant compatibles avec le régime institué en France par la loi n° 72-553 du 10 juillet 1972 portant statut de la Radiodiffusion-Télévision française.

Article 15, paragraphe 1

Le Gouvernement de la République, conformément à l'article 64 de la Convention, émet une réserve concernant le paragraphe 1 de l'article 15 en ce sens, d'une part, que les circonstances énumérées par l'article 16 de la Constitution pour sa mise en oeuvre, par l'article 1er de la loi du 3 avril 1878 et par la loi du 9 août 1849 pour la déclaration de l'état de siège, par l'article 1er de la loi n° 55-385 du 3 avril 1955 pour la déclaration de l'état d'urgence, et qui permettent la mise en application des dispositions de ces textes, doivent être comprises comme correspondant à l'objet de l'article 15 de la Convention et, d'autre part, que pour l'interprétation et l'application de l'article 16 de la Constitution de la République, les termes dans la stricte mesure où la situation l'exige ne sauraient limiter le pouvoir du Président de la République de prendre les mesures exigées par les circonstances.

Le Gouvernement de la République déclare en outre que la présente Convention s'appliquera à l'ensemble du territoire de la République, compte tenu, en ce qui concerne les territoires d'outre-mer, des nécessités locales auxquelles l'article 63 fait référence.

Déclaration retirée *par Note Verbale de la Représentation Permanente de la France, en date du 24 mars 1988, enregistrée au Secrétariat Général le 29 mars 1988 - Or. fr.*

382   *As Reservas à Convenção Europeia dos Direitos do Homem*

Réserves/Déclarations
STE N° 5

ALLEMAGNE

Réserve   consignée dans l'instrument de ratification, déposé le 13 novembre 1952 - Or. angl.

Conformément à l'article 64 de la Convention, la République fédérale d'Allemagne fait la réserve qu'elle n'appliquera la disposition de l'article 7, alinéa 2, de la Convention que dans les limites de l'article 103, alinéa 2 de la Loi fondamentale de la République fédérale d'Allemagne. Cette dernière disposition stipule : Un acte ne peut être puni que si la loi le déclare punissable avant qu'il ait été commis.

Le territoire d'application de la Convention s'étend également à Berlin-Ouest.

HONGRIE

Réserve   consignée dans l'instrument de ratification, déposé le 5 novembre 1992 - Or. angl.

Conformément à l'article 64 de la Convention, la République de Hongrie formule la réserve suivante à propos du droit de recours aux tribunaux garanti par l'article 6, paragraphe 1, de la Convention :

A l'heure actuelle, dans les procédures pour infraction à un règlement intentées devant les autorités administratives, la Hongrie ne peut pas garantir le droit de recours aux tribunaux, car ce droit n'est pas prévu par les lois hongroises en vigueur, la décision de l'autorité administrative étant définitive.

Les dispositions pertinentes du droit hongrois sont les suivantes :

- Article 4 de la Loi IV de 1972 relative aux tribunaux, modifiée plusieurs fois, qui dispose que les tribunaux, à moins qu'une loi n'en dispose autrement, sont habilités à examiner la légalité des décisions prises par les autorités administratives.

- Une exception est énoncée dans l'article 71/A de la Loi I de 1968 relative aux procédures pour infractions aux règlements, modifiée plusieurs fois. Cette loi permet au délinquant de demander une révision judiciaire uniquement à l'encontre d'une mesure prise par l'autorité administrative pour commuer en détention l'amende à laquelle il a été condamné; aucun autre recours devant les tribunaux n'est autorisé à l'encontre de décisions rendues en dernier ressort dans une procédure pour infraction à un règlement.

IRLANDE

Réserve   consignée dans l'instrument de ratification, déposé le 25 février 1953 - Or. angl.

Le Gouvernement d'Irlande confirme et ratifie par la présente ladite Convention et s'engage à en exécuter et accomplir toutes les stipulations, sous la réserve qu'il n'interprète pas l'article 6.3.c de la Convention comme requérant l'octroi d'une assistance judiciaire gratuite dans une mesure plus large qu'il n'est actuellement prévu en Irlande.

Anexos   383

Réserves/Déclarations
STE N° 5

LIECHTENSTEIN

Réserves *consignées dans l'instrument de ratification, déposé le 8 septembre 1982 - Or. fr.*

Article 2 [1]

Conformément à l'article 64 de la Convention, la Principauté de Liechtenstein émet la réserve que le principe de la légitime défense, prévu par l'article 2, paragraphe 2, alinéa a de la Convention, s'appliquera dans la Principauté de Liechtenstein aussi à la défense des biens et de la liberté en conformité avec les principes qui trouvent actuellement leur expression dans l'article 2, alinéa g, du Code Pénal liechtensteinois du 27 mai 1852.

Article 6 [2]

Conformément à l'article 64 de la Convention, la Principauté de Liechtenstein émet la réserve que le principe de la publicité des audiences et du prononcé des jugements, contenu dans l'article 6, paragraphe 1, de la Convention, ne s'appliquera que dans les limites dérivées des principes qui trouvent actuellement leur expression dans les lois liechtensteinoises suivantes :

- Loi du 10 décembre 1912 sur la procédure civile, LGB1. 1912 n° 9/1
- Loi du 10 décembre 1912 sur l'exercice de la juridiction et la compétence des tribunaux en causes civiles, LGB1. 1912 n° 9/2
- Loi du 31 décembre 1913 concernant l'introduction d'un code de procédure pénale, LGB1. 1914 n° 3
- Loi du 21 avril 1922 sur la procédure gracieuse, LGB1. 1922 n° 19
- Loi du 21 avril 1922 sur la justice administrative nationale, LGB1. 1922 n° 24
- Loi du 5 novembre 1925 sur la Haute Cour, LGB1. 1925 n° 8
- Loi du 30 janvier 1961 sur les impôts nationaux et communaux, LGB1. 1961 n° 7
- Loi du 13 novembre 1974 sur l'acquisition de biens fonciers, LGB1. 1975 n° 5.

Les dispositions légales de la procédure pénale en matière de délinquance juvénile, contenues dans

- le Code Pénal du 27 mai 1852, recueil officiel des lois et règlements liechtensteinois jusqu'à l'année 1863
- la loi du 7 avril 1922 sur l'organisation des tribunaux, LGB1. 1922 n° 16
- la loi du 1er juin 1922 concernant l'amendement de la loi pénale, du code de procédure pénale et de leurs lois additionnelles et accessoires, LGB1. 1922 n° 21
- la loi du 23 décembre 1958 sur la protection de la jeunesse et l'assistance sociale pour celle-ci, LGB1. 1959 n° 8.

Réserve retirée *par lettre du chef du Gouvernement, datée du 22 avril 1991, enregistrée au Secrétariat Général le 26 avril 1991 - Or. fr.*

Voir déclaration du 23 mai 1991.

384   *As Reservas à Convenção Europeia dos Direitos do Homem*

Réserves/Déclarations
STE N° 5

Article 8 [1]

Conformément à l'article 64 de la Convention, la Principauté de Liechtenstein émet la réserve que le droit au respect de la vie privée, garanti dans l'article 8 de la Convention, s'exercera, en ce qui concerne l'homosexualité, en conformité avec les principes qui trouvent actuellement leur expression dans les paragraphes 129 et 130 du Code Pénal liechtensteinois du 27 mai 1852.

Conformément à l'article 64 de la Convention, la Principauté de Liechtenstein émet la réserve que le droit au respect de la vie familiale, garanti dans l'article 8 de la Convention, s'exercera, en ce qui concerne la situation de l'enfant illégitime, en conformité avec les principes qui trouvent actuellement leur expression dans les dispositions du troisième chapitre de la première partie et du treizième chapitre de la deuxième partie du Code Civil liechtensteinois du 1er juin 1811, et en ce qui concerne la situation de la femme dans le droit matrimonial et familial, en conformité avec les principes qui trouvent actuellement leur expression dans les dispositions du cinquième chapitre de la deuxième partie de la loi sur le mariage du 13 décembre 1973 (LGB1. 1974 n° 20) et du quatrième chapitre de la première partie du Code Civil liechtensteinois.

Conformément à l'article 64 de la Convention, la Principauté de Liechtenstein émet la réserve que le droit au respect de la vie familiale, garanti dans l'article 8 de la Convention, s'exercera, en ce qui concerne les étrangers, en conformité avec les principes qui trouvent actuellement leur expression dans les dispositions de l'ordonnance du 9 septembre 1980 (LGB1. 1980 n° 66).

Déclaration   *contenue dans une lettre du Représentant Permanent, en date du 23 mai 1991, enregistrée au Secrétariat Général le 24 mai 1991 - Or. fr.*

En ce qui concerne les lois liechtensteinoises, énumérées dans la réserve de la Principauté de Liechtenstein portant sur l'article 6, paragraphe 1, de la Convention, il faut faire les changements suivants :

La loi du 31 décembre 1913 concernant l'introduction d'un code de procédure pénale, LGB1. 1914 n° 3, a été remplacée par le code de procédure pénale du 18 octobre 1988, LGB1. 1988 n° 62.

Les dispositions légales de la procédure pénale en matière de délinquance juvénile ont été réglées par la loi sur la procédure pénale en matière de délinquance juvénile du 20 mai 1987, LGB1. 1988 n° 39.

---

[1] ***Réserve retirée***   *par lettre du chef du Gouvernement, datée du 22 avril 1991, enregistrée au Secrétariat Général le 26 avril 1991 - Or. fr.*

Anexos 385

Réserves/Déclarations
STE N° 5

LITUANIE

Réserves et Déclarations *consignées dans l'instrument de ratification déposé le 20 juin 1995 - Or. angl.*

Les dispositions de l'article 5, paragraphe 3, de la Convention n'affecteront pas la mise en oeuvre de l'article 104 du Code de Procédure pénal de la République de Lituanie (version modifiée N° I-551, 19 juillet 1994) qui prévoit qu'une décision de garder en détention toute personne suspectée d'avoir commis un crime puisse également être prise par un Procureur. Cette réserve sera effective pour un an après que la Convention soit entrée en vigueur à l'égard de la République de Lituanie.

Les dispositions de l'article 5, paragraphe 3, de la Convention n'affecteront pas la mise en oeuvre du Statut Disciplinaire (Décret N° 811, 28 octobre 1992) adopté par le Gouvernement de la République de Lituanie, selon lequel une arrestation au titre d'une sanction disciplinaire peut être imposée aux soldats, NCO et officiers des Forces de Défense Nationale.

Déclarations

Article 25: La République de Lituanie déclare reconnaître pour une période de trois ans la compétence de la Commission à être saisie d'une requête par toute personne physique.

Article 46: La République de Lituanie déclare reconnaître, pour une période de trois ans, comme obligatoire de plein droit la juridiction de la Cour sur toutes les affaires concernant l'interprétation et l'application de la Convention.

Les déclarations de la République de Lituanie au titre des articles 25 et 46 de la Convention s'appliqueront également aux Protocoles N° 4 et N° 7 à la Convention.

386   *As Reservas à Convenção Europeia dos Direitos do Homem*

Réserves/Déclarations
STE N° 5

MALTE

Déclaration   *faite lors de la signature, le 12 décembre 1966, et figurant dans l'instrument de ratification, déposé le 23 janvier 1967 - Or. angl.*

1.   Déclaration d'interprétation

Le Gouvernement de Malte déclare interpréter le paragraphe 2 de l'article 6 de la Convention en ce sens que ledit paragraphe n'interdit pas qu'une loi particulière impose à toute personne accusée en vertu de cette loi la charge de faire la preuve de faits particuliers.

2.   Le Gouvernement de Malte, vu l'article 64 de la Convention et désireux d'éviter toute incertitude quant à l'application de l'article 10 de la Convention, déclare que la Constitution de Malte permet d'imposer aux fonctionnaires publics, en ce qui concerne leur liberté d'expression, telles restrictions qui peuvent raisonnablement se justifier dans une société démocratique. Le Code de conduite des fonctionnaires publics de Malte leur interdit de prendre une part active à des discussions politiques ou à d'autres activités politiques durant les heures de travail ou dans les locaux officiels.

3.   Le Gouvernement de Malte, vu l'article 64 de la Convention, déclare que le principe de la légitime défense reconnu à l'alinéa a du paragraphe 2 de l'article 2 de la Convention s'appliquera aussi à Malte à la défense des biens dans la mesure requise par les dispositions des paragraphes a et b de l'article 238 du Code Pénal de Malte, dont le texte est reproduit ci-après avec celui de l'article précédent :

"237. Il n'y a pas infraction lorsque l'homicide ou les blessures étaient ordonnés ou permis par la loi ou par l'autorité légitime ou étaient commandés par la nécessité actuelle de la légitime défense de soi-même ou d'autrui.

238. Sont compris dans le cas de nécessité actuelle de légitime défense les cas suivants :

a.   si l'homicide a été commis ou si les blessures ont été faites en repoussant pendant la nuit l'escalade ou l'effraction des clôtures, murs ou entrée d'une maison ou d'un appartement habité, ou de dépendances communiquant directement ou indirectement avec une telle maison ou un tel appartement ;

b.   si le fait a eu lieu en se défendant contre toute personne exécutant un vol ou un pillage avec violence ou en tentant d'exécuter un tel vol ou pillage ;

c.   si le fait était commandé par la nécessité actuelle de défendre sa pudeur ou celle d'autrui."

Anexos 387

Réserves/Déclarations
STE N° 5

PAYS-BAS

Déclaration [1] [2] *consignée dans une lettre du Représentant Permanent des Pays-Bas, en date du 29 novembre 1955, remise au Secrétaire Général lors du dépôt de l'instrument de ratification, le 1er décembre 1955 - Or. fr.*

La Convention s'appliquera au Surinam et aux Antilles Néerlandaises, à l'exception de l'article 6, alinéa 3, sous c, en ce qui concerne le droit à l'assistance en affaires criminelles.

Déclaration consignée dans une lettre du Représentant Permanent des Pays-Bas, en date du 24 décembre 1985, enregistrée au Secrétariat Général le 3 janvier 1986 - Or. angl.

L'Ile d'Aruba qui fait toujours actuellement partie des Antilles néerlandaises, obtiendra son autonomie interne en tant que pays à l'intérieur du Royaume des Pays-Bas à partir du 1er janvier 1986. En conséquence, à partir de cette date, le Royaume ne sera plus constitué de deux pays, à savoir les Pays-Bas (Royaume en Europe) et les Antilles néerlandaises (situées dans la région des Caraïbes), mais de trois pays, à savoir les deux précités et Aruba.

Comme les changements intervenant le 1er janvier 1986 ne concernent qu'une modification dans les relations constitutionnelles internes à l'intérieur du Royaume des Pays-Bas, et comme le Royaume en tant que tel demeure le sujet de Droit international avec lequel sont conclus les traités, lesdits changements n'auront pas de conséquences en Droit international à l'égard des traités conclus par le Royaume et qui s'appliquent déjà aux Antilles néerlandaises y inclus Aruba. Ces traités resteront en vigueur pour Aruba en sa nouvelle capacité de pays à l'intérieur du Royaume. C'est pourquoi en ce qui concerne le Royaume des Pays-Bas, ces traités s'appliqueront à partir du 1er janvier 1986, aux Antilles néerlandaises (sans Aruba) et à Aruba.

Par conséquent, en ce qui concerne le Royaume des Pays-Bas, les traités énumérés en annexe auxquels le Royaume des Pays-Bas est Partie et qui s'appliquent aux Antilles néerlandaises, s'appliqueront, à partir du 1er janvier 1986, aux Antilles néerlandaises et à Aruba.

Liste des Conventions visées par la Déclaration

Convention de sauvegarde des Droits l'Homme et des Libertés fondamentales.

......

---

[1] *La réserve relative à l'article 6, en ce qui concerne les Antilles néerlandaises, a été retirée par lettre en date du 10 décembre 1980 du Représentant Permanent des Pays-Bas.*

[2] *La Convention ne s'applique plus au Surinam depuis l'accession de ce territoire à l'indépendance le 25 novembre 1975.*

388   *As Reservas à Convenção Europeia dos Direitos do Homem*

Réserves/Déclarations
STE N° 5

NORVEGE

Réserve   *consignée dans l'instrument de ratification, déposé le 15 janvier 1952 - Or. fr.*

L'article 2 de la Constitution de la Norvège du 17 mai 1814 contenant une disposition selon laquelle les Jésuites ne sont pas tolérés, une réserve correspondante est faite en ce qui concerne l'application de l'article 9 de la Convention.

Cette réserve a été retirée le 4 décembre 1956 à la suite de l'abrogation de la disposition constitutionnelle en question.

PORTUGAL

Réserves   *consignées dans une lettre du Représentant Permanent du Portugal, datée du 8 novembre 1978, remise au Secrétaire Général lors du dépôt de l'instrument de ratification, le 9 novembre 1978 - Or. fr.*

Conformément à l'article 64 de la Convention, le Gouvernement de la République portugaise formule les réserves suivantes :

I. L'article 5 de la Convention ne sera appliqué que dans les limites des articles 27 et 28 du Règlement de discipline militaire qui prévoient des arrêts pour les militaires.

Les articles 27 et 28 du Règlement de discipline militaire stipulent respectivement :

Article 27

1. Les arrêts consistent en la réclusion de l'auteur de l'infraction dans des locaux destinés à cette fin, dans un endroit approprié, caserne ou établissement militaire, à bord d'un navire dans un local approprié et, à défaut de ceux-ci, dans un endroit déterminé par l'autorité compétente.

2. Pendant la durée de la peine, les militaires pourront exécuter, entre la sonnerie de la diane et le coucher du soleil, les services qui leur seraient prescrits.

Article 28

Les arrêts de rigueur consistent en la réclusion de l'auteur de l'infraction dans des locaux destinés à cette fin.

II. L'article 7 de la Convention ne sera appliqué que dans les limites de l'article 309 de la Constitution de la République portugaise qui prévoit l'inculpation et le jugement des agents et responsables de la police d'Etat (PIDE-DGS).

L'article 309 de la Constitution stipule :

Article 309

1. Demeurent en vigueur la loi n° 8/75 du 25 juillet et les amendements à celle-ci introduits par la loi n° 16/75 du 23 décembre et par la loi n° 18/75 du 28 décembre.

Anexos   389

Réserves / Déclarations
STE N° 5

2. Une loi pourra préciser la qualification pénale des actes visés au paragraphe 2 de l'article 2, à l'article 3, à l'alinéa b de l'article 4 et à l'article 5 de l'instrument mentionné au paragraphe précédent.

3. Une loi pourra préciser les circonstances atténuantes exceptionnelles prévues par l'article 7 de l'instrument en question.

(La loi n° 8/75 détermine les peines à appliquer aux responsables, fonctionnaires et collaborateurs de l'ancienne Direction générale de Sécurité (auparavant Police internationale et de Défense de l'Etat) dissoute après le 25 avril 1974 et établit que la compétence pour le jugement appartient à un tribunal militaire).

III.[1] L'article 10 de la Convention ne sera appliqué que dans les limites du numéro 6 de l'article 38 de la Constitution de la République portugaise qui détermine que la télévision ne peut être propriété privée.

Le numéro 6 de l'article 38 de la Constitution stipule :

Article 38

6. La télévision ne peut être propriété privée.

IV.[9] L'article 11 de la Convention ne sera appliqué que dans les limites de l'article 60 de la Constitution de la République portugaise qui interdit le lock-out.

L'article 60 de la Constitution stipule :

Article 60

Le lock-out est interdit.

V.[9] L'alinéa b du numéro 3 de l'article 4 de la Convention ne sera appliqué que dans les limites de l'article 276 de la Constitution de la République portugaise qui prévoit l'établissement d'un service civil obligatoire.

L'article 276 de la Constitution stipule :

Article 276

1. Défendre la Patrie est le devoir fondamental de tous les Portugais.

2. Le service militaire est obligatoire dans les conditions et pour la durée prévues par la loi.

3. Les personnes reconnues inaptes au service militaire armé et les objecteurs de conscience effectueront selon le cas un service militaire non armé ou un service civil.

4. Un service civil peut être établi en remplacement ou en complètement du service militaire et être rendu obligatoire pour les citoyens exemptés d'obligations militaires.

Réserves retirées par lettre du Représentant Permanent du Portugal, enregistrée au Secrétariat Général le 11 mai 1987 - Or. fr.

390 *As Reservas à Convenção Europeia dos Direitos do Homem*

Réserves/Déclarations
STE N° 5

5. Quiconque se soustrait à l'accomplissement de ses obligations militaires ou civiques ne peut conserver ou obtenir un emploi au service de l'Etat ou d'une collectivité publique.

6. Nul ne peut subir de préjudices dans sa situation, ses avantages sociaux ou son emploi en raison de l'accomplissement du service militaire ou du service civil obligatoire.

VI.[1] L'article 11 de la Convention ne sera appliqué que dans les limites du numéro 4 de l'article 46 de la Constitution de la République portugaise qui interdit les organisations qui se réclament de l'idéologie fasciste.

Le numéro 4 de l'article 46 de la Constitution stipule :

Article 46

4. Seront interdites les associations armées ou de type militaire, militarisées ou para-militaires, ne relevant pas de l'Etat ou des Forces Armées ainsi que les organisations qui se réclament de l'idéologie fasciste.

ROUMANIE

Réserve consignée dans l'instrument de ratification, déposé le 20 juin 1994 - Or. fr.

L'article 5 de la Convention n'empêchera pas l'application par la Roumanie des dispositions de l'article 1 du Décret n° 976 du 23 octobre 1968, qui régit le système disciplinaire militaire, à condition que la durée de la privation de liberté ne dépasse pas les délais prévus par la législation en vigueur.

L'article 1 du Décret n° 976/1968 du 23 octobre 1968 prévoit : "Pour les manquements à la discipline militaire, prévus par les règlements militaires, les commandants et les chefs peuvent appliquer aux militaires la sanction disciplinaire d'arrestation jusqu'à 15 jours".

SAINT-MARIN

Déclaration consignée dans l'instrument de ratification, déposé le 22 mars 1989 - Or. it.

Le gouvernement de la République de Saint-Marin, confirmant son ferme engagement de ne prévoir ni autoriser de dérogation d'aucun type aux engagements pris, est dans l'obligation de souligner que le fait d'être un Etat de dimension territoriale limitée impose une attention particulière en ce qui concerne les matières de résidence, de travail et de mesures sociales pour les étrangers, même s'ils ne sont pas couverts par la Convention de sauvegarde des Droits de l'Homme et des Libertés fondamentales et ses Protocoles.

---

[1] *Réserve retirée par lettre du Représentant Permanent du Portugal, enregistrée au Secrétariat Général le 11 mai 1987 - Or. fr.*

Anexos

391

Réserves/Déclarations
STE N° 5

Réserve *consignée dans l'instrument de ratification, déposé le 22 mars 1989 - Or. it.*

En relation avec les dispositions de l'article 11 de la Convention en matière de droit de fonder des syndicats, le gouvernement de la République de Saint-Marin déclare qu'à Saint-Marin existent et opèrent deux syndicats, que les articles 2 et 4 de la Loi No. 7 du 17 février 1961 sur la protection du travail et des travailleurs prévoient que les associations ou les unions syndicales doivent être enregistrées auprès du tribunal et qu'un tel enregistrement peut être obtenu à condition que l'association comprenne au moins six catégories de travailleurs et un minimum de 500 inscrits.

SLOVAQUIE

Réserve *confirmée lors de l'adhésion au Conseil de l'Europe, le 30 juin 1993.*

Lors de la cérémonie d'adhésion au Conseil de l'Europe, le Ministre des Affaires étrangères de la Slovaquie a précisé que la réserve formulée par la République fédérative tchèque et slovaque relative aux articles 5 et 6 de la Convention continue de s'appliquer. La réserve se lit ainsi :

"Conformément à l'article 64 de la Convention, la République fédérative tchèque et slovaque formule une réserve au sujet des articles 5 et 6 ayant pour effet que ces articles n'empêchent pas d'infliger des mesures pénitentiaires disciplinaires, conformément à l'article 17 de la Loi n° 76/1959 (Recueil des lois) relative à certaines obligations de service des soldats." [1]

La teneur de l'article 17 de la Loi sur certaines conditions de service des militaires, n° 76/1959 du Recueil des Lois, est la suivante :

Article 17 [2]

Peines disciplinaires

1. Les peines disciplinaires sont : blâme, peines de simple police, peines privatives de liberté, peine d'abaissement du grade d'un degré et chez les sous-officiers également peine de dégradation.

2. Les peines disciplinaires privatives de liberté sont : arrêts après le service, arrêts et arrêts à domicile.

3. Le délai maximum d'une peine disciplinaire privative de liberté est fixé à 21 jours.

---

[1] **Réserve** *consignée dans l'instrument de ratification de la République fédérative tchèque et slovaque, déposé le 18 mars 1992, et dans une Note Verbale du Ministère fédéral des Affaires étrangères, en date du 13 mars 1992, remise au Secrétaire Général lors du dépôt de l'instrument de ratification - Or. tchéc./angl.*

[2] **Texte** *transmis par Note Verbale de la Représentation Permanente de la République fédérative tchèque et slovaque, en date du 8 avril 1992, enregistrée au Secrétariat Général le même jour - Or. fr.*

392 *As Reservas à Convenção Europeia dos Direitos do Homem*

Réserves/Déclarations
STE N° 5

ESPAGNE

Réserves et déclarations *remises lors du dépôt de l'instrument de ratification, le 4 octobre 1979 - Or. esp.*

I. Réserves

Conformément à l'article 64 de la Convention de sauvegarde des Droits de l'Homme et des Libertés fondamentales, l'Espagne formule des réserves au sujet de l'application des dispositions suivantes :

1. Les articles 5 et 6, dans la mesure où ils seraient incompatibles avec les dispositions relatives au régime disciplinaire des Forces Armées, qui figurent au Titre XV du 2e Traité et au Titre XXIV du 3e Traité du Code de Justice Militaire.

Bref exposé des dispositions citées :

Le Code de Justice Militaire prévoit qu'en cas de fautes légères, le supérieur hiérarchique respectif peut infliger directement des sanctions après avoir, au préalable, élucidé les faits. La sanction de fautes graves reste soumise à une instruction du dossier de caractère judiciaire au cours de laquelle l'accusé devra nécessairement être entendu. Lesdites sanctions et le pouvoir de les imposer sont également définis. En tout état de cause, celui qui a fait l'objet d'une sanction peut faire appel auprès de son supérieur immédiat et ainsi de suite jusqu'au Chef de l'Etat.

(Ces dispositions ont été remplacées par la Loi organique 12/1985, du 27 novembre, - Chapitre II du Titre III et Chapitres II, III et IV du Titre IV - sur le régime disciplinaire des Forces Armées, qui est entrée en vigueur le 1er juin 1986.

La nouvelle législation a modifié la précédente, a réduit la durée des sanctions privatives de liberté pouvant être imposées sans intervention judiciaire et a accru les garanties des personnes pendant l'instruction.

Par une lettre en date du 28 mai 1986, le Représentant Permanent de l'Espagne a néanmoins confirmé la réserve espagnole aux articles 5 et 6 dans la mesure où ils seraient incompatibles avec les dispositions de cette dernière loi.)

2. L'article 11, dans la mesure où il serait incompatible avec les articles 28 et 127 de la Constitution espagnole.

Bref exposé des dispositions citées :

L'article 28 de la Constitution qui reconnaît la liberté de se syndiquer, prévoit cependant que la loi pourra limiter ou faire exception à l'exercice de ce droit en ce qui concerne les Forces ou Corps armés ou les autres corps soumis à une discipline militaire et réglementera les particularités de son exercice en ce qui concerne les fonctionnaires publics.

L'article 127, dans son paragraphe 1, stipule que les juges, magistrats et procureurs en service actif ne pourront appartenir ni à des partis politiques ni à des syndicats et prévoit que la loi établira le système et les modalités de leur association professionnelle.

Réserves/Déclarations
STE N° 5

II. Déclarations interprétatives

L'Espagne déclare qu'elle interprète :

1. La disposition de la dernière phrase du paragraphe 1er de l'article 10 comme étant compatible avec le régime d'organisation de la radiodiffusion et de la télévision en Espagne.

2. Les dispositions des articles 15 et 17 dans le sens qu'elles permettent l'adoption des mesures envisagées aux articles 55 et 116 de la Constitution espagnole.

Lors du dépôt de l'instrument de ratification de la Convention de sauvegarde des Droits de l'Homme et des Libertés fondamentales, le 29 septembre 1979, l'Espagne avait formulé une réserve aux articles 5 et 6 dans la mesure où ils seraient incompatibles avec les dispositions du Code de Justice Militaire - Chapitre XV du Titre II et Chapitre XXIV du Titre III - sur le régime disciplinaire des Forces Armées.

J'ai l'honneur de vous informer, pour communication aux Parties à la Convention, que ces dispositions ont été remplacées par la Loi organique 12/1985 du 27 novembre - Chapitre II du Titre III et Chapitres II, III et IV du Titre IV - sur le régime disciplinaire des Forces Armées, qui entrera en vigueur le 1er juin 1986.

La nouvelle législation modifie la précédente, réduit la durée des sanctions privatives de liberté pouvant être imposées sans intervention judiciaire et accroît les garanties des personnes pendant l'instruction.

L'Espagne confirme néanmoins sa réserve aux articles 5 et 6 dans la mesure où ils seraient incompatibles avec les dispositions de la Loi organique 12/1985 du 27 novembre - Chapitre II du Titre III et Chapitres II, III et IV du Titre IV - sur le régime disciplinaire des Forces Armées qui entrera en vigueur le 1er juin 1986.

SUISSE

Réserves et déclarations   *consignées dans l'instrument de ratification, déposé le 28 novembre 1974 - Or. fr.*

Réserve portant sur l'article 5 [1]

Les dispositions de l'article 5 de la Convention seront appliquées sans préjudice, d'une part, des dispositions des lois cantonales autorisant l'internement de certaines catégories de personnes par décision d'une autorité administrative, et, d'autre part, des dispositions cantonales relatives à la procédure de placement d'un enfant ou d'une pupille dans un établissement en vertu du droit fédéral sur la puissance paternelle ou sur la tutelle (articles 284, 386, 406 et 421, chiffre 13, du Code civil suisse).

---

[1] *Réserve retirée*   *par lettre du chef du Département fédéral des Affaires étrangères, datée du 26 janvier 1982, avec effet au 1er janvier 1982.*

394 *As Reservas à Convenção Europeia dos Direitos do Homem*

Réserves/Déclarations
STE N° 5

Réserve portant sur l'article 6

Le principe de la publicité des audiences proclamé à l'article 6, paragraphe 1, de la Convention ne sera pas applicable aux procédures qui ont trait à une contestation relative à des droits et obligations de caractère civil ou au bien-fondé d'une accusation en matière pénale et qui, conformément à des lois cantonales, se déroulent devant une autorité administrative.

Le principe de la publicité du prononcé du jugement sera appliqué sans préjudice des dispositions des lois cantonales de procédure civile et pénale prévoyant que le jugement n'est pas rendu en séance publique, mais est communiqué aux parties par écrit.

Déclaration interprétative de l'article 6, paragraphe 1 [1]

Pour le Conseil fédéral suisse, la garantie d'un procès équitable figurant à l'article 6, paragraphe 1, de la Convention, en ce qui concerne soit les contestations portant sur des droits et obligations de caractère civil, soit le bien-fondé de toute accusation en matière pénale dirigée contre la personne en cause, vise uniquement à assurer un contrôle judiciaire final des actes ou décisions de l'autorité publique qui touchent à de tels droits ou obligations ou à l'examen du bien-fondé d'une telle accusation.

Déclaration interprétative de l'article 6, paragraphe 3, lettres c et e

Le Conseil fédéral suisse déclare interpréter la garantie de la gratuité de l'assistance d'un avocat d'office et d'un interprète figurant à l'article 6, paragraphe 3, lettres c et e, de la Convention comme ne libérant pas définitivement le bénéficiaire du paiement des frais qui en résultent.

Déclaration *consignée dans une lettre du Chef du Département fédéral des Affaires étrangères, en date du 16 mai 1988, enregistrée au Secrétariat Général le 19 mai 1988 - Or. fr.*

Réputée non valide dans le contexte d'une affaire qui portait sur le bien-fondé d'une accusation en matière pénale, la déclaration interprétative de l'article 6, paragraphe 1, contenue dans l'instrument de ratification, déposé le 28 novembre 1974 par la Suisse, revêt, à la suite de l'arrêt rendu le 29 avril 1988 par la Cour européenne des Droits de l'Homme dans l'affaire Belilos (20/1986/118/167), une portée limitée aux seules contestations portant sur des droits et obligations de caractère civil, au sens de cette disposition.

Cette déclaration interprétative se lit dès lors comme suit, avec effet au 29 avril 1988 :

"Pour le Conseil fédéral suisse, la garantie d'un procès équitable figurant à l'article 6, paragraphe 1, de la Convention, en ce qui concerne les contestations portant sur des droits et obligations de caractère civil, vise uniquement à assurer un contrôle judiciaire final des actes ou décisions de l'autorité publique qui touchent à de tels droits ou obligations. Par "contrôle judiciaire final", au sens de cette déclaration, il y a lieu d'entendre un contrôle judiciaire limité à l'application de la loi, tel qu'un contrôle de type cassatoire."

---

[1] *Voir page suivante*

Anexos

Réserves/Déclarations
STE N° 5

Déclaration *annexée à une lettre du Département fédéral des Affaires étrangères en date du 23 décembre 1988, enregistrée au Secrétariat Général le 28 décembre 1988, et modifiée [1] par une lettre de la Représentation Permanente en date du 13 février 1989 - Or. fr.*

Communication, en application de l'article 64, paragraphe 2, de la Convention européenne des Droits de l'Homme, de la liste et du bref exposé des dispositions législatives fédérales et cantonales couvertes, avec effet au 29 avril 1988, par la déclaration interprétative relative à l'article 6, paragraphe 1, de la Convention, faite par le Conseil fédéral suisse le 28 novembre 1974 et précisée le 16 mai 1988 à la suite de l'arrêt Belilos rendu le 29 avril 1988 par la Cour européenne des Droits de l'Homme.

Comme annoncé le 16 mai 1988, lors du dépôt auprès du Secrétaire Général du Conseil de l'Europe de la précision de la déclaration interprétative relative à l'article 6, paragraphe 1, de la Convention européenne des Droits de l'Homme, le Conseil fédéral suisse, en application de l'article 64, paragraphe 2, de la Convention, donne la liste suivante des dispositions législatives fédérales et cantonales couvertes, avec effet au 29 avril 1988, par la déclaration interprétative du Conseil fédéral suisse du 28 novembre 1974, précisée le 16 mai 1988.

L'incertitude que laisse subsister la jurisprudence de la Cour européenne des Droits de l'Homme quant au champ d'application de l'article 6, paragraphe 1, de la Convention, en ce qui concerne la notion de "contestations portant sur des droits et obligations de caractère civil", ne permet pas au Conseil fédéral de donner une liste exhaustive des dispositions législatives fédérales et cantonales qu'il entend mettre au bénéfice de ladite déclaration interprétative. Dans l'attente d'une précision jurisprudentielle ou normative par la Cour européenne des Droits de l'Homme ou le Comité des Ministres du Conseil de l'Europe, le Conseil fédéral suisse est d'avis que la présente liste ne saurait être considérée comme exhaustive et ne préjuge nullement le point de vue que le Conseil fédéral pourra soutenir, le cas échéant, dans un cas d'espèce quant à la portée de la notion de "contestations sur des droits et obligations de caractère civil".

DROIT FEDERAL
- Loi fédérale d'organisation judiciaire, du 16 décembre 1943:
    - art. 43, al. 2 et 68 (recours en réforme et recours en nullité, dans la mesure où la cognition du Tribunal fédéral est limitée quant aux faits et qu'aucune autorité judiciaire cantonale ne les a examinés avec plein pouvoir d'examen);
    - art. 83 (réclamations de droit public, procédures dans lesquelles le Tribunal fédéral connaît de certains litiges en instance unique);
    - art. 84 (recours de droit public au Tribunal fédéral contre les actes étatiques cantonaux, lorsque les autorités cantonales ou le Tribunal fédéral n'ont qu'une cognition limitée des faits ou du droit);
    - art. 105, al. 2 (recours de droit administratif au Tribunal fédéral dirigé contre une décision d'un tribunal cantonal ou d'une commission de recours, dans la mesure où le Tribunal fédéral est lié par les faits constatés dans la décision de ces organes);
- Loi fédérale sur la procédure administrative, du 20 décembre 1968:
    - art. 44 ss (procédure de recours administratif devant le Conseil fédéral et les autorités fédérales administratives de recours);
    - art. 71 (dénonciation auprès d'une autorité de surveillance de faits imputables à une autorité administrative fédérale);
    - art. 79 (recours à l'Assemblée fédérale contre certaines décisions administratives et contre les décisions sur recours prises par le Conseil fédéral en vertu de l'art. 79, al. 1, let. a Constitution fédérale).

KANTON ZÜRICH
- Einführungsgesetz zum schweizerischen Zivilgesetzbuch (EGzZGB) vom 2.4.1911:
    - § 44 Ziff. 10 (Mündigerklärung bzw. deren Verweigerung);
    - § 44 Ziff. 15 (Namensänderung gemäss Art. 30 ZGB);
    - § 14 Ziff. 14 (Ehemündigerklärung gemäss Art. 96 ZGB);
    - § 39 und 44 Ziff. 9 (Entscheide im Adoptionsverfahren gemäss Art. 268 ZGB);
    - § 58 bis 117, § 37 (Entscheide in Verfahren betr. Kindesschutzmassnahmen, Vormundschaften und andere Vormundschaftliche Entscheide);
- § 4 der Verordnung über die Pflegekinderfürsorge vom 11.9.1969 (Bewilligung zur Aufnahme eines Pflegekindes);
- § 11 Abs. 3 des Gesetzes über die Volksschule und die Vorschulstufe vom 11.6.1899 (Schulausschluss);

---

[1] *Note du Secrétariat :* *La modification portait sur le texte au regard de l'article 79 de la loi fédérale sur la procédure administrative du 20 décembre 1968.*

396   *As Reservas à Convenção Europeia dos Direitos do Homem*

Réserves/Déclarations
STE N° 5

- § 6 ff. des Gesetzes über die Feuerpolizei und das Feuerwehrwesen vom 24.9.1978 (Anordnungen der kantonalen Feuerpolizei);
- Gesetz über die Gebäudeversicherung vom 2.3.1975 (Gebäude - und Schadenschätzungen durch die Gebäudeversicherung und Ausschluss von der Versicherung).
- §§ 36 bis 44 Planungs - und Baugesetz (PBG) (kantonale und regionale Nutzungszonen);
- §§ 45 bis 95 PBG (kommunale Bau - und Zonenordnungen);
- §§ 96 bis 113 PBG (Bau - und Niveaulinien, Ski - und Schlittellinien);
- §§ 114 bis 122 PBG (Landsicherung für öffentliche Werke; Werkplan und vorsorgliches Bauverbot);
- §§ 203-214 (in Bezug auf kantonale Schutzverordnungen);
- § 330 (Bewertungsmethode im Quartierplanverfahren, Stundung von Leistungen eines Privaten, die beim Vollzug eines Quartierplans fällig werden, Recht zur Inanspruchnahme von Nachbargrundstücken);
- § 331 (Vergebung der Arbeiten und Lieferungen für den Bau von Erschliessungsanlagen, Ausstattungen und Ausrüstungen, welche im Quartierplanverfahren festgesetzt wurden, Inanspruchnahme privater Grundstücke, Bauten und Anlagen für im öffentlichen Interesse liegende nicht staatliche Einrichtungen von geringfügiger Einwirkung auf die Grundstücknutzung);
- § 332 (Pflicht der Baudirektion zur Festsetzung von Planungszonen, Pflichte der Baudirektion zur Festsetzung von Bau - und Niveaulinien für andere als kommunale Anlagen, Inanspruchnahme privater Grundstücke, Bauten und Anlagen für im öffentlichen Interesse liegende staatliche Einrichtung von geringfügiger Einwirkung auf die Grundstücknutzung);
- § 346 PBG (Planungszonen);
- §§ 22-27, 28 Abs. 1, 30, 32, 33, 39, 41-43 Wassergesetz (Konzession für Wasserkraftanlagen, soweit nicht gestützt auf § 26 oder § 44 Wassergesetz an das Verwaltungsgericht gelangt werden kann);
- §§ 45, 46, 57 Wassergesetz (Konzession für Wasserbenützungsanlagen) soweit nicht gestützt auf § 56 Wassergesetz das Verwaltungsgericht entscheidet);
- §§ 70-74, 76 Wassergesetz (Bewilligung für Landanlagen und Seebauten);
- §§ 99, 101, 102 Wassergesetz (Bewilligung zur Ausbeutung von Kies, Sand, Eis usw. aus den öffentlichen Gewässern);
- §§ 103, 104, 106 Wassergesetz (Bewilligung zur Errichtung von Brücken, Stegen und Fähren mit dauernden Einrichtungen sowie für andere Bauten in oder über dem Flussprofil);
- § 231 PBG (Inanspruchnahme öffentlichen Grundes zu privaten Zwecken);
- § 38 Strassengesetz (Aufhebung öffentlicher Strassen einschliesslich blosser Beschränkungen des Gemeingebrauchs);
- § 21 Verwaltungsrechtspflegegesetz, soweit nicht § 338a PBG anwendbar ist (Beschränkung) der Anfechtungsbefugnis);
- Soweit eine Beschwerde an das Verwaltungsgericht in den §§ 42, 43, 44, 45 des Verwaltungsrechtspflegegesetzes nicht vorgesehen ist und nicht die Verwaltungsgerichtsbeschwerde an das Bundesgericht offensteht.

KANTON BERN
- Art. 27, 28 und 30 EGzZGB (Vormundschaftsbehörde und Aufsichtsbehörde gemäss Art. 361 ZGB);
- Art. 32, 33 EGzZGB (Entmündigung gemäss Art. 369 ZGB; bei eigenem Begehren und bei unwidersprochenem Entmündigungsantrag der Vormundschaftsbehörde);
- Art. 40 EGzZGB (Beiratschaft gemäss Art. 395 ZGB; wie bei der Entmündigung);
- Art. 22 und Art. 23 Bst. a EGzZGB (Kindesschutz; Massnahmen gemäss Art. 307-310 und 312 ZGB, sowie Art. 318 ff.; Massnahme gemäss Art. 311 ZGB; Besuchsrechtsentscheide);
- Art. 19 der Pflegekinderverordnung, Art. 26 EGzZGB (Tagespflege und Familienpflege; Heimpflege);
- Art. 7 und 8 des Gesetzes über Inkassohilfe und Bevorschussung von Unterhaltsbeiträgen für Kinder.

KANTON LUZERN
- Art. 15 ZGB (Mündigerklärung);
- Art. 30 ZGB (Namensänderung);
- Art. 96 Abs. 2 ZGB (Ehemündigkeitserklärung);
- Art. 98 ZGB (Verweigerung der Einwilligung der Eltern zur Heirat);
- Art. 99 ZGB (Verweigerung der Einwilligung zur Eheschliessung durch den Vormund);
- Art. 268 ZGB (Adoption);
- Art. 307 ZGB und § 40 u. 41 EGzZGB (Anordnung von Kindesschutzmassnahmen);
- Art. 308 ZGB, § 40 u. 41 EGzZGB (Erziehungsbeistandschaft);
- Art. 309 ZGB u. § 40 u. 41 EGzZGB (Beistandschaft zur Feststellung der Vaterschaft);
- Art. 310 ZGB u. § 40 u. 41 EGzZGB (Aufhebung der elterlichen Obhut);
- Art. 368, 369-372, 392-396 ZGB u. § 41-66 EGzZGB (Anordnung von vormundschaftlichen Massnahmen; Entmündigung, Beistandschaft, Beiratschaft usw.);
- Art. 379-391, Art. 397 ZGB u. § 41-66 EGzZGB (Wahl und Abberufung eines vormundschaftlichen Vertreters);
- Art. 420 ZGB u. § 41-66 EGzZGB (Führung der Vormundschaft);
- Art. 421, 422 ZGB u. § 45 Abs. 1 lit. b EGzZGB (Zustimmungserklärung der Vormundschafts - bzw. der Aufsichtsbehörde);
- Art. 431 ZGB und § 41-66 EGzZGB (Beendigung der Vormundschaft);
- Art. 609 ZGB u. § 80/81 EGzZGB, sowie § 7-9 u. 18 der Verordnung über das Verfahren in Erbschaftsfällen (amtliche Mitwirkung in Erbschaftsfällen);
- Art. 518, 602 ZGB u. § 73 EGzZGB sowie § 10/11 der Verordnung über das Verfahren in Erbschaftsfällen (Verfügungen der Willensvollstrecker bzw. Erbschaftsvertreter);
- Art. 551 bis 555 ZGB u. § 69/70 EGzZGB sowie § 1-6 der Verordnung über das Verfahren in Erbschaftsfällen (Sicherheitsmassregeln in Erbschaftsfällen: Siegelung, Sicherungsinventar, Anhandnahme von Wertpapieren, Eröffnung der letztwilligen Verfügung, Steuerinventar).

KANTON URI
- Art. 35 Abs. 10 EGzZGB (Vormundschaftsbehörde und Aufsichtsbehörde gemäss Art. 361 ZGB);
- Art. 41, 43 EGzZGB (Entmündigung gemäss Art. 369 ZGB);
- Art. 41, 43, 48 EGzZGB (Beiratschaft gemäss Art. 395 ZGB; Verfahren gemäss Art. 68 ff. Organisationsverordnung);
- Art. 41, 42 EGzZGB (andere vormundschaftliche Entscheide; Verfahren gemäss Art. 68 ff. Organisationsverordnung);

Anexos

397

Réserves / Déclarations
STE N° 5

- Art. 18 Bst. a Zif. 2 EGzZGB (Namensänderung gemäss Art. 30 ZGB);
- Art. 1. der Verordnung über die zivilrechtliche Grundstückschätzungen (Grundstückeschätzung gemäss Art. 618 ZGB; Verfahren gemäss Art. 88 Organisationsverordnung).

KANTON SCHWYZ

Vormundschaftswesen und Kindsrecht:

- § 4 EGzZGB (Vormundschaftsbehörde)

a. Kindsrecht

- Entgegennahme der Zustimmung des Vaters und der Mutter des Kindes zur Adoption sowie des Widerrufs einer Zustimmung (Art. 265 a und b ZGB);
- Entscheid bei fehlender Zustimmung eines Elternteiles zur Adoption (Art. 265 d ZGB);
- Anordnung über den persönlichen Verkehr (Art. 265 Abs. 1 ZGB);
- Genehmigung von Unterhaltsverträgen (Art. 287 Abs. 1 ZGB);
- Massnahmen bie unverheirateten Eltern (Art. 289 Abs. 2 ZGB);
- Geeignete Massnahmen zum Kindesschutz (Art. 307 ZGB);
- Bestellung oder Aufhebung einer Beistandschaft (Art. 308 und 309 ZGB);
- Aufhebung der elterlichen Obhut (Art. 310 ZGB);
- Entziehung und Wiederherstellung der elterlichen Gewalt (Art. 312 und 313 ZGB);
- Bewilligung zur Aufnahme von schweizerischen Pflegekindern (Art. 316 ZGB); § 30 der Verordnung über das Gesundheitswesen vom 9.9.1971 (Heimpflege);
- Verwaltung über das Kindesvermögen (Art. 318-325 ZGB);
- Vorkehren betreffend geisteskranke oder geistesschwache Hausgenossen (Art. 333 ZGB).

b. Vormundschaftsrecht (§ 27 ff. EGzZGB)

- Bestellung des Vormundes (Art. 298 Abs. 2 ZGB);
- Anordnung der Vormundschaft (Art. 368-372 ZGB);
- Bestellung und Aufhebung der Beistandschaft und Beiratschaft (Art. 392 ff. und 439 ZGB);
- Aufhebung der Vormundschaft (Art. 433 ZGB).

c. Fürsorgerische Freiheitsentzug (§ 36 Bst. a ff. EGzZGB)

d. Erbrecht

- Entscheid über die zur Sicherung des Erbganges erforderlichen Massnahmen (Art. 490, 546 Abs. 3, 548 Abs. 1 und 551-595 ZGB, § 38 Abs. 1 EGzZGB);
- Mitwirkung bei der Teilung anstelle eines Erben auf Verlangen seines Glaubigers (Art. 609 ZGB);
- Losbildung (Art. 611 ZGB);
- Anordnung der Versteigerung (Art. 612 Abs. 3 ZGB);
- Entscheid über Veräusserung oder Zuweisung besonderer Gegenstände (Art. 613 Abs. 3 ZGB);
- Vormundschaftliche Aufsichtsbehörde (§§ 7 u. 49 EGzZGB).

Weitere Vorschriften aus dem Familienrecht:

- Aussprechung der Adoption;
- Bewilligung der Adoptionsvermittlung;
- Bewilligung der Aufnahme ausländischer Pflegekinder (§ 6 EGzZGB);

e. Personenrecht

- Namensänderung (§ 6 lit. a EGzZGB);
- Allmendgenosschenschaften und ähnlichen Körperschaften im Sinne von Art. 59 Abs. 3 ZGB);
- Stiftungsaufsicht (§ 7 Abs. 3 lit. c EGzZGB).

f. Erbrecht

- Grundstückschätzung i.S. von Art. 618 ZGB (§ 50 EGzZGB).

g. Sachenrecht

- Bodenverbesserungsgenossenschaften i.S. von Art.703 ZGB (§ 68 EGzZGB, Verordnung über Flurgenossenschaften vom 28.6.1979, Verordnung über land - und forstwirtschaftliche Flurgenossenschaften sowie Einzelmassnahmen zur Bodenverbesserung vom 28.6.1979, § 51 ff. Wasserrechtsgesetz vom 11.9.1973).

h. Obligationenrecht

- Bewilligung zur Veräusserung landwirtschaftlicher Grundstücke vor Ablauf der Sperrfrist, gemäss Art. 218 bis OR;
- Bewilligung zur Ausgabe von Warenpapieren gemäss Art. 482 Abs. 1 OR;
- Anerkennung von Pfrundanstalten

(§ 1 der Kant. VV zum schweizerischen Obligationenrecht und zu den dazugehorenden Ergänzungs - und Ausführungserlassen vom 25.10.1974).

KANTON OBWALDEN

Nach Angabe der zuständigen Behörde genügen das zivilrechtliche und verwaltungsrechtliche Verfahren im Kt. Obwalden den Anforderungen der EMRK.

KANTON NIDWALDEN

- Art. 29, 31, 32 u. 38 EGzZGB (Vormundschaftsbehörden und Aufsichtsbehörden gemäss Art. 361 ZGB);
- Art. 30 Ziff. 3, Art. 38 EGzZGB (Entmündigung gemäss Art. 369 ZGB);
- Art. 30 Ziff. 5, Art. 38 EGzZGB (Beiratschaft gemäss Art. 395 ZGB);
- Art. 30, Art. 31, Art. 38 EGzZGB (vormundschaftliche Entscheide gemäss Art. 368, 370-372, 392-394, 379-386, 397, 421, 413, 420,

398 — *As Reservas à Convenção Europeia dos Direitos do Homem*

Réserves / Déclarations
STE N° 5

- Art. 15 Ziff. 2 EGzZGB (Namensänderung gemäss Art. 30 ZGB);
- Art. 9 EGzZGB (Grundstückeschätzung gemäss Art. 618 ZGB).

KANTON GLARUS
Keine Angaben erhalten.

KANTON ZUG
- § 43, 46, 48 EGzZGB (Vormundschaftsbehörden und Aufsichtsbehörden gemäss Art. 361 ZGB);
- § 48, 46 u. 18 EGzZGB (Entmündigung gemäss Art. 369 ZGB);
- § 53, 46, 18 EGzZGB (Beiratschaft gemäss Art. 395 ZGB);
- § 46, 18 EGzZGB (andere vormundschaftliche Entscheide);
- § 17 bis I, § 17 Abs. 2 EGzZGB (Namensänderung gemäss Art. 30 ZGB);
- § 5 EGzZGB, § 14 I u. II der Verordnung betreffend Zusammensetzung, Verfahren und Gebühren der Liegenschaftsschätzungskommission (Grundstückeschätzung gemäss Art. 618 ZGB).

CANTON DE FRIBOURG
- Loi d'application du Code civil suisse, du 22 novembre 1911, art. 17 (changement de nom).

KANTON SOLOTHURN
- §§ 113-118 EGzZGB (Vormundschaftsbehörde und Aufsichtsbehörden nach Art. 361 ZGB);
- § 122 EGzZGB (Entmündigung wegen Freiheitsstrafe nach Art. 371 ZGB);
- § 123 EGzZGB (Entmündigung auf eigenes Begehren nach Art. 372 ZGB);
- § 91 Abs. 2 EGzZGB (Kindesschutzmassnahmen);
- § 50 Abs. 1 des Gesetzes über die Gerichtsorganisation (Verfügungen und Entscheide des Kantonsrates und des Regierungsrates);
- § 230 EGzZGB (Enteignung);
- §§ 18, 68 und 69 des Baugesetzes vom 3.12.1978 (kommunale und kantonale Nutzungspläne);
- §§ 23 und 71 des Baugesetzes (kommunale und kantonale Planungszonen);
- § 78 des Baugesetzes (planerische Güterzusammenlegung);
- §§ 85, 94 und 97 des Baugesetzes (Baulandumlegungen und Grenzbereinigungen);
- §§ 10, 61, 62 und 77 der Verordnung über das Bodenverbesserungswesen vom 27.12.1960 (land - und forstwirtschaftliche Güterzusammenlegungen und Bodenverbesserungsmassnahmen);
- § 26 des Gesetzes über die Rechte am Wasser vom 27.9.1959 (Enteignung der zur zweckmässigen Nutzung des Wassers erforderlichen Rechte);
- §§ 34-43 des Gesetzes über die Rechte am Wasser (Massnahmen zum Schutze der Gewässer);
- §§ 9 und 60 der Notariatsverordnung vom 21.8.1959 (Entzug der Berufsausübungsbewilligung).

KANTON BASEL-STADT
- § 6 u. 7 des EGzZGB vom 27.4.1911 (Verweigerung einer Namensänderung);
- § 11 des Gesetzes über die Verwaltungsrechtspflege vom 14.6.1928 (Verfügungen zur Wiederherstellung der öffentlichen Ordnung, Verfügungen, welche das Dienstverhältnis der beim Kanton Basel-Stadt beschäftigten Mitarbeiter betreffen, mit Ausnahme der Verfügungen über die Entlohnung, Kranken - und Hinterbliebenefürsorge; Verfügungen, die in Vollziehung bundesrechtlicher Vorschriften getroffen werden);
- § 4 Abs. 4 EGzZGB vom 27.4.1911 (Abweisung eines Gesuches um Mündigerklärung);
- § 21 Abs. 3 EGzZGB vom 27.4.1911 (Abweisung eines Gesuches um Ehemündigerklärung);
- § 45 Gesetz über die Vormundschaftsbehörde und den behördlichen Jugendschutz vom 13.4.1944 (Beschwerden gegen vorsorgliche Verfügungen und vorläufige Massregeln);
- § 36 Abs. 3 Notariatsgesetz vom 27.4. 1911 (Disziplinarentscheide der Justizkommission über die Notare).

KANTON BASEL-LAND
- § 30 EGzZGB und § 93 Gemeindegesetz (Vormundschaftsrecht und zuständige Behörden);
- Art. 275 Abs. 1 ZGB (Anordnung über persönlichen Verkehr);
- Art. 287 Abs. 1 ZGB (Genehmigung von Unterhaltsverträgen);
- Art. 298 Abs. 2 ZGB (Vormundbestellung bzw. Übertragung der elterlichen Gewalt);
- Art. 307 ZGB (geeignete Massnahme zum Kindesschutz);
- Art. 310 ZGB (Aufhebung der elterlichen Obhut, sofern nicht Verfahren nach Art. 314 a ZGB zur Anwendung kommt);
- Art. 318 Abs. 3 ZGB (Anordnung der periodischen Rechnungsstellung und Berichterstattung über Kindesvermögen);
- Art. 320 Abs. 2 ZGB (Bewilligung zur Anzehrung des Kindesvermögens);
- Art. 322 Abs. 2 ZGB (Anordnung der periodischen Rechnungsstellung und Berichterstattung);
- Art. 324 Abs. 1 u. 2 ZGB (geeignete Massnahme zum Schutz des Kindesvermögens);
- Art. 379 Abs. 1 u. 2 bzw. Art. 385 Abs. 1, Art. 388 Abs. 3, Art. 397 Abs. 1 ZGB (Ernennung des Vormundes, Beistandes, Beirates);
- Art. 385 Abs. 3 ZGB (Unterstellung unter die elterliche Gewalt);
- Art. 386 Abs. 1 u. 2 ZGB (Massnahmen im Rahmen der vorläufigen Fürsorge);
- Art. 400 Abs 1 ZGB (Weisung im Zusammenhang mit der Veräusserung beweglicher Sachen);
- Art. 403 ZGB (Weisung betreffend Liquidation oder Weiterführung eines Geschäftes, Gewerbes oder dergleichen);
- Art. 404 Abs. 1 u. 2 ZGB (Entscheid im Zusammenhang mit Veräusserung von Grundstücken);
- Art. 416/417 Abs. 2 ZGB (Festsetzung der Entschädigung des Vormundes, Beistandes, Beirates);
- Art. 418 ZGB (Weisungen im Rahmen der Vertretungsbeistandschaft);
- Art. 419 Abs. 2 ZGB (Ermächtigung für Verfügungen des Verwaltungsbeistandes, die über ordentliche Verwaltung hinausgehen);

Anexos

399

Réserves/Déclarations
STE N° 5

- Art. 420 ZGB (Beschwerdeentscheid betreffend Handlungen des Vormundes);
- Art. 421 ZGB (zustimmungsbedürftige Geschäfte);
- Art. 445-450 ZGB (Massnahmen im Zusammenhang mit der Amtsenthebung des Vormundes, Beistandes, Beirates);
- Art. 453 ZGB (Entlassung des Vormundes, Beistandes, Beirates);
- Art. 423/452 ZGB (Erteilung bzw. Verweigerung der Genehmigung der Vormundschaftsberichte und - rechnungen).
- § 6 u. 7 Abs. 2 Zif. 9 des Gesetzes vom 22.6.1959 über die Rechtspflege in Verwaltung - und Sozialversicherungssachen (Bodenverbesserungswesen);
- § 23, 25, 27 u. 29 des Advokaturgesetzes vom 6.12.1976 (befristete Einstellung im Beruf, Entzug der Advokaturbewilligung).

KANTON SCHAFFHAUSEN
Art. 361 Abs. 2 ZGB und Art. 49 Abs. 3 EGzZGB (Entscheide der vormundschaftlichen Behörden);
- Art. 275 Abs. 1 ZGB (Anordnungen über den persönlichen Verkehr);
- Art. 307 ZGB (Anordnung von Kindesschutzmassnahmen);
- Art. 310 ZGB (Entzug der elterlichen Obhut);
- Art. 386 ZGB (Anordnung und Aufhebung der vorläufigen Fürsorge);
- Art. 69 g EGzZGB (Anordnung von Vor - und Nachmassnahmen bei fürsorgerischen Freiheitsenziehung).

KANTON APPENZELL (A. Rh.)
- Art. 333 Abs. 3 ZGB (Vorkehrungen betreffend geisteskranke oder geistesschwache Hausgenossen);
- Art. 721 Abs. 2 ZGB (Anordnung der Versteigerung gefundener Sachen);
- Art. 84 ZGB (Aufsicht über Stiftungen, die ihrer Bestimmung nach der Gemeinde angehören);
- Art. 145-156 u. 170 ZGB (Ausübung der vom Richter angeordneten vormundschaftlichen Aufsicht);
- Art. 307 u. 310 ZGB (Kindesschutzmassnahmen);
- Art. 313 ZGB (Wiederherstellung der elterlichen Gewalt);
- Art. 329 Abs. 3 ZGB (Feststellung der Unterstützungspflicht der Verwandten);
- Art. 360 ff. ZGB (Beschwerden gegen den Vormund, Beirat oder Beistand sowie alle anderen Befugnisse der Vormundschaftsbehörde);
- Art. 551 ZGB (Massregeln zur Sicherung des Erbganges);
- Art. 517 u. 556-559 ZGB (Eröffnung letztwilliger Verfügungen, Ausstellung der Erbbescheinigung, Bescheinigung über die Einsetzung eines Willensvollstreckers);
- Art. 580 Abs. 2 ZGB (Entgegennahme von Begehren um Aufnahme eines öffentlichen Inventars);
- Art. 585 Abs. 2 ZGB (Bewilligung zur Fortsetzung des Geschäfts des Erblassers während der Dauer des öffentlichen Inventars und eventuelle Sicherstellung);
- Art. 595 ZGB (amtliche Liquidation einer Erbschaft);
- Art. 602 Abs. 3 ZGB (Ernennung eines Erbenvertreters);
- Art. 611 Abs. 2 ZGB (Bildung von Losen bei der Erbteilung);
- Art. 612 Abs. 3 ZGB (Anordnung der Versteigerung bei der Erbteilung);
- Art. 613 Abs. 3 ZGB (Veräusserung oder Zuweisung besonderer Gegenstände bei der Erbteilung);
- Art. 621 u. 625 ZGB (Zuweisung, Veräusserung oder Teilung eines landwirtschaftlichen Gewerbes);
- Art. 694 ff. ZGB (Streitigkeiten betreffend Öffentlichkeit, Benutzung und Unterhalt von Wegen);
- Art. 699 ZGB (Erlass von Verboten betreffend Wald und Weide);
- Art. 712 b ZGB und Art. 33 b der Grundbuchverordnung (Bestätigung der Bauausführung gemäss Aufteilungsplan);
- Art. 882 Abs. 2 ZGB (Überwachung der Auslosungen bei Anleihenstiteln);
- Art. 246 Abs. 2 OR (Begehren und Vollzug einer vom Beschenkten angenommenen Auflage, wenn sie im Interesse der Gemeinde liegt);
- Art. 84 ZGB (Aufsicht über Stiftungen, die ihrer Bestimmung nach dem Kanton oder mehreren Gemeinden angehören);
- Vollzug von Zivilurteilen ausserhalb des Anwendungsbereichs des SchKG;
- Beschwerden gegen das Zivilstandsamt;
- Beschwerden gegen das Handelsregisteramt;
- Art. 15 u. 431 Abs. 2 ZGB (Mündigkeitserklärung vor Vollendung des 20. Lebensjahres);
- Art. 30 ZGB (Bewilligung von Namensänderungen);
- Art. 85 u. 86 ZGB (Abänderung der Organisation oder des Zweckes einer Stiftung);
- Art. 96 Abs. 2 ZGB (Erklärung der Ehemündigkeit in ausserordentlichen Fällen);
- Art. 268 ZGB (Adoption);
- Art. 404 Abs. 3 ZGB (Genehmigung des freihändiges Verkaufs);
- Art. 703 ZGB (Genehmigung der Statuten von Flurgenossenschaften, Einsprachen, Streitigkeiten, Auflösung);
- Art. 885 ZGB (Ermächtigung von Geldinstituten und Genossenschaften zur Annahme der Viehverpfändung);
- Art. 915 ZGB (Bewilligung zum Betriebe des Pfandleihgewerbes);
- Art. 246 Abs. 2 OR (Begehren um Vollzug einer vom Beschenkten angenommenen Auflage, wenn sie am Interesse des Kantons oder mehrerer Gemeinden liegt);
- Art. 7 e des Bundesgesetzes über die zivilrechtlichen Verhältnisse der Niedergelassenen und Aufenthalter vom 25.6.1891 (Bewilligung zur Eheschliessung von Ausländern);
- Art. 20 u. 36 Bst. b des Bundesgesetzes über die zivilrechtlichen Verhältnisse der Niedergelassenen und Aufenthalter vom 25.6.1891 (Bewilligung und Entgegennahme der Erklärung beider Ehegatten über die Unterstellung ihrer internen güterrechtlichen Verhältnisse unter das Recht des neuen Wohnsitzes);
- Grundbuchbeschwerden.

400   *As Reservas à Convenção Europeia dos Direitos do Homem*

Réserves/Déclarations
STE N° 5

- Entzug der Bewilligung zum Waffenhandel (bGS 524.11);
- Entzug von Bewilligungen aus dem Bereich des Gesundheitswesens mit Ausnahme des eigentlichen Berufsausübungsverbots (bGS 811.1);
- Entzug von Bewilligungen im Bereich des Gastwirtschaftsrechts (bGS 955.11);
- Entzug des Hausierpatents (bGS 956.12);
- Tötung von Hunden wegen Nichtbezahlung der Hundesteuer, Beseitigung gefährlicher Hunde (bGS 525.1);
- Entscheid über das Vorliegen eines öffentlichen Interesses im Enteignungsverfahren (bGS 711.1);
- Beschlagnahmungen aus gesundheitspolizeilichen Gründen (bGS 811.1);
- Verfügungen aus dem Bereich des gesamten Schulwesens (bGS 411).

KANTON APPENZELL (I. Rh.)

- Art. 15 Zif. 2 der Vollziehungsverordnung zum Einführungsgesetz zum Bundesgesetz über die Erhaltung des bäuerlichen Grundbesitzes (Entscheide über Beschwerden wegen Spekulations - sowie Güteraufkäufe);
- Art. 1 der Vollziehungsverordnung über die Verhütung der Überschuldung landwirtschaftlicher Liegenschaften (Unterstellung unter das entsprechende Bundesgesetz);
- Art. 7 der Vollziehungsverordnung über die Verhütung der Überschuldung landwirtschaftlicher Liegenschaften (Bewilligung zur Überschreitung der Belastungsgrenze im Sinne des entsprechenden Bundesgesetzes);
- Art. 1 der Vollziehungsverordnung über die Verhütung der Überschuldung landwirtschaftlicher Liegenschaften (Unterstellung unter das entsprechende Bundesgesetz);
- Art. 7 der Vollziehungsverordnung über die Verhütung der Überschuldung landwirtschaftlicher Liegenschaften (Bewilligung zur Überschreitung der Belastungsgrenze im Sinne des entsprechenden Bundesgesetzes);
- Art. 2, lit. a, lit. d der Verordnung zum Bundesgesetz über die landwirtschaftliche Pacht (Bewilligung einer verkürzten Pachtdauer, Bewilligung der parzellenweise Verpachtung von landwirtschaftlichen Gewerben, Entscheide gegen übermässige Zupacht und Fernpacht, Feststellungsverfügungen im Sinne von Art. 49 des entsprechenden Bundesgesetzes);
- Art. 3 Abs. 1 der Verordnung zum Bundesgesetz über die landwirtschaftliche Pacht (Bewilligung des Pachtzinses für ganze Gewerbe, Entscheide über Einsprache gegen Pachtzinse für einzelne Grundstücke);
- Art. 13 der Verordnung über die Schätzung von Grundstücken (Schätzung von Grundstücken);
- Art. 5 Abs. 3 der Verordnung über die Einführung des schweizerischen Obligationenrechtes im Kanton Appenzell I.R. (Verfügungen des Registerführer);
- Art. 14 u. 16 der Vollziehungsverordnung zum Einführungsgesetz zum Bundesgesetz über die Erhaltung des bäuerlichen Grundbesitzes (Bewilligung der vorzeitigen Veräusserung von landwirtschaftlichen Grundstücken, Erteilung von Konzessionen für den gewerbsmässigen Handel mit landwirtschaftlichen Liegenschaften);
- Art. 9 Abs. 1 der Vollziehungsverordnung über die Verhütung der Überschuldung landwirtschaftlicher Liegenschaften (Entscheide über die Zuweisung landwirtschaftlicher Gewerbe gehass Art. 621 ff. ZGB);
- Art. 12 der Vollziehungsverordnung über die Verhütung der Überschuldung landwirtschaftlicher Liegenschaften (Bewilligung zur Veräusserung eines landwirtschaftlichen Grundstückes vor Ablauf der Sperrfrist);
- Art. 46 ZGB (Entgegennahme der Anzeige von Findelkindern);
- Art. 333 ZGB (Vorkehrungen betreffend geisteskranke oder geistesschwache Hausgenossen);
- Art. 669 ZGB (Mitwirkung bei Abgrenzungen);
- Art. 690 ZGB (Verfügung bei Entwässerung);
- Art. 699 ZGB (Das Betreten von Wald und Weide);
- Art. 720 ZGB (gefundene Gegenstände);
- Art. 721 ZGB (Aufbewahrung und Verwertung gefundener Sachen);
- Art. 826 ZGB (Löschung untergegangener Rechte);
- Art. 694 ZGB (Einräumung eines Notweges);
- Art. 708 ZGB (Fassung von Quellen eines gemeinsamen Sammelgebietes);
- Art. 709 ZGB (Benutzung von Quellen in Notfällen);
- Art. 810 u. 811 ZGB (unverschuldete Wertverminderung des Grundpfandes);
- Art. 259 Abs. 2 Zif. 3 ZGB (Klage auf Anfechtung der Anerkennung);
- Art. 260 a ZGB (Klage auf Anfechtung der Anerkennung);
- Art. 261 Abs. 2 ZGB (beklagte Partei im Vaterschaftsprozess);
- Art. 268 a ZGB (umfassende Untersuchung vor der Adoption);
- Art. 269 a ZGB (Klage auf Anfechtung der Adoption);
- Art. 290 ZGB (Hilfe zur Vollstreckung des Unterhaltsanspruches);
- Art. 293 Abs. 2 ZGB (Ausrichtung von Vorschüssen);
- Art. 316 ZGB (Pflegekinderaufsicht);
- Art. 550 ZGB (Antragstellung zur Verschollenerklärung von Amtes wegen);
- Art. 311 ZGB (Entziehung der elterlichen Gewalt);
- Art. 360 ff. ZGB (Anordnung vormundschaftlicher Massnahmen und andere vormundschaftliche Entscheide, vgl. dazu Art. 40 ff. EGzZGB);
- Art. 307-317 ZGB (Kinderschutzmassnahmen, vgl. dazu Art. 34 Abs. 1 EGzZGB);
- Art. 324 u. 325 ZGB (Kindesvermögensschutzmassnahmen, vgl. dazu Art. 34 Abs. 1 EGzZGB);
- Art. 71-85 EGzZGB (erbrechtliche Massnahmen);
- Art. 15 u. 431 ZGB (Mündigerklärung zur Vollendung des 20. Lebensjahr);
- Art. 30 ZGB (Bewilligung von Namensänderungen);
- Art. 78 ZGB (Anhebung der Klage auf Aufhebung eines Vereins);
- Art. 85 u. 86 ZGB (Abänderung der Organisation oder des Zweckes einer Stiftung);
- Art. 96 ZGB (Erklärung der Ehemündigkeit in ausserordentlichen Fällen);

Anexos 401

Réserves/Déclarations
STE N° 5

- Art. 100 Abs. 2 ZGB (Gestattung der Eheschliessung zwischen Adoptivverwandten);
- Art. 109 ZGB (Erhebung des Einspruches gegen die Eheschliessung wegen eines Nichtigkeitsgrundes);
- Art. 121 ZGB (Klage auf Nichtigerklärung einer Ehe);
- Art. 171 ZGB (Errichtung und Finanzierung von Ehe - und Familienberatungsstellen);
- Art. 268 Abs. 1 ZGB (Aussprechung der Adoption);
- Art. 269 c ZGB (Bewilligung der Adoptionsvermittlung und Aufsicht über diese);
- Art. 580 ZGB (Anordnung des öffentlichen Inventars);
- Art. 617 u. 618 ZGB (Schätzungsbehörde);
- Art. 852 ZGB (Aufsicht bei Auslosungen);
- Art 907 u. 915 ZGB (Pfandleihanstalten);
- Art. 8 b Schlusstitel (Entgegenahme der Erklärung über die Wiederannahme des früheren Bürgerrechts der Ehefrau);
- Art. 59 (7e) Schlusstitel (Bewilligung zur Eheschliessung von Ausländern);
- Art. 3 Abs. 2 der Verordnung über die Anlegung des Grundbuches (Entscheide über Beschwerde gegen das Grundbuchamt);
- Art. 10 des Standeskommissionsbeschlusses betreffend die Ausicht über Stiftungen (Entscheide über Beschwerden gegen Stiftungsorgane).

KANTON ST. GALLEN
- Art. 15 ZGB, Art. 7bis, 12 EGzZGB (Mündigerklärung);
- Art. 30 ZGB, Art. 7bis, 12 EGzZGB (Bewilligung der Namensänderung);
- Art. 85, 86, 88 ZGB, Art. 7bis, 12 EGzZGB (Umwandlung und Aufhebung einer Stiftung);
- Art. 96 ZGB, Art. 7 bis 12 EGzZGB (Erklärung der Ehemündigkeit);
- Art. 100 ZGB, Art. 7 bis 12 EGzZGB (Bewilligung der Eheschliessung zwischen Adoptivverwandten);
- Art. 225 d ZGB, Art. 7, 12 EGzZGB (Absehen der Zustimmung zur Adoption);
- Art. 268 ZGB, Art. 7, 12 EGzZGB (Aussprechung der Adoption);
- Art. 275, 420 ZGB, ART. 8 EGzZGB (Anordnung über den persönlichen Verkehr);
- Art. 287, 288, 420 ZGB, Art. 7 bis 12 EGzZGB (Genehmigung von Verträgen über die Unterhaltspflicht);
- Art. 298, 420 ZGB, Art. 8 EGzZGB (Anordnungen bei unverheirateten Eltern);
- Art. 307 ff., 322, 324, 325, 420 ZGB, Art. 8 EGzZGB (Kindesschutzmassnahmen);
- Art. 316 ZGB, Art. 4, 12 EGzZGB (Bewilligung und Aufsicht betreffend Pflegekinderverhältnisse);
- Art. 318, 320, 420 ZGB, Art. 8 EGzZGB (Verwaltung und Anzehrung des Kindesvermögens);
- Art. 388 ZGB, Art. 7-12 EGzZGB (Wahlanfechtung);
- Art. 392 ff. ZGB, Art. 12, 64 ff. EGzZGB (Errichtung einer Beistandschaft);
- Art. 398 ZGB, Art. 7-12 EGzZGB (Anordnung des öffentlichen Inventars);
- Art. 404, 422 ZGB, Art. 7-12 EGzZGB (Zustimmung durch Aufsichtsbehörde);
- Art. 420 ZGB, Art. 8, 12 EGzZGB (Beschwerden gegen Vormund, Beistand und Vormundschaftsbehörde);
- Art. 490 ZGB, Art. 7, 12 EGzZGB (Anordnung des Inventars bei Nacherbeneinsetzung und Einsetzung des Erbschaftsverwalters);
- Art. 518, 595 ZGB, Art. 13 EGzZGB (Beschwerden gegen Erbschaftsverwalter und Willensvollstrecker);
- Art. 551-555 ZGB, Art. 7, 12 und 81 EGzZGB (Sicherungsmassregeln);
- Art. 556 ff. ZGB, Art. 2, 7, 12 EGzZGB (Eröffnung der letztwilligen Verfügung und Ausstellen einer Erbbescheinigung);
- Art. 576 ZGB, Art. 7, 12 EGzZGB (Fristverlängerung für Annahme oder Ausschlagung der Erbschaft);
- Art. 580 ff. ZGB, Art. 7, 12, 480 ff. EGzZGB (Anordnung und Durchführung des öffentlichen Inventars);
- Art. 593 ff. ZGB, Art. 7, 12 EGzZGB (amtliche Liquidation);
- Art. 602 ZGB, Art. 7, 12 EGzZGB (Bestellung eines Erbenvertreters);
- Art. 604 ZGB, Art. 7, 12 EGzZGB (Anordnung von Massregeln bei zahlungsunfähigen Erben);
- Art. 610 ff. ZGB, Art. 7, 12 EGzZGB (Durchführung der Teilung);
- Art. 621, 625 ZGB, Art. 7, 12 EGzZGB (vorsorgliche Verfügungen betreffend Übernahme eines Gewerbes);
- Art. 699 ZGB, Art. 2, 12 EGzZGB (Mitwirkung bei der Grenzausmarkung);
- Art. 691, 693 ZGB, Art. 5 EGzZGB, Art. 43 VRP (Gestattung der nachbarlichen Durchleitung und Verlegung der Leitung);
- Art. 694 ZGB, Art. 5 EGzZGB, Art. 43 VRP (Gestattung des Notweges);
- Art. 695 ZGB, Art. 5, 111 EGzZGB, Art. 47 EVzZGB (Regelung der Ausübung des Tret - und Ausstreckrechtes, Entscheid über Forderungen);
- Art. 697 ZGB, Art. 5 EGzZGB, Art. 43 VRP (Entscheid über die Einfriedungspflicht);
- Art. 702 ZGB, Art. 5, 119 EGzZGB, Art. 43 VRP (Entscheid über Verlegung von Vermessungszeichen);
- Art. 5, 120 EGzZGB (Entscheid über Schadenersatzansprüche gegen das Vermessungswerk);
- Art. 702 ZGB, Art. 12, 117 sexies EGzZGB, Art. 43 VRP (Massnahmen zum Offenhalten von Skigelände);
- Art. 702 ZGB, Art. 7 bis 12, 121, 122 EGzZGB (Bewilligung und Ungültigerklärung von Güterzerstuckelungen);
- Art. 709 ZGB, Art. 5, 163, 164 EGzZGB (Gestattung und Benutzung der Quellen);
- Art. 710 ZGB, Art. 5 EGzZGB, Art. 43 VRP (Gestattung des Notbrunnens);
- Art. 721 ZGB, Art. 2,12 EGzZGB (Bewilligung der Versteigerung gefundener Sachen);
- Art. 742 ZGB, Art. 5, 165, 166 EGzZGB, Art. 43 VRP (Verlegung einer Dienstbarkeit);
- Art. 861, 906 ZGB, Art. 2, 12 EGzZGB (Hinterlegung der Zahlung bei Schuldbrief, Gült und verpfändeten Forderungen);

402　*As Reservas à Convenção Europeia dos Direitos do Homem*

Réserves/Déclarations
STE N° 5

- Art. 926 ff. ZGB, Art. 5, 173bis EGzZGB, Art. 43 VRP (administrativer Besitzesschutz);
- Art. 36, 168, 451, 1032 OR, Art. 2, 12 EGzZGB (Entgegennahme zu hinterlegender Gegenstände);
- Art. 265, 293 OR, Art. 20, 21, 22 EG SchKG (Ausweisung von Mietern und Pächtern);
- Art. 48 Polizeigesetz, Art. 44 VRP (Zuführung von Unmündigen und Entmündigten);
- Art. 20 und 25 Enteignungsgesetz (vorbereitende Handlungen und Enteignungsbann);
- Art. 7 des Gesetzes über die Besorgung der Angelegenheiten des katholischen und des evangelischen Konfessionsteils (Beurteilung von Beschwerden gegen die konfessionellen Oberbehörden);
- Art. 9 der Verordnung betreffend den Schutz von Naturkörpern und Altertümern (Anordnungen betreffend Naturkörper und Altertümer);
- Verordnung über das Strahlen, Art. 43 VRP (Anordnungen betreffend Wegnahme und Abbau von Mineralien und Kristallen);
- Art. 65 Fürsorgegesetz (Ausrichtung und Rückforderung von fürsorgerechtlichen Unterstützungsleistungen),
- Art. 22 AMG, Art. 8 ff. des Gesetzes über die Verhütung und Bekämpfung des Alkoholmissbrauchs (Eingriffsfürsorge);
- Art. 29 ff. Baugesetz (Streitigkeiten betreffend Baureglement, Zonen-, Überbauungs-, Gestaltungs - und Abbaupläne sowie Schutzverordnungen);
- Art. 98 ff. Baugesetz (Schutzmassnahmen im Interesse des Natur - und Heimatschutzes);
- Art. 105 ff. Baugesetz (Bausperre);
- Art. 109 ff. Baugesetz (Landumlegung);
- Art. 118 ff. Baugesetz (Grenzbereinigung);
- Art. 2 GNG (Streitigkeiten über die Öffentlichkeit eines Gewässers);
- Art. 456, 459 ZP (Vollzugsbefehl);
- Art. 18, 101 ff. VRP und Art. 54 und 102 VRP (Vollstreckungsmassnahmen, Verfahren betreffend Erlass vorsorglicher Massnahmen).

KANTON GRAUBÜNDEN

- Art. 311 ZGB, Art. 53a EGzZGB in Verbindung mit Art. 235 Abs. 2 ZPO (Entzug der elterlichen Gewalt);
- Art. 369 ZGB, Art. 60 i.V.m. Art. 82/84 EGzZGB (Entmündigung);
- Art. 395 ff. ZGB, Art. 82/84 EGzZGB (Beistandschaft);
- Art. 397a ff. ZGB, Art. 85 EGzZGB i.V.m. Art. 235 Abs. 2 ZPO (fürsorgerische Freiheitsentziehung);
- Art. 52 i.V.m. Art. 82/84 EGzZGB (Kindesschutzmassnahmen);
- Art. 30 ZGB, Art. 28 Ziff. 2 EGzZGB und Art. 1 der Verordnung betreffend die Übertragung von Befugnissen der Regierung auf die Departemente (Namensänderungen);
- Art. 48 der Notariatsverordnung (Erteilung und Entzug des Notariatspatentes);
- Art. 5 der Verordnung betreffend die Aufsicht über die Stiftungen (Massnahmen der Stiftungsaufsicht);
- Art. 10 der Ausführungsverordnung zum Bundesgesetz über Schuldbetreibung und Konkurs (endgültiger Entscheid des Kreispräsidenten bezüglich Zulassung eines verspäteten Rechtsvorschlages, Art. 33 SchKG; Aufhebung oder Einstellung der Betreibung, Art. 85 SchKG; Rechtsvorschlag bei Wechselbetreibung, Art. 179/182 SchKG; Aufnahme eines Güterverzeichnisses, Art. 83 und Art. 162 SchKG; Konkurseröffnung, Art. 66, 189, 190 SchKG; Widerruf des Konkurses, Art. 195 SchKG; Einstellung des Konkursverfahrens, Art. 230 SchKG; Schluss des Konkursverfahrens, Art. 268 SchKG; Bewilligung des Arrestes, Art. 271 bis 278 SchKG; Ausweisung von Mietern und Pächtern, Art. 282 SchKG);
- Art. 11 der Ausführungsverordnung zum SchKG (endgültiger Entscheid des Kreisgerichtsausschusses bezüglich Konkursbegehren ohne vorgängige Betreibung, Art. 190, 192 SchKG; Frage des neuen Vermögens des Gemeinschuldners, Art. 265 SchKG; Bestreitung des Arrestgrundes, Art. 279 SchKG; Retentionsrecht, Art. 197 SchKG; Rückbringung von Gegenständen in den Gewahrsam des retentionsberechtigten Vermieters, Art. 284 SchKG);
- Art. 12 der Ausführungsverordnung zum SchKG i.V.m. Art. 235 ZPO (Rechtsöffnungsbeschwerde);
- Art. 36/39 des Gerichtsverfassungsgesetzes (Erteilung bzw. Entzug des Fähigkeitsausweises für Rechtsanwälte);
- Art. 155 ZPO (Bussen bei Widerhandlungen gegen ein allgemeines Amtsverbot);
- Art. 232 i.V.m. Art. 235 ZPO (Beschwerde gegen nicht berufungsfähige Urteile);
- Art. 11 des Schulgesetzes und Art. 12 Vollziehungsverordnung zum Schulgesetz (Schulbesuch in Nachbargemeinden, Höhe des Schulgeldes bei Auswärtigem Schulbesuch);
- Art. 20 Schulgesetz (Nichtpromotion in Primar -/ Sekundarschulen);
- Art. 26bis, 26ter Schulgesetz (Einweisung in Kleinklassen und Rückgliederung in Regelschule);
- Art. 61 Schulgesetz (Disziplinarmassnahmen gegen Schüler);
- Art. 7, 9, 11 der Verordnung über die Aufnahme in die Sekundarschule des Kantons Graubünden (Beschwerde betreffend Nichtaufnahme in die Sekundarschule);
- Art. 17 der Verordnung über die Maturitätsprüfungen an den Gymnasien der Bündner Mittelschulen (Entscheid über Nichtbestehen der Maturitätsprüfung);
- Art. 54 der Schulordnung für die Bündner Kantonsschule (Verstösse gegen die Schulordnung/Missachtung von Weisungen der Schulleitung und von Lehrern);
- Art. 22 der Verordnung über die Handelsmittelschule der Bündner Kantonsschule (Entscheid über Nichtbestehen der Diplomprüfung an der Handelsmittelschule);
- Art. 19 der Verordnung über die befristete versuchsweise Führung einer kantonalen Diplommittelschule an der Bündner Kantonsschule (Entscheid über Nichtbestehen der Diplomprüfung an der Diplommittelschule);
- Art. 21 der Verordnung über das Bündner Lehrerseminar und das Primarlehrerpatent (Entscheid über Nichtbestehen der Patentprüfung am Bündner Lehrerseminar);
- Art. 27/28 der Verordnung über das Bündner Lehrerseminar und das Primarlehrerpatent (Entscheid über Entzug des Primarlehrerpatentes durch die Regierung);
- Art. 35 der Verordnung über die Aufnahmeprüfungen und Promotionen an den Gymnasialabteilungen und an der Diplomhandelsschule der Bündner Kantonsschule (Entscheid über Nichtbestehen der Aufnahmeprüfung/Nichtpromotion an der Bündner Kantonsschule);
- Art. 25 der Verordnung über die Aufnahmeprüfungen und Promotionen am Bündner Lehrerseminar (Entscheid über Nichtbestehen der Aufnahmeprüfung/Nichtpromotion am Bündner Lehrerseminar);
- Art. 20 der Verordnung über das Konvikt der Bündner Kantonsschule (Entscheid über Aufnahme von Schülern/Disziplinarmassnahmen im Konvikt);

Anexos

Réserves/Déclarations
STE N° 5

- Art. 53 des Gesetzes über die Berufsbildung im Kanton Graubünden (Beschwerden gegen Semesternoten an Berufsschulen/Nichtbestehen der Lehrabschlussprüfung);
- Art. 54 des kantonalen Berufsbildungsgesetzes (Ahndung von Übertretungen des Bundesgesetzes über die Berufsbildung);
- Art. 24 des Reglementes über die Lehrabschlussprüfungen in den gewerblich-industriellen Berufen (Nichtbestehen der Lehrabschlussprüfung);
- Art. 24 der Schulordnung für die Bündner Frauenschule (Entscheid über die Nichtpromotion an der Bündner Frauenschule);
- Art. 31 der Schulordnung für die Bündner Frauenschule (Entscheid über Nichtbestehen der Abschlussprüfung an der Bündner Frauenschule);
- Art. 51 der Schulordnung für die Bündner Frauenschule (Beurteilung von Verstössen gegen die Schulordnung/Missachtung von Weisungen der Schulleitung und von Lehrkraften);
- Art. 12 der Verordnung über die Ausbildungen, Aufnahmeprüfungen, Promotionen und Abschlussprüfungen an den Seminarabteilungen an der Bündner Frauenschule (Entscheid über Nichtbestehen der Aufnahmeprüfung bzw. Probezeit an der Seminarabteilung der Frauenschule);
- Art. 17 der Verordnung über die Ausbildungen, Aufnahmeprüfungen, Promotionen und Abschlussprüfungen an den Seminarabteilungen an der Bündner Frauenschule (Entscheid über Nichtpromotion an der Seminarabteilung der Bündner Frauenschule);
- Art. 7 der Verordnung über die Führung einer Vorschule für Pflegeberufe an der Bündner Frauenschule (Entscheid über Nichtbestehen der Probezeit an der Vorschule für Pflegeberufe der Bündner Frauenschule);
- Art. 11 der Verordnung über die Führung einer Vorschule für Pflegeberufe an der Bündner Frauenschule (Entscheid über Nichtbestehen der Abschlussprüfung an der Vorschule für Pflegeberufe der Bündner Frauenschule);
- Art. 3 der Vollziehungsverordnung über den Handel mit Wein (Verweigerung/Entzug der Bewilligung zur Ausübung des Handels mit Wein);
- Art. 10 der Vollziehungsverordnung zum Arbeitsgesetz (Verfügungen im Zusammenhang mit der Vollziehungsverordnung zum Arbeitsgesetz);
- Art. 4 der Ausführungsbestimmungen zum kantonalen Jagdgesetz (Verweigerung/Entzug des Jagdpatentes);
- Art. 19 der Ausführungsverordnung zum Strassenverkehrsgesetz (Nichterteilung des Führerausweises, Führerausweisentzug und Fahrzeugsausweisentzug);
- Art. 8/11 des Einführungsgesetzes zum Bundesgesetz über die Erhaltung des bäuerlichen Grundbesitzes (Erteilung/Widerruf der Bewilligung für die gewerbsmassige Vermittlung des Abschlusses von Kauf - und Tauschvertragen);
- § 12 des Viehhandelskonkordats (Verweigerung und Entzug des Viehhändlerpatentes);
- Art. 31 u. 35 der Tierseuchenverordnung (Verweigerung und Entzug der Bewilligung für das Einsammeln, den Transport und das Verwerten von Tierfutter);
- Art. 31, 32 und 35 der Schulordnung für die landwirtschftliche Schule Plantahof (Strafen und Massnahmen der Schulleitung der Landwirtschaftlichen Schule Plantahof);
- Art. 6 des Gesetzes über das Wandergewerbe und die Spiel - und Filmpolizei (Verweigerung und Entzug der Bewilligung für die Ausübung eines Wandergewerbes);
- Art. 13/19 des Prüfungsreglementes für Gastwirte (Zulassung zur Prüfung/Erteilung/Entzug des Fähigkeitsausweises für Gastwirte);
- Art. 20 der Ausführungsverordnung zum Bergführer - und Skilehrergesetz (Notengebung in Skilehrerkursen);
- Art. 10 der Ausführungsverordnung zum Bergführer - und Skilehrergesetz (Nichterteilung des Bergführerspatentes);
- Art. 3 der Ausführungsverordnung zum Bergführer - und Skilehrergesetz (Nichterneuerung, Entzug und Sperre des Bergführerpatentes wegen Unfähigkeit, charakterlichen Mängeln oder Fernbleiben von obligatorischen Kursen);
- Art. 13 der Ausführungsverordnung zum Bergführer - und Skilehrergesetz (Nichterneuerung, Entzug und Sperre des Skilehrerpatentes wegen Unfähigkeit, charakterlichen Mängeln oder Fernbleiben von obligatorischen Fortbildungskursen);
- Art. 9 der Verordnung über die Kantonspolizei (sicherheitspolizeiliche Festnahme).

KANTON AARGAU
- § 1 Abs. 1 lit. a und § 1 Abs. 2 der Verordnung über die Delegation von Kompetenzen des Regierungsrates vom 8.11.1982 (Namensregelung gemäss Art. 30 ZGB);
- § 11 der Verordnung über die Stiftungsaufsicht vom 25.3.1985 i.V.m. Art. 85, 86 und 88 Abs. 1 ZGB, § 52 Ziff. 15 des Gesetzes über die Verwaltungsrechtspflege vom 9.7.1968 und § 14 Abs. 3 lit. b der Verordnung über die Stiftungsaufsicht (Stiftungsaufsicht gemäss Art. 84 ZGB i.V.m. §§ 37 ff. EGzZGB);
- § 1 lit. a und § 1 Abs. 2 der Verordnung über die Delegation von Kompetenzen des Regierungsrates vom 8.11.1982 (Aussprechung der Adoption gemäss Art. 268 ZGB in Verbindung mit § 47 EGzZGB).

KANTON THURGAU
Adoption - Kindes - und Vormundschaftsrecht

Zuständige Behörden nach Art. 361 ZGB;
Vormundschaftsbehörde sowie Bezirksrat und Regierungsrat als Aufsichtsbehörden (§ 47 Abs. 1 und 2, § 48 EGzZGB);
Entscheide der Vormundschaftsbehörde (§ 7 Ziff. 5, § 44 Abs. 2, §§ 62-65 EGzZGB, §§ 16-86 Waisenamtsverordnung):
- Entscheid von Beschwerden bei Verweigerung der Einwilligung zur Eheschliessung durch den Vormund (Art. 99 Abs. 2 ZGB)
- Entscheid bei fehlender Zustimmung eines Elternteils zur Adoption (Art. 265 d ZGB)
- Anordnung über den persönlichen Verkehr (Art. 275 Abs. 1 ZGB)
- Genehmigung von Unterhaltsverträgen (Art. 287 Abs. 1 ZGB)
- Massnahmen bei unverheirateten Eltern (Art. 298 Abs. 2 ZGB)
- Geeignete Massnahmen zum Kindesschutz (Art. 307 ZGB)
- Bestellung oder Aufhebung einer Beistandschaft (Art. 308 und 309 ZGB)
- Aufhebung der elterlichen Obhut (Art. 310 ZGB)
- Entziehung und Wiederherstellung der elterlichen Gewalt (Art. 312 und 313 ZGB)
- Bewilligung zur Aufnahme von Pflegekindern (Art. 316 ZGB) unter Vorbehalt der Bewilligung eines Heimes
- Verwaltung über das Kindesvermögen (Art. 318-325 ZGB)
- Vorkehren betreffend geisteskranke oder geistesschwache Hausgenossen (Art. 333 ZGB)
- Anordnung der Vormundschaft nach Art. 368 und 371 ZGB

Entscheide des Bezirksrates (§ 14 Ziff. 1, 4 und 6, § 44 Abs. 3, § 45, § 54, § 63, § 72, § 75, §§ 16-86 Waisenamtsverordnung):

404 As Reservas à Convenção Europeia dos Direitos do Homem

Réserves/Déclarations
STE N° 5

- Zustimmung zur Adoption (Art. 265 Abs. 3 ZGB)
- Genehmigung eines Abfindungsvertrages (Art. 288 Abs. 1 lit. a ZGB)
- Entziehung der elterlichen Gewalt in unbestrittenen Fällen (Art. 311 ZGB)
- Anordnung und Aufhebung einer Familienvormundschaft (Art. 363 ff. ZGB)
- Anordnung der Vormundschaft in unbestrittenen Fällen (Art. 369-372 ZGB)
- Anordnung der Beistandschaft und Beiratschaft in unbestrittenen Fällen (Art. 392 ff. und 439 ZGB)
- Verschiebung der Veröffentlichung (Art. 375 Abs. 2 ZGB)
- Entscheid über die Ablehnung bzw. Anfechtung eines Vormundes (Art. 388 Abs. 3 ZGB)
- Anordnung eines öffentlichen Inventars (Art. 398 Abs. 3 ZGB)
- Genehmigung eines freihändigen Verkaufs von Grundstücken (Art. 404 Abs. 3 ZGB)
- Entscheid von Beschwerden gegenüber den Vormundschaftsbehörden (Art. 420 Abs. 2 und Art. 450 ZGB)

Entscheide des Regierungsrates (§ 16 C. Ziff. 7, § 44 Abs. 3, § 51 EGzZGB):
- Entscheid über die Adoption (Art. 268 ZGB)
- Bewilligung der Adoptionsvermittlung
- Entscheid von Beschwerden gegenüber dem Bezirksrat (Art. 420 ZGB)
- Bewilligung eines Heimes (Art. 13 Pflegekinderverordnung)

Entscheide ausserhalb des Adoptions -, Kindes - und Vormundschaftsrechtes:
- Mündigerklärung (Art. 15 ZGB, Art. 431 ZGB): Regierungsrat (§ 16 C. Ziff. 2 EGzZGB)
- Namensänderung (Art. 30 ZGB): Regierungsrat (§ 16 C. Ziff. 3 EGzZGB)
- Änderung der Organisation oder des Zweckes von Stiftungen (Art. 85 und 86 ZGB): Regierungsrat (§ 16 C. Ziff. 4 EGzZGB)
- Erklärung der Ehemündigkeit (Art. 96 ZGB): Regierungsrat (§ 16 C. Ziff. 5 EGsZGB)
- Trauung ohne Verkündigung (Art. 115 ZGB): Regierungsrat (§ 16 C. Ziff. 6 EGzZGB)
- Grundstückschätzung (Art. 618 ZGB): Besondere Kommission (§ 85 EGzZGB)
- Bodenverbesserung (Art. 703 ZGB): Beschlüsse der Bodenverbesserungskorporationen (§ 99 EGzZGB)
- Recht auf Zutritt und Abwehr (Art. 699 ZGB): Verbote durch Gemeinderat (§ 8 Ziff. 6 EGzZGB)
- Aufsicht über den Grundbuchverwalter (Art. 956 ZGB, Art. 102-104 Grundbuchverordnung): Entscheid der Grundbuchbeschwerde durch den Regierungsrat (§ 114 Abs. 2 EGzZGB)
- Bewilligung zur Eheschliessung von Ausländern (Art. 43 Abs. 2 IPRG) sowie Bewilligung der Eintragung in die Zivilstandsregister (Art. 32 IPRG): Regierungsrat (16 C. Ziff. 11 EGzZGB) bzw. Zivilstandsinspektor (§ 10 RRV über das Zivilstandswesen)
- Ermächtigung zur Viehverpfändung (Art. 885 Abs. 1 ZGB): Regierungsrat (§ 16 C. Ziff. 9 EGzZGB)
- Bewilligung für das Pfandleihgewerbe (Art. 907 Abs. 1 ZGB): Departement (§ 16 A. Ziff. 2 EGzZGB)
- Bewilligung der Ausgabe von Warenpapieren (Art. 482 Abs. 1 OR): Regierungsrat (§ 16 C. Ziff. 14 EGzZGB)
- Genehmigung von Verpfründungsbedingungen (Art. 522 und 524 OR): Regierungsrat (§ 16 c. Ziff. 15 EGzZGB)

CANTONE TICINO
- Legge di applicazione e complemento del Codice civile svizzero, del 18 aprile 1911:
  - Art. 16 cpv. 3 cifra 1 (autorizzazione a cambiare il nome, secondo art. 30 CCS);
  - Art. 16 cpv. 3 cifra 3 (dispensa di età per il matrimonio, secondo art. 96 cpv. 2 CCS);
  - Art. 16 cpv. 3 cifra 4 (autorizzazione a contrarre matrimonio tra parenti adottivi ecceto che in linea retta, secondo art. 100 cpv. 2 CCS);
  - Art. 16 cpv. 3 cifra 6 e art. 38 cpv. 1 (competenza per pronunciare l'adozione, secondo art. 268 CCS e 265d cpv. 2 CCS);
  - Art. 54 (emancipazione, secondo art. 15 CCS; consenso del tutore al matrimonio di un interdetto, secondo art. 99 CCS; astrazione dal consenso di un genitore per l'adozione, secondo art. 265d CCS; protezione del figlio, secondo art. 307, 308, 309, 310 e 312 CCS; istituzione della curatela, secondo art. 392 e 393 CCS e il revoca della stessa; e tutte le altri decisioni emanate dall'autorità tutoria e dall'autorità di vigilanza sulle tutele e curatele, ad esempio nei casi previsti dagli art. 265 cpv. 3, 275 cpv. 1, 282, 288, 324, 325, 379 cpv. 1, 386, 404, 420, 421, 422 e 423 CCS);
  - Art. 49 (tutela delle persone maggiorenni condannate ad una pena privativa della libertà per un anno e più, secondo art. 371 CCS; la tutela volontaria, secondo art. 372 CCS; e la curatela volontaria, secondo art. 394 CCS; inabilitazione di una persona maggiorenne, secondo art. 395 CCS);
  - Art. 4 cifra 14 (nomine dei periti incaricati di stabilire definitivamente, in virtù dell'art. 618 CCS, il valore di attribuzione dei fondi nell'ambito della divisione ereditaria).
- Legge sulla tariffa giudiziaria, del 14 dicembre 1965.
- Art. 5 (la parte cui le spese giudiziarie sono state imposte può interporre reclamo).
- Art. 33 (l'indennità del perito, dell'interprete e del traduttore è stabilita inappellabilmente da giudice secondo il suo libero apprenzzamento).
- Legge sulle collette, dell'8 ottobre 1952, art. 5 (autorizzazione ad organizzare una colletta).
- Regolamento sull'igiene del suolo e dell'abitato, del 14 ottobre 1958, art. 78 (risoluzioni municipali in materia (che possono avere incidenza sull'esercizio di un'attività economica, segnatamente nel settore agricolo e dell'allevamento del bestiame)).
- Legge cantonale sul lavoro, dell'11 novembre 1968, art. 26 cpv. 1 (apertura e chiusura dei negozi).
- Legge concernente il promovimento, il coordinamento e sussidiamento delle attività sociali a favore delle persone anziane, del 25 giugno 1973, art. 19 (restituzione dei sussidi).
- Legge sulle attività private di investigazione e di sorveglianza, dell'8 novembre 1976, art. 13 (rilascio, rifiuto e revoca dell'autorizzazione ad esercitare una attività).
- Legge sul raggruppamento e la permuta di terreni, del 23 novembre 1970, art. 107 e 108 (impugnamento di un progetto di nuovo riparto).
- Legge sulle strade, del 23 marzo 1983:
  - Art. 21 e 23 (opposizioni ai progetti di strade cantonali);

Anexos

405

Réserves/Déclarations
STE N° 5

- Art. 34 cpv. 2 (non sono proponibili, in materia di progetti di strade comunali, opposizioni su oggetti già decisi con l'approvazione del piano regolatore).
- Legge edilizia cantonale, del 19 febbraio 1973, art. 15 cpv. 3 (il piano regolatore crea, con la sua adozione, la presunzione di pubblica utilità per tutte le espropriazioni e imposizioni previste).
- Legge sugli appalti, art. 22 (l'aggiudicazione è decisa inappellabilmente dal Consiglio di Stato).
- Decreto legislativo concernente il controllo delle immissioni di sostanze inquinanti e delle perdite energetiche degli impianti di combustione e del loro funzionamento, del 6 settembre 1982, art. 6 (sospensione e revoca dell'autorizzazione).
- Legge sulla polizia del fuoco, del 13 dicembre 1976, art. 20 (spese per lo spegnimento di incendi e per gli interventi in caso di catastrofi che possono essere messe a carico del responsabile di un incendio intenzionale o colposo e delle persone a favore delle quali è stata prestata l'opera).

CANTON DE VAUD
Le Conseil d'Etat du Canton de Vaud renonce à se prévaloir de la déclaration interprétative modifiée.

CANTON DU VALAIS
- Loi d'application du Code civil suisse (LACCS): application de l'art. 420 al. 2 CCS (art. 84, 88 et 92 LACCS):
    - art. 121 (rémunération du tuteur);
    - art. 113, al. 2 (opposition du tuteur à sa nomination),
    - art. 122, al. 2 (recours contre les actes du tuteur),
    - art. 140, al. 1 (suspension, destitution du tuteur);
    - art. 135, al. 1 (recours contre l'approbation des comptes);
    - art. 140, al. 1 (mesures de protection du pupille);
    - art. 123 (consentement de l'autorité tutélaire);
    - en application des art. 307 et 308 CCS (mesures protectrices de l'enfance);
    - en application de l'art. 265, d al. 1 CCS (refus de faire abstraction du consentement des parents en matière d'adoption);
    - art. 44, ch. 5 (dispense d'âge pour contracter mariage, art. 96 al. 2 CCS);
    - abstraction du consentement des parents en matière d'adoption (conformément à l'art. 265 d, al. 2 CCS);
    - art. 44, ch. 7 (autorisation pour les établissements de crédit et des sociétés coopératives à prendre du bétail en gage, sur la base de l'art. 845 CCS);
    - art. 44, ch. 8 (autorisation de prêts sur gage, sur la base de l'art. 907 CCS);
    - art. 44, ch. 11 (conférer le droit d'émettre des papiers-valeur pour les marchandises entreposées, sur la base de l'art. 482 CCS);
    - art. 44, ch. 13 (reconnaissance des asiles d'entretien, viagers et approuver les conditions d'admission et leur règlement, sur la base des art. 522, al. 2 et 524, al. 3 CCS);
    - art. 38, ch. 3 (autorisation de vente aux enchères d'objets trouvés, sur la base de l'art. 721 CCS);
    - art. 39, ch. 8 (interdiction d'accès aux forêts et pâturages, sur la base de l'art. 699 CCS);
    - art. 41, ch. 3 (signature des cédules hypothécaires et des lettres de rente, sur la base de l'art. 857 CCS);
    - art. 93 (institution de la tutelle privée);
    - art. 265, al. 3, 287, al. 2, 288, al. 2, ch. 1, 404, al. 3 et 422 CCS (coopération de la Chambre de tutelle à certains actes);
    - en application de l'art. 377 CCS (transfert des mesures tutélaires).
- Règlement d'exécution de la loi sur la pêche, du 13.2.1980, art. 61 (responsabilité civile pour les dommages causés en matière de pêche).
- Loi sur la protection civile, du 12.7.1963, art. 77, ainsi que le décret d'application de ladite loi, du 12.7.1963, art. 4 (responsabilité civile pour les dommages causés en matière de protection civile).
- Loi cantonale sur le travail, art. 32 à 39 (en application de l'art. 343, al. 3 CO, contestations relatives au contrat de travail).
- Loi sur les améliorations foncières et autres mesures en faveur de l'économie (LAF), du 2.2.1961 in globo, mais notamment:
    - art. 6 (demande tendant à l'exécution d'une amélioration foncière);
    - art. 22 et ss LAF (obligation de participer à un syndicat, validité du vote de l'assemblée des propriétaires);
    - art. 55 et ss (procédure de remaniement en elle-même).
- Loi sur les explosifs limitant les points de vente des matières explosives, du 25.3.1977 (répartition de ces points de vente sur le territoire cantonal).
- Ordonnance concernant la tenue du registre foncier, du 17.4.1920, art. 17 (rejet d'une réquisition).

CANTON DE NEUCHATEL
- Loi d'introduction au Code civil suisse, art. 12 l ch. 1 (changement de nom au sens de l'art. 30 CCS).

CANTON DE GENEVE
- Règlement concernant le remboursement partiel des écolages aux élèves des écoles de musique, du 28.8.1981, art. 8 (refus de remboursement par le Service des allocations d'études).
- Loi sur l'état civil, du 19 décembre 1953, art. 12 (octroi de l'autorisation de changer de nom par le Département de justice et police).
- Loi sur l'organisation judiciaire, du 22.11.1941, art. 144 et 145 et règlement sur l'exercice de la profession d'huissier judiciaire, du 3.8.1964, art. 4 (refus par le Conseil d'Etat de procéder à une nomination aux fonctions d'huissier judiciaire).
- Loi sur le notariat, du 25.11.1988, art. 39 et 44 (refus par le Conseil d'Etat d'ouvrir une inscription en vue de la nomination aux fonctions de notaire ou de procéder à une nomination aux fonctions de notaire).
- Loi sur la profession d'avocat, du 14.3.1985, art. 23 et 34 (refus par le Conseil d'Etat de délivrer le brevet d'avocat ou d'autoriser un avocat étranger à représenter une partie devant les tribunaux du canton).
- Règlement d'application de la loi sur la profession d'avocat, du 31.7.1985, art. 21 (refus par le Département de justice et police d'admettre l'inscription d'un candidat aux examens d'avocat).
- Règlement sur l'exercice de la profession d'huissier judiciaire, du 3.7.1964, art. 3 (refus par le Département de justice et police d'admettre l'inscription d'un candidat aux examens d'huissier judiciaire).
- Loi réglementant la profession d'agent d'affaires, du 2.11.1927, art. 4 (refus par le Conseil d'Etat d'une autorisation d'exercer).

406 *As Reservas à Convenção Europeia dos Direitos do Homem*

Réserves/Déclarations
STE N° 5

- Règlement sur l'exercice de la profession d'agent d'affaires, du 4.9.1928, art. 6 (refus par le Conseil d'Etat d'autoriser un requérant à subir un examen portant sur ses connaissances théoriques et pratiques).
- Loi sur les services de taxi, du 14.9.1979, art. 9, al. 2 et 17 (décisions du Département de justice et police fixant les montants de la prise en charge et du kilomètre des taxis sans droit de stationnement).
- Loi sur la navigation dans les eaux genevoises, du 26.11.1987, art. 28 et 51 (refus et retrait par le Département de justice et police d'une autorisation organisée des manifestations nautiques).
- Loi sur l'exercice des professions ou industries permanentes, ambulantes et temporaires, du 27.10.1923, art. 4 et 14 (refus et retrait de patente décidés par le Département de justice et police).
- Loi sur les agents intermédiaires, du 20.5.1950, art. 2, 3 et 4 ainsi que règlement d'exécution de ladite loi, du 31.10.1950, art. 5 (refus et retrait d'une autorisation d'exercer décidés par le Conseil d'Etat).
- Loi générale sur le logement et la protection des locataires, du 4.12.1977, art. 34 et règlement d'exécution de ladite loi, du 20.12.1978, art. 44 (sanction infligée pour inobservation de la loi).
- Règlement d'exécution de la loi générale sur le logement et la protection des locataires, du 20.12.1978, art. 23 et 24 (résiliation du bail par le propriétaire).
- Loi d'application de la loi fédérale du 19.6.1959 sur l'assurance invalidité, du 20.10.1961.
- Loi sur les allocations familiales en faveur des salariés, du 24.6.1961, et son règlement d'exécution, du 11.6.1963.
- Loi sur les allocations familiales aux agriculteurs indépendants, du 2.7.1955, et son règlement d'exécution, du 26.11.1955.
- Loi sur les allocations familiales en faveur des salariés mis à la retraite anticipée pour des raisons économiques, du 12.2.1981.
- Loi d'application de la loi fédérale du 20.12.1946 sur l'assurance vieillesse et survivants, du 13.12.1947 et son règlement d'exécution, du 22.11.1955.
- Règlement de la Commission cantonale de recours en matière d'assurance vieillesse et survivants, d'assurance invalidité d'allocations pour perte de gains, du 9.2.1972.
- Loi sur les garanties que doivent présenter les personnes exploitant des institutions, pensions, homes, foyers d'accueil destinés spécialement aux personnes âgées, du 3.2.1967, art. 2 et 7 (refus et retrait d'une autorisation d'exploiter par le Département de la prévoyance sociale et de la santé publique).
- Loi sur le régime des personnes atteintes d'affection mentale et sur la surveillance des établissements psychiatriques, du 7.12.1979, art. 5 et 7 (refus et retrait par le Conseil d'Etat d'une autorisation d'ouvrir un établissement privé).
- Loi sur le domaine public, du 24 juin 1961, art. 13 à 23 (refus ou retrait par l'autorité compétente de l'autorisation d'usage accru du domaine public).
- Loi sur l'élimination des résidus, du 16.12.1966, art. 2 et 30 (décision du Département des travaux publics prise en application de la présente loi).
- Loi sur l'extension des voies de communication et l'aménagement des quartiers ou localités, du 9.3.1929, art. 2 (refus, à titre conservatoire, par le Département des travaux publics d'une autorisation de construire en raison de l'existence d'une étude de l'aménagement du territoire).
- Loi générale sur les zones de développement, du 29.6.1957, art. 2A (refus, à titre conservatoire, par le Département des travaux publics d'une autorisation de construire lorsque la réalisation du projet serait de nature à compromettre les objectifs de la zone de développement).
- Loi d'application de la loi fédérale sur l'aménagement du territoire, du 4.6.1987, art. 17 (refus, à titre conservatoire, par le Département des travaux publics d'une autorisation de construire en attendant la modification du régime des zones de construction).
- Loi sur la protection des monuments, de la nature et des sites, du 4.6.1976, art. 39 et 62 (refus, à titre conservatoire, par le Département des travaux publics ou le Département de l'intérieur et de l'agriculture, d'une autorisation de construire en attendant l'adoption d'un plan de site).
- Règlement relatif à l'organisation de tirs aux armes à feu, à air comprimé, à traits ou à flèches, du 14.3.1977, art. 1 et 17 (refus ou retrait d'une autorisation par le Département de justice et police).
- Règle de droit coutumier ouvrant la voie du recours hiérarchique au Conseil d'Etat contre les décisions administratives émanant d'autorités subordonnées au pouvoir hiérarchique direct du Conseil d'Etat de par leur appartenance à l'administration centrale (cette règle permet au Conseil d'Etat de statuer sur le bien-fondé des décisions du Département de justice et police faisant obligation de payer les frais de rapatriement d'une personne étrangère engagée illégalement, rendues en application de l'art. 55, al. 3 de l'Ordonnance fédérale limitant le nombre des étrangers qui exercent une activité lucrative, du 6.10.1986).
- Ordonnance sur la filiation, art. 316 CCS (surveillance des placements nourriciers).

<u>CANTON DU JURA</u>

- Loi d'introduction au Code civil suisse, art. 12, sur la base des articles suivants du CCS:
  - art. 15 et 431 (émancipation);
  - art. 30 (changement de nom);
  - art. 38 (dissolution d'une association dont le but est illicite ou contraire aux moeurs);
  - art. 84 (surveillance sur les fondations);
  - art. 85 et 86 (modification de l'organisation ou de la destination des fondations);
  - art. 96 (autorisation accordée à une femme de 17 ans ou à un homme de 18 ans de contracter mariage);
  - art. 100 (autorisation de contracter mariage, en cas de raison majeure, entre personnes qu'un lien de parenté ou d'alliance unit à la suite d'une adoption);
  - art. 268 (prononcé d'adoption);
  - art. 269 c (surveillance sur le placement d'enfants en vue de leur adoption future);
  - art. 290 et 293, al. 2 (exécution des obligations d'entretien et versement des avances d'entretien);
  - art. 371 (information de l'autorité compétente, en vue de la nomination d'un tuteur, de la mise à exécution d'une peine privative de liberté);
  - art. 885 (autorisation accordée aux établissements de crédit et aux sociétés coopératives de faire des opérations de prêt et de crédit sur l'engagement de bétail);
  - art. 907 (autorisation d'exercer le métier de prêteur sur gage);
  - art. 59 (7e du titre final) (autorisation des étrangers à faire célébrer leur mariage).
- Loi d'introduction au Code des obligations, sur la base des dispositions suivantes du CO:
  - art. 246 al. 2 (pour poursuivre contre le donataire l'exécution d'une charge imposée en faveur du canton ou de plusieurs districts);
  - art. 359 (pour rédiger les contrats-types de travail et d'apprentissage);
  - art. 482 (pour conférer le droit d'émettre des papiers-valeurs pour marchandises entreposées);

Réserves/Déclarations
STE N° 5

- art. 515 (pour autoriser les loteries et tirages au sort);
- art. 522 et 524 (pour reconnaître les asiles d'entretien viager et approuver leurs conditions d'admission et leurs règlements d'ordre intérieur).

ROYAUME-UNI

Declaration   *consignée dans une lettre du Représentant Permanent, en date du 23 octobre 1953, enregistrée au Secrétariat Général le 23 octobre 1953 - Or. angl.*

Le Gouvernement de sa Majesté a examiné l'extension de la Convention européenne des Droits de l'Homme aux territoires dont il assure les relations internationales et dans lesquels cette Convention serait applicable.

Conformément aux dispositions de l'article 63 de la Convention, le Gouvernement de Sa Majesté du Royaume-Uni déclare que la Convention européenne des Droits de l'Homme, signée à Rome le 4 novembre 1950, s'appliquera aux territoires dont il assure les relations internationales et qui sont énumérés dans la liste ci-jointe.

Colonie d'Aden	Malte
Iles Bahamas	Ile de Man
Barbade	Ile Maurice
Basutoland	Nigéria
Bechuanaland	Rhodésie du Nord
Bermudes	Nord Bornéo
Guyane britannique	Nyassaland
Honduras britannique	Sainte Hélène
Iles Salomon britanniques	Sarawak
Iles anglo-normandes :	Seychelles
Bailliage de Jersey	Sierra Leone
Bailliage de Guernesey	Singapour
Chypre	Somalie britannique
Iles Malouines	Swaziland
Fidji	Tanganyika
Gambie	Trinité
Iles Gilbert et Ellice	Ouganda
Côte de l'Or	Iles du Vent :
Jamaïque	Dominique
Kenya	Grenade
Gibraltar	Sainte Lucie
Iles sous le Vent	Saint Vincent
Fédération de Malaisie	Zanzibar

et à la demande du Gouvernement de ce Royaume, dont le Gouvernement de Sa Majesté du Royaume-uni assure les relations internationales, le Royaume de Tonga.

408   *As Reservas à Convenção Europeia dos Direitos do Homem*

Réserves/Déclarations
STE N° 5

Déclaration   *consignée dans une lettre du Représentant Permanent, en date du 9 juin 1964, enregistrée au Secrétariat Général le 10 juin 1964 - Or. angl.*

En me référant à la lettre du 23 octobre 1953 de M. Scarlett (61/48/53) concernant l'application de la Convention des Droits de l'Homme à certains territoires dont le Gouvernement de Sa Majesté assure les relations internationales, j'ai l'honneur de vous informer que les territoires suivants, indiqués dans la déclaration, sont depuis devenus indépendants :

Chypre	16 août 1960
Côte de l'Or (Ghana)	6 Mars 1957
Jamaïque	6 août 1962
Kenya	12 décembre 1963
Fédération de Malaisie	31 août 1957
Fédération du Nigéria, y compris le Cameroun du Nord	1er octobre 1960 (Fédération)
et le Cameroun du Sud (Ces deux territoires avaient	1er juin 1961 (Cameroun du Sud)
été placés sous la tutelle du Royaume-Uni et	1er octobre 1961 (Cameroun du Nord)
administrés avec le Nigéria jusqu'à l'indépendance	
de celui-ci. Un plébiscite a ensuite eu lieu et le	
Cameroun du Nord a opté pour le rattachement au	
Nigéria alors que le Cameroun du Sud s'est prononcé	
pour le rattachement à la République du Cameroun.)	
Nord-Bornéo	16 septembre 1963
Sarawak	16 septembre 1963
Sierra Leone	27 avril 1961
Singapour	16 septembre 1963
Somalie britannique	26 juin 1960
Tanganyika	9 décembre 1961
Trinité et Tobago	31 août 1962
Ouganda	9 octobre 1962
Zanzibar	10 décembre 1963

2.   Les responsabilités que le Gouvernement de Sa Majesté a assumées au nom de ces territoires dans le cadre de la Convention des Droits de l'Homme ont cessé aux dates indiquées.

3.   Vous trouverez ci-jointe une liste révisée des territoires dont le Gouvernement de Sa Majesté assure les relations internationales et auxquels le bénéfice de la Convention européenne des Droits de l'Homme a été étendu.

Anexos 409

Réserves/Déclarations
STE N° 5

Liste des territoires dont le Gouvernement de Sa Majesté du Royaume-Uni assure les relations internationales et auxquels s'applique la Convention européenne des Droits de l'Homme :

Etat d'Aden	Gibraltar
Iles Bahamas	Iles sous le Vent
Barbade	Malte
Basutoland	Ile de Man
Bechuanaland	Ile Maurice
Bermudes	Rhodésie du Nord
Guyane britannique	Nyassaland
Honduras britannique	Sainte Hélène
Iles Salomon britanniques	Seychelles
Iles anglo-normandes :	Royaume de Tonga
Bailliage de Jersey	Iles du Vent :
Bailliage de Guernesey	Dominique
Iles Malouines	Grenade
Fidji	Sainte Lucie
Gambie	Saint Vincent
Iles Gilbert et Ellice	

Affaires étrangères - **mai 1964**

Déclaration *consignée dans une lettre du Représentant Permanent, en date du 12 août 1964, enregistrée au Secrétariat Général le 14 août 1964 - Or. angl.*

Par ma lettre du 9 juin 1964, je vous ai adressé une liste des territoires dont le Gouvernement de Sa Majesté assure les relations internationales et auxquels s'applique la Convention européenne des Droits de l'Homme.

Malheureusement cette liste présente certaines omissions et, pour cette raison, j'ai l'honneur de vous adresser la liste révisée ci-jointe concernant les territoires en question. Je vous serais reconnaissant de la transmettre aux Gouvernements membres à titre d'amendement. Je vous saurais gré de bien vouloir faire ajouter le Malawi, indépendant depuis le 6 juillet, à la liste des territoires devenus indépendants depuis la déclaration de 1953.

410   *As Reservas à Convenção Europeia dos Direitos do Homem*

Réserves/Déclarations
STE N° 5

Liste des territoires dont le Gouvernement de Sa Majesté du Royaume-Uni assure les relations internationales et auxquels s'applique la Convention européenne des Droits de l'Homme :

Etat d'Aden
Iles Bahamas
Barbade
Basutoland
Bechuanaland
Bermudes
Guyane britannique
Honduras britannique
Iles Salomon britanniques
Iles Caïmans
Iles anglo-normandes :
    Bailliage de Jersey
    Bailliage de Guernesey
Iles Malouines
Fidji
Gambie
Iles Gilbert et Ellice
Gibraltar

Iles sous le Vent :
    Antigua
    Iles Vierges britanniques
    Montserrat
    St. Christophe-Nevis-Anguilla
Malte
Ile de Man
Ile Maurice
Rhodésie du Nord
Sainte Hélène
Seychelles
Royaume de Tonga
Iles Turks et Caicos
Iles du Vent :
    Dominique
    Grenade
    Sainte Lucie
    Saint Vincent

Affaires étrangères - **août 1964**

Déclaration *consignée dans une lettre du Représentant Permanent, en date du 5 août 1966, enregistrée au Secrétariat Général le 5 août 1966 - Or. angl.*

J'ai l'honneur de vous informer que depuis mai 1964, les territoires suivants sont devenus indépendants et qu'en conséquence, les responsabilités du Gouvernement de Sa Majesté vis-à-vis de ces territoires au titre de la Convention des Droits de l'Homme ont pris fin aux dates ci-après :

Malte   21 septembre 1964
Rhodésie du Nord (maintenant Zambie)   24 octobre 1964
Gambie   18 février 1965
Guyane britannique (maintenant Guyane)   26 mai 1966

J'ai également été chargé de vous faire parvenir ci-joint la liste révisée des territoires dont le Gouvernement de Sa Majesté continue d'assurer les relations internationales et auxquels il a étendu l'application de la Convention européenne des Droits de l'Homme par sa déclaration du 23 Octobre 1953.

Réserves/Déclarations
STE N° 5

Liste des territoires dont le Gouvernement de Sa Majesté du Royaume-Uni assure les relations internationales et auxquels s'applique la Convention européenne des Droits de l'Homme :

Etat d'Aden
Iles Bahamas
Barbade
Basutoland
Bechuanaland
Bermudes
Honduras britannique
Iles Salomon britanniques
Iles Caïmans
Iles anglo-normandes :
    Bailliage de Jersey
    Bailliage de Guernesey
Iles Malouines
Fidji
Iles Gilbert et Ellice
Gibraltar

Iles sous le Vent :
    Antigua
    Iles Vierges britanniques
    Montserrat
    St. Christophe-Nevis-Anguilla
Ile de Man
Ile Maurice
Sainte Hélène
Seychelles
Swaziland
Royaume de Tonga
Iles Turks et Caicos
Iles du Vent :
    Dominique
    Grenade
    Sainte Lucie
    Saint Vincent

Affaires étrangères - **août 1966**

Déclaration *consignée dans une lettre du Représentant Permanent, en date du 12 janvier 1967, enregistrée au Secrétariat Général le 13 janvier 1967 - Or. angl.*

J'ai l'honneur de vous informer que depuis juillet 1966, les territoires suivants sont devenus indépendants et qu'en conséquence, les responsabilités du Gouvernement de Sa Majesté vis-à-vis de ces territoires au titre de la Convention des Droits de l'Homme ont pris fin aux dates ci-après :

Bechuanaland (maintenant Botswana)	30 septembre 1966
Basutoland (maintenant Lesotho)	4 octobre 1966
Barbade	30 novembre 1966

Déclaration *consignée dans une lettre du Représentant Permanent, en date du 12 septembre 1967, enregistrée au Secrétariat Général le 12 septembre 1967 - Or. angl.*

Sur les instructions du Secrétaire d'Etat Principal aux Affaires étrangères du Gouvernement de Sa Majesté, j'ai l'honneur de déclarer par la présente, conformément aux dispositions du paragraphe 1 de l'article 63 de la Convention de sauvegarde des Droits de l'Homme et des Libertés fondamentales, signée à Rome le 4 novembre 1950, que la Convention s'appliquera à l'Etat de Brunei.

412   *As Reservas à Convenção Europeia dos Direitos do Homem*

Réserves/Déclarations
STE N° 5

Déclaration   *consignée dans une lettre du Représentant Permanent, en date du 12 juin 1969, enregistrée au Secrétariat Général le 13 juin 1969 - Or. angl.*

J'ai l'honneur de vous informer que depuis janvier 1967 les territoires suivants sont devenus indépendants et qu'en conséquence, les responsabilités du Gouvernement de Sa Majesté vis-à-vis d'eux, au titre de la Convention européenne des Droits de l'Homme, ont pris fin aux dates indiquées :

Etat d'Aden	30 novembre 1967
Ile Maurice	12 mars 1968
Swaziland	6 septembre 1968

Déclaration   *consignée dans une lettre du Représentant Permanent, en date du 30 juin 1969, enregistrée au Secrétariat Général le 1er juillet 1969 - Or. angl.*

Liste des territoires dont le Gouvernement de Sa Majesté du Royaume-Uni assure les relations internationales et auxquels s'applique la Convention européenne des Droits de l'Homme :

Iles Bahamas	Ile de Man
Bermudes	Sainte Hélène
Honduras britannique	Seychelles
Iles Salomon britanniques	Etat de Brunei
Iles Caïmans	Royaume de Tonga
Iles anglo-normandes :	Iles Turks et Caicos
Bailliage de Jersey	Iles du Vent :
Bailliage de Guernesey	Dominique
Iles Malouines	Grenade
Fidji	Sainte Lucie
Iles Gilbert et Ellice	Saint Vincent
Gibraltar	
Iles sous le Vent :	
Antigua	
Iles Vierges britanniques	
Montserrat	
St. Christophe-Nevis-Anguilla	

juin 1969

Déclaration   *consignée dans une Note Verbale du Représentant Permanent, en date du 17 janvier 1979, enregistrée au Secrétariat Général le 18 janvier 1979 - Or. angl.*

Le Gouvernement de Sa Majesté au Royaume-uni a cessé, aux dates indiquées ci-dessous, d'assurer les relations internationales des territoires auxquels la Convention européenne des Droits de l'Homme avait été étendue conformément à l'article 63 :

Iles Salomon britanniques	7 juillet 1978
Seychelles	28 juin 1976
Tuvalu	1 octobre 1978
Dominique	3 novembre 1978

Réserves/Déclarations
STE N° 5

Déclaration   *consignée dans une Note Verbale du Représentant Permanent, en date du 29 mars 1979, enregistrée au Secrétariat Général le 30 mars 1979 - Or. angl.*

Le Gouvernement de Sa Majesté du Royaume-Uni a cessé d'assurer, depuis le 22 février 1979, les relations internationales pour le territoire de Sainte Lucie auquel il avait étendu l'application de la Convention des Droits de l'Homme conformément à l'article 63 de la Convention.

Déclaration   *consignée dans une Note Verbale du Représentant Permanent, en date du 27 juillet 1979, enregistrée au Secrétariat Général le 30 juillet 1979 - Or. angl.*

Le Gouvernement de Sa Majesté du Royaume-Uni a cessé d'assurer, à partir du 12 juillet 1979, les relations internationales pour les îles Gilbert (Kiribati) auxquelles il avait étendu l'application de la Convention des Droits de l'Homme conformément à l'article 63 de la Convention.

Déclaration   *consignée dans une Note Verbale du Représentant Permanent, en date du 22 février 1980, enregistrée au Secrétariat Général le 27 février 1980 - Or. angl.*

Le Gouvernement de Sa Majesté du Royaume-Uni a cessé d'assurer, à partir du 27 octobre 1979, les relations internationales pour le territoire de Saint Vincent auquel il avait étendu l'application de la Convention des Droits de l'Homme conformément à l'article 63 de la Convention.

Déclaration   *consignée dans une lettre du Représentant Permanent, en date du 30 septembre 1981, enregistrée au Secrétariat Général le 1er octobre 1981 - Or. angl.*

J'ai l'honneur de me référer à l'article 63 de la Convention de sauvegarde des Droits de l'Homme et des Libertés fondamentales conformément auquel la Convention a été étendue à Belize en 1953.

Sur instructions du Ministre d'Etat des Affaires étrangères et du Commonwealth de Sa Majesté, j'ai l'honneur de vous informer que depuis l'indépendance de Belize le 21 septembre 1981, le Gouvernement du Royaume-Uni n'est plus responsable de ce territoire.

Déclaration   *consignée dans une lettre du Représentant Permanent, en date du 2 décembre 1981, enregistrée au Secrétariat Général le 14 décembre 1981 - Or. angl.*

J'ai l'honneur de me référer à l'article 63 de la Convention de sauvegarde des Droits de l'Homme et des Libertés fondamentales conformément auquel la Convention a été étendue aux Iles sous le Vent (comprenant Antigua) en 1953.

Sur instructions du Ministre d'Etat des Affaires étrangères et du Commonwealth de Sa Majesté, j'ai l'honneur de vous informer que depuis l'indépendance d'Antigua et de Barbuda (nom actuel d'Antigua) le 1er novembre 1981, le Gouvernement du Royaume-Uni n'est plus responsable de ce territoire.

414   *As Reservas à Convenção Europeia dos Direitos do Homem*

Réserves/Déclarations
STE N° 5

Déclaration   *consignée dans une lettre du Représentant Permanent, en date du 8 novembre 1983, enregistrée au Secrétariat Général le 9 novembre 1983 - Or. angl.*

J'ai l'honneur de me référer à l'article 63 de la Convention de sauvegarde des Droits de l'Homme et des Libertés fondamentales conformément auquel la Convention a été étendue aux Iles sous le Vent (comprenant St. Kitts-Nevis) en 1953.

Sur instructions du Ministre d'Etat des Affaires étrangères et du Commonwealth de Sa Majesté, j'ai l'honneur de vous informer que depuis l'indépendance de St. Kitts-Nevis le 19 septembre 1983, le Gouvernement du Royaume-Uni n'est plus responsable de ce territoire.

Déclaration   *consignée dans une lettre du Représentant Permanent, en date du 3 avril 1984, enregistrée au Secrétariat Général le 3 avril 1984 - Or. angl.*

J'ai l'honneur de me référer à l'article 63 de la Convention de sauvegarde des Droits de l'Homme et des Libertés fondamentales conformément auquel la Convention a été étendue à Brunei le 12 septembre 1967.

Sur instructions du Ministre d'Etat des Affaires étrangères et du Commonwealth de Sa Majesté, j'ai l'honneur de vous informer que puisque Brunei Darussalam jouit à nouveau d'une complète compétence internationale en tant qu'Etat souverain et indépendant depuis le 31 décembre 1983, le Gouvernement du Royaume-Uni n'est plus responsable de ses relations extérieures.

Liste des territoires dont le Gouvernement de Sa Majesté du Royaume-Uni assure les relations internationales et auxquels s'applique la Convention européenne des Droits de l'Homme :

Anguilla	Guernesey
Bermudes	Ile de Man
Iles Vierges britanniques	Jersey
Iles Caïmans	Montserrat
Iles Malouines	Sainte Hélène
Gibraltar	Iles Turks et Caicos

avril 1984

PROTOCOLO ADICIONAL À CONVENÇÃO DE SALVAGUARDA DOS DIREITOS DO HOMEM E DAS LIBERDADES FUNDAMENTAIS

Reservas e declarações

(21/2/96)

Réserves/Déclarations
STE N° 9

AUTRICHE

Réserve   *consignée dans l'instrument de ratification, déposé le 3 septembre 1958 - Or. all.*

... désireux d'éviter toute incertitude quant à l'application de l'article 1er du Protocole additionnel par rapport au Traité d'Etat portant rétablissement d'une Autriche indépendante et démocratique, en date du 15 mai 1955, (le Président Fédéral) déclare ratifié le Protocole additionnel sans préjudice des dispositions de la Partie IV «Réclamations nées de la guerre» et de la Partie V «Biens, droits et intérêts» dudit Traité d'Etat.

BULGARIE

Réserve et déclaration   *consignées dans l'instrument de ratification, déposé le 7 septembre 1992 - Or. fr.*

Réserve

Les dispositions de la deuxième disposition de l'article 1 du Protocole additionnel ne portent pas atteinte au champ d'application ni au contenu de l'article 22, alinéa 1, de la Constitution de la République de Bulgarie, selon lequel : "Les étrangers et les personnes morales étrangères ne peuvent pas acquérir le droit de propriété sur la terre, sauf dans le cas de succession conformément à la loi. Dans ce cas, ceux-ci doivent transférer leur propriété.".

Déclaration

La deuxième disposition de l'article 2 du Protocole additionnel ne doit pas être interprétée comme imposant à l'Etat des engagements financiers supplémentaires relatifs aux établissements scolaires d'orientation philosophique ou religieuse, autres que les engagements prévus pour l'Etat bulgare par la Constitution et la législation en vigueur dans le pays.

FRANCE

Déclaration   *consignée dans l'instrument de ratification, déposé le 3 mai 1974 - Or. fr.*

En déposant cet instrument de ratification le Gouvernement de la République déclare que le présent Protocole s'appliquera à l'ensemble du territoire de la République, compte tenu, en ce qui concerne les territoires d'outre-mer, des nécessités locales auxquelles l'article 63 de la Convention de sauvegarde des Droits de l'Homme et des Libertés fondamentales fait référence.

ALLEMAGNE

Déclarations   *faites lors de la ratification, le 13 février 1957 - Or. all.*

La République fédérale d'Allemagne fait sienne l'opinion selon laquelle la seconde phrase de l'article 2 du Protocole additionnel n'entraîne aucune obligation pour l'Etat de financer des écoles de caractère religieux ou philosophique, ou de participer au financement de ces écoles étant donné que cette question tombe, selon la déclaration concordante de la Commission juridique de l'Assemblée

418   *As Reservas à Convenção Europeia dos Direitos do Homem*

Réserves/Déclarations
STE N° 9

Consultative et du Secrétaire Général du Conseil de l'Europe, hors du cadre de la Convention de sauvegarde des Droits de l'Homme et des Libertés fondamentales ainsi que de son Protocole additionnel.

Le Protocole additionnel à la Convention de sauvegarde des Droits de l'Homme et des Libertés fondamentales, signé à Paris le 20 mars 1952, est également applicable au Land de Berlin avec effet au 13 février 1957, date à laquelle le Protocole additionnel est entré en vigueur pour la République fédérale d'Allemagne.

GRECE

Réserve [1]   *faite au moment de la signature, le 20 mars 1952, confirmée dans l'instrument de ratification déposé le 28 mars 1953, et à nouveau confirmée par lettre du Représentant Permanent de la Grèce, en date du 23 août 1979, enregistrée au Secrétariat Général le 24 août 1979 - Or. fr.*

Le mot philosophique par lequel se termine la seconde phrase de l'article 2 recevra en Grèce une application conforme aux dispositions y relatives de la législation intérieure.

Réserve [2]   *consignée dans l'instrument de ratification, déposé le 28 novembre 1974 - Or. fr.*

En application de l'article 2 du Protocole additionnel de 1952, le Gouvernement de la Grèce, en raison de certaines dispositions des lois sur l'enseignement en vigueur en Grèce, formule une réserve selon laquelle le principe posé dans la seconde phrase de l'article 2 n'est accepté que dans la mesure où il est compatible avec l'octroi d'une instruction et d'une formation efficace et n'entraîne pas de dépenses publiques démesurées.

IRLANDE

Déclaration   *consignée dans l'instrument de ratification, déposé le 25 février 1953 - Or. angl.*

En signant le (Premier) Protocole, le délégué de l'Irlande demande qu'il soit précisé au procès-verbal que, de l'avis de son Gouvernement, l'article 2 du Protocole ne garantit pas aux parents, de façon suffisamment explicite, le droit de pourvoir à l'instruction de leurs enfants dans le foyer familial, ou dans les écoles de leur choix, qu'il s'agisse d'écoles privées ou d'écoles agréées ou créées par l'Etat.

---

[1] *Réserve retirée*   *avec effet au 1er janvier 1984, par une Déclaration du Président de la République hellénique, datée du 26 janvier 1985.*

[2] *Réserve retirée*   *par lettre du Représentant Permanent de la Grèce , en date du 23 août 1979, enregistrée au Secrétariat Général le 24 août 1979.*

Anexos

Réserves/Déclarations
STE N° 9

LUXEMBOURG

Réserve   faite lors du dépôt de l'instrument de ratification, le 3 septembre 1953 - Or. fr.

Le Gouvernement du Grand-Duché de Luxembourg, vu l'article 64 de la Convention et désirant éviter toute incertitude en ce qui concerne l'application de l'article 1er du Protocole additionnel par rapport à la loi luxembourgeoise du 26 avril 1951 qui concerne la liquidation de certains biens, droits et intérêts ci-devant ennemis, soumis à des mesures de séquestre, déclare réserver les dispositions de la loi du 26 avril 1951 désignée ci-dessus.

MALTE

Déclaration   faite au moment de la signature, le 12 décembre 1966, et consignée dans l'instrument de ratification déposé le 23 janvier 1967 - Or. angl.

Le Gouvernement de Malte, vu l'article 64 de la Convention, déclare que le principe énoncé dans la deuxième phrase de l'article 2 du Protocole n'est accepté par Malte que dans la mesure où il est compatible avec la nécessité de dispenser une instruction et une formation efficaces et d'éviter des dépenses publiques exagérées, compte tenu du fait que la population de Malte est dans sa très grande majorité de religion catholique romaine.

PAYS-BAS

Déclaration   consignée dans une lettre du Représentant Permanent des Pays-Bas, en date du 29 novembre 1955, remise au Secrétaire Général lors du dépôt de l'instrument de ratification, le 1er décembre 1955 - Or. fr.

De l'avis du Gouvernement des Pays-Bas, l'Etat devrait non seulement respecter les droits des parents dans le domaine de l'éducation, mais, en cas de besoin, assurer l'exercice de ces droits par des mesures financières appropriées.

Le Protocole (additionnel) s'appliquera au Surinam [3] et aux Antilles Néerlandaises.

Déclaration   consignée dans une lettre du Représentant Permanent des Pays-Bas, en date du 24 décembre 1985, enregistrée au Secrétariat Général le 3 janvier 1986 - Or. angl.

L'Ile d'Aruba qui fait toujours actuellement partie des Antilles néerlandaises, obtiendra son autonomie interne en tant que pays à l'intérieur du Royaume des Pays-Bas à partir du 1er janvier 1986. En conséquence, à partir de cette date, le Royaume ne sera plus constitué de deux pays, à savoir les Pays-Bas (Royaume en Europe) et les Antilles néerlandaises (situées dans la région des Caraïbes), mais de trois pays, à savoir les deux précités et Aruba.

---

[3] *Le Protocole additionnel ne s'applique plus au Surinam depuis l'accession de ce territoire à l'indépendance le 25 novembre 1975.*

420   *As Reservas à Convenção Europeia dos Direitos do Homem*

Réserves/Déclarations
STE Nº 9

Comme les changements intervenant le 1er janvier 1986 ne concernent qu'une modification dans les relations constitutionnelles internes à l'intérieur du Royaume des Pays-Bas, et comme le Royaume en tant que tel demeure le sujet de Droit international avec lequel sont conclus les traités, lesdits changements n'auront pas de conséquences en Droit international à l'égard des traités conclus par le Royaume et qui s'appliquent déjà aux Antilles néerlandaises y inclus Aruba. Ces traités resteront en vigueur pour Aruba en sa nouvelle capacité de pays à l'intérieur du Royaume. C'est pourquoi en ce qui concerne le Royaume des Pays-Bas, ces traités s'appliqueront à partir du 1er janvier 1986, aux Antilles néerlandaises (sans Aruba) et à Aruba.

Par conséquent, en ce qui concerne le Royaume des Pays-Bas, les traités énumérés en annexe auxquels le Royaume des Pays-Bas est Partie et qui s'appliquent aux Antilles néerlandaises, s'appliqueront, à partir du 1er janvier 1986, aux Antilles néerlandaises et à Aruba.

<u>Liste des Conventions visées par la Déclaration</u>

......

9   Protocole à la Convention de sauvegarde des Droits de l'Homme et des Libertés fondamentales (1952).

......

ROUMANIE

Déclaration consignée dans l'instrument de ratification, déposé le 20 juin 1994 - Or. fr.

La Roumanie interprète l'article 2 du premier Protocole additionnel à la Convention comme ne pas imposant d'obligations financières supplémentaires concernant les institutions d'enseignement privé, autres que celles établies par la loi interne.

PORTUGAL

Réserves [4] consignées dans une lettre du Représentant Permanent du Portugal, en date du 8 novembre 1978, remise au Secrétaire Général lors du dépôt de l'instrument de ratification, le 9 novembre 1978 - Or. fr.

En ce qui concerne le Protocole additionnel, le Gouvernement de la République portugaise formule les réserves suivantes :

VII. L'article 1 du Protocole additionnel ne sera appliqué que dans les limites de l'article 82 de la Constitution de la République portugaise qui détermine que l'expropriation des possesseurs de latifundia et des grands propriétaires, chefs d'entreprise ou actionnaires, pourrait ne donner lieu à aucune indemnisation dans les termes à déterminer par la loi.

---

[4] *Réserves retirées par lettre du Représentant Permanent du Portugal, enregistrée au Secrétariat Général le 11 mai 1987 - Or. fr.*

Anexos   421

Réserves/Déclarations
STE N° 9

L'article 82 de la Constitution stipule :

Article 82

1.   La loi précise les modalités d'intervention et de nationalisation et de socialisation des moyens
de production, ainsi que les critères de calcul des indemnisations.

2.   La loi peut stipuler que l'expropriation des possesseurs de latifundia et des grands propriétaires,
chefs d'entreprise ou actionnaires ne donnera lieu à aucune indemnisation.

VIII. L'article 2 du Protocole additionnel ne sera appliqué que dans les limites des articles 43 et 75
de la Constitution de la République portugaise qui déterminent la non-confessionnalité de
l'enseignement public, la supervision par l'Etat de l'enseignement privé et la validité des dispositions
légales relatives à la création d'établissements privés.

Les articles 43 et 75 de la Constitution stipulent respectivement :

Article 43

1.   La liberté d'apprendre et d'enseigner est garantie.

2.   L'Etat ne peut s'arroger le droit de planifier l'éducation et la culture selon tel ou tel critère
philosophique, esthétique, politique, idéologique ou religieux.

3.   L'enseignement public n'est pas confessionnel.

Article 75

1.   L'Etat créera un système d'établissements officiels d'enseignement qui réponde aux besoins de
la population toute entière.

2.   L'Etat supervisera l'enseignement privé complémentaire de l'enseignement public.

SAINT-MARIN

Réserve   consignée dans l'instrument de ratification, déposé le 22 mars 1989 - Or. it.

Le Gouvernement de la République de Saint-Marin déclare que, en raison des dispositions législatives
en vigueur qui régissent l'usage des biens conformément à l'intérêt général, le principe énoncé à
l'article 1 du Protocole additionnel à la Convention de sauvegarde des Droits de l'Homme et des
Libertés fondamentales, ouvert à la signature, à Paris, le 20 mars 1952, n'a pas d'influence sur le
régime en vigueur en matière de propriété immobilière des citoyens étrangers.

422   *As Reservas à Convenção Europeia dos Direitos do Homem*

Réserves / Déclarations
STE N° 9

ESPAGNE

Réserve et déclaration   consignées dans l'instrument de ratification, déposé le 27 novembre 1990 - Or. esp./fr.

Réserve

L'Espagne, conformément à l'article 64 de la Convention de sauvegarde des Droits de l'Homme et des Libertés fondamentales, dans le but d'éviter toute incertitude concernant l'application de l'article 1 du Protocole, formule une réserve, à la lumière de l'article 33 de la Constitution espagnole, qui établit ce qui suit :

1.   Le droit à la propriété privée et à l'héritage est reconnu.

2.   La fonction sociale de ces droits délimitera leur contenu, conformément aux lois.

3.   Nul ne pourra être privé de ses biens et de ses droits, sauf pour une cause justifiée d'utilité publique ou d'intérêt social contre l'indemnité correspondante et conformément aux dispositions de la loi.

Déclaration

L'Espagne, conformément à l'article 5 du Protocole additionnel, réitère les déclarations formulées concernant les articles 25 et 46 de la Convention européenne des Droits de l'Homme, et par conséquent reconnaît la compétence de la Commission européenne des Droits de l'Homme et la juridiction de la Cour européenne des Droits de l'Homme, pour les demandes formées pour des faits postérieurs à la date de dépôt de l'instrument de ratification du Protocole additionnel et en particulier, concernant les procédures d'expropriation entamées dans le cadre interne postérieurement à cette date.

SUEDE

*Réserve   faite lors du dépôt de l'instrument de ratification, le 22 juin 1953 - Or. fr.

Nous avons voulu ratifier, approuver et accepter ledit (Premier) Protocole additionnel avec tous ses articles, points et clauses, sous réserve toutefois relative à l'article 2 du Protocole, réserve portant que la Suède ne peut accorder aux parents le droit d'obtenir, en se référant à leur conviction philosophique, dispense pour leurs enfants de l'obligation de prendre part à certaines parties de l'enseignement des écoles publiques et portant aussi que la dispense de l'obligation de prendre part à l'enseignement du christianisme dans ces écoles ne peut être accordée que pour les enfants d'une autre profession de foi que l'église suédoise, en faveur desquels une instruction religieuse satisfaisante a été organisée, cette réserve se fondant sur les dispositions du règlement nouveau du 17 mars 1933 pour les établissements d'enseignement secondaire du Royaume et les dispositions analogues concernant les autres établissements d'enseignement.

Réserves/Déclarations
STE N° 9

TURQUIE

Réserve *faite lors du dépôt de l'instrument de ratification, le 18 mai 1954 - Or. fr.*

Ayant vu et examiné la Convention et le Protocole additionnel (Premier), nous les avons approuvés sous réserve formulée dans le deuxième article du Protocole additionnel, en vertu des dispositions de la Loi n° 6366 votée par la Grande Assemblée Nationale de Turquie en date du 10 mars 1954.

L'article 3 de ladite Loi n° 6366 dispose :

L'article 2 du Protocole additionnel ne porte pas atteinte aux dispositions de la Loi n° 430 du 3 mars 1924 relative à l'unification de l'enseignement.

----

*Réserve retirée <u>avec effet au 1er janvier 1995</u> *par une lettre du Ministre des Affaires Etrangères de la Suède, en date du 16 novembre 1994, enregistrée au Secrétariat Général le 1er décembre 1994 - Or. angl.*

ROYAUME-UNI

Réserve *faite lors de la signature, le 20 mars 1952 - Or. angl.*

Au moment de signer le présent (Premier) Protocole, je déclare qu'en raison de certaines dispositions des lois sur l'enseignement en vigueur au Royaume-Uni, le principe posé dans la seconde phrase de l'article 2 n'est accepté que dans la mesure où il est compatible avec l'octroi d'une instruction et d'une formation efficaces et n'entraîne pas de dépenses publiques démesurées.

Déclaration *consignée dans une lettre du Représentant Permanent du Royaume-Uni, en date du 22 février 1988, enregistrée au Secrétariat Général le 25 février 1988 - Or. angl.*

Conformément à l'article 4 dudit Protocole, je déclare par la présente au nom du Gouvernement du Royaume-Uni, que ce Protocole s'applique aux territoires suivants :

Bailliage de Guernesey
Bailliage de Jersey
Anguilla
Iles Vierges britanniques
Iles Caïmans
Gibraltar
Montserrat
Sainte-Hélène
Dépendances de Sainte-Hélène
Iles Turks et Caicos,

424 As Reservas à Convenção Europeia dos Direitos do Homem

Réserves/Déclarations
STE N° 9

territoires dont le Gouvernement du Royaume-Uni assure les relations internationales, avec les réserves qui suivent :

1. Compte tenu de certaines dispositions des lois de Guernesey relative à l'éducation (Education (Guernsey) Laws) et de l'ordonnance de Gibraltar relative à l'éducation (Education Ordinance of Gibraltar), le principe énoncé dans la seconde phrase de l'article 2 n'est accepté que dans la mesure où il est compatible avec la disposition sur l'efficacité de l'instruction et de la formation et où il n'entraîne pas de dépenses publiques excessives à Guernesey et à Gibraltar.

2. Le principe énoncé dans la seconde phrase de l'article 2 n'est accepté par le Royaume-Uni que pour autant qu'il ne porte pas atteinte à l'application des dispositions juridiques suivantes :

i. le common law d'Anguilla, qui permet aux enseignants d'imposer des châtiments corporels modérés et raisonnables;

ii. l'article 26 de la loi de 1977 sur l'éducation (Education Act 1977) des Iles Vierges britanniques (qui autorise l'administration à un élève de châtiments corporels uniquement lorsqu'aucune autre forme de punition n'est jugée appropriée ou efficace, et seulement par le chef d'établissement ou par un enseignant spécialement nommé à cette fin par le chef d'établissement);

iii. l'article 30 de la loi de 1983 sur l'éducation (Education Law 1983) des îles Caïmans (qui autorise l'administration à un élève de châtiments corporels uniquement lorsqu'aucune autre forme de punition n'est jugée appropriée ou efficace, et seulement par le chef d'établissement ou par un enseignant spécialement désigné à cette fin par écrit par le chef d'établissement);

iv. le common law de Montserrat, qui permet aux enseignants d'imposer des châtiments corporels modérés et raisonnables;

v. le droit de Sainte-Hélène, qui permet aux enseignants d'imposer des châtiments corporels raisonnables, et l'article 6 de l'ordonnance de 1965 relative aux enfants et jeunes personnes (Children and Young Persons Ordinance 1965) de Sainte-Hélène (qui dispose que le droit d'un enseignant d'administrer de tels châtiments n'est pas concerné par les dispositions de cet article, qui traite du délit de cruauté envers les enfants);

vi. le droit des Dépendances de Sainte-Hélène, qui permet aux enseignants d'imposer des châtiments corporels raisonnables, et l'article 6 de l'ordonnance de 1965 relative aux enfants et jeunes personnes (Children and Young Persons Ordinance 1965) de Sainte-Hélène (qui dispose que le droit d'un enseignant d'administrer de tels châtiments n'est pas concerné par les dispositions de cet article, qui traite du délit de cruauté envers les enfants);

vii. le common law des îles Turks et Caicos, qui permet aux enseignants d'imposer des châtiments corporels raisonnables, et l'article 5 de l'ordonnance relative à la jeunesse (Juveniles Ordinance) (chapitre 28) des îles Turks et Caicos (qui stipule que le droit d'un enseignant d'administrer de tels châtiments n'est pas concerné par les dispositions de cet article, qui traite du délit de cruauté envers les enfants).

PROTOCOLO nº4 À CONVENÇÃO DE SALVAGUARDA DOS DIREITOS DO HOMEM E DAS LIBERDADES FUNDAMENTAIS

Reservas e declarações

(21/2/96)

Réserves/Déclarations
STE N° 46

AUTRICHE

Réserve *faite lors de la signature, le 16 septembre 1963, et renouvelée lors du dépôt de l'instrument de ratification, le 18 septembre 1969 - Or. fr.*

Le Protocole N° 4 est signé sous réserve que son article 3 n'est pas applicable à la Loi du 3 avril 1919, StGBl. N° 209, relative au bannissement et à la confiscation des biens de la Maison de Habsbourg-Lorraine dans la version de la Loi du 30 octobre 1919, StGBl. N° 501, de la Loi constitutionnelle du 30 juillet 1925, BGBl. N° 292, de la Loi constitutionnelle fédérale du 26 janvier 1928, BGBl. N° 30 et compte tenu de la Loi constitutionnelle fédérale du 4 juillet 1963, BGBl. N° 172.

CHYPRE

Déclaration *faite lors de la signature, le 6 octobre 1988, et confirmée lors du dépôt de l'instrument de ratification, le 3 octobre 1989 - Or. angl.*

Le Gouvernement de la République de Chypre est d'avis que, interprétées correctement, les dispositions de l'article 4 du Protocole ne s'appliquent pas aux étrangers qui se trouvent illégalement dans la République de Chypre par suite de la situation résultant de l'invasion et de l'occupation militaire continues d'une partie du territoire de la République de Chypre par la Turquie.

FRANCE

Déclaration *consignée dans l'instrument de ratification, déposé le 3 mai 1974 - Or. fr.*

Le présent Protocole s'appliquera à l'ensemble du territoire de la République, compte tenu, en ce qui concerne les territoires d'outre-mer, des nécessités locales auxquelles l'article 63 de la Convention de sauvegarde des Droits de l'Homme et des Libertés fondamentales fait référence.

ALLEMAGNE

Déclaration *faite lors du dépôt de l'instrument de ratification, le 1er juin 1968 - Or. fr.*

Ce Protocole s'applique également au Land de Berlin avec effet à la date à laquelle il entre en vigueur pour la République fédérale d'Allemagne.

IRLANDE

Déclaration *faite lors de la signature, le 16 septembre 1963 - Or. angl.*

La référence à l'extradition au paragraphe 21 du rapport du Comité d'experts, relatif à ce Protocole et portant sur le paragraphe 1er de l'article 3 de ce dernier, s'applique également aux lois prévoyant l'exécution, sur le territoire d'une Partie contractante, de mandats d'arrêts délivrés par les autorités d'une autre Partie contractante.

428   *As Reservas à Convenção Europeia dos Direitos do Homem*

Réserves/Déclarations
STE N° 46

ITALIE

Déclaration   *faite lors du dépôt de l'instrument de ratification, le 27 mai 1982 - Or. fr.*

Le paragraphe 2 de l'article 3 ne peut faire obstacle à l'application de la disposition transitoire XIII de la Constitution italienne concernant l'interdiction d'entrée et de séjour de certains membres de la Maison de Savoie sur le territoire de l'Etat.

LITUANIE

Déclarations   *consignées dans l'instrument de ratification de la Convention de sauvegarde des Droits de l'Homme et des libertés fondamentales, déposé le 20 juin 1995 - Or. angl.*

Article 25:   La République de Lituanie déclare reconnaître pour une période de trois ans la compétence de la Commission à être saisie d'une requête par toute personne physique.

Article 46:   La République de Lituanie déclare reconnaître, pour une période de trois ans, comme obligatoire de plein droit la juridiction de la Cour sur toutes les affaires concernant l'interprétation et l'application de la Convention.

Les déclarations de la République de Lituanie au titre des articles 25 et 46 de la Convention s'appliqueront également aux Protocoles N° 4 et N° 7 à la Convention.

PAYS-BAS

Déclaration   *consignée dans l'instrument de ratification, déposé le 23 juin 1982 - Or. fr.*

Approuvons pour le Royaume en Europe et les Antilles néerlandaises, ledit Protocole.

Déclaration   *consignée dans une lettre du Ministre des Affaires étrangères des Pays-Bas, en date du 9 juin 1982, remise au Secrétaire Général lors du dépôt de l'instrument de ratification, le 23 juin 1982 - Or. fr.*

Comme le Protocole N° 4 à la Convention de sauvegarde des Droits de l'Homme et des Libertés fondamentales, reconnaissant certains droits et libertés autres que ceux figurant déjà dans la Convention et dans le premier Protocole additionnel à la Convention, s'applique aux Pays-Bas et aux Antilles néerlandaises en vertu de la ratification par le Royaume des Pays-Bas, les Pays-Bas et les Antilles néerlandaises sont considérés comme des territoires distincts pour l'application des articles 2 et 3 du Protocole, ce conformément aux dispositions de l'article 5, paragraphe 4. Selon l'article 3, nul ne peut être expulsé du territoire de l'Etat dont il est ressortissant et nul ne peut être privé du droit d'y entrer. Il n'existe toutefois qu'une seule nationalité (néerlandaise) pour l'ensemble du Royaume. La nationalité ne saurait donc être un critère pour faire la distinction entre les "ressortissants" des Pays-Bas et ceux des Antilles néerlandaises, distinction qu'il est inévitable de faire puisqu'il y a application distincte de l'article 3 à chacune des parties du Royaume.

Ceci étant, les Pays-Bas se réservent la possibilité de faire par règlement légal la distinction, pour l'application de l'article 3 du Protocole, entre les Néerlandais selon leur appartenance soit aux Pays-Bas, soit aux Antilles néerlandaises.

Anexos

Réserves/Déclarations
STE N° 46

Déclaration *consignée dans une lettre du Représentant Permanent des Pays-Bas, en date du 24 décembre 1985, enregistrée au Secrétariat Général le 3 janvier 1986 - Or. angl.*

L'Ile d'Aruba qui fait toujours actuellement partie des Antilles néerlandaises, obtiendra son autonomie interne en tant que pays à l'intérieur du Royaume des Pays-Bas à partir du 1er janvier 1986. En conséquence, à partir de cette date, le Royaume ne sera plus constitué de deux pays, à savoir les Pays-Bas (Royaume en Europe) et les Antilles néerlandaises (situées dans la région des Caraïbes), mais de trois pays, à savoir les deux précités et Aruba.

Comme les changements intervenant le 1er janvier 1986 ne concernent qu'une modification dans les relations constitutionnelles internes à l'intérieur du Royaume des Pays-Bas, et comme le Royaume en tant que tel demeure le sujet de Droit international avec lequel sont conclus les traités, lesdits changements n'auront pas de conséquences en Droit international à l'égard des traités conclus par le Royaume et qui s'appliquent déjà aux Antilles néerlandaises y inclus Aruba. Ces traités resteront en vigueur pour Aruba en sa nouvelle capacité de pays à l'intérieur du Royaume. C'est pourquoi en ce qui concerne le Royaume des Pays-Bas, ces traités s'appliqueront à partir du 1er janvier 1986, aux Antilles néerlandaises (sans Aruba) et à Aruba.

Par conséquent, en ce qui concerne le Royaume des Pays-Bas, les traités énumérés en annexe auxquels le Royaume des Pays-Bas est Partie et qui s'appliquent aux Antilles néerlandaises, s'appliqueront, à partir du 1er janvier 1986, aux Antilles néerlandaises et à Aruba.

Liste des Conventions visées par la Déclaration

......

46. Protocole N° 4 à la Convention de sauvegarde des Droits de l'Homme et des Libertés fondamentales, reconnaissant certains droits et libertés autres que ceux figurant déjà dans la Convention et dans le premier Protocole additionnel à la Convention.

PROTOCOLO nº6 À CONVENÇÃO DE SALVAGUARDA DOS DIREITOS DO HOMEM E DAS LIBERDADES FUNDAMENTAIS

Reservas e declarações

(21/2/96)

Réserves/Déclarations
STE N° 114

ALLEMAGNE

Déclaration   *consignée dans une lettre du Représentant Permanent de la République fédérale d'Allemagne, en date du 5 juillet 1989, remise au Secrétaire Général lors du dépôt de l'instrument de ratification le même jour - Or. all./angl./fr.*

En connexion avec le dépôt, effectué ce jour, de l'instrument de ratification du Protocole N° 6 à la Convention de sauvegarde des Droits de l'Homme et des Libertés fondamentales concernant l'abolition de la peine de mort, en date du 28 avril 1983, j'ai l'honneur, au nom du Gouvernement de la République fédérale d'Allemagne, de déclarer qu'à son avis, le Protocole N° 6 ne contient aucune autre obligation que celle d'abolir la peine de mort dans le champ d'application du Protocole à l'intérieur de l'Etat respectif et que la législation nationale non pénale n'en est pas affectée. La République fédérale d'Allemagne a déjà satisfait aux obligations qui résultent pour elle du Protocole en adoptant l'article 102 de la Loi fondamentale.

Déclaration   *consignée dans une lettre du Représentant Permanent de la République fédérale d'Allemagne, en date du 5 juillet 1989, remise au Secrétaire Général lors du dépôt de l'instrument de ratification le même jour - Or. all./angl./fr.*

En connexion avec le dépôt, effectué ce jour, de l'instrument de ratification du Protocole N° 6 à la Convention de sauvegarde des Droits de l'Homme et des Libertés fondamentales concernant l'abolition de la peine de mort, en date du 28 avril 1983, j'ai l'honneur, au nom du Gouvernement de la République fédérale d'Allemagne, de déclarer que le Protocole N° 6 s'appliquera également au Land de Berlin avec effet à la date à laquelle il entrera en vigueur pour la République fédérale d'Allemagne.

PAYS-BAS

Déclaration   *consignée dans l'instrument d'acceptation, déposé le 25 avril 1986 - Or. angl.*

Les Pays-Bas acceptent le Protocole pour le Royaume en Europe, les Antilles néerlandaises et Aruba.

Déclaration   *consignée dans une lettre de la Représentation Permanente des Pays-Bas, en date du 25 avril 1986, remise au Secrétaire Général lors du dépôt de l'instrument d'acceptation, le 25 avril 1986 - Or. angl.*

A l'occasion du dépôt, ce jour, de l'instrument d'acceptation par le Royaume des Pays-Bas du Protocole N° 6 à la Convention de sauvegarde des Droits de l'Homme et des Libertés fondamentales concernant l'abolition de la peine de mort, fait à Strasbourg le 28 avril 1983, j'ai l'honneur de déclarer, au nom du Gouvernement du Royaume des Pays-Bas, que les projets de lois visant à l'abolition de la peine de mort, dans la mesure où celle-ci est toujours prévue par le Droit militaire néerlandais et les règlements néerlandais régissant les infractions commises en temps de guerre, sont pendants devant le Parlement depuis 1981. Il convient de noter, cependant, que d'après les dispositions de la Constitution des Pays-Bas, qui est entrée en vigueur le 17 février 1983, la peine capitale ne peut pas être imposée.

En outre, j'ai l'honneur de vous communiquer, sous ce pli, conformément à l'article 2 dudit Protocole, les sections 103 et 108 du Code pénal des Antilles néerlandaises et d'Aruba.

434 As Reservas à Convenção Europeia dos Direitos do Homem

Réserves/Déclarations
STE N° 114

Sections 103 et 108 du Code pénal des Antilles néerlandaises et d'Aruba :

103.   Toute personne qui entretient des intelligences avec une puissance étrangère en vue d'inciter cette puissance à engager des hostilités ou à faire la guerre contre l'Etat, de renforcer sa décision en ce sens ou de promettre ou fournir assistance dans la préparation de tels actes, sera punie d'une peine de prison d'un maximum de quinze ans.

Si les hostilités sont déclenchées ou si l'état de guerre se produit, la peine capitale, l'emprisonnement à perpétuité ou une peine de prison à temps d'un maximum de vingt ans seront infligés.

108.   Toute personne qui, en temps de guerre, aide intentionnellement un ennemi de l'Etat ou désavantage l'Etat par rapport à un ennemi, sera passible d'une peine de prison à temps d'un maximum de quinze ans. L'emprisonnement à perpétuité ou une peine de prison à temps d'un maximum de vingt ans sera infligée si le délinquant :

1.   informe l'ennemi ou lui remet toutes cartes, tous plans, dessins ou toutes descriptions d'installations militaires ou fournit toutes informations relatives à des opérations ou des plans militaires ; ou

2.   agit comme espion pour le compte de l'ennemi ou assiste, abrite ou recèle un espion ennemi.

La peine de mort, l'emprisonnement à perpétuité ou une peine de prison à temps d'un maximum de vingt ans seront infligés si le délinquant :

1.   détruit, rend inutilisables ou révèle à l'ennemi ou occasionne la prise par celui-ci de toute base ou tout poste fortifiés ou armés, tout moyen de communication, tout dépôt, toutes fournitures militaires, tous fonds de guerre, toute zone limitée (PB1965,69), ou la marine ou l'armée ou quelque partie de celles-ci, ou s'il entrave, empêche ou sabote toutes opérations de submersion défensives ou offensives, planifiées ou exécutées, ou toutes autres opérations militaires ;

2.   cause une insurrection, une mutinerie ou une désertion parmi le personnel militaire ou l'y incite.

SUISSE

Communication   *consignée dans une lettre du Département fédéral des Affaires étrangères, en date du 28 septembre 1987, remise au Secrétaire Général lors du dépôt de l'instrument de ratification, le 13 octobre 1987 - Or. fr.*

A l'occasion du dépôt de l'instrument de ratification du Protocole additionel N° 6 à la Convention de sauvegarde des Droits de l'Homme et des Libertés fondamentales concernant l'abolition de la peine de mort, nous avons l'honneur, au nom du Conseil fédéral suisse, de vous faire la communication suivante au titre de l'article 2 de ce Protocole :

L'ordre juridique suisse permet, d'une part, la réintroduction de la peine de mort en temps de guerre ou en cas de danger de guerre imminent, en application des articles 5 et 27 du Code pénal militaire du 13 juin 1927.

L'ordre juridique suisse permet, d'autre part, la réintroduction de la peine de mort par le biais du droit de nécessité. Le Conseil fédéral a procédé de la sorte le 28 mai 1940, en légiférant par le biais d'une ordonnance prise en vertu des pleins pouvoirs que lui avait accordés l'Assemblée fédérale le 30 août 1939, au début de la Deuxième guerre mondiale.

Réserves/Déclarations
STE N° 114

En temps de guerre ou de danger imminent de guerre, au sens de l'article 2 du Protocole additionnel N° 6, la peine de mort pourrait donc être appliquée en Suisse dans les cas prévus par la législation ordinaire (art. 5 et 27 CPM) ou par la législation adoptée par le Conseil fédéral en vertu du droit de nécessité.

Vous trouverez, en annexe, copie des dispositions de la législation suisse pertinente [1] :

-    article 5 du Code pénal militaire du 13 juin 1927,

-    article 27 du Code pénal militaire du 13 juin 1927,

-    article 6 de l'Ordonnance du Conseil fédéral du 28 mai 1940 modifiant et complétant le Code pénal militaire (cette ordonnance législative a été abrogée avec effet au 21 août 1945).

Pour vous permettre de situer la genèse de cette dernière disposition, nous vous remettons, à titre d'information, copie du message du Conseil fédéral à l'Assemblée fédérale du 29 août 1939 sur les mesures propres à assurer la sécurité du pays et le maintien de sa neutralité (FF 1939 II 217); de l'Arrêté de l'Assemblée fédérale du 30 août 1939 sur les mesures propres à assurer la sécurité du pays et le maintien de sa neutralité (Arrêté fédéral dit des pleins pouvoirs, RO 55 (1939) p. 781); du IIIe rapport du Conseil fédéral à l'Assemblée fédérale, du 19 novembre 1940, sur les mesures prises par lui en vertu de ses pouvoirs extraordinaires (FF 1940 I 1226, spéc. 1233); et de l'Arrêté du Conseil fédéral du 3 août 1945 concernant la levée du service actif et abrogeant l'ordonnance législative du 28 mai 1940 (RO 61 (1945) p. 561).

Le cas échéant, le Conseil fédéral vous communiquerait immédiatement l'entrée en vigueur des dispositions législatives visées plus haut...

---

[1] *Note du Secrétariat : Copies du texte (français) de cette législation sont disponibles sur demande.*

PROTOCOLO nº7 À CONVENÇÃO DE SALVAGUARDA DOS DIREITOS DO HOMEM E DAS LIBERDADES FUNDAMENTAIS

Reservas e declarações

(21/2/95)

Réserves/Déclarations
STE N° 117

AUTRICHE

Déclarations *consignées dans l'instrument de ratification, déposé le 14 mai 1986 - Or. angl./fr.*

La République de l'Autriche déclare que :

1. La juridiction supérieure aux termes de l'article 2, alinéa 1, comprend la Cour administrative et la Cour constitutionnelle.

2. Les articles 3 et 4 se réfèrent uniquement aux procédures pénales dans le sens du Code pénal autrichien.

DANEMARK

Réserve *consignée dans une lettre du Chargé d'affaires a.i. du Danemark, en date du 18 août 1988, remise au Secrétaire Général lors du dépôt de l'instrument de ratification le 18 août 1988 - Or. angl.*

Le Gouvernement du Danemark déclare que l'article 2, paragraphe 1 ne fait pas obstacle à l'application des règles de la loi relative à l'Administration de la Justice ("Lov om rettens pleje") selon laquelle la possibilité d'un nouvel examen par une juridiction supérieure - dans les cas pouvant faire l'objet de poursuites par l'instance la plus basse du ministère public ("politisager") - est refusée

a. lorsque le prévenu, dûment notifié, ne comparaît pas devant la juridiction ;
b. lorsque la juridiction a rapporté la peine ; ou
c. lorsque seules sont prononcées des amendes ou des confiscations d'objets d'un montant ou d'une valeur inférieurs à une limite fixée par la loi.

*Déclaration *consignée dans une lettre du Représentant Permanent du Danemark, en date du 9 septembre 1988, enregistrée au Secrétariat Général le 12 septembre 1988 (voir ci-joint Note explicative) - Or. fr.*

En vertu de l'article 6, paragraphe 1, du Protocole N° 7 à la Convention de sauvegarde des Droits de l'Homme et des Libertés fondamentales, le Gouvernement du Danemark déclare, par ces présentes, que ledit Protocole ne s'appliquera pas aux îles Féroé.

NOTE EXPLICATIVE

Le 25 juillet 1988, le Gouvernement du Danemark a adressé à sa Majesté la Reine une recommandation visant à obtenir l'autorisation de ratifier le Protocole N° 7 à la Convention de sauvegarde des Droits de l'Homme et des Libertés fondamentales. Cette recommandation prévoyait la formulation de la déclaration territoriale suivante :

---

*Déclaration *retirée par lettre du Ministre des Affaires étrangères du Danemark, en date du 1er août 1994, enregistrée au Secrétariat Général le 1er septembre 1994 - Or. angl.*

440   As Reservas à Convenção Europeia dos Direitos do Homem

Réserves/Déclarations
STE N° 117

"En vertu de l'article 6, paragraphe 1, du Protocole N° 7 à la Convention de sauvegarde des Droits de l'Homme et des Libertés fondamentales, le Gouvernement du Danemark déclare, par ces présentes, que ledit Protocole ne s'appliquera pas aux îles Féroé."

A la suite d'une omission, la déclaration n'a pas été communiquée au Secrétaire Général, dépositaire de la Convention, lors du dépôt de l'instrument de ratification, le 18 août 1988, comme cela aurait dû être le cas aux termes de l'article 6, paragraphe 1, dudit Protocole.

Le Gouvernement du Danemark rectifie ce jour l'erreur matérielle en communiquant au Secrétaire Général le texte de ladite déclaration qui prendra effet à la date à laquelle le Protocole entrera en vigueur à l'égard du Royaume de Danemark.

Déclarations   *consignées dans une lettre du Ministre des Affaires étrangères du Danemark, en date du 1er août 1994, transmise par Note Verbale de la Représentation Permanente, en date du 2 septembre 1994, enregistrée au Secrétariat Général le 2 septembre 1994 - Or. angl.*

S'agissant du Protocole N° 7 à la Convention de sauvegarde des Droits de l'Homme et des Libertés fondamentales adopté par le Conseil de l'Europe le 22 novembre 1984 et ratifié par le Danemark le 18 août 1988, j'ai l'honneur de déclarer que le Danemark retire sa réserve territoriale faite lors de la ratification dudit Protocole selon laquelle le Protocole ne s'appliquerait pas aux îles Féroé.

La réserve danoise faite en application de l'article 2, paragraphe 1, du Protocole s'appliquera également aux îles Féroé.

Les déclarations danoises faites conformément à l'article 7, paragraphe 2, du Protocole, par lesquelles le Danemark reconnaît le droit de recours individuel et la juridiction obligatoire de la Cour européenne des Droits de l'Homme en regard des articles 1 à 5 du Protocole s'appliqueront également aux îles Féroé.

FRANCE

Déclaration   *faite lors de la signature, le 22 novembre 1984, et confirmée lors du dépôt de l'instrument de ratification, le 17 février 1986 - Or. fr.*

Le Gouvernement de la République française déclare qu'au sens de l'article 2, paragraphe 1, l'examen par une juridiction supérieure peut se limiter à un contrôle de l'application de la loi, tel que le recours en cassation.

Réserves   *faites lors de la signature, le 22 novembre 1984 - Or. fr.*

Le Gouvernement de la République française déclare que seules les infractions relevant en droit français de la compétence des tribunaux statuant en matière pénale doivent être regardées comme des infractions au sens des articles 2 à 4 du présent Protocole.

Le Gouvernement de la République française déclare que :

a.   l'article 5 ne doit pas faire obstacle à l'application des dispositions du Chapitre II du Titre V du Livre Troisième du Code civil ainsi qu'à l'application de l'article 383 du Code civil ;

b.   l'article 5 ne doit pas être interprété comme impliquant l'exercice commun de l'autorité parentale dans des situations où la législation française ne reconnaît cet exercice qu'à un seul des parents.

Réserves/Déclarations
STE N° 117

Réserves *contenues dans l'instrument de ratification, déposé le 17 février 1986 - Or. fr.*

Le Gouvernement de la République française déclare que seules les infractions relevant en droit français de la compétence des tribunaux statuant en matière pénale doivent être regardées comme des infractions au sens des articles 2 à 4 du présent Protocole.

Le Gouvernement de la République française déclare que l'article 5 ne doit pas faire obstacle à l'application des règles de l'ordre juridique français concernant la transmission du nom patronymique.

L'article 5 ne doit pas faire obstacle à l'application des dispositions de droit local dans la collectivité territoriale de Mayotte et les territoires de Nouvelle-Calédonie et des Iles Wallis et Futuna.

Le Protocole N° 7 à la Convention de sauvegarde des Droits de l'Homme et des Libertés fondamentales s'appliquera à l'ensemble du territoire de la République, compte tenu, en ce qui concerne les territoires d'Outre-Mer et la collectivité territoriale de Mayotte, des nécessités locales auxquelles l'article 63 de la Convention européenne des Droits de l'Homme et des Libertés fondamentales fait référence.

ALLEMAGNE

Déclarations *faites lors de la signature, le 19 mars 1985 - Or angl.*

1.   Par "infraction pénale" et "infraction" aux articles 2 à 4 du présent Protocole, la République fédérale d'Allemagne ne comprend que les actes qui sont des infractions pénales selon son droit.

2.   La République fédérale d'Allemagne applique l'article 2.1 aux déclarations de culpabilité ou aux condamnations prononcées en première instance seulement, avec la possibilité de limiter l'examen aux erreurs de droit et d'effectuer cet examen à huis clos ; en outre, elle comprend que l'application de l'article 2.1, ne dépend pas de la traduction du jugement écrit de l'instance inférieure dans une langue autre que la langue utilisée devant le tribunal.

3.   La République fédérale d'Allemagne comprend les mots "conformément à la loi ou à l'usage en vigueur dans l'Etat concerné" comme signifiant que l'article 3 ne se réfère qu'à la réouverture du procès prévue aux articles 359 et suiv. du Code de procédure pénale (Strafprozessordnung).

ITALIE

Déclaration *consignée dans une lettre, en date du 7 novembre 1991, remise au Secrétaire Général lors du dépôt de l'instrument de ratification, le 7 novembre 1991 - Or. fr.*

La République italienne déclare que les articles 2 à 4 du Protocole ne s'appliquent qu'aux infractions, aux procédures et aux décisions qualifiées pénales par la loi italienne.

442   *As Reservas à Convenção Europeia dos Direitos do Homem*

Réserves/Déclarations
STE N° 117

LITUANIE

Déclarations   *consignées dans l'instrument de ratification de la Convention de sauvegarde des Droits de l'Homme et des libertés fondamentales, déposé le 20 juin 1995 - Or. angl.*

Article 25:   La République de Lituanie déclare reconnaître pour une période de trois ans la compétence de la Commission à être saisie d'une requête par toute personne physique.

Article 46:   La République de Lituanie déclare reconnaître, pour une période de trois ans, comme obligatoire de plein droit la juridiction de la Cour sur toutes les affaires concernant l'interprétation et l'application de la Convention.

Les déclarations de la République de Lituanie au titre des articles 25 et 46 de la Convention s'appliqueront également aux Protocoles N° 4 et N° 7 à la Convention.

LUXEMBOURG

Réserve   *faite lors du dépôt de l'instrument de ratification, le 19 avril 1989 - Or. fr.*

Le Grand-Duché de Luxembourg déclare que l'article 5 du Protocole ne doit pas faire obstacle à l'application des règles de l'ordre juridique luxembourgeois concernant la transmission du nom patronymique.

PAYS-BAS

Déclaration   *faite lors de la signature, le 22 novembre 1984 - Or. angl.*

Le Gouvernement des Pays-Bas interprète le paragraphe 1 de l'article 2 comme signifiant que le droit accordé à toute personne déclarée coupable d'une infraction pénale de faire examiner par une juridiction supérieure la déclaration de culpabilité ou la condamnation ne s'applique qu'aux déclarations de culpabilité ou aux condamnations rendues en première instance par les tribunaux qui sont, conformément au droit néerlandais, chargés de rendre la justice pénale.

SAINT-MARIN

Déclaration   *consignée dans l'instrument de ratification, déposé le 22 mars 1989 - Or. it.*

Le Gouvernement de la République de Saint-Marin déclare, en relation avec les dispositions de l'article 3 relatives à l'indemnisation d'une victime d'une erreur judiciaire, que si le principe est appliqué en fait dans la pratique, il n'est toutefois pas prévu par une disposition législative. Le Gouvernement de la République s'engage, par conséquent, à prévoir l'énoncé et la réglementation du principe dans une disposition législative pertinente qui sera approuvée avant deux années à partir de ce jour.

Anexos 443

Réserves/Déclarations
STE N° 117

SUEDE

Déclaration *faite lors du dépôt de l'instrument de ratification, le 8 novembre 1985 - Or. angl.*

Article 1

Le Gouvernement de la Suède déclare qu'un étranger qui est habilité à faire appel contre une décision d'expulsion peut, conformément au paragraphe 70 de la Loi suédoise sur les étrangers (1980:376), faire une déclaration (appelée déclaration d'acceptation) par laquelle il renonce à son droit d'appel contre la décision. La déclaration d'acceptation est irrévocable. Si l'étranger a fait appel contre la décision avant de faire la déclaration d'acceptation, son recours sera considéré comme caduc du fait de la déclaration.

SUISSE

Réserves *consignées dans l'instrument de ratification, déposé le 24 février 1988 - Or. fr.*

Article 1

Lorsque l'expulsion intervient à la suite d'une décision du Conseil fédéral fondée sur l'article 70 de la Constitution pour menace de la sûreté intérieure ou extérieure de la Suisse, la personne concernée ne bénéficie pas des droits énumérés au 1er alinéa, même après l'exécution de l'expulsion.

Article 5

Après l'entrée en vigueur des dispositions révisées du Code civil suisse du 5 octobre 1984, les dispositions de l'article 5 du Protocole additionnel N° 7 seront appliquées sous réserve, d'une part, des dispositions du droit fédéral relatives au nom de famille (article 160 CC et 8a Tit. fin., CC) et, d'autre part, de celles relatives à l'acquisition du droit de cité (articles 161, 134, 1er alinéa, 149, 1er alinéa, CC et 8b Tit. fin., CC). En outre, sont réservées certaines dispositions du droit transitoire relatives au régime matrimonial (articles 9, 9a, 9c, 9d, 9e, 10 et 10a Tit. fin., CC).

ANEXO II

Mapa do estado das assinaturas e ratificações da Convenção Europeia dos Direitos do Homem e seus Protocolos Adicionais

(21/2/96)

Anexos 447

COUNCIL OF EUROPE
European Treaties

CHART OF SIGNATURES AND RATIFICATIONS
ETAT DES SIGNATURES ET DES RATIFICATIONS
Date : 01/07/96

CONSEIL DE L'EUROPE
Traités Européens

Number/Numéro : 5

TITLE : CONVENTION FOR THE PROTECTION OF HUMAN RIGHTS AND FUNDAMENTAL FREEDOMS (*)
TITRE : CONVENTION DE SAUVEGARDE DES DROITS DE L'HOMME ET DES LIBERTES FONDAMENTALES (*)

OPENING FOR SIGNATURE/OUVERTURE À LA SIGNATURE
Place/Lieu : ROME
Date : 04/11/50

ENTRY INTO FORCE/ENTRÉE EN VIGUEUR
Conditions : 10 RATIFICATIONS
Date : 03/09/53

MEMBER STATES ETATS MEMBRES	Date of/de Signature	Date of/de Ratification or/ou Accession/Adhésion	Date of/d' entry into force/ entrée en vigueur	R:Reservations/Réserves D:Declarations T:Territorial Decl./ Décl. Territoriale
ALBANIA/ALBANIE	13/07/95			
ANDORRA/ANDORRE	10/11/94	22/01/96	22/01/96 *	R/D
AUSTRIA/AUTRICHE	13/12/57	03/09/58	03/09/58 *	R
BELGIUM/BELGIQUE	04/11/50	14/06/55	14/06/55 *	
BULGARIA/BULGARIE	07/05/92	07/09/92	07/09/92 *	
CYPRUS/CHYPRE	16/12/61	06/10/62	06/10/62 *	
CZECH REP./REP. TCHEQUE	21/02/91 i	18/03/92 ii	01/01/93 *	R
DENMARK/DANEMARK	04/11/50	13/04/53	03/09/53 *	
ESTONIA/ESTONIE	14/05/93	16/04/96	16/04/96 *	R
FINLAND/FINLANDE	05/05/89	10/05/90	10/05/90 *	R
FRANCE	04/11/50	03/05/74	03/05/74 *	R/T
GERMANY/ALLEMAGNE	04/11/50	05/12/52	03/09/53 *	R
GREECE/GRECE	28/11/50	28/11/74	28/11/74 *	
HUNGARY/HONGRIE	06/11/90	05/11/92	05/11/92 *	R
ICELAND/ISLANDE	04/11/50	29/06/53	03/09/53 *	
IRELAND/IRLANDE	04/11/50	25/02/53	03/09/53 *	R
ITALY/ITALIE	04/11/50	26/10/55	26/10/55 *	
LATVIA/LETTONIE	10/02/95			
LIECHTENSTEIN	23/11/78	08/09/82	08/09/82 *	R
LITHUANIA/LITUANIE	14/05/93	20/06/95	20/06/95 *	R
LUXEMBOURG	04/11/50	03/09/53	03/09/53 *	
MALTA/MALTE	12/12/66	23/01/67	23/01/67 *	D
MOLDOVA	13/07/95			
NETHERLANDS/PAYS-BAS	04/11/50	31/08/54	31/08/54 *	T
NORWAY/NORVEGE	04/11/50	15/01/52	03/09/53 *	
POLAND/POLOGNE	26/11/91	19/01/93	19/01/93 *	
PORTUGAL	22/09/76	09/11/78	09/11/78 *	R
ROMANIA/ROUMANIE	07/10/93	20/06/94	20/06/94 *	R
RUSSIA/RUSSIE	28/02/96			
SAN MARINO/SAINT-MARIN	16/11/88	22/03/89	22/03/89 *	R/D

.../...

448 *As Reservas à Convenção Europeia dos Direitos do Homem*

COUNCIL OF EUROPE
European Treaties

CHART OF SIGNATURES AND RATIFICATIONS
ETAT DES SIGNATURES ET DES RATIFICATIONS
Date : 01/07/96

CONSEIL DE L'EUROPE
Traités Européens

Number/Numéro :   5

TITLE : CONVENTION FOR THE PROTECTION OF HUMAN RIGHTS AND FUNDAMENTAL FREEDOMS (*)
TITRE : CONVENTION DE SAUVEGARDE DES DROITS DE L'HOMME ET DES LIBERTES FONDAMENTALES (*)

cont'd/suite	Date of/de Signature	Date of/de Ratification or/ou Accession/Adhésion	Date of/d' entry into force/ entrée en vigueur	R:Reservations/Réserves D:Declarations T:Territorial Decl./ Décl. Territoriale
SLOVAKIA/SLOVAQUIE	21/02/91 i	18/03/92 ii	01/01/93 *	R
SLOVENIA/SLOVENIE	14/05/93	28/06/94	28/06/94 *	
SPAIN/ESPAGNE	24/11/77	04/10/79	04/10/79 *	R/D
SWEDEN/SUEDE	28/11/50	04/02/52	03/09/53 *	
SWITZERLAND/SUISSE	21/12/72	28/11/74	28/11/74 *	R/D
TFYROMACEDONIA/LERYMACEDOINE °	09/11/95			
TURKEY/TURQUIE	04/11/50	18/05/54	18/05/54 *	
UKRAINE	09/11/95			
UNITED KINGDOM/ROYAUME-UNI	04/11/50	08/03/51	03/09/53 *	T

(*) Treaty open for signature by the member States
(*) Traité ouvert à la signature des Etats membres

  ° "the former Yugoslav Republic of Macedonia" / "l'ex-République yougoslave de Macédoine"

  *   State having made declarations pursuant to Articles 25 and 46 — See separate chart
      Etat ayant fait des déclarations en application des articles 25 et 46 — Voir tableau séparé

  i Date of signature by the Czech and Slovak Federal Republic
     Date de signature par la République fédérative tchèque et slovaque

  ii Date of deposit of the instrument of ratification of the Czech and Slovak Federal Republic
      Date du dépôt de l'instrument de ratification de la République fédérative tchèque et slovaque

Anexos 449

COUNCIL OF EUROPE
European Treaties

CHART OF SIGNATURES AND RATIFICATIONS
ETAT DES SIGNATURES ET DES RATIFICATIONS
Date : 01/07/96

CONSEIL DE L'EUROPE
Traités Européens

Number/Numéro : **9**

TITLE : **PROTOCOL TO THE CONVENTION FOR THE PROTECTION OF HUMAN RIGHTS AND FUNDAMENTAL FREEDOMS (*)**
TITRE : **PROTOCOLE ADDITIONNEL A LA CONVENTION DE SAUVEGARDE DES DROITS DE L'HOMME ET DES LIBERTES FONDAMENTALES (*)**

OPENING FOR SIGNATURE/OUVERTURE À LA SIGNATURE
Place/Lieu : PARIS
Date : 20/03/52

ENTRY INTO FORCE/ENTRÉE EN VIGUEUR
Conditions : 10 RATIFICATIONS
Date : 18/05/54

MEMBER STATES ETATS MEMBRES	Date of/de Signature	Date of/de Ratification or/ou Accession/Adhésion	Date of/d' entry into force/ entrée en vigueur	R:Reservations/Réserves D:Declarations T:Territorial Decl./ Décl. Territoriale
ALBANIA/ALBANIE				
ANDORRA/ANDORRE				
AUSTRIA/AUTRICHE	13/12/57	03/09/58	03/09/58 *	R
BELGIUM/BELGIQUE	20/03/52	14/06/55	14/06/55 *	
BULGARIA/BULGARIE	07/05/92	07/09/92	07/09/92 *	R/D
CYPRUS/CHYPRE	16/12/61	06/10/62	06/10/62 *	
CZECH REP./REP. TCHEQUE	21/02/91 i	18/03/92 ii	01/01/93 *	
DENMARK/DANEMARK	20/03/52	13/04/53	18/05/54 *	
ESTONIA/ESTONIE	14/05/93	16/04/96	16/04/96 *	R
FINLAND/FINLANDE	05/05/89	10/05/90	10/05/90 *	
FRANCE	20/03/52	03/05/74	03/05/74 *	T
GERMANY/ALLEMAGNE	20/03/52	13/02/57	13/02/57 *	D
GREECE/GRECE	20/03/52	28/11/74	28/11/74 *	
HUNGARY/HONGRIE	06/11/90	05/11/92	05/11/92 *	
ICELAND/ISLANDE	20/03/52	29/06/53	18/05/54 *	
IRELAND/IRLANDE	20/03/52	25/02/53	18/05/54 *	D
ITALY/ITALIE	20/03/52	26/10/55	26/10/55 *	
LATVIA/LETTONIE				
LIECHTENSTEIN	07/05/87	14/11/95	14/11/95 *	
LITHUANIA/LITUANIE	14/05/93	24/05/96	24/05/96 *	
LUXEMBOURG	20/03/52	03/09/53	18/05/54 *	R
MALTA/MALTE	12/12/66	23/01/67	23/01/67 *	D
MOLDOVA	02/05/96			
NETHERLANDS/PAYS-BAS	20/03/52	31/08/54	31/08/54 *	D/T
NORWAY/NORVEGE	20/03/52	18/12/52	18/05/54 *	
POLAND/POLOGNE	14/09/92	10/10/94	10/10/94 *	
PORTUGAL	22/09/76	09/11/78	09/11/78 *	
ROMANIA/ROUMANIE	04/11/93	20/06/94	20/06/94 *	D
RUSSIA/RUSSIE	28/02/96			
SAN MARINO/SAINT-MARIN	01/03/89	22/03/89	22/03/89 *	R

.../...

450   *As Reservas à Convenção Europeia dos Direitos do Homem*

COUNCIL OF EUROPE   CHART OF SIGNATURES AND RATIFICATIONS   CONSEIL DE L'EUROPE
European Treaties   ETAT DES SIGNATURES ET DES RATIFICATIONS   Traités Européens
                                           Date : 01/07/96

Number/Numéro :   9

TITLE : PROTOCOL TO THE CONVENTION FOR THE PROTECTION OF HUMAN RIGHTS AND FUNDAMENTAL FREEDOMS (*)
TITRE : PROTOCOLE ADDITIONNEL A LA CONVENTION DE SAUVEGARDE DES DROITS DE L'HOMME ET DES LIBERTES FONDAMENTALES (*)

cont'd/suite	Date of/de Signature	Date of/de Ratification or/ou Accession/Adhésion	Date of/d' entry into force/ entrée en vigueur	R:Reservations/Réserves D:Declarations T:Territorial Decl./ Décl. Territoriale
SLOVAKIA/SLOVAQUIE	21/02/91 i	18/03/92 ii	01/01/93 *	
SLOVENIA/SLOVENIE	14/05/93	28/06/94	28/06/94 *	
SPAIN/ESPAGNE	23/02/78	27/11/90	27/11/90 *	R
SWEDEN/SUEDE	20/03/52	22/06/53	18/05/54 *	
SWITZERLAND/SUISSE	19/05/76			
TFYROMACEDONIA/LERYMACEDOINE °	14/06/96			
TURKEY/TURQUIE	20/03/52	18/05/54	18/05/54 *	R
UKRAINE				
UNITED KINGDOM/ROYAUME-UNI	20/03/52	03/11/52	18/05/54 *	R/T

(*) Treaty open for signature by the member States signatories to Treaty ETS 5
(*) Traité ouvert à la signature des Etats membres signataires du Traité STE 5

   ° "the former Yugoslav Republic of Macedonia" / "l'ex-République yougoslave de Macédoine"

*   State having made declarations pursuant to Articles 25 and 46 – See separate chart
     Etat ayant fait des déclarations en application des articles 25 et 46 – Voir tableau séparé

i   Date of signature by the Czech and Slovak Federal Republic
    Date de signature par la République fédérative tchèque et slovaque

ii Date of deposit of the instrument of ratification of the Czech and Slovak Federal Republic
    Date du dépôt de l'instrument de ratification de la République fédérative tchèque et slovaque

Anexos 451

COUNCIL OF EUROPE
European Treaties

CHART OF SIGNATURES AND RATIFICATIONS
ETAT DES SIGNATURES ET RATIFICATIONS
Date : 1/07/96

CONSEIL DE L'EUROPE
Traités Européens

Numbers/Numéros : 5 – 9 – 114
Articles 25 and/et 46

TITLE : DECLARATIONS PURSUANT TO ARTICLES 25 AND 46 OF THE CONVENTION FOR THE PROTECTION OF HUMAN RIGHTS
AND FUNDAMENTAL FREEDOMS (RIGHT OF INDIVIDUAL PETITION – COMPULSORY JURISDICTION OF THE COURT)

TITRE : DECLARATIONS EN APPLICATION DES ARTICLES 25 ET 46 DE LA CONVENTION DE SAUVEGARDE DES DROITS DE L'HOMME
ET DES LIBERTES FONDAMENTALES (DROIT DE RECOURS INDIVIDUEL – JURIDICTION OBLIGATOIRE DE LA COUR)

MEMBER STATES ETATS MEMBRES	ARTICLE 25 (1)			ARTICLE 46 (1)		
	first declarations premières déclarations	current declarations déclarations en cours		first declarations premières déclarations	current declarations déclarations en cours	
ALBANIA/ALBANIE						
ANDORRA/ANDORRE	22/01/96	22/01/96	3 years–ans	22/01/96	22/01/96	3 years–ans
AUSTRIA/AUTRICHE	03/09/58	03/09/94	3 years–ans	03/09/58	03/09/94	3 years–ans
BELGIUM/BELGIQUE	05/07/55	30/06/92	5 years–ans	05/07/55	29/06/92	5 years–ans
BULGARIA/BULGARIE	07/09/92	07/09/92	3 years–ans(b)	07/09/92	07/09/92	3 years–ans(b)
CYPRUS/CHYPRE	01/01/89	01/01/95	3 years–ans	24/01/80	24/01/95	3 years–ans
CZECH REP./REP. TCHEQUE	18/03/92(i)	18/03/92	5 years–ans(b)	18/03/92	18/03/92	5 years–ans(b)
DENMARK/DANEMARK	13/04/53	05/04/92	5 years–ans	13/04/53	05/04/92	5 years–ans
ESTONIA/ESTONIE	16/04/96	16/04/96	3 years–ans	16/04/96	16/04/96	3 years–ans
FINLAND/FINLANDE	10/05/90	10/05/90	(a)	10/05/90	10/05/90	(a)
FRANCE	02/10/81	22/09/94	5 years–ans	03/05/74	22/09/94	5 years–ans
GERMANY/ALLEMAGNE	05/07/55	01/07/94	5 years–ans	05/07/55	01/07/94	5 years–ans
GREECE/GRECE	20/11/85	20/11/94	3 years–ans	30/01/79	24/06/94	3 years–ans
HUNGARY/HONGRIE	05/11/92	05/11/92	5 years–ans(b)	05/11/92	05/11/92	5 years–ans(b)
ICELAND/ISLANDE	29/03/55	25/03/60	(a)	03/09/58	02/09/94	(a)
IRELAND/IRLANDE	25/02/53	25/02/53	(a)	25/02/53	25/02/53	(a)
ITALY/ITALIE	01/08/73	01/01/94	3 years–ans	01/08/73	01/01/94	3 years–ans
LATVIA/LETTONIE						
LIECHTENSTEIN	08/09/82	08/09/94	3 years–ans	08/09/82	08/09/94	3 years–ans
LITHUANIA/LITUANIE	20/06/95	20/06/95	3 years–ans	20/06/95	20/06/95	3 years–ans
LUXEMBOURG	28/04/58	28/04/96	5 years–ans	28/04/58	28/04/96	5 years–ans
MALTA/MALTE	01/05/87	01/05/92	5 years–ans	01/05/87	01/05/92	5 years–ans
MOLDOVA						
NETHERLANDS/PAYS-PAYS	28/06/60	01/09/79	(a)	31/08/54	01/09/79	(a)
NORWAY/NORVEGE	10/12/55	29/06/92	5 years–ans	16/07/64	29/06/92	5 years–ans
POLAND/POLOGNE	01/05/93	01/05/93	3 years/ans(b)	01/05/93	01/05/93	3 years/ans(b)
PORTUGAL	09/11/78	09/11/78	2 years–ans(b)	09/11/78	09/11/78	2 years–ans(b)
ROMANIA/ROUMANIE	20/06/94	20/06/94	(a)	20/06/94	20/06/94	(a)
RUSSIA/RUSSIE						
SAN MARINO/SAINT-MARIN	22/03/89	22/03/95	3 years–ans	22/03/89	22/03/95	3 years–ans

... / ...

452 *As Reservas à Convenção Europeia dos Direitos do Homem*

COUNCIL OF EUROPE
European Treaties

CHART OF SIGNATURES AND RATIFICATIONS
ETAT DES SIGNATURES ET RATIFICATIONS
Date : 1/07/96

CONSEIL DE L'EUROPE
Traités Européens

Numbers/Numéros : 5 - 9 - 114
Articles 25 and/et 46

TITLE : DECLARATIONS PURSUANT TO ARTICLES 25 AND 46 OF THE CONVENTION FOR THE PROTECTION OF HUMAN RIGHTS AND FUNDAMENTAL FREEDOMS (RIGHT OF INDIVIDUAL PETITION - COMPULSORY JURISDICTION OF THE COURT)

TITRE : DECLARATIONS EN APPLICATION DES ARTICLES 25 ET 46 DE LA CONVENTION DE SAUVEGARDE DES DROITS DE L'HOMME ET DES LIBERTES FONDAMENTALES (DROIT DE RECOURS INDIVIDUEL - JURIDICTION OBLIGATOIRE DE LA COUR)

MEMBER STATES ETATS MEMBRES	ARTICLE 25 (1)			ARTICLE 46 (1)		
	first declarations	current declarations		first declarations	current declarations	
SLOVAKIA/SLOVAQUIE	18/03/92(i)	18/03/92	5 years-ans(b)	18/03/92	18/03/92	5 years-ans(b)
SLOVENIA/SLOVENIE	28/06/94	28/06/94	(a)	28/06/94	28/06/94	(a)
SPAIN/ESPAGNE	01/07/81	15/10/85	5 years-ans(b)	15/10/79	15/10/90	5 years-ans(b)
SWEDEN/SUEDE	04/02/52	04/02/52	(a)	13/05/66	13/05/96	(a)
SWITZERLAND/SUISSE	28/11/74	28/11/95	3 years-ans	28/11/74	28/11/74	(a)
TFYROMACEDONIA/LERYMACEDOINE °						
TURKEY/TURQUIE	28/01/87	28/01/95	3 years-ans	22/01/90	22/01/95	3 years-ans
UKRAINE						
UNITED KINGDOM/ROYAUME-UNI	14/01/66	14/01/96	5 years-ans	14/01/66	14/01/96	5 years-ans

---

Observations

(1) Declarations made under Articles 25 and 46 respectively of the Convention also apply to Articles 1 to 4 of the Additional Protocol (ETS N° 9) and to Articles 1 to 5 of Protocol N° 6 (ETS N° 114) in those States which have ratified either one or both of these Protocols /
Les déclarations faites respectivement en vertu des Articles 25 et 46 de la Convention visent également les Articles 1 à 4 du Protocole additionnel (STE N° 9) et les Articles 1 à 5 du Protocole N° 6 (STE N° 114) pour les Etats qui ont ratifié l'un ou l'autre de ces protocoles ou les deux

    (a) Until otherwise decided or for an indefinite period / Jusqu'à révocation ou pour une durée indéterminée
    (b) Declaration renewable by tacit agreement / Déclaration renouvelable par tacite reconduction

(i) See note ii - Convention ETS No. 5/
Voir note ii - Convention STE N° 5

    ° "the former Yugoslav Republic of Macedonia"/"l'ex-République yougoslave de Macédoine"

Anexos 453

COUNCIL OF EUROPE
European Treaties

CHART OF SIGNATURES AND RATIFICATIONS
ETAT DES SIGNATURES ET DES RATIFICATIONS
Date : 01/07/96

CONSEIL DE L'EUROPE
Traités Européens

Number/Numéro : 46

TITLE : PROTOCOL No 4 TO THE CONVENTION FOR THE PROTECTION OF HUMAN RIGHTS AND FUNDAMENTAL FREEDOMS, SECURING
CERTAIN RIGHTS AND FREEDOMS OTHER THAN THOSE INCLUDED IN THE CONVENTION AND IN PROTOCOL No 1 (*)
TITRE : PROTOCOLE N° 4 A LA CONVENTION DE SAUVEGARDE DES DROITS DE L'HOMME ET DES LIBERTES FONDAMENTALES RECON-
NAISSANT CERTAINS DROITS ET LIBERTES AUTRES QUE CEUX FIGURANT DANS LA CONVENTION ET LE PROTOCOLE N° 1 (*)

OPENING FOR SIGNATURE/OUVERTURE À LA SIGNATURE
Place/Lieu : STRASBOURG
Date : 16/09/63

ENTRY INTO FORCE/ENTRÉE EN VIGUEUR
Conditions : 5 RATIFICATIONS
Date : 02/05/68

MEMBER STATES ETATS MEMBRES	Date of/de Signature	Date of/de Ratification or/ou Accession/Adhésion	Date of/d' entry into force/ entrée en vigueur	R:Reservations/Réserves D:Declarations T:Territorial Decl./ Décl. Territoriale
ALBANIA/ALBANIE				
ANDORRA/ANDORRE				
AUSTRIA/AUTRICHE	16/09/63	18/09/69	18/09/69 *	R
BELGIUM/BELGIQUE	16/09/63	21/09/70	21/09/70 *	
BULGARIA/BULGARIE	03/11/93			
CYPRUS/CHYPRE	06/10/88	03/10/89	03/10/89 *	D
CZECH REP./REP. TCHEQUE	21/02/91 i	18/03/92 ii	01/01/93 *	
DENMARK/DANEMARK	16/09/63	30/09/64	02/05/68 *	
ESTONIA/ESTONIE	14/05/93	16/04/96	16/04/96 *	
FINLAND/FINLANDE	05/05/89	10/05/90	10/05/90 *	
FRANCE	22/10/73	03/05/74	03/05/74 *	T
GERMANY/ALLEMAGNE	16/09/63	01/06/68	01/06/68 *	
GREECE/GRECE				
HUNGARY/HONGRIE	06/11/90	05/11/92	05/11/92 *	
ICELAND/ISLANDE	16/11/67	16/11/67	02/05/68 *	
IRELAND/IRLANDE	16/09/63	29/10/68	29/10/68 *	D
ITALY/ITALIE	16/09/63	27/05/82	27/05/82 *	D
LATVIA/LETTONIE				
LIECHTENSTEIN				
LITHUANIA/LITUANIE	14/05/93	20/06/95	20/06/95 *	
LUXEMBOURG	16/09/63	02/05/68	02/05/68 *	
MALTA/MALTE				
MOLDOVA	02/05/96			
NETHERLANDS/PAYS-BAS	15/11/63	23/06/82	23/06/82 *	D/T
NORWAY/NORVEGE	16/09/63	12/06/64	02/05/68 *	
POLAND/POLOGNE	14/09/92	10/10/94	10/10/94 *	
PORTUGAL	27/04/78	09/11/78	09/11/78 *	
ROMANIA/ROUMANIE	04/11/93	20/06/94	20/06/94 *	
RUSSIA/RUSSIE	28/02/96			
SAN MARINO/SAINT-MARIN	01/03/89	22/03/89	22/03/89 *	

.../...

454   As Reservas à Convenção Europeia dos Direitos do Homem

COUNCIL OF EUROPE
European Treaties

CHART OF SIGNATURES AND RATIFICATIONS
ETAT DES SIGNATURES ET DES RATIFICATIONS
Date : 01/07/96

CONSEIL DE L'EUROPE
Traités Européens

Number/Numéro :   46

TITLE : **PROTOCOL No 4 TO THE CONVENTION FOR THE PROTECTION OF HUMAN RIGHTS AND FUNDAMENTAL FREEDOMS, SECURING CERTAIN RIGHTS AND FREEDOMS OTHER THAN THOSE INCLUDED IN THE CONVENTION AND IN PROTOCOL No 1 (*)**
TITRE : **PROTOCOLE Nº 4 A LA CONVENTION DE SAUVEGARDE DES DROITS DE L'HOMME ET DES LIBERTES FONDAMENTALES RECONNAISSANT CERTAINS DROITS ET LIBERTES AUTRES QUE CEUX FIGURANT DANS LA CONVENTION ET LE PROTOCOLE Nº 1 (*)**

cont'd/suite	Date of/de Signature	Date of/de Ratification or/ou Accession/Adhésion	Date of/d' entry into force/ entrée en vigueur	R:Reservations/Réserves D:Declarations T:Territorial Decl./ Décl. Territoriale
SLOVAKIA/SLOVAQUIE	21/02/91 i	18/03/92 ii	01/01/93 *	
SLOVENIA/SLOVENIE	14/05/93	28/06/94	28/06/94 *	
SPAIN/ESPAGNE	23/02/78			
SWEDEN/SUEDE	16/09/63	13/06/64	02/05/68 *	
SWITZERLAND/SUISSE				
TFYROMACEDONIA/LERYMACEDOINE °	14/06/96			
TURKEY/TURQUIE	19/10/92			
UKRAINE				
UNITED KINGDOM/ROYAUME-UNI	16/09/63			

(*) Treaty open for signature by the member States signatories to Treaty ETS 5
(*) Traité ouvert à la signature des Etats membres signataires du Traité STE 5

  ° "the former Yugoslav Republic of Macedonia" / "l'ex-République yougoslave de Macédoine"

* State having made declarations pursuant to Articles 25 and 46 — See separate chart
   Etat ayant fait des déclarations en application des articles 25 et 46 — Voir tableau séparé

i Date of signature by the Czech and Slovak Federal Republic
   Date de signature par la République fédérative tchèque et slovaque

ii Date of deposit of the instrument of ratification of the Czech and Slovak Federal Republic
   Date du dépôt de l'instrument de ratification de la République fédérative tchèque et slovaque

Anexos 455

COUNCIL OF EUROPE European Treaties	CHART OF SIGNATURES AND RATIFICATIONS ETAT DES SIGNATURES ET DES RATIFICATIONS Date : 01/07/96	CONSEIL DE L'EUROPE Traités Européens

Number/Numéro : 114

TITLE : PROTOCOL No 6 TO THE CONVENTION FOR THE PROTECTION OF HUMAN RIGHTS AND FUNDAMENTAL FREEDOMS CONCERNING
THE ABOLITION OF THE DEATH PENALTY (*)
TITRE : PROTOCOLE N° 6 A LA CONVENTION DE SAUVEGARDE DES DROITS DE L'HOMME ET DES LIBERTES FONDAMENTALES CONCERNANT
L'ABOLITION DE LA PEINE DE MORT (*)

OPENING FOR SIGNATURE/OUVERTURE À LA SIGNATURE
Place/Lieu : STRASBOURG
Date : 28/04/83

ENTRY INTO FORCE/ENTRÉE EN VIGUEUR
Conditions : 5 RATIFICATIONS
Date : 01/03/85

MEMBER STATES ETATS MEMBRES	Date of/de Signature	Date of/de Ratification or/ou Accession/Adhésion	Date of/d' entry into force/ entrée en vigueur	R:Reservations/Réserves D:Declarations T:Territorial Decl./ Décl. Territoriale
ALBANIA/ALBANIE				
ANDORRA/ANDORRE	22/01/96	22/01/96	01/02/96 *	
AUSTRIA/AUTRICHE	28/04/83	05/01/84	01/03/85 *	
BELGIUM/BELGIQUE	28/04/83			
BULGARIA/BULGARIE				
CYPRUS/CHYPRE				
CZECH REP./REP. TCHEQUE	21/02/91 i	18/03/92 ii	01/01/93 *	
DENMARK/DANEMARK	28/04/83	01/12/83	01/03/85 *	
ESTONIA/ESTONIE	14/05/93			
FINLAND/FINLANDE	05/05/89	10/05/90	01/06/90 *	
FRANCE	28/04/83	17/02/86	01/03/86 *	
GERMANY/ALLEMAGNE	28/04/83	05/07/89	01/08/89 *	D
GREECE/GRECE	02/05/83			
HUNGARY/HONGRIE	06/11/90	05/11/92	01/12/92 *	
ICELAND/ISLANDE	24/04/85	22/05/87	01/06/87 *	
IRELAND/IRLANDE	24/06/94	24/06/94	01/07/94 *	
ITALY/ITALIE	21/10/83	29/12/88	01/01/89 *	
LATVIA/LETTONIE				
LIECHTENSTEIN	15/11/90	15/11/90	01/12/90 *	
LITHUANIA/LITUANIE				
LUXEMBOURG	28/04/83	19/02/85	01/03/85 *	
MALTA/MALTE	26/03/91	26/03/91	01/04/91 *	
MOLDOVA	02/05/96			
NETHERLANDS/PAYS-BAS	28/04/83	25/04/86	01/05/86 *	D/T
NORWAY/NORVEGE	28/04/83	25/10/88	01/11/88 *	
POLAND/POLOGNE				
PORTUGAL	28/04/83	02/10/86	01/11/86 *	
ROMANIA/ROUMANIE	15/12/93	20/06/94	01/07/94 *	
RUSSIA/RUSSIE				
SAN MARINO/SAINT-MARIN	01/03/89	22/03/89	01/04/89 *	

.../...

456   *As Reservas à Convenção Europeia dos Direitos do Homem*

```
COUNCIL OF EUROPE            CHART OF SIGNATURES AND RATIFICATIONS        CONSEIL DE L'EUROPE
European Treaties            ETAT DES SIGNATURES ET DES RATIFICATIONS      Traités Européens
                                        Date : 01/07/96
```

Number/Numéro : **114**

TITLE : **PROTOCOL No 6 TO THE CONVENTION FOR THE PROTECTION OF HUMAN RIGHTS AND FUNDAMENTAL FREEDOMS CONCERNING THE ABOLITION OF THE DEATH PENALTY (*)**

TITRE : **PROTOCOLE N° 6 A LA CONVENTION DE SAUVEGARDE DES DROITS DE L'HOMME ET DES LIBERTES FONDAMENTALES CONCERNANT L'ABOLITION DE LA PEINE DE MORT (*)**

cont'd/suite	Date of/de Signature	Date of/de Ratification or/ou Accession/Adhésion	Date of/d' entry into force/ entrée en vigueur	R:Reservations/Réserves D:Declarations T:Territorial Decl./ Décl. Territoriale
SLOVAKIA/SLOVAQUIE	21/02/91 i	18/03/92 ii	01/01/93 *	
SLOVENIA/SLOVENIE	14/05/93	28/06/94	01/07/94 *	
SPAIN/ESPAGNE	28/04/83	14/01/85	01/03/85 *	
SWEDEN/SUEDE	28/04/83	09/02/84	01/03/85 *	
SWITZERLAND/SUISSE	28/04/83	13/10/87	01/11/87 *	D
TFYROMACEDONIA/LERYMACEDOINE °	14/06/96			
TURKEY/TURQUIE				
UKRAINE				
UNITED KINGDOM/ROYAUME-UNI				

(*) Treaty open for signature by the member States signatories to Treaty ETS 5
(*) Traité ouvert à la signature des Etats membres signataires du Traité STE 5

   ° "the former Yugoslav Republic of Macedonia" / "l'ex-République yougoslave de Macédoine"

*   State having made declarations pursuant to Articles 25 and 46 — See separate chart
    Etat ayant fait fait des déclarations en application des articles 25 et 46 — Voir tableau séparé

i   Date of signature by the Czech and Slovak Federal Republic
   Date de signature par la République fédérative tchèque et slovaque

ii   Date of deposit of the instrument of ratification of the Czech and Slovak Federal Republic
   Date du dépôt de l'instrument de ratification de la République fédérative tchèque et slovaque

Anexos 457

```
COUNCIL OF EUROPE            CHART OF SIGNATURES AND RATIFICATIONS        CONSEIL DE L'EUROPE
European Treaties            ETAT DES SIGNATURES ET DES RATIFICATIONS      Traités Européens
                                        Date : 01/07/96
```

Number/Numéro : 117

TITLE : **PROTOCOL No 7 TO THE CONVENTION FOR THE PROTECTION OF HUMAN RIGHTS AND FUNDAMENTAL FREEDOMS (*)**
TITRE : **PROTOCOLE Nº 7 A LA CONVENTION DE SAUVEGARDE DES DROITS DE L'HOMME ET DES LIBERTES FONDAMENTALES (*)**

OPENING FOR SIGNATURE/OUVERTURE À LA SIGNATURE
Place/Lieu : STRASBOURG
Date : 22/11/84

ENTRY INTO FORCE/ENTRÉE EN VIGUEUR
Conditions : 7 RATIFICATIONS
Date : 01/11/88

MEMBER STATES ETATS MEMBRES	Date of/de Signature	Date of/de Ratification or/ou Accession/Adhésion	Date of/d' entry into force/ entrée en vigueur	R:Reservations/Réserves D:Declarations T:Territorial Decl./ Décl. Territoriale
ALBANIA/ALBANIE				
ANDORRA/ANDORRE				
AUSTRIA/AUTRICHE	19/03/85	14/05/86	01/11/88 *	D
BELGIUM/BELGIQUE				
BULGARIA/BULGARIE	03/11/93			
CYPRUS/CHYPRE				
CZECH REP./REP. TCHEQUE	21/02/91 i	18/03/92 ii	01/01/93 *	
DENMARK/DANEMARK	22/11/84	18/08/88	01/11/88 *	R/T
ESTONIA/ESTONIE	14/05/93	16/04/96	01/07/96 *	
FINLAND/FINLANDE	05/05/89	10/05/90	01/08/90 *	
FRANCE	22/11/84	17/02/86	01/11/88 *	R/D/T
GERMANY/ALLEMAGNE	19/03/85			D
GREECE/GRECE	22/11/84	29/10/87	01/11/88	
HUNGARY/HONGRIE	06/11/90	05/11/92	01/02/93 *	
ICELAND/ISLANDE	19/03/85	22/05/87	01/11/88 *	
IRELAND/IRLANDE	11/12/84			
ITALY/ITALIE	22/11/84	07/11/91	01/02/92	D
LATVIA/LETTONIE				
LIECHTENSTEIN				
LITHUANIA/LITUANIE	14/05/93	20/06/95	01/09/95 *	
LUXEMBOURG	22/11/84	19/04/89	01/07/89 *	R
MALTA/MALTE				
MOLDOVA	02/05/96			
NETHERLANDS/PAYS-BAS	22/11/84			D
NORWAY/NORVEGE	22/11/84	25/10/88	01/01/89 *	
POLAND/POLOGNE	14/09/92			
PORTUGAL	22/11/84			
ROMANIA/ROUMANIE	04/11/93	20/06/94	01/09/94 *	
RUSSIA/RUSSIE	28/02/96			
SAN MARINO/SAINT-MARIN	01/03/89	22/03/89	01/06/89 *	D

.../...

458 As Reservas à Convenção Europeia dos Direitos do Homem

```
COUNCIL OF EUROPE                CHART OF SIGNATURES AND RATIFICATIONS          CONSEIL DE L'EUROPE
European Treaties                ETAT DES SIGNATURES ET DES RATIFICATIONS          Traités Européens
                                          Date : 01/07/96
```

Number/Numéro : 117

TITLE : PROTOCOL No 7 TO THE CONVENTION FOR THE PROTECTION OF HUMAN RIGHTS AND FUNDAMENTAL FREEDOMS (*)
TITRE : PROTOCOLE N° 7 A LA CONVENTION DE SAUVEGARDE DES DROITS DE L'HOMME ET DES LIBERTES FONDAMENTALES (*)

cont'd/suite	Date of/de Signature	Date of/de Ratification or/ou Accession/Adhésion	Date of/d' entry into force/ entrée en vigueur	R:Reservations/Réserves D:Declarations T:Territorial Decl./ Décl. Territoriale
SLOVAKIA/SLOVAQUIE	21/02/91 i	18/03/92 ii	01/01/93 *	
SLOVENIA/SLOVENIE	14/05/93	28/06/94	01/09/94 *	
SPAIN/ESPAGNE	22/11/84			
SWEDEN/SUEDE	22/11/84	08/11/85	01/11/88 *	D
SWITZERLAND/SUISSE	28/02/86	24/02/88	01/11/88 *	R
TFYROMACEDONIA/LERYMACEDOINE °	14/06/96			
TURKEY/TURQUIE	14/03/85			
UKRAINE				
UNITED KINGDOM/ROYAUME-UNI				

(*) Treaty open for signature by the member States signatories to Treaty ETS 5
(*) Traité ouvert à la signature des Etats membres signataires du Traité STE 5

° "the former Yugoslav Republic of Macedonia" / "l'ex-République yougoslave de Macédoine"

* State having made declarations pursuant to Articles 25 and 46 — See separate chart
  Etat ayant fait des déclarations en application des articles 25 et 46 — Voir tableau séparé

i Date of signature by the Czech and Slovak Federal Republic
  Date de signature par la République fédérative tchèque et slovaque

ii Date of deposit of the instrument of ratification of the Czech and Slovak Federal Republic
   Date du dépôt de l'instrument de ratification de la République fédérative tchèque et slovaque

Anexos
459

COUNCIL OF EUROPE
European Treaties

CHART OF SIGNATURES AND RATIFICATIONS
ETAT DES SIGNATURES ET DES RATIFICATIONS
Date : 06/05/96

CONSEIL DE L'EUROPE
Traités Européens

Number/Numéro : 140

TITLE : PROTOCOL No 9 TO THE CONVENTION FOR THE PROTECTION OF HUMAN RIGHTS AND FUNDAMENTAL FREEDOMS (*)
TITRE : PROTOCOLE N° 9 A LA CONVENTION DE SAUVEGARDE DES DROITS DE L'HOMME ET DES LIBERTES FONDAMENTALES (*)

OPENING FOR SIGNATURE/OUVERTURE À LA SIGNATURE
Place/Lieu : ROME
Date : 06/11/90

ENTRY INTO FORCE/ENTRÉE EN VIGUEUR
Conditions : 10 RATIFICATIONS
Date : 01/10/94

MEMBER STATES ETATS MEMBRES	Date of/de Signature	Date of/de Ratification or/ou Accession/Adhésion	Date of/d' entry into force/ entrée en vigueur	R:Reservations/Réserves D:Declarations T:Territorial Decl./ Décl. Territoriale
ALBANIA/ALBANIE				
ANDORRA/ANDORRE				
AUSTRIA/AUTRICHE	06/11/90	27/04/92	01/10/94	
BELGIUM/BELGIQUE	08/11/90	01/08/95	01/12/95	
BULGARIA/BULGARIE				
CYPRUS/CHYPRE	06/11/90	26/09/94	01/01/95	
CZECH REP./REP. TCHEQUE	05/02/92 i	07/05/92 ii	01/10/94	
DENMARK/DANEMARK	06/11/90	14/02/96	01/06/96	T
ESTONIA/ESTONIE	14/05/93	16/04/96	01/08/96	
FINLAND/FINLANDE	06/11/90	11/12/92	01/10/94	
FRANCE	06/11/90			
GERMANY/ALLEMAGNE	22/05/92	07/07/94	01/11/94	
GREECE/GRECE	06/11/90			
HUNGARY/HONGRIE	06/11/90	05/11/92	01/10/94	
ICELAND/ISLANDE				
IRELAND/IRLANDE	24/06/94 (1)	24/06/94 (1)	01/10/94	
ITALY/ITALIE	06/11/90	13/12/93	01/10/94	
LATVIA/LETTONIE				
LIECHTENSTEIN	17/01/91	14/11/95	01/03/96	
LITHUANIA/LITUANIE	10/07/95			
LUXEMBOURG	06/11/90	09/07/92	01/10/94	
MALTA/MALTE	06/11/90			
MOLDOVA				
NETHERLANDS/PAYS-BAS	11/05/92	23/11/92	01/10/94	T
NORWAY/NORVEGE	10/12/90	15/01/92	01/10/94	
POLAND/POLOGNE	14/09/92	10/10/94	01/02/95	
PORTUGAL	22/01/91	12/10/95	01/02/96	
ROMANIA/ROUMANIE	04/11/93	20/06/94	01/10/94	
RUSSIA/RUSSIE	28/02/96			
SAN MARINO/SAINT-MARIN	06/11/90	28/06/95	01/10/95	

.../...

460   As Reservas à Convenção Europeia dos Direitos do Homem

COUNCIL OF EUROPE
European Treaties

CHART OF SIGNATURES AND RATIFICATIONS
ETAT DES SIGNATURES ET DES RATIFICATIONS
Date : 06/05/96

CONSEIL DE L'EUROPE
Traités Européens

Number/Numéro : 140

TITLE : PROTOCOL No 9 TO THE CONVENTION FOR THE PROTECTION OF HUMAN RIGHTS AND FUNDAMENTAL FREEDOMS (*)
TITRE : PROTOCOLE N° 9 A LA CONVENTION DE SAUVEGARDE DES DROITS DE L'HOMME ET DES LIBERTES FONDAMENTALES (*)

cont'd/suite	Date of/de Signature	Date of/de Ratification or/ou Accession/Adhésion	Date of/d' entry into force/ entrée en vigueur	R:Reservations/Réserves D:Declarations T:Territorial Decl./ Décl. Territoriale
SLOVAKIA/SLOVAQUIE	05/02/92 i	07/05/92 ii	01/10/94	
SLOVENIA/SLOVENIE	14/05/93	28/06/94	01/10/94	
SPAIN/ESPAGNE				
SWEDEN/SUEDE	06/11/90	21/04/95	01/08/95	
SWITZERLAND/SUISSE	06/11/90	11/04/95	01/08/95	
TFYROMACEDONIA/LERYMACEDOINE °				
TURKEY/TURQUIE	06/11/90			
UKRAINE				
UNITED KINGDOM/ROYAUME-UNI				

(*) Treaty open for signature by the member States signatories to Treaty ETS 5
(*) Traité ouvert à la signature des Etats membres signataires du Traité STE 5

  ° "the former Yugoslav Republic of Macedonia" / "l'ex-République yougoslave de Macédoine"

i Date of signature by the Czech and Slovak Federal Republic
   Date de signature par la République fédérative tchèque et slovaque

ii Date of deposit of the instrument of ratification of the Czech and Slovak Federal Republic
   Date du dépôt de l'instrument de ratification de la République fédérative tchèque et slovaque

(1) Signature without reservation as to ratification / Signature sans réserve de ratification

Anexos   461

COUNCIL OF EUROPE   CHART OF SIGNATURES AND RATIFICATIONS   CONSEIL DE L'EUROPE
European Treaties   ETAT DES SIGNATURES ET DES RATIFICATIONS   Traités Européens
                                        Date : 06/05/96

                                                                        Number/Numéro : 146

TITLE : **PROTOCOL No 10 TO THE CONVENTION FOR THE PROTECTION OF HUMAN RIGHTS AND FUNDAMENTAL FREEDOMS (*)**
TITRE : **PROTOCOLE N° 10 A LA CONVENTION DE SAUVEGARDE DES DROITS DE L'HOMME ET DES LIBERTES FONDAMENTALES (*)**

OPENING FOR SIGNATURE/OUVERTURE À LA SIGNATURE   ENTRY INTO FORCE/ENTRÉE EN VIGUEUR
Place/Lieu : STRASBOURG   Conditions : RATIFICATION BY PARTIES TO TREATY ETS 5
                                                                     RATIFICATION PAR PARTIES AU TRAITE STE 5

Date : 25/03/92   Date :

MEMBER STATES ETATS MEMBRES	Date of/de Signature	Date of/de Ratification or/ou Accession/Adhésion	Date of/d' entry into force/ entrée en vigueur	R:Reservations/Réserves D:Declarations T:Territorial Decl./ Décl. Territoriale
ALBANIA/ALBANIE				
ANDORRA/ANDORRE		***		
AUSTRIA/AUTRICHE	07/05/92	01/06/93		
BELGIUM/BELGIQUE	25/03/92	21/12/92		
BULGARIA/BULGARIE		***		
CYPRUS/CHYPRE	25/03/92	08/02/94		
CZECH REP./REP. TCHEQUE	07/05/92 i	26/06/92 ii		
DENMARK/DANEMARK	25/03/92	***		
ESTONIA/ESTONIE	14/05/93	16/04/96		
FINLAND/FINLANDE	25/03/92	21/07/92		
FRANCE	25/03/92	***		
GERMANY/ALLEMAGNE	25/03/92	07/07/94		
GREECE/GRECE	29/04/92	***		
HUNGARY/HONGRIE	09/02/93	***		
ICELAND/ISLANDE		***		
IRELAND/IRLANDE	24/06/94 (1)	24/06/94 (1)		
ITALY/ITALIE	25/03/92	27/02/95		
LATVIA/LETTONIE				
LIECHTENSTEIN	10/07/95	14/11/95		
LITHUANIA/LITUANIE		***		
LUXEMBOURG	25/03/92	07/02/94		
MALTA/MALTE	07/05/92 (1)	07/05/92 (1)		
MOLDOVA				
NETHERLANDS/PAYS-BAS	25/03/92	23/11/92		T
NORWAY/NORVEGE	25/03/92 (1)	25/03/92 (1)		
POLAND/POLOGNE	14/09/92	10/10/94		
PORTUGAL	22/07/92	13/10/94		
ROMANIA/ROUMANIE	04/11/93	20/06/94		
RUSSIA/RUSSIE	28/02/96			
SAN MARINO/SAINT-MARIN	07/07/92	28/06/95		

                                                                        .../...

462 As Reservas à Convenção Europeia dos Direitos do Homem

COUNCIL OF EUROPE
European Treaties

CHART OF SIGNATURES AND RATIFICATIONS
ETAT DES SIGNATURES ET DES RATIFICATIONS
Date : 06/05/96

CONSEIL DE L'EUROPE
Traités Européens

Number/Numéro : 146

TITLE : PROTOCOL No 10 TO THE CONVENTION FOR THE PROTECTION OF HUMAN RIGHTS AND FUNDAMENTAL FREEDOMS (*)
TITRE : PROTOCOLE N° 10 A LA CONVENTION DE SAUVEGARDE DES DROITS DE L'HOMME ET DES LIBERTES FONDAMENTALES (*)

cont'd/suite	Date of/de Signature	Date of/de Ratification or/ou Accession/Adhésion	Date of/d' entry into force/ entrée en vigueur	R:Reservations/Réserves D:Declarations T:Territorial Decl./ Décl. Territoriale
SLOVAKIA/SLOVAQUIE	07/05/92 i	26/06/92 ii		
SLOVENIA/SLOVENIE	14/05/93	28/06/94		
SPAIN/ESPAGNE		***		
SWEDEN/SUEDE	09/04/92	19/10/92		
SWITZERLAND/SUISSE	25/03/92	11/04/95		
TFYROMACEDONIA/LERYMACEDOINE °				
TURKEY/TURQUIE		***		
UKRAINE				
UNITED KINGDOM/ROYAUME-UNI	25/03/92	09/03/93		T

(*) Treaty open for signature by the member States signatories to Treaty ETS 5
(*) Traité ouvert à la signature des Etats membres signataires du Traité STE 5

 ° "the former Yugoslav Republic of Macedonia" / "l'ex-République yougoslave de Macédoine"

*** State whose ratification is necessary for the entry into force of the Protocol
    Etat devant ratifier le Protocole pour que ce dernier entre en vigueur

 i Date of signature by the Czech and Slovak Federal Republic
   Date de signature par la République fédérative tchèque et slovaque

 ii Date of deposit of the instrument of ratification of the Czech and Slovak Federal Republic
    Date du dépôt de l'instrument de ratification de la République fédérative tchèque et slovaque

(1) Signature without reservation as to ratification / Signature sans réserve de ratification

Anexos

COUNCIL OF EUROPE
European Treaties

CHART OF SIGNATURES AND RATIFICATIONS
ETAT DES SIGNATURES ET DES RATIFICATIONS
Date 06/05/96

CONSEIL DE L'EUROPE
Traités Européens

Number/Numéro : 155

TITLE : **PROTOCOL No 11 TO THE CONVENTION FOR THE PROTECTION OF HUMAN RIGHTS AND FUNDAMENTAL FREEDOMS, RESTRUCTURING THE CONTROL MACHINERY ESTABLISHED THEREBY (*)**
TITRE : **PROTOCOLE N° 11 A LA CONVENTION DE SAUVEGARDE DES DROITS DE L'HOMME ET DES LIBERTES FONDAMENTALES, PORTANT RESTRUCTURATION DU MECANISME DE CONTROLE ETABLI PAR LA CONVENTION (*)**

OPENING FOR SIGNATURE/OUVERTURE À LA SIGNATURE
Place/Lieu : STRASBOURG

Date : 11/05/94

ENTRY INTO FORCE/ENTRÉE EN VIGUEUR
Conditions : RATIFICATION BY PARTIES TO TREATY ETS 5
RATIFICATION PAR PARTIES AU TRAITE STE 5

Date :

MEMBER STATES ETATS MEMBRES	Date of/de Signature	Date of/de Ratification or/ou Accession/Adhésion	Date of/d' entry into force/ entrée en vigueur	R:Reservations/Réserves D:Declarations T:Territorial Decl./ Décl. Territoriale
ALBANIA/ALBANIE	13/07/95			
ANDORRA/ANDORRE	10/11/94	22/01/96		
AUSTRIA/AUTRICHE	11/05/94	03/08/95		
BELGIUM/BELGIQUE	11/05/94	***		
BULGARIA/BULGARIE	11/05/94	03/11/94		
CYPRUS/CHYPRE	11/05/94	28/06/95		
CZECH REP./REP. TCHEQUE	11/05/94	28/04/95		
DENMARK/DANEMARK	11/05/94	***		
ESTONIA/ESTONIE	11/05/94	16/04/96		
FINLAND/FINLANDE	11/05/94	12/01/96		
FRANCE	11/05/94	03/04/96		
GERMANY/ALLEMAGNE	11/05/94	02/10/95		
GREECE/GRECE	11/05/94	***		
HUNGARY/HONGRIE	11/05/94	26/04/95		
ICELAND/ISLANDE	11/05/94	29/06/95		
IRELAND/IRLANDE	11/05/94	***		
ITALY/ITALIE	21/12/94	***		
LATVIA/LETTONIE	10/02/95			
LIECHTENSTEIN	11/05/94	14/11/95		
LITHUANIA/LITUANIE	11/05/94	20/06/95		
LUXEMBOURG	11/05/94	***		
MALTA/MALTE	11/05/94	11/05/95		
MOLDOVA	13/07/95			
NETHERLANDS/PAYS-BAS	11/05/94	***		
NORWAY/NORVEGE	11/05/94	24/07/95		
POLAND/POLOGNE	11/05/94	***		
PORTUGAL	11/05/94	***		
ROMANIA/ROUMANIE	11/05/94	11/08/95		
RUSSIA/RUSSIE	28/02/96			
SAN MARINO/SAINT-MARIN	11/05/94	***		

.../...

464 *As Reservas à Convenção Europeia dos Direitos do Homem*

COUNCIL OF EUROPE
European Treaties

CHART OF SIGNATURES AND RATIFICATIONS
ETAT DES SIGNATURES ET DES RATIFICATIONS
Date : 06/05/96

CONSEIL DE L'EUROPE
Traités Européens

Number/Numéro : 155

TITLE : PROTOCOL No 11 TO THE CONVENTION FOR THE PROTECTION OF HUMAN RIGHTS AND FUNDAMENTAL FREEDOMS, RESTRUCTURING THE CONTROL MACHINERY ESTABLISHED THEREBY (*)
TITRE : PROTOCOLE N° 11 A LA CONVENTION DE SAUVEGARDE DES DROITS DE L'HOMME ET DES LIBERTES FONDAMENTALES, PORTANT RESTRUCTURATION DU MECANISME DE CONTROLE ETABLI PAR LA CONVENTION (*)

cont'd/suite	Date of/de Signature	Date of/de Ratification or/ou Accession/Adhésion	Date of/d' entry into force/ entrée en vigueur	R:Reservations/Réserves D:Declarations T:Territorial Decl./ Décl. Territoriale
SLOVAKIA/SLOVAQUIE	11/05/94	28/09/94		
SLOVENIA/SLOVENIE	11/05/94	28/06/94		
SPAIN/ESPAGNE	11/05/94	***		
SWEDEN/SUEDE	11/05/94	21/04/95		
SWITZERLAND/SUISSE	11/05/94	13/07/95		
TFYROMACEDONIA/LERYMACEDOINE °	09/11/95			
TURKEY/TURQUIE	11/05/94	***		
UKRAINE	09/11/95			
UNITED KINGDOM/ROYAUME-UNI	11/05/94	09/12/94		T

(*) Treaty open for signature by the member States signatories to Treaty ETS 5
(*) Traité ouvert à la signature des Etats membres signataires du Traité STE 5

° "the former Yugoslav Republic of Macedonia" / "l'ex-République yougoslave de Macédoine"

*** State whose ratification is necessary for the entry into force of the Protocol
Etat devant ratifier le Protocole pour que ce dernier entre en vigueur

BIBLIOGRAFIA

BIBLIOGRAFIA

ABRAHAM, R. – "Les incidences de la C.E.D.H. sur le droit constitutionnel et administratif des Etats parties", in *R.U.D.H.*, 1992, n.ᵒˢ 10-11, pág. 409 e segt.

AGO, Roberto – "I pareri consultivi 'vincolanti' della Corte Internazionale di Giustizia. Problemi di ieri e di oggi", in *R.D.I.*, vol. LXXIII, 1990, fas. 1, págs. 5-23.

AKHAM, Payam – "Enforcement of the Genocide Convention Through the Advisory Opinion Jurisdiction of the International Court of Justice", in *H.R.L.J.*, vol. 12 n.ᵒˢ 8-9, pág. 285 e segt.

ALKEMA, Evert Albert – "The third-party applicability or "Drittwirkung' of the European Convention on Human Rights" in *Protecting Human Rights: The European Dimension, Studies in honour of Gérard Wiarda*, Colónia, 1988, págs. 33-45.

ALVES, Raul Guichard – "Alguns aspectos do regime das reservas aos tratados na Convenção de Viena de 1969", in *Direito e Justiça*, vol. VII, 1993, pág. 156 e segts.

ANDERSON, D.R. – "Reservations to Multilateral Conventions: a Re-examination", in *I.C.L.Q.*, 1964, pág., 450-481.

ANZILOTTI, Dionisio – *Corso di Diritto Internazionale*, vol. 1, 4.ª ed., Pádua, 1964.

ANZILOTTI, Dionisio – Volontà e responsabilità nella stipulazione dei trattati internazionali", in *R.D.I.*, Ano V, fasc. 1-2, 1910, págs. 3-46.

ARNÉ, Serge – "Existe-t-il des normes supra-constitutionnelles?", in *R.D.P.Sc-Pol.*, n.° 2, 1993, págs. 259-510.

AZEVEDO SOARES, Albino – *Lições de Direito Internacional Público*, 4.ª ed., 1988.

BACHOF, Otto – *Normas Constitucionais Inconstitucionais?* trad., Coimbra, 1977.

BADINTER, Robert – "L'Universalité des droits de l'homme dans un monde pluraliste", *R.U.D.H.* vol. 1, n.ᵒˢ 1-12, 1989, pág. 4 e segts.

BALDIALI, Giorgio – "Le riserve formulate dall'Italia al Patto delle Nazioni Unite sui Diritti Civili e Politici nel quadro dei rapporti costituzionali fra Parlamento e Governo", in *Comunicazione e Studi*, Perúsgia, 16.1980, págs. 29-51.

BARATTA, Roberto – "Le riserve incompatibili con l'art. 64 della CEDU", in *R.D.I.*, vol. LXXV fasc. 2, 1992, pág. 189 e segts.

BARBOSA RODRIGUES, Luís – *Interpretação de Tratados (Elementos para uma dógmática)*, Lisboa, 1990.

BARRET-KRIEGEL, Blandine – *Les droits de l'homme et le droit naturel*, Paris, 1989.

BARRETO, Ireneu Cabral – *A Conceção Europeia dos Direitos do Homem*, Lisboa, 1995.

BARTSCH, Hans-Jurgen – "The surpervisory functions of the Commitee of Ministers under Article 54 – a postcript to Luedicke-Belçcem-Koç", in *Protecting Human Rights: The European Dimension, Studies in honour of Gérard Wiarda*, Colónia, 1988, pág. 47-54.

BASDEVANt – "Règles générales du Droit de la Paix", in *R.C.A.D.I.*, 1936-IV, pág. 650 e segts.

BASTID, Suzanne – *Les traités dans la vie internationale*, Paris, 1985.

BATAILLER-DEMICHEL, F. – "Y a-t-il des 'vices cachés' dans la Convention?", in *R.D.H.*, vol. IV, 4, 1970, págs. 687-719.

BERNHARDT, R. – "General considerations on the human rights situation in Russia", in *H.R.L.J.*, vol. 15, n.° 7, Outubro de 1994, pág. 250 e segts.

BERNHARDT, Rudolf – "The Convention and Domestic Law", in *The European System for the Protection of Human Rights*, (Edit. Macdonald, Matscher, Petzold), Dordrecht, 1993, págs. 25-40.

BERNHARDT, Rudolf – "Thoughts on the interpretation of human-rights treaties", in *Protecting Human Rights: The European Dimension, Studies in honour of Gérard Wiarda*, Colónia, 1988, págs. 65-71.

BINDSCHEDLER, Rudolf – "Reservations" in *Bernhardt (ed.) Encyclopaedia of Public International Law,* vol. 7 (1981), pág. 496.

BINDSCHEDLER-ROBERT, Denise – "De la rétroactivité en Droit International Public", in *En Hommage Paul Guggenheim*, 1968, pág. 184 e segts.

BISCARETTI DI RUFFIA, Claudia – "Le limitazioni al diritto di proprietà nel procedimento amministrativo valutario in relazione al Protocolo Addizionale della Convenzione Europea dei Diritti dell'Uomo", in *R.I.D.U.*, vol. 2, n.° 2, 1989, págs. 239-255.

BISHOP JR, William W. – "Reservations to Treaties", in *R.C.A.D.I.*, 1961, II, págs. 245-341.

BLECKMANN, A. – "Verfassunsrang der Europäischen Menschenrechtskonvention?", in *EuGRZ*, ano 21, Heft 7-8, págs. 149-155.

BOBBIO, Norberto – "I diritti dell'uomo oggi", in *I Diritti dell'uomo*, anno II, n.° 2, Maio-Agosto, 1991, pág. 6 e segts.

BODIN, Jean – *Les six livres de la République,* 2.ª reimpressão, ed. Paris, 1583, Darmstádio, 1977.

BON, P. – "Les nationalisations en Europe de l'Ouest", in *V Cours International de Justice Constitutionnelle,* Aix-en-Provence, 6-11 de Setembro de 1993, págs. 1-30 (em publicação).

BOULAN, Fernand – "La Convention européenne des droits de l'homme et le droit pénal procédural", in *Université des Saarlandes Europa-Institut,* n.° 252, 1991, págs. 1-20.

BOURGEOIS, Bernard – *Philosophie et droits de l'homme – De Kant à Marx*, Paris, 1990.

BOURGUIGNON, Henry – "The Belilos Case: New Light on Reservations to Multilateral Treaties", in *Virginia J.I.L.,* 29.1989, n.° 2, págs. 347-384.

BOWETT, D.W. – "Reservations to Non-Restricted Multilateral Treaties", in *B.Y.I.L.,* vol. 48 (1976-1977), págs. 67-92.

BRÄNDLE, D. – *Vorbehalt und auslegende Erklärungen der Europäischen Menschen-rechtskonvention,* diss. policopiada, Zurique, 1978.

BRIERLY, Louis – *Direito Internacional* (trad. portuguesa), Lisboa, 1979.

BRITO, Nuno – *Notas para o estudo do Indivíduo perante o Direito Internacional Público,* Lisboa, 1984.

BUERGENTHAL, Thomas/NORRIS, R./SHELTON, Dinah – *Protecting Human Rights in the Americas*, 2.ª ed., Kehl, 1986.

BULLINGER, M. – "Liberté d'expréssion et d'information: élément essentiel de la démocratie", in *Actas do 6.° Colóquio Internacional sobre a Convenção Euro-peia dos Direitos do Homem*, Sevilha, 13-16 de Novembro de 1985, Dordrecht, 1988, págs. 44-177.

Bibliografia

BURDESAU, Georges – "da contribution des nationalisations françaises de 1982 an droit international des nationalisations", in R.G.D.I.P., n.° 1, 1985, págs. 12 e segts.

CAETANO, Marcello – *Manual de Direito Administrativo*, I vol. 10.ª ed., Coimbra, 1980.

CALAMIA, Antonio – "La disciplina delle obiezioni alle riserve e la riserve e la Convenzione di Vienna sul diritto dei trattati", in *Studi in onore di Giuseppe Sperduti*, 1984, págs. 3-27.

CAMERON, Iain e HORN, Frank – "Reservations to the European Convention on Human Rights: the Belilos Case", *G.Y.I.L.*, vol. 33, 1990, págs. 69-129.

CANAS, Vitalino – "Relações entre o ordenamento constitucional português e o ordenamento jurídico sobre o território de Macau" in *BMJ*, n.° 365, 1987, pág. 69-93.

CANÇADO TRINDADE, António Augusto – "The current State of the International Implementation of Human Rights", in *Hague Yearbook of International Law*, 1990, págs. 1-29.

CARDOSO DA COSTA, J.M. – *A Jurisdição Constitucional em Portugal,* Coimbra, 2.ª ed., 1992.

CARREAU, Dominique – *Droit International*, Paris, 1991.

CARRILLO SALCEDO, Juan António – "Souveraineté des Etats et droits de l'homme en droit international contemporain", in *Protecting Human Rights: The European Dimension, Studies in honour of Gérard Wiarda*, Colónia, pág. 91-95, 1988.

CASADEVANTE ROMANI, C.F. – *El Convénio Europeo de Derechos Humanos: demandas contra España (1979-1988)*, Bilbau, 1988.

CASSESE, Antonio – "A New Reservations Clause (Article 20 of the United Nations Conventions on the Elimination of all Forms of Racial Discrimination)", in *En Hommage à Paul Guggenheim*, 1968, págs. 266-304.

CASSIN, René – "La Déclaration Universelle et la mise en oeuvre des Droits de l'Homme", in *R.C.A.D.I.*, tomo 79, 1951, pág. 253 e segts

CASSIN, René – "Les droits de l'homme", in *R.C.A.D.I.*, tomo 140, 1974-IV, págs. 323-331.

CASTANHEIRA NEVES, A. – *A Revolução e o Direito*, Lisboa, 1976.

CASTANHEIRA NEVES, A. – "O princípio da legalidade criminal – O seu problema jurídico e o seu critério dogmático", in *Estudos em Homenagem ao Prof. Doutor Eduardo Correia*, vol. 1, pág. 307-470.

CASTBERG, Frede – *The European Convention on Human Rights,* Lei da, 1974.

CASTILLO, Maria – "La compétence du Tribunal pénal pour la Yougoslavie", in *R.G.D.I.P*, tomo XCVIII, 1994/1, pág. 60 e segts.

CATALDI, Giuseppe – "La clausola di deroga della Convenzione Europea dei Diritti dell'Uomo", in *Rivista di Diritto Europeo*, Ano 23, n.° 1, 1983, págs. 3-22.

CAVALEIRO FERREIRA, M. – *Lições de Direito Penal*, Lisboa, 1985.

CHAN, Johannes M.M. – "The right to a nationality as a human right/The current trend towards recognition", in *H.R.L.J.*, vol. 12, n.° 1-2, 1991, págs. 1-14.

CHAUDHRI, Mohammed Ahsen – "Reservations to multilateral treaties", in *Essays in honor of Robert Renfert Wilson – De Lege Pactorum,* 1970, pág. 40.

CHIAVARIO, Mario – "Cour Européenne des Droits de l'Homme et Cour Constitutionnelle italienne: Quelques notes pour une comparaison", in *Judicial Protection of Human Rights at the National Level,* Congresso Internacional sobre Lei Processual, 9.° Centenário da Universidade de Bolonha, vol. II, Setembro, 1988, págs. 555-563.

CLARK, Belinda – "The Vienna Convention Reservations Regime and the Convention on Discrimination against Women", in *A.J.I.L.* vol. 85, n.° 2, 1991, págs. 281--321.

COCCIA, Massimo – "Reservations to Multilateral Treaties on Human Rights" in *California West International Journal,* 15.1985, n.° 1, págs. 1-51.

COHEN-JONATHAN, Gérard – "Haute Cour et Convention européenne des Droits de l'Homme", in *La Révision de la Constitution,* Journées d'études, 20 de Março e 16 de Dezembro de 1992, Paris, 1993, págs. 253-261.

COHEN-JONATHAN, Gérard – "La reconnaissance par la France du droit de recours individuel devant la Commission Européenne des Droits de l'Homme", in *A.F.D.I.,* XXVII, 1981, pág. 269 e seg.

COHEN-JONATHAN, Gérard – "Les réserves à la Convention européenne des Droits de l'Homme (à propos de l'Arrêt *Belilos* du 29 avril 1988)", in *R.G.D.I.P.,* n.° 2, 1989, págs. 273-314.

COHEN-JONATHAN, Gérard – "Respect for Private Life", in *The European System for the Protection of Human Rights* (Edit. Macdonald, Matscher, Petzold), Dordrecht, 1993.

COHEN-JONATHAN, Gérard – "Responsabilité pour atteinte aux Droits de l'Homme", in *La responsabilité dans le système international, Colloque du Mans,* Maio, 1991, Paris, 1992, pág. 104 e segts.

COLELLA, Alberto – "Les réserves à la Convention de Genève (28 juillet 1951) et au Protocole de New York (31 janvier 1967) sur le Statut des Réfugiés", in *A.F.D.I.,* tomo XXXV, 1989, págs. 446-475.

COMBACAU, Jean – *Le droit des traités,* Paris, 1991.

COMBACAU, Jean/SUR, Serge – *Droit international public,* Paris, 1993.

CONFORTI, Benedetto – *Diritto Internazionale,* 4.ª ed., Nápoles, 1992.

CONSTANTINESCO, Vlad "A propos de la reconnaissance par la France du droit de requête individuel" in *Europe en formation,* n.° 246, 1981, pág. 31 e seg.

COOK, Rebecca – "Reservations to the Convention on the Elimination of all Forms of Discrimination against Women", in *Virginia* J.I.L., n.° 3 1990, págs. 643-716.

COSTA, Jean-Paul – "La Convention européenne des Droits de l'Homme et le Conseil d'Etat de France", in *Revue Trimestrielle des Droits de l'Homme,* 1990, págs. 125-129.

COUSSIRAT-COUSTÈRE, Vincent – "La réserve française à l'article 15 de la Convention européenne des Droits de l'Homme", in *Journal du Droit International,* 1975, pág. 273 e segts.

CREMONA, J.J. – "International Human Rights and the non-retroactivity of penal laws", in *Selected Papers 1946-1989,* pág. 144 e segts.

DAVIDSON, Scott – *"The Inter-American Court of Human Rights",* Sydney, 1992.

DELMAS-MARTY, Mireille – "La Convention européenne de sauvegarde des droits de l'homme et le droit pénal de fond", in *I diritti dell'uomo,* ano III, n.° 3, 1992, pág. 13 e segts.

DE SALVIA, Michel – "Alcune riflessioni in tema di interpretazione del diritto al rispetto dei beni nella giurisprudenza della Comissione e della Corte Europea dei Diritti dell'Uomo", in *R.I.D.U.,* vol. 2, n.° 2, 1989, págs. 231-238.

DE VISSCHER, Charles – "Une réserve de la République Arabe de Syrie à la Convention de Vienne (1969) sur les Traités", in *R.BelgeD.I.,* vol VIII, n.° 2, 1972, pág. 416--418.

Díaz Barrado, Cástor – *Reservas a la convención sobre Tratados entre Estados*, Madrid, 1991.

Diez de Velasco, Manuel – *"Institutiones de derecho International Publico"* tomo I, 5.ª ed., Madrid, 1980.

Dolzer, Rudolf – "Connally Reservation", in *Bernhardt (ed.) Encyclopaedia of Public International Law*, vol. 1 (1981), pág. 755.

Dolzer, Rudolf – "Eigentumsschutz als Abwägunggsgebot. Bemerkung zu Art.1 des Ersten Zuzatsprotocolls der EmRK", in *Festschrift für Wolfgang Zeidler*, Berlim, 1987, págs. 1677-1691.

Draghici, M./Draghici, G. – "Réserves aux traités internationaux", in *Analele Universitii Bucaresti*, 32.1983, pág. 25-30.

Drzemczewski, Andrew – "La Convention européenne des Droits de l'homme et les rapports entre particuliers" in *Cahiers de Droit Européen*, n.° 1, 1980, pág. 3-24.

Duarte, M.ª Luísa – *A Liberdade de circulação das pessoas e a ordem pública no direito comunitário*, Coimbra, 1992.

Duarte, M.ª Luísa – "O Conselho da Europa e a Protecção dos Direitos do Homem", in *BMJ-DDC*, n.ºs 39/40, 1989, págs. 191-242.

Duffar, J. – "La liberté religieuse dans les textes internationaux", in *R.D.P.Sc.Pol.*, n.° 4, 1994, pág. 939-967.

Duffy, P.J. – "Luedicke, Belkacem and Koç: A Discussion of the case and of certain questions raised by it", in *Human Rights Review*, n.° 4, 1979, págs. 98-128.

Duprig, O. – "L'Applicabilité de l'article 6 de la CEDH aux juridictions administratives", in *Le juge administratif français et la Convention européenne des Droits de l'Homme*, Colóquio, 14-15 de Dezembro de 1990, in *R.U.D.H.*, vol. 3, n.° 7-9, 1991, pág. 336-351.

Edwards, Richard W. – "Reservations to Treaties", in *Michigan Journal of International Law*, 10.1989, n.° 2, págs. 362-405.

Eide, Asbjorn – "Les droits de l'homme dans le système juridique norvégien de 1814 à 1970", in *Les Droits de l'Homme dans le Droit national en France et en Norvège* (Smith, ed.), Paris, 1990, pág. 58 e segts.

Eissen, Marc-André – "La France et le Protocole n.° 2 à la Convention européenne des Droits de l'Homme", in *Studi in onore de Giorgio Balladore Pallieri*, vol. 2, Milão, 1978, pág. 249-277.

Eissen, Marc-André – "Les Droits de l'Homme dans les Forces Armées", in *Recueils de la Société International de Droit Pénal Militaire et de Droit de la Guerre*, 7.° Congresso Internacional, São Remo, 1976, págs. 961-964.

Eissen, Marc-André – "Les réserves *ratione temporis* à la reconnaissance du droit de recours individuel", in *Les clauses facultatives de la Convention européenne des Droits de l'Homme*, Actas da Mesa-Redonda da Faculdade de Direito da Universidade de Bari, Dezembro de 1973, págs. 85-107.

Eissen, Marc-André – "Surinam and the European Convention on Human Rights", in *B.Y.I.L.*, 1978, pág. 200-201.

Eissen, Marc-André – "The independence of Malta and the European Convention of Human Rights", in *B.Y.I.L.*, vol. XLI, 1965/66, págs. 401-410.

Elens Françoise – "La notion de démocratie dans le cadre des limitations aux droits de l'homme", in *BMJ-DDC*, n.° 9, 1982, págs. 163-248.

Ergec, Rusen – "Le droit disciplinaire et les droits de l'homme" in *Revue de Droit de l'Université Libre de Bruxeles*, n.° 4, 1991, págs. 35-55.

472 *As Reservas à Convenção Europeia dos Direitos do Homem*

ERGEC, Rusen – *Les droits de l'homme à l'épreuve des circonstances exceptionnelles*, Bruxelas, 1987.

ERRERA, R. – "Le rôle de la Cour Constitutionnelle dans l'interprétation du droit international", in *Les rapports entre le droit international et le droit interne*, Actas do Seminário UNIDEM sobre *Les rapports entre le droit international et le droit interne*, Varsóvia, 19-21 de Maio de 1993.

FAVOREU, L. – "L'Apport du Conseil Constitutionnel au droit public", in *Pouvoirs*, n.° 13, 1991, pág. 15-30.

FAWCETT, J.E.S. – *The Application of the European Convention on Human Rights*, Oxford, 1987.

FERNANDEZ SANCHEZ, P.A. – "La aplicabilidad del convenio europeo de derechos humanos en los ordenamientos juridicos internos", in *R.Esp.D.I.*, vol. XXXIX, 1987, pág. 423 e segts.

FIERENS, M.J. – "Les exclus des droits de l'homme pauvretés et marginalisations", in *Recueil des Cours de l'Institut International des Droits de l'Homme*, Estrasburgo, 1993, pág. 21 e segts.

FIGUEIREDO DIAS, Jorge – "*Direito Penal Português. Parte Geral, II – As Consequências Jurídicas do Crime*, Lisboa, 1993.

FITZMAURICE, Gerald – "Reservations to Multilateral Conventions", in *I.C.L.Q.* vol. 2, 1953, págs. 1-26.

FITZMAURICE, Gerald – "Some Reflections on the European Convention on Human Rights – and on Human Rights", in *Volkerrecht als Rechtsordnung Internationale Gerichtsbarkeit Menschenrechte – Festschrift fur Hermann Mosler*, Heidelberga, 1983, págs. 201-219.

FLAUSS, J.F. – "Actualité de la Convention européenne des Droits de l'Homme", in *A.J.D.A.*, n.° 1, 20 de Janeiro de 1994, pág. 29 e segts.

FLAUSS, J.F. – "Convention européenne des Droits de l'Homme et contentieux constitutionnel", in *R.F.D.C.*, n.° 13, 1993, págs. 207-216.

FLAUSS, J.F. – "Convention européenne des Droits de l'Homme et succession d'Etats aux traités: une curiosité, la décision du Comité des Ministres du Conseil de l'Europe en date du 30 juin 1993 concernant la Republique Tchèque et la Slovaquie", in *R.U.D.H.*, vol. 6, n.°⁸ 1-2, Março, 1994, págs. 1-5.

FLAUSS, J.F. – "L'Abus de droit dans le cadre de la Convention européenne des droits de l'Homme", in *R.U.D.H.*, vol. 4, n.° 12, Dezembro, 1992, págs. 461-468.

FLAUSS, J.F. – "La contribution de la jurisprudence des organes de la CEDH à la formation d'un droit constitutionnel européen", in *Actas do Colóquio sobre Direito Constitucional Europeu* – Estrasburgo, 18-19 de Junho de 1993.

FLAUSS, J.F. – "Le contentieux de la validité des réserves à la CEDH devant le Tribunal fédéral suisse: Requiem pour la déclaration interprétative à l'article 6, §1", in *R.U.D.H.*, vol. 5, n.°⁸ 9-10, 1993, págs. 297-303.

FLAUSS, J.F. – "Les Droits de l'Homme, comme élément d'une Constitution et de l'ordre européenn", in *Les petites affiches*, n.° 52, 20 de Abril de 1993, pág. 9 e segts.

FLAUSS, J.F. – "Les mutations de propriété dans les pays d'Europe Centrale et Orientale (PECO) à l'épreuve de l'article 1er du Protocole Additionnel", in *La mise en oeuvre interne de la Convention européenne des Droits de l'Homme*, (obra colect.) Bruxelas, 1994, págs. 199-232.

FLAUSS, J.F. – "Les réserves aux Résolutions des Nations Unies", in *R.G.D.I.P.*, tomo LXXXV, 1981, págs. 5-37.

Bibliografia 473

FLAUSS, J.F. – "Nationalisation et indemnisation préférentielle de la propriété étrangère dans le cadre de la Convention européenne des Droits de l'Homme", in *Gazette du Palais,* 1986, pág. 2 e segts.

FLAUSS, J.F. – "Note sur la retrait par la France des réserves aux traités internationaux", in *A.F.D.I.*, XXXII, 1986, pág. 857 e segts.

FREITAS DO AMARAL, Diogo – "Indemnização justa ou irrisória? Comentário ao Acordão n.° 39/88 do Tribunal Constitucional", in *Direito & Justiça*, vol. V, 1991, págs. 61-70.

FROWEIN, Jochen – "Reservations to the European Convention on Human Rigths", in *Protecting Human Rights: The European Dimension, Studies in honour of Gérard Wiarda*, Munique, 1988, págs. 193-200.

FROWEIN, Jochen – "The ECHR as the Public Order of Europe", in *Recueil des Cours de l'Académie de Droit Européen*, vol. I, tomo 2, 1990, pág. 299 e segts.

FROWEIN, Jochen – "The European and the American Conventions on Human Rights – A comparison", in *H.R.L.J.*, 1980, vol. 1, partes 1-4, págs. 44-65.

FROWEIN, Jochen – "The Implementation and promotion of international law through national courts", in *Actas do Congresso das Nações Unidas de Direito Internacional Público*, Nova Iorque, 13-17 de Março de 1995.

FROWEIN, Jochen – "The Protection of Property", in *The European System for the Protection of Human Rights*, (Edit. Macdonald, Matscher, Petzold), Dordrecht, 1993, págs. 515-530.

FROWEIN, Jochen – "Übernationale Menschenrechtsgewährleistungen und nationale Staatgewalt" in *Handbuch des Staats Rechts,* Band VII (1994), págs. 731-765.

FROWEIN, J./PEUKERT, W. – *Europäische Menchenrechtkonvention,* Estrasburgo, 1985.

GAJA, Giorgio – "Reservations to Treaties and the Newly Independent States", in *Italian Yearbook of International Law,* 1.1975, págs. 52-68.

GAJA, Giorgio – "Unruly Treaty Reservations", in *Studi in onore di Roberto Ago*, vol. I, Milão, 1987, págs. 307-330.

GALVÃO TELES, Miguel – "Inconstitucionalidade Pretérita", in *Nos Dez Anos da Constituição*, org. Jorge Miranda, Lisboa, 1978, págs. 265-343.

GARCIA DE ENTERRÍA, (dir.)/LINDE/ORTEGA/SANCHEZ MORON – *El sistema europeo de proteccion de los derechos humanos*, Madrid, 1983.

GARCIA DE ENTERRÍA, Eduardo – "Valeur de la jurisprudence de la Cour Européenne des Droits de l'Homme en droit espagnol", in *Protecting Human Rights: The European Dimension, Studies in honour of Gérard Wiarda*, Colónia, 1988, págs. 221-230.

GASPAR, A. Henriques – "Acórdão do T.E.D.H., *Saraiva de Carvalho c/Portugal,* de 22 de Abril de 1994, Comentário, in *Revista Portuguesa de Ciência Criminal,* n.° 4, 1994, pág. 405-417.

GIULIVA, Domenico – "La compétence de la comission européenne des droits de l'homme en matière de requêtes individuelles et ses limitations *ratione temporis* dans la déclaration italienne d'acceptation du droit de recours individuel", in *Les clauses facultatives de la Convention européenne des Droits de l'Homme,* Actas da Mesa-Redonda da Faculdade de Direito da Universidade de Bari, Dezembro de 1973, págs. 107-132.

GLASER, Ewin – *Rezervele la Tratatele Internationale*, Bucareste, 1971.

GLASERS, Stefan – "Les droits de l'homme à la lumière du droit international positif", in *Mélanges offerts à Henri Rolin*, 1964, págs. 104-124.

474 As Reservas à Convenção Europeia dos Direitos do Homem

GLENNON, Michel – "Nicaragua v. *United States*: Constitutionality of U.S. Modifica-tion of ICJ Jurisdiction", in *A.J.I.L.*, vol. 79 (1985), págs. 682-689.

GÖLCÜKLÜ, Feyyaz – "Quelques principes fondamentaux de la nouvelle Constitution de la République de Turquie (1982) et la Convention européenne des Droits de l'Homme", in *Protecting Human Rights: The European Dimension, Studies in honour of Gérard Wiarda*, Munique, 1988, págs. 231-238.

GÖLCÜKLÜ, Feyyaz – "Le procès equitable et l'administration des preuves dans la jurisprudence de la Cour Européenne des Droits de l'Homme", in *Mélanges Velu*, vol. III, 1992, págs. 1361-1377.

GOLSONG, Heribert – "Interpreting the European Convention on Human Rights Beyond the Confines of the Vienna Convention on the Law of Treaties?", in *The European System for the Protection of Human Rights* (Edit. Macdonald, Matscher, Petzold), Dordrecht, 1993, pág. 160 e segts.

GOLSONG, Heribert – "Les réserves aux instruments internationaux pour la protection des droits de l'homme", in *Les clauses échappatoires en matière d'instruments internationaux relatifs aux droits de l'homme*, 4.º Colóquio do Departamento dos Direitos do Homem da Universidade de Lovaina, 1982, pág. 31 e segts.

GOMES CANOTILHO, J.J. – "Constituição e Défice Procedimental", in *Estado & Direito*, vol. I, n.º 2, 1988, págs. 33-43.

GOMES CANOTILHO, J.J./MOREIRA, Vital – *Constituição da República Portuguesa Ano-tada*, Coimbra, 1993.

GOMEZ ROBLEDO, Antonio – "Las reservas en los tratados multilaterales", in *Revista de la Facultad de Derecho de Mexico,* tomo VII, n.ºs 25-26, Janeiro-Junho 1957, págs. 11-34.

GOMIEN, Donna – "La mise en oeuvre du droit international relatif aux droits de l'homme en Europe Centrale et Orientale", in *La mise en oeuvre de la Conven-tion Européenne des Droits de l'Homme en Europe de l'Est et de l'Ouest*, Actas do Seminário (Lei da, 24-26 de Outubro de 1991), in *R.U.D.H.*, vol. 4, n.ºs 10-11, 1992, págs. 377-386.

GONÇALVES PEREIRA, André – *Curso de Direito Internacional Público,* Lisboa, 1972.

GONÇALVES PEREIRA, André – *Da Sucessão de Estados quanto aos Tratados*, Lisboa, 1968.

GONÇALVES PEREIRA, André – "O Direito Internacional na Constituição", in *Estudos sobre a Constituição*, vol. I, Lisboa, 1977, pág. 37 e segts.

GONÇALVES PEREIRA, André/FAUSTO DE QUADROS – *Manual de Direito Internacional Público*, Coimbra, 1993.

GORI, Paolo – *Les clauses de sauvegarde des Traités C.E.C.A. et C.E.E.,* Luxemburgo, 1967.

GORMELEY, W. Paul – "The modification of multilateral conventions by means of 'negociated reservations' and other 'alternatives': a comparative study of the ILO and Council of Europe" – Parte 1, in *Fordham Law Review*, vol. XXXIX, 1970-1971, págs. 59-80; Parte 2, na mesma revista e volume, págs. 413-446.

GREEN, L.C. – "The maxim *Nullum Crimen sine lege* and the Eichmann trial", in *B.Y.I.L.* vol. XXXVIII, 1962, págs. 458-471.

GUGGENHEIM, Paul – "*Traité de Droit international public*", Genebra, 1953.

HAAK, Volker – "Unless the treaty otherwise provides and Similar Clauses in the International Law Commission's 1966 Draft Articles on the Law of Treaties" in *ZaöRV*, 27.1967, n.º 3, pág. 540.

HAARSCHER, Guy – *Philosophie des Droits de l'Homme,* 3.ª ed., Bruxelas, 1991.

HAEFLIGER, Arthur – *Die Europäische Menschenrechskonvention und die Schweiz*, Berna, 1993.

HELALI, M.S.E. – "La Convention européenne des Droits de l'Homme et les droits français et communautaire de la concurrence", in *R.T.D.E.*, n.° 27, partes 3-4, Julho-Setembro, 1991, págs. 335-362.

HIGGINS, Rosalyn – "The Taking of Property by the State: Recent Developments in International Law", *R.C.A.D.I.*, 1982, págs. 261-391.

HOCK, Johannes – "Hat der österreichische Vorbehalt zu Art. 5 MRK Verfassungrang?", in *ÖJZ*, 1984, Heft 7, págs. 176-179.

HOLLOWAY, Kaye – *Les réserves dans les traités internationaux*, Paris, 1958.

HORN, Franck – *Reservations and Interpretative Declarations to Multilateral Treaties*, Amsterdão, 1988.

HUDSON, Manley – "Reservations to multipartite International Instruments", in *A.J.* 1938, págs. 330-335.

IMBERT, Pierre-Henri – "A l'occasion de l'entrée en vigueur de la Convention de Vienne sur le Droit des Traités", in *A.F.D.I.*, 1980, pág. 524.

IMBERT, Pierre-Henri – "La France et les Traités relatifs aux Droits de l'Homme", in *A.F.D.I.*, 1980, pág. 31 e segts.

IMBERT, Pierre-Henri – "La question des réserves dans la décision arbitrale du 30 juin 1977", in *A.F.D.I.*, 1978, págs. 29-58.

IMBERT, Pierre-Henri – "Les réserves à la Convention européenne des Droits de l'Homme devant la Commission de Strasbourg (Affaire *Temeltasch*)" in *R.G.D.I.P.*, n.° 3, Julho-Setembro, 1983, pág. 580 e seg.

IMBERT, Pierre-Henri – *Les réserves aux traités multilatéraux*, Paris, 1979.

IMBERT, Pierre-Henri – "Les réserves et les dérrogations – La question des réserves et les conventions en matière de droits de l'homme", in *5.° Colóquio Internacional sobre a Convenção dos Direitos do Homem*, Francoforte, 9-12 de Abril de 1980, ed. Pedone, Paris, 1982, pág. 129-131.

JACOBS, Francis – *The European Convention on Human Rights*, Oxford, 1975, pág. 212 e segts.

JACQUÉ, Jean-Paul – "The Convention and the European Communities", in *The European System for the Protection of Human Rights* (Edit. Macdonald, Matscher, Petzold), Dordrecht, 1993, págs. 889-907.

KÄLIN, W. – "Die Vorbehalte der Turkei zu ihrer Erklarung gem. Art. 25 EMRK", in *EuGRZ*, 1987, págs. 421-430.

KAPPELER, Dietrich – *Les réserves dans les traités internationaux*, Basileia, 1958.

KELSEN, Hans – "El Principio de Igualdad de Soberanía entre los Estados como Base de la Organización Internacional", in *Cultura Jurídica*, Caracas, Ano IV, n.ºs 15-16, Julho-Dezembro, 1944, págs. 213-235.

KELSEN, Hans – *Principles of International Law*, Nova Iorque, 1952.

KING GAMBLE, John – "Reservations to Multilateral Treaties, A Macroscopic View of State Practice", in *A.J.I.L.*, 74, n.° 2, 1980, págs. 372-394.

KOPETZKI, Christian – "Art. 5 und 6 und das österreischische Verwaltungsverfahrensrecht", in *EuGRZ*, Heft 7, 1983, págs. 173-190.

KÜHNER, Rolf – "Vorbehalte und auslegende Erklärungen zur Europäischen Menschenrechtskonvention – Die Problematik des Art. 64 MRK am Beispiel der schweizerischen «auslegenden Erkllarung» zu Art. & Abs. 3 lit e MRK" in *ZaöRV*, Bd 42, Heft 1, 1982, pág. 58-81.

KYONGUN KOH, Jean – "Reservations to Multilateral Treaties: How International Legal Doctrine Reflects World Vision", in *Harvard I.L.J.*, 23.1982, n.° 1, págs. 71-116.

LADREIT DE LACHARRIÈRE, G. – "Aspects juridiques de la négociation sur un 'package deal' à la Conférence des Nations Unies sur le droit de la mer", in *Essays in honour of Erik Castrén*, 1979, págs. 30-45.

LAMBERT, P. – "La mise en oeuvre de la Convention européenne des Droits de l'Homme et le contencieux administratif", in *La mise en oeuvre interne de la Convention européenne des Droits de l'Homme*, Bruxelas, 1994, págs. 333-347.

LANG, Caroline – *L'Affaire Nicaragua/États Unis devant la Cour Internationale de Justice*, Paris, 1990.

LAUTERPACHT, Hersch – *International Law and Human Rights*, Londres, 1950.

LAUTERPACHT, Hersch – "Report of the Law of Treaties", in *Annuaire CDI*, 1953.

LAUTERPACHT, Hersch – "Restrictive Interpretation and the Principle of Effectiveness in the Interpretation of Treaties", in *B.Y.I.L.* vol. XXVI, págs. 48-85.

LAUTERPACHT, Hersch – "The British Reservations to the Optional Clause", in *Economica*, vol. IX, n.ᵒˢ 28-30, 1929, págs. 137-172.

LAUTERPACHT, Hersch – *The Development of International Law by the International Court of Justice*, Londres, 1958.

LEBRETON, Gilles – "Un legs de l'URSS" à la C.E.I.: La Déclaration Sovietique des Droits de l'Homme du 5 Séptembre 1991, in *R.D.P.Sc.Pol.*, n.° 1, 1991, pág. 278 e segts.

LECOURT, Robert – "Cour Européenne des Droits de l'Homme et Cour de Justice des Communautés Européennes", in *Protecting Human Rights: The European Dimension, Studies in honour of Gérard Wiarda*, Colónia, 1988, págs. 335-340.

LESTER, Antony – "Freedom of expression", in *The European System for the Protection of Human Rights* (Edit. Macdonald, Matscher, Petzold), Dordrecht, 1993, págs. 465-492.

LILLICH, Richard B. – "The Diplomatic Protection of Nationals Abroad: An Elementary Principle of International Law under Attack", in *A.J.I.L.*, vol. 69, Abril, 1975, n.° 2, págs. 359-365.

LILLICH, Richard B. – "The United States Constitution and International Human Rights Law", in *Harvard H.R.J.*, vol. 3, 1990, págs. 53-81.

MACDONALD, R.St – "Reservations under the European Convention on Human Rights", in *R.BelgeD.I.*, vol. XXI, 1988 – 2, págs. 429-450.

MACDONALD, R.St – "The Margin of Appreciation in the Jurisprudence of the European Court of Human Rights", in *Recueil des Cours de l'Académie de Droit Européen* vol. I, tomo 2, 1992, págs. 92-161.

MACHETE, Rui – *Os Direitos do Homem no Mundo*, Lisboa, 1978.

MAHONEY, Paul – "Does article 57 of the Convention on Human Rights serve any useful purpose?", in *Protecting Human Rights: The European Dimension, Studies in honour of Gérard Wiarda*, Colónia, 1988, págs. 373-393.

MAJOROS, Ferenc – "Le régime de réciprocité de la Convention de Vienne et les réserves dans la Convention de la Haye", in *Journal du Droit International*, n.° 1, Janeiro-Fevereiro-Março, 1974, págs. 73-109.

MALINVERNI, G. HOTTELIER, M – "La pratique suisse relative à la CEDH, 1991", in *Revue suisse de droit international et européen*, vol. 4, 1992, pág. 486.

MALKIN, H.W. "Reservations to Multilateral Conventions", in *B.Y.I.L.*, 1926, págs. 141-162.

MANIN, Aleth – "Les clauses de sauvegarde", in *R.T.D.E.*, 6, 1970, n.° 1, págs. 1-42.
MANN, F.A. – "The Doctrine of Jus Cogens in International Law", in *Festschrift Ulrich Scheuner,* 1973, págs. 399-418.
MARCUS-HELMONS, Silvio – "L'Article 64 de la Convention, ou les réserves à la Convention européenne des Droits de l'Homme", in *R.D.I.D.C.,* 1968, pág. 7 e segts.
MARCUS-HELMONS, Silvio – "La place de la CEDH dans l'intégration européenne in *R.U.D.H.,* vol. 4, n.os 10-11, 1992, págs. 434-439.
MARKS, Susan – "Reservation Unginged: The Belilos Case before the European Court of Human Rights", in *I.C.L.Q.,* vol. 39, parte 2, 1990, págs. 300-327.
MARQUES DA SILVA, Germano – "Algumas notas sobre a consagração dos princípios da legalidade e da jurisdicionalidade na Constituição da República Portuguesa", in *Estudos sobre a Constituição,* vol. II, págs. 255-263.
MARSHALL, Robert P. – "The Problem of Reservations in Multilateral Conventions" in *Albany Law Review,* 30.1966, n.° 1, págs. 100-112.
MASCAGNI, Pietro – "Le restrizione alle attivitá politiche degli stranieri consentite dalla Convenzione Europea dei Diritti dell'Uomo". *R.D.I.,* 1977, págs. 526-539.
MATSCHER, Franz – "La notion de 'décision d'une contestation sur un droit ou une obligation (de caractère civil)' au sens de l'article 6, §1, de la Convention européenne des Droits de l'Homme", in *Protecting Human Rights: The European Dimension, Studies in honour of Gérard Wiarda,* Colónia, 1988, pág. 395-410.
MATSCHER, Franz – "Les garanties judiciaires pour les procedures administratives: Rapport introductif", in *Verfahrengarantien im Bereich des offentlichen Rechts,* Khel am Rhein, 1989, págs. 9-29.
MAUS, Bertrand – *Les réserves dans les déclarations d'acceptation de la juridiction obligatoire de la Cour Internationale de Justice,* Genebra/Paris, 1959.
MAZZIOTTI, Manlio – "Diritti dell'Uomo e Pubblica Amministrazione", in *Il diritto dell'economia,* Anno XIV, 1968, págs. 141-161.
McNAIR – *The Law of Treaties,* Oxford, 1962.
McRAE, D.M. – "The Legal Effect of Interpretative Declarations", in *B.Y.I.L.* 1978, págs. 155-173.
MEDEIROS, Rui – "Relações entre normas constantes de convenções internacionais e normas legislativas na Constituição de 1976", in *O Direito,* n.° 122, 1990, II, pág. 355.
MEERSCH, Walter J. Ganschof Van Der – "Le caractère 'autonome' des termes et la 'marge d'appréciation' des gouvernements dans l'interprétation de la Convention européenne des Droits de l'Homme", in *Protecting Human Rights: The European Dimension, Studies in honour of Gérard Wiarda,* Colónia, 1988, págs. 201-220.
MEERSCH, Walter J. Ganschof Van Der – "Réflexions sur les méthodes d'interprétation de la Cour Européenne des Droits de l'Homme", in *BMJ-DDC,* n.° 11, 1982, págs. 105-132.
MELCHIOR, Michel – "La notion de compétence de pleine juridiction en matière civile dans la jurisprudence de la Cour Européenne des Droits de l'Homme", in *Mélanges Velu,* Bruxelas, 1992, págs. 1327-1346.
MERIEUX, Margaret de – "Reservations to the International Covenant on Civil and Political Rights: Their Substantive and Constitutive Significance", in *Revue de Droit International de Sciences Diplomatiques et Politiques,* Genebra, ano 72, n.° 2, Abril-Junho, 1994, págs. 95-130.

MIGLIORNIO, Luigi – "Effetti giuridichi delle obiezioni a riserve incompatibili con l'oggetto e lo scopo del trattato", in *R.D.I.*, vol. LXXVII, 1994, n.º 3, págs. 635--654

MIGLIORNIO, Luigi – "La revoca di riserve e di obiezioni a riserve", in *R.D.I.*, vol. LXXV, fasc. 2, 1992, págs. 315-335.

MIKAELSEN, Laurids – *European protection of Human Rights. The practice and procedure of the European Comission of Human Rights on the admissibility of applications from individuals and states*, Dordrecht, 1980.

MILLER, David Hunter – *Reservations to Multilateral Treaties,* Washington, 1919.

MIRANDA, Jorge – "A Concordata e a Ordem Constitucional Portuguesa", in *A Concordata de 1940 – Portugal e a Santa Sé*, Lisboa, 1993, págs. 69-84.

MIRANDA, Jorge – *A Constituição de 1976 – Formação, Estrutura e Princípios Fundamentais*, Lisboa, 1977.

MIRANDA, Jorge – "As Actuais Normas de Direito constitucional e o Direito Internacional", in *Nação e Defesa*, n.º 36, 1985, pág. 3 e segts.

MIRANDA, Jorge – "Chroniques. Portugal", in *A.I.J.C.*, 1992, págs. 687-705.

MIRANDA, Jorge – *Direito Internacional Público – I*, polic., Faculdade de Direito de Lisboa, 1991.

MIRANDA, Jorge – *Manual de Direito Constitucional*, vol. I, Coimbra, 1990.

MIRANDA, Jorge – *Manual de Direito Constitucional,* vol. IV, 1.ª ed. Coimbra, 1988.

MIRANDA, Jorge – *Manual de Direito Constitucional,* vol. IV, 2.ª ed. Coimbra, 1993.

MIRANDA, Jorge – "Os princípios constitucionais da legalidade e da aplicação da lei mais favorável em matéria criminal"s in *O Direito*, n.º 121, vol. IV, 1989, pág. 685-700.

MONACO, Ricardo – "Le riserve agli accordi internazionali a la compentenza parlamentare", in *R.D.I.*, 1954, págs. 72-81.

MONACO, Ricardo – *Manuale di Diritto Internazionale Pubblico*, Turim, 1971

MONCONDUIT, F. – *La Convention européenne des Droits de l'Homme,* Lei da, 1965.

MORAIS PIRES, Maria José – "Democracia e Direito Internacional", in *Política Internacional*, vol. 1, n.ºs 7/8, págs. 111-148.

MORAIS PIRES, Maria José – "Relações entre o Direito Internacional e o Direito Interno em Direito Comparado", in *BMJ-DDC*, n.ºs 53/54, 1993, págs. 137-190.

MORAIS PIRES, Maria José – "Os Direitos Fundamentais como limite aos Poderes Discricionários da Administração", in *O Cidadão – Revista Trimestral de Direitos Humanos*, Ano I, n.º 3, Julho-Agosto-Setembro, 1993, págs. 80-112.

MOURA RAMOS, Rui – "A Convenção Europeia dos Direitos do Homem – Sua posição face ao ordenamento jurídico português", in *BMJ-DDC*, n.º 5, 1981, pág. 97 e segts.

MOWBRAY, A.R. – "Administrative law and human rights", in *New Law Journal*, Agosto, 2, 1991, págs. 1079-1081.

NABAIS, José Casalta – *Os Direitos Fundamentais na Jurisprudência do Tribunal Constitucional*, Coimbra, 1990.

NGUYEN VAN TUONG – "Les réserves apportées au Traité sur l'Union Européenne signé à Maastricht le 7 février 1992", in *Recueil Dalloz,* 10 de Fevereiro de 1994, págs. 50-54.

NISOT, Joseph – "Les réserves aux traités et la Convention de Vienne du 23 mai 1969", in *R.G.D.I.P.,* 77.1973, págs. 200-206.

NOWAK, Manfred – "The implementation of the European Convention on Human Rights in Austria", in *The implementation in National Law of the European Convention on Human Rights*, 4.ª Conferência de Copenhaga de Direitos do Homem, 28-29 de Outubro de 1988, págs. 32-39.

O'CONNELL – *International Law,* vol. 1, Londres, 1970.

ODA, Shigeru – "Reservations in the Declarations of acceptance of the optional clause and the period of vadility of those declarations: The effect of the Schultz letter", in *B.Y.I.L.,* 1988, págs. 1-30.

ÖHLINGER, Theo – "Austria and article 6 of the European Convention on Human Rights", in *European Journal of International Law* vol. 1, n.ᵒˢ 1/2, 1990, pág. 286 e segts.

OPPENHEIM*'s International Law,* 9.ª ed., Bath, 1992.

OPSAL, T. – "The Right to Life", in *The European System for the Protection of Human Rights* (Edit. Macdonald, Matscher, Petzold), Dordrecht, 1993, págs. 207-224.

OUGUERGOUZ, Fasah – "L'Absence de clause de dérrogation dans certains traités relatifs aux droits de l'homme: Les réponses du droit international général" in *R.G.D.I.P.,* 1992, págs. 289-335.

PAHR, Willibald – "Le système autrichien de protection des droits de l'homme", in *R.D.H.* Vol. I-3, 1968, págs. 397-406.

PALMIERI, G. M. – "Comparaison entre la Charte Africaine des Droits de l'Homme et des Peuples et les Conventions Européenne et Américaine des Droits de l'Homme", in *La Charte Africaine des Droits de l'Homme et des Peuples – Actes du Colloque de Trieste, 30-31 de Outubro de 1987,* 1990, págs. 59-79.

PELLET, Alain – "La ratification française de la Convention des Droits de l'Homme" in *R.D.P.Sc.Pol.,* n.º 5, 1974, págs. 1319-1379.

PELLET, Alain – "Le Tribunal Criminel International pour l'ex-Yougoslavie – Poudre aux yeux ou avancée décisive?". in *R.G.D.I.P.,* tomo XCVIII, 1994/1, pág. 35 e segts.

PELLOUX, R. – "Les limitations prévues pour protéger l'interêt commun offrent-elles une échappatoire aux Etats liés par les Conventions et Pactes relatifs aux droits de l'homme", in *Les clauses échappatoires en matière d'instruments internationaux relatifs aux droits de l'homme,* 4.º Colóquio do Departamento de Direitos do Homem da Universidade de Lovaina, 1982, pág. 52 e segts.

PEREIRA, António M.ª – *Direitos do Homem,* Lisboa, 1979.

PESCATORE, e outros – *Costituzione e Leggi sul processo Costituzionale e sui Referendum,* 2.ª ed., Milão, 1992.

PESCATORE, Pierre – "La Cour de Justice des Communautés Européennes et la Convention européenne des Droits de l'Homme", in *Protecting Human Rights: The European Dimension, Studies in honour of Gérard Wiarda,* Colónia, 1988, págs. 441-455.

PFERSMANN, Otto – "De la justice constitutionnelle à la justice internationale: Hans Kelsen et la seconde guerre mondiale", in *Revue française de droit constitutionnel,* n.º 16, 1993, págs. 762-789.

PILLOUD, Claude – "Les réserves aux Conventions de Genève de 1949", in *Revue International de la Croix-Rouge,* n.º 464, Agosto, 1957, págs. 409-437.

PILLOUD, Claude – "Les réserves aux Conventions de Genève", in *Revue International de la Croix-Rouge,* n.º 559, Julho, 1965, págs. 315-324.

PINHEIRO FARINHA, João de Deus – *A Convenção Europeia dos Direitos do Homem, Anotada,* Lisboa, s.d.

PINHEIRO FARINHA, João de Deus – "As decisões do Tribunal Europeu dos Direitos do Homem na ordem interna e o contributo da jurisprudência nacional na interpretação da Convenção Europeia dos Direitos do Homem", in *BMJ-DDC*, n.º 9, 1982, págs. 113-162.

PINHEIRO FARINHA, João de Deus – "Garantia Europeia dos Direitos do Homem", in *BMJ-DDC*, n.º 2, 1980, pág. 270 e segts.

PINHEIRO FARINHA, João de Deus – "L'Article 15 de la Convention", in *Protecting Human Rights: The European Dimension, Studies in honour of Gérard Wiarda*, Munique, 1988, págs. 521-529.

PIPER, Catherine – "Reservations to Multilateral Treaties: The Goal of Universality", in *Iowa Law Review*, 71.1985, n.º 1, págs. 295-322.

PODESTA COSTA, L.A. – "Les réserves dans les traités internationaux", in *R.D.I.*, tomo I, 1938, págs. 1-52.

POLAKIEWICZ, Jörg – "Anmerkung zur Zulässigkeitsentsentscheidung der Europäischen Kommission für Menschenrechte im Fall *Chrysostomos u.a./Türkei* vom 4. März 1991", in *ZaöRV*, Bd 51, 1991, págs. 145-177.

POLAKIEWICZ, Jörg – "La mise en oeuvre de la CEDH en Europe de l'Ouest/Aperçu du droit et de la pratique nationaux", in *R.U.D.H.*, vol. 4, n.ᵒˢ 10-11, 1992, pág. 354 e segts.

QUADROS, Fausto de – *Direito das Comunidades Europeias e Direito Internacional Público – Contributo para o estudo da natureza jurídica do direito comunitário europeu*, Lisboa, 1984.

QUADROS, Fausto de – "O direito de reversão", in *Direito e Justiça*, vol. V, 1991, págs. 101-114.

QUEIRÓ, Afonso Rodrigues – *Lições de Direito Administrativo*, polic. Coimbra, 1976.

QUEIRÓ, Afonso Rodrigues – *Lições de Direito Internacional Público*, polic., Coimbra, 1960.

QUIGLEY, John – "Criminal Law and Human Rights: Implications of the United States Ratification of the International Convenant on Civil and Political Rights", in *H.R.J.*, n.º 6, 1993, págs. 59-86.

QUOC DINH, Nguyen – "Évolution de la jurisprudence de la Cour International de la Haye relative au problème de l'hierarchie des normes conventionnelles", in *Mélanges offertes à Marcel Waline*, 1974, págs. 215 e segts.

QUOC DINH/DAILLIER, Patrick/PELLET, Alain – *Droit International Public*, 4.ª ed. Paris, 1992.

RAGUE, Margaret – "The Reservation Power and the Connaly Amendment", in *New York University Journal of International Law*, 11.1978, n.º 2, págs. 323-358.

RAPOSO, João – "As condições de admissão das queixas individuais no sistema da Convenção Europeia dos Direitos do Homem", in *Estado & Direito*, vol. I, n.º 2, 1988, págs. 45-68.

RAYMOND, Jean – "L'article 1 du Protocole additionnel et les rapports entre particuliers", in *Protecting Human Rights: The European Dimension, Studies in honour of Gérard Wiarda*, Colónia, 1988, págs. 531-538.

RAYMOND, Jean – "*La Suisse devant les organes de la Convention européenne des Droits de l'Homme*", Estrasburgo, 1979.

RAYMOND, Jean – "Les droits garantis par la Convention de Sauvegarde des Droits de l'Homme et les Libertés fondamentales", in *R.D.H.* vol. III, n.º 2, 1970, págs. 289-312.

REGOURD, Serge – "L'Article 55 de la Constitution et les juges – De la vanité de la clause de réciprocité", in *R.G.D.I.P.*, 87, n.º 4, 1983, págs. 780-816.

Bibliografia

REUTER, Paul – *Introduction au droit des traités*, Paris, 1987.

REUTER, Paul – *Droit International Public*, 7.ª ed., Paris, 199.

REUTER, Paul – *La Convention de Vienne sur le Droit des Traités*, Paris, 1970.

RIDEAU, Jöel – "Constitution et droit international dans les Etats membres des Communautés Européennes – Réfléxions générales et situation française", in *R.F.D.C.*, n.° 2, 1990, págs. 259-296.

RIDEAU, J. – "La Coexistence des systèmes de protection des droits fondamentaux dans la Communauté Européenne et ses Etats membres", in *A.I.J.C.*, 1991, pág. 11-68.

RILL, Heinz Peter – "Die Artikel 5 und 6 der Europäischen Menschenrechtskonvention, die Praxis der Straburger Organe und des Verfassungsgerichtshofes und das osterreichische Verfassungssystem", in *Festschrift Winkler*, 1989, pág. 13 e segts.

ROBERT, Jacques – *Libertés publiques et droits de l'homme*, Paris, 1988.

ROBERTSON, A., e MERRILLS, J.G. – *Human Rigths in the World – An introduction to the study of the international protection of human rights*, Manchester, 1993.

RODOTÀ, S. – "Objection de conscience au service militaire" in *Liberté de conscience*, Seminário da Universidade de Lei da e do Conselho da Europa, Lei da (Países Baixos), 12-14 de Novembro de 1992.

ROUSSEAU, Charles – *Droit International Public*, I-V tomos Paris 1970.

ROUSSEAU, Dominique – "Chronique de jurisprudence constitutionnelle, 1991-1992", in *R.D.P.Sc.Pol.*, 1, 1993, págs. 5-57.

ROUSSEAU, Dominique – "L'Intégration de la Convention européenne des Droits de l'Homme au bloc de constitutionnalité", in *Conseil Constitutionnel et Cour Européenne des Droits de l'Homme* (dir. Rousseau e Sudre), Actas do Colóquio de Montpellier, 20-21 de Janeiro de 1989, Paris, 1990, págs. 117-136.

RUDA, José Maria – "Efectos juridicos de las reservas a los tratados multilaterales", in *Anuario Juridico Interamericano*, Int/L: I Per, 1982, págs. 1-67.

RUDA, José Maria – "Reservations to Treaties", in *R.C.A.D.I.* 1975, III, págs. 95-218.

RUSSO, Carlo – "L'Applicabilité aux nationaux des 'principes généraux du droit international' visés à l'article 1 du Protocole n.° 1", in *Protecting Human Rights: The European Dimension, Studies in honour of Gérard Wiarda*, Munique, 1988, págs. 547-554.

RYSSDAL, Rolv – "On the Road to a European Constitutional Court", in *Recueil des Cours de l'Académie de Droit Européen*, vol. II, tomo 2, 1990, pág. 7.

SAPIENZA, Rosário – "Espropriazione di beni e indennizzo nel sistema della Convenzione Europea dei Diritti dell'Uomo: le sentenze nei casi *James* e *Lithgow*", in *R.D.I.*, n.° 60, 1987, n.° 2, págs. 309-320.

SAPIENZA, Rosário – "Sull'ammissibilità di riserve all'accettazione della compentenza della Commissione europea dei diritti dell'uomo", in *R.D.I.*, n.° 70, 1987, n.os 3-4, págs. 641-654.

SCHABAS, William A. – "Les réserves des Etats-Unis d'Amérique au Pacte relatif aux droits civils et politiques en ce qui a trait à la peine de mort", in *R.U.D.H.*, 1994, vol. 6, n.os 4-6, págs. 137-149.

SCHABAS, William A. – "Reservations to Human Rights Treaties: Time for Innovation and Reform", in *Canadian Yearbook of International Law*, 1995, págs. 1-66 (em publicação).

SCHABAS, William A. – *The Abolition of the Death Penalty in International Law*, Cambridge, 1993.

SCHACHTER, Oscar – "The Question of Treaty Reservations at the 1959 General Assembly", in *A.J.I.L.*, vol. 54 (1960), págs. 372-379.

SCHERMERS, Henry – "The international protection of the right of property", in *Protecting Human Rights: The European Dimension, Studies in honour of Gérard Wiarda*, Colónia, 1988, págs. 565-580.

SERRA PUNTI, Montserrat – *Les reserves d'Espanya al Conveni Europeu dels Drets Humans*, Mémoire, 1989.

SHATZKY, Boris – "La portée des réserves dans le droit international", in *Revue de Droit Internacional et Législation Comparé*, 1933, págs. 216-234.

SHAW, M. – "Freedom of Thought, Conscience and Religion", in *The European System for the Protection of Human Rights* (Edit. Macdonald, Matscher, Petzold), Dordrecht, 1993, pág. 450 e segts.

SIDJANSKI, Dusan – *L'Avenir Fédéraliste de l'Europe*, Paris, 1992.

SILVA CUNHA, J. – *Direito Internacional Público – Introdução e Fontes*, Coimbra, 1991.

SINAGRA, Augusto – "I diritti dell'uomo e le Forze armate in materia di associazioni", in *Studi in onore di Giorgio Balladore Palliere*, Milão, 1978, págs. 568-595.

SING, Naringer – "The issue of Reservations to the Proposed Law of the Sea Convention", in *Indian Journal of International Law* 19.1979, n.º 1, págs. 76-96.

SOHN, Louis e BUERGENTHAL, Thomas – *International Protection of Human Rights*, Nova Iorque, 1973, págs. 860-862.

SORENSEN, Max – "Le problème intertemporel dans l'application de la Convention", in *Mélanges Modinos*, Paris, 1968, págs. 304-319.

SOUSA BRITO, José – "A Lei Penal na Constituição", in *Estudos sobre a Constituição*, vol. II, págs. 197-254.

SPIELMANN, Alphonse – "La Convention européenne des Droits de l'Homme et la peine de mort", in *Mélanges Velu*, Bruxelas, 1992, págs. 1503-1527.

SPIROUPOULOS, Jean – "L'Individu et le Droit International", in *R.C.A.D.I.*, tomo 30, 1929-V, págs. 195-269.

STANOIU, Rodica – "La réforme pénale en Europe entre le défi de la criminalité et la défense des droits de l'homme", in *Revue International de Droit Comparé*, n.º 2-1993, págs. 379-386.

STARACE, Vicenzo – *La Convenzione Europea dei Diritti dell'Uomo e l'ordinamento italiano*, Bari, 1992.

STARACE, Vicenzo – "La tutela del Diritto di proprietà nel Protocollo Addizionale della Convenzione Europea dei Diritti dell'Uomo e nella Costituzione italiana" in *R.I.D.U.*, vol. 2, n.º 2, 1989, págs. 256-263.

STARACE, Vincenzo – "Optional Clauses of the European Convention on Human Rights", in *Italian Yearbook of International Law*, 1.1975, págs. 42-51.

STAVROS, Stephanos – *The Guarantees for Accused Persons Under article 6 of the European Convention on Human Rights*, Dordrecht, 1993.

STEWART, David P. – "U.S. Ratification of the Convenant on Civil and Political Rights: The Significance of the Reservations, Understandings and Declarations", in *H.R.L.J.*, vol. 14, n.ºs 3-4, 1995, pág. 77-83.

SUDRE, Frédéric – *La Convention Européenne des Droits de l'Homme*, Paris, 1990.

SUDRE, Frédéric (dir.) – *La Protection Juridictionnelle des Droits et Libertés par la Cour Européenne des Droits de l'Homme et les Juridictions Constitutionnelles Nationales de France, Espagne et Portugal*, Universidade de Montpellier, s.d.

SUDRE, Frédéric – "L'interdiction de l'avortement: le conflit entre le juge constitutionnel irlandais et la Cour Européenne des Droits de l'Homme", in *R.F.D.C.*, n.° 13, 1993, págs. 216-222.

SUY, Erik – "Droit des Traités et Droits de l'Homme", in *Volkerrecht als Rechtsordnung Internationale Gerichtsbarkeit Menschenrechte – Festchrift fur Hermann Mosler*, Heidelberga, 1983, págs. 935-947.

SZTUCKI, Jerzy – "Some Questions Arising from Reservations to the Vienna Convention on the Law of Treaties", in *G.Y.I.L.* vol. 20, 1977, págs. 277-305.

TEBOUL, Gérard – "Remarques sur les réserves aux conventions de codification", in *R.G.D.I.P.*, n.° 86, 1982, n.° 4, págs. 679-717.

TÉNÉKIDES, Georges – "La cité d'Athènes et les droits de l'homme", in *Protecting Human Rights: The European Dimension, Studies in honour of Gérard Wiarda*, Munique, 1988, págs. 605-637.

TOMUSCHAT, Cristian – "Admissibility and Legal Effects of Reservations to Multilateral Treaties", in *ZaöRV*, 27.1967, n.° 3, págs. 463-482.

TOMUSCHAT, Cristian – "Freedom of Association", in *The European System for the Protection of Human Rights* (Edit. Macdonald, Matscher, Petzold), Dordrecht, 1993, págs. 493-514.

TOMUSCHAT, Cristian – "Obligations arising for states without or against their will", in *R.C.A.D.I.*, vol. V, 1993, pág. 240 e segts.

TOMUSCHAT, Cristian – "Turkey's Declaration under article 25 of the European Convention on Human Rights", in *Festschrift Ermacora*, pág. 119 e segts.

TORRES BERNARDES, Santiago – "Reciprocity in the System of Compulsory Jurisdiction and in Other Modalities of Contentious Jurisdiction Exercised by the International Court of Justice", in *Essays in honour of judge Taslim Olawalde Elias*, vol. 1: Contemporary International Law and Human Rights, Dordrecht, 1992, págs. 291-329.

TRECHSEL, Stefan – "A Convenção Europeia dos Direitos do Homem e a experiência suíça", in *BMJ-D.D.C.*, 1983, págs. 257-264.

TREVIRANUS, Hans – "Vorbehalte zu normativen volkrectlichen Vertragen in der Staatpraxis der Bundesrepublik Deutschland", in *Die Offentliche Verwaltung* 29.1976, n.° 10, págs. 325-329.

TRIGGS, Gillian – "Australia's Ratification of the International convenant on Civil and Political Rights: Endorsement or Repudiation", in *I.C.L.Q.*, 31, n.° 2, 1982, pág. 278 e segts.

TRUYOL Y SERRA, Antonio – *Fundamentos de Derecho Internacional Publico*, 4.ª ed., Madrid, 1977.

VAN DIJK, Pieter – "The interpretation of 'civil rights and obligations' by the European Court of Human Rights – one more step to take", in *Protecting Human Rights: The European Dimension, Studies in honour of Gérard Wiarda*, Munique, 1988, págs. 131-143.

VAN DIJK e VAN HOOF – "*Theory and Pratice of the European Convention on Human Rights*", Deventer/Boston, 1990.

VASAK, Karel – *La Convention Européenne des Droits de l'Homme*, Paris, 1964.

VASAK, Karel – "Le droit international des droits de l'homme", in *R.C.A.D.I.*, IV, tomo 140, 1974, págs. 333-415.

VASAK, Karel – "L'Historique des problèmes de la ratification de la Convention par la France", in *R.D.H.*, vol. 3, n.° 4, 1970, págs. 558-571.

Vaz, Manuel Afonso – *Lei e Reserva da Lei – A causa da lei na Constituição Portuguesa de 1976*, Porto, 1992.

Velde, Jakob Van Der – "Voorbehouden ten Aanzien van de ECRM" in *Nederlands Fijdschrift voor de Mensenrechten – Bulletin,* 12.1978, n.° 5, págs. 353-365.

Velu, Jacqeus/Ergec, R. – *La Convention Européenne des Droits de l'Homme*, Bruxelas, 1990.

Velu, Jacques – "Le contrôle des organes prévus par la Convention eurpéenne des Droits de l'Homme sur le but, le motif et l'object des mesures d'excéption dérrogeant à cette convention" in *Mélanges Rolin,* 1974, págs. 462-478.

Verdussen, Manfred – "La Convention européenne des Droits de l'Homme et le juge constitutionnel", in *La mise en oeuvre interne de la Convention européenne des Droits de l'Homme* (obra colect.), Bruxelas, 1994, págs. 17-62.

Vieira de Andrade, José Carlos – *Os Direitos Fundamentais na Constituição Portuguesa de 1976*, Coimbra, 1987.

Vignes, Daniel – "Les déclarations faites par les états signataires de la Convention sur le droit de la mer sur la base de l'article 310 de cette Convention", in *A.F.D.I.,* 29.1983, págs. 715-748.

Villey, Michel – *Le Droit et les Droits de l'Homme*, 2.ª ed., Paris, 1990.

Virally, Michel – "Des moyens utilisés dans la pratique pour limiter l'effect obligatoire des traités", in *Les clauses échappatoires en matière d'instruments internationaux relatifs aux droits de l'homme,* 4.° Colóquio do Departamento de Direitos do Homem da Universidade de Lovaina, 1982, págs. 5-69.

Virally, Michel – " Panorama du Droit international Contemporain – Cours Général de Droit International Public" in *R.C.A.D.I.,* tomo 125, 1983, págs. 13--382.

Vitorino, António – *Protecção Constitucional e Protecção Internacional dos Direitos do Homem: Concorrência ou Complementaridade,* Lisboa, 1993.

Vitta, Edoardo – *Le riserve nei trattati*, Turim, 1957.

Wagner, Beatrice/Wildhaber, Luzius – "Der Fall Temltasch und die auslegenden Erklaerung der Schwez", in *EuGRZ,* Heft 6, 1983, págs. 145-149.

Weber, Stefan – "Environmental Information and the European Convention on Human Rights", in *H.R.L.J.,* vol. 12, n.° 5, Maio, 1991, págs. 177-185.

Weitzel, Luc – "La Commission européenne des Droits de l'Homme et le droit communautaire", in *Mélanges Velu,* Bruxelas, 1992, págs. 1391-1406.

Westerdiek, Claudia – "Die Vorbehalte Liechtensteins zur Europäischen Menschenrechtskonvention", in *EuGRZ,* 21, 1983, págs. 549-553.

Weston, Martin – "The role of translation at the European Court of Human Rights", in *Protecting Human Rights: The European Dimension, Studies in honour of Gérard Wiarda,* Colónia, 1988, págs. 679-689.

Wildhaber, L. – "Right to Education and Parental Rights", in *The European System for the Protection of Human Rights* (Edit. Macdonald, Matscher, Petzold), Dordrecht, 1993, pág. 531 e segts.

Zanghi, Claudio – "La déclaration de la Turquie relative à l'article 25 de la CEDH", in *R.G.D.I.P.,* tomo XCIII, 1989, pág. 69.

Zanghi, Claudio -"L'Effectivité et l'éfficacité de la garantie des droits de l'homme inscrits dans la Convention européenne des Droits de l'Homme", in *Actas do 4.° Colóquio da Convenção,* Roma, 5-8 de Novembro de 1975, pág. 217.

Zemanek, Karl – "Some Unresolved Questions concerning Reservations in the Vienna

Convention on the Law of Treaties", in *Essays of International Law in honour of Manfred Lachs*, 1984, págs. 323-336.

ZOLLER, Elisabeth – "L'Affaire de la Délimitation du Plateau Continental entre la République Française et le Royaume-Uni de Grande Bretagne et d'Irlande du Nord (Décision du 30 juin 1977)", in *A.F.D.I.*, 1977, págs. 370-407.

ZOLLER, Elisabeth – *Droit des relations extérieures*, Paris, 1992.

Colóquios e Conferencias:

4.ª Conferência de Copenhaga sobre Direitos do Homem – 1988 "The Implementation in National Law of the European Convention on Human Rights".

4.°, 5.°, 6.° e 7.° Colóquio Internacional da Convenção Europeia dos Direitos do Homem – Roma, Francoforte, Sevilha e Lund; (os artigos encontram-se citados na Bibiografia)

Documentos:

– "Les réserves formulés par les Etats membres aux Conventions du Conseil de l'Europe", AS/Jur (44) 45 Rapp. Gundersen (Norvège).

– CAHDH (93) – 1 Estado das assinaturas e ratificações dos instrumentos de Direitos do Homem.

– Department of State, Reservation to Treaties by other States, Submission to Senate, *A.J.I.L.,* vol. 60 (1966), págs. 562-564.

– Pacto Direitos Civis NU – Declaração dos EUA reconhecendo a competência do Comité dos Direitos do Homem, art. 41.

– Informe Anual de la Comisión interamericana de Derechos Humanos, 1990-1991 e 1992-1993.

JURISPRUDÊNCIA

JURISPRUDÊNCIA

Tribunal Permanente de Justiça Internacional

– Parecer Consultivo de 7 de Fevereiro de 1923, *Decretos de Nacionalidade promulgados na Tunísia e em Marrocos*, in *Recueil*, Série B/4, pág. 23 e segts.
– Acórdão de 17 de Agosto de 1923, *Wimbledon*, in *Recueil*, Série A, n.º 1, pág. 25 e segts.
– Acórdão de 30 de Agosto de 1924, *Mavromantis*, in *Recueil*, Série A, n.º 2
– Parecer Consultivo de 15 de Novembro de 1932 – *"Interprétation de la Convention de 1919 concernant le travail de nuit des femmes"*, in *Recueil*, Série A/B, n.º 50, pág. 365-390

Tribunal Internacional de Justiça

– Parecer Consultivo de 28 de Maio de 1951, *Reservas à Convenção do Genocídio*, in *Recueil*, 1951, pág. 2 e segts.
– Acórdão de 6 de Julho de 1957, *Empréstimos Noruegueses, Recueil*, 1957, pág. 6 e segts.
– Acórdão de 21 de Novembro de 1959.
– Acórdão de 20 de Fevereiro de 1969, *Plataforma Continental do Mar do Norte – (RFA – Danemark, Pays Bas)*, in *Recueil* (1969), pág. 3 e sgts.
– Acórdão de 5 de Fevereiro de 1970, *Barcelona Traction*, in *Recueil* (1970), pág. 3 e segts.
– Parecer Consultivo de 21 de Junho de 1971, *Consequências jurídicas para os Estados da presença continuada da África do Sul na Namíbia*, in *Recueil* (1971), pág. 16 e segts.
– Acórdão de 24 de Maio de 1980, *Pessoal Diplomático dos Estados Unidos em Teerão (Fundo)*, in *Recueil* (1980), pág. 3 e segts.
– Acordão de 26 de Novembro de 1984, *Actividades Militares na Nicarágua (competência e admissibilidade)*, in *Recueil* (1984), pág. 390 e segts.
– Decisão arbitral de 30 de Junho de 1977, *Delimitação da Plataforma Continental, França (Reino Unido)*, in *Recueil des Sentences Arbitrales*, vol. XVIII (1977), pág. 3 e segts.

Comissão Europeia dos Direitos do Homem

Relatórios:

– Queixa n.º 788/50, *Recueil*, 7, págs. 23-41.

490   As Reservas à Convenção Europeia dos Direitos do Homem

– Queixa n.º 511/59, *Gdmunson (slândia)*, in *Ann.*, vol. III, pág. 395 e segts.
– Queixas n.º 6780/74 e 6950/75, *Chipre (Turquia)*, in *Ann.*, XVIII (1975), pág. 82 e segts.
– Queixa *Chipre (Turquia)*, in *D&R*, 13, pág. 222.
– Queixa n.º 9116/80, *Temeltasch (Suíça)*, de 5 de Maio de 1982, in *D&R*, 31, pág 133 e segts.
– Queixas n.ᵒˢ 9940 a 9944/82, Relatório da Comissão, de 7 de Dezembro de 1985, in *D&R*, 35, pág. 143.
– Queixa n.º 11855/85, *Häkansson et Sturensson*, de 15 de Outubro de 1988.
– Queixas n.ᵒˢ 24464/94, 25410/94 e 25862/94, *Leung, Wang e Leung Cheong Meng (Portugal)* (não publicadas).

Decisões de admissibilidade:

– Decisão de 20 de Julho de 1957, Queixa n.º 250/57, in *Ann.*, I, pág. 222 e segts.
– Queixa n.º 323/57, in *Ann.*, vol. I, pág. 241.
– Decisão de 8 de Janeiro de 1959, Queixa n.º 388/58 (não publicada)
– Decisão de 11 de Janeiro de 1960, Queixa n.º 788/60 *(Áustria, Itália)*, in *Ann.*, *de la C.E.D.H.*,1961, vol. 4, pág. 141.
– Decisão de 11 de Janeiro de 1961, in *Annuaire de la Convention*, IV, págs. 139 a 141.
– Queixa n.º 1047/61, in *Ann.*, IV, pág. 357 e segts.
– Decisão de 30 de Maio de 1961, Queixa n.º 1065/61, in *Ann.*, *C.E.D.H.*, vol. IV, pág. 261 e segts.
– Queixas n.ᵒˢ 1420/62 e 1477/62, in *Ann.*, vol. VI, pág. 620
– Decisão de 17 de Dezembro de 1963, Queixa n.º 1468/62, in *Ann.*, vol. VI, pág. 322.
– Decisão de 2 de Outubro de 1966, Queixa n.º 2749/66, in *Ann.*, X, pág. 378.
– Decisão de 19 de Dezembro de 1967, Queixa n.º 3034/67, in *D&R*, 25, pág. 86.
– Decisão de 7 de Fevereiro de 1968, Queixa n.º 3071/67, in *Ann.*, vol. XI, pág. 456 e segts.
– Decisão de 3 de Outubro de 1975, Queixa n.º 7011/75, in *D&R*, 4, pág. 256.
– Decisão de 12 de Março de 1976, *Sacchi (Itália)*, in *D&R*, 5, pág. 114.
– Decisão de 21 de Maio de 1976, Queixa n.º 6741/74, in *D&R*, 5, pág. 83.
– Decisão de 9 de Março de 1978, Queixa n.º 7438/76, *Ventura (Itália)*, in *D&R*, 12, pág. 38.
– Decisão de 10 de Maio de 1979, Queixa n.º 8180/78, in *D&R*, 20, pág. 25.
– Decisão de 11 de Outubro de 1979, Queixa *Gimmerveen (Países Baixos)*, in *D&R*, 18, pág. 187.
– Decisão de 12 de Dezembro de 1982, Queixas n.ᵒˢ 8588/79 e 8589/79, *Bramelid/Malmström*, in *D&R*, 29, pág. 64.
– Decisão de 3 de Maio de 1983, Queixa n.º 9327/81, in *D&R*, 32, pág. 187 e segts.
– Decisão de 15 de Março de 1984, Queixa n.º 9905/82, in *D&R*, 36, pág. 187
– Decisão de 3 de Dezembro de 1986, Queixa n.º 10491/83, *Angelini (Suécia)*, (não publicada).
– Decisão de 20 de Janeiro de 1987, Queixa *Council of Civil Service Unions (UK)*, in *D&R*, 50, pág. 228.

Jurisprudência 491

– Decisão de 14 de Dezembro de 1989, Queixa n.° 15344/89, *Habsburg-Lothringen (Áustria)*, in *D&R*, 64, pág. 210 e segts.
– Decisão de 5 de Fevereiro de 1990, Queixa n.° 13387/88, *Greme (Reino Unido)*, (não publicada).
– Decisão de 4 de Março de 1991, Queixas n.° 15299/89, 15300/89, 15318/89, *Crysostomos, Papachrisostomos, Loizidou (Turquia)*, in *D&R*, 68, pág. 216 e segts.
– Decisão de 19 de Maio de 1993, Queixa n.° 15963/90, *Gradinger (Áustria)*, (não publicada).
– Decisão de 30 de Junho de 1993, Queixa n.° 21344/93, *Szechenyi (Hungria)* (não publicada).

Tribunal Europeu dos Direitos do Homem

– Acórdão *Lawless (fundo) (Irlanda)*, de 1 de Julho de 1961, Série A, n.° 3.
– Acórdão *Wemhoff (RFA)*, de 27 de Junho de 1968, Série A, n.° 6
– Acórdão *Neumeister (Áustria)*, de 27 de Junho de 1968, Série A, n.° 7.
– Acórdão *Affaire Linguistique belge*, de 23 de Julho de 1968, Série A, n.° 8, e Série B, vol. I.
– Acórdão *De Wilde, Ooms et Versyp (Bélgica)*, de 18 de Junho de 1971, Série A, n.° 12.
– Acórdão *Ringeisen (Áustria)*, de 16 de Julho de 1971, Série A, n.° 13.
– Acórdão *Syndicat national de la police belge*, de 27 de Outubro de 1975, Série A, n.° 19.
– Acórdão *Syndicat suédois de conducteurs de locomtives*, de 6 de Fevereiro de 1976, Série A, n.° 20.
– Acórdão *Schmidt & Dahlstrom (Suécia)*, de 6 de Fevereiro de 1976, Série A, n.° 21.
– Acórdão *Engel (Países Baixos)*, de 8 de Junho de 1976, Série A, n.° 22.
– Acórdão *Kjeldsen, Busch Madsen and Pedersen (Dinamarca)*, de 7 de Dezembro de 1976, Série A, n.° 23.
– Acórdão *Handyside (Reino Unido)* de 7 de Dezembro de 1976, Série A, n.° 24.
– Acórdão *Irlanda (Reino Unido)*, de 18 de Janeiro de 1978, Série A, n.° 25.
– Acórdão *Tyrer (Reino Unido)*, de 25 de Abril de 1978, Série A, n.° 26.
– Acórdão *König (RFA)*, de 28 de Junho de 1978, Série A, n.° 27.
– Acórdão *Luedicke, Belkacem and Koç (RFA)*, de 28 de Novembro de 1978, Série A, n.° 29.
– Acórdão *Sunday Times (Reino Unido)*, de 26 de Abril de 1979, Série A, n.° 30.
– Acórdão *Marckx (Bélgica)*, de 13 de Junho de 1979, Série A, n.° 31.
– Acórdão *Airey (Irlanda)*, de 9 de Outubro de 1979, Série A, n.° 32.
– Acórdão *Deweer (Bélgica)*, de 27 de Fevereiro de 1980, Série A, n.° 35.
– Acórdão *Young, James e Webster (Reino Unido)*, de 13 de Agosto de 1981, Série A, n.° 44.
– Acórdão *Dudgeon (Irlanda)*, de 22 de Outubro de 1981, Série A, n.° 45.
– Acórdão *Campbell e Cosans (Reino Unido)*, de 25 de Fevereiro de 1982, Série A, n.° 48.
– Acórdão *Spörrong & Lönnroth (Suécia)*, de 23 de Setembro de 1982, Série A, n.° 52.

492   *As Reservas à Convenção Europeia dos Direitos do Homem*

– Acórdão *Van Der Mussele (Bélgica)*, de 23 de Novembro de 1983, Série A, n.º 70.
– Acórdão *Guincho (Portugal)*, de 19 de Julho de 1984, Série A, n.º 81.
– Acórdão *James (Reino Unido)*, de 21 de Fevereiro de 1986, Série A, n.º 90.
– Acórdão *Lithgow (Reino Unido)*, de 8 de Julho de 1986, Série A, n.º 102.
– Acórdão *Glasenapp (RFA)*, de 28 de Agosto de 1986, Série A, n.º 104.
– Acórdão *Kosiek (RFA)*, de 28 de Agosto de 1986, Série A, n.º 105.
– Acórdão *Bozano (França)*, de 18 de Dezembro de 1986, Série A, n.º 111.
– Acórdão *Johnston (Irlanda)*, de 18 de Dezembro de 1986, Série A, n.º 112.
– Acórdão *Ettl e outros (Áustria)*, de 23 de Abril de 1987, Série A, n.º 117-A.
– Acórdão *Barahona (Portugal)*, de 8 de Julho de 1987, Série A, n.º 122.
– Acórdão *Belilos (Suíça)*, de 29 de Abril de 1988, Série A, n.º 132.
– Acórdão *Plattform "Ärtze Für das Leben" (Áustria)*, de 21 de Junho de 1988, Série A, n.º 139.
– Acórdão *Norris (Irlanda)*, de 26 de Outubro de 1988, Série A, n.º 142.
– Acórdão *Soering (Reino Unido)*, de 7 de Julho de 1989, Série A, n.º 161.
– Acórdão *Weber (Suíça)*, de 22 de Maio de 1990, Série A, n.º 177.
– Acórdão *Fredin (Suécia)*, de 18 de Fevereiro de 1991, Série A, n.º 192.
– Acórdão *Drozd & Janousek (França e Espanha)*, de 26 de Junho de 1992, Série A, n.º 240.
– Acórdão *Open Door & Dublin Well Woman (Irlanda)*, de 29 de Outubro de 1992, Série A, n.º 246.
– Acórdão *Kokkinakis (Grécia)*, de 25 de Maio de 1993, Série A, n.º 250-A.
– Acórdão *Hoffmann (Áustria)*, de 23 de Junho de 1993, Série A, n.º 255-C.
– Acórdão *Branningan & McBride (R. Unido)*, de 26 de Maio de 1993, Série A, n.º 258-B.
– Acórdão *Ruiz-Mateus (Espanha)*, de 23 de Junho de 1993, Série A, n.º 262.
– Acórdão *Chorherr (Áustria)*, de 25 de Agosto de 1993, Série A, n.º 266-B.
– Acórdão *Saraiva Carvalho (Portugal)*, de 22 de Abril de 1994, Série A, n.º 286-B.
– Acórdão *Loizidou (Turquia)*, de 23 de Março de 1995, Série A, n.º 310.
– Acórdão *Fischer (Áustria)*, de 26 de Abril de 1995, Série A, n.º 312.
– Acórdão *Prager et Oberschlick (Áustria)*, de 26 de Abril de 1995, Série A, n.º 313.
– Acórdão *Schmautzer (Áustria)*, de 23 de Outubro de 1995, Série A, n.º 328-A.
– Acórdão *Umlauft (Áustria)*, de 23 de Outubro de 1995, Série A, n.º 328-B.
– Acórdão *Gradinger (Áustria)*, de 23 de Outubro de 1995, Série A, n.º 328-C.
– Acórdão *Pramstaller (Áustria)*, de 23 de Outubro de 1995, Série A, n.º 329-A.
– Acórdão *Palaoro (Áustria)*, de 23 de Outubro de 1995, Série A, n.º 329-B.
– Acórdão *Pfarrmeier(Áustria)*, de 23 de Outubro de 1995, Série A, n.º 329-C.

Tribunal Interamericano dos Direitos do Homem

– Parecer Consultivo OC-2/82, de 24 de Setembro de 1982, *Efeitos das reservas sobre a entrada em vigor da Convenção Americana dos Direitos do Homem*, in *International Legal Materials*, Série A, n.º 2.
– Parecer Consultivo OC-3/83 de 8 de Setembro de 1983, *Restrições à Pena de Morte*, in *Annual Repport of the Interamerican Court of Human Rights*, 1984, pág. 10 e segts.

Jurisprudência 493

– Acórdão *Velasquez (Honduras)*, de 29 de Julho de 1988, in *International Legal Materials*, n.º 28 (1989), pág. 291 e segts.

Tribunal de Justiça das Comunidades Europeias:

– Acórdão *Cinétèque (Fédération nationale des cinémas français)*, de 11 de Junho de 1985, Proc. 5/88, *Recueil*, pág. 2605.

– Acórdão de 13 de Julho de 1989, *Wachhauf (Budesamt für Ermärung und Fortwitschaft)*, Proc. 5/88, *Recueil*, pág. 2609.

– Acórdão *SPUC et Grogan*, de 4 de Outubro de 1991, Proc. C-159/90.